H・カレール＝ダンコース／石崎晴己・東松秀雄訳

レーニンとは何だったか

Hélène Carrère d'Encausse, LÉNINE

藤原書店

« LÉNINE »

de Hélène CARRERE D'ENCAUSSE

行進する民衆に向けて演説するレーニン
（モスクワ、スヴェルドローフ広場にて。1920年5月5日）

「労働者階級解放闘争ペテルブルク同盟」の仲間とともに
（ペテルブルクにて。1896年、26歳。前列左からスタルコフ、クルジジャーノフスキー、レーニン、マルトフ、後列左からマルチェンコ、ザポロジェッツ、ヴァネーエフ）

学生時代のレーニン
（1887年、17歳頃）

ボグダーノフとチェスに興じる
（カプリにて。1908年4月、38歳）

鬘と帽子で変装したレーニン
（ラズリフ駅にて。1917年8月11日、47歳）

クループスカヤとともに第1回全ロシア教育会議を終えて
（モスクワにて。1918年8月28日、48歳）

コミンテルン第3回大会での演説
（モスクワ・クレムリンにて。
1921年6月末、51歳）

クレムリンの執務机にて
（1918年10月16日、48歳）

晩年
（ゴーリキー公園にて。1923年夏、53歳）

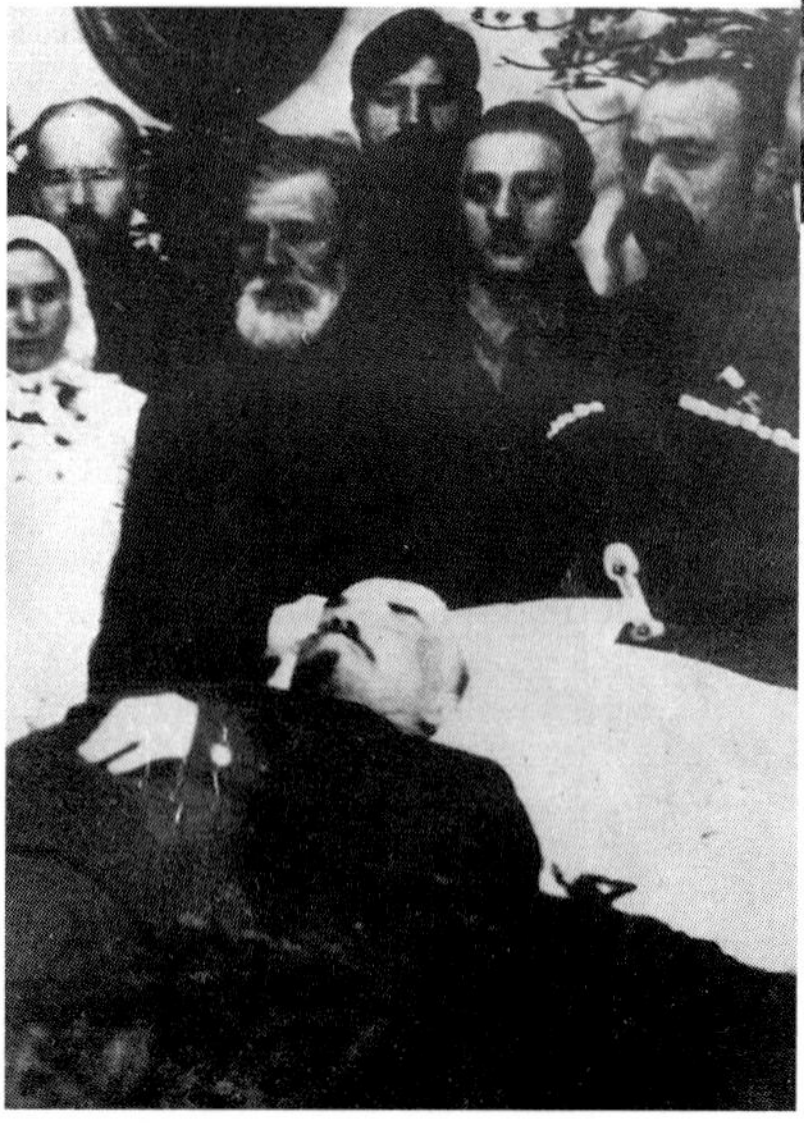

葬儀
（1924年。享年53）

レーニンとは何だったか　目次

本書関連地図
（1919年頃のヨーロッパ、ロシア）

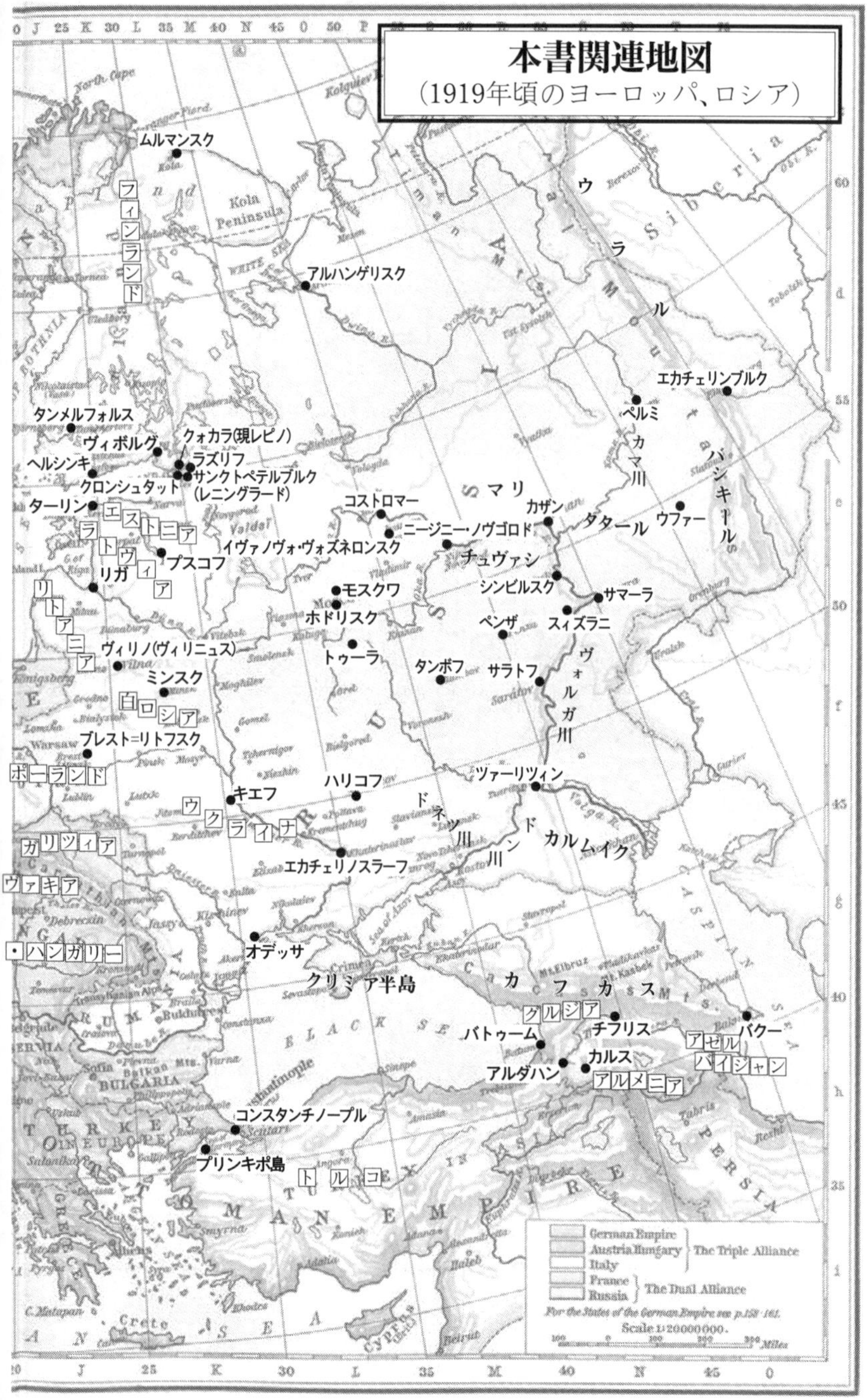

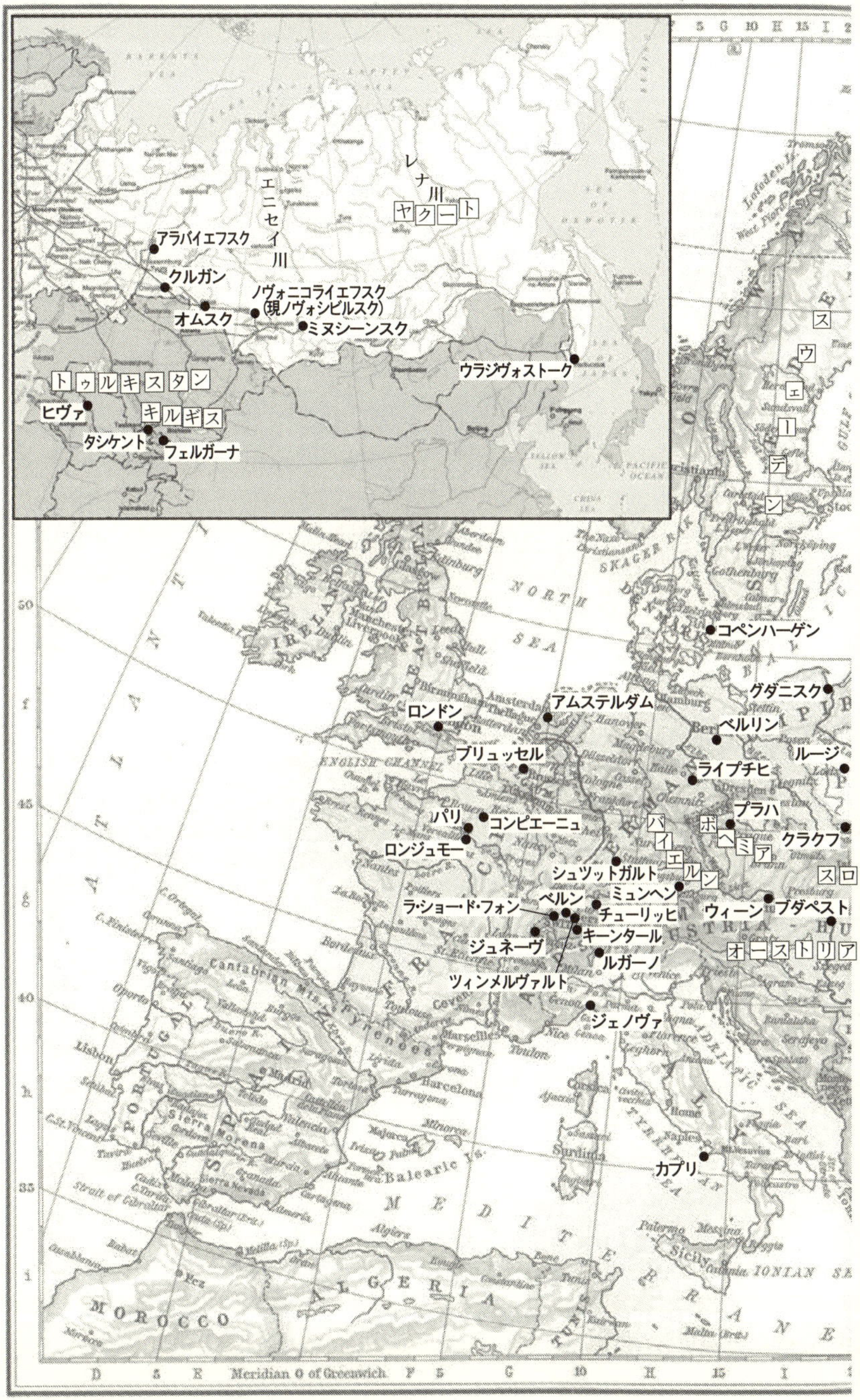

レナ川
ヤクート
エニセイ川
アラバイエフスク
クルガン
オムスク
ノヴォニコライエフスク
(現ノヴォシビルスク)
ミヌシーンスク
ウラジヴォストーク
トゥルキスタン
ヒヴァ
キルギス
タシケント
フェルガーナ
スウェーデン
コペンハーゲン
グダニスク
アムステルダム
ベルリン
ロンドン
ブリュッセル
ルージ
ライプチヒ
プラハ
パリ
コンピエーニュ
ボヘミア
クラクフ
ロンジュモー
バイエルン
シュツットガルト
スロ
ミュンヘン
ベルン
ラ・ショー・ド・フォン
チューリッヒ
ウィーン
ブダペスト
キーンタール
ジュネーヴ
オーストリア
ルガーノ
ツィンメルヴァルト
ジェノヴァ
カプリ

凡例

一　訳者による補足・注は〔　〕で示した。
一　訳注は＊で示し、段落末に配した。
一　原文の［　］は（　）に置き換えた。
一　原文で大文字で始まる単語は〈　〉で示した。
一　原文の組織名・機関名を示すイタリックは〈　〉で示した。
一　原文の« »は「　」で示した。
一　原文の強調のイタリックは「　」で示した。
一　原文の“　”という入れ子は、『　』で示した。
一　書名・紙誌名は『　』で示した。
一　いくつかの主要な布告は『　』で示した。

レーニンとは何だったか

「レーニンこそは、現代という鉄血の時代のために創られた人物である」

トロツキー『レーニンに捧ぐ』モスクワ、一九二四年

序

「レーニンの墓は革命の揺籃である」。

ソ連邦創設者の埋葬の日、参集した無数の群衆の頭上にはためく数多くの横断幕は誇り高くこのように宣言していた。一九二四年一月のことであった。六八年後の一九九二年一月には、ソ連邦はすでに存在しなくなっていた。共産主義と革命の信用は失墜し、共産主義の指導者たちの像は、台座から取りはずされて公園に転がされ、消え去った栄光の惨めな証人となっていた。しかしクレムリン前の赤の広場の「革命の揺籃」たるレーニン廟には、防腐処理をほどこされたレーニンの遺体が相変わらず眠っていた。それは四分の三世紀にわたって民衆の恭しい崇敬の対象であり、「革命の聖遺物」とスターリンは言っていた。今日では、「最愛の指導者」（ヴォーシチ）の姿を眺めるために民衆が列をなすことはもうないが、レーニンの思い出は人々の意識から完全には消え去っていない。

レーニンが死後にたどった運命はなんとも奇妙なものである。彼が実際に権力を行使したのは一九一七年末から一九二三年初頭までの極めて短かい期間にすぎず、その後、病のために権力から遠ざかり、一年後にこの世を去った。しかし彼の死に際して、彼の死によって作り出された空白に取り乱したボリシェヴィキの面々は、ロシアの伝統に反し、遺されたレーニンの妻が表明した意志にも反し、そして恐らくは、それが可能であるならレーニン自身が表明したであろう意志に反して、死者に生前の姿を保たせ、そうすることによって彼をして自分たちと共にあるようにさせようとの決定を下したのである。レーニンは防腐処理をほどこされ、ガラスの棺の中で巡礼者たちの視線に晒され、ほとんど宗教的な崇拝の対象となった。これは労働者階級の要求に応えることだとボリシェヴィキ党は称した。「われわれが革命に疑いを抱く時、あるいは誤りを犯しそうになった時には、レーニンの姿を眺めに行くだけでよい。そうすれば彼はわれわれを正しい道に立ち帰らせてくれるであろう」(1)。その目的は単純だった。レーニンの遺産とレーニン主義(2)――これはこの先達が他界するや否やスターリンが創り出したものだが――を守るためには、レーニンが人間の通常の運命を超越しているのでなくてはならず、従って彼の死は見せかけのものに過ぎないのでなければならなかった。「レーニンは生きている」。これがレーニン死後のスローガンであり、レーニン廟はその言葉の正しさを確証するものであった。

しかし数年後、数十年後には、レーニンの運命はさらに驚くべきものであることが明らかとなる。二十世紀は多くの偉大なカリスマ的国家指導者を輩出した世紀であった。彼らは共産主義の名のもとに(スターリン、毛沢東、ホー・チ・ミン、等々)、あるいは共産主義に対抗して(ヒトラー、フランコ、サラザール、等々)、民族の救世主として君臨した。彼らはいずれも死によって沈黙を余儀なくされると、ただちにその台座から転落し、毛沢東の場合がそうだが、霊廟によって今なお政治家たちの「地獄」から守られている者でさえも、自己の功績ならびに業績の仮借なき見直しを免れることはできなかった。スターリンは一九五三年から一九六一年までの数年の間、レーニンと廟堂を共にするが、「史上最高の偉人」の地位から「犯罪者」の身分へと滑り落ちた時、容赦なくレーニン廟から放逐されることとなる。レーニンのみが、こうした死と時とが助長する偉人の破滅というものを免れたのである。彼は一九五六年よりスターリンが批判された時、それを免れた。しかしまた一九七〇年代初頭に、『収容所群島』の出版によって、全体主義という ソ連邦の真の姿が明らかとなり、ソ連邦に対する非難が堰を切ったように浴びせられた時も、そうであった。さらに一九八五年以降、ソ連邦と共産主義世界全体において、革命とそれによって樹立された政治システムの時代の幕を閉じようという考えが有力になった時においても同じである。レーニンだけが廟堂の中にあって、一九九二年までこうした見直しから守られていた。今日でもなお、彼が一部の同国人に揮っている魅惑の力は、彼の創設した党への執拗な忠誠となって現れる場合もあれば、奇妙な信仰の顕現という形をとる場合もある。たとえば一九九二年にキリスト教レーニン主義党が創設された(3)。この党はロシア人に対してキリストの言葉を聞くためにレーニンのもとに結集しようと呼びかける。そのスローガンは「われわれはレーニン主義者であり、キリストの教えを伝える」という奇妙な諸教混合を表明しているが、このことは共産主義死滅の後の精神の混乱を証言すると同時に、レーニン神話が確実に生き残っていることを証言してもいるのである。

レーニンにのみ見られるこうした死後の運命は、いくつかの異なるやり方で説明がつく。まず、彼は他の独裁者とは異なり、孤立した人間ではなく、その栄光は彼のカリスマ性と一時的な権力に立脚していたわけではない。レーニンはユートピア思想という連綿と続く思潮の一環であり、マルクス・エンゲルス・レーニン（スターリンは四人目のメンバーとしてこれに加わったが、その後、詐称者として告発された）という神話的三位一体の一員である。マルクス主義の開祖たちは、自分たちを拠り所とした者たちが、自分たちの思想をいかに実行に移したかを見届けるまで生き延びることがなかったため、共産主義者に対して行なわれた非難を免れることができた。そこでレーニンは長い間、開祖たちの保護を受ける恩恵に浴したのである。しかしまた、初めてユートピアを権力システムに変えたこの男は、四分の三世紀の間、共産主義のこの地上での権威によって保護されたのである。レーニンに異議申し立てするということは、共産主義諸国家が正当性を失うことを意味したであろう。この正当性は、彼の後継者たちによって理想化されたレーニンという人物と、彼らが依拠した至高の規準にして内在的真理たるレーニン主義によって付与されたものだからである。共産主義システムの存続には、このような様態の正当性付与が必要だったのだ。それさえ確保されれば、あとは自由に「レーニンへの回帰」の名においてスターリンを批判し、スターリンの活動の大部分をはねつけてもかまわなかったのである。

　しかし共産主義が拒絶され、闘争が放棄された現在、偶像にはもはや存在理由はない。ソ連邦は〈歴史〉の中に入ってしまった。レーニンは今後は、政治的必要性や要請にとらわれずに、人物の功績と出来事を評価しつつじっくりと考える人々のものとなる。今日、レーニンに関して次のような重要な問いを発し、自分に問いかけることが可能である。レーニンとは何者であったのか。二十世紀最大の恐るべき悲劇の一つについて責任を負うべき犯罪者なのか。あるいは〈歴史〉の突然の転換の犠牲者であって、やがていつの日か新たな、恐らくは最終的な転換が訪れて、正しさが認められることになるのであろうか。政治的行為と政治的生成の中では、人物とその国を切り離すのは困難なものだが、その中でどれほどの部分を、レーニンという人間の人格に帰すべきなのか。彼の選択とその結果の中で、政治的背景――ロシアの遅れ、ロシアの外での革命の遅れ――が占めた部分はどれほどのものであったのか。レーニンは、人間への軽視が恒常的であった恐ろしい世紀を具現する者だったのか。あるいは人類に対して平和で穏やかな未来への道を描いてみせた――もしかしたらあまりにも早すぎたかも知れないが――予言者なのか。

本書の念願とするところは、レーニンをイデオロギー上の情念から引き離し、終末を迎えようとしている二十世紀の歴史の中に彼を然るべく位置付けることに貢献しようということである。この世紀は望むと望まざるとに拘わらず、なによりも彼の思想と意志に支配されていたということになるだろうから。

第Ⅰ部　ウリヤーノフからレーニンへ（一八七〇〜一九〇〇年）

第1章　人生修業

人はいかにして「革命の英雄」になるのか。とりわけ「プロレタリア革命」の、「貧民の反乱」の英雄に。そのためには彼らの一員であったということが必要なのだろうか。個人的に不幸と貧困を経験したのでなければならないのだろうか。このようにして、革命の英雄の像は、ひとたび権力が獲得され保持されたのちに構築され始めた。自己形成期のことが微に入り細をうがって記述され、すべての事実が、彼の自己形成期はこの英雄を鍛え上げる以外の目的を持ち得なかったと暗示するのであった。ウラジーミル・ウリヤーノフの運命は、レーニンとなること、そして新たな世界を築くことであるというのが、彼の伝説の中身となった。

「ウラジーミル・イリイチ・レーニン（ウリヤーノフ〔本名〕）はシンビルスクで一八七〇年四月十日〔西

暦では二二日〕に生まれた。彼は思想と労働を好む仲の良い家庭に育った。父親と母親の影響に加え、兄アレクサンドル・イリイチの影響は、彼にとって極めて有益であった。彼がこよなく愛するこの兄が彼のモデルとなった。崇高な理想主義、意志、自制心、正義感、そして何事によらず高度の道徳性を備えていることは、優れた学業能力と共に、幼年時代よりアレクサンドル・イリイチの性格をなしていた。特に学業能力は、ウラジーミル・イリイチにとってきわめて有益な模範となる。アレクサンドルがペテルブルクへ発つまで、そしてその後は夏休みになると、兄弟は隣り合った部屋で一緒に生活していたために、ウラジーミル・イリイチは兄が興味を抱いているもの、読んでいるものを目にすることができた。最後の二年間には、アレクサンドル・イリイチは夏には経済、歴史、社会学の書物と、カール・マルクス『資本論』を持ち帰った。この最愛の兄の処刑は、ウラジーミル・イリイチに極めて強烈な印象を与えた。その処刑そのものによって、彼は革命への道へと向かうことになったのである」。

こんな具合にレーニンの伝記は始まる。これはレーニンの死後、彼の姉であり側近の協力者でもあったアンナ・ウリヤーノヴァ＝エリザーロヴァが、有名な『グラナート』百科事典に書いた文である。この事典は、十月革命十周年のために準備されたもので、約二〇〇名におよぶ革命指導者の生涯を収録していた(1)。この伝記は四分の三世紀にわたってソ連邦のすべての子供たちに教えられたレーニン伝説を育んだ。その最も民衆的なヴァージョンでは、出自と生活条件のつつましさが強調されている。この伝説は語る。レーニンは民衆が権利を奪われ、暴君の専制に委ねられている悲劇的な帝国に生まれた。やがてレーニンとなる人物は、多くの同胞がそうであったように、生まれは極めて卑しく——農奴だったかもしれない——、育った家庭は暖かかったが、生活の困難の故に子供たちは、自分たちが成長していくことになる世界がどんなものかを理解し、一気にそれを拒絶するよう駆り立てられた、とされている。

恵まれた幼年時代

伝説と現実は一致しない。レーニンは一八七〇年四月、シンビルスクに八人の子供の三番目として生まれるが、そのうち二人は幼くしてこの世を去る。ウラジーミル・ウリヤーノフが生まれた時代は、ロシアとしては比較的幸せな時代であった。解放者ツァーリたるアレクサンドル二世は、一八六一年に農奴制を廃止した。重要な改革が次から次へと行なわれ、政治的近代化の希望が人々の心に付きまとう。しかしながら過激主義的運動はこれを理解せず、改革よりも過激な断絶を好んだ。テロリストたちが解放者ツァーリをつけ狙い、長い間攻撃の失敗を繰り返した果てに、とうとう一八八一年にツァーリ殺害に成功する。

しかしテロリズムはウラジーミル・ウリヤーノフの少年時代には縁がない。彼が生まれ、学業に励み、青春を過ごした町は、家庭生活と子供の教育に適していた。それは当時はロシアの典型的な地方都市であった。確かに他の地方都市と同様、この町も拡大し続けており、一八〇〇年には人口一万人であったものが一八七〇年には四万三千人になっている。ロシアが急速に都市化した時期だった。二十世紀に移る頃には、ロシアで十万以上の人口を擁する都市は、一九を数えるようになる。シンビルスクはヴォルガ川沿いの静かな町で、数多くの教会とやはり数多くの修道院とが壮麗な庭園の奥に身をひそめている。この町ではロシア人と、ヴォルガ川沿岸一帯をいまだ自分たちの領土だと思っているタタール人、それにチュヴァシ人が隣り合って住んでいた。一五五二年、カザン汗国の崩壊後、正教会の伝道師たちが征服された地にキリスト教を伝えたものの、タタール人は頑なにイスラム教に帰依し続けた。そこでロシア政府はこの異種混合的帝国の中のさまざまな共同体の間に平和を保とうとして、他民族向けの学校を設立した。シンビルスクはその点で代表的な町だった。しかしこの町にはロシア人だけの教育機関もあった。国立高等学校は二校あり、うち一校は女子校。それに教会が運営する小学校が幾つか。正教の神学校が一つ。商業学院が一つと、助産婦養成学院が一つ。そして二つある大きな図書館は、ロシア人と他民族のいずれにも入館を許しており、この町の学問好きの雰囲気に花を添えている。

伝説の語るところとは逆に、若きウリヤーノフの家は貧しくもなければ労働者階級に属してもいない。彼が育つ家は広々とした立派な家で、二階建であり、これは相対的繁栄の印である。何人もの召使が奉公していた。これはまさしく、数学の教師を経て、シンビルスク地方の公立学校の視学という、人も羨むポストに任命された一家の長としては当たり前の暮らし向きである。未来のレーニンの父親、イリヤ・ニコラーエヴィチ・ウリヤーノフは、長い間、十月革命の英雄を農奴出身とするための根拠とされてきた。確かに曾祖父にヴァシーリー・ウリヤーノフという農奴はいたが、彼は一八六一年の改革〔農奴解放〕よりもずっと早い時期に解放されていた。というのも、アレクサンドル一世（一八〇一年～一八二五年）とニコライ一世（一八二五年～一八五五年）はロシアに文明国の体裁を与えたいという意志につきまとわれていたが、彼らはこの野心と根強く残る農奴制とを両立させることは困難であることを自覚していた。そこで農奴制廃止を敢行することはできなかったが、農奴個々人の解放を奨励していたのである。このため帝国の人口における農奴の割合は、十八世紀末には五〇％前後を上下していたものが、一八五八年には三七％に落ちている。この下降は、農奴制が法により禁止される以前に、人々の意識の中ではすでに良くないものとされていたことを物語っている。農奴ヴァシーリー・ウリヤーノフは、こうした気分のおかげで解放された農奴の一人であった。彼は町に住むことになり、こうして始まった社会的地位の上昇を彼の子孫はさらに継承したのである。息子ニコライ・ヴァシーリエヴィチはアストラハンで仕立屋を営んだ。孫のイリヤ・ニコラーエヴィチはレーニンの父であるが、カザン大学で数学を勉強し、前述のごとく教授となり、総視学となり、とうとう国務院参事官の地位にまで昇りつめ、これにより世襲貴族の地位に到達した。農奴から勲章に身を飾る貴族へと、わずか三世代で昇りつめたのだから、まことに急速な上昇であった。

このイリヤ・ニコラーエヴィチ・ウリヤーノフという人物は、ロシア帝国を代表するような顕著な特質を備えていた。つまりこの上なく異なる文明と民族の坩堝たりうるという特質である。彼はもちろんロシア人だが、その母親はカルムイク人であった。彼女はモンゴルの血を引き、アストラハンで結婚した。エカチェリーナ二世によって自治権が制限された後、ロシアに留まったカルムイク人の大部分は、仏教を捨て、アストラハンに居住していた。レーニンが父親と同じく、かなり目立ったアジア系の風貌をしており、特に切れ長の目をしていたのは、この祖母の血によるものである。カルムイクの血を引くことは、父親が貴族に列せられる妨げにはいささかもならなかったのである。

このイリヤはマリヤ・アレクサンドロヴナ・ブランクと結婚したが、これによって家系はさらに複雑になった。将来レーニンとなる人物の母方の祖父、アレクサンドル・ディミトリエヴィチ・ブランクはジトーミルのユダヤ人で、ユダヤ人商人とスウェーデン人女性との子供であった。彼は正教会に改宗し、それによって彼にはあらゆる門戸が開かれた。医学部、要職——彼は警察医、次いで病院医に任命された——、そしてとりわけ世襲貴族の門戸が開かれ、この地位に彼は一八四七年に到達した。彼はまた領地としてコクシキノ村を買うが、これは困難な時期にレーニンの母とその子供たちにとって収入源あるいは避難場所となる。ロシア帝国ではユダヤ人は原則として公職から遠ざけられ、土地の所有も不可能であったことを考えるなら、この驚くべき上昇は、ロシアの大歴史家、レオナルド・シャピーロが力強く主張していることの確証となる。つまりロシアの権力はユダヤ人がユダヤ人のアイデンティティーを主張すると直ちに敵意を持ったが、改宗するとなるとユダヤ人を対象とするあらゆる禁止が取り払われたのである。

アレクサンドル・ブランクは、アンナ・グロショフトと結婚し、母親から受け継いだスウェーデン人の血に、今度はドイツ人の血が付け加わることになる。妻は裕福な地主の娘で、信仰篤いルター派信者であった。この夫婦の娘とイリヤ・ウリヤーノフが結婚し、彼女がレーニンの母となるのである。

この外見上は複雑に見える系図からいくつかの特徴が明らかになる。まずロシア帝国そのものの多様性によく似た民族と宗教の多様性である。レーニンの中にはロシア人、カルムイク人、ドイツ人およびスウェーデン人の血が混じっている。彼は多様な宗教・文化的伝統を受け継いでいる。正教、ユダヤ教、プロテスタント、そしてカルムイク系の先祖の仏教も間接的には受け継いでいることになる。この豊富で正反対のものを含む世襲財産は、傑出した家族の文化的相続によって支えられている。彼の母親はロシア語、フランス語、ドイツ語の三ヵ国語を話し、ピアノの名手である。彼の父には高い教養がある。この父親も祖父母もいずれも医学あるいは数学の高等教育を受けている。経済的ゆとりは、ともに重要な社会的地位を有する二つの家系からもたらされた。ブランク家はその上、農民（一八六一年までは農奴）が働く領地を所有しており、それ故そこから収入を得ていた。そして二つの家系はともに世襲貴族の身分に到達したわけであるが、ウラジーミル・ウリヤーノフ自身もこれを堂々と名乗ることを忘れないだろう。一八九一年四月、彼は母親がシンビルスクの貴族原簿に登録されるよう気を配る。後になって、彼は時々「ウラジーミル・ウリヤーノフ、世襲貴族」と署名することになる。

　不動とも見える社会的・経済的地位が社会の中の個人の位置を固定する世界にこのように安住していたのだから、ウリヤーノフ家の子供たちは、自分たちが特権的な人間だと思ったとしても当然だったろう。シンビルスクの古典中学校では、子供たちは父親の威信の恩恵に浴していた。彼らの家庭は調和がとれていた。思い遣りに溢れた母親、寛大な父親。父親は教育に関してはリベラルな思想の持ち主で、そのために子供たちの能力の開花を促すことになった。ウラジーミルの兄弟姉妹の中で、子供のころ、彼に一番近かったのは一歳違いの妹のオルガであったが、彼女は二十歳で死んでしまう。兄弟の中でおそらくもっとも心配な者は、四歳上の兄アレクサンドルで、彼はやがて家庭の平和を乱すことになる。彼はすでに政治問題に興味を持ち、その時まで安楽な保守主義に安住していた家庭の不協和音の元となる。誰からも尊敬される高級官吏とその彼を中心とする家族の者たちとは、そのころ帝国に真の近代化を刻み付けつつある改革を目の当たりにしていただけに、こうした安楽な保守主義以外の考えを抱く理由などなかった。

　こうした平和な家庭の雰囲気に包まれ、若きウラジーミルは輝かしい成績で学業を続ける。中学校の校長は、彼の父親に似た経歴の持ち主であった。校長の名前はフョードル・ケレンスキーである。イリヤ・ウリヤーノフはシンビルスクの視学であったが、このケレンスキーはのちにトゥルキスタンで視学となる。まさに〈歴史〉の皮肉。父親たちの経歴はこのようによく似ていたが、息子たちもあるところまでは互いに相似した運命をたどるのである。ウラジーミル・ウリヤーノフはしばらくの間弁護士をし、十月革命の指導者となる。アレクサンドル・フョードロヴィチ・ケレンスキーも弁護士だが、こちらは大変な知名の士で傑出した演説家であり、二月革命の大立者の一人となるのである。

幸せな日々の終り

しかしまだ少年にすぎないこの二人の人物が時勢の流れによって舞台の前面に押し出される前に、二つの出来事がウォロージャ〔ウラジーミルの愛称〕・ウリヤーノフの人生を一変させ、彼のために用意されていたかに見える道から彼を少しずつ引き離していくことになる。

まず一八八六年初め、彼が十六歳になったばかりの時に、父親が脳出血のために五十五歳で突然この世を去った。父の死の影響は直ちに現れる。もちろんマリヤ・アレクサンドロヴナはすぐに行動を起こし、政府に対して子供の教育に必要な年金を要求した。また彼女は実家の父親から受け継いだ土地を所有しており、そこから上がる収入があった。しかし家族は父親の威信の恩恵に浴することはできなくなったのである。

より深刻な帰結を家族にもたらしたのは、大人しくじっとしていられない青年であった兄アレクサンドル・ウリヤーノフが処刑されたことである。彼は当時二十歳で、父親を亡くしたばかりで、サンクトペテルブルク大学の理科系部門で優秀な成績で学業を続けていた。一八八六年頃というのはロシアにとってまことに奇妙な時代だった。アレクサンドル三世は一八八一年にアレクサンドル二世の跡を継いだのだが、父親の命を奪った皇帝殺しの記憶につきまとわれていた。彼は改革がどの点においてもテロリズムを沈静化させることがなかったことを確認して、大いに動揺し、テロリズムを根絶するためにロシアには完全無欠の権力が必要だと確信する。宗務院総監のコンスタンチン・ポベドノースツェフは、殺害の翌日にアレクサンドル三世に手紙を送った。「今は苛烈な時代です。しかし無駄にできる時間はありません。今こそロシアを救わねばならないのです。もし怒りを抑えて、先帝と同じ自由主義的精神を堅持し、世論と呼ばれるものに譲歩する必要があると主張する、聞いた風な危険な誘惑の歌を陛下の耳に歌いかける者がいても、そんな輩を信じてはいけません。それはロシアと陛下ご自身の破滅となるでしょう」(2)。このように弾圧へとけしかけられたアレクサンドル三世は、革命組織を解体し、逮捕されたテロリストはすべて処刑する決心を固めて、革命組織の摘発に乗り出した。この厳しい鎮圧政策はどの点でも運動を止めることにはならない。今度はアレクサンドル三世を狙う暗殺の試みが次々と湧き上がり、革命組織が次々に結成される。そのうちの一つが悲劇を招来し、ウリヤーノフ家の人々を永遠に深い悲しみの底へと沈めることになる。アレクサンドルは以前サンクトペテルブルクで若き貴族ピョートル・シェヴィリョーフと親しく言葉を交したことがあったが、この男はナロードニナ・ヴォーリヤ（人民の自由）〔ヴォーリヤは「意志」あるいは「自由」の意〕のテロリスト支部の創設者であった。その直接行動主義は首都の学生たちの間では有力であった。一八八七年にこの集団は皇帝暗殺の準備をする。決行の日は一八八七年三月一日と決められたが、それはアレクサンドル二世殺害と同じ日であって、この日を華々しく記念することによって、人々の心に感銘を与えようと陰謀者たちは考えたのである。アレクサンドル・ウリヤーノフは「クモガニ」に関する卒業論文の執筆中であったが、実力行使を呼びかける過激な宣言文の起草者に名を列ねた。しかし官憲は活発に動き回り、陰謀は発覚し、主だった陰謀者たちは逮捕された。科学者ウリヤーノフによって起草された綱領は、土地および企業の国有化、民主主義の樹立を要求するものであった。「要するにパリ・コミューンだ」(3)とツァーリは解説した。

一五人の容疑者の審議は元老院の特別法廷に付託された。全員が死刑の判決を受けるが、結局そのうち一〇人には恩赦が与えられる。アレクサンドル・ウリヤーノフに恩赦が与えられなかったのは、公判の間、彼は自分の責任を公然と認め、それによって共同被疑者の責任の軽減を図ったからである。その後も彼はいかなる恩赦も、いかなる改悛の情の表明をも拒んだ。母親はペテルブルクにあって彼の弁護をし、夫が帝国のために奉仕したことに免じて皇帝に寛大な処置を請うたが、息子の非妥協的態度のために、ツァーリはいかなる寛大な処置をも拒否することになる。アレクサンドル・ウリヤーノフと、運動の中心人物シェヴィリョーフを初めとする共同死刑囚は、一八八七年五月十一日に絞首刑に処せられる。

この悲劇は未来のレーニンにどのような影響を及ぼしたか。答えを出すのは難しい。ソヴィエトでは、アレクサンドルの殉教とその弟の革命に挺身する決意とを緊密に結びつけた伝説が生まれた。しかしウラジーミルの家族にとって恐ろしいこの数ヵ月の間の彼のカザン大学での活動を詳細に検証してみると、ウラジーミル・ウリヤーノフは平穏に勉強を続け、入試に合格しているのである。そこで彼は法律の勉強に着手することになる。大学で彼は、今後必要となった保護を、シンビルスクの中学校在学時の校長のフョードル・ケレンスキーに仰ぐこととなる。ケレンスキーは兄の名前がウラジーミルに重くのしかかりはしないか、当局が二人を一緒くたにして同じ不信感の対象にしはしないかと心配したのである。

ウラジーミル・ウリヤーノフの態度は、まだどちらとも定まっていなかった。政治活動に対して彼はまだそれほど強い興味を示していない。しかし少しずつ大学内の不穏な雰囲気に染められて行く。禁止にもかかわらず、デモが頻繁に行なわれ、学生たちは青年層の代弁者として参加を促される。当時はかなりの割合の青年が大学へ行く希望をまったく失っていた。一つには入学金が乱暴に引き上げられ、裕福でない者は入学が不可能になったからであり、もう一つにはユダヤ人の高等教育進学を制限する差別的政策がとられたからである。

カザンは大学都市で、不穏な動きがあることではサンクトペテルブルクに劣らなかった。だからウラジーミル・ウリヤーノフがそれほど熱情を示さないまでも、好奇心と全体的動向に駆り立てられて、当局が認めない学生集会に参加したことは間違いない。しかし集会や討論への参加それ自体は、むしろ非本質的で、受動的なものだったのに、彼に対する制裁は度を越して厳しいものだった。制裁の程度はどちらかといえば彼の持つ名前によって決められたのである。当局が見せしめにしようと望んだなら、どうしてもウリヤーノフという名の人間が犠牲にならなければならない。彼はたちまち犯人にされてしまう。一八八七年十二月、相変わらず自分の保護下にある学生の運命を気にかけるケレンスキーの熱烈な弁護にもかかわらず、ウラジーミルは大学を追われ、カザンから去るよう要求され、家族の領地内に居住するよう指定される。彼の母親は数ヵ月前にペテルブルクに赴き、長男の命を救おうとしたわけだが、ウォロージャの学業を続けさせるために同じ旅程を再びたどることになる。今回説得しなければならなかったのは皇帝ではなく、警察大臣ドゥルノーヴォであった。しかしこの男は何にも耳を貸そうとしなかった。彼は本心を隠そうともしない。彼にとってテロリストの弟は危険人物でしかあり得ないのだ。その青年がまだ革命の意向を示していないとしてもかまわない。その名前だけで有罪にするに十分なのである。

「絞首刑に処された男の弟」

大学から追放されたウラジーミル・ウリヤーノフは、しばらく田舎住まいを余儀なくされたわけだが、かつての学友とのいかなる連絡も断たれた中で、追放生活に潤いを持たせ将来に備えるには、二つの手段しか彼には残されていなかった。一つは許可が下り次第、校外生として司法試験を受ける勉強をすること。

しかしなによりも本を読むことである。とはいえ兄が政治闘争の殉教者であり、進歩思想の持ち主と疑われている場合、そして大学で社会主義あるいはアナーキズムの魅力に気づいた場合に、一体どんなものを読むだろうか。ウラジーミルが今後こうした類の読書へと向かうのは言うまでもない。革命に共感していると疑われている以上、その告発が何を意味するのかを知っておいた方がよい。マルクス、ロシアの社会的文献、そして何よりもチェルヌイシェフスキー〔六一頁以降を参照〕。彼が後に語っているように、チェルヌイシェフスキーはやがて彼の思考の師となる。自分自身の内面を明晰に読みとり、自分の国で何が起こっているかを理解するために、これらすべてが彼にとって有効であった。おそらくその時に初めて、兄アレクサンドルの思い出が彼の心にしっかりと降臨し、彼は心の底から「絞首刑に処された男の弟」となるのである。

ウラジーミルはきな臭い――権力の側から言うと――著作を熱心に愛読したが、それは弁護士の職につくことを可能にする卒業免状を取得するという当初の計画を遂行する妨げとはならなかった。一八九二年にそれは実現し、校外生には容易なことではなかったが、彼はサンクトペテルブルク大学の卒業免状を取得する。そしてサマーラで認可を受けて、弁護士実習生としてそこに身を落ち着けるのである。

彼の弁護士生活はあまり注意を払うに値しない。その期間は短く、ウラジーミル・ウリヤーノフは重大な事案の弁護をしなかった。地主同士の境界画定に関する諍いがいくつか、直接彼の利害にかかわる資産管理案件がいくつか、そこまでで彼の全活動は終わっている。それが彼の一生を通じて生計を立てるために行なった唯一の活動なのだ。生計を立てるなどということは、彼にとって今後とも決して真の関心事となり得ないからである。

それに、ここへ来て彼に対する警察の厳しさが和らぐようになる。厳しい抑圧の歳月の後に、そして一八九一年の飢饉、一八九二年のコレラといった大災害と、必然的にこれに続いて起こった社会的混乱の後に、ロシアにある程度の平和が戻る。権力の締め付けが緩められる。治世末期という雰囲気の中で――アレクサンドル三世は一八九四年に死去する――、比較的無秩序な反体制運動が大都市と少数民族の間で発達する。ウラジーミル・ウリヤーノフはその機に乗じて一八九三年九月にサマーラを離れ、サンクトペテルブルクに居を構えて、しばらくの間フォルケンシュタインの法律事務所で働くことになる。

労働者階級の発見

サンクトペテルブルクでの二年間（一八九三年九月から一八九五年十二月まで）は、若きウリヤーノフが労働者階級と接触する――しかしきわめて限られたものにすぎない――唯一の期間となる。彼の姉が自分の名のもとに公表し、すでに本書でも言及した伝記の中で断言しているところによれば、この時期はまた、弁護士の職が彼の生計の手段となった歳月であるというが、これはさらに疑わしい。重要なのは彼が一人の若い女性と出会ったことである。彼女はすでに革命的行動とは言わないまでも政治的行動に深くかかわっていた。その女性こそナジェージダ・クループスカヤである。彼女は彼の忠実な協力者となり、二人はやがて結婚することになる。

進歩思想に夢中のこの若い女性は、謹厳で魅力的とは言えない人物だった。ナジェージダ・クループスカヤはウリヤーノフより数ヵ月年上である。彼と同様、彼女は両親とも貴族の出であると主張している。彼女がレーニンの死後執筆し、『グラナート』百科事典に寄せた自伝的文章の中で彼女がこの点を強調しているのは注目に値する。貴族出身であるが貧しかった、と彼女は書いている。両親は二人とも孤児で、「国費」で育てられ、それによって高等教育まで続けることができたからである。父親は職業軍人で将校だったが、破壊活動のかどで起訴され、断罪され、降格され、軍隊から追放された。そしてその後間もなく一八八三年に死ぬ。その時、娘はまだ十四歳にすぎなかった。そこで娘の教育と二人の生計を確保する責務は、残された妻の双肩に担わされることになる。彼女はひとかどの女性であったが、家庭教師をし、学生相手に部屋を貸して生計を立てたのである。ナジェージダは中等教育を優秀な成績で終了した。「金メダル」をもらったと彼女は書いている。彼女は当時大いにもてはやされたトルストイの思想にしばらくの間興味を引かれたが、その後、労働者階級の方に目を向け、その後四年の間（一八九一年から一八九五年まで）、この階級のために多くの時間を割くことになる。ナジェージダ・クループスカヤは、貧困家庭の大人に対してのみならず子供たちにまで夜と日曜日に授業を行なったのである。彼女がこのような活動を行なったのは己の政治的関心の赴く方向に導かれてのことだったが、ナジェージダ・クループスカヤはいささかも例外ではなかった。この世紀末にあって、民衆教育のレベルの向上に貢献するのが義務と考える貴族出身の若者――特に若い女性――は大勢いたのである。ナロードニキはすでに二〇年前にこうした人民と結びつこうとする意志を表現していたが、当時は人民とは農民のことであった。

急速な工業化の歳月の間に労働者階級が発達したことで、理想主義者の若者たちは大挙して労働者の方へと向かうことになる。ウラジーミル・ウリヤーノフと知りあったとき、ナジェージダ・クループスカヤはすでに二年前からこうした活動に加わっており、彼女は彼がまだ何も知らなかった労働者階級との接触の手助けをすることになる。「この頃、私はマルクス主義者になった(4)」と彼女は断言している。この性急な断定は検証するのが難しい。確かなことは、首都では学生たちと同時にピョートル・ストルーヴェといったすでに名の知れた知識人が通う小サークルの中で政治論争がきわめて活発に行なわれていたが、そうした町でウリヤーノフとクループスカヤは頻繁に出会いを重ねて、そのため進歩的思想のシンパだとの評判を得るようになるということである。クループスカヤの家でも、彼女の母親を囲んで、またいくぶんかは下宿学生のおかげで、こうした集会が頻繁に開かれており、ウラジーミル・ウリヤーノフはその熱心な参加者の一人となって行く。

彼はこの時、熱烈な恋をしていたのだろうか。確かに彼はナジェージダが労働者たちのための授業に出かけるのにしばしば同行したと思われる。二人は一緒に多くの夜の集まりに出かけるが、それは政治的なもので、社交界のパーティーではもちろんない。とはいえ固い友情と政治論争に対する共通の関心という限度を超えた感情を、この段階で二人が抱いているとは思われないのである。

ウラジーミル・ウリヤーノフは少年時代以来女性に取り巻かれており、あらゆる経済的困難から女性によって解放された、ということを忘れることはできない。彼の母親と姉妹は常に彼が安心して暮らせるように留意した。二十三歳になってサンクトペテルブルクにやって来た彼は、彼を迎え入れてくれた家のもてなしをまさにその価値通りに評価したのではなかろうか。彼はある意味でその家の中に、これまで常に体験してきたもの、つまり保護の行き届いた生活を子供に保証してやる母親というものを、再び見出していたのだ。この二人の女性は死ぬまで別れることはない。クループスカヤの母親は常に娘に従い、人生を共にする。ナジェージダの好奇心と活動は彼自身のそれと似通っていたが、ウラジーミルはまた彼女の中に自分の姉妹たちのうちの何人かの面影を見出している。すでにこの世にはいない大好きなオルガ。そしてアンナ。彼女は上京して、やがて彼の側近集団となる女性グループに加わることになる。しかし頻繁にナジェージダのアパルトマンを訪れても、ウラジーミルは明瞭に婚約者を気取るわけではなく、二人の運命が永遠に合体するとはまだ誰も予見することはできなかった。

当面は、彼ら二人の関心は左翼思想にますます大幅に向けられるようになる。ロシアの情勢は、こうした思想の発達に好都合なものとなって行った。一八九四年、皇帝アレクサンドル三世の跡を継いだ若き皇帝は、曖昧な性格の持ち主ではあるが、やる気は充分だった。彼は父親の事業——ロシアにふさわしい唯一の体制と彼が考える専制政治を維持すること——を継続するつもりだったが、それと同時に人民の愛を勝ち取ることを願っていた。そこから政策は厳しさと柔軟性の間を揺れ動くことになったが、そこに何よりも反体制集団が付け込み、活動を展開し拡大して行くのである。

「開祖たち」との会見

一八九五年初頭に、ウラジーミル・ウリヤーノフは初めてロシア国外に出る。スイスに赴き、ロシア・マルクス主義の歴史的大立物、プレハーノフ、アクセリロード、ヴェラ・ザスーリチに出会うのである。彼は熱烈に歓迎されたとは言いがたい。これらの威信ある人物の目に、自分たちを訪れた若者はあまり魅力的に映らなかった。容姿の面で驚かせたのは、彼が年の割に老けていたことである。二十五歳なのに、四十歳近くに見えるだろう、と彼らは証言している。小柄で、痩せており、若禿で額が広くなっており、髪は薄く、赤毛の顎ひげはすでに色あせている、こうしたこと一切が、何よりも彼のアジア系の特徴——カルムイク人の祖母から受け継いだ——と、印象深いが人を狼狽させる目を浮き出させていた。あまりに鋭く、あまりに執拗な眼差しは、いわく言いがたい色をしており、のちには「狼の眼」と言う者もいた。誰にとっても、一目見るなり、彼の容姿は、年齢を忘れさせるような二つのあだ名を思いつかせるのだった。爺さんあるいは禿である。

しかし先輩たちの冷ややかな対応は、彼の容姿だけが原因ではなかった。会談は知的領域において互いの理解の不在に突き当たる。これより少し前、ウラジーミル・ウリヤーノフは「トゥーリン」の名で、ナロードニキ運動に関するストルーヴェの著作に対して辛辣な批評を発表していた。ロシア・マルクス主義の「開祖たち」としては、若きウリヤーノフはきわめて狭量な精神の持ち主で、この世紀末にあってロシアが抱える問題を本当に憂慮する気持ちよりも、論争を求める気持ちに突き動かされていると見た。それでも、ロシアで政治新聞を出すように励まされたのであるから、会見は成功したわけだが、それは彼らが若き訪問者を駆りたてている行動への意志にほだされたからにほかならない。しかし励ましがあり、また共に手を携えて活動しようという約束もなされたものの、プレハーノフと未来のレーニンの間に、今後深まり続ける溝は、早くもこの時から穿たれたと考えることができる。プレハーノフはおそらく意志の背後に、この後に姿をあらわす良心の呵責を知らぬシニスムを感じ取った。ウラジーミルの方は、相手のうちに洗練された知識人特有の良心の呵責があることを見抜き、それを拒絶するのである。

この極めて短期間の旅行は、彼のペテルブルク時代の最終局面を決定することになる。ウリヤーノフは今後は革命運動に積極的に挺身したいと思い、後に述べるが、主にナロードニキ思想を批判する論文を次々と発表し、特にメーデーに向けた時局的マニフェストを執筆し、プレハーノフとアクセリロードから創刊するよう示唆された新聞の発行に努力する。これが非合法の新聞、『ラボーチャヤ・ガゼータ（労働者新聞）』で、彼一人ですべての記事を書くことになる。一八九五年十二月九日、発行の用意は整った。しかし警察が介入する。未来のレーニンは、身近な仲間の大部分と共に逮捕され、機材は差し押さえられる。一年と二ヵ月続いた取調べ期間に、彼は監獄に拘留されていたが、それはそれほど過酷なものではなかった。何しろ拘留者は倦むことなき活動に専念することができたのである。自己形成を補完し、読書を重ねることによって自分自身の著作を準備するために、本を差し入れてもらい、友人たち、特にナジェージダと連絡を取る――もちろん非合法だったろうが実に効果的に――ことができた。ナジェージダは同時に逮捕されたわけではなく、一八九六年になって、五月と六月に多数の労働者集団を動員して行なわれた大規模なストに参加したかどで、初めて逮捕される。ウラジーミル・ウリヤーノフは短い政治攻撃文書や、さまざまのグループへの指示を獄外に送り出した。このため当局はこの男は危険な革命家であるとの確信を強めることになった。そのため一八九七年二月に、彼は「追放」（流刑）の決定を受ける羽目になる。三年間のシベリア送りを言い渡されたのである。

快適な流刑

ツァーリ権力は、その後継者たるソヴィエト権力から残虐非道であったと告発されることになるが、それだけにそのやり方を注意深く見ておく必要がある。レーニンが拘留された監獄は、後にソヴィエトの恐怖政治の犠牲者たち――彼らは本に囲まれることも、政治攻撃文書を準備することも、外部と接触することもできなかった――が受けたルービャンカ流*の拘留とは似ても似つかないものであった。出獄ののち、レーニンは三日間自由の身とされた。姉が書いているところによれば、それは「身辺を整理し」、自分でシベリア行きの手筈を整えるためであった。危険分子とみなされたこの男はこの三日間を、革命運動の同志たちと会うことに費やす。それから出発するわけだが、それにしても何と恵まれた条件で出発したことだろう。

＊モスクワの強制収容所。レーニン・スターリン時代に秘密警察によって政治犯から自白を強要するために幾多の拷問が用いられた。その様子はソルジェニーツィンの『収容所群島』に詳しく描写されている。

これまで彼の面倒を見続けて来た母親は、今度も当局に働きかける。そして警察大臣に対して何とも驚くべき二つの要望を提出する。まず息子が自由人として、自分持ちで流刑地へ発てるようにという要望。「護送隊なしで」と、アンナ・ウリヤーノヴァ＝エリザーロヴァは明記することになるが、見たところ自分の要望がどれほど途方もないか気に止める様子もない。彼女は次に、息子の健康状態が芳しくないことを理由に、息子はクラスノイヤルスク市あるいはエニセイ河南部地方のような気候温暖な地に住まねばならないと訴える。息子はこうした要望に躊躇なく連署し、これは大筋で受け入れられることになる。こうして彼はシベリア横断鉄道の旅を自弁で、というよりも母親の費用で快適に行なうことができた。そしてミヌシーンスク地区のシュシェンスコエに居を定め、そこで三年を過ごす。当局の寛大な計らいはこれで終わらない。ナジェージダ・クループスカヤは三ヵ月の拘留の後、バシキール地方のウファーに居住指定された。そこで彼女は当局に対して、この追放の地をシュシェンスコエに変更して、そこで婚約者のウラジーミルと再会し、結婚し、彼と生活したいと願い出たのである。

そこで一八九八年初め、ナジェージダ・クループスカヤは当局の承認を得て、婚約者のもとに到着する。彼女は自分の母親と一緒にやって来て、母親は彼女ならびに彼女の夫と生活を共にすることになる。実際結婚式は行なわれ、それだけではなく、クループスカヤの母親が固執したために、結婚式は二人が四半世紀以上も前に洗礼を受けていた正教の典礼に則って敬虔に執り行なわれた。マルクス主義者たちは宗教を軽蔑するが、抗議もせずに伝統に従うこの夫婦は、そうした宗教蔑視を心に刻んでいたようには見えないのである。

ウラジーミル・イリイチとその新しい家族の流刑は、要するにきわめて容易に耐えることができるものであった。アンナ・ウリヤーノヴァ＝エリザーロヴァの話は、当局の善意の痕跡を一切消し去ろうとの意志、また流刑を労働と熟考の時期としたいという意志に貫かれているが、それでも彼女はその中で、ロシアの帝政時代における「流刑囚」の生活のいくつかの便宜をつい漏らしてしまうのである。「ウラジーミル・イリイチのいた村には、二人のポーランド人労働者が住むだけであったが、同じ地区の別の村には同志が住んでおり、彼は祭や結婚式の時には彼らに会っていた……」。こういう具合に、流刑囚の間で結婚できる――レーニンの例がその証拠である――し、住人同士で集まることもできたことが確認できる。この間、彼は狩や釣をやり、すばらしい野生の自然に恵まれて長い散策をするなど、身体運動に専念した。これは彼にとって貴重なことであった。もちろん姉が親切にも強調しているように知的活動もした。当時有名だったウェッブ夫妻の『労働組合主義の理論と実践』を翻訳したり、監獄で集めた資料によって個人的な小品を執筆したり、攻撃文書を書いて外国へ送ったりしている。この文書が公表されても、当局はそれをもって、反体制闘争にかくも情熱を傾ける流刑人の行動を規制しようという気にならないのである。こうした論戦的著作活動において、彼の妻は重要な役割を演じる。彼女は翻訳に協力し、将来の著作の素材を集める。ナジェージダは新妻という以上に、自然相手の楽しみと知的作業とに共に時間を用いたいと望んでいたレーニンにはなくてはならない協力者だった。一家の家計は、すでにその頃からナジェージダの母親の担当となっており、彼女のお陰で娘夫婦は一切の金銭的心配から解放されていた。

生活の諸相には、これ以外にも強調すべきものがいくつもある。まず、ウリヤーノフ夫妻も、時には狩の獲物を楽しむパーティーで出会う他の流刑者たちも、居住指定された所で生活しなければならないということ以外、いかなる拘束も課されていなかったという事実である。かなり広い範囲にわたって、彼らは移動の自由が大幅に認められており、近隣に住む流刑者を訪れたり、狩や釣の集まりを催すことができた。また集まる可能性も大幅に有していた。とにもかくにもこれらの革命家たちは、体制にとって危険であると判断されたのである。ところが彼らは集会の権利を奪われていないだけではなく、現地の住民から隔離もされておらず、彼らは進んで地元民に対する積極的宣伝活動に専念していた。流刑に処された者にとって、流刑は社会的接触を広げ、帝国の隅々に革命思想を伝えるチャンスだった。地方当局は、こうした不穏な動きに反応せず、傍観する。「追放された者」の条件は、拘束を伴わないからである。体制の敵は驚くほど寛容に扱われ、敬意さえ払われる。この点に関する証言はいくらでも見出せる。彼らはまた当局が組織するどんな労働にも、強制的に駆り出されることもなければ、要求されることさえない。要するに、シベリアに居住しなければならないという義務を除けば、彼らは自由であり、好きなように生き、好きなものを見、余暇活動であろうが破壊活動であろうが、好きなようにどんな活動でもする自由を持っていた。快適なシベリア横断鉄道の旅からこの穏やかな生活に至るまで、ツァーリ政府の敵の境遇が、後にソヴィエトで「人民の敵」に課される処遇とは、どれほどかけ離れたものであったかを確認しないわけにはいかない。権力を握ったボリシェヴィキの残酷さ、その留まるところを知らない暴力、こうしたものを彼らに教えたのはツァーリ政府ではない。十九世紀末にはツァーリ政府は弱体化しており、それゆえより穏和になっていたのである。

おそらく十九世紀の初頭においては、流刑囚の地位はこれよりもはるかに過酷なものであった。しかしその当時でも、デカブリストの妻たちは、苛烈な条件のもとでシベリアに到達し、夫と再会し、流刑囚の生活を共にすることができたことを忘れることはできない。ソヴィエト体制下では、権力に追われた個人――それも全体としていかなる理由もなく、「流刑割当て」で適当に抽出されたか、あるいは排斥された社会カテゴリーないし民族カテゴリー（クリミアのタタール人、チェチェン人、イングーシ人、など）に属するという罪を犯しただけで――は、家庭から、家族から引き離され、通常は家族との一切の接触を絶たれたのである。

それに加えて、こうしたあまり厳しくない「追放」は、長期にわたることもなかった。一九〇〇年、レーニンはシベリアを去ることができるようになった。どこへでも行きたいところに行く自由を手にしたが、ただし大きな大学都市あるいは大工業都市は例外であった。そうした都市では元流刑囚がシベリア帰りという威信を帯びて、たちまち説得力ある扇動者になってしまうことを権力は恐れたからである。ウラジーミル・ウリヤーノフはモスクワの家族のもとでしばし過ごした後、プスコフに身を落ち着けることに決める。ナジェージダの方は、夫が釈放された時、まだ一年刑期が残っていたために、彼女が革命勢力と緊密な関係を保っていたウファーへ戻ることを選ぶ。要望をはねつけることのない当局は、三年前に彼女がシュシェンスコエ村へ移ることを許可した時と同様に、今度もバシキール地方へ戻ることを許可する。当局にとってこうした要求の出る理由はどうでも良かった。まるでクループスカヤが見過ごすことのできない革命活動に再び挺身するようになっても、当局としては関知しないとでもいうようであった。彼女はウファーに一九〇一年まで留まる。そしてその年になると、彼女は外国に住みたいとの欲求を表明し、当然これは承認される。移動するたびに、流刑囚クループスカヤは世帯を、つまり離れられない母親と、書物ならびに日常生活の必需品一切を一緒に持っていく。流刑は金色に輝いていたとは言えないが、便宜がなかったわけでは絶対にないのだ。

流刑の終了と共に、ウリヤーノフ夫妻にとって、革命的人生の修業時代は終わる。この節目は、夫妻がともに三〇代になろうとするときに訪れるが、これをより際立たせるかのように、ウリヤーノフはこの時期以降「レーニン」の署名のみを用いるようになり、永久に「レーニン」となるのである。それ以前は、彼は文書の下に代わる代わる、「V・ウー」、「トゥーリン」（トゥーラ市からとった）、ペトロフ、V・イリンと署名していた。彼がレーニンの名を採用するのは一九〇一年のことである。この名のもとに、「世襲貴族、ウリヤーノフ」は歴史の中に参入して行き、彼の国の運命を一変させ、ある程度は全世界の運命を揺り動かすことになるのである。

第2章　変化のるつぼ、ロシア

「あらゆるロシア」の帝国

一九〇〇年のロシアは、数十年前にまだ旅行者が口をそろえて野蛮と後進性の土地と描写していた国ではもはやない。変わっていないのは、おそらく国土の広さと人間の多様性である。国土は拡大し続け、レーニン誕生の直前の一八六七年に、アメリカ大陸にまで進出していたロシア帝国はアラスカをアメリカ合衆国に譲渡して手放したけれども、それでもヨーロッパとアジアにまたがる広大な空間を占め、その国境が最終的に確定するのは一八九五年にすぎない。この帝国は二つの世界から成っている。一つは本来のロシアとその西方の属領、つまりバルト地方、フィンランド、ポーランドで、全体としてヨーロッパの方を向いている。第二のロシアは東と南に広がり、シベリア、極東、ステップ地帯のほとんど植民地的領域である。この二つのロシアはかなりの人口を擁するいくつもの住民集団を包含しているが、それらの住民集団の文明、発展水準、生活様式はまことに種々雑多である。

帝国の総人口はきわめて多い。一八九七年の国勢調査によれば、ロシアの人口は一億二三〇〇万人。これに対して当時アメリカ合衆国の人口は九五〇〇万人、ドイツの人口は六八〇〇万人だった。しかしロシアの人口は広大な国土に分散し、分布にはばらつきがある。平均すると一平方キロメートルに七人が住むにすぎない。出生率はきわめて高いが、死亡率もこれに劣らず高く、特に幼児死亡率が高い。ロシアでは、飢饉および伝染病という人口統計学的大惨事がいくつも起こった。しかし世紀の変わり目には、農業の発達と医学の進歩によって、こうした災いは過去のものになったように見えた。一八九一年の大飢饉、一八九二年のコレラは、ロシア人という集団の生活の最後の悲劇的エピソードとなった――少なくともそれがロシア人の期待するところであった。

文化的・民族的多様性が、ロシア帝国の住民のもう一つの主たる特徴である。一八九七年の国勢調査を見ると、帝国帰属民の五五・七%はロシア語を話さず、したがってロシア人とみなされていないことが分かる。それぞれ異なる地域語を話すこれらの住民は、また異なる信仰を持ち、それがしばしば彼らの生活様式を律している。多数派はキリスト教徒――正教会だが、カトリック教徒（帝国に迫害されている）やルター派もいる――で、帝国の西部に集中している。南部と東部にはイスラム教徒が居住し、普通はトルコ系の言語を話すが、例外もある。また特にシベリアには仏教徒もいる。そしてカフカス――かなりの部分、キリスト教だが――には、百ばかりの小民族と言語が境を接して居住している。文化もさることながら、地理的条件が行動様式の差異を強固なものにする要因となっている。ロシア農民は生きるための空間を獲得するために森林と戦って来た。中央アジアの定住民は、生き残るために必要な水を手に入れるために戦って来た。遊牧民は移動の空間を確保するために戦って来たのである。

ロシア帝国はこれらの民族を、一五五二年のカザン汗国の陥落から一九〇〇年までの四〇〇年で征服したわけだが、将来の統一に思いをめぐらし、それらを本当に一枚岩に纏め上げる時間的余裕を持たなかった。かくしてロシアはロシア人と他民族（イノロッツィ）を隣合せに住まわせ、結局あるイギリス人旅行者が書いたように、「あらゆるロシアが併存する空間[1]」となるのである。

レーニンははるかシベリアの地に追放されたために、自国の広大なことと人間の多様性を計り知ることができた。ヨーロッパ・ロシアの中でもすでに多様性を示す地域で少年時代を過ごした後、こうしたシベリアでの生活を体験したことは、レーニンにロシアの領土の無限性、その風景の豊かさ、さらには諸文明の豊富さを自覚させることになった。都市のロシア人、シベリアの入植農民、流刑地で出会ったがかつてシンビルスクで出会っていたチュヴァシ人、幼少の頃より身近に接し、カザンで再び接したタタール人、こうした人間たちはいずれもレーニンがたちまち帝国の正確な姿を把握するのに等しく貢献した。これによってレーニンは、きわめて早くから植民地問題について考えることになる。この問題は彼の同志の大部分にとってなかなか大きな関心事とはなり得なかったのであるが。

変貌する社会

このように多様な帝国はまた、激動する帝国でもあり、急速な進歩とともに問題が噴出していた。農奴解放は、農奴を市民に変えようというのであるから、一八六一年においてはとてつもない政治的影響を及ぼす行為であった。とはいえ農地問題は解決されたと言うには程遠かった。この時から農民は土地を買い戻すことができるようになったが、一般的にはそのための経済的手段を持たなかった。多くの者は貧しすぎてこの権利を行使することができず、それを他人に譲渡してしまう。無理をして買い戻した者の中には、長期にわたる借金を抱えこむ者もあった。十九世紀末の数十年において、農村部では大地主、豪農、猫の額ほどの土地を所有する者、小作農が並存していた。共同体（ミール）は改革によって維持されたが、これは農民を再編成し、五年あるいは六年ごとに各家族に土地を振り分けるというものだった。農民が八〇%を占める国において、「土地への渇望」ならびに富める者と貧しい者の対立は、重要な位置を占める。農村部の騒擾はいつ表面化してもおかしくなく、農村がどんな組織的政治運動でもつけ入ることができそうな不気味な反体制的潮流に支配されていることは周知の事実だった。権力ももちろんそれを承知しており、蜂起の恐れのある農民層をなだめるために、農民のシベリア移住を促進した。このアメリカ型の解決策は当局を魅了したが、当の農民たちの気を引くことはあまりなかった。一九〇〇年に新たな土地への入植という冒険に乗り出した農民は、一〇〇万人いるかいないかだった。

アレクサンドル三世は父親の死に際して、とりわけ工業型の経済発展を選択したが、二〇年でその効果が現れた。ロシアはきわめて急速に都市化し、農村の貧困に意気阻喪した農民は都市への定住に引きつけられた。きわめて長い間、ロシアの都市は、なによりも市場であって、そこで行なわれる商取引に引き寄せられて住民が集まって来たものであったが、十九世紀末には工業化が都市の発展を加速させ、定住民が都市に定着するようになる。二十世紀初頭にモスクワとサンクトペテルブルクは、人口一〇〇万から一二〇万に達するが、あらゆるタイプの産業が出揃う大中心地となる。注目に値することであるが、この工業発展はロシアの植民地的地域にも拡大する。土着異民族がこの発展に大いに関与するのである。そしてそのことは大きな社会運動の拡大に影響を及ぼさずにはいない。さらにこれほど広大な国にとって必須ののである鉄道の飛躍的発展は、帝国の生活の変化に貢献し、都市化と人的交流をさらに促して行く。

こうした急速な経済的変化は、その結果、労働者階級を誕生させる。この階級はまだ数の上では限られており、三〇〇万人に満たないが、工業化された大きな市街地に集中している。この生まれたばかりの労働者階級は、受動的ではいささかもない。その物質的条件はまことに過酷で、彼らはその点を痛切に自覚しているが、それはおそらく農村生活との決別が急激で、一方、日ごとに変貌を遂げる都市もあまり優しくはなかったからである。急速に進む工業化の舞台となった大工場は、村の生活条件および人間関係とどれほどかけ離れていたことか。さらに資本主義が生まれつつあるこうした時代には、企業者は雇い人たちに対して一般に冷酷な態度を示し、彼らにいかなる権利も拒んだものである。そうは言っても、労働者も無防備であるわけではない。労働者の三分の二は読み書きを学んでいたが、それは大抵は、ナジェージダ・クループスカヤが逮捕以前に行なっていたように、労働者の立場に立った青年たちが惜しみなく行なった授業のおかげによるものだった。このようにして労働者はマルクス主義のビラを読み取り、あるいは人に読んでもらうことが、また自分たちの問題を考え、共通の要求事項の周りに結集することができた。

このように悲惨な、そして動員可能な労働者階級の自覚が、十九世紀末の十年間に頻発したストおよび権利要求運動の原因であるが、それはまた労働者の条件にある程度の進歩がもたらされたことの原因でもあった。労働運動の興隆に押されて、政府はなにがしかの譲歩を迫られた。一八九六年から九七年にかけてサンクトペテルブルクの繊維工場を麻痺に陥れた大ストライキの後に、当時ニコライ二世の経済政策の推進者であったウィッテは、労働時間の改革に取りかかる。採択された法律は、一日の労働時間を一一時間三〇分、夜間労働を一〇時間に制限し、日曜日を休日とした。十九世紀末の工業化世界で実施されていた社会立法と比較してみるならば、これらの措置はとんでもないものに見え、こんなものが進歩だなどと誰も想像する気になれないだろう。しかし当時のロシアには、組合の権利とストの権利は存在せず、雇用者の専断を制限するものはほとんどなかったのであるから、これだけでもすでに労働者にとって成功だった。

もっとも、労働立法は、ロシア国内での時間的比較をしても意味はなく、空間的比較を行なわなければ意味がない。イングランドでは早くも一八七八年から一日の労働時間は法によって一〇時間に制限され、土曜の午後と日曜は必ず休日としなければならないとされたが、この有名な「イングランドの一週間」は他の国では決して真似されることはなかった。フランスはロシアの革命家から先進国とみなされていたが、その十九世紀末の社会立法は手本となるどころのものではなく、ロシアの雇用主の都合にうまく合致しただろう。フランスでは一八四八年までは労働時間に制限は無かったが、この年以降、一日の労働時間は一二時間に短縮される。これ以後、一時的、また地域的に措置が取られるものの、一九一四年までは多数の企業は一八四八年の法律に固執し続け[2]、労働時間一〇時間はむしろ例外だった。それは一九〇〇年に女性労働者について適用されたのである。十九世紀末以来、過酷な待遇が緩められたのは、炭坑労働者と子供のみだった。週休は、フランスでは一八八一年まで宗教的理由から尊重されていたが、その年に廃止され、それが復活するのは一九〇六年になってからである。一方、ドイツでは週休は一八九一年以来、義務となっている。それ故この面でロシアの労働者の地位はフランスの労働者のそれにかなり近い。ロシアが全体的変遷の中で例外をなしていたのは、組合の自由とストライキ権の面においてである。常に先端を行くイングランドだけでなく、同じくドイツ、ベルギー、フランス、イタリアという、ロシア以外の至る所で、組合の自由とストライキ権は、一八七〇年から一八九〇年に獲得されて以来、労働者の地位の一部をなしていた。

こうした自由にもかかわらず、あるいはこうした自由が存在するが故に、一八九五年より労働運動の高揚は西ヨーロッパ全域に共通の要素となっていた。強力な運動が起こるのには国ごとに時間のずれがあったとしても、進展のありようはどこでも同じで、至る所で政府は民衆の要求に対する回答を見つけ出さなければならなくなる。ロシアはいかにしてこの騒擾を免れることができるであろうか。ロシアの労働者は、活発な革命運動のおかげで、他の国で展開する闘争と、権利と自由に関する彼ら自身の立ち遅れについてよく知っていた。労働者たちが力ずくで権利と自由を獲得しようとした理由は、このように説明することができよう。

不動の権力

当時、ロシアの社会は大転換の真っただ中にあった。確かにこの社会はいまだに農民が多数を占める社会である。しかし活動的分子、つまり労働者、学生、より広範にはインテリゲンツィア――これについては後ほど言及する――という、近代化された経済に対して必要な適応を済ませた人々が都市に居住している。この社会の景観にいまだ欠けているものは、ブルジョワ階級であり、これが存在していれば、進歩と同時にある程度の安定に貢献することができただろう(3)。

このような変貌中の社会を前にして、権力はまことに力不足だった。国家の頂点にあっては、一八九四年に即位した若き皇帝は、あちこちからいくつもの影響を受けていたが、そのいずれもが、彼の国を揺り動かしている変化への要求を彼が無視するよう促すものばかりだった。まず先帝アレクサンドル三世の遺産と政治的保守主義の影響である。また宗務院総監ポベドノースツェフの影響。彼は亡き先帝の教育係を務めており、父親に手ほどきした専制政治への全面的忠誠の中に息子の新帝をつなぎ止めようしていた。しかしまた若き后妃アレクサンドラもいた。彼女は新たな祖国と、婚姻の時に入信した正教への信仰に熱狂的に愛着を抱いていたが、改宗した宗教への彼女の理解にはいささか不穏当なところがあった。彼女はそこから、神秘主義と政治的保守主義が混合した聖なる使命への確信を引き出しており、これもまた専制政治への偏執へと繋がって行く。皇帝は生来、優柔不断であり、ロシア社会の底辺に通じておらず、ロシア社会の現状をあまり把握していなかったために、こうした圧力への抵抗力を持たなかった。その上、彼は自分の国民について、十九世紀末というよりも十八世紀の実情に近いイメージを持っていた。「国民」とは、真のロシア国民とは、ニコライ二世にとっては理想化されたムジーク〔農民〕なのである。ストをする労働者やデモをする学生については、彼はそれを扇動者に操作される少数派とみなしており、「真の」国民は扇動者に耳を貸さないと考えていたのである。彼は偉大なるロシア近代化の父セルゲイ・ウイッテの影響で、アレクサンドル三世が企てた経済発展の事業を継続した近代化の深刻な帰結に気付かなかった。すなわち、経済と平行して人々の精神も近代化されていたこと、そして進行中の経済的・社会的変化にあわせて少なくとも一部は、政治体制を変える必要があるということである。ニコライ二世にとって、経済的進歩と政治的法規は無関係な二つの領域であり、この先もずっと無関係であり続けるはずのものであった。

そしてロシアが物質面で発展すればするほど、倫理的・政治的伝統は重要性を増すはずである、と皇帝は考えていた。正教会は、こうした保守主義的態度に皇帝をしっかり繋ぎ止めるのに貢献した。

ロシア国家は、世紀の変わり目にあってますます拡大する騒擾に対処する力を持っているだろうか。恐らく否である。この強大な帝国の官僚機構の鈍重さと腐敗は、ゴーゴリ以下の作家たちがふんだんに描写したが、この帝国のもっとも驚くべき特徴の一つは、近代化の時に当って国家が正常な運行を確保するに充分な行政機関を所有していないことであった。十九世紀末におけるロシア国家の行政機構は、同時代のフランスあるいはドイツの西ヨーロッパ諸国のそれに較べて、(4)とほうもなく発達が遅れていた。ロシアの国家予算の困難に起因する官吏の数的弱体に加えて、事務局と官吏の配分の不均等と腐敗の蔓延がある。行政機関は主に首都ならびに中央ロシアに集中していた。そして地方と、ましてや植民地的辺境部はほとんど行政的に編成されていなかった。こうした状況から、数が少ないと同時に良心もない官吏が過度の権力を手にするという事態が出来する。というのもロシア行政の高官には輝かしい知的・道徳的資質を有する人物もいたが、地方の小役人たちは大部分が、ずっと昔からチノーヴニキ〔お役人仕事〕の特徴となっている、道徳的に堕落した行動様式を踏襲していた。彼らはいかなる管理も受けずに行使される権力を利用しようとする性癖があったのである。

人員配置が不十分なロシア国家は、こうした現状の埋め合わせとして、社会の監視システム、つまり治安に力点を置く。アレクサンドル二世の生命、そしてその息子の生命に次々と試みられたテロは、内務大臣に強大な権力を与えるに至った。内務大臣は一八八三年以降国家安全保障と治安部隊の実質上の責任者となる。安全保障は警察の指揮下にあり、警察は社会の統制の主要な道具たる憲兵隊を統括していた。一八八三年から一八九八年までの間、政府は警察活動の合法性を保証する任を負った機関を警察の上に置いて、警察活動を掌握し管理しようと気を配ったが、一八九八年から状況は変化する。社会的騒擾が再び起こったために、政府は警察機構の強化を決意するのである。警察官と憲兵隊の隊員の数は増大し、戒厳令発動が頻繁に行なわれるようになる。外から見ると、ロシア国家はますます警察国家に類似して来る。しかしこうした判断は、ロシアという国の運行に特有のある種の特徴も考慮するのでなければ一方的となってしまうだろう。

警察の監視によって反体制勢力を無力化することを期待して打ち立てられた政策は長期的には次の三つの要因によって、弱体化されてしまう。(5)まず私有財産の尊重。危険な国事犯とみなされた個人であっても、個人の財産および経済的自由は尊重されるのである。投獄も、流刑も、国家が個人から財産を剥奪する口実とはならない。革命運動あるいは時としてそのメンバーは、贈与ないし助成金を受けることがあったが、国家はそれを察知している場合でも、手を触れることは決してなかった。蜂起を呼びかけ、その目的でロシア国内に運びこまれる文書の作成を賄うための外国への送金は、きわめて合法的に行なわれていた。この体制の第二の弱点は、ロシア人、特にインテリゲンツィアには、研究、亡命、反体制活動の実行のために外国へ行く可能性が与えられていたことに由来する。十九世紀末にはパスポートの取得は、危険分子と判断された人物がロシアから遠ざかる方を当局は良しとしていたため、極めて容易であった。ロンドン、チューリッヒ、パリ、ベルリンはこのような訳で、それぞれロシアの革命活動のとび切りの中心地であった。ウリヤーノフ夫妻がシベリア流刑終了時に、外国へ発つに当ってあまり困難がなかったのも、これで説明がつく。この体制の弱さの第三の原因は、結局、指導的エリート層の「気の迷い」にある。一方では、彼らは強固で抑圧的な体制の必要性を信じていた。しかし他方では、世界中で受け入れられている基準にかなった近代的エリート層と見られたいと、特にロシアの外でそう見られたいと願っていたのである。権威というものについてのこのような分裂した考え方は、体制のさらに下の段階にも時に見られるものであるが、ここから有効性にとっては有利と言えない矛盾した行動様式が生まれるのである。

こうしてロシア国家は、市民生活の安寧を維持するために、巨大な警察機構と恣意的法規に依拠しながらも、とりわけ脆弱さと無能を特徴としていたのである。原則として警察国家であるが、現実にはあまり抑圧的ではない、ということをいくつかの数字が物語っている。ニコライ二世が政権に就く前の十年間においては、政治犯に対する死刑執行は一七件あったが、死刑判決を受けた者の大部分が実際に暗殺を実行したことは周知の通りである。一方、アレクサンドル三世の全治世期間を通じて、合計四千人が政治的理由で逮捕・拘禁された。(6) 体制の政治的敵対者が普通犯に仕立て上げられるのはソ連邦では通例であったが、この当時はそのようなことはなかったことを強調しておくべきだろう。ニコライ二世時代の犯罪者名簿はこれよりさらに少ない。人口が一億二三〇〇万人で、政府の高官暗殺が頻発した混乱の時代であることを考えれば、この数値から革命前の数十年間のロシアを「警察国家」と規定することはできない。せいぜいロシアを統治した者のうち何人かが「警察国家」への野心を抱いたにすぎない。

大変な被害にあったのはユダヤ人であったが、これは警察の監視による被害ではなく、彼らが蒙った略奪に対して警察がかなり寛容であったという被害である。十九世紀末、帝国内には六〇〇万人のユダヤ人が居住し、その大多数はユダヤ人に指定された「居住区域」に住んでいた。(7) 十九世紀末の二〇年間はユダヤ人にとって特に悲劇的であった。この時期の特徴は、差別――特に大学入学者数制限、繰り返されるポグロム〔ユダヤ人に対する略奪と虐殺〕、そして一八九五年以降は、卑しむべき偽造文書『シオンの賢人たちの議定書』の公表に伴って、ユダヤ人に対する疑念が一般化したことである。こうして政府は帝国内のまるまる一つの共同体が体験する悲劇に目を閉じたのだ。政府はまたこの状況の帰結が十分予測できたにもかかわらず、それに目を閉じた。ロシアにとって大きな損失となるその帰結とは、多数の人間の国外脱出にほかならなかった。脱出可能なユダヤ人は、近隣ヨーロッパ諸国に、さらにはアメリカへ向かって逃亡した。残留するものには、いくつかの選択肢があった。約束の地〔パレスチナ〕への帰還を説く組織に目を向けるか、ユダヤ人だけの組織の中で革命闘争に身を投じるか、あるいは全体としての革命運動による反体制闘争に組み込まれるかであった。

教会の見えざる危機

十九世紀末のロシアはまた、精神的な序列と権威を結合したもう一つの構造によって支配されていた。正教会である。正教は帝国の支配的宗教であり、〔ローマ教皇のような上位の権威を持たない〕己れ自身の首長を持つ教会が国家の教会なのである。それ故、正教会は国民生活と政治体制の構成要素の一つをなしていた。ピョートル大帝以来、教会は国家に従属していた。というのもピョートルは、一七二一年に総主教制を廃止して、国家からの独立へのいかなる意欲をも奪い去り、その代わりに宗務院という行政機関を設置したのである。宗務院総監とは要するに皇帝によって選任される高級官僚にほかならなかった。十八世紀以来、政治権力に服従した正教会は、ビザンティンの遺産である壮麗な典礼と強大な知的保守主義の中に凝固してしまった。権力が正教会に期待するのは、正教会が権力の正当性を承認し、権力によるあらゆる選択と行為が神の意図と合致しているとの強固な確信を社会に行きわたらせてくれることであった。こうして政治体制の利益に服従し、安定装置の役回りを演じる代償として、正教会は国教という地位に由来する巨大な権威を行使した。カトリック教徒とルター派信徒は半合法的存在に追いこまれていた。ユダヤ教は社会からの排除と同義語となり、ユダヤ人は帝国の完全な市民となることを欲するならば、洗礼を受けるよう促された。帝国南部の被征服民の宗教であったイスラム教のみは、権力によって黙認されていた。他民族は特別な地位を有する帝国住民であった。彼らは兵役を免除され、自ら学校を開設し、数多くの祭儀の場を持つことを認められていた。トゥルキスタン総督カウフマン将軍は、正教会に対してタシケントに司教区を作ることと伝道活動を行なうことを禁じた。(8) ロシア政府はこうしたイスラム教徒との平和共存によって、イスラム教徒がロシア正教文明の美質を自分で発見し、自発的に歩み寄ってくることを期待していたのである。

帝国の南部でこのような制限を課せられていたとはいえ、正教会は領土拡大と征服には好意的であった（当時、帝国はアジアで領土を拡張しようとしていた）。それによって将来の自分の影響圏の拡大を期待していたのである。しかし順応主義ならびに帝国権力とその企てへの賛同に関しては、教会の僕《しもべ》たちの間で意見が一致していたわけではない。高位聖職者は完全に体制に組み込まれており、農村部の聖職者は事情に疎くバラバラに孤立していたために、位階序列に服従し、将来にはあまり疑問を抱かなかったとしても、かなりの数の聖職者——とりわけ大都市の——は、ロシア全土に広がる騒擾に意識を向けていた。彼らは、民衆から上がる呼び声に耳を貸さない権力を支えることだけが教会の使命ではなく、金持ちと権力者の側に立つことは、教会の与すべき義務ではないと考えていた。こうして聖職者のごく一部——異論の余地なく、エリート層だった――に芽生え始めた不安は、やがて一九一八年に国家と教会の分離へと至ることになる。[9]二〇〇年にわたる服従の後、教会は二〇年足らずの間にくさびから解放されることになる。このような真正な宗教意識の覚醒こそは、帝国の政治秩序を水面下で揺り動かす運動の、まだ表面に現われないが、確実に存在する一つの構成要素であった。このような進展にも、十九世紀末には権力はほとんど気がついていなかった。

精神の革命

社会は変動しているのに、権力は不動のままである。この矛盾をロシアのインテリゲンツィアが自らの考察の中心に据えるとしても、驚くことがあろうか。ここで、早くも二十世紀初頭にロシアの歴史の伝統を一変させる、二つの互いに緊密に絡みあった現象の重みを計っておく必要がある。その一つはインテリゲンツィアの発達、そしてもう一つは政治・社会思想の発達で、これは漸進的に行動の中に刻み込まれていく。

この二つの現象を理解するためには、初めてロシアを容赦なく急激に変革しようとした人物、ピョートル大帝にしばらくの間、立ち戻るのが適切だろう。

この傑出した君主は、自国をその後進性と東方――タタールとビザンティン――の遺産から引き剥がし、近代化してヨーロッパの中に深く根付かせることを企てていた。彼の改革はすべてこの企図から発している。強力な国家の創設、教会の独立性の廃止、外国のエリートと技術を招き入れることである。エカチェリーナ二世は彼女なりにこの意図を引き継いだ。この二人の君主は主意主義者で、容赦ない方法を用いたとしても、自分の国を変革することに熱中しており、疑い無く啓蒙的国家元首であった。いかにも専制君主ではあったが、その専制政治は進歩の必死の探求のために奉仕するものであった。この二人の後、ロシアの状況はもはや同じものではなくなった。二人の後継者たちは、強大な国家を継承し、広大な帝国を征服した者たちであり、まず初めにこの権力をいっそう強化することに専念した。アレクサンドル二世だけは例外で、彼の改革はこの国の社会組織に変更を加えることになったが、それ以外のツァーリは、まず権力の観点からものを考えたのである。おそらくこのうちの誰一人として、あらゆる点で盲目であったと非難することはできない。しかし十八世紀末に、啓蒙思想とフランス革命の精神がヨーロッパ全土に押し寄せた時より、ロシアはこの動きに加わることなく、そのアジア的伝統に閉じこもったのである。そこでロシアはヨーロッパから遮断される。十九世紀初めの数十年間には、まさにロシアが孤立していたが故に、こうした断絶は国内ではあまり実感されなかったが、その後、あらゆるものが対決の素材となっていく。

ここに「インテリゲンツィア」が登場するのであるが、これはその構成、推移、役割からしてロシア特有の現象である。インテリゲンツィアに独特の性格を与えているのは、それが社会学的に明確に定義される集団を形成しているわけではないということである。この集団は人数的に限られた貴族からもっとも恵まれない民衆層に至るまでの多様な階層の出身者を含み、ロシアの諸問題を自覚し、それらの問題の適切な解答を見つけ出そうとする中で形成された。解答は彼ら自身と同様に多様で変わりやすいものとなる。インテリゲンツィアはなによりも「不動の」秩序の拒否と、彼らがそれに対置する「革命的」精神によって定義される。ロシアのインテリゲンツィアは、相異なる気質と思想の寄せ集めで、イデオロギーの共同体であり、その上ますます多様な階層の人々に拡大していき、また流動する知の歴史に適合して形を変えていくのである。その成員となった者は、たちまち所属階層から遠ざかり、閉ざされた集団の中に身を落ち着け、暫定的な生活を送るようになる。ロシアにおいてプロレタリアートがまだ広がっていない時期に、インテリゲンツィアはそれが誇示する使命によって、いまだ物言わぬ民衆の代表をもって任じることになる。そしてその生活条件の故に、インテリゲンツィアは、自分たちこそロシアの最初のプロレタリアートなりと宣言することになるのである。

その歴史は二つの時期に分けることができる。一八七〇年までは、インテリゲンツィアは己が歴史の真の道具であろうとする。一八七〇年以降、インテリゲンツィアは、完遂すべき変化の真の主体であると考えられた「歴史的」階級に奉仕する。最初は農民階級、その後は労働者階級に。

ロシアをいかに変えるか

十九世紀ロシアの歴史は、なによりもまず思想運動の歴史である。さまざまな思想運動が次々にインテリゲンツィアによってもたらされ、その交代のスピードはますます速くなっていった。革命運動の時代がやって来るのは、その後になって、二十世紀初頭になってからである。しかしここで直ちに指摘に価することは、支配階級の硬直性ならびにある程度の知的貧困と対照的に、インテリゲンツィアの思索に見られる多様性と思想の豊富さである。インテリゲンツィアには属さないが、貴族あるいは比較的富裕な階層出身のプーシキン、トルストイ、ゴーゴリのような、世紀を代表する偉大な精神の持ち主たちもまた、権力の側から見れば反体制的思想を代表すると見えたのである。この歴史に詳細に立ち戻ることはしないが、その出発点は一八二五年にあることを指摘しておく必要がある。貴族出身の若き将校たちが、ナポレオン戦争のおかげで――また当時ロシアに浸透したフリーメーソンのおかげで――、啓蒙とフランス革命の思想を発見し、自国の政治的停滞に対して決起した。これが「デカブリスト」運動である。一八二五年十二月の熱に浮かされた日々、これらの若き理想主義者たちは、皇帝の命を奪えば体制全体を打倒することができると信じた。彼らは自由、平等、博愛のフランス的理念を掲げたが、完全な孤立状態にあることを悟る。ロシア社会は全体として、彼らの呼びかけに耳を貸さなかったのである。

それを説明する理由はいくつかある。皇帝の正当性に異議を申し立てることは、ロシア社会にとってまだ受け入れられることではなかった。教会自身もそのことを裏付けていた。しかしまた「自由」への呼びかけも時期尚早であった。「自由」は十九世紀初頭のロシア人にとっていまだ抽象的な言葉であった。ロシアの民衆は、自分たちの問題――農奴制、貧困、権威を保持するものの専断――を自覚しており、それが頭を離れなかったので、なによりも社会的公正を希求していた。一八二五年の反乱将校たちは、この点をまったく理解していなかったために、彼らだけが権力と対決することになり、彼らの殉教は人々の心を揺り動かすことにならなかった。とは言うものの、その教訓は失われなかった。一八二五年以後、貧民の心に根付いた、社会全体の希望たるこの社会的公正というテーマが、自由のテーマにとって代わり、すべての思想運動を支配するようになる。しかしながら一八二五年の反乱は、改革の必要性を承知していなかったわけではないが、改革に取りかかることをためらっていた権力にとって、警告射撃であった。インテリゲンツィアの方は、この先ずっと権力には改革を行なう能力がないだろうと確信したため、改革は権力なしで、権力に逆らって行なわれるであろうと考えた。この時から、改革への意志と反権力の闘争が一つに結びつく。この結びつきは長く続くだろう。アレクサンドル二世の悲劇と、そしてある程度まではニコライ二世の悲劇の原因は、ここに見出されるのである。

デカブリストの失敗の後、インテリゲンツィアはロシアに必要な変化の性格と近代性への到達を可能にする道について考え始める。これは大論争の時代であり、ピョートル大帝が指し示し、進んだ道をさらに進もうする者と、「ロシアの道」を擁護する者の間で議論が戦わされた。前者は資本主義の発達とロシアの歴史の特殊性の破棄とによって、ロシアはヨーロッパ風に進化して行くと信じる者たちだった。プーシキンの友人であるピョートル・チャーダーエフは、万人に先駆けて、一八三六年に刊行された第一『哲学書簡』(しかもフランス語で書かれた)の中で、ロシアの歴史的発展について考察し、ロシアはヨーロッパの道を採用する必要ありと示唆する。チャーダーエフは狂人と宣告され、出版を禁じられるが、それにもかかわらず彼は「西欧主義[10]」思想への、特にベリンスキーへの道を輝かしく切り開いたのである。

このロシアの西欧化推進の主張に対する返答は、「スラヴ派」と名付けられる集団から出てくる。この集団はやがて神学者、A・S・ホミャコーフ、イヴァンならびにコンスタンチンのアクサーコフ兄弟、イヴァン・キレーエフスキーにリードされることになる。この運動はヨーロッパの中では他に類を見ない独特なものというのが一般的通念だが、実際はそうではない。なるほど彼らの結集の核は、西欧資本主義の苛酷さと退廃に対置される精神性、民衆の寛大さ、連帯性というロシア固有の美徳の肯定である。[11]この思考の核心をなしているのは、たしかにロシアの伝統である。しかし実はスラヴ派たちは、ヨーロッパ、特にドイツのロマン主義に結びついており、シェリング、シュレーゲル、フランツ・フォン・バーダーと同じように、失われた楽園の光景を郷愁を込めて擁護するのである。

西欧主義者たちにしても、彼らに劣らずそれなりのやり方でロマン主義者であった。彼らは大部分のスラヴ派と同じく貴族の出で（ベリンスキーは例外）、自分たち貴族階層にはある程度固有の罪があるとして、道徳的理由から農奴制に反対し、立憲政治体制を称揚した。しかし彼らの考えもスラヴ派の考えも、ロシアの現実をあまり承知していなかった。彼らがロシアの未来について考察するのは、なによりもまず道徳的観点からだった。そして徐々に両者を分かつ線が乱れ始める。チャーダーエフは時と共にロシアの特殊性への厳しさを緩めて行き、一方、ホミャコーフはイングランドへの称賛を公言することになる。そしてゲルツェンは、最初は非妥協的な西欧主義の信奉者だったのが、一八四八年のフランスの「ブルジョワ」革命家たちに失望し、次第にスラヴ派の思想のいくつかの点に賛同するようになる。西欧はその金もうけ主義とブルジョワ精神によって堕落している、と彼は考える。ロシアはこの二つの怪物を生み落とした資本主義を選択しなかったのであるから、まだ堕落してはいない。だとするとロシアには資本主義を導入せず、むしろ未来に向けてロシアの独自性をなす共同体組織の発達を促す必要があるのではないか。これこそがロシアを進歩へと導くことができるだろう。

ここにはロシア思想の二つの重要な特徴がはっきり姿を現している。まず退廃と腐敗の権化とみなされるブルジョワジーに対する嫌悪。この点でロシア思想はマルクスの思想とは非常にかけ離れている。マルクスは逆にブルジョワジーの本来の美徳、その進取の精神、社会の歴史の中でブルジョワジーが果すべき使命を強調している。もう一つの特徴は、歴史過程は多様であり、歴史的状況および条件の多様性に適合するという観念にほかならない。ゲルツェンはすでにその大筋を示唆しているが、マルクスはこの観念を多くの留保をつけ、しかも非常に後になってはじめて受け入れることになる。資本主義を回避する可能性というのは、二十世紀後半に全世界を風靡するが、十九世紀中葉においてはきわめて新しい仮説であった。

マルクスはまだ世に広く知れわたった思想の師ではなかったにしても、資本主義段階の必然性、あるいはその不可避性は、人々の心にすでにしっかりと根付いた確信となっていたのである。

農奴解放者ツァーリの大改革が行なわれた一八六一年までは、ロシアにおける政治論争は、大筋においてデカブリストの遺産に、そしてスラヴ派と西欧主義者の論争に関連していた。その後すべてが変わる。思念の性格とその影響の及ぶ範囲、そしてインテリゲンツィアそのものも。

「これらの立派な若き狂信者たち」

ここにニヒリストたちの時代が到来する。ピーサレフ、ドブロリューボフ、そして特にチェルヌイシェフスキー。彼らはやがてレーニンに多大な影響を与えることになる。この運動は他国には例がなく、ロシア・インテリゲンツィアの精神の特徴をきわめて良く示している。インテリゲンツィアは急進的で、不寛容であり、討論を好まず、自分のものでない見解をすべて否定する。ニヒリストたちにとって、精神生活の中で唯一重要なのは、社会の進歩に役立つべきものである。彼らは文学、哲学、芸術に背を向け、精密科学を唯一有益なものとして説き勧める。彼らの著作からもまた新奇な人間のタイプ、「新たなる人間」が姿を現している。禁欲的で、峻厳で、孤独な人間で、その運命は集団の運命と一体である。チェルヌイシェフスキーの『何をなすべきか』、ネチャーエフの『革命要綱』は、こうした将来の展望の具体例にほかならない。この頃、ロシアのもっとも偉大な作家たちも、ニヒリスト運動とその思想に反応する。ツルゲーネフは『父と子』において「ニヒリスト」という言葉を普及させ（論争的意図からではあった）、これらの人間の精神的肖像を描き上げた。ドストエフスキーは『悪霊』において、ネチャーエフが企て手配した学生イヴァーノフ殺害事件から想を得ている。バクーニンはネチャーエフに極めて近く[12]、その影響を揺るぎないものにするのに貢献したが、彼について次のように書いている。「法を知らず、何ものも恐れぬ、あの若き狂信者たちの一人が私の傍らにいる。彼らの決意は絶対的であり、それ故、ロシア人民が蜂起せぬ限り、彼らの多くは政府の銃弾の下に非業の死を遂げることになろう。神なき信徒、言葉なき英雄たるこれらの若き狂信者たちは実に立派だ[13]」。

しかしアレクサンドル二世が取り組んだ改革、特に農奴制の廃止は、インテリゲンツィアに純然たる否定のみでない考察を強いることになる。進行中の改革によって人民がツァーリ側へ引きこまれないように直接人民に働きかけ、人民の支持を得るべきだと考え始めるのである。人民主義と無政府主義が、そしてトカチェフにより組織され、形を与えられた最初の革命運動が、花開く時代がやって来る。

ニヒリズム同様、「人民主義」はロシア独特の運動であり、部分的にはゲルツェンがその目で西洋を見て表明した失望に起因する。ゲルツェンにならってナロードニキ〔人民主義者たち〕は、農民層が圧倒的多数を占めるロシアの社会的現実について考察し、そこからこの現実が彼らの行動の基礎になるはずであると推論した。また、彼らは彼ら以前の運動が被った失敗を検討し、それらの活動家たちの孤立と、周囲の無理解を確認しつつ、そこから人民の中に支持基盤を見出すことが必要であると結論した。もう一つ別の問題が彼らの懸念となっていた。闘争における知識人の位置の問題である。その時まで、知識人はみずから〈歴史〉の特権的行為者たらんとしていた。ところが人民主義者たちに言わせれば、農民層こそが「歴史的」社会階級であり、知識人はその背後に退かなければならない。知識人の職務は、農民階級に奉仕することであって、農民階級を導くことではない。人民主義者たちがこのように農民階級に対して中心的役割を認めるのに固執したのは、ゲルツェンと同様に彼らが、農民とは資本主義とは無縁で、資本主義に同化されることなく、それ故、資本主義的腐敗に冒されることのない新たな社会を生み出す力を持った社会階級であると考えたからである。かくしてロシアにおいて初めて政治闘争は人民大衆に席を譲るのである。人民主義思想はまた、彼らの直接の先行者たちの思想に対して距離を置いていたことも、特筆すべきだろう。ラヴロフはその『歴史書簡』において、オーギュスト・コントとスペンサーの実証主義思想に依拠している。あれほど称揚された精密科学は、彼の著作では影をひそめ、代って隣人への愛によって課される社会的公正の要求と人間的人格の方に関心が向けられている。運命によって特権を得た者は、他人への奉仕によって己の幸運の代償を支払わなければならない。特権者に生まれたという罪の贖いをしようとの意志が、人民主義の教えに心酔した一群の熱狂的な青年たちを、こうして「人民の中へ」赴くよう仕向けるに至る。彼らは人民を教育し、己の歴史的役割と苦しみとを自覚させるために農村部に赴くのである。

この寛大な心情は裏切られ、理解されなかった。農民層は皇帝と既成秩序を正当化する信仰とに愛着を抱いていた。ところが人民主義者は宗教と当の既成秩序への軽蔑を公言したのだ。農民はこの純真な若者たちを鎌で出迎え、場合によっては憲兵に通報した。社会的現実の上に活動の基盤を打ち立てようという人民主義者たちの考えは正しかったが、彼らは農民の心性の現状について調べることをおろそかにしていたのである。彼らは農民層が自分たちの見解の全体に賛同する、あるいは今にも賛同するばかりだと確信していたが、相反する二つの現実と衝突することになったのである。一つは、彼らが想像していた通りの悲惨な社会的現実、そしてもう一つは、この悲惨ならびにそれから脱出することを可能にする闘争の手段について自覚することのなかった社会的意識である。これに加えて人民主義者たちは、自分たちが示した善意は、何らかの組織によって支えられなければ効力を持たないということを想像していなかった。この教訓は、レーニンを含めた他の者にとって失われることはないだろう。首謀者は逮捕され、運動は崩壊した。しかし彼らの失敗はロシアの政治史における人民主義者の重要性をいささかも減じるものではない。一八六一年以降にロシアに生じた変化を理解していたということは、彼らの計り知れない功績である。それに、組織なしにはいかなる政治運動も成功し得ないということを証明したことも彼らの功績である。この証明は彼らの失敗によってなされたわけだが、そこから教訓が引き出されることになる。この時から、革命組織への扉が開かれることになるのである。

「アナーキズム」もまた、ロシアの革命運動の系譜の中では卓越した位置を占め、同様にロシアの伝統に棹差すものである。ロシアにおけるその指導者はバクーニンであったが、彼は大領主で、大部分の人民主義者やスラヴ派と同様に、ロシアの民衆は固有の特性を備えていると考えていた。なによりもまずプガチョフを模範とする蜂起の伝統[14]。バクーニンは民衆に蜂起を呼びかけ、まさにこの伝統をよみがえらせようとした。彼の見るところでは、この民衆は将来に向けてもう一つ別の決定的な長所を持っていた。国家意識の不在、そして組織への適性の不在であり、彼はこの独自性をドイツ人の「生まれながらの国家主義」に対置した。それ故、バクーニンは、ロシアこそいかなる組織された社会生活をも廃絶するための特権的場所となることを確信していたのである。

行動のためのモデル

バクーニンの思想の対蹠点にピョートル・トカチェフがいる。バクーニンと人民主義者に対して不断に論争を挑んでいた彼は、ロシアの革命思想の発達とレーニン主義の系譜の中で重要な役割を演じた。多くの革命思想家と同じく、地方の小貴族出身の彼は首都で学問を修め、そこできわめて早期に反体制の思想と活動を発見する。それが証拠には、彼は一八六一年に大学に入ったが、ほとんど直ちにさまざまなデモに参加したかどで逮捕されたのである。そして二ヵ月間、ペテロ・パウロ要塞に収監された。したがって彼は一気に二つの経験をしたことになる。学生たちの間の騒擾と鎮圧の二つである。

トカチェフの思想は、ロシアの雑誌にさまざまな偽名のもとに発表される多数の論文の中で展開されていくが、いわば人民主義者とアナーキストの思考、および彼らの経験と失敗の総括にほかならない。人民主義者と同じように、彼は自国にとっての歴史的幸運はブルジョワジーの不在であると考える。しかし人民主義者と反対に、彼は民衆の徳行はあまり信じない。確かに民衆なくして革命は不可能であるとは考える。しかし民衆は組織され、指導され、先導されなければならず、民衆に生得のものと仮定された歴史的英知などに委ねられるべきではない。そんなものは実在しないのだ。トカチェフは農民にすべてを賭けた人民主義者たちの賭けを斥けると同時に、バクーニンの国家の棄却も厳しく糾弾する。国家を破壊してはならないと彼は言う。そうではなく厳密に組織された革命的機構に国家に代わる機能を与える必要があるのだ。社会生活の枠組みを解体し、大衆のイニシアティヴにそれを委ねることによっては、社会を変えることはできない。社会を変えるのは、権力を握り、それを組織し維持することによって、初めて可能になるのである。こうしてトカチェフはロシア知識人の従来の思想と決別した新たな道を切り開いた。しかしこの道はまた部分的にはマルクスの思想から遠ざかる。彼はロシアという国に革命を行なう活力を認める。しかしその条件が特殊であることを強調するわけである。さらに彼は革命とは、大衆ではなく、少数の完壁に組織された革命家集団による権力の奪取と維持であると考える。トカチェフは、権力の獲得こそが社会改革の過程の核であると述べた最初の人間である。彼はまた、この権力奪取の方法を提案し、その「技術」を記述し、その目的は、獲得された権力の保持、さらには増強であると明言した最初の人間でもある。組織的で厳密にして正確なトカチェフは、実際、ロシア革命の最初の理論家である。彼は十九世紀末の数十年の間にロシアにマルクスの思想を適応させた。彼の新聞『ナバート』（警鐘）と彼の通信記事は、純然たる思弁的革命思想と縁を切り、レーニンに進むべき道を指し示していた。ロシアのマルクス主義以前の時代は終ろうとしていた。西欧のマルクス主義という大思潮を採用する思索の時が到来したのである。

しかしそれ以前に、ロシア・インテリゲンツィアは、最後にもう一度、組織的に政治体制を揺り動かすことによって目標を達成しようとする企てを行なう。相次いで二つの革命的テロリズム組織――〈ゼムリャー・イ・ヴォーリャ〉（土地と自由）と〈ナロードナヤ・ヴォーリャ〉（人民の自由）――が結成されるが、それはプロパガンダ、デモ、労働者のスト、テロリズムといったあらゆる手段を組み合わせたものであった。〈ゼムリャー・イ・ヴォーリャ〉は一八七〇年代を支配したが、その一〇年間の半ば頃に、広大なロシアのあちこちに分散したメンバーの活動の連携を保つために、本物の組織を樹立する。強力なプロパガンダ、華々しいデモ――カザンの大聖堂の頂に赤旗が掲げられる――に対して、情け容赦のない弾圧が応える。告訴された仲間の復讐をするために、若き女性貴族、ヴェラ・ザスーリチは一八七八年、首都の総督にピストルを発射する。これは「テロ攻撃の年」の幕開けとなった。〈ゼムリャー・イ・ヴォーリャ〉は系統的テロリズムへ転換するのである。国家を代表する者たちに対する攻撃、ツァーリに対する攻撃……この時期は、もっとも騒擾の激しい地域に対する戒厳令の発令と〈ゼムリャー・イ・ヴォーリャ〉の〈ナロードナヤ・ヴォーリヤ〉への再編で終了する。これはニコライ・キバルチッチとアンドレイ・ジェリアーボフという、二人の傑出した革命家に支配された運動の最後の形態となる。これはテロリズムを唯一の目的とする紛れもない秘密結社であった。強力な戦闘組織の存在に裏打ちされた武装闘争によって暴君を打ち倒す、これが目標である。この目標は、一八八一年三月一日、遂に農奴解放者ツァーリの殺害に成功した時に達成される。

果してそれは成功だったのか。何故なら、当のその時期に憲法原案がまさにツァーリの署名を得るばかりになっており、ツァーリの死によってそれは終止符を打たれてしまう結果となったからである。憲法的法令の代わりに、ポベドノースツェフがアレクサンドル三世に勧めた保守的政策が勝利を収め、ロシアの政治的進歩を四分の一世紀ほど遅らせることになる。暗殺者たちは一八八一年四月三日に絞首刑に処せられた。彼らの運動が主要な標的を打ち倒したまさにそのことだけで、その運動のむなしさがついでに証明されることになったのである。

ロシア・マルクス主義の出現と共に、従来とは異なる別の知的エリート層が、今後、政治の舞台の前面に登場して来る。レーニンは次第にそのもっとも目立った人物の一人となって行く。したがって、一八八一年三月一日にロシアの歴史の一ページ、つまり革命前史というページがめくられるのである。これ以後、ロシアの特殊性をめぐる論争は、ロシアを変革しようとする者たちの中では後景に退いていくことになる。

第3章　ボリシェヴィズムの起源

一九〇〇年、ウラジーミル・ウリヤーノフはシベリアを離れ、決定的にレーニンとなるが、当時のロシアの状況は、マルクス主義に依拠する組織された革命運動の発展にとって、すでにきわめて有利なものとなっていた。というのも十九世紀末の数十年間に、ロシア社会も、ロシア・インテリゲンツィアも、さらにはマルクスとロシアの間の関係そのものも変化を見せ、これらすべての要因が相まってこの国に急速にマルクス主義が定着するに至るのである。

マルクスとロシア

マルクスのロシア人嫌いはよく知られているので、今さら強調するには及ばない。しかしそれほど知られていないことであるが、実はマルクスは常にロシアが気掛かりであって、次々と著作を執筆して行くうちに、本物の「ロシア問題」専門家になっていた。まずロシアが密かに育んでいると彼が考えていた「全世界攻撃計画」の幻影、ならびにこの計画実行に当てられる方法の野蛮さが彼の強迫観念となっていた。この件を考えるに当って、彼は証拠として「ピョートル大帝の遺書」を拠り所としていた。それが偽書である可能性など想像もしなかったのである。マルクスのこうした敵意は、ポーランドに対するロシアの暴力、特に一八六三年の蜂起に対するすさまじい鎮圧によってさらに強固になった。その時はまだ彼は、ポーランドへの支持は「真の社会主義的意識の判断基準」であると書いている。こうしてロシアに対する反感を激しい口調で一貫して表明するのは、自分にロシア知識人の賛同を引きつけようとした結果ではなかった。一八八〇年までは、どちらかと言えばマルクス主義とは無縁の運動と思想にロシア知識人が閉じこもっていたことは、容易に見てとれたのである。

しかしポーランドの運命に心を痛めているまさにその時に、マルクスはロシアに対して新たな視線を投げかけ始める。農奴解放、インテリゲンツィアの動揺が、彼に急速な進展を感知させたのである。『資本論』第一巻（一八六七年刊）は一八七二年にロシアで翻訳され、マルクスはその翻訳者の一人である人民主義者のダニエルソン（ニコライ某という偽名を用いる）と知り合う。一八七一年付けの手紙では、ダニエルソンはマルクスの本がロシアで大いに興味をかき立てていると彼に断言している。(1)その時から、マルクスはロシアに対してこれまでに倍する興味を抱くようになる。ロシア語を学び、チェルヌイシェフスキー、フレロフスキーを読み、(2)ラヴロフとヴェラ・ザスーリチなど多くの知識人と文通を始める。すでに一八七〇年には、彼はロシアにおいては「激しい社会革命は避けられない」と記しているのである。(3)

その結果、彼はロシアの「共同体」に興味を持つようになった。ヴェラ・ザスーリチは、この特殊ロシア的な社会構造を革命の目的のために用いる可能性について、彼に尋ねている。自分の返答にいくつもの留保をつけながらも、マルクスは「ロシア革命が西欧におけるプロレタリアート革命のきっかけとなり、二つの革命が補足し合うならば、ロシアの現行の集団的所有地は、共産主義への進化の出発点として役立つことができよう」(4)と結論している。もちろんこれは彼にとって具体的というよりも理論的仮説であり、彼の他の多くの著作は彼の疑念の方を確証している。何故なら結局のところ要点は、ロシアの特殊性を歴史的幸運とみなし、他のヨーロッパとは異なる進化を想像することにほかならないが、そうなるとロシアは資本主義段階を回避することができる、つまり生産の社会主義的形態へと急速に前進することができるということになる。ある意味ではマルクスはこのようにして人民主義者とチェルヌイシェフスキーの正しさを認めているようにも見える。彼らはヨーロッパの歴史のような長い行程を経ずに、またロシア固有の社会・経済構造を放棄せずに、ツァーリ政治を葬り去る方途を必死に模索していた。マルクスの回答は、ロシアの友人たちの勇気を砕かないよう配慮しつつ、かと言って人民主義的主張の永続化を助長するようなことにならないよう配慮したため、最終的にはどっちつかずのものとなったが、マルクスの死後エンゲルスは、これに関してはるかに非妥協的な姿勢を示すことになる。エンゲルスは一八九〇年にダニエルソンへの返事の中で、マルクスの慎重な発言を当時の状況に促がされた判断であると矮小化することになる。そこで彼の説明するところによれば、その時には、テロリズムはツァーリ政治の終焉を予告するものと見えた。だとすると、ロシアを資本主義の発展へと駆り立てないようにするというのは、まことにもっともなことだったのだ、とエンゲルスは説明する。しかし一八九〇年代にはロシアの工業化は結果として労働者階級の発達と資本主義の誕生を招来した、と彼は断言する。したがってマルクスとザスーリチの議論は、もはや時宜を得ないのである。

西欧の革命とロシアの革命――それが農民の「共同体」を保存した形で成立するとしても――の関係について、エンゲルスはさらに多数の著作を割いて、マルクスの見解が生じさせたかも知れない曖昧さを一掃した。ヨーロッパの革命こそが優先するのであり、ロシアの自律的革命が優先するものではない、とエンゲルスは強調する。ヨーロッパで社会主義革命が勝利を収めた時にこそ、ロシアにおいてすべてが可能になるであろう。

これらの論争は十九世紀最後の一〇年間においては、いささか理論的であるように見えるかも知れないが、それからほんの数年後にはその論理的帰結は確認されることになる。いずれにしてもこれらの論争は、その頃までヨーロッパの社会主義者たちからそれほど尊重されていなかったロシアを、彼らの関心の中心に持って来たという功績がある。さらにまた十九世紀末のロシア思想の発達の中で、マルクス主義を決定的拠り所としているという利点も見せているのである。

ロシア・マルクス主義――正統と修正主義

マルクスによってわずかに開かれたドアに、たちまち哲学者や経済学者など輝かしい知性が殺到した。彼らは彼らなりの仕方でロシアの変革の問題を提起していくが、それによって彼らの分析と、正統マルクス主義思想に執着するマルクスのロシア人の弟子たちの分析との間に存在する不一致は、鮮やかに際立つのである。

この正統性は、まず何よりもロシア・マルクス主義の父とみなされる人物、すなわちグリゴーリー・プレハーノフ（一八五六年～一九一八年）によって体現されていた。彼はチェルヌイシェフスキーの影響を受けて〈土地と自由〉運動で、次いでバクーニンから影響を受けたさまざまな組織で活動した後、一八八〇年に祖国脱出を余儀なくされるが、その際にマルクス主義に転向する。その時から、彼にとっては困難な亡命生活が始まったが、それは一九一七年にロシアに帰国する時まで続く。その間、プレハーノフはジュネーヴに居住した。一八八九年から一八九四年まではスイスから追放され、フランスに居を定めるが、五年後に国外退去にされる。そこで今度はロンドンに赴くという具合に、彼の彷徨は続いたが、その後、最終的にスイスに戻ることができた。このような永続的追放生活、彼の非常に高い教養、マルクス主義への厳密な執着、こうしたものによって、彼が当時ロシア・インテリゲンツィアの中で絶大な威信を持っていたことは説明がつくのである。

ジュネーヴで彼の周りに集まった小集団は、〈労働解放集団〉と名付けられていたが、当時の構成員はパーヴェル・アクセリロード、レフ・ドイチュ、ヴェラ・ザスーリチであった。これがロシア最初のマルクス主義政党であり、その成員は彼らだけだった。彼らが身を捧げた任務は二重になっていた。すなわちマルクスのテーゼをロシアに普及させ、国際社会主義運動の一環をなす革命運動をこのテーゼを基礎として打ち立てること。同時に人民主義の威信と影響を打ち砕くことである。

ロシアにマルクス主義が急速に広がったのは、ロシアにおける『資本論』の刊行が成功を収めたことで証明されるが、その理由はプレハーノフがインテリゲンツィアの上に知的権威を揮っていたことで説明がつく。しかし「ロシア・マルクス主義の開祖」たちは政治的には力を持たなかった。それは彼らがあらゆる革命的希望の根拠たるべきロシアの労働者階級から遠く離れており、現実の接触がなかったからである。

それでも、彼らは自国にマルクス主義を普及させることに成功した。このマルクス主義はロシアの特殊性を「取り込もう」とする欲求によって歪められることはないだろう。それは合理主義的な西欧思想であり、彼らのおかげでロシアに浸透して、人民主義と「ロシア的な」将来展望に深刻な打撃を与えるのである。

プレハーノフには、トカチェフ、バクーニンを初め人民主義者は、例外なくロシア思想の悪霊と思われた。彼らによってロシア思想は孤立状態に留められてしまったが、マルクス主義のみがそれをそこから引き剥がすことができると彼は考えていた。そこで彼はこの輩に対して倦むことなく戦いを挑んだ。彼は一八八五年に『われわれの異論』を刊行し、歴史的過程の単一性の名によって、人民主義者の歴史観を激しく批判した。「ロシアは西欧社会と同じ道を必然的に進むであろう。その大きな遅れの故に、資本主義へのより急速な歩みとその急速な衰退が引き起こされることになるだろう。西欧プロレタリアートが犯す誤りもまた、生まれつつあるロシア・プロレタリアートにとって教訓となり、ロシア・プロレタリアートが事態の流れを加速させる助けとなり得るのである」、と彼は書いている。しかしロシアの農村の特殊な組織形態を革命後の社会の枠組みとして当てにするのは、プレハーノフから見れば危険なユートピアを構築することにほかならない。資本主義を避けることも、階級闘争を避けることもできない、と彼はしばしば書くことになる。そして彼は社会主義を援用しながら、革命の前提条件を満たすことのない革命の危険を明瞭に予見する。「それは政治的怪物となろう……共産主義の色に塗り直されたツァーリ政治風の専制主義に」。この警告は一八八五年に表明されたものだが、彼の例外的先見性を証言しているではないか。

彼が特に非難するのはトカチェフの主意主義である。彼はトカチェフが歴史の流れを無理に変えようとして、その結果恐ろしい反動を準備することになると糾弾する。しかしこうしたトカチェフの非難のその先で、彼はすでにレーニンと剣を交えていたのだ。レーニンはまだ世界の誰にも知られることはなく、要するに一介の青年にすぎなかったが。蒙昧主義を批判し、歴史への合理的アプローチを擁護する論陣をはり続けたプレハーノフは、この頃より、そしてこれ以後ずっと、厳密なマルクス主義者、西欧主義者、ロシアにおける発展のヨーロッパ的な道の優位を確立しようと苦闘する人物とみなされることになる。

しかし十九世紀末のロシア・マルクス主義はさまざまな傾向を含んだ思想運動であり、「合法的マルクス主義者」という別の潮流がこれに著しい貢献をもたらすことになる。この潮流の代表者たちは、間もなくボリシェヴィズムの成功によって長い間、忘れ去られることになるが、しかし彼らもロシアに何らかの思想を導入するということを行なったのではあった。それは当時ドイツの「修正主義」が展開していた思想にきわめて近い思想であった。彼らは合法的に自分たちの思想を普及させる能力を持っており、それが彼らが名声を博すに至った原因であるが、彼らの政敵は、その点を告発して、軽蔑をこめて彼らを「合法的マルクス主義者」と形容することになる。というのも彼らは合法的にロシアに生活し、大抵は検閲の網をまんまとくぐって著作を発表した。そして彼らの著作は、当時の基準からすれば、時には幅広い読者に達していた。中でも当時もっとも名が知られていたのは、ピョートル・ストルーヴェである。彼はウラジーミル・ウリヤーノフと同い年であるが、二〇年も長生きする。(5) 彼の周りには、ニコライ・ベルジャーエフ、ミハイル・トゥガン＝バラノフスキー、セミョン・フランクおよび、のちに神学者となるセルゲイ・ブルガーコフが集い、輝ける七賢人をなしていた。この思想家たちはいずれもレーニンと同年輩だが、彼らは行動の人ではなく、自国の運命に思索をめぐらす知識人であった。彼らの政敵は、彼らを改革の夢を見るばかりで、ロシアの発展の終着点が革命であることを望むという、首尾一貫したマルクス主義者の採るべき態度を採らないと非難した。同様に、目的達成のために合法的方法を説き勧めることも非難された。合法的とは、これらの批判者たちの目から見れば、効力がないということの同義語だったのである。

その後、彼らはみな自由主義に与することになる。彼らが初めマルクス主義を選んだのは、十九世紀末から二十世紀初頭には、ロシアにはまだ自由主義が存在せず、当時の論争がすべてマルクスの思想をめぐって成立していたからにほかならない。彼らはまたキリスト教へと向かうことになる。そしてセルゲイ・ブルガーコフは二十世紀最大の独創的な正教の神学者となる。彼らは盲目的にいくつかの公理を受け入れることなく、マルクス主義について思考するということを共通の意図としていた。彼らは歴史的過程の科学的説明としてのマルクス主義——彼らはそれには賛同していた——と、いくつかの道徳的原則とを区別していた。彼らの目から見ればそうした道徳的原則は、マルクス主義とは無関係の領域に属するものと思われたのである。これによって彼らは民主主義と自由に絶対的価値を認め、最終的にはマルクス主義を、単に役に立つ社会理論とみなし、それを政治的武器にしようとはしなかった。一八九四年、ストルーヴェはサンクトペテルブルクで『ロシア経済発展に関する批判的考察』を発刊した。この本は興味を掻き立て論争を引き起こした。しかしこれはマルクス主義者たちにとっては厄介な著作であった。ストルーヴェがその中で、国家は社会を抑圧するという観念をはねつけているからである。まったく逆に、彼にとって国家は社会に「必要」であり、資本主義に替わる体制においても必要である、と彼は明瞭に述べている。彼の肯定的な資本主義像、資本主義は進化し、より良い秩序に席を譲るために、己の消滅を準備する能力があるとする彼の展望は、マルクス主義者にとって貴重な、労働者階級の貧困化という観念に無効を宣言するものだった。とはいえこのまことに豊かな思想は、当初はロシアのマルクス主義者たちに不安を与えたようには見えない。ストルーヴェとその仲間たちは、ロシア・マルクス主義者たちと緊密な交友を維持していたのである。

一八九五年、ストルーヴェはスイスのプレハーノフのもとへ赴き、熱烈に歓迎される。翌年彼はレーニンとマルトフによって創設された社会民主主義組織——後述する——によって、ロンドンで開催される社会主義インターナショナル大会への代表に指名される。そしてとりわけ、一八九七年には、彼はトゥガン＝バラノフスキーと共に雑誌『ノーヴォエ・スローヴォ』の編集長に就任するが、この雑誌はすべての合法的あるいは正統的マルクス主義者たちの論壇となる。

自国内であれ追放の地においてであれ、ロシアのマルクス主義者たちは大論争を繰り広げていたが、その背後では、マルクス主義はまた行動という別の形態を取る。その特権的舞台はサンクトペテルブルクであった。ロシア帝国の政治的首都であるが、それ以上に知的・経済的中心地であり、そこでは精神と精神が、社会的勢力と社会的勢力がぶつかり合っていた。

マルクス主義革命行動の開幕

アレクサンドル二世暗殺後、弾圧が厳しくなったおかげで、数年間は比較的平穏な時期が続いたが、十九世紀最後の十年間が始まるや否や、首都は騒擾の時代に突入する。

首都では、まずマルクス主義以前の社会運動が、次いでマルクス主義に賛同する運動が発展した。マルクス主義や人民主義を信奉する政治サークルがいくつも組織され、当局を不安に陥れる。当時ストとデモが国中を揺り動かしていたからなおさらだった。首都では労働の祭典を印象付けるためのデモが行なわれた（ロシアにおいてこの種の試みが最初に行なわれたのは一八九一年五月、サンクトペテルブルクにおいてであった）。しかしとりわけ権力が警戒したのは、一八九二年五月のロージの労働者の大ストライキであった。権力側の反応は激烈だった。分散した知識人の小集団を数多くの逮捕が襲い、その結果これらの小集団――特に社会民主主義を標榜する小集団。弾圧の主たる標的となったのはこれだった――は、組織化への努力が必要となった。

一八九三年の年明けに、一つの革命運動が首都の科学技術学院の学生スチェパン・ラドチェンコを中心に形成される。彼は紛れもない陰謀家気質を備えていた。彼とその同志たちにとって、行動の責任を労働者に委ねることは考えられないことであった。ロシアの状況では、非合法の、したがって組織化され、序列化された秘密の政治活動が要求され、その中では知識人が指導者役を演じることになろう、と彼らは考えた。これは〈ナロードナヤ・ヴォーリヤ〉の思想にとっては、一貫した敵ということになる。ラドチェンコの周りにひしめいた信奉者の中には、この運動の理論家となったゲルマン・クラーシン、それにとりわけ、慈善事業家の実業家ヴァルグニンによって作られた労働者のための日曜学校で教える四人の女性からなる小グループがいた。ナジェージダ・クループスカヤはその一人である。

そろそろこの辺で、この運動の中にウラジーミル・ウリヤーノフを導入しなければならない。彼の個人的生涯を追う中で、この時期に彼がどのようにして、ある程度の革命活動に参加したかについてはすでに見た。今や、マルクス主義運動の中で彼が占める位置について考察しなければならない。ウリヤーノフはサマーラにしばらく滞在した後、ラドチェンコのグループへの推薦状を携えて、ニージニー・ノヴゴロド

（多くの流刑者が生活していた町）にやって来た。彼はまた革命運動の英雄の弟で通っており、兄のアレクサンドルという名を出せば、どんな組織にも受け入れられたのである。そこで彼はこの集団の主要な指導者たちと会見するが、彼らに与えた印象はきわめて好意的と言えるものではなかった。「彼の外観はあまり魅力的ではなく、平凡で、私たちにはあまり印象に残らなかった」と、この会見に加わった者の一人、ミハイル・アレクサンドロヴィチ・シルヴィンは書きとめている。(6)

この新参者が本当に受け入れられ集団の活動に加わるには約一年を要した。要するに無為の時間をすごしたことになるが、彼は動じることはなかった。この時間を利用して彼は、一八九四年夏に、家族水入らずで休暇を取る。この休暇中に『人民の友とは何か、そして彼らは社会民主主義者といかに戦うか』(7)という試論を完成させているのであるから、実りある休暇だと彼は考えることができた。この著作の中で彼は人民主義者と戦い、ストルーヴェを擁護している。しかしウラジーミル・ウリヤーノフの人生の中で、この最初の書籍出版の試み以上に重要な出来事は、この頃にマルトフと出会ったことであり、革命の手段としての扇動（マルトフが流布する説）とプロパガンダのいずれかを選ばなければならない必要に迫られたことである。

マルトフを相手としてウリヤーノフは、ロシアにおいて行動への道を探求するマルクス主義者たちの大論争に直面することになる。論争と二人の出会いの発端は、マルトフによって刊行された『アバギターツィー（扇動について）』という本であった。著者のアルカディ・クレメルはのちにユダヤ人社会党（ブント）の創設者の一人となる。マルトフはのちにレーニンの親友の一人となる人物であるから、ここでしばらく立ち止まってその人物を描写し、その経歴をたどるだけの価値はある。彼の本名はユーリ・ツェデルバウム、ユダヤ系知識人家庭の出身で、少年時代に忘れがたい体験をしている。ウィーン人の母親から生まれた彼はドイツ語を学んだが、両親が家庭生活で使っていたフランス語も学んだ。祖父は有名なユダヤ知識人で、ロシアのユダヤ人共同体向けの最初の新聞を創刊した人物である。父親はユーリが一八七三年に生まれた時、コンスタンチノープル在住だったが、祖父にならい、いくつかのロシアの新聞の特派員として働いていた。若きツェデルバウムが育った家庭は、きわめて教養ある家庭だったが、よく移動し、コンスタンチノープルの後に、ユダヤ人が大勢住むオデッサに居を定めた。少年時代の彼は自分がユダヤ人であるということも、ロシア国民とは異なる共同体に属しているということも、特に意識することはなかった。しかし一八八一年にオデッサではアレクサンドル二世暗殺の余波でポグロムが起こった。それは、ツェデルバウム家の門口にまで迫って、奇跡的にそこで止まった。八歳の子供には恐ろしい光景の思い出が残り、彼は自分の出自を発見した。

こうした自覚の契機はもう一つ、一八八九年にやって来た。一八八一年のポグロムの後ほどなくして、ツェデルバウム一家は首都に身を落ち着けていた。高等中学に入学を認められていたが、一八八九年に警察は、一家のサンクトペテルブルク居住許可に疑いを差しはさんだのである。この居住許可は特権的ユダヤ人のみが入手できるものであった。とは言えいくらかの曲折を経て、この許可は確認された。おそらく家長の教育水準の高さ、したがって社会的ステイタスのためと思われる。しかしこの事件はユーリ・ツェデルバウムから首都での勉学の可能性を奪いかねないものであり、彼に深い痕跡を残し、彼はまもなく学生集団の中での非合法活動へと向かうこととなる。一八九二年に逮捕され、釈放されたものの、彼は一八九四年に再び逮捕され、そこで首都からの追放を宣告され、二年間にわたって、いかなる大学都市での滞在も禁じられることになる。彼はヴィリノ（現在のヴィリニュス。リトアニアの首都）に身を落ち着け、そこでクレメルと出会い、当地の社会民主主義者と共に労働者運動の問題について考え始める。彼が「マルトフ」となるのはその頃である。

彼はそれほど魅力的な容貌をしていなかったが、早くもこの時期から誰からも高く買われるようになる。醜く猫背で、だらしない身なりをしていたために、やや奇形と思われていた。しかしながら厚い眼鏡のレンズの奥の知性輝く彼の眼差しに接すると、たちまち不愉快な外観は忘れられ、計り知れない教養を持ち、瞠目すべき雄弁家たる輝かしい男しか目に入らなくなるのだった。マルトフのうちに、レーニンは協力者および類いまれなる対話者を見出すことになる。彼のマルトフに対する愛着は、劇的な別離の瞬間まで、彼がマルトフのうちに将来の革命の英雄を見事に見抜いていたことを物語っている。

彼が刊行したクレメルの小冊子『アバギターツィー』が提起した問題は、社会民主主義陣営を深刻に二分することになる。アルカディ・クレメルはポーランドの労働者階級の経験から出発して、労働者は彼ら固有の困難、まずは経済的困難を解決するために戦わねばならない、そしてその戦いによって労働者は権力と衝突するに至るのであり、それによって労働者の闘争は政治的性格を帯びることになるのだとの結論を引き出す。このように彼の考察からは二つのテーマが抽出されている。労働者は学ぶよりも「行動」しなければならない。闘争の中で学ぶのであり、社会民主主義者の義務は労働者たちを「扇動」によって行動へと駆り立てることである。労働者の中で優先するのは、「己の経済的利益の自覚」である。それ故、社会民主主義者の活動は、プロパガンダすなわち教育から、労働者階級の扇動へと移行しなければならない。

扇動かあるいは教育活動の継続か。この選択をめぐって、社会民主主義者たちは議論を戦わせ、分裂する。レーニンの方は、主に知的活動――知的活動は彼の生活の中で常に特権的な地位を占めていた――に専念する。そこで労働者階級の生活条件、労働立法の研究をするのである。要するに「労働者階級のエキスパート」となるわけだが、そうかといって本物の現場体験があるわけではない。彼の目から見てまず第一に重要と映ったのは、彼が所属する小集団を越えて、マルクス主義の「大物」理論家たちの仲間入りを果し、彼らを通して、スイスに亡命している威光ある開祖たちと接触することであった。ストルーヴェの著作『ロシアの経済発展の問題に関する批判的考察(8)』の出版が、その機会を与えてくれると彼は考えた。この書物は奇妙なことに検閲をパスし、大成功を収めた。その直接的効果は、マルクス主義のテーゼ――それはとりも直さず、ロシアは独自の歴史的道を辿らねばならないとする人民主義者の見解の糾弾にほかならない――を、それまでの社会民主主義文書の読者層より広い層に広めたことである。この著作がきっかけとなって、ロシアでは広範な思想討論が繰り広げられることになったが、ウリヤーノフはこれについて慎重な書評を書いている。一八九五年一月、彼は風邪を引き、治療のために外国へ行くことに決めたが、この時、彼は簡単にパスポートを手に入れることができた。ついに開祖たちに会うという夢にまで見た機会が訪れたのである。

すでに述べたように、スイスで彼はプレハーノフとアクセリロードに会う。二十五歳の若き革命家にとってこの先輩たちはあらゆる点において印象的だった。当時四十五歳のアクセリロードは、ウクライナの貧しいユダヤ人の居酒屋の亭主の息子で、ユダヤ人の解放を確実にするためのユダヤの子供たちの教育を手助けする努力の中で、きわめて早期に革命の大義を発見した。彼は同胞の抑圧された地位を解決する答えを革命の中に求めた、ロシア帝国のユダヤ人インテリゲンツィアの典型的代表であるが、これに対してプレハーノフの方は貴族的人物だった。彼の世代の多くの青年貴族と同様に、プレハーノフは人民主義を経由して社会主義に入った。民衆に対して借りがあると考えたからである。一八九五年、四十歳のこの男は魅力的な外観で重きをなすようになる。彼は美男で、上品で、計り知れない教養を持ち、礼儀正しいがよそよそしかった。

ウリヤーノフがプレハーノフのもとに到着した時、ストルーヴェも彼の傍らにいた。二人の男はともに輝しい人物で、二人ともそれを承知しており、互いに尊敬し合っていた。ウリヤーノフはプレハーノフに自己紹介をするための恰好の名刺を持っていた。それは彼の態度表明から由来するものだった。ストルーヴェの著作と同時に、ロシアの検閲はプレハーノフの『一元論的歴史観念』の出版を許可したが、ウリヤーノフは社会民主主義者の集会でこれについて熱狂的な論評を行なったのである。プレハーノフはそのことを知っていた。しかしながらすでに見たように、彼は自分に取り入ろうと努めるこの若者にあまり引かれなかった。この若者が対話者のほぼ全員にもたらした効果――ストルーヴェに対する場合も同じであったが――は、否定的ではないまでも、かなりの警戒心を刻みこまれたものだった。ストルーヴェはストルーヴェでこう書いている。「レーニンが私に与えた印象は、ずっと私の心に残るでしょうが、不快なものでした……われわれはその頃はまだ立場が近かったのですが、私はすぐに彼を敵と感じました……レーニンの粗暴さと残酷さ――私はこれを最初の出会いから感じ取りましたが――は、抑えきれない権力への情念と解きほぐせないほど固く結びついていました。レーニンにあって恐ろしいところは、個人的禁欲主義と、自分を鞭打つ能力と、他人を鞭打つ能力が入り混じっている点です。この最後のものは、社会への抽象的な憎悪と冷たい政治的残酷さとの中に現れています(9)」。ストルーヴェが後に若きウリヤーノフに回顧的に投げかけた眼差しは、ある意味では、ルナチャルスキーがレーニンの「アジア的」特徴に言及した時にこめた強調と軌を一にしている。

ウリヤーノフはマルクスの娘婿、ポール・ラファルグに会うためにパリに立ち寄った後、一八九五年九月にサンクトペテルブルクに帰る。彼がマルトフと知り合ったのはこの時である。マルトフも彼と同じように行動に移りたい気持を抑えかねていた。二人の親友――何故なら未来のレーニンとマルトフとの関係は、決裂の時まではきわめて緊密であったから――のうち、マルトフの方がより行動的だった。彼は具体的な決定に向かおうとするが、一方、ウリヤーノフはなお躊躇し、知的活動の方にさらにのめりこもうとする。二人の同盟の結果として、サンクトペテルブルク社会民主主義グループが形成されることになった。ラドチェンコの弟子たちとマルトフの親友たちを糾合して十七人のメンバーが集まり、その中には、日曜学校の教師をしている女性四人と「補欠」五人がいた。これはすでに序列化され、労働者には門戸を閉ざした、エリート主義的小組織である。ウリヤーノフはすべての刊行物の責任者（主筆）となる。しかし周知の通り、この騒動に注目していた当局は一八九五年十二月十六日に介入し、メンバーの大部分を逮捕してしまう。

ウリヤーノフは投獄されるが、無為にすごしはしない。グループの存続を可能にするための計画を起草するのである。この文書は簡単に監獄から持ち出され、広く配布されることになるが、奇妙なものだった。その著者がまだ進むべき路線を決めかねているように見えたのである。経済闘争の優位を説き、党は労働者階級を「補佐する」（導く、ではない）べきであると宣言する限りにおいては、この綱領的文書は完全にクレメルの筆になるかのようである。しかもこれは、ほんの数年後に、ウリヤーノフがレーニンとなったとき、彼が厳しく告発するテーマにほかならない。

この頃のロシアの状況はきわめて矛盾的だった。一八九六年のスト参加者はロシアの歴史の中で前例のない数に達した。しかし十九世紀末から二十世紀初頭にかけて拡大した経済危機は、すでにいくつかの活動部門に、特に冶金部門に影響を及ぼしつつあった。労働者は失業に脅かされ、沈黙を余儀なくされる。スト参加者は一八九七年に六万人であったものが、一八九八年には四万三〇〇〇人となる。一八九九年にわずかに回復を見せた後、二十世紀の最初の年〔ママ〕には、もはや二万九〇〇〇人を数えるのみとなる。

こうして革命の希望は後退したが、しかしどうやら亡命は労働者運動との悲劇的断絶を意味するものではなさそうだった。亡命者たちは出発の前に集合して、激論を戦わせた。彼らの運動は労働者階級に開かれるべきか否か。これに対するマルトフとレーニンの明らかに否定的回答は、遠隔地に住むプレハーノフに支持される。当時、こうした考え方のもとに社会民主主義を統一することなどできない相談であったことが良く分かるだろう。

レーニンのサンクトペテルブルク時代――彼が革命までの間にロシアに居住したのはこの時代だけだった――を要約するのは、彼の知的変遷を明確に把握したいと思うと、たちまち困難になる。一八九七年に、彼がシベリアへ出発した時、彼は党の労働者階級への開放を非難していた。しかしそれより二年足らず遡ってみると、彼は労働者階級への扇動と補佐という考えを採用していたのである。青年時代の人民主義がまだ完全に彼から抜けきっておらず、それがマルクスの思想と混ざり合っていたのだ。彼が「経済優先主義」の誘惑に断固として背を向けるには、十九世紀の完了を待たねばならなかった。結局、彼の活動からもっとも明瞭に浮かび上がって来るのは、思想の土俵で戦う、論争する、執筆するということへの彼の適性である。彼は常に労働者相手よりもインテリゲンツィア相手の方が闊達でいられるであろう。彼は労働者のことはほとんど知らないし、そうとは口にしないが、労働者がより良い教育を受けて、彼自身が所属するインテリゲンツィアと競合する力を持ったエリート層を形成するに至ることを恐れていた。

最初の組織

クレメルはロシアに「経済主義」を導入した人物であるが、彼はまたブント、つまり帝国最初の労働者階級組織の一つの創設者でもあった。その時までは、すべてはロシアの中心部で行なわれていた。しかしその時から、ポーランド人とユダヤ人が、組織された政治運動のアクセルを踏むことになる。ことの発端は、一八九三年にドモフスキーによって創設されたポーランド社会党で、これはポーランド自体の利益を優先する傾向があった。この「民族主義的」傾向に対して、ローザ・ルクセンブルグとレオ・ヨギヘス率いる党の国際主義分子が、急速に分離し、ポーランド王国社会民主党を創設することになる。すでにローザ・ルクセンブルグは、マルクスが数年前に理解したように、ポーランドの利害が考慮されなければならない時代は過ぎ去ったのだということを理解していた。ポーランドはロシアよりも進んでいるのであるから、ロシアの労働運動を支援することは、とりも直さずツァーリの帝国を弱体化させることになるからであった。ロシアの急激な経済発展、ロシアの政治的発展によって、一八九〇年にはロシア帝国内のプロレタリアートを結集し、プロレタリアートが不毛な民族的対立で消耗することを避けるために、帝国全土の労働者の闘争を組織立てることが必要となった。革命はロシアの中心部で行なわれるべきだった。

これより複雑なのがブントの辿った道程である。このユダヤ人の社会主義運動は、一八九七年に、とりわけマルトフとクレメルのイニシアティヴにより設立され、「リトアニア、ポーランド、ロシアのユダヤ人労働者総同盟」と称する。マルトフ、クレメルおよびその同志たちがこの同盟を設立するにいたった理由は、容易に理解することができる。十九世紀末の騒擾に揺れるロシアにあって、ユダヤ人の運命は特に困難であった。当時、迫害と強制的住居地指定を前にして、ユダヤ人共同体は分裂していた。中にはパレスチナへの帰還を夢見る者もあり、シオニズムは多数の賛同者を獲得した。しかしシオニストに対して、ロシアへの統合を主張する者たちは、労働者階級の連帯に基づく社会主義は、彼らが受けている排除に対するもっとも確実な反撃である、と情熱を込めて主張した。彼らはこの立場を擁護するために、ユダヤ人共同体の社会的独自性を拠り所とする。ユダヤ人共同体は、なによりもまず都市にあり、工業化がもっとも急速に為し遂げられた帝国西部に集中している。かくも急速に発達したユダヤ人労働者階級は小企業に分散しており、そこには一般的には大工場よりも警察の監視が行きわたらない。こうした特徴のおかげで、ユダヤ人労働者階級は連帯と組織の絆を織り上げることができたのであり、それによって労働者階級は、帝国のプロレタリアートの先進的要素となるのである。これに加えて、ユダヤ人共同体は知的発達の水準の高さを特徴としており、これに対してロシアの労働者階級の大多数は、農村的環境から出てきて性急に都市化され、まだ都市と工場にうまく適応できない労働者であることを考えるなら、ユダヤ人プロレタリアートが自分たちで結集し、現実の階級意識を持つところを示そうとする傾向があることは理解できるのである。

統合を主張する者が援用するのはこうした要素だった。そこで労働運動の責任者たちは、ユダヤ人労働者と非ユダヤ人労働者との歩み寄りを図り、生活条件は両者に共通しており、また両者を隔てる要因であるユダヤ教はあまり重要ではないと断言するのだった。確かにユダヤ人労働者集団の中では、とりわけイディッシュ語が話されていたが、これはそれが最良の伝達手段であるという単純な理由による。とはいえ同化主義的計画の困難を最初に確認したユダヤ人知識人は、自分自身は完璧に同化していたマルトフだった。一八九四年五月一日、ヴィリノのユダヤ人を前にして、彼はロシア人労働者とユダヤ人労働者の利害は必ずしもつねに一致するわけではないと断言する。確かに彼らは共に戦わなければならない。しかしユダヤ人はロシア人を十全に信用することはできない。したがってユダヤ人は自分たち自身の組織を形成しなければならない、とマルトフは結論する。[10]この意見には賛同者が多かったが、それは当時、ロシアの反ユダヤ主義が戦慄すべき規模に及んでおり、日常的現実になっていたからである。

ブントはこうしたユダヤ人労働者運動の特殊な展望に反対して設立されることになる。おそらくそれが結成される時点では、それはユダヤ人労働者階級の組織である。[11]しかしマルトフの考えでは、それはロシアの特殊的条件への一時的譲歩にすぎない。究極目標は労働者階級の国際化であり、ブントの創設はそのための準備なのである。

したがってポーランド人とユダヤ人のこうした政治活動が、ある程度までサンクトペテルブルクのマルクス主義者たちの手本となり、本物のロシア社会民主主義組織の創設に道を開いたのである。それは一八九八年に日の目を見る。

ミンスク大会

一八九八年三月、ミンスクに九人の人物が集まり、ロシア社会民主労働党、すなわちＰＳＤＯＲを設立する。ミンスクの集会のきっかけは、各地の地方労働者組織の間の、特にブントの基盤をなすヴィリノの組織とキエフの組織の敵対関係であった。その目標は労働者組織の統一を実現することであった。しかしミンスク大会の設営で決定的役割を演じたのはブントである。九人の参加者は、サンクトペテルブルク、モスクワ、キエフ、エカチェリノスラーフのマルクス主義組織の代表者と、言うまでもないがブントの代表者で、ブントは三人の代表者を出していた。大会は三月一日から三日まで三日間続き、三人のメンバーからなる中央委員会を選出し、ストルーヴェの起草になる綱領を採択した。これは「人民の自由」の見解を援用しつつも、テロリズムに訴えるものではなかった。大会は閉会に当たって、六ヵ月後に新たに総会を開催することを決定したが、その後間もなくして代表者たちは逮捕され、流刑に処され、ＰＳＤＯＲは休眠状態に入る。

こうした、ロシアの国土に分散しているすべてのマルクス主義集団を糾合する組織化の最初の試みの中から、二つの要素に注目しておく必要がある。

まず、当時多民族帝国ロシアを動揺させていた民族問題を克服し、労働者階級の組織化を諸民族の統合の道具にしようとする熱望である。そこで用いられた用語がそれを証言している。党は「ロシアの《ラシースカヤ》」党と名づけられており、「ロシア人の《ルースキー》」と名づけられてはいなかった。このように、この党は明瞭に帝国の国境内に住むあらゆる出自の全労働者に呼びかけるのであり、ロシア人労働者階級のみに呼びかけるのではなかった。

第二に、ストルーヴェが『共産党宣言』にならって練り上げた綱領は、革命過程を二段階に分けて記述している。第一段階はブルジョワジーに支配され、民主主義的進歩へと導かれる。その次の段階になると、プロレタリアートがその歴史的責務を引き受け、社会主義を打ち立てる。しかしストルーヴェは、この過程の中で、ロシアのブルジョワジーの力が弱いために、民主主義的進歩の段階でブルジョワジーがその役割を十全に果すことができないことを強調する。その結果、ロシアのプロレタリアートは直ちに決定的役割を引き受けるべきものとされた。言い換えるなら、ストルーヴェはこの文書の中で、マルクスの革命概念とロシア独自の政治状況を両立させることに成功した、ということになる。

ミンスク大会は期待されたほどの成功ではなかったが、ロシア革命運動の激動の歴史の中でそれが果した役割は過小評価されてはならない。その時まで、政治の舞台は人民主義者たちに支配されており、次いでプレハーノフとヴェラ・ザスーリチというマルクス主義の「開祖」が、異なる歴史的展望の名において、人民主義者たちに挑んだ戦いに支配された。しかしほぼ四半世紀にわたって、思想的論争とテロリズムの方が、生まれたばかりの労働者階級を組織しようとする試みより優勢だった。ミンスク大会の参加者はたちまち姿を消してしまったにもかかわらず、このミンスク大会とともに新たな時代が開幕する。革命組織、綱領および明確な運営規則の必要性は誰にも否定できないものとなり、それがマルクス主義者の、そしてなによりもまずレーニンのエネルギーを動員することになるのである。

それにしても、ミンスクで党の第一回創立に挺身した人物の名がこれほど速く記憶から消えて行き、これほど急激に革命の舞台が、その時まで脇役にすぎなかった人物に支配されるようになったというのは驚くべきことである。ミンスク大会の九人の代表者は、歴史の忘却の中に転落してしまう。それはもちろん弾圧のためだが、とりわけその後、誕生する党の中で、彼らのうち誰一人として重要な役割を演じることがないからでもある。逆に、ウラジーミル・ウリヤーノフは当時シベリアに流刑に処されていたためミンスク大会に参加できなかったが、シベリアで思索と執筆の活動に没頭していた彼は程なくして姿を現し、ボリシェヴィキ党の真の組織者となる。この党の目標と、特にロシアの革命闘争にこの党が刻みこむ方向付けは、ミンスク大会においてはまだ誰も想像することができないものであった。

一八九八年春、レーニンの本当の歴史が開幕を迎えるのである。

第Ⅱ部　職業的革命家（一九〇〇～一四年）

第4章　統一性――一つの党、一つの綱領、一人の指導者

一九〇〇年二月十一日、ウラジーミル・イリイチ・ウリヤーノフの流刑は満了となる。彼はシベリアを後にする。しかしシュシェンスコエ村からロシアへ、そしてとりわけ外国へ飛び出す男はもはやウリヤーノフではない。流謫の地での最後の数ヵ月に、彼は『ロシア社会民主主義の責務』と題する著作を完成させた(1)。これはスイスで出版され、その後彼から離れることのないレーニンの名で署名されていた。彼が三年近く過ごした地域をゆったりと流れるレナ川に〔彼の流刑地は、レナ川ではなく、エニセイ川の流域〕因んで選ばれたこの名は、まだペンネームにすぎなかった。彼が被った数多くの仮面の中の一つにすぎないということになったかもしれない。しかし歴史の偶然によって、このレーニンという名は生き延びることになり、これから先ずっと、同時代の他の誰にもまして二十世紀の世界の歴史を一変させた男を指し示すことにな

るのである。流刑の最終段階に偶然に選ばれた名前が、こうしてずっと用いられることとなったのは、おそらく一九〇〇年以降、レーニンはロシアの外で暮らし、ロシアの外で本を出版し、それ故に名前を次々と変えて姿を隠す必要がなくなったからである。それどころか、一九〇〇年より彼の行動は、不動の同一性を彼に課すことになる。彼が呼びかける者だけでなく、彼が敵対する者も間違いなくその同一性に立脚することができなければならないようになったのである。この時から、非合法である必要性は減少し、それに代わって、外国から――したがってかなり恒常的な安全という条件下で――指導する政治闘争が課する必要性の方が重要となっていく。

プスコフ――ロシアでの最後の数ヵ月

流刑が終わった。レーニンはすでにロシア国外に身を落ち着けたいと熱望していたので、それまでの仮の居住地を選ぶ必要があった。それで彼はラドチェンコなど親しい者が数人住んでいたプスコフを選ぶ。同じ時期に、ポトレーソフとマルトフの流刑も終わりを迎え、彼らはレーニンに合流した。こんな具合にプスコフはマルクス主義の活動の一つの拠点となったのである。この短い期間に、元流刑囚は彼らの理論的展望を精緻に仕上げなければならなくなった。この十九世紀末から二十世紀初頭にかけて、マルクス主義者たちの間ですさまじい論争が繰り広げられたが、その論争にレーニンは、シベリア滞在の最後の数ヵ月間に、一方の旗頭として重要な参画を行なっていたからである。

『ロシア社会民主主義の責務』の中で、彼はすでに労働者党の役割と、それが他の社会勢力と結ぶことがあり得る同盟の性格に関する見解を大まかに示していた。社会民主主義のみが首尾一貫して絶対主義と戦っているのであり、したがって社会民主主義はいかなる妥協の精神もなしに、他の社会勢力を己の目的のために利用しなければならない、というのがレーニンの主張だった。この見解はたちまち「経済主義者」の見解と対立することになる。経済主義者とはエカチェリーナ・クスコーヴァとその夫、セルゲイ・プロコポーヴィチの周りに結集した若き社会民主主義者たちで、その見解は夫のプロコポーヴィチが発表した『信条』の中に開陳されている。その見解とは、ロシアの特殊な状況など、マルクス主義としては考慮に入れてはならない、労働者階級の「経済」的要求は、当然社会民主主義運動を動員することになるが、社会民主主義運動は自由主義的反政府勢力と手を結ぶなら、自律的政党を設立するよりも遥かに有益な結果をもたらすだろう、というものであった。まだ流刑の身にありながらこの計画を読んだレーニンは、友人たちを動員して、この『信条』の主張を厳しく非難するために自分が執筆した文書の下に十六人の署名を書きこませた。この反経済主義宣言は、レマン湖のほとりに集まった社会民主主義者たちによって、ジュネーブで出版される。

しかし経済主義者だけがレーニンの心配の種だったわけではない。彼は、とりわけロシアにおけるエドワルド・ベルンシュタインの改良主義的主張の浸透、それにストルーヴェとブルガーコフの哲学的変遷に困惑した。ロシアのマルクス主義が異端的な命題の方へ進むのではないかという恐れがこのころよりレーニンにつきまとい、彼はそれに対して綱領と組織の面でどのように反撃するべきかをより具体的に考えざるを得なくなる。プスコフでの滞在期間はこの作業に費やされることになる。彼はこのテーマについて彼の忠実な仲間であるアレクサンドル・ポトレーソフおよびマルトフと議論を交わし、ロシアの社会民主主義が緊急に闘争のための機関紙、つまり外国で出版される新聞——これはマルクス主義的正統性のテーゼを表現するだろう——を持つようにする必要があるとの結論に達する。
彼は一九〇〇年五月に同志たちをプスコフの作業集会に呼び集める。これにはストルーヴェとトゥガン＝バラノフスキーも参加した。レーニンの考えでは、これらの合法マルクス主義者との連携は、彼の計画により大きな重みを持たせるための手段だった。この会合から生まれたのが機関紙『イスクラ（火花）』で、プスコフ・グループと合法マルクス主義者の双方がこれに協力することになった。しかしこの着想が実際に具体化するには、プレハーノフの同意と参加が必要であり、レーニン、マルトフ、ポトレーソフがそれを獲得する任務を引き受けた。そうするためには彼らはロシアを離れなければならない。こうしてレーニンは、一九一七年までロシアでの存在に終止符を打つ（一九〇五年に一時立ち戻るという例外はあるが）ことになる。
しかしこの長期間の追放——今回は自由の身であったが——への出発の前に、レーニンは家族問題を整理しなければならず、何よりもまずクループスカヤと再会しなければならなかった。
彼女は一九〇〇年にはまだ流刑が一年分残っていた。したがってレーニンはシベリアを発った際、プスコフへ行く前に、ウファーまで彼女を送って行ったのである。家族に深い愛着を抱くこの男は、家族に会いに遠出することを重んじていたが、五月になっていよいよ長期にわたってロシアを離れる直前に、彼女にお別れを言うために大旅行をすることになる。母親と姉のアンナを伴ってバシキール地方へ赴いたのである。彼女たちは当時、ポドリスクにおり、彼自身はプスコフにいたわけだが、ウリヤーノフ家の三人はスイズラニで落ち合った。ここから一行はカザンまで船でヴォルガ川を遡り、そこで船を乗り換え、川から川へと航行してカマ川を経てウファーに到着する。これはカザンからウファーまでの最短で最も安価な旅程をたどったものではなく、物見遊山の旅であった。レーニンはこの旅の幸せな思い出をいつまでも忘れないだろう。「一九〇〇年の春、あなたとアニュータ〔アンナの愛称〕と三人で何と楽しい船旅をしたことでしょう」と、母親に送った手紙の中で彼は思い出を語ることになる。(2)

この旅に出る前に、彼はサンクトペテルブルクへ赴き、社会民主主義者と会って、色々な用件を片付けるつもりでいた。市内に入ることは禁じられていたので、皇室お気に入りの住宅地、ツァルスコエ・セロまで来て、そこにしばらく滞在しようとした。これは彼に課せられた規則の追加条項への違反であった。彼は逮捕され警察署に連行され、そして三週間不快な条件のもとで拘留される。彼の房には南京虫がいて、彼を悩ませたのである。

帝政時代の監視システムの首尾一貫性の欠如には驚くほかはない。一九〇〇年にはレーニンはサンクトペテルブルクでの革命活動によって、すでに官憲にとって重要な要注意人物となっており、それで投獄と追放の憂き目を見た。その後、プスコフの元流刑者グループの中で活動もしている。だから一九〇〇年には彼は、革命勢力の監視に当たる部局では完全に知られていた。足を踏み入れることを禁じられていたサンクトペテルブルクへ隠密裏に赴くという違反に対して、彼は短期拘留という代価を支払ったわけだが、そのために新たに起訴されることはなかった。彼に再び有罪を宣告しようと思いつく者は、誰一人いなかったのである。その後、彼はウファー行きの願いを出す。当地で反体制活動を再開していた妻に会うためである。それは最初は拒否されるが、それもほんの短い間でしかない。数日後、申請された家族との再会の手はずを整えることが許可される。次いで、すでに外国行きを決めていたので、彼はパスポートの申請をするが、これはわずか一〇ルーブルという金額を支払っただけで、いささかの困難もなく交付された。もちろんロシア警察にとっては、革命家にロシア国内で活動されるよりも、国外に行ってもらった方が安心だったろう。しかしレーニンが法的拘束を無視したのだから、このようなタイプの決定は十分あり得たのである。一九〇〇年五月、レーニンはこの上もなく平穏に国を離れ、国外において体制転覆の準備にかかることができるようになったのである。

『イスクラ』の創刊

ロシアを後にしたレーニンは、社会民主主義者たちと接触すべくドイツへ赴いた。その間、ポトレーソフはスイスに向かい、以前協力を約束していたプレハーノフとアクセリロードに協力を要請した。その結果、詳細を煮詰める作業はプレハーノフとの最終会談で行なわれることになった。『イスクラ』の発行は決定されていたが、この機関紙の発行場所と諸条件を選ぶ必要があった。プレハーノフは『イスクラ』がスイスで出ることを望んでいた。彼は自分が編集長になると申し出ており、そうすれば印刷手段の調達を容易に取り計らうことができると言っていた。レーニンとポトレーソフの方は、ドイツでクララ・ツェトキンとすでに交渉を済ませていたが、彼女は非合法の印刷手段の提供を約束していた。そして彼らは発行はミュンヘンで行なわれることを決定していた。何故スイスよりもドイツで発刊される方が良いのかを、アンナ・エリザーロヴァは、レーニンがジュネーヴの亡命者たちの閉鎖的でいささか論争好きな世界に閉じ込められたくなかった、という点を強調しつつ説明している。これよりも公算が強いのは、レーニンは早くもこの頃からプレハーノフの精神的・知的権威によって自分の権威の影が薄くなる恐れがあることを感じていた、ということである。計画へのプレハーノフの参加は不可欠であったが、レーニンはただちにロシア・マルクス主義の長老が最高の基準とみなされることは拒否していた。一九〇〇年において、見解の上では二人の間にまだなんの対立もなかったものの、気質の上ではあらゆる点で二人は異なっていた。スイスにおける二人の出会いは、一八九五年の会見から一九〇〇年の新聞発刊の詳細についての打ち合わせまで、表面的な親愛の情の背後に互いに不信の念をある程度包み隠した、そういう関係で常にあった。『イスクラ』印刷がドイツで行なわれることが決定されると、あわただしい引越しが行なわれた。その主要な推進者であるレーニン、ヴェラ・ザスーリチ、マルトフ、ポトレーソフが、印刷を引き受けていた最初の印刷所があったライプチヒに居を移したのである。安全のために、しばしば印刷所を変える必要があり、『イスクラ』はライプチヒからミュンヘンへ、次いでロンドンへ、最後はジュネーヴへと何度も移転することになる。

こうしてレーニンは今や久しく夢見ていた闘争の手段を手中にしていた。この機関紙の創刊は、すでに五年前にプレハーノフから勧められていたものである。その第一号は一九〇〇年十二月二十一日に発行された。レーニンは何本もの記事を書き、ロシアへの配送の段取りを決め、それに何よりもその路線を決定するという、いくつものことに同時に携わった。何故なら彼にとって『イスクラ』はすでに、ロシアの革命運動を結集・指導するはずの党の設立の口火にほかならなかったからである。発行されるや、この新聞はまことにみごとにロシア国内に搬入され、非合法のルートで運ばれた後、首都ならびに大きな工業・大学都市でもっとも活動的なマルクス主義者グループに配られた。各号は小グループの中で読まれ、解説された。そのようにせよと指示されていたのである。こうして手から手へと渡り、ついには相当な数の読者の目に触れることとなる。新聞は夜、壁に貼り出されたが、朝になると警察によって剥がされた。しかしその間に、何百人ものシンパや野次馬に読まれたわけである。『イスクラ』の真の制作者であるレーニンは、そこから驚くほどの権威を引き出すことになった。彼はたちまち『イスクラ』を、自分が糾弾する傾向である経済主義および改良主義との闘争の道具としたのである。この二つの潮流を批判する論説が、創刊号から一九〇三年――この年になると、彼は組織の問題に専念するようになり、論戦に対してそれまでほど注意を向けられなくなる――までの間に数多く掲載された。こうした論説の中で、さらにまたそれを越えて、レーニンは少しずつ革命闘争についての自分自身の考え方を練り上げて行った。『何をなすべきか』はその最終的表現となる。しかし彼のヴィジョンが明確に文章化される前から、彼はこの機関紙の機能はロシアのマルクス主義を標榜する政治組織を結集し、統一することであると主張していた。というのも一九〇〇年には、イデオロギー上・政策上の分散、どうにでも変われるいい加減さというものが、依然としてロシア・マルクス主義運動の特徴であり続けていたからである。それはまだ統一を志向する一つの集団というよりは、いくつものグループと議論の場が並列されているものにすぎなかった。レーニンにとって、彼が掌中に収めている機関紙は、「扇動と集団的組織化の道具」でなければならない。彼はそれこそが『イスクラ』の役割であるという正確な観念を有していたために、それに全身全霊を打ち込み、そのことによって独特の権威を主張し得たのである。クループスカヤは後に述べることになる。早くもこの時期以後、チェスが大好きなこの男は、チェスに熱中してほんの一瞬でも新聞の業務をおろそかにするようなことになってはならないと考えて、チェスを止めた。

流刑の刑期を満了したクループスカヤはミュンヘンで彼と合流する。相変わらず母親と一緒だった。これ以降この三人は別れることはなく、実直なブルジョワ的とさえいえる生活を送ることになる。しかしミュンヘン滞在はすぐに中断される。『イスクラ』の印刷を引き受けた者が、その仕事は危険過ぎると判断したのだ。別の町に拠点を移すことを覚悟しなければならなかった。レーニンはそこで国を替えることを選択する。

ロンドンはこうした活動にはもっとも安全な場所と思われた。そこで『イスクラ』はロンドンに移され、夫婦も躊躇なくロンドンに身を落ち着けた。レーニンはロンドンが大いに気に入ったが、たちまちイギリス滞在に対する個人的な不都合が見つかった。英語の知識がお粗末極まりなかったのだ。確かに彼はシベリア追放当時、クループスカヤと共にウェッブの著書『労働組合主義の歴史』を翻訳した。しかし辞書と文法を頼りに苦心して行なった翻訳と、イギリス人を相手にする会話との相違は大きかった。そこで彼は、自分の新聞の記事を書く時や政敵と戦う時と同じように必死になって英語の勉強に没頭した。一般的に、彼は何かを企てるとそれが何であれ、まことに例外的な執拗さと集中力を注ぎ込むのであった。自分が必要と判断したどんなことにも粘り強い努力を注ぎ込むこの辛抱強さが、周りの人間に対する優越性を彼に与えたのである。周りの人間は彼に較べると、大抵は粘り強さで劣っていた。

彼の性格のこのような特徴は、有害な結果をもたらすことも幾度となくあった。あまりにも集中した努力は、彼を消耗させ、おそらく脆弱であったに違いない彼の神経系をがたがたにした。こういうことがまさに一九〇二年、機関紙とその寄稿者たちが再び移動を余儀なくされて、ロンドンからジュネーヴへと移るその前夜に起こったのである。レーニンはその時、半抑鬱状態に陥り、ジュネーヴに到着してから二週間というもの誰とも顔を合わせず、自宅に閉じこもることになった。

イギリスを去る前に、彼は十歳近く年下の若き革命家、レフ・ダヴィドヴィチ・ブロンシュタインと初めて出会った。ブロンシュタインはまさにこの一九〇二年に、最終的な偽名となるトロツキーという名を採用したところであった。この名は彼が二年近く過ごした町であるオデッサの牢獄の看守から借用したものである。トロツキーは何度か投獄され流刑となった後、逃亡してサマーラへ向かい、そこで『イスクラ』の地方グループと連絡を持った。それから彼は非合法でオーストリアに赴き、ウィーンでヴィクトールおよびフリードリヒのアドラー兄弟と出会い、その後ロンドンに至り、機関紙の編集部を訪れたのである。あらゆる物に興味を示し、才気煥発で教養のある彼は、直ちに熱烈な歓迎を受けてもおかしくなかった。ところがレーニンはこの新参者を受け入れる前に、本物のテストを行なったのである。もちろんこのテストの後レーニンはトロツキーを信用したが、あらゆる兆候からして『イスクラ』の編集者との討論の中で、トロツキーが、何事もばっさりと裁断するレーニンより、マルトフとヴェラ・ザスーリチに引かれていたことは明らかである。トロツキーの言葉を信じるなら、レーニンはそのことに何度も気づいたが、若き寄稿者がそうした態度をとるのは、有害と言わざるを得ない影響のせいだと考えていた。しかし実際は、トロツキーは執筆陣の中で増大しつつあった意見の不一致を自覚していたのである。『イスクラ』のスタッフがジュネーヴに移る時、トロツキーが意見の一致を見なかったのはプレハーノフであり、一方アクセリロードはかなり彼に近かった。一九〇三年、『イスクラ』がレーニンの監督の下から逃れる時、トロツキーは正式に『イスクラ』の編集委員会に入ることになる。

『何をなすべきか』——統一性

一九〇〇年以来レーニンが考え続けたのは、革命運動の団結と有効性をいかに確保するかということだった。イデオロギー闘争、『イスクラ』、彼の論文や論説、これらすべては、「統一性」——意志、綱領、組織の——のみが革命の企てを実現することを可能にするとの彼の中心的観念に合致した革命の道具を練り上げるという、強烈な意志の一環をなしていた。組織化と結集のための機関たる『イスクラ』は、この方向に進む第一歩であるはずだった。ところがそれは彼の夢見ていた本物の道具ではなく、似ても似つかぬものとなっていた。トカチェフから汲み出し得た思想に取りつかれた彼としては、そうなると今度は党を創設し、受け入れさせなければならなくなった。一九〇二年、彼は革命の道具に関する見解の体系的提示である『何をなすべきか』(3)を書く。その中心的命題——彼の経済主義者たちとの闘争の一切が予告していたが——は、政治的なものが優越することには疑問の余地がないということである。

自国の状況、急速な工業化と労働者階級の発展の帰結を分析しつつ、レーニンは、労働者階級が弱体であるために、組織された団体がその指導に当らざるを得ない、と結論する。しかしレーニンの思想をこうした情勢の確認に矮小化してしまうのは危険な歪曲であろう。何故なら、生まれたばかりの労働者階級に固有の困難というだけでなく、彼は労働者の階級意識という一般的問題を提起しているのであり、しかもそれに対して否定的な解答を出しているからである。「あらゆる国の歴史は次のことを証明している。労働者階級は、己の力に委ねられただけなら、組合意識に到達できるだけである。（……）政治的階級意識は、外部から、つまり経済的闘争の外側、労働者と雇用者間の関係の外側から労働者にもたらされるしかあり得ない」。

レーニンの推論の出発点がここにある。労働者たちには生来の階級意識が存在しないのであるから、労働者の自然発生的運動は妥協か後退に帰着する運命にある。労働者階級の自然発生性は、そのロシアにおける顕現は二十世紀初頭において多数に上るが、経済主義に至るのであって、本物の革命意識に至るものではない。「労働運動の自然発生的発展は、まさしくその運動を（……）ブルジョワ・イデオロギーに従属させるに至る。この労働組合主義は、まさにブルジョワジーによる労働者のイデオロギー上の隷属化である。それ故にわれわれの責務、社会民主主義の責務は、（……）自然発生性と戦うことである。革命理論なくして革命意識は存在し得ないのだ」。

では何をすべきなのか。レーニンにとって答えはきわめて単純である。「労働者たちは社会民主的意識を持つことはできない。この意識は外部から彼らにもたらされるしかあり得ない」。それ故、労働者階級の労働組合主義的意識を矯正するためには、この階級を真正の革命運動へと押しやらなければならない。社会の包括的諸問題を意識した者、つまりインテリゲンツィアが労働者階級の外から労働者階級の側に立って、介入する必要がある。

ここにおいてレーニンは明らさまに述べないまでも、社会民主主義の中に流布している考え方、プレハーノフのような「歴史的」なロシア社会民主主義者たちの支持する考え方と袂を分かっている。後者にとって、インテリゲンツィアは労働者と共に革命運動を形成しなければならないが、当の革命運動は何ら特殊な構造を持つわけではなく、すべての労働者は歴史の変革に参加する能力があると考えられるが故に、党とはすべての労働者を結集する機関として理解されるのである。レーニンは革命についてこれとは全く異なる見解を持っていた。革命は、労働者階級の「前衛」であり、労働者の階級意識の、したがって革命の理論の担い手である職業的革命家たちによって組織され指導されなければならない。労働者は革命の理論にも生来のセンスを持たないのである。レーニンにとっては、党のみが階級闘争を本当に創り出すものであり、党のみが労働者階級に、階級性を抱かせることができる。この階級性によって労働者階級は、誤りにも、ブルジョワジーのイデオロギー的支配にも陥らないことが可能になるのである。彼の目から見て重要なのは、労働者運動が正しい「イデオロギー」に導かれるということであり、その正しいイデオロギーとは、まさしく党がこの運動にもたらすイデオロギーに他ならない。かくして党はプロレタリアート的意識の「唯一」の保持者なのである。

これ故に、レーニンは党の組織と運行形態に重要性を付与する。この前衛は、既成秩序に終止符を打つというとりたてて実現困難なその歴史的使命に見合った形で組織されなければならない。ということは、党は中央集権化され、序列化され、権威主義的であること、そして党内では終わりのない論争と駄弁に身を任せるのを慎むことを意味する。党の組織を支配するのは、統一の原則であり、「意志の統一」である。党の意志の統一は、階級と階級自身の意志の発現にほかならない。それにしてもこの意志の統一は、すべての個別的意志の排除、つまり誤謬あるいは偏向の排除、言い換えるなら純化＝粛清によらずして、いかにして確立できるのか。「党は純化されることによって強化される」――『何をなすべきか』はこう始まる。レーニンが参照基準とする組織モデルは二重になっている。もちろんまずは「工場」であり、これは人間に対して規律、集団行動、自分たちを越える企図への服従を課す。しかしそれ以上に「軍隊」がモデルなのだ。軍隊は戦闘のために組織された厳格な構造を有するものであり、戦闘こそそれの規則を律し、それの有効性を保証する究極目標にほかならない。その職務が分業の原理によって定義される職業的革命家の組織たる党は、権威を厳密に序列化しなければならない。権威は頂上から発し、すべてのレベルにゆきわたり、最終的にその決定を全員に受け入れさせるのである。

ロシアの知識人にとってこうした考え方は、全く目新しいものというわけではなかった。レーニンが愛読し、大いに感銘を受けたあのトカチェフは、すでに一八七四年に次のように書いていた。「人民は自分だけでは社会革命をすることも、より良い基盤の上に生活を組織することもできない。もちろん人民は革命に不可欠である。しかし少数の革命家がその指導をするという条件においてである」。

『何をなすべきか』でレーニンの理論的展望は提示されたが、これを生活の中に据えつける必要があった。それには社会民主主義者の合意が必要であり、それがＰＳＤＯＲ（社会民主労働党）第二回大会の任務であった。この大会は一九〇三年七月、ロンドンに本拠を移す前に、ブリュッセルにて開催される。『何をなすべきか』は、刊行時にあまり敵対的反応を引き起こすことがなかった。確かにプレハーノフは、レーニンが自然発生性信奉の危険性を誇張していると宣言したし、レーニンの同僚の中にも、彼の中央集中主義の強調はいささか行き過ぎだと考える者は多かった。しかし全体として、ロシアの政治状況の中では専制政治に対する戦いは困難であり、したがって非合法の闘争が要求されるということを、誰もが自覚していた。レーニンの仲間たちは、確かに微妙な差はあるものの、深刻な対立もなく、おおむね彼の分析に賛成だった。

第二回大会――社会主義者の分裂

しかしながら、一九〇三年夏のうだるような暑さの数日の間に、ブリュッセルとロンドンで分裂が発生した。ブリュッセルで開催された大会は、仰々しく社会民主労働党第二回大会と称したが、これはミンスクでの会合との連続性を確保するための形式的自称であった。実際には、党はまだ存在していなかったのであり、その党をまさにその機会に誕生させようというわけだった。

一九〇三年において、本物の党を創設することは至上命令であり、そのことはすべての社会民主主義者が理解していた。というのもこの頃、ロシア国内では社会民主主義勢力と労働者階級との関係を変質させるような二つの直接的脅威が迫っており、そのために党の創設は必須の条件となっていたのである。

その一つは、「警察組合運動」あるいは「黄色組合運動」で、これは、一九〇一年から一九〇二年に内務大臣によって企てられ、早くも憂慮すべき効果を生み出していた。その発案者ズバトフにちなんでズバートフシチナと呼ばれた組合「潜入工作」が実行され、警察の支援で労働団体を結成させて、保護下におくということが行なわれたが、かなりの数の労働者が自分たちの労働条件の改善を合法的に要求・主張する可能性に引かれて、それらの労働団体に加わって行った。このような労働階級の推移は、社会民主主義の信奉者の隊列を減少させ、経済主義者が擁護する命題を確証することによって経済主義者を利する結果となったが、社会民主主義者はその推移をいたずらに気遣うばかりであった。

同じ時期に第二の問題が生じつつあった。社会革命主義者たち（エスエル）よりする競合である。彼らはあらゆる反対勢力の結集を説くと同時に、闘争を加速させるためにテロリズムに訴えることをも主張しており、それによって学生からもっとも広い意味でのインテリゲンツィア全般に至るまでのエリート層に大きな影響を及ぼしていた。

このように労働者階級とエリート層に対する権威を失う危険にさらされた社会民主主義者たちは、こうした挑戦に有効に反撃するには、なによりもまず強力な組織を持つ必要があることをほぼ全員一致で確信していた。

社会民主労働党の大会が開かれた時、プレハーノフとレーニンの関係だけに限って言うなら、党のもっとも卓越した二人のメンバーの気分は、始める前から陰鬱で攻撃的なものにさえなっていた。とはいえ、こうした激しい対立より以上に、第二回大会の最大の出来事は、八年近くも前からレーニンに従い全面的に支持して来た、無条件の支持者マルトフとレーニンの劇的な決定的決裂ということになる。

『何をなすべきか』は、「ジュネーヴの主」からは、困ったことに著者の過激な気質が目立ちすぎる知的実践の結果とみなされたが、まさかそこに党にとっての本物の綱領の下書きがあろうとは誰一人として考えなかった。レーニンの同僚たちから見ると、この文書はせいぜい望ましい党についてのまったく個人的な記述にすぎなかった。とはいえ党にはきちんとした綱領を与え、次いで運用の規則を定める必要があったのである。

綱領については、プレハーノフが一九〇二年の一年間をかけて取り組んでいた。彼は一つの草案を執筆したが、それはレーニンと常に彼を支持していたマルトフおよびポトレーソフからの激しい反発を引き起こした。論争は主に二つのテーマをめぐって行なわれた。一つは革命闘争における社会民主主義の役割、そしてロシアの経済・社会生活に固有の要素のうち、社会民主主義はどの要素を受け入れることができるか、という問題であった。プレハーノフにとって、社会民主主義が労働者の導き手であるのは、両者の利害が同一だからである。これとは逆にレーニンは、両者を互いに隔てるものを証明することに熱中しており、そのためこの点についてプレハーノフは経済主義者の見解に追随していると非難する傾向があった。しかしまた小規模生産と小ブルジョワジーに対して寛大であるという非難もプレハーノフに対して浴びせていた。レーニンは、この両者とも消え去る運命にあると断言したのである。ところがプレハーノフの方は、これらに対してロシアの革命過程の中での肯定的役割を与えていた。そこでプレハーノフは、草案を見直して、レーニンの反論を考慮に入れて書き換えたものを『イスクラ』の指導部に提出するよう要求された。レーニンの激しい非妥協性が同僚たちの心を大いに動かしたのである。書き換えた第二草案では、プレハーノフは「プロレタリアートの独裁」という表現を排して「プロレタリアートの権力」に置き換えていたため、これは第一草案に劣らず、プレハーノフに批判的な読者を満足させなかった。レーニンはそこで、すでに一八五〇年代初頭には「階級闘争は必然的にプロレタリアートの独裁に至る」[4]と明確にしていたマルクスを持ち出した。執拗な論争の後、彼はプレハーノフの草案の中に「プロレタリアートの独裁」という表現が再び導入されることを勝ち取り、こうしてこの草案はようやく採択されることになった。

この折に明らかとなった『イスクラ』編集部内の分裂は、その後数ヵ月の間、拡大するばかりであった。プレハーノフはヴェラ・ザスーリチとアクセリロードに支持されていた。彼らに対して、マルトフとポトレーソフはなんの尊敬も払わずに「年寄り」呼ばわりし、レーニンに味方していたが、その一方でレーニンが乱暴で、自分に対して異論のあることを敢えて言明する者に対して思いやりを欠くことに困惑していた。ポトレーソフは後に強調している。早くもこの時から、レーニンの粗暴な性格と自分は常に正しいという確信とが、却って彼を支持する者に彼を支持することの正しさを疑わせるに至ってしまう、と。マルトフも同じで、彼はブリュッセルにやって来る前から、自分の懸念をまだはっきり口に表わしてはいないまでも、レーニンとの別離の元となるものをすでに予感していた。しかし論争と、初めて白日のもとに姿を現わした彼の途方もない権力への意志、そしてまた彼が行なった工作[5]は、ついにマルトフに二人を対立させるものとその対立が修復不可能であることを自覚させることになる。

第二回大会の直前には、『イスクラ』の責任者グループ内の敵対関係ははっきりしていた。そのせいで新聞の内容に関するすべての決定は、正式の票決に付されることになっていたが、その結果はいつも同じだった。三対三という形で二つのグループが真っ向から対立し、同数による無効になってしまうのだった。

この重苦しい雰囲気の中で、編集部の責任者たちは、七月三十日に大会が開かれることになっているブリュッセルへと赴いたのである。

ロシアの社会民主主義者たちは、ブリュッセルでは一応の安全性が見出されるだろうと期待していた。それはベルギーの社会主義者たち、特に会場を提供してくれたヴァン・デア・ヴェルデによって約束されていた。現に最初のいくつかの会合は何とかそこで開けた。しかしベルギー警察は、ロシア当局から通報を受け、これらの会合を監視していた。こちらはこちらで監視の目を逃れるべく会場を頻繁に変えたが、ベルギー警察は難色を示し、何日か経った頃に、直ちにベルギーを退出するよう大会参加者に要求したのである。そこで彼らはロンドンへ移った。労働組合がとある教会に避難場所を用意してくれたのである。

大会には、二五のロシアの主要組織の代表とブントの代表が集まっていた。理論上は、各組織は二票の投票権を持っていた。ところが実際は、大会に代表者を一人しか派遣しない組織もあったために、出席者四三人が五一の委任代表権を持つということになる。さらに一四人の代表は発言権を持つのみであった。この状況はレーニンの目論見にうってつけだった。彼は『イスクラ』の支持者が多数派となることに執着していた。しかし逆に、大会に出席した労働者が四人しかいないことには満足していた。

議事日程に記された最初の事項は、『イスクラ』により提出された綱領――プレハーノフの原案とレーニンの加えた修正との微妙な混交――および規約の採択である。綱領はきわめて真剣に時間をかけて議論され、その後、内容をほとんど変えることのない若干の修正が施され採択される。専制政治の打倒と普通選挙によって選出される憲法制定会議の招集が、革命計画の第一段階として提示されていた。この点については全員が問題なく賛成した。討論の過程で、ある者にとっては絶対的価値を持つ民主的自由と「党の利益」との間に生じるかもしれない矛盾の問題が、代議員全員の重大問題となる。しかしこの点について、すべての民主的原則を党の利益にしたがわせる立場を固持しつづけたレーニンは、プレハーノフの支持を得るに至るのである。

これで、プレハーノフが冷やかに黙殺しようとしたにもかかわらず、『何をなすべきか』の思想がいかに人々の心の中に浸透していたかが分かる。こうして早くも一九〇三年には、党は真理を保持する最高の基準、唯一それのみが権威を正当に行使する力を持つ基準とみなされたのである。そのため、党それ自体によって定義される「党の利益」が、最高の価値となってしまい、自由の原則にも民主主義の要求にもほとんど余地を残さないようになってしまう。

しかし大会が分裂するのはこの点をめぐってではない。これに関しては、レーニンは自分の考えを受け入れさせることに成功し、かくして採択された綱領は一九一九年まで施行され続ける。取り返しがつかない決裂が起こるのは、規約をめぐってであった。先の論争でプレハーノフがレーニンを支持するのを目の当たりにして、アクセリロードとマルトフは愕然とした。二人の不安は二つ目の大論争の過程で生じる断絶を予告していた。それは「党員」の定義をめぐる論争であり、二人は共にレーニンに対して仮借ない戦いを挑むのである。

規約の第一条は入党条件の定義であった。ここでレーニンとマルトフとの二つの見解が、決定的に対立する。レーニンの見解では入党とは党組織の中に一身を投ずることを前提としており、それは綱領全体への賛同だけでなく、党活動に積極的に参加することをも意味する。マルトフは大会の前に規約の第二案を準備し、彼の草案も同様に代議員の審議に委ねられることを強く懇願していたが、「党員」の資格についてはるかに柔軟な定義を提案している。レーニンにとって党員とは、「党機関のうちの一つの権威の下にあって党に協力する者」のことである。言い換えれば、序列化され中央集権化された組織の中で何らかの具体的地位を占め、積極的役割を演じる者だけが、党に属すると称することができる。これに対して、マルトフにとっては、党の見解に近いと感じる者は、自分は党の一員であると称することができるわけである。この論争は一見したところ抽象的と見えるが、実はこの中にはまことに具体的な二つの論争が包含されている。

一つは、レーニンが大会準備のための文書ともいうべき『何をなすべきか』の中で主張していた考えが、厳格で、規律正しく、常に内部統制に従う職業的革命家組織という彼の党概念全体の基盤となっていたという点である。彼に言わせれば、党と労働者階級を区別し、下部組織を組織化された決定機関に従属させるこうした考え方のみが、革命の企てを実行に移すことを可能にするのだ。

二つ目の具体的な問題は、権威の問題である。マルトフが想定するような大衆組織は、下部にイニシアティヴを委ね、党の指導部がその指令を下部組織に受け入れさせることを事実上不可能にしてしまう。レーニンにとっては、このような考え方は不可避的に党の権威の減退を引き起こし、党の指導者の、ということはつまり彼自身の個人的権威を疑問にさらすことになる。

このような党概念を支持するのは、もちろんマルトフ一人ではなかった。その点では、彼はなによりもドイツ社会民主主義内の重要な一分派に近かった。しかしロシア人の中では彼は少数派だった。ところが論争は予期せぬ方向へと進展する。レーニンの苛烈さとマルトフの弁舌の才が、人々の心を動かすことになったのだ。確かにレーニンは最初は多数派を握っていたように見え、プレハーノフはレーニンを支持するに至った。プレハーノフは次のように明言している。「私は両者の議論を注意深く聞いた。そして聞けば聞くほど、レーニンの方が正しいと思うようになっている……日和見主義に敵対する者は、レーニンの原案に賛成票を投じなければならない。この案は彼ら日和見主義に党の入口を閉ざすものである」。しかしアクセリロードはあからさまにマルトフの側に立ち、一方、ヴェラ・ザスーリチとポトレーソフは沈黙のうちにマルトフへの共感を示していた。トロツキーはプレハーノフの強固な反対のゆえに、いまだ『イスクラ』の編集委員会の一員ではなかったが、彼も最後の最後になってマルトフの側に傾く。彼はプレハーノフがレーニンの主張に支持を与えたことを激しく非難し、日和見主義に対する戦いにおけるレーニンの方式の有効性を擁護するためにプレハーノフが繰り出した議論を論破した。トロツキーの発言は華々しく、これまで彼の成功を支え続けてきた質の高い弁論術を遺憾なく発揮していた。それ故に効果満点だったのである。

レーニンはマルトフとトロツキーの優位をくじこうとして最後に発言するが、これに続いて行なわれた投票の結果は、彼に不利なものだった。彼はこの投票で過半数を得ることを期待していたが、指名投票によって二八票がマルトフに、二三票がレーニンに投じられた。原案はこれ以外の部分については修正なしに採択された。しかしレーニンにとってこれは手痛い打撃だった。それは彼がロシア社会民主主義勢力の第一線で活躍するようになってこの方、初めての大きな挫折であった。

ここに至って、何とか体面を保とうとしたにもかかわらず、この二人の決裂は決定的となった。大会の開幕以来、マルトフはレーニンがあまりにも権威主義的に振る舞い、自分の考えのみを唯一正しいものとするのを目の当たりにして不安が募るのを感じていた。自分に反論するレーニンの口調が、幾度となくマルトフに屈辱感を与えた。何年もの間、熱烈にレーニンに忠実であったこの感じやすい繊細な男は、自分がかくも長く支えてきた男の厳しさと傲慢を許すことができなくなった。突然、このかつての友の中には権力への情念しか見当たらなくなったのである。レーニンの方でも、実感した感情はこれに劣らず激しいものだった。マルトフは彼に反対し、彼に過酷な敗北を味わわせた。そして彼があからさまに口にしようとはしないながらも、自分に権限ありと主張していた党の指導権から、彼を遠ざけようとしているのだと彼は考えた。この二人の男はともに、理論的論争の背後で、まさにどちらが権力を行使する権限を持つかが争われていることを自覚していたが、ここに展開した一連の出来事は両者の気質の違いによって説明がつく。マルトフは著しい知性の持ち主であるが、直情径行であり、冷徹に計算する人ではまったくなかった。彼にあってはしばしば情動が推論能力を上回ってしまう。逆に大のチェス愛好家であったレーニンは、チェスが必要とするあらゆる能力を備えていた。彼にあってはすべてが冷徹に計算されていた。彼はマルトフへの友情から、一瞬にして憎悪へ、政治的に彼を排除しようとする欲求へと移行した。それ以後、彼は知力のすべてをこの企図のために傾けることになる。もう一度強調しておく必要があるが、この企図が真に目指していたものは党内での権力である。

論争はこれで終わらず、さらに続けられたが、その後の推移は、党のあり方に対して予期せぬ甚大な帰結をもたらすことになる。何故なら、それによって力関係の新たな逆転が招来され、マルトフとその支持者たちは突然、少数派の立場に置かれることになるからである。今度は論争はブントの地位に関するものだった。ブントは分離した組織を結成する権利を要求していた。ブントによれば、そのような組織のみがユダヤ人プロレタリアートを代表する資格があるというのだ。このブントの要求は、組織の問題を越えてさらに広い論争につながるものだった。それは民族問題であり、これに対して党は迅速に態度を明らかにしなければならなかった。しかし代表者たちは、当面は党の組織のあり方について意見を述べるに留まった。民族問題の重要性を認めて、党に連邦的構造を与える必要があるだろう。さらには、党に民族解放の意志を擁護する責務を付与する必要があるだろう。

ブントによって党大会に提出されたこうした要求は、十九世紀末以来社会主義インターナショナルを揺り動かしていた論争の延長線上に位置している。オーストリアの社会民主主義者たちはすでにこの問題について分析といくつもの命題を積み重ねており、それらのものが労働運動に激しい混乱をもたらしていた。「労働者に祖国はない」という『共産党宣言』のあの有名な急進的な言葉にもかかわらず、オーストリアの社会主義者、レンナーとバウアーは――オーストリア・ハンガリー帝国の例が彼らにその確信を与えたのだが――労働者はまず第一に自分の所属する民族集団に連帯を感じるのであり、自分の社会階級に連帯を感じるのは、その後にであるにすぎないことを確認した。彼らは、労働運動がその点を考慮しないなら、最終的に民族の連帯性が階級の連帯性を雲散霧消させてしまうことになると危惧していた。それゆえ彼らは著作の中でも、一八九九年のブリュン大会においても、労働運動の連邦化の考えは退けつつも、社会民主主義がその綱領の中に民族的要求を組み込むことを要求していたのである。

レーニンとロシア社会民主主義者の多数派は、このオーストリアの論争に注目していたが、この論争が急速にロシア帝国に広がる可能性があることを直ちに理解した。ロシア帝国の民族的複合性はオーストリア・ハンガリー帝国のそれをはるかに凌駕していたのである。ブントに対して、一八九八年のミンスク大会は、党の「自律組織」という特別な地位を認めていたが、このブントの要求の中に、彼らはすでに帝国の周縁部の社会民主主義組織が将来つきつけるであろう要求の萌芽を垣間見た。ロンドン大会にはグルジアの代表団が団長ノイ・ジョルダニアに率いられて出席していたが、彼はブントの協力を得て、論争の過程で民族言語使用に関する条項を採択させることに成功した。この代表団の出席は、ロシア社会主義勢力の中で民族的要求が表明される日も間近であり、この点ではブントが完全に孤立しているわけではないことを証明するものであった。ブントの要求によって引き起こされた議論の過程で、特に『イスクラ』の指導部は唐突に和解して、ユダヤ人の労働者組織に対して共同戦線を張るわけであるが、大会参加者たちのこのような非妥協的態度の理由はそうしたところにあった。この後に行なわれた投票では、ユダヤ人の労働者組織に反対する票が過半数を占める。憤慨した七人の代表者は直ちに退場する。それは五人のブント構成員と二人の経済主義者だが、この経済主義者たちは自分たちにも特別な地位を認めさせようとして、ブントに味方したのである。これによって前回の投票に際してマルトフが獲得した多数派はもはや存在しなくなり、レーニンはこの退場を利用して、再び多数票を握る優勢な立場に立つことになる。このように状況が再び有利になったのを見てとると、彼は自分の率いるグループが多数派になったと断定し、そこから「ボリシェヴィキ」という呼称を引き出す。少数派となった彼の敵対者たちは「メンシェヴィキ」と名づけられたのである。

この決定は一方的なものであったが、力関係と人間同士の対立、一連の出来事に関する大きな見方の相違、こういったものすべてを同時に表現している限りで、そしてすでに将来の推移の大筋を示唆している限りで興味深いものである。レーニンが得々として自称する多数派は偶然でき上がったものにすぎない。ほんの一票差であり、それも大会終了前にブントが退出したことによるものである。レーニン自身その直前まで少数派であり、もしマルトフが論争の中でもっと巧妙であったなら依然として少数派に留まっていたはずだが、その彼が多数派となったこの「瞬間」を用語集の中に刻み込み、そこから党内の力のバランスの不可侵の定義を引き出すことによって、この「瞬間」を永遠に固定しようとしたこの決断は、彼の主意主義と彼の臆面のなさをはしなくも露呈させている。レーニンを権力の奪取と独占へと導くことになるのは、こうした特徴にほかならない。これに対して、マルトフとその仲間はメンシェヴィキと命名される、したがって永遠に少数派と定義されるわけだが、こうした従順さはすでに彼らの今後の弱さを予告している。票決が一時的真実を表すに過ぎないにもかかわらず、彼らはこの票決を尊重し、自分たちを劣った立場に閉じ込める呼称を受け入れた。こうしてメンシェヴィキは、ボリシェヴィキに対するあらゆる闘争において、過度の良心のためらいと一連の連鎖的断念によって身動きできなくなってしまうのである。

大会はレーニンのもう一つの勝利によって閉幕する。彼に『イスクラ』の統制権を委ねるという勝利であった。編集部の凍結状態を口実にして、彼はメンバーを三人に減らすことを示唆し、さらに党の中央委員会の権威を事実上減少させることを提案する。その時レーニンは、マルトフに対して勝ち得た勝利と、ブントと経済主義者が退いた後に彼の多数が安定したという確信で、すっかり安堵していた。党の指導機関の組織のあり方に関して押しつけようとする決定によって、巻き返しをしようと考えていたのである。大会は賛成二五票の過半数、反対二票、棄権一七票（その時には投票者は四四人になっていた）で、レーニン、プレハーノフ、マルトフの三名を『イスクラ』の編集部に指名する。しかしマルトフはヴェラ・ザスーリチ、アクセリロード、ポトレーソフの排除に憤慨し、この少数の編集部では『イスクラ』をレーニンの権威のみに委ねることになり、プレハーノフの弱体振りではその事態を補正することはできないと確信して、編集部に加わることを拒絶する。棄権がきわめて多数に上ったことも、そうした疑念が大会に浸透していたことを示している。

レーニンは中央委員会に関しても、その重みを削るに打ってつけの手段を考えついた。大会に基づいて改組される党は、二つの権威の中枢を有することになる。一つは「中央委員会」だが、これはロシアに設置され、各種地方組織を統括する。もう一つは「組織委員会」、つまり『イスクラ』であり、これはロシア国外に拠点を置き、ロシアの官憲の手から守られている。この二つの中枢が同じ重みを持たないことは明白である。中央委員会は逮捕の的となり、それ故スタッフは頻繁に更新しなければならず、安定しないために、当然より弱体となる。『イスクラ』の編集委員会すなわち組織委員会は、逆にメンバーの変化から守られており、安定性を、それ故より大きな権威を持つことになる。さらにレーニンは、中央委員会には「実践指導権」を割り当て、組織委員会に「イデオロギー的指導権」を割り当てることによって、この差を強調した。これにはさらに意味論的差異が付け加わる。組織委員会は「命令」機能を有するのに対して、中央委員会の機能は、「ルコヴォツトヴォ」(6)つまり「指導」だけとなるのである。

大会閉会時には、党内の確執は明白となった。レーニンは『イスクラ』の主となった。党の組織はその機関紙の組織と一体化し、広範に彼の支持者たちによって支配されることになった。敗れた者たちの恨みは大きかった。プレハーノフは新たな指導部内で名誉ある地位を保っていたが、彼がもはやアリバイにすぎないことは明白であり、当人はそのことを知らずにはいられない。ザスーリチ、アクセリロード、ポトレーソフ、マルトフと、レーニンの間の接触は実際上断ち切られ、プレハーノフも間もなく彼らに合流することを考え始める。

しかしこの分裂した党ののたうちまわりは終わったわけではなく、レーニンの勝利は今回については短期間のものとなる。

勝つには勝ったが……

一九〇三年末、大会後にはレーニンにとってかくも有利であった状況は逆転する。ロンドンでの会合の直後、ボリシェヴィキとメンシェヴィキはみなジュネーヴにあった。当地ではレーニンは最初は『イスクラ』をしっかり手中に収めたように見えた。しかし彼の権威主義と不寛容が引き起こす敵意をメンシェヴィキは急速に悟るようになる。マルトフはトロツキーの支持を得て、ボリシェヴィキによる『イスクラ』の独占を手厳しく攻撃し始め、このような略奪が可能になったのは状況が例外的であったからに過ぎないと強調した。プレハーノフはしばらくの間、レーニンを支持したが、その後メンシェヴィキとの妥協を説くようになり、その主張は多くのボリシェヴィキを引きつけた。こうした支持に勇気づけられて、彼は『イスクラ』を元の六人からなる編集部に戻し、排除されたメンバーを呼び戻すことを要求した。例によって一切の妥協を排すレーニンは、この「和解的」主張を斥け、敵対する連合勢力に直面して、己の支配的地位を手離すという考えを受け入れることができず、『イスクラ』を飛び出してしまう。その結果、「彼の」機関紙はメンシェヴィキの手に落ち、プレハーノフはレーニン抜きで、以前の編集部を再建することになる。マルトフのような以前の支持者たちは、『イスクラ』に拠って彼のもっとも手ごわい敵となったのである。

『イスクラ』を失ったことは、レーニンにとって紛れもない悲劇であった。まず第一に彼は、亡命社会民主主義勢力の中での彼の権威は、ロンドンでの勝利の後に彼が考えたよりもはるかに小さいことを認めざるを得なかった。さらに彼は、ロシアでの運動からも切り離されてしまった。『イスクラ』が彼をそれにつなぐ絆となっていたのだ。この断絶の時期が始まった時、彼はまったくの孤立状態にあった。

以前にも起こったことだが、レーニンはまた自分の神経系の脆弱さに対処しなければならなかった。それは政治的危機の時に実に頻繁に彼を裏切るのであった。彼は鬱状態に陥り、そこから彼を引き出すためにクループスカヤは、スイスの山の中での長期休暇を企画した。観光、散歩、回復のための長時間の睡眠によって彼はようやく健康を回復するに至る。一九〇四年の夏の終わりに、彼は精神の安定を取り戻し、さらには新たな計画を温め、新しい協力者を見出すことになる。

この孤独と抑鬱の時期に、レーニンは『イスクラ』を読むことで、自分に対するメンシェヴィキの敵意がいかに激しいかを確認することができた。彼の見解に異議を唱える記事が掲載されない号はただの一つもなかったのである。そのうえこれらの掲載論文を通して、彼のかつての友人であるアクセリロード、マルトフ、プレハーノフは、メンシェヴィキ主義に強固な理論的基盤を与えようと努めていた。インテリゲンツィアとプロレタリアートの関係に関するレーニンの考えの効力を削ぐことができるような理論的基盤である。その頃プレハーノフはレーニンに対する一大攻撃キャンペーンを開始していたが、その中で彼はレーニンの人となり、その不寛容、その粗暴さを痛烈に非難し、それだけでなくレーニンの党についての考え方を倦まずたゆまず批判するのだった。彼は慧眼にもその考え方が全体主義的であることを見抜いていた。トロツキーも批判者の仲間に加わり、レーニンを「潜在的ロベスピエール」扱いし、彼が革命の党のすべてのメンバーをいずれ大量虐殺するだろうとすでに想像していた。その見通しは、『何をなすべきか』の冒頭の銘句に含まれる「純化＝粛清せよ」との命令を根拠としていたが、たしかに未来を予告するものだった。

しかしながら、月日がたつとともにレーニンの孤立は軽減する。新たなシンパが彼のもとにやって来るのである。最初にやって来たのは彼と同年代の若き医師、アレクサンドル・マリノフスキーである。彼はきわめて早い時期から革命運動に賛同し、二十世紀初頭にはボグダーノフというペンネームで知られていた。理論的著作――彼はベルジャーエフと論争した――および哲学的著作によって、彼はすでに大きな名声を博し、ロシアのもっとも有名な作家たちとの長い交友関係を続けていた。一九〇三年にボリシェヴィズムに賛同した彼は、翌年の春レーニンのもとに赴く。レーニンは、えり抜きの新たな同志を彼に与えてくれるこの訪問を喜んだ。ボグダーノフはやがて義弟のルナチャルスキーといった仲間をレーニンの元へ引き寄せて行く。彼はさらにレーニンに資金調達の手段を提供してやり、自分に近しいロシア在住の知識人との連絡の道を開いてやる。彼はまた夫婦の長いヴァカンスにも同行することになる。このヴァカンスの間にレーニンは、少しずつ神経の均衡と戦闘意欲を取り戻して行くのである。

彼の孤立時代に、ボグダーノフのおかげで、もう一人別の新人が彼のもとにやって来る。アナトーリ・ヴァシーリエヴィチ・ルナチャルスキーで、才気煥発、ロシアの知識人エリートを完璧に具現する人物である。哲学を修め、数ヵ国後を話し、多方面にわたり驚くほどの学殖の持ち主であるこの男は、きわめて早い時期にマルクス主義運動と接触を持った。すでに一八九九年には、彼はモスクワでレーニンの姉、アンナ・エリザーロヴァと出会っていた。ボグダーノフと常に行動を共にする彼は、ジュネーヴのレーニンのもとへ赴き、『イスクラ』に代わって創刊されることになる機関紙に協力しようと申し出る。しかしルナチャルスキーは政治家というよりも、上質の知識人であり、己の性格の弱さと気分の不安定さによって幾度となく足を引っ張られることになるだろう。

三番目のえり抜きの新人はレオニード・ボリーソヴィチ・クラーシンである。彼はレーニンと同じく、一八七〇年にシベリアの小さな町で生まれた。レーニンと会う以前に、彼は実践的活動ですでにずば抜けた名声を博していた。学業を終えたのち、彼はバクーで技師として働き始め、当地において、当時この石油の都とさらにはカフカス全土に広がりつつあった社会民主主義運動の中で、大きな役割を演じることになる。非合法の印刷所を設立して、『プラウダ』や革命運動のビラを印刷し、その帝国全土への配布を組織したのである。一九〇三年に、彼はボリシェヴィキ・シンパの資格で中央委員会に選出された。しかしレーニンを大いに失望させたことには、委員会でレーニンの頑強な主張を擁護するのではなく、メンシェヴィキとの和解が必要であるとの主張を擁護したのである。とはいえレーニンは再び党を掌中に収めようと夢想しており、その党の中でこのような組織化の才に恵まれた人物がどのような役割を演じることができるかを良く承知していたので、この男を自分の側に連れ戻そうと試みた。そして次第にそれを実現していったのである。

最後に、彼が孤立から抜け出す手助けをした者の中で第一等の地位を占めるのは、もちろんクループスカヤである。彼女は夫の療養に専念すると同時に、自分が活動家であった頃の交友関係を夫のために用いて、彼がロシアの社会民主主義諸組織との接触をとり戻すことができるように効果的に働いたのである。彼らがヴァカンスから戻った時には、レーニンが新たな計画に身を投じ、少しずつ以前の彼の仲間に対する影響力、もしくは少なくとも権威の一部を取り戻すことができる準備は整っていた。

『ヴ・ペリョート（前進）』すなわち新『イスクラ』

ボグダーノフの資金援助によって、そして彼との接触のおかげで、レーニンは彼にもっとも不足しているもの、それなしではやっていけないもの、すなわち新聞を再刊する。事態は切迫していた。何故なら、一九〇四年の一年間で、彼を取り巻く状況は悪化したからである。かっての同志が彼に背を向けただけでなく、ヨーロッパの社会民主主義運動も彼に背を向けていた。ドイツのもっとも威信ある社会民主主義者たちが、彼の思想と言葉遣いの行き過ぎを非難していた。当時おそらく社会民主主義運動の最高の精神的権威であったカウツキーは、レーニンが『ノイエ・ツアイト』にメンシェヴィキとの闘争についての見解を開陳したいと頼んだのに対して、論文の掲載を拒絶する。恨みを忘れず根に持つレーニンの気質は今後も何度か頭をもたげることになろうが、彼は決してこの侮辱を忘れることはなく、数年後にこの老いた師を「背教者カウツキー」呼ばわりして、これに報いることになる。もう一人の社会民主主義のリーダーであるローザ・ルクセンブルグも、批判者の合唱に加わり、レーニンは何よりもまず「ロシア的」な振る舞いをする人物で、彼の祖国のいまだ洗練されていない態度が染み込んでいると強調した。この侮辱についても、当事者レーニンは忘れはしない。その後何年もの間、数多くの主題をめぐって、レーニンとローザ・ルクセンブルグは、論争を繰り広げる。(7) 実は民族問題のような重要な問題の中身に関して二人は本当に意見が対立していたわけではなかったのだが。しかし一九一六年におけるユニウス（ルクセンブルグの偽名）との論争は、[8]その激しさから、かつてロシア社会民主主義者の内部抗争という困難な時代に、すでにこの二人の間にわだかまっていた敵意を思い起こさせることになる。ついにはもう一人の権威であるベーベルが妥協を示唆することになったが、レーニンはドイツ社会民主主義が自分の敵たちに好意的であると確信しており、彼の説得に耳を貸そうとしなかった。この点では、レーニンは完全に間違っていたというわけではない。早くもこの時期には、ヨーロッパの労働者運動の責任者たちは、ボリシェヴィキの進出に不安を感じていた。彼らから見るとボリシェヴィキは、文明化された彼らの流儀、彼らの改革主義的方向付けにあまり馴染まないと思われたからである。

一九〇四年末、レーニンの苦悩は終わりを告げる。その年の間に彼は、第二回大会の決着をつける新たな著作『一歩前進、二歩後退——わが党内の危機』[9]を執筆した。[10]ジュネーヴで刊行されたこの本は、第二回大会で彼が主張した立場を擁護しようとする弁護論にほかならない。一九〇四年八月、彼は健康回復のための観光旅行の後ジュネーヴに戻り、彼に近い二二人のボリシェヴィキ党員をそこへ呼び寄せ、彼らと共に「多数派委員会」をつくる。その事務局に選ばれたボグダーノフは、同委員会の中できわめて積極的役割を演じることになる。秋以降、ボグダーノフはロシアに戻り、この委員会に従う諸グループを組織化する任務に当たるわけだが、その出発の前に彼はレーニンと共に新聞発刊の準備に当たった。この新聞はレーニンの権威が取り戻されたことの証拠となって、「多数派」と称する委員会ないしブロックの存在をさらに確固たるものとするはずと考えられていた。十二月に『ヴ・ペリョート（前進）』の第一号が発刊される。これはまさしくレーニンの機関紙であり、彼は全面的にこれを支配した。同紙はロシア社会民主主義の二つの分派間の断絶を、必要とあらば遠慮会釈なく事実として確認して行く。これは反『イスクラ』であり、レーニンは毎号、決して和らぐことない手厳しさをこめて『イスクラ』を攻撃して行く。長老のプレハーノフはプレハーノフで、レーニンが論説を書くたびに、彼が「対立を煽るために火に油を注いでいる」と告発するのである。

再び活力を満タンにしたレーニンは、早くもこの時から社会民主労働党の第三回大会の準備に専念する。この大会は一九〇五年春に再びロンドンで開催される予定だった。彼は自分が辛抱強く党を奪回したことを正式に認めさせるために、この大会の開催を熱烈に願った。しかし彼の意志は、メンシェヴィキの反対にぶつかり、同時にまた、分裂が運動全体を弱体化させる不毛なものであることを懸念したロシア国内の諸組織の反対に出会うのである。ロシア国内で活動する六人の中央委員会メンバーのうち五人が、この大会の構想への反対を表明し、次のように主張した。「ロシアにおける社会民主主義は、真剣な行動方針と宣伝活動の素材を必要としているのであって、論争を必要としていない。争うのはやめて、仕事に掛りたまえ」。

しかしレーニンにとって最初の仕事、唯一急を要する仕事は、党に対する自分の権威の回復と失った権力の奪回だった。それ故に彼はクリヨヤノフスキーの助言に耳をふさいだのである。クリヨヤノフスキーは一八九五年のサンクトペテルブルクでの運動の時からの旧い知人であり、第二回大会の際に中央委員会に選出された人物だが、レーニンにロシアへ来て地方組織の現況を探るよう示唆した。彼は和解を支持しており、国内の活動家の気持ちを伝えるために、わざわざジュネーヴまでやって来たのである。彼はレーニンに、快適なスイスの避難所からロシア国内の活動家たちの意見を想像し続けるのはやめにして、彼らを間近から見、彼らと話し合うべきだと助言した。レーニンはこのような馬鹿正直さに機嫌を損ねて、きっぱりと拒絶した。

しかし図らずも幸運がレーニンに微笑みかける。ロシア国内では官憲が党の活動に介入し、指導部の一人のメンバーのうち九人の逮捕に成功した。クラーシンは一斉検挙の手を逃れる。レーニンにとっては天佑とも言うべき一網打尽であった。何しろこうして彼は、彼の意志に現場で反対していた者すべてをあっと言う間に厄介払いすることができたのである。彼は同志を牢獄へと送り込んだ官憲の介入が自分にとってはもっけの幸いであることを直ちに悟り、「これでメンシェヴィキの奴らは当分の間弱る一方だろう」と臆面もない解説をしている。

こうして中央委員会は、「第三回社会民主労働党大会」と名付けられるはずの会議の開催に同意することになるが、その中央委員会は、このようなめぐり合わせから、もっとも簡略化された意思表示しかできなかった。「第三回社会民主労働党大会」というのも法外な名称である。何故なら、実はそれはボリシェヴィキだけの集会であって、そのため前の大会とは繋がりがないからである。ロシアから来た三八人の代表は、大部分が専任の活動家、『何をなすべきか』が規定している「職業的革命家」で、レーニンの側に立って、メンシェヴィキの主張を全面的に断罪する態勢にあるのは予め分かっていた。

とはいえメンシェヴィキの方もされるがままになってはいなかった。彼らは調停役としてアウグスト・ベーベルに訴えた。ベーベルは対立を鎮めるべく五人の中立の人物からなる法廷の設立を提案した。この構想はメンシェヴィキには受け入れられたが、レーニンからは強く拒絶される。彼は、この不一致は人物に関わるものではなく、思想に関わるものであるから、これに裁断を下すのはすでに予定されている大会でなければならない、と答えた。ベーベルは、レーニンの振る舞いに慄然として、しかしその反面、彼の敵対者たちの政治的な真剣さにもあまり確信が持てなかったために、身を引いてしまう。レーニンの大会招集の決断によって壁際に追い詰められたメンシェヴィキは、ジュネーヴに支持者を招集することを決める。しかしこうして開催される集会を「会議」と名付けて、大会とは称さないのである。二年前に法形式の遵守のため、あるいは気弱さのために犯した過ちを繰り返して、彼らは社会民主主義を真に代表する者という優位をレーニンに委ねてしまう謙虚な立場を選択してしまうのだった。

こうしてロンドンとジュネーヴの二箇所で論争が繰り広げられることになったが、その二箇所での論争はいずれも、一月以来、ロシアを揺り動かしていた一連の事件に支配され、また当時進行中の騒擾を革命へと転化させ発展させるという展望に支配された。それ以降、党の組織問題、党とプロレタリアートとの関係の問題、将来の展望をいかに画定するかという問題は、これまで以上に今日的な問題と思われるようになり、対決はそれ故により鋭くなった。

『イスクラ』を掌握しているメンシェヴィキは、ロシアの社会民主主義の中でもっとも威信ある人物をその陣営に糾合していた。プレハーノフ（とはいえ少し前にレーニンを支持したために立場が弱くなった）、アクセリロード、マルトフ、およびしばらくの間レーニンを支持していた人物、ポトレーソフとトロツキーといった面々である。ロシアにおける革命の気運の発達を確認して、彼らはみな党は革命的反体制派を具体的に形成するのでなければならず、権力掌握もしくは権力分割の試みは時期尚早であって、それに乗り出すべきではないと説いていた。レーニンの主張する党の中央集権化への意志に対する彼らの敵意は、それまではあからさまではなかったが、これ以後は公然たるものになる。

第三回大会——決定機関のボリシェヴィキ化

ロンドンでレーニンが頼りとしなければならなかった新たな同盟者は、以下の通りであった。革命臨時政府への党の参加という、これ以降レーニンの十八番となる主張を大会において擁護することになるクラーシン。大会の準備をロシア国内できわめて活動的に行なったボグダーノフ。そしてレーニンの求めに応じて、武装蜂起に関する決議を大会に提出することになるルナチャルスキー。しかしこれらの支持にもかかわらず、ルナチャルスキーとボリシェヴィキ党の創始者レーニンとの決裂の芽はすでに目についていた。要するに二人の関係はその後ずっと揺れ動く困難なものであり続けるだろう。ルナチャルスキーは活動家としてはレーニンのために有益であろうとする意志を持っていたが、知識人としての懐疑が幾度となく彼をボリシェヴィキの父から遠ざけることになるのである。とはいえ第三回大会は、ルナチャルスキーからすれば、ボリシェヴィキのリーダーを支持する局面をなしている。しかしすでにこの頃からレーニンは、ルナチャルスキーがボグダーノフの哲学思想に賛同することを受け入れることができなかった。彼は短期的には和合を保持する必要から何も言わないが、この沈黙はすぐに破られることになる。

その時、また新たな同志が何人かレーニンのもとにやって来る。例えばレフ・ボリソーヴィチ・カーメネフで、一九〇二年に『イスクラ』に加わったこの若い青年は、『イスクラ』紙上でベルジャーエフおよびストルーヴェと論争し、その後ロシアに戻り、まず初めはトビリシで、次いでモスクワの党委員会において、活動家集団の編成に専心した。それは一九〇四年のことだったが、この時から彼は、メンシェヴィキの手に落ちた『イスクラ』と手を切り、レーニンの主張に賛同し、新たに創刊された『ヴ・ペリョート』

と連絡を取り、さらにカフカス、中央ロシア、ウラルのボリシェヴィキについた地方委員会を巡回して、第三回大会の準備に当たった。カフカスの委員会は彼を第三回大会への代表にした。

最近の新人としてはもう一人アレクセイ・イヴァーノヴィチ・ルイコフがいる。彼はサラトフ出身の農民の息子で、きわめて早く『イスクラ』に加わり、モスクワにおける社会民主主義グループの組織に決定的役割を演じた。

こうした新規参入者たちは、レーニンにとって容易に操ることができる仲間ではなかった。そしてロンドン大会は、ボリシェヴィズムの創始者はこの大会に支持者たちを糾合することができたわけだが、だからといって彼が一枚岩の組織を手にしたわけではないことを証明することになる。ロシアから来た多くの代表が彼に逆らうことになるのである。彼が軽蔑の意をこめてコミチェチキ（地方委員会の責任者）と命名する人物たちは、アレクセイ・ルイコフに率いられていた。彼は二十三歳そこその青年だったが、その若者らしい熱狂で、いささかの困惑も見せずにレーニンに反対した。ルイコフは農村部の出身であるが故に、長い移行期間を経ずに農村社会で社会主義革命を実現するという可能性には常に疑問を抱くことになる。大会の間に「改良主義」の派閥が形成されるに至ったが、その目的はレーニンの権力を制限することであった。レーニンに忠実なクラーシン自身も、「亡命集団」に対する厳しい批判に加わり、党内における外国亡命者の比重があまりにも大きいことが党の発展を阻んでいると主張した。クラーシンが狙う標的がレーニンであることは、誰もが完璧に理解していたが、それでも過半数に及ぶ代表たちはこの演説に力強い拍手を送ったのである。

レーニンが対処しなければならなかったもう一つ別の困難は、メンシェヴィキとの関係であった。彼は彼らを党から追放しようと考えたが、大会参加者は大多数がそれに反対だった。しかし反対であったにもかかわらず、彼らは最後にはレーニンの提案を受け入れてしまう。優れた戦術家であるレーニンは常に用心深く提案を提出するすべを心得ていた。こうしてメンシェヴィキは思想面で断罪されるが、もし彼らが党のすべての条件と規律とを受け入れ、第三回大会の正当性を承認するなら、個人の資格で党員として残ることができるということになった。要するにメンシェヴィキ主義は破門されたが、そのメンバーは、党に全面的に服従することを認めるなら、党の中に生き残ることができるというわけである。大会はさらに直ちに武装蜂起を組織することを決議する。この決定にレーニンは最大の重要性を付与していた。

第三回大会の終わりに選出されたボリシェヴィキの中央委員会は、レーニン、クラーシン、ボグダーノフからなっていた。この三頭政治は、一九〇八年まで党を支配することになる。しかしこの最高機関はルイコフもその隊列に加えることになる。こうしてうるさいコミチェチキを取り込んだのである。

＊

この時の党に対するレーニンの権威がどれほどのものであるのかを評価するのは難しい。一方では、彼は自分の意見の大部分を認めさせた。大会開催によって、ボリシェヴィキ一派は社会民主労働党とイコールのものとなり、これより後は党と同一視されることになり、一方、メンシェヴィキを排除したことによって、彼らは社会民主主義の埒外へ放逐されたように見えた。さらに武装蜂起の呼びかけと党の中央集権化の承認は、レーニン流の革命観を公式に認めさせることになった。そこでレーニンはロシア社会民主主義の真の代表者の姿をまとうに至ったのである。

しかし現実はもっと複雑である。まず、彼は自分の見解を認めさせるために熾烈な戦いをしなければならなかった、というのが一つ。メンシェヴィキとの断絶をめぐる決議は外見上は全会一致で採択されたが、実はそれと矛盾する、中央委員会に和解の道を模索する使命を与える秘密の決議がなされていたのである。例えば、大会は一方ではメンシェヴィキを弾劾し、彼らにつながるロシア国内の組織に、多数派の主張を受け入れ多数派に従うように呼びかけたが、その一方で統一を取り戻そうとする意志も存続しており、中央委員会はその意志を実行に移す任務を与えられている、というわけである。メンシェヴィキの態度も、こうした統一の回帰への希望が維持されるのに貢献した。ジュネーヴで開かれたメンシェヴィキの集会では、ボリシェヴィキに対する攻撃が乱れ飛ぶが、集会の首唱者たちがこれを規定するために「会議」という語を用い、「大会」という語を当てなかったという事実そのものが、彼らの下心を露に示している。なるほどそこには一分派の集会に「大会」の名を冠することを思い止まらせた法的形式遵守の精神（レーニンにはまったく無縁な良心的気遣い）の現れを見るべきであろう。しかしまた自分たちの集会は社会民主主義の党大会だと称さないということで、彼らは決裂を決定的なものとして確定するのを回避して、そうすることで、レーニンの周辺にいて、レーニンの不寛容な行動様式をしぶしぶ受け入れている者たちに、ふんだんに激励を与えたのである。

社会主義インターナショナルも、ボリシェヴィキの過激主義に対してあまり寛大な態度を見せなかった。レーニンの急進的な主張は、社会民主主義運動の主要な部分が抱く考え方、そしてなによりもまずドイツ社会民主主義の目指す方向と真っ向から対立していた。西欧風の立ち居振舞いの洗練された知識人プレハーノフとレーニンという粗野な人物のうち、インターナショナルにとっては疑いなくプレハーノフの方が好ましいが、その一方でインターナショナルから見ればレーニンは、社会民主主義がどうやって自分の戦略に組み込んだら良いのかあまりよく分からないロシアの特殊性の具体例にほかならなかった。

レーニンがロンドンで躊躇する大会参加者に対して勝利を収めたのは、おそらく大物の中でレーニンに長期にわたって反抗することができた者が一人もいなかったためだろう。唯一人クラーシンだけはその限りでなかったが、その彼も、数年間の同盟のために過ぎないとはいえ、レーニンはやがて自分の見解に賛同させるに至る。レーニンはまたメンシェヴィキにも勝利した。この勝利は前回の一九〇三年の勝利と同じく、長続きするものでも現実に刻み込まれたものでもない。しかし、ロンドン大会が終わった一九〇五年四月には、ロシアの社会民主主義は、形式的論争から離れて革命闘争へと注意を集中しなければならなくなるのである。ロシアでは数ヵ月前から革命闘争が始まっていた。

一九〇五年の革命は、すべての議論を消し去って、レーニンの権威を厳しい試練にかけることになる。

第5章　一九〇五年——耐火試験

ボリシェヴィキとメンシェヴィキが論争をしている間に、ロシアは炎に包まれた。そして少しずつ革命の中に飲み込まれて行く。レーニンはその勃発もその無秩序な推移も予見していなかった。[1] しかしながらあらゆるものが彼に警告を発していたはずなのだ。対日戦争の惨憺たる結果はロシア国民を憤慨させた。彼らは軍事的犠牲が無駄に終わったことと国民を導く者の無能振りを確認したのである。[2] 戦争はまた混乱に次ぐ混乱を生みだした。意気阻喪した軍隊は革命活動家の扇動の的となる。彼らは増援部隊が極東へ向かう鉄道の沿線で活発に活動した。特に大きな鉄道の合流点はこうした運動の発展にうってつけだった。そこには、すでに革命の側に立っていた鉄道員や、一八九九から一九〇一年の混乱の際に大学を追われた学生たちが集まっていた。彼らは懲治部隊に編入され、通常は鉄道警備の任務についていたが、自分たちがそこで生きるべく強制されていた環境の中で扇動に専念したのである。いくつかの政治組織がこの運動に関わっていた。特に社会革命党（エスエル）が確立されたのは、この動乱の時代においてであった。これは人民主義者の後継者で、〈土地と自由〉、〈人民の自由（意志）〉という衰退の一途をたどるテロリズム組織に代わって、勢力を伸ばすのである。

ロシアで拡大しつつあった騒乱は、合法的政治手段を採る――ゼムストヴォー〔地方自治会〕が組織され、これが結集して、改革を推し進めるための会議を構成した――こともあったが、同時に非合法活動にも訴えた。是が非でもロシアの政治体制は変わらなければならず、しかもきわめて早く変わらなければならないことを、誰もが感じていた。ところが何たることか、国家の頂点に立つ君主は、不安につきまとわれた優柔不断な男であり、社会の苛立ちを的確に理解することをせず、半世紀前ならば革命的と見えただろうが、一九〇五年にあってはもはや笑止千万なだけの措置で応えたのである。それが一九〇四年十二月十二日の勅令である。これは限定されたものとはいえ改革の予告以上のもので、ゼムストヴォー、農民、労働者、さらには裁判の被告を満足させるために――と勅令は明言していた――なすべきであり、現実になされるであろう改革に言及していたが、ただし表現が不明瞭だった。ニコライ二世はこれでロシアの増大する騒擾に対処したと思いこんだ。そこでその四八時間後に政府は、次のような厳粛な警告を社会に向けて発したのである。すなわち、騒擾は直ちに終息されなければならない、勅令は社会の要求に対する回答である、したがって今や問答無用である、と。社会の苛立ちへのこうした無理解が、一月の凄惨な悲劇への道を開くことになる。もはや誰も平静を呼びかける声に耳を貸さなくなった。学生は騒擾し、それまで沈黙していた労働者階級が、鳴り物入りで舞台に登場することになる。

血の日曜日

一九〇四年十二月二十日、プチーロフ工場でストが始まる。発端は、四人の労働者が首になったという些細なことであった。とはいえそれだけのことで、首都の周辺部が、次いで首都全域が炎に包まれることになるのだ。

これらの出来事を理解するには、ここでしばらく世紀初頭におけるロシアの労働組合活動の一つの特徴に話を戻す必要がある。それは警察官ズバトフが考え出した、権力による組合の操作にほかならない。(3)この組合活動のきわめて特殊な形態のおかげで、権力は強力な労働者運動から守られている、あるいはさらに運動を統御できると考えていた。血の日曜日のデモを率いることになる僧侶ガポンの活動に当局があまり不安を抱かなかったのは、こうした訳である。ガポンは自分たちの手先だと思っていたのだ。しかしガポンはズバトフではなかった。彼は買収されていたわけではない。自分は神聖なる使命を帯びており、ツァーリと民衆を和解させるのが己の義務であると思いこんでいた。(4)深い信仰を抱き、実際にカリスマ性にも恵まれた彼は、早くも一九〇四年には二万人の労働者を彼の組織する組合の傘下に集めた（これは当時、社会民主主義の組織が誇っていた加盟者数を上回る数字である）。したがって彼がプチーロフ工場の争議に介入したことは、労働者にも権力にも好意的に迎えられたのである。しかしガポンは交渉でまとまった解決策を認めさせることに失敗し、権力に対して労働者の連帯と決意を証明するために、ゼネストと社会全体の動員に訴えることを決断する。

しかしながら一九〇五年一月には、どちらの側も打つ手がなくなっていた。そこでスト参加者たちは君主の方に目を向けた。ツァーリに請願書を出そう、危機を解決できるのはツァーリだ、と彼らは考えた。請願書は数人の自由主義者の協力を得てガポンによって起草され、一月九日日曜日にツァーリに手渡されることになった。プチーロフ工場の争議はもはや口実に過ぎない。民衆がツァーリに要求するのは、政治体制の全面的改革であり、民衆は政治体制に参与することを欲していた。ガポンの支持者たちは、この請願書を人民の広範な意志の表現としようと考え、到る所で署名を集めた。企業の中で、公共の場で、街頭で。

官憲はこうした展開の一部始終を承知していた。ガポンが準備中のデモの情報を与え続けていたからである。平和的な行列がツァーリに民衆の要望を提出しに行くはずであった。日曜日、すなわち平和の日、主の日である日曜日——この語はロシアでは「復活」をも意味する——に。何しろこの時、ロシアの民衆は新たな誕生、新生に備えていたのだ。事情に通じていた権力が公然と反撃してこなかったので、ガポンは権力がこの運動を認めたと思いこんだ。しかし彼はこの同じ時にニコライ二世が次のように日記に認めていることを知らなかった。「昨日から、ペテルブルクの工場はすべてストに入っている。守備隊を増強するために近隣の部隊を呼び寄せた。これまでは労働者たちは平穏であった。その数は一二万人と推計される。彼らの結束の先頭には、ガポンという名の社会主義者の司祭もどきが立っている。ミンスキーが昨晩やって来て、講じた措置について私に報告書を提出した」。

見ての通り、誤解は全面的であった。片や信頼し切って嘆願する民衆、片やツァールスコエ・セローの田園の別荘に赴いて閉じこもり、そうやって会いにやって来る民衆との一切の接触を避け、対応は部下の者たちに任せてしまうツァーリ。彼らはデモの展開に本能的に反応することになる。

群集は平和的で武器を持たないが故に、そして自分たちの計画が聞き届けられ受け入れられたと信じていたが故に、警告も、解散せよとの命令が出されたことも無視して前進した。権力がこの群集の叫びに耳を貸さず理解しなかったが故に、群集に立ち向かう部隊は発砲し、そしてデモ参加者と同様パニックに陥って、凄惨な大虐殺を実行してしまう。君主のもとへと向かう民衆の穏やかな行進の日曜日は、数時間のうちに流血の日曜日となる。民衆とツァーリの決裂の日曜日。ガポンは次のような悲痛な叫びでこれを総括する。「もはや神もツァーリもない」。

血の日曜日の結果は重い。人的被害は、誇張を避けるように心掛けても死傷者数百人にのぼる。しかし犠牲者を襲った悲劇以上に、惨憺たるものは政治的結果であった。専制政治はかくも長い間それを耐え忍んできた人民の目に、永遠に断罪されたものと映った。そして血の日曜日の死者たちは、社会の意識の中で、極東の惨憺たる敗北のかくも無益な死者たちに加算された。それこそ体制が臣民の生命をないがしろにしていることの証拠を、必要とあればもう一つ付け加えるものにほかならなかった。己の赤子を殺したり、殺させたりするこの体制とは一体なんなのか。どのような正当性を主張することができるのか。

民衆と君主の間の誤解はすでに大きかったが、さらに大きくなっていく。ニコライ二世から見れば、一月九日の血の海は、権力が弱体にすぎることを証明していた。それゆえ彼は秩序回復のために新たな治安強化が必要であるとの結論を引き出す。民衆にとっては、血の海に対する唯一の回答、死者との連帯を表明する唯一の方法は、闘争の継続である。そこで労働者の騒擾は、首都から地方――モスクワ、サラトフ、リガ、ロージ、ワルシャワ、ヴィリノ――へ、そして農村部へと広がっていき、そこでは農民層が激しく立ちあがる。一時期鎮静化していたテロリズムも、再び出現する。一九〇五年二月四日、皇帝の叔父であり、モスクワ知事のセルゲイ大公は、社会革命党の信奉者の学生、イヴァン・カリアイエフの銃弾に倒れる。これに加えて学生たちも運動に合流していた。授業を放棄し、禁令にもかかわらず大学の中でまでデモを組織し、到る所で労働者と手を結ぶのであった。

ソヴィエトの誕生

ボリシェヴィキとメンシェヴィキがロンドンとジュネーヴの集会で、遠く離れて対決しようとしている時、ロシアでは、最初は自然発生的であった革命が組織され始め、具体的な要求を文言化する手段を見出して行く。四月にモスクワに集結して会議を開いたゼムストヴォーは、普通選挙制の制定と、必要な改革を準備する会議の招集とを要求する。その一ヵ月後、ゼムストヴォーの会議はより具体的な政治的要求を文言化するが、その要求の中には「国民の権利」——定義は不明確だが新たな概念である——と君主の権利が対置されている。到る所で結社や集団が形成され、次々と集会が開かれ、動議が採択された。農民たちも陳情書を書いた。一九〇五年五月、農民大会が開催され、農民蜂起という伝統的慣習が再び姿を現す。

しかしこの騒乱の五月の間に、社会民主主義のすべての分派の注意をいやが応でも引くことになる一つの出来事が起こった。繊維産業の中心地であるイヴァノヴォ＝ヴォズネセンスクでストライキ中の労働者がソヴィエトを選出したのである。これは二ヵ月間存在することになる。これはきわめて重大な政治的革新だった。その直後にオデッサ港内で戦艦ポチョムキンの反乱が起こり、これもやはり国土の全域で、まことに多様な階層の中で、きわめて多様な形態で社会的動乱が拡大していることの証しだった。

社会民主主義者を筆頭に、あらゆる政治運動組織には、一つの問いが課せられていた。すなわち、何をなすべきか？　まず第一に、ソヴィエトというこの労働者階級の自発的組織をどうすべきなのか。(5)　支持すべきか。自分たちの側に取り込むよう試みるべきなのか。一般にこうした統制のきかない社会的勢力をどうすべきか。組織化すべきなのか。どのような方向へ向けるよう試みるべきなのか。社会革命主義者は農村部に視線を注いでいた。自由主義者の方は組合を自分たちの側に「取り込む」ことを求めていた。社会民主主義者の場合は、彼らが採るべき道を決定する前に、答えは社会そのものの方から出て来たのである。秋になると、地域的スト、散発的なデモが、突然国全体に広がり、組合の中でももっとも強力な鉄道員組合がゼネストを宣言する。そして十月半ばに、首都にソヴィエトが誕生する。これは五月以来イヴァノヴォ＝ヴォズネセンスクのそれを真似てあちこちで出現したすべてのソヴィエトが蓄積した経験を引き継ぐものであった。

サンクトペテルブルクのソヴィエトは一九〇五年十月十四日に結成され、五〇日間存続することになる。これは工場の労働者によって選出された五六二人のメンバーからなる。代議員はほぼ全員が労働者階級大半が冶金工業――の出身である。三一人のメンバーからなる執行委員会（イスポルコーム）には、左派政党の代表一九人が含まれるが、彼らはソヴィエトの審議に出席するものの、投票権はなく発言権を持つのみであった。メンシェヴィキは、実際上自分たちがその結集を促したこの機構の重要性をいち早く理解した。首都のソヴィエトは、議長に若き弁護士、ホルスターレフ・ノサールを据え、彼を補佐する二人の副議長には、メンシェヴィキのトロツキーと社会革命党のアフクセンチエフが就任した。

ソヴィエトは組織を整備し、週刊の公報『イズヴェスチヤ・ソヴィエタ・ラボチフ・ジェプタートフ（労働者代議員ソヴィエト便り）』を刊行する。一九一七年に創刊されるソヴィエト国家の機関紙『イズヴェスチヤ』は、その後身であると主張することになるが、さらにその後、大きな変身をとげて、ソ連邦崩壊後にも存続するのである。

ソヴィエトが誕生している一方で、皇帝は、ストによって麻痺した帝国が自律的統治機関の確立の方向に踏み出したのを目にして恐れをなし、躊躇していた。ニコライ二世は、その気質と、父親が推し進めた政策への忠誠から、力による解決へと心を傾けた。しかし彼の側近のうちの一部、特に元大臣のウィッテは柔軟な対応を説いた。ポーツマス会議で極東における軍事的破局の広がりを一定限度内に食いとめたばかりのウィッテは、彼が見事な交渉によって締結することができた条約という後光に包まれており、君主に働きかけ、ロシアにはもはや鎮圧の手段は存在せず、君主は社会と話し合う必要があるということを、君主に対して論証するだけの力を持っていた。一九〇五年十月十七日、皇帝「宣言」が出され、ロシア国民に対してその要求の一部が満たされるであろうと予告した。普通選挙制の施行と選挙によって選出された議会の召集である。ロシアは政治的には新時代を迎えることになろう。

自由主義者たちはたしかに「宣言」は不十分であると判断したが、それでも彼らにとってそれは選挙に道を開くものであって、有効に選挙に参加するための戦略を練り上げることを促していた。そこで彼らは立憲民主党（いわゆるカデット）を設立し、選挙戦に備えた。しかし社会主義者たちはこの道を進む構えはほとんどなかった。「宣言」は社会の各分野から広範な関心を集めたが、騒乱を止めることはなかった。ペテルブルクのソヴィエトは武装を解かなかったばかりか、却って、ストとデモを継続するアピールを次から次へと発していった。「プロレタリアートは武器を置いてはならない」と『イズヴェスチヤ』は訴えた。そして拡大する革命に敵対する新聞『ノーヴォイエ・ヴレーミヤ』は、ソヴィエトの第一議長であるホルスターレフ・ノサールの重要性を意識して、「今日、ロシアには二つの政府がある。ウィッテの政府とホルスターレフの政府である」と書いた。

権力はこうした光景に無関心のままではおらず、誘惑——近く選挙を実施する、農民層に有利な措置をとる等々——という武器と、鎮圧という武器を同時に用いた。逮捕が相次ぎ、ホルスターレフもその犠牲となる。彼に代わってトロツキーがソヴィエトの議長となり、それによってソヴィエトに大きな威信を付与することになる。彼がこの地位を占めたのは、この人民の決定機関の最後の数日間のことにすぎなかったが。ソヴィエトは間もなく解散され、その議長であるトロツキーは逮捕され裁判にかけられる。しかしソヴィエトの手本は地方へ伝播した。まずはもう一つの首都であるモスクワに伝わり、モスクワはペテルブルクを引き継いで革命の中心地となる。

プレハーノフはこの弾圧を不安げに見守っており、時期尚早のいかなる運動に対しても警戒せよとのアピールを次々と発していた。時期尚早の運動は、権力によって開始された変化の流れを断ち切り、専制政治に新たな飛躍を与えることになると彼は主張した。ソヴィエトは彼の警告を歯牙にもかけず、人民に対して税金の不払いと、憲法制定会議の開催を認めさせるための蜂起を呼びかけていた。『ロシア人民への宣言』に盛り込まれていたこの呼びかけは、社会に対してほとんど効果を生み出さなかったが、権力の容赦ない反撃を引き起こし、イスポルコーム（執行委員会）のメンバーの逮捕と新聞の禁止の原因となったことは疑いない。

権力がすばやく激しく反撃したのは、ソヴィエトのこの呼びかけが、まさにこの時に秘かに準備されていた蜂起の目に見える形にほかならなかったからである。というのも、ほとんどソヴィエトに姿を見せなかったボリシェヴィキは、その頃、市街での武装闘争を組織することに没頭しており、そのために武器を購入し、その武器を戦闘に備えた小グループに配備していた。ソヴィエトとメンシェヴィキに支配されていたサンクトペテルブルクは、この企てには好意的ではなかった。しかしモスクワでは、蜂起を呼びかけるビラが壁を埋め尽くし、バリケードが全市に築かれた。

一九〇五年十二月、鎮圧が敢行され、ソヴィエトのすべての指導者が逮捕された時、農民からなる軍が、再び革命のページを閉じる手助けをすることになった。トロツキーは数ヵ月後に流刑の宣告を受け、指定された流刑の地に到着する前に逃亡する。モスクワでは労働者たちは最後まで執拗に戦ったが、やがて打ち負かされる。革命は終わり、今や政治的解決の時が来た。それはまた熟慮反省の時でもあった。

革命を前にしたレーニン

一九〇五年の一月から十二月までの間、ボリシェヴィキたち、そして誰にもましてレーニンは、己の予測と分析を裏切る事態を不安を抱きつつ観察し続けた。党は見事に組織されていたが、拡大する騒乱の中で大した役割を演じなかったばかりか、むしろいかなる役割も演じなかった。さらには何もしなかった。それにソヴィエトの一時的な成功は、労働者階級は誰の助けも借りずに自分で自分自身の組織形態を案出する力があるということを証明していた。労働者の自然発生性が一つの政治的意識へと到達したわけである。これはレーニンの譲るべからざる見解に合致しなかった。

革命の動きが始まった時、トロツキーはこの動きに参加すべく、流血の日曜日の翌日に国境を超え、まずキエフに、次いで首都へと到達したが、レーニンの方はほとんどロシアに戻ろうとは考えていなかった。十月宣言に引き続いて、ニコライ二世は二十一日に、一月より要求されながら決めかねていた政治犯の大赦を布告した。この大赦は国内では不十分と判断されたが、それでも結果として追放された革命家たちの帰還を可能にすることになった。したがって生まれたばかりの政治組織に新たな力を吹き込むことになったのである。ナジェージダ・クループスカヤはレーニンに関する回想録の中で、一九〇五年一月以降、レーニンがロシアへ帰ろうと焦燥する姿を描いている。しかしながらレーニンはこの焦燥を完全に抑えることができたと言わねばならない。何故なら彼が国に戻ったのは、大赦が宣言されたあとにすぎなかったからである。彼がサンクトペテルブルクに戻るのは、何と一九〇五年十一月八日のことである。何とも悠長な話だ。そしてロシアでの彼の最初の活動はジャーナリズムとなる。

クループスカヤはこの時期について、まったく個人的なイメージを提示している。「一九〇五年の夏の終わり、ウラジーミル・イリイチの慧眼は次のような返答に窺えた。〈間もなくわれわれはペテルブルクで新聞社を開くつもりだ。編集部はネフスキー大通りに置くことにする〉。私は当時そんなことは夢みたいなことだと気にも留めなかった。しかし三ヵ月後には、『ノーヴァヤ・ジーズニ（新生活）』の編集部の看板が、実際にネフスキー大通りにきらめいていたのである」(6)。

しかしながら現実はいくぶん異なる(7)。一九〇五年秋、宣言が布告されるより以前に、確かに左翼系ではあるがいかなる党にも属さない知識人の一グループが、この騒乱の月日の中に姿を現わした社会の熱望を表現できるような新聞を作ろうと考えて、首都に結集していた。このグループは、当初は哲学者ミンスキー、詩人ジナイーダ・ギッピウスおよびコンスタンチン・バーリモントからなっていたが、これにゴーリキーおよび彼に近いレオニード・アンドレーエフといった作家、そして数人のボリシェヴィキ――その中には党中央委員会の二人のメンバー、ボグダーノフとルミアンツェフがいる――が加わった。ミンスキーは、皇帝宣言が政体の自由化のゴー・サインを出すよりも前に、新聞発行の許可を得ることに成功した。彼は新聞社の責任者となり、編集部はゴーリキの二番目の妻である女優マリヤ・アンドレーエヴァに委ねられた。(8) 彼女はボリシェヴィキのシンパだったが、演劇を捨てて、親ボリシェヴィキの政治活動に身を投じていた。こうして党派的なアンガージュマンよりも美学的問題に執着する作家たちとボリシェヴィキとの間に奇妙な同盟が結ばれたわけだが、これはなによりも、一九〇五年の一年間を通してロシアを支配した、陶酔的とさえ言える高揚した雰囲気によって説明がつく。「政治の春」は徐々に革命行動に席を譲って行くが、なお数ヵ月の間、変化への期待、偉大な時代を生きることになるという希望は生き延びるのである。ヴァレンチーノフはその時期の比類無き証人となったが、このまだ何も決着がついていないこの数ヵ月を語るに当たって、フランスの一八四八年を連想し、その時フランスを支配していた雰囲気と、フロベールが『感情教育』の中で行なったその年の描写を引き合いに出している。

すべてはレーニンのロシア復帰によって変わって行く。彼は一瞬たりとも無駄にせず、『ノーヴァイヤ・ジーズニ』の編集部へと急行し、まるで彼がこの編集部を創ったかのようにそれを手中に収め、自分の道具にしてしまう。たちまち彼は同紙に次々と論文を掲載し、「党の再編成」、「プロレタリアートと農民層」に関する自分の見解を権威主義的に押しつけるのであった。彼のものではない新聞に彼が入ってからわずか四日後に発表された、「党の組織と党の文学」と題する彼の論文（十一月十三日）によって、最初は左派の著作家と活動家との掛け橋となることを望んだこの新聞には、ボリシェヴィキによる紛れもない独占支配が成立してしまう。こうした陰険な強権発動を拒否する者は、立ち去るしかなかった。その決断のつかない者は沈黙し、『ノーヴァイヤ・ジーズニ』は、レーニンが数週間前にジュネーヴでクループスカヤに予告したように、彼の新聞になった。

彼は書いている。「文学は党派的でなければならない。それはプロレタリアートの大義の一部、社会民主主義という大きな機械装置の歯車とネジでなければならない。……新聞は党の手中になければならない。文学者たちは党派組織の中に入っていかなければならない。……目指すべきは党の文学であり、文学に対して党が行使すべき統制である」(9)。

この論文は、確かに行動への熱気の中で書かれたもの、つまり間もなく終わろうとしている革命に遅れて直面したレーニンが一刻も早く態度表明を行なわなければならない必要に迫られて書かれたものであるが、それにしてもやはり当惑せざるを得ない。彼の権威主義はすでに社会民主主義内での論争の中に姿を現わしていた。しかしいまだかつてこれほど率直に、自分が知的活動についてどう考えているか、つまり知的活動の党への動員と完全なる服従を述べたことはなかった。この論文の中にはボリシェヴィキ国家の全体主義的慣行がすでに書きこまれているのである。

『ノーヴァイヤ・ジーズニ』は、他の八紙とともに、トロツキーによって発せられた納税拒否闘争への呼びかけを印刷したために、十二月の初めに発禁となる。だからといってプレス全体が沈黙を強いられたわけではない。新聞が発禁となるとすぐに別の新たな刊行物が、というよりは新たな紙名の新聞が代わりに発刊され、執筆者は以前と同じ、という具合だった。皇帝宣言は出版の自由を宣言していた。政府は革命運動は鎮圧したが、表現の自由を保護するという約束には手をつけなかった。当時絶え間なく創刊された大量の新聞は、それぞれボリシェヴィキ、メンシェヴィキ、社会革命主義者、自由主義者の立場を反映していたが、その中にあってレーニンは常に自分専用の論壇を所有することになる。こうして彼は次々に

『ヴォルナ（波）』、『ヴ・ペリョート（前進）』、『エコー』、さらにヴィボルグで発行された『プロレタリイ（プロレタリア）』の主幹を務めるのである。

新聞の資金を調達するためにすべての政党が出資者たちを捜したが、獲得した出資者は、どちらかといえばより保守的な立場を支持すると予想された人々であった。大実業家や時には貴族もいた。ことほど左様に一九〇五年とは紛れもなく革命であって、社会の主たる部分が革命の熱気を共有していたのである。レーニンは自分の新聞の出版のために、第三回大会から彼のもっとも熱狂的な補佐役となったクラーシンの進取の精神のおかげで、ずい分助けられた。またゴーリキにも助けられた。ゴーリキは資金集めの名手だった。彼は一九〇六年にマリヤ・アンドレーエヴァを伴ってアメリカ合衆国へ渡り、出版資金および兵器購入、さらには党の専従協力者に支払う補助金のために必要な資金を、ボリシェヴィキのために手に入れたのである。こうして調達された資金だけが、ボリシェヴィキの唯一の財源ではなかった。ボリシェヴィキは財政管理の問題を解決する補足的手段として、「収用」――これについては後に触れる――に訴えていた。

このロシア滞在時代には、レーニンの生活は、異論の余地なきボリシェヴィキの指導者という立場で規定されるようになった。ソヴィエトにおけるメンシェヴィキの役割、トロツキーの個人的威信、こうしたことによって一九〇五年の革命の間、スポットライトは彼らに向けられ、この騒乱の数ヵ月におけるボリシェヴィキの不在、とりわけボリシェヴィキのうちのレーニン以外の大物の不在が際立って印象付けられることになった。そうなるとヴァレンチーノフが強調しているように、ボリシェヴィキ・グループがその指導者の周りに馳せ参じ、彼に経済的制約を免れた生活を保証しようと努力するとしても驚くに当たらない。レーニンは一九〇五年十二月と一九〇六年三月の二回、モスクワで、主に家族との再会に費やされた短い滞在をしたのちに、より長期間安全な場所に身を落ち着けることに決める。夫婦の生活の困難を常に得々として強調するクループスカヤは、夫婦の生活条件について語ろうとせず、何度も次のように説明している。すなわちレーニンはロシア国内では第三者の善意にすがって一夜の宿を借りるという放浪生活を送らねばならず、妻とも時々首都のつましいレストランで会うだけだったというのである。しかし実のところは、早くも一九〇六年の二月にはレーニンは、かつてシベリアの流刑地において巧みに創り出したような安定した快適な生活に愛着を抱いて、官憲の監視の届かないフィンランドに身を落ち着ける決心をしていたのである。

一九〇六年には、革命、「宣言」、そして譲歩と鎮圧という権力の曖昧な態度によって創り出された政治的雰囲気の中で、フィンランドは帝国から遠く離れているように見える奇妙な位置付けを帯びていた。それ故レーニンは、フィンランドと言っても、サンクトペテルブルクからわずか六〇キロのクオカラに居を定めることになったのである。そこではほとんどロシアの国外にいるとの印象を持つことができる。不断の転居とクループスカヤとの別居の時はこれで終わりだった。夫妻は大きな邸宅の一階を借り、一方、二階にはボグダーノフ他の数人のボリシェヴィキが住んだ。ほんの数週間で、レーニンが常に愛着を抱いていた「家族の生活」が再建された。クループスカヤの母親がやって来て夫婦に合流し、女中の助けを借りて家事を引き受けた。クループスカヤは常々自分はできの悪い主婦で、おまけに家事にはあまり興味を持たないと告白していた。存命の間は、母親が埋め合わせをしていたのである。程なくレーニンの妹のマリヤがやって来て、家族一同がそろうことになる。それぞれの活動の分担は、完璧に組織立ったやり方で決められていた。

レーニンは大抵はクォカラに留まって、そこから党と新聞の指揮をとり、論説を書き、彼の指示を仰ぎに来る者を接待した。クループスカヤはほとんど毎日のように首都へ出かけ、首都との連絡の確保に当たった。一九〇六年五月、レーニンは家族とともに首都に住もうとしばらくの間試みるが、あらゆる監視の目を逃れたいとの気遣いから、この実験をすぐに短縮してクォカラに戻り、結局一年近く滞在することになる。時々、彼はボリシェヴィキの集会に参加したが、討論集会に出席して発言をすることは滅多になかった。

この間レーニンは再び重い抑鬱状態に陥る。おそらく誰も革命の先行きを予見することができない、この数ヵ月の極度の緊張のせいだろう。一九〇七年五月、彼はロンドンで開催された党大会に赴いた。大会ではボリシェヴィキが多数を占め、彼の「民主主義的中央集権主義」の命題が採択され、規約に組み込まれた。彼にとって一つの勝利であったこの大会については後に触れるが、これはまたメンシェヴィキに対する苦戦が特筆される大会でもあった。クォカラに戻ったレーニンは、神経も肉体も衰弱し切った状態にあって、クループスカヤと近親者はひどく驚き、クループスカヤはすでに過去に用いた治療を再び行なうこと、つまり彼をすべての活動から引き離し、一人きりにすることであらゆる懸念を断ち切ってしまうことを決定する。そこで彼はフィンランドの森の奥深くにある人里離れた場所で二ヵ月間休養するために出発した。そのためボリシェヴィキの誰一人として、どこで彼に連絡を付けられるのかわからないという有様だった。この二ヵ月の孤独と肉体的活動で回復し、レーニンは秋になるとまずはクォカラに戻る。しかし当時拡大しつつあった反動が身に及ぶのを恐れて、ヘルシンキの近くのとある村に避難する。ここでもまだ彼は安全ではないことを予感して不安になる。そこで夫婦はロシアを捨てて、オボー（ツールコー）

を経てストックホルムへ行く決意をするのであった。

この冬の大旅行の間に、レーニンは氷の上を歩いて漁船の待つ小さな島へ渡ったが、氷が彼の体重で割れそうになり、あやうく溺れかけた。しかし自分の主人公を常に注意深く観察するヴァレンチーノフは、適切にも次のように自問している。「レーニンにとって幸運であったことは、ロシアの不幸となるのではなかろうか」[10]と。一九〇七年十二月に、もし「十月革命」の男が不用意にも踏みこんだ入江の凍てつく水の中に姿を消していたら、事態はどうなったであろうか。この問いには誰も答えることはできないだろう。

ストックホルムからジュネーヴに至る旅行は安楽であった。そして亡命生活が再び始まった。それはさらに十年続くことになる。レーニンにとって、この十年は暗い年月となり、この間、彼の革命への意志は専心すべき対象をほとんど見出すことがなかった。そして帝国があやうく倒壊しかけたこの二年の歳月を遠くから振り返ってみても、元気を回復する材料になりはしないだろう。彼は、激しく揺れ動く出来事の推移の中で自分が大した寄与をしなかったことに、実際に満足することができたのであろうか。革命の希望のこの二年の歳月の間に、彼自身が党を指揮したやり方に彼は満足できたのであろうか。

ボリシェヴィキ不在の革命

レーニンは〔一九〇五年十一月に〕ロシアに戻った時に、出来事の進展とソヴィエトの成功に泡を食らっていた。一九〇五年一月にも泡を食らったが、その時と同じであった。こうしたことすべては彼にとって予想外のことであった。彼は労働者階級の自然発生的革命行動が、数ヵ月の間、いかなる政党からも指令を受けずに発展していく様を目にすることができた。次いでこの同じ労働者階級が、まずイヴァノヴォ＝ヴォズネセンスクにおいて、次いで特にペテルブルクにおいて、代議組織を手に入れるためにどんな努力を繰り広げたかを目撃したのである。日毎にますます政治化して行ったこの運動は、彼自身の絶対的前提に対する残酷な反証であり、彼の思想の二重の挫折を不動のものとして突きつけるのであった。それはまず知的挫折であり――レーニンはこうした事態の進展を予想していなかった――、さらには政治的挫折であった。メンシェヴィキは生来、労働者階級を信頼していたために、かなり遅れてではあっても、革命と共に進むことができた。それによって彼らの不倶戴天の敵の分析が誤りであることを証明することができたのである。

それ故ボリシェヴィキが失った地位を取り戻す方法を考える必要があった。そしてレーニンは二つのレベルでそれに専心した。まず第一に革命闘争のための即時的戦略を定義すべく努め、次いでドゥーマ（国会）の選挙ならびにその際に取るべき態度の問題を解決すべく試みたわけである。

革命のためにはいかなる戦略を採るべきか。レーニンはここで二つの問題に直面する。メンシェヴィキが優勢なソヴィエトをどのように判断すべきか。高揚が冷めることのない労働者階級をいかなる方向へ進ませるべきか。自然発生現象の顕現であるソヴィエトを十二分の猜疑心をこめて観察した後、レーニンは自分が大きな誤りを犯したことを確認するに至る。ソヴィエトは存在し、そのモデルはロシア国内の他の都市にも広がっている。すでに遅すぎるかもしれないが、ソヴィエトをボリシェヴィキの側に引き寄せるよう試みる必要がある。レーニンはそれまで擁護してきた戦術上の立場を掌を返すようにあっさりと放棄することをためらうことなど決してなかったが、この時も現実に対する実際的見方の名において――これについては多くの論文が証言している――、ソヴィエトはプロレタリアートの特権的用具であること、またソヴィエトは発展して、その結果、革命が勝利を収めたとき直ちに樹立されるはずの臨時政府の中心的機関にならなければならないことを宣言するのである。

　しかし革命が勝利することができるためには、決定的行動、つまり全面的蜂起を決定し、決行しなければならない。この一九〇五年末には、状況はますます緊迫しつつあった。労働者は次々とストやデモを行ない、兵士の反乱がここかしこで発生していた。これは日露戦争の大失敗によって動揺した軍隊が、あまりにも優柔不断な権力に疑いを抱いていることを示していた。さらに郵便と鉄道という連絡網は実際上麻痺していた。蜂起行動の条件が完全に出揃っていたのである。

　権力の方は、十月の「宣言」が社会に対して最大限の譲歩をしたと判断して、社会が平静に戻ることでこれに応えることを期待した。ところがそうはならなかったので、権力は鎮圧が必要と考えるようになった。引き続く騒擾とそれに終止符を打つための容赦ない鎮圧との間で、レーニンの見るところ可能な戦略は一つしかなかった。武装蜂起にほかならない。それこそは騒擾を革命に転化し、ロシアを決定的に変えることができる。レーニンは、ペテルブルクへ向けてジュネーヴを発つ前にも、いかに行動すべきかを彼に質問するすべての者に対して、蜂起のみが一九〇五年一月以来ロシアで創り出された状況に応えることができると、熱っぽく繰り返していた。そしてこの蜂起を指導するのは、革命の「専門家」の小集団に編成されたボリシェヴィキの責務なのである。

　それに現場でのメンシェヴィキとの競争は、蜂起が勃発するのでなければボリシェヴィキにとって有利にはなり得ない。ソヴィエトはメンシェヴィキにとって僥倖だった。彼らはすばやくソヴィエトに適応することができ、ロシアを揺さぶる民衆の動向の中に一挙に地歩を占めたのである。そのうえ彼らの陣営には、レーニンのように権威を行使する権利など主張せずとも、労働者とその代議機関に直接訴える能力を持った優れた雄弁家が何人もいたのである。

暴力戦略から選挙へ

メンシェヴィキの擁するこれらの指導者たち、トロツキーとか、やや落ちるがホルスターレフ・ノサールといった威信ある雄弁家を相手にして、ボリシェヴィキは群集の心を引きつけるのがもっとも不得手だった。レーニンその人もロシアに滞在していた間に、公開の集会に敢然と挑むことはほとんどなかった。蜂起はボリシェヴィキにとって気分的にもっとも楽な土俵であったので、レーニンは次から次へと具体的な指令を発して、蜂起を促して行った。武装蜂起、革命軍と臨時政府の創設といった具合だった。このような蜂起を準備するために、ボリシェヴィキは武器を入手し、突撃隊を編成し、蜂起を呼びかけるビラを印刷して、首都とモスクワの壁を埋め尽くし、到る所でバリケード造りに参画した。

メンシェヴィキの方は、どちらかといえばプレハーノフが発した平静への呼びかけに敏感だった。ところが実はプレハーノフの呼びかけはメンシェヴィキよりもボリシェヴィキに向けられていたのだが、しかしレーニンの支持者たちはそれに耳を貸そうとはしなかった。労働者たちは党から発せられるすべてのものに注意を向けていたが、ボリシェヴィキの暴力と即時蜂起への呼びかけの方により耳を貸した。その直接的帰結が、一九〇五年十二月のモスクワの労働者の蜂起とその失敗であった。[11] これは労働者階級に多量の血を流させる結果となり、レーニンは無益な流血を招いたと非難されることになった。しかしそんなことでレーニンは、蜂起への呼びかけを諦めはしなかった。彼が一九〇六年七月のドゥーマ〔国会〕解散の後、議会という経験の失敗を根拠に、暴力行動に戻ることを説いたのも、そのためであった。おまけに彼は、第二次ドゥーマ〔一九〇七年二月二十日に開会〕の議員に、議員不逮捕特権を利用して民衆を蜂起へと駆り立てるよう促すことさえした。この種の蜂起を扇動する言説に対して、さらには数人の議員によって労働者階級および軍隊に向けて発せられた、戦闘開始をそそのかす呼びかけに対して、権力は反撃せざるを得なかった。一九〇七年七月になるとすぐに、政府は国家に対する陰謀の準備を告発した。多数の議員がその一味として告発され、逮捕される。一方ドゥーマは解散されていた〔六月三日〕。これは議員たちから不逮捕特権というか細い保護を奪った。蜂起の企ては失敗に終わり、鎮圧は労働者の運動を制圧し、この運動は少しずつ落胆に打ち沈んでいき、戦意を失ってしまう。一九〇五年には二七五万人のスト参加者が革命行動に参加した。一九〇六年にはその数は一〇〇万人減少し、一九〇七年には七五万人に落ち、その後さらに減少し続け、一九一〇年には五万人という壊滅状態に至る。それに応じて運動の活動家も稀になって行き、革命的組織は崩壊してしまう。

蜂起の宣伝者であったレーニンは、異論の余地なくこの戦いに敗れたのである。残るは、改革と、とりわけ選挙をいかに活用すべきかという問題だけであった。この点については社会主義者の分裂は明らかであった。カデット〔立憲民主党〕は、ドゥーマが立憲君主制への道を整備すると期待していたが、社会主義者たちはどの党派の者でも、ドゥーマをいささかも信じていなかった。しかしボリシェヴィキ以外はどの党派も、ともあれ自分たちの目的のためにドゥーマを利用すべく試みる必要があると考えていた。社会革命主義者とメンシェヴィキは、選挙戦略に関して分裂したが、ともかく選挙に参加し、議員を当選させるために戦うことを決定した。議員になれば、不逮捕特権に護られて、彼らの主張を安全に公然と擁護することができると考えたのである。レーニンだけは選挙に対して徹底的に敵対する立場を選択した。[12] ドゥーマは純然たるペテンだ、と彼は言った。この詐欺に対しては選挙のボイコットという単純な反撃がふさわしい。この指令にもかかわらず、そしてボリシェヴィキの暴力による選挙妨害の試みにもかかわらず、投票は一九〇六年四月に行なわれた。カデット〔立憲民主党〕は四八六議席のうちかなりの数（一七九議席）を獲得した。農民層は、その伝統的政治組織であるエスエル党もやはりボイコットを決めたにもかかわらず、九四議席を獲得し、その議員たちはトゥルードヴィキ（労働党）の名称のもとに結集した。そしてメンシェヴィキは、レーニンが選挙を「議会白痴症」と名づけて攻撃したことに動揺したものの、選挙への参加には気をそそられ、結局、半ボイコットの態度を選択したが、これは選挙民には理解されなかった。あまりにも曖昧な態度の帰結として、メンシェヴィキ所属として選ばれた議員は一八人にすぎなかった。

この第一次ドゥーマは存続期間が短かく、一九〇七年には、第二次ドゥーマがそれに代わることになるが、この選挙は同じ投票方法で行なわれる。今度は、社会主義者たちは戦術を変えていた。第一回選挙に多数の有権者が参加したことが示すように、社会の中でドゥーマの人気の高いことを確認したため、彼らはボイコットを諦め、きわめて積極的な選挙運動を展開した。とはいえ困難がなかったわけではない。一九〇六年には、政府は選挙運動に介入することを差し控えていたが、一九〇七年には、政府寄りの諸政党に支持――つまり物質的便宜――を与えたのである。その大部分は「オクチャブリスト」（一九〇五年十月の「宣言」によって開始された政策の支持者）の名の下に再編される。それ以外の政党は半ば非合法状態で、資金もなしに戦いへと向わなければならなかった。それでも彼らは勝つのである。投票の結果、成立した議会では社会主義者が躍進することとなった。一三三人の議員が社会主義者を名乗っており、六六人が社会民主党員で、その大部分がメンシェヴィキ、三七人が社会革命党員だった。これに九八人の「労働党」の議員を加える必要がある。これに対して、右派は五二人（オクチャブリストが一九人、極右諸政党の代表者が三三人）にすぎず、カデットは、先の議会では一七九議席を占めていたのが、新議会では九八議席に減少した。このように新議会は明らかに左派に傾いており、メンシェヴィキは、一九〇五年のソヴィエトにおけると同様に、ボリシェヴィキよりもはるかに優勢な地位を占めていた。

しかしそれは短期間の成功だった。何故なら政府は統治しがたい議会に直面したことを悟り、ツァーリに願い出て議会解散の許可を得たのである。それればかりか政府の願い通りの選挙を確保するために、選挙法の見直しを決めたのである。一九〇七年の秋の選挙で成立した第三次ドゥーマでは、左派が大幅に後退し、左派の議員は三二人を数えるのみで、その半数が社会民主主義者であった。社会革命党は、投票のボイコットを決定していたため、第三次ドゥーマには一人も代表がいなかった。ところがレーニンは、今回は選挙参加により好意的な態度を見せていた(13)。労働者の運動の後退と全般的落胆を確認して、彼はともあれ選挙が革命的主張を公衆に広める残された最後のチャンスになると結論していたのである。もちろん彼は選挙法の故に左派候補の当選は不可能だと思っていたが、労働者階級を政府寄りの政党のみに委ねるよりも、選挙運動の間に左派の存在を明確に示す方が良いと考えていた。彼の目から見れば、選挙への参加は、労働者階級との連絡の切断を避けるための最後の手段であった。こうして彼は再びただ一人、選挙参加が必要であるとの主張をメンシェヴィキと共に擁護する立場に立つことになり、一九〇七年七月に開催されたコトラス会議においてこの見解を主張して、社会民主主義の態度をはっきり確定したのである(14)。

しかし選挙への参加を主張するレーニンの演説は、党内において全員の賛同を得ることからはほど遠かった。ボリシェヴィキはレーニンの意見に反対し、レーニンの二人の補佐役、クラーシンとボグダーノフも先頭に立って強硬にボイコットを主張していたが、選挙が終わると今度は、社会民主党の当選者は直ちにドゥーマを去るべきであると要求した。ボグダーノフに率いられた「左派ボリシェヴィキ」――ボグダーノフは第二次ドゥーマにおいては数人のボリシェヴィキ議員のリーダーであった――とレーニンの間で激しい戦いが繰り広げられたが、それは戦略上の考慮を越えて、根深いイデオロギー的不一致につながって行く、来るべき不和を予告していた。オッゾヴィースト――議員の召還を主張する者はこう呼ばれた――は、サンクトペテルブルクのボリシェヴィキ組織をつき従えており、反動の時期には合法的活動は不可能と判断して、いかなる形態の合法活動をも非難するのであった。合法的に存在することを徹底的に拒否してしまうことによって、党を大衆から切り離すようなことはすまいと考えていたにもかかわらず、レーニンはこの流れに逆らうことができず、最終的にその立場を受け入れた。しかしここまでしたにもかかわらず、彼に敵対していた過激派を引き戻すことには成功しなかった。過激派は分離したセクトを形成し、新たに自分たちの新聞を創刊するところまで行った。しかも『ヴ・ペリョート』というあの紙名を採用したのである。その点でも彼らは、『イスクラ』およびメンシェヴィキに反対するために新聞を創刊するという、レーニン自身がほんの数年前に示した手本に従ったわけである。他人に対して決裂と排斥を課すというのは、レーニンが常々行なって来たことだが、この一九〇七年という暗い年に、今度は自分自身がその犠牲となったわけである。彼が自分の党の土台としてかくも強く説き勧めてきた「統一」は、崩壊に瀕していた。

メンシェヴィキとの和解の試み

このようにボリシェヴィキが分裂状態にあったからといって、本質的なことから目を奪われてはならない。つまり一九〇五年から一九〇七年までの期間、統一を求める深い欲求がすべての社会民主主義者を突き動かしていたのである。当時その欲求は革命運動の後退と、戦略——革命の失敗とロシアに議会制の展望が開かれたことと——を同時に考慮するような戦略——を決定しなければならないという必要性によって、強まっていた。分裂はまだ最近のことであって、誰もそれを永続させようとは考えていない。レーニンはメンシェヴィキとの和解という考えに賛同するようになったが、それは彼の支持者の間で、和解への第一歩を踏み出したいという欲求が大きく、彼らがレーニンに話し合いに加わるように圧力を加えたからである。しかしそれだけではなくレーニンがいつものように、事態についての自分の分析の正しさを確信していたからでもある。それゆえ彼はメンシェヴィキが自分のもとに戻り、自分を支持することを期待していた。確かに和解を望んでいたが、それがボリシェヴィキを中心に実現するという条件においてなのであった。

一九〇五年十二月、フィンランドのタンメルフォルスにおいて全ロシア・ボリシェヴィキ会議が召集され、統一の必要について議論がなされた。同じ頃メンシェヴィキの方も統一を目指して活動していた。因みにレーニンはこの会議で初めて、カフカスの組織から会議に派遣されて来た若きグルジア人革命家と出会っている。その男は最初はカフカスで勢力のあるメンシェヴィキに賛同していた。これこそヨシフ・ヴィサリオーノヴィチ・ジュガチヴィリで、当時はコバの名でより知られており、一九一〇年以降はスターリンの名で知られる人物である。この二人の出会いについては、ボリシェヴィキのリーダーとの最初の出会いから受けた印象あるいはむしろ印象の不在を記すコバの回想が残されていなかったなら、大して述べるべきことはなかっただろう。「私は山岳地帯の鷲のごときわが党の指導者に会うに当たって、それが政治的のみならず身体的にも偉大な人物であろうと期待していた。（……）平均的な背丈にも及ばず、普通の人間となんの変わりもないまことに普通の人物を目にした時、（……）そしてレーニンが代表団よりも前に会合にやって来ており、どこかの片隅に忘れ去られて、きわめて月並みな会話を交していると知った時の、私の幻滅はいかばかりだったろう(15)……」

一九〇六年四月、ボリシェヴィキとメンシェヴィキは密かにストックホルムで集会を開いた。メンシェヴィキは、三万四千人の活動家を代表する代議員が六二人で、多数を占め、一方ボリシェヴィキの代議員は四六人にすぎず、一万四千人の活動家を代表すると称していた。それに、この会合の身分も確定し難かった。「統一大会」と名づけられたこのストックホルムの集会は、ボリシェヴィキにとっては社会民主党第四回大会となるはずのものであったが、一方、メンシェヴィキにとっては、ボリシェヴィキが第三回大会とみなした一九〇五年のロンドン大会を有効と認めていないのであるから、スウェーデンの首都で開かれた集会が唯一真正の第三回大会であった。この不一致のせいで、この統一会議は当時、社会民主党の大会の一つとは扱われなかった。後になって、ボリシェヴィキが共産党大会の年譜を作成した時に、その中に居場所を見出すのである。

とはいえ一九〇六年のストックホルム会議の成功は現実のものであった。統一が回復され、党はブントおよびポーランドとラトヴィアの社会民主党を隊列に迎え入れた。この会議で選出された中央委員会は、取り戻された全会一致を反映していたが、同時にまた一般的分裂の責任者とみなされていたレーニンの立場が居心地の悪いものであることも反映していた。中央委員会に選ばれたボリシェヴィキは、クラーシン、ルイコフ、デスニツキーの三人で、レーニン自身はいなかったのである。メンシェヴィキの方は七議席を獲得していた。

少数派のレーニン。これは彼にとって受け入れがたい状況である。いつもの習慣にしたがって、彼はこの事態を変えるべく専心する。早くも一九〇六年末に、第二次ドゥーマの選挙に対して採用すべき態度に関する討議が開始されると、レーニンは統一への執着を公言する一方で、自由主義者との選挙協力を提案するメンシェヴィキの主張に反対した。メンシェヴィキは選挙法によって優遇されているとみなされる「強硬」右派の進出を阻むために、自由主義者との同盟を提案したのである。[16]その時のレーニンとメンシェヴィキの対立は極めて激しかったために、一九〇七年一月に見解の歩み寄りを図るために会議を開かねばならなくなった。この会議ではボリシェヴィキの出席者は四二人で、メンシェヴィキの代表より十人多く、それに力を得てレーニンはみなを説得し、投票の結果、彼の意見を通すことに成功するが、その代わりに可能な同盟を検討することを受け入れる[17]――統一がそれを義務づけたのだ。それでもレーニンは、ある攻撃文書の中で、メンシェヴィキは「ブルジョワに買収された[18]」と主張している。メンシェヴィキは党内法廷に訴えることでこれに反撃した。法廷においてレーニンは、いかにも自分はメンシェヴィキを侮辱したが、しかし政治的闘争では、たとえ身内に対する闘争であっても、あらゆる手段が正当化されると弁じ立てた。こうしたレーニンの粗暴さは、ストックホルムで遭遇した困難は過ぎ去り、社会民主党の内部で天秤は再び自分に有利に傾きつつあるという確信の現れにほかならなかった。このことはロンドン大会において確認されることになる。

社会民主党第五回大会は一九〇七年四月にイギリスの首都で開催されたが、初めは下部組織からの優先的要求の結果、タンメルフォルスとストックホルムでの交渉によって成立した和解を反映しているように思われた。プレハーノフ、アクセリロード、マルトフ、ポトレーソフ、ローザ・ルクセンブルグ、トロツキー、ボグダーノフ、クラーシン、ゴーリキ、ツェレツェーリといった社会民主主義の重要な指導者はすべてロンドン大会に出席していた。しかしそれだけでなくジノーヴィエフ、カーメネフ、トムスキー、ヴォロシロフ、ハネツキ、スターリンといった新人の姿もあった。彼らは現地で名を挙げつつあり、次第に第一線の役割を演じるようになって行く。ロシアの党の一七五名の代表に加えて、ブントの代表四四名、ラトヴィアの代表二六名、ポーランドの代表四五名が参加した。ロシアの党はボリシェヴィキ（九〇名）とメンシェヴィキ（八五名）に分かれていた。こうしたうわべの均衡にもかかわらず、そして統一を基調とした演説が相次いで行なわれたにもかかわらず、この大会は、ストックホルム大会以来、ロシア国内で繰り広げられた熾烈な戦いを反映していた。ボリシェヴィキは、ストックホルムでは少数派だったが、ロシア国内では、特に二大主要都市では、献身的に忠実な組織を従えているか、そうでないとしても重要な位置を占めていた。サンクトペテルブルクでは、党委員会はボリシェヴィキとメンシェヴィキに分割されていたが、トロイカ〔三頭支配〕がすべてを指揮していた。そのトロイカのもっとも強力な人物は、グリゴーリー・エウセーエヴィチ・ラドムイルスキーであったが、彼はすでに党内ではジノーヴィエフの名で知られていた。トロツキーは後にこう話している。彼は「生まれながらのアジテーター。著しい政治的嗅覚に恵まれ、常に熱狂する傾向がある」[19]。レーニンはすでに彼を信用しており、一九〇六年に彼をクロンシュタットの蜂起を組織させるために派遣したが、この蜂起は失敗に終わった。トロイカはペテルブルクの委員会を徐々にボリシェヴィキの側に移行させて行った。一方カーメネフは、とりわけモスクワで精力的に活動していたが、モスクワの中央委員会は、ダン、マルトフ、ノエ・ジョルダニアといった歴史に残るメンシェヴィキの大立物に支配されていた。レーニンは彼の党派の勝利を保証することができるのはペテルブルクの委員会であると考えていた。ジノーヴィエフは首都で、カーメネフはモスクワで、それぞれ大会を準備し、そこでレーニン一派の優位を確保するために苦労を厭わなかった。

ロンドンでの論争では、レーニンはポーランドとラトヴィアの代表の支持を得ることになるが、それに対してメンシェヴィキの方は、レーニンの権威主義的中央集権主義に激怒したブントの支持だけが頼りだった。社会民主主義の大物たちがロンドン大会に出席していても、事態の流れを変えることはほとんどなかった。ボリシェヴィキはわずかに数が多いだけであったが、同盟者の支持者を得てより多数を占め、かさにかかって攻めたてる。議論はとある教会の中で行なわれたが、しばしば喧嘩腰になり、レーニン派の態度はますます硬化していく。対するメンシェヴィキは守勢に立っていた。アクセリロードはロシアのすべての労働者党と労働者集団の連合を主張して論陣を張った。ドゥーマの中でもっとも輝かしい雄弁家の一人、ツェレツェーリ[20]は、社会民主主義は現実主義的態度を採用し、ロシアにおける政治的進歩を実現するためにはブルジョワ民主主義の段階を経なければならないことを認めるべきだと要求した。トロツキーはほとんどただ一人で和解の立場を擁護し、彼らの運動の将来にとってもっとも重要なのは、いかなるものであれ新たな分裂を回避することであると、同僚たちを説得すべく努めた。

しかしレーニンは耳を貸そうとせず、ある者を偽善者、他の者を改良主義者と決めつけた。成功を勝ち得たと確信していたのだ。まず第一に、中央委員会の選挙の結果、ジノーヴィエフおよび代行の資格でクラーシンとボグダーノフが選出され、彼の配下が支配する新体制が成立したからである。しかしそれだけでなくもう一つ別の勝利も収めた。つまり大会は彼にとって譲ることのできない大切な原則である民主的中央集権主義と少数派の多数派への服従を規約に明記することを認めたのである。さらに彼の主張する年一回の大会と三カ月に一回の会議という、会議の定期開催規則も採択された。こうして社会民主主義はレーニンの願望を聞き入れたわけで、その組織はより拘束的なものとなった。おそらくレーニンにとってなにより肝心なことは、彼の立場を弱めることのないような形で、同じ党の中での相対立する集団の共存のあり方を整備しておくことだった。一九〇七年には多数派だったが、この地位が一時的なものであることを、彼は承知していないわけではなかった。事実、ロンドン会議が終わると間もなく、彼の近しい支持者、ボグダーノフとクラーシンは彼から離れていくことになる。そこで彼にとって重要なのは、メンシェヴィキとの共存を余儀なくされている局面にあっても、彼らに反対し、彼らを弱体化する手段を保持しておくということであった。この共存の段階の間、「民主的中央集権主義」が彼にとって必要だったのは、「民主的」という側面においてであった。つまり指導者を選ぶ責任を負う下部組織への呼びかけと、「討論の自由」とを認めているという点においてであったのである。大会において選出された中央委員会に、レーニンがジノーヴィエフのような若き職業的革命家を入れたのは偶然ではない。彼らは現地の組織を「ボリシェヴィキ化」する作業に取り組むためにロシアに戻ることになっていた。

この考え方はロシアの国内の事態の進展に照らし合わせてみれば容易に理解できる。革命と蜂起の試みの失敗や議会制の発展によって、メンシェヴィキは非合法活動を非難し、それよりも確立されつつある体制の中に溶け込む方を良しとするようになる。自由主義的ブルジョワジーは、ロシアの労働運動を西欧社会民主主義が辿った方向へ発展させるための効果的な同盟者たり得ると考えたのである。この見通しはアクセリロードによって――しかし彼一人だけではなかった――相変わらず主張されていたが、レーニンは労働者階級の意気阻喪と運動全体の急速な解体を見て取っていたが故に、激しく非難した。

一九〇七年、あらゆる党派の社会民主主義者が、社会民主主義が生き延びるためにいかなる道を歩み出すかを決めるために、一九〇五年の失敗から教訓を引き出すのが急務であると考えていた。

革命失敗の教訓

ロシア史の流れに関する考え方の違いから分裂したメンシェヴィキとボリシェヴィキは、一九〇五年の出来事から、それぞれの確信をさらに強固にするような教訓を引き出すことになる。それは取りも直さず分裂を強固にすることにほかならなかった。メンシェヴィキは事態の推移の中に、自分たちが厳密に正統的なマルクス主義に執着したことが正しかったという確証を見出した。社会主義革命は――彼らが準拠するマルクスは明確に述べていた――、強力なプロレタリアートの存在なくしてはなし遂げられ得ず、プロレタリアートは資本主義の全般化とブルジョワ革命がないところでは発展し得ない。一九〇五年の革命は、この過程を加速させようとした不幸な試みであった、とメンシェヴィキは考えていた。その失敗は歴史過程の段階を飛ばすことの不可能性を確証するものである。レーニンがそそのかした蜂起の陰謀は、事実により証明されたように、革命という目標の達成には至らない。「武器を取るべきではなかった」とプレハーノフは断言している。さらに労働者階級と農民との同盟を当てにすべきではなかったのだ、農民とは本質的に反動的階級なのだから、とメンシェヴィキは、マルクス、エンゲルスおよび一八四八年の革命の経験を援用して主張した。こうしたことから、一九〇六年以降、メンシェヴィキは、ドゥーマの内外で自由主義諸政党と同盟しようとし、ソヴィエト制度を確立し、国全体に広げるために、ロシアに働く者の一大結集という、党派を越えた同盟を作り上げようと願うことになるのである。[21]

レーニンにとってこのような分析は、全体としてもその各部分も受け入れがたいものであった。一九〇五年の革命は、プロレタリアートがロシア国内の現実の勢力として存在し、専制政治打倒の用意があることを証明した。彼は一九〇五年の革命の直後に、メンシェヴィキと同様に、ブルジョワ的な政治的民主主義の段階が不可避であることを認めたが、この命題を次のような事実確認で補足している。すなわちロシアのブルジョワジーはこの段階を越えて先に進むことはない。何故ならロシア・ブルジョワジーは「一貫性がなく、利己主義者で、臆病」であって、プロレタリアートを恐れるあまり、いつ考えを変えて逃げ出してしまうか分からないからである。プロレタリアートのみが、一貫性を持ち、勝利のためにはブルジョワ革命を越えて進む必要があることを承知している。

しかしどのようにしてブルジョワ革命を越えて進むのか？

一九〇五年夏、レーニンは『民主主義革命における社会民主主義の二つの戦術』[22]を発表してこの問いに答えている。

この中で提起されている第一の条件は、農民との同盟である。[23] すでに一九〇五年からレーニンは、ロシアの農民の問題の重要性と農民の要求に含まれる革命的潜在力とを確信していた。農民の要求に対して、政治体制は満足すべき答えを出していない。党としてはこの潜在力を誘導し、己の利益のために利用すべきである、とレーニンは考える。「今や全人民の民主的運動の前夜であり、ロシアにおける土地所有農民はその運動に共鳴するはずである」[24]。この共闘の結果は、「労働者と農民の民主主義革命的独裁[25]」になるはずである、とレーニンは言う。

この革命の成功の定義の第二の要素は――これについてはレーニンはメンシェヴィキと対立しない――、民主主義革命は西欧「諸国を燃え上らせるであろう」――この表現はトロツキーにも見られる――、そしてその結果、ロシアの革命過程は加速化され、それによってロシアの革命は孤立から逃れることになる、というものである。

トロツキーも同様に、一九〇五年の革命から教訓を引き出すさまざまな文書を発表して、論争に加わっている。彼が革命に対して行なった総括は、二つの現実の痕跡を留めている。一つは、一九〇五年の革命の間、彼はペテルブルク・ソヴィエト内での第一線の立役者であり、最後には議長を務めさえしたことである。ソヴィエトは彼にとって抽象的思索の主題ではない。それはしばらくの間、彼の革命活動の中心であった。もう一つは、その次の年は彼にとって牢獄の年であり、彼には自分が経験したばかりの出来事を反省する時間がたっぷりあったことである。そこで彼は自分の考えを書き綴ったが、それらの著作は最終的には彼の思想を表すもっとも代表的な文書とみなされることになるのである。

ソヴィエトの議長を務めた経験を踏まえて、トロツキーが定義しようとするのは、ソヴィエトという決定機関が革命過程の中で占める位置にほかならない。彼は次のように書いている。「ソヴィエトは勤労大衆を組織し、政治的ストとデモを指導し、労働者を武装し、住民をポグロムから守った。このような責務は、ソヴィエトが設立される以前に、ソヴィエトと同時に、そしてソヴィエト以後に、他の革命的組織によって完遂された。しかしそれらの革命組織はソヴィエトと同じ影響力を獲得しなかった。このような影響力の秘密は次の事実に存する。すなわちソヴィエトは、プロレタリアートが権力獲得のために行なった戦いの間、組織としてはプロレタリアートから分離していたという事実である」[26]。

ソヴィエトの役割についてのこのような評価は、レーニンに強い不信の念を抱かせるものだったが、トロツキーの分析の中で、社会民主党それ自体を問題とすることにつながって行く。ソヴィエトは党に取って代わるべきなのだろうか。トロツキーの答えは曖昧さを残さない。革命の時期には、革命の戦線はできるだけ広範であることが必要である。これこそ運動の中に労働者階級全体を組み入れることによってソヴィエトが見事に実現したことである。非合法活動の要請に慣れ、それ故にうちに閉じこもっている政党にはこのようなことは達成できないと彼は考える。とはいえトロツキーは、党がソヴィエトに革命的イデオロギーを吹き込む不可欠な源泉であることを否定しない。ソヴィエトは社会民主主義の「純然たる製品」ではなく、社会民主主義の思想の、すなわちプロレタリア社会主義の担い手なのである。

このようにトロツキーは党とソヴィエトの職務分担を確立している。革命以前の局面においては、党が労働者を教育し、労働者に影響を与える。しかしこれに次いで革命が起こった時には、労働者自身が闘争の機関であるソヴィエトを創設する。党は革命前には労働者階級の前衛であるが、次の局面では、労働者運動とそれの固有の機関、すなわちソヴィエトの一構成要素になる。この考え方は、トロツキーがやはり一九〇五年の教訓についての反省の中から練り上げていく永久革命の理論の中にやがて組み込まれて行く。結局、彼が自分が参加した出来事から引き出し、また保持するのは、革命運動への大衆の参加が彼に刻み込んだ深い印象にほかならない。彼はそこから、ロシアのプロレタリアートは政治勢力としては「大衆として」行動することしかあり得ない、そしてそうなると、いかなる党もロシア・プロレタリアートを支配してはならない、という確信を保持することになる。

ここにおいてトロツキーとレーニンを隔てるものが何なのかが分かる。一九〇五年の出来事は、当の革命が起こっている最中にあっても、党の役割と労働者運動の中での党の位置に関するレーニンの確信を、いささかも揺るがすことはなかった。

この点においてレーニンとトロツキーの不一致は明らかである。トロツキーが社会民主主義の統一を守るために多くの努力を繰り広げても、彼の言葉はレーニンに聞き入れられなかった。それは、トロツキーがボリシェヴィキに対して、その指導者の権威主義に対して行なった批判の辛辣さの故である。しかしまた、レーニンがトロツキーを満足させるためには、実際のところ自分の思想の本質そのものを放棄しなければならなかっただろう。

一九一七年までの間、何ものもこの二人を和解させることはないだろう。

＊

ロシア第一革命はレーニンにとって多くの点で予期せぬ期間であった。確かに彼は、革命がロシア全土に広がった暁にはロシアに戻った。しかし彼はそれを直ちに実行したわけではない。熟慮反省の人であるレーニンは、故国を激変が襲ったことを悟ると、蜂起について論ずるすべての著作、たとえばマルクスとエンゲルスの一八四八年の革命に関する分析などをじっくりと検討した。然るのちに、ロシアで活動する仲間に手紙で、彼らの責務は武装蜂起を組織することであると説得しようと試みたのである。(27)しかし彼は党派の人間でもあり、彼にとっては社会民主主義をメンシェヴィキの手から奪取することが重要であった。ストとデモが拡大を続けている時に、彼はロンドン大会の準備に没頭したのである。ロンドン大会が開かれている時、イヴァノヴォ・ヴォズネセンスクは労働者運動の一つの中心地となり、そこにロシア最初のソヴィエトが誕生しようとしていた。

革命の始まった最初の数ヵ月間、レーニンはロシア・ボリシェヴィキの活動を国外から指導していた。国外からである。彼がロシアに戻るのは十一月になってからにすぎない。十月のストは、彼が予想もしなかったことであったが、彼の分析の方向にも、第三回大会で提出された綱領の方向にも進むことなく、ペテルブルク・ソヴィエトの設立という事態にいたった。彼はこのソヴィエトという機関には不安を抱いたが、しかしそれを考慮に入れないわけにはいかなかった。一九〇五年末から一九〇七年までの彼のロシア滞在期間には、激しい革命活動は行なわれていない。彼は党の指導者たらんとするが、また思想家にしてジャーナリストでもあろうとする。彼は論説を書き、蜂起を説くが、出来事に加わることはほとんどないのである。彼はこの滞在の大部分を、騒擾から遠いフィンランドかもしくは半非合法状態の中で過ごした。さもなければ社会民主主義の集会のために外国――ストックホルムかロンドン――へ出掛けた。彼が労働者の政治集会に出席して発言するような例は多くはなかった。しかしこの点では、彼は例外というわけではなく、名の知れた社会民主主義者の中で、出来事の中で人目に触れる役割を演じたのは、実際上はトロツキーが唯一の例だった。ボグダーノフ、ジノーヴィエフ、カーメネフといったレーニンの補佐役はすべて、その時、現場で、ソヴィエトあるいは首都のボリシェヴィキ組織の中で活躍していたが、レーニン自身は、ボリシェヴィキ派の指導者という彼の立場から、自身の安全を優先的に気遣う必要があると考えたようであった。

この革命期はまた、彼の神経系が非常に脆いことを暴き出しもした。一九〇五年と、次いでロンドン大会から戻った一九〇七年の二回にわたり、彼は予断を許さぬ抑鬱状態に陥ってしまい、いかなる活動からも彼を遠ざけねばならなくなった。そのため長いヴァカンスを計画したり、さらには同僚とのいかなる接触も禁じて、フィンランドの森の中の人里離れた場所へ隔離しなければならなかった。こうした落ち込みの原因は誰にも突き止められなかった。神経の強度の緊張というのはもちろんだが、しかしそれは革命が原因なのであろうか。蜂起という解決にたどりつこうとする必死の試みとその失敗を前にした狼狽によるものであろうか。時としてレーニンはいかなる政治的な努力をも持続的に継続する能力を欠いていることを露呈してしまうが、それはメンシェヴィキとの絶え間ない抗争と党に自分の権威を認めさせるための戦いによって説明がつくということなのだろうか。彼の姉はこうした落ち込みの一つに言及して、彼の病気を「神々に捧げる聖なる火」と呼んでいる。

一九〇七年、革命は終わり、ロシアでの滞在が終了してしまうと、レーニンにとっては、外国へ戻り、外国で執筆活動を再開することしか残されていなかった。十年続く新たな追放が彼を待っていた。革命運動へ向けた新たな出発を求めて彼は、一九〇五年の落胆の数々からさらに多くの著作を引き出すことになるが、革命運動は数年の間、眠りこけてしまうように見えることだろう。しかしながら、レーニンが行なった事実確認の中でおそらくもっとも重要なもの――確かにまだ言葉となって表現されていないが、すでに形をとり始めていた――は、一九〇五年の革命が起こったのは極めて特異な状況の下であったということである。口火に点火したのは、人民の奮起を引き起こしたのは、極東における敗戦である。この直観から、数年後に彼は実りある結論と行動計画を引き出すであろう。今度は失敗せずに実現する可能性がある、と彼が考える行動計画である。

第6章　雌伏の時（一九〇五～一四年）

革命の冒険は終わり、レーニン夫妻はジュネーヴに戻る。この新たな流謫の地はレーニンを陰鬱な気持ちにさせる。「呪われた街！　こうしてここに戻って来ると、墓に下りていくような気持ちになる」。この一九〇八年初頭に彼がとりつかれた感情は容易に理解できる。革命が失敗に終わっただけでなく、とりわけロシアの労働者運動が崩壊の真っただ中にあったのだ。かつては大量の労働者の参加を見たストはますます数少なくなっていった。二年の間、党にあれほど献身的だった活動家たちは党から離れて行き、一九一〇年には一万人を下回り、五年前の十分の一になってしまった。社会民主党の組織は消滅していた。参加者がいなくなったため、もしくは最後まで残った党員たちが無益な論争に精力を使い果し、互いに対立する小グループを形成して行ったためである。実際、ロシアの社会全体が騒擾に倦み疲れていた。その結果はあまり肯定的とは見えなかったのである。権力はこの倦怠を承知していた。そしてまた随分と懸念したけれども、軍事的敗北にもかかわらず、なんとか軍の支持を手に入れることができ、国の支配権を取り戻せたことを確認していた。とりわけ権力は、レーニンも気付いていたが、革命が二つの限界に突き当たったということを理解していた。その一つは地理的な限界で、革命は都市から外へ出ることに決して成功しなかったという点。もう一つは政治的な限界で、革命の目標があまりにも漠然としており、社会には理解できないまま終わったという点である。唯一、採用されずに終わったレーニンの蜂起計画だけは別だったが。

改革 対 革命

そうしたところから、権力は弾圧と譲歩を組み合わせることによって、状況を制御する力を取り戻すことに成功した。ドゥーマの急進的議員を手始めに、運動のリーダーと確認された者の上には、逮捕が雨霰と降り注いだ。一九〇五年十二月、納税拒否の呼びかけが出されると、権力はソヴィエトの執行部のメンバーを逮捕したが、これと同様に一九〇七年六月には、国家の安全に対する陰謀が発覚したとの告知がなされ、権力は社会民主党の議員の大部分に対する逮捕(1)、ドゥーマの解散、そして多数の組織の解体を布告したのである。逮捕を逃れた社会民主主義者たちは直ちにロシアから脱出した。

こののちに選出された第三次ドゥーマは、しばしば「残部議会*」として軽く扱われるが、ここで公平を期すために、実際にはこれがロシアの政治生活の進歩を確定したことを強調しておくべきである。この第三次ドゥーマは、不当な選挙方法で選出され、権力の圧力に屈していたものの、ひとたび制度的転換が果されれば後戻りはできないということの現れであった。ドゥーマはもはや皇帝の意志が一時的に生み落としたものではなかった。第三次ドゥーマは五年間続いて任期を満了し、法の規定する固有のあり方を全うしたのである。レーニンはすでに一九〇七年には、次第に輪郭を現わしつつあった変化を明瞭に見通していた。それこそがこの議会に対する彼の方針転換の理由にほかならない。最初の二次のドゥーマの選挙に対して彼は頑なにボイコットを主張していたが、第三次ドゥーマの選挙に際しては完全に意見を変えていたのである。最初の二次のドゥーマは、彼に言わせれば「警察のでっち上げ」にすぎなかった。一九〇七年には、彼は新たなドゥーマに選出された社会民主党議員の活動に期待し、旧友ボグダーノフ率いる「オッゾヴィースト」〔議員召換派〕を批判するのであった。

＊イギリス・ピューリタン革命の際、捕虜とした国王の断罪を求める軍は、議会の多数を占める長老派議員を追放。残った百名余の独立派議員のみで、庶民院が最高権力を有することを宣言、臨時法廷を開設して、国王の死刑に道を開き、共和制樹立に至った。この独立派のみの議会が「残部議会」と呼ばれるが、第三次ドゥーマと異なり、イギリス革命では、これが革命の中心的推進勢力であった

政府の方は、制限選挙制度によってドゥーマを統御しようとしていた。しかしそれは社会を再び取り戻すための政策の数ある要素のうちの一つにすぎなかった。もっとも重要なものは別のところにあった。一九〇六年夏以来首相を務めるストルイピンの計画の中にあったのである。

ピョートル・ストルイピンは現場の人間で、ニコライ二世が彼を選んだのもそのためであるが、彼は農村社会の改革を自分の政策の要とした。一九〇五年の革命の弱点は、労働者階級と農民が遠く隔てられていたことであることを彼は理解した。彼のこの直観はレーニンの分析と合致している。(2) 確かに農民の動揺は二十世紀初頭においては大きかったが、それは労働者運動とは無縁であり、労働者の運動は農民に依拠

することも、農村に拡大することもできなかったのである。この労働者階級の弱点をレーニンがすでに明瞭に察知し、論評を加えていたことはすでに触れた。彼はその解決策を、彼が一九〇五年の総括の末尾で説いている「労働者と農民の民主主義革命」の中に求めていた。この総括はスイスへ戻って以降の、彼の考察の枢要部をなすものであった。

農民層を権力の側にしっかりつなぎとめて革命の先を越すこと、これがストルイピンの目論見であり、彼は早くも一九〇六年より一連の法令を作成する。それは農民を共同体から解放し、共同体の土地を配分し、さらには農民のシベリア入植――入植という冒険を試みようとする者にとっては将来の展望は著しく大きかった――を奨励するものであった。農地改革に加えて、学校制度の面でも、技術や保健衛生の面においても、農村社会を育成しようとする並外れた努力がなされた。農村世界が急速に変化するように、また教育を受けた農民層の個人所有が発達し、それによって農民が自ら得心して革命の呼びかけに背を向けるように、あらゆる施策が実行されたのである。

政治的譲歩と社会改革の計画は、農民層だけでなく、一九〇五年の革命の失敗と社会主義者たちの騒々しい論争に落胆した自由主義的インテリゲンツィアの心をも引きつける結果となった。このインテリゲンツィアは、権力をしてできる限り進歩の道を前進させるために、課された制約の中で最大限の努力をしようと考えていた。

レーニンが余儀なくされた追放はあまり慰めにはならなかった。彼は遠方から労働者運動の瓦礫の山、ロシアの経済的進歩、そしてとりわけ沈静化しつつある政治状況を観察することができた。一九〇六年から一九〇七年まできわめて激しかった弾圧も、ここに来て緩和された。レーニンは、権力と革命のどちらが早く到達するかを競う競争が始まったことを十分承知していた。革命はこの数年の間に、最良の切り札を手にするとは見えなかった。

彷徨の歳月

流謫の身で、失意のレーニンは、一九〇八年に放浪の生活を始める。ジュネーヴでの生活に倦き倦きした彼は、一九〇八年末にパリへむけて出発する。当地でほぼ四年過ごし、次いでロシアにより近いクラクフ〔オーストリア領〕に移り、そこで希望の新たな理由を垣間見る。第一次世界大戦が始まるとスイスに戻るが、うんざりし始めていたジュネーヴには戻らず、ベルン、次いでチューリッヒに滞在することになる。

最悪の物質的困難に直面したレーニンというソ連時代の伝説が形成されたのは、この放浪の亡命期間のことにほかならない。ヴァレンチーノフはアンナ・エリザーロヴァの回想録に記されているこの貧困伝説の起源を探ったが、彼女がその責任者であるとは考えていない。何故なら彼の言うところによれば、彼女が回想録を書こうと企てたときには、党はすでに貧困の中に生活する革命家という美しい物語を作り上げていたからである。このような「作り話」を作り出した第一の責任者は、ある名もないボリシェヴィキであったと思われる。その男は、この貢献のおかげでこの時期の歴史の中に名を残すことになったわけだが、ウラジーミロフという名で、パリでレーニンを訪れたのち、レーニンが「アルコーヴとごく小さな台所が付いているだけの小さな部屋」に住んでいると語ったのである。本当のところは、レーニン自身がはっきり認めているが、最初はボニエ通り、次いでマリー＝ローズ通りに移った彼のパリの二つの住居は、ちっぽけでも汚くもなく、生活の安楽のための設備が無いわけでもなかった。それは、またしても家族一同打ち揃った生活が再建されるような住居だった。ボニエ通りでは、レーニン夫妻には、避けがたくもまた掛け替えのないナジェージダ・クループスカヤの母親が同居し、レーニンの母か妹の一人が交替で同居し、当然それぞれが部屋を持っていた。それに夫婦の寝室には客間が付随していた、とクループスカヤは後に記す。翌年、レーニン一家は、マリー＝ローズ通りへ引っ越す。新たなアパルトマンは一部屋少ないが、その時にはレーニンの母親と妹はロシアに戻っており、彼らと同居していたのはエリザヴェータ・ヴァシーリエヴナだけだった。このアパルトマンは、当時としてはきわめて安楽な設備である中央暖房が備わっているのが特徴だった。レーニンはこれが大変気に入って、(3) 幾度となく、母親宛ての手紙の中でそれに触れている。

この家族の生活の物質面の切り盛りは、全面的にクループスカヤの母が女中の助けを借りて引き受けたが、こうした家族の雰囲気はレーニンが仕事をするには必要なものであり、この中で彼は前年、前々年に、かき乱されていた心の均衡を取り戻すことができた。これに加えて、クループスカヤは仲介役を務め、外部との連絡を保証し、迷惑な客から彼を守ったのである。彼は客が押し寄せるのを好まず、常に亡命者たちの際限ない不毛なお喋りに不平を言っていた。そして国立図書館へよく自転車で出かけた。健康の話しとなるとお喋りが止まらなくなる彼は、健康のために良いとしてこの交通手段を絶賛していた。国立図書館は彼の著作のために尽きることのない素材を提供してくれたが、そうして書かれたもののうちもっとも重要なのは、かつて友人であると共に忠実な協力者であったボグダーノフとの政治・哲学論争であった。

しかしこうした彼の著作について触れる前に、じっくりと見ておくに値する主題がある。何故ならそれはレーニンと国際社会主義運動およびメンシェヴィキとの間の関係に、重大な帰結をもたらしたからである。それは現代用語ならば「ビジネス」と名づける必要があるもの、つまり金銭がらみの問題にほかならない。

「接収」――絶えざるスキャンダル

レーニンは自分自身の生活と著作の出版については、さまざまな資金援助を得ることができた。しかし党の財政は恒常的に一つの問題が支配していた。すなわち党活動の出費を賄う資金をどうやって調達するかという問題である。「接収」と呼ばれる手段が一時期、党の豊富な資金調達のほとんど尽きることのない源泉をなしていたが、この「接収」の紛れもない担当責任者は、「党の財務大臣」と呼ばれたクラーシンだった。すでに彼以前に、ゴーリキーが、私的資金に援助を訴え、アメリカで資金を集めて、党の活動資金確保を試みていた。しかし「接収」に比べれば微々たるものであった。この「接収」がやがて労働者運動の内部で顰蹙を買うことになる。

ボリシェヴィキがこの手段を用いて闘争資金を蓄えるはるか以前に、接収はクロポトキンによって説き勧められた。彼は三〇年前に、レーニンと同じように、ロシア警察の手を逃れてジュネーヴに亡命したが、エリーゼ・ルクリュの心遣いによって一八五五年に刊行された『反乱者の言葉』の中で[4]、この偉大な無政府主義者は、革命と接収の間には切っても切れない関係があり、接収は革命の成功には欠かすことができないと言っている。しかし彼は付け加えている。「それ（接収）は大規模なスケールで実現されなければならない。小規模だと、ありふれた略奪にすぎないものとなろう[5]」。ところがこの「ありふれた略奪」が、まさしくボリシェヴィキの接収のやり方の特徴であり、国際社会主義運動の憤激を招いてしまうのである。

接収は一九〇五年以前に始まっていたが、それ以降になると特にいくつかの突出したエピソードが散見し、派手に目につくようになった。もっとも有名なエピソードは一九〇七年のトビリシの接収であるが、これはスターリンの武勲にほかならなかった。(6)

こうした武装攻撃（この用語はクロポトキンによって一般に広められたものだが、この用語を用いるのは、これに尊厳を与えるためであった）は、一九〇六年には、帝国全土にわたり頻発していた。しかし、ストックホルムでの社会民主党大会において、接収は、公共財を狙ったものであれ、私有財産を狙ったものであれ、糾弾されていた。というのも武装グループが党のために行なっていたのは、統制の効かない犯罪者たちを戦闘組織に加えた、やりたい放題の強盗行為であることが、社会民主党員たちにも確認できたからである。ロシアの社会民主主義は、この時期から、レーニンが資金調達手段獲得に必要と判断していた行為と純然たる犯罪との混同によって、評判を落とす危険を抱えていたのである。確かにこの方式は効果的であった。何故ならこれによってボリシェヴィキの財政が潤うと、それによって彼らは武器を購入し、戦闘集団の装備を整え、ビラの印刷費を賄い、つまり彼らの力を明示し強固にすることができたからである。レーニンは蜂起の展望によってこうした暴力を正当化していたが、一九〇七年には、もはや蜂起の希望は存在しなかった。それ故ストックホルムで下された決定は、この方式の非合法性をさらに明るみに出すことになった。しかしながらテロリズムと接収は続けられたのである。

この接収システムの中心には、まだレーニンの近しい補佐役であったレオニード・ボリーソヴィチ・クラーシンがいた。革命後の時期――いかなる政治的努力も無駄に見えた――に、彼は比類なき才能をテロリズム的行動のために傾注した。彼の技術者および経済学者としての有能振りは全党の認めるところであったが、この役割を果したのは、まさに技術者にして経済学者たる彼なのである。一九〇五年の革命の挫折の後、彼は武装活動家たち「ボイエヴィキー」[7]の紛れもない指導者となったが、彼らボイエヴィキーは革命終結後も、治安維持部隊、政府諸機関、それにとりわけ「接収可能な」財を目標とする系統的テロリズムに身を投じて、闘争を継続した。しかしこのように戦いを続けるためには、さらに武器、爆薬、資金が必要となる。こうしたものすべては、倦むことをしらぬクラーシンの働きのおかげで獲得された。彼は至る所で武器購入の交渉をし（彼が好んで用いた武器提供者は極東からの帰還兵、あるいは外国の密売人であった）、爆発物製造を組織し、それを使用するテロリストたちのために講習会を開設した。一九〇七年に、ストルイピンとその家族が住むアプチェカルスキー島の屋敷の攻撃を準備するのも、やはりクラーシンである。

クラーシンのもっとも忠実な補佐役であり、またもっとも名の知れた人物は、スターリンと同様チフリス（トビリシ）に近いゴリ村の生まれで、クラーシンより三歳若い、セミョーン・テル・ペトロシアンであるが、この男はカモという名の方が良く知られている。スターリンの仲間で、テロ攻撃と武器密輸のスペシャリスト――一九〇六年に党から外国で武器を購入する任務を与えられた――であるが、クループスカヤの言葉によれば、彼は「イリイチとクラーシンとボグダーノフに熱烈な愛着を抱いていた」。クラーシンと共に、また秘密活動に従事するスターリンと共に働いており、一九〇七年にチフリスでの接収を指揮したのはこのカモである。それは多量の爆弾を用い、拳銃を乱射して国営銀行の現金を強奪した。この派手な作戦は、白昼堂々、衆人環視のもとに実行されたもので、これを見ても一九〇六年から一九〇七年には接収がどれほどロシアでありふれた行為となっていたか分かるというものである。

このように接収に頼る習慣がすっかり染みついていたため、ストックホルム大会で糾弾がなされても、大した影響はなかった。レーニンは大抵は巨額に達するこの資金集めに公然と喝采を送っていたのである。彼がこうした「財政政策」に手放しで賛同していたことは、これらの武勲の実行者たちに対するクループスカヤの情愛のこもった称賛の言葉からもうかがえる。彼の賛同はまた次のような事実にも現れている。すなわちカモは、その後ドイツで逮捕され、狂気を装い、ロシアに強制退去させられて有罪判決を受け、ようやく自由の身となると、直ちにパリのレーニンの許にやって来て、クループスカヤの言葉によれば、彼に暖かく迎え入れられるのである。

このような接収が行なわれていることを、いずれにせよボリシェヴィキは知らない振りをすることはできなかった。カモがドイツで逮捕された時に、彼がその地で銀行襲撃を計画していたことが明らかにされた。同じ頃、一九〇八年に、レーニンに近しいもう一人の男、リトヴィーノフがパリで逮捕された。彼は紙幣五〇〇ルーブルを所持していたが、調査の結果、それがチフリスで強奪された金の一部であることが判明した。それは偶然ではなかった。マクシーム・マクシーモヴィチ・リトヴィーノフは、一九〇六年から接収で得た資金を「管理する」任務に当っていたのである。数年前から彼はレーニンに極めて近い協力者であり、レーニンは社会主義インターナショナル事務局との財政的関係を確立する仕事を彼に任せていたのである。リトヴィーノフは接収によって集めた資金を、もちろん出所は明かさずに社会主義インターナショナル事務局に預けた上で、それを武器購入に用いていた。こうして強盗の果実に多少の尊厳を帯びさせていたため、ヨーロッパの社会主義者たちも直ちに疑うということはなかった。しかしリトヴィーノフの他にも、彼と同様に強奪したルーブルを外国で両替しようとしていたボリシェヴィキが何人か逮捕され、社会民主主義者たちは突然真相を知らされることとなったのである。

この五〇〇ルーブル事件に加えて、ベルリンで偽ルーブル紙幣製造のための用紙と原版が発見されるという事件が起こった。警察がこの計画の首謀者たちを逮捕したところ、これもボリシェヴィキの仕業だった。しかも偽造犯一味は、機材をドイツ社会民主党の機関紙『フォルヴェールツ』の社屋に隠していたのだから、とてつもないスキャンダルとなった。直ちにメンシェヴィキは憤慨した。アクセリロードは、彼ら無法者どもと同じ党の中にいることはできないと、絶叫した。しかもこの無法者どもは共に誓った約束を踏みにじったのだ。プレハーノフも同じく強硬な非難を浴びせた。しかし倫理的な抗議も絶叫もレーニンはほとんど意に介さなかったのである。

とはいえ、その時レーニンは優勢な立場になかったので、メンシェヴィキとボリシェヴィキの中の彼より良心的な者たちの要求で、この事件の調査に当る調査委員会が設けられることを認めざるを得なかった。実際は、調査を命ぜられたのはチチェリンであったが、この人選もレーニンにとってはあまり好ましいものではなかった。ゲオルギー・ヴァシーリエヴィチ・チチェリンは貴族の家の出で、大学を出て外交官となったが、その後己の階級と縁を切り革命活動に身を投じた。気質からして、どちらかといえばメンシェヴィキに近く、一九〇七年にロシア社会民主主義の統一が回復された時にも、レーニンとボリシェヴィキの敵の一人であり続けた。彼がこの「事件」の調査責任者に指名されたのは、まさに亡命者の世界――当時彼は外国での社会民主党組織の書記を務めており、亡命者の間で責任ある要職を任されていた――において彼がすべての同僚から偽りのない敬意を寄せられていたからである。同僚たちはこの「赤い貴族」が、大きな行政手腕とともに完璧な教養を持つことを喜んで認めていた。チチェリンはまた、職務の関係で常に接触しているヨーロッパの社会民主主義者からも評価されていた。彼に調査が委ねられたことは、レーニンに不安を抱かせたが、それでも当初レーニンは、チチェリンが自分と偽造犯との共謀の証拠を集めることはできないと確信していた。しかしチチェリンは、クラーシンがこの作戦の資金の出所であることを突き止めるのに成功し、その責任をレーニンにまで遡らせようと試みた。

レーニンがこのような脅威に直面した時の反応は、常に同じである。つまり脅威の元である調査機関の構成を変えさせることによって困難を回避するのである。この場合は、彼は調査がチチェリン一人に委ねられるのではなく、正式の委員会を設立してそれに委ねられるべきだと提案し、この委員会のメンバーをボリシェヴィキばかりにすることに成功した。その結果、クラーシンはいかなる責任も問われず、偽札事件はもみ消された。またチフリスの事件に党が憤激して、カフカス・グループ——スターリンを含む——を除名に処していたが、委員会はその全員の復党を勧告したのである。レーニンはこうした巧妙な策略を用いて、明らかに彼にとって具合の悪い状況を立て直すことができた。しかしそのためにメンシェヴィキをさらに怒らせることになる。メンシェヴィキに対しては、自分の党派のものについて偽証をしたと糾弾して、すでに彼らの憤激を買っていたのであったが。彼の辣腕はチチェリンの怒りも買った。そしてクラーシンはクラーシンで、レーニンから距離を置くようになり、やがてボグダーノフと共にドゥーマのボイコットを主張する者たちの陣営に加わることになる。この二人の忠臣との決裂はそれほど先のことではない。

遺産の横領

レーニンは接収と偽札事件を何とか片付けた——しかしこのような手段で獲得した莫大な資金まで片付

けてしまったわけではない。彼はそれを党の操作のために用いるのだ——が、今度はこれもまた彼の評判を傷つけかねない別の事件、シュミット家遺産相続事件で悪戦苦闘しなければならなくなる。もっとも「遺産相続」などと言わず、この事件を正しい呼称で呼ぶ必要があろう。つまりボリシェヴィキが仕組んだ遺産「詐取」事件と。

クループスカヤは回想録の中で、シュミット事件をきわめて小説風かつ感動的に次のように要約している。「二十三歳の若き学生、ニコライ・パーヴロヴィチ・シュミットは実業家モロゾフの甥であり、一九〇五年、ボリシェヴィキとなった。彼は『ノーヴァヤ・ジーズニ』および武器購入のために資金援助をしていた。一九〇五年、彼は逮捕され、拷問を受け、獄中にて殺害された。死ぬ前に、彼は財産をボリシェヴィキに遺贈する意志を何とか表明することができた。彼の妹、エリザベータ・パーヴロヴナ・シュミットは、兄の遺産に対する自分の相続分を受け取った後、それをボリシェヴィキに贈与する決心をした(8)」。

ここまで来るとクループスカヤの語る物語は、ボリシェヴィキお得意の財政的・人的操作という周知の要素を導入しなければほとんど理解不可能になる。実際には、亡きシュミットには二人の姉妹と一人の弟がいた。この兄弟姉妹の中で、エカチェリーナだけが成人に達しており、遺産を自由に処分することができた。残りの二人、クループスカヤが名前を引用しているエリザベータと弟は未成年であり、それ故ボリシェヴィキに何かを贈与するなどということはできなかった。したがってこの財産を党のものと指定するいかなる適法な遺言措置もなかったわけだが、党はこの財産をできるだけ速く手中にしたいと望み、結婚を手段として用いて、この二人の姉妹を篭絡しようと目論んだ。この結婚がらみのやり方を、クループスカヤはまことに慎み深いヴェールで覆い隠している。彼女によれば、エリザベータはまだ未成年であったために、イグナーチエフという名のボリシェヴィキと架空の婚姻を取り交わし、こうした策略を用いて兄の意志を成就しようとしたという。しかし実際に彼女が結婚したのは別のボリシェヴィキ、ヴィクトル・タラトゥータだった。そしてここで、実話の方は際限なく興味深いものになる。タラトゥータはジュネーヴに赴いてレーニンに会い、かくも渇望されていた遺産を彼に委ねたのである。

しかし真実は見掛けよりもさらにいっそう複雑であり、すべてを説明するためには物語の順序を変えなければならない。タラトゥータはレーニンの親しい友人で、一九〇五年にはモスクワのボリシェヴィキ配下の党委員会の書記に就任し、経理を担当した。ロンドン大会では、レーニンが委員会の構成について揮った権威のおかげで、中央委員会の委員代行に昇進したが、その後クォカラに赴いて、レーニンと再会している。彼がシュミット遺産事件の舞台に登場するのはその時のことである。彼は未成年の妹エリザベータに恋し、彼女と結婚することになった。しかしタラトゥータがさまざまな偽名を用いて地下に潜伏していたため、この婚姻を合法的に取り結ぶことはできなかった。そこでボリシェヴィキは、彼女が財産を処分する権限を手に入れるように、完全に合法的に自分の名前で生活していたイグナーチエフと彼女を結婚させることを思いついたのである。

こうしてやや陰険でまことに不道徳な経緯の末に、イグナーチエフは舞台から消え、タラトゥータだけが残る。タラトゥータは今やエリザベータ・シュミットに帰するとみなされた財産の取り分を自由にすることができた。そこで彼は、少なくとも後に彼が書いているところによれば、相当の額をボリシェヴィキに移転するが、それはレーニンとボグダーノフ――少なくともこの時期までは彼らの友情は続いていた――の仲介で行なわれた(9)。ただし彼がボリシェヴィキに引き渡したのは、妻の財産のうちニコライ・シュミットの遺産に由来する取り分のみであって、エリザベータの父親の遺産に由来する分は自分のもとに保持したのである。こうしたことがあって、彼に不信を抱いていたボグダーノフは、過去の活動から彼を警察のスパイ、さらには密告者と告発し、その際に突然彼を「女衒」と決めつけることになる。

しかし事件はこれで終わらない。弟はまだ十五歳にすぎず、それゆえ結婚は考えられないため、党としてはその財産に手を延ばすことができなかったので、党は姉のエカチェリーナに矛先を向けた。これについて党はニコライ・アンドリナキスという名のもう一人のボリシェヴィキに密命を与えた。彼はタラトゥータとは異なり、自分の名で合法的に生活しており、それ故シュミットの遺産相続人エカチェリーナと何ら問題なく結婚することができた。とは言うものの、これでめでたし、とはいかない。党は彼のことを単なる仲介者とみなしており、結婚によって手に入れることができたシュミットの遺産の取り分をためらわずに党に引き渡すものと考えていたのである。(10)

ここから二つの笑劇が始まる。まずはこの夫婦と党との間で、次いでロシア社会民主党内の二つの派閥の間で繰り広げられる笑劇である。タラトゥータは、「女衒」などと侮辱的な批判を喰らいはしたものの、妻の財産の一部を自分のものとして保持して、党と自分自身の利益をまずは大過なくまんまと両立させたが、アンドリナキス夫婦の場合はまったく違った。エカチェリーナ・シュミットの夫は一九〇八年にパリに到達すると、渇望されている財産をボリシェヴィキに引き渡さない決心をする。タラトゥータが突然、革命の大義への懐疑に捕えられて頑なに反抗するこの義弟を説得するよう党から命じられた。叱責、脅迫と、あらゆる手が試みられた。タラトゥータはこの反逆者の一身を粛清すると示唆することさえやってのけた。そこで当人はボリシェヴィキ本部に訴え出たが、そこから出てきたレーニン、ジノーヴィエフ、カーメネフ連署による回答は次のようだった。「われわれはＺ（原告を指す）事件において、同志ヴィクトル（タラトゥータ）はわれわれの指示に従い、われわれの監督のもとに行動したことを確証する。われわれは同志ヴィクトルに対するいかなる審理も認めない(11)」。

ボリシェヴィキの制裁を避けるために、アンドリナキスは最後にはシュミットから相続した財産の一部を党に引き渡す。しかし大部分は自分のために保持し、そして党との関係を一切絶ち切ろうと決心した。タラトゥータも同じようにしようとしたのだったが、党は彼の方は容易に手放そうとはしなかったのである。レーニン、ボグダーノフ、ルナチャルスキーの三人の圧力が合わさったものだから、彼は屈せざるを得なくなり、明らかにより多額の取り分を差し出したのであった。レーニンに近しい者の多くは彼を軽蔑しており、彼の失墜は間近と考えられていた。しかしレーニン自身の好意を彼が失うことはなかった。数年間姿を消すことになるが、この「女衒」は一九一七年以後、レーニンの側近として再び姿を現すことになる。

こうした夫婦をめぐる笑劇には、もっと重大な係争がからんだ。というのも、ヨーロッパの社会民主主義勢力が関わりを持つことになるからである。この金銭をめぐる問題は、ボリシェヴィキとメンシェヴィキの抗争に発展して行く。クループスカヤの主張とは逆に、シュミットはロシア社会民主党全体に対する貢献を表明していたのであって、ボリシェヴィキのためだけを考えたわけではなかった。つまり、遺産詐取だけでなく、クループスカヤは架空の物語によって彼をボリシェヴィキの殉教者に仕立て上げようとしたわけで、死者そのものを詐取しようとすることが企てられた、ということになる。実際には、若きシュミットは二十世紀初頭の多数のロシアの企業家と同様に――その一例が現代芸術に夢中になった彼の叔父、サッヴァ・モロゾフであったが――、革命はロシアにとって必要であるという確信を抱いており、革命家、特に全体としての社会民主主義者に肩入れしていた。何とも奇妙な策略を用いて、ボリシェヴィキは遺産を横取りしたが、結局その一部を獲得したに過ぎなかった。しかし彼らはその全部に権利があると主張しており、いずれにせよ、メンシェヴィキはそれを認めるわけには行かない。というのもシュミットが社会民主主義のすべての構成要素に肩入れしていたことを承知していたからである。メンシェヴィキは、レーニンがこの金を運動全体にボリシェヴィキの支配を押し付けるために使うつもりであることを知らないわけではなかった。それに、この遺産抗争の時期は、ロシア社会民主党が原則として再統一された時期に合致している。したがってボリシェヴィキに所属するものは、メンシェヴィキの財産でもあるわけだ。しかしレーニンは承服せず、党に遺産の存在を隠し、メンシェヴィキおよびその同盟者であるブントから横領しようと試みたのである。彼らがこの遺産の存在を発見したのは、ほとんど偶然であった。

実際、シュミット事件が起こったのは、社会民主党が理論上は和解したものの、ドゥーマ議員の召還の問題をめぐって分裂し、「和解論者」たちの説く妥協の土台を見出そうと、もう一度試みている時のことであった。

その時、党の機関紙をめぐって新たな抗争が発生する。レーニンは一九〇八年初頭に、シュミットの裏金の助けを得て、『プロレタリヤ』紙を創刊したが、同紙は二年間、メンシェヴィキと「和解論者」に激しい攻撃を浴びせ続けた。これだけの攻撃を加えた後、レーニンは矛を収めようという提案をしたのである。彼の申し出には、確かに交渉相手の気をそそるものがあった。彼は『プロレタリヤ』紙の発刊を中止するから、メンシェヴィキの方も『社会民主主義の声《ゴーロス・ソツィアル・ジェモクラータ》』紙の発刊を中止してくれ、そのうえで両陣営は手を携えて社会民主主義の合同機関紙、『ソツィアル＝ジェモクラト』を刊行する、その編集委員はレーニンとジノーヴィエフにダンとマルトフという二人のメンシェヴィキ、およびポーランド社会民主党の代表者ワルスキーとすることにしよう、というものだった。しかし編集委員と知的手段とを共同化することに決めたのなら、財政手段についても同様にしなければならない。もう「金庫」は別々ではないのだ、とメンシェヴィキは叫んだ。そしてシュミットの遺産が明るみに出され、この遺贈によって発生した資金が、両陣営が信頼できる中立の人間の手に委ねられることを要求した。そこで内部抗争を繰り返すロシア人たちは、かくも尊敬に値しまた現に尊敬されるドイツ社会民主党の面々にまたしても頼みこむことになったのである。クララ・ツェトキン、カウツキー、メーリングがこの金を受け取り、必要に応じて各陣営に必要な額を配分する役目を引き受けた(12)。

しかし申し合わされた合意はあまり長続きしなかった。まず最初にレーニンが、この資金が段階的に管財人に移されるべきこと、そして自分の『プロレタリヤ』紙の清算の補償のためにそのごく一部を彼が保管するのが適切であるとの決定を下した。しかしメンシェヴィキの方は、結局のところ自陣営の機関紙の清算を行なわないことに決めたため、ただちにボリシェヴィキが寄託に当って不誠実であると不平を鳴らした。和解したのも束の間、ボリシェヴィキとメンシェヴィキは、前代未聞の激烈な利害の衝突に突入したのである。罵詈雑言が飛び交い、最後は法廷に持ちこまれた。その間、彼らはドイツの社会主義者たちを激怒させることになった。レーニンが彼らに、メンシェヴィキのせいで合意が決裂した――と彼は叫んだ――のであるから、彼に、しかも彼一人に、寄託された金を全額返還するように要求したのである。管財人は、一人また一人と意気阻喪していった。カウツキーはこの件から身を引き、次いでメーリングも身を引いた。クララ・ツェトキンは最後にもう一度、敵対する両陣営を和解させようと試み、党に基金を返還して、共同の財産とするよう提案したが、何の解決にもならなかった。却ってレーニンは彼女の虚偽を糾弾し、裁判所が介入し、そして第一次大戦が始まるまで、メンシェヴィキとボリシェヴィキは互いに罵り合い、シュミットの遺産の所有をめぐって争い続ける。

しかし財政面では勝利者がレーニンであったことに変わりはない。彼は以前受託者となりおおせた基金の莫大な取り分を保持していたのである。この点についてはメンシェヴィキは間違っていなかった。

一九一〇年にはすでに、ボリシェヴィキは資金に事欠かなかった。接収、遺産、および資産家からの寄付によって、ボリシェヴィキの金庫は大幅に満たされていた。彼らは、確かにこの件で、ドイツ社会民主主義者の評価を失っていた。ドイツの社会民主主義者はロシアの内紛とボリシェヴィキ、特にその指導者の粗暴さに激怒したのである。しかしボリシェヴィキはもはや金に困ることは決してない。トロツキーはのちに、このような財政操作を「党内接収」と呼ぶだろう。

ボリシェヴィキの歴史のこうしたいかがわしい領域では、これらの金銭がらみの「事件」の他に、一九〇九年から一九一〇年にかけて「マリノフスキー事件」[13]が起こった。マリノフスキーはレーニンが目をかけていた人物であったが、何よりも、ツァーリの政治警察〈オフラーナ〉の新顔の一人であった。当時、左翼陣営内には政治警察の手先がうじゃうじゃしていたのである。マリノフスキーは冶金工で、サンクトペテルブルクの組合の書記であった。短期拘留された後、モスクワに移った方がいいと考えて移転したが、再び逮捕され、その後釈放された。それと同時にボリシェヴィキ運動を逮捕の嵐が襲ったのである。彼と同時に投獄されていた者の一人であったブハーリンは、直ちに彼を二重スパイだとにらんで、〈オフラーナ〉の命令でボリシェヴィキ運動の中に送りこまれたのだと告発した。マリノフスキーは一九〇九年までメンシェヴィキの一員として活動し、ボリシェヴィキへの転向で注目を浴びたのだったが、メンシェヴィキもやはり彼を疑っていた。かくして一九〇九年から一九一〇年にかけて労働運動を蹂躙した逮捕の嵐の後、マリノフスキーはメンシェヴィキから逮捕を手引きしたと公式に告発されることになった。社会民主党内にこの件を調査する委員会が設けられた。ところがその委員会の議長を務めたハネツキは、レーニンに近い人物であり、レーニンは彼の仲介でマリノフスキーの保証人となり、メンシェヴィキは誠実な「活動家」を誹謗していると非難したのである。しかしそれでも疑惑は晴れなかった。メンシェヴィキはレーニンの行動に激怒し、彼らの反ボリシェヴィキ・ファイルに新たな非難を加えることとなった。すなわち、レーニン周辺の人間は、〈オフラーナ〉に操られているが故に買収された危険人物どもである、と主張したのである。

一九〇七年から一九一〇年までの間、レーニンは自分の党派を存続させるための財政的手段を巧みに手中に収めたが、彼のやり口、目的のために手段を選ばぬ態度、粗暴さは彼を孤立させていった。彼の側近の補佐役であるボグダーノフとクラーシン、それにゴーリキ、ルナチャルスキーまでもがやがて彼と縁を切ることになる。彼らに代わって二人の男が補佐役となるだろう。ジノーヴィエフとカーメネフの二人で、彼らは戦争勃発まではレーニンの許を去ることはない。もっとも短期間であるが一九一〇年一月に、カーメネフがメンシェヴィキの支持を再び得ようと願った時、メンシェヴィキに対していかなる態度を取るかで、彼ら二人はレーニンと対立することになるのではあったが。しかしこの反抗はほんの短期間のことにすぎない。二年後、カーメネフはレーニンの指導の下に『二つの党』という文書を発表するが、それは社会民主党内の決裂を決定的に確定することになる。

メンシェヴィキとボリシェヴィキの決裂

レーニンのメンシェヴィキおよびドイツ社会民主党に対するやり方は、当時多くの反感を買った。一九〇八年末、党の会議が開かれ、レーニンの影響の下に、彼が「左翼の清算派」と呼んだ者たちに敵対する立場を採用することになる。翌年、彼はボリシェヴィキの集会で、「接収」（これに対してレーニンはそれまで目をつむっていたばかりでなく、まさにこの操作の上に自派の繁栄と行動能力を築き上げたのだ）に対する非難を決議させ、また〈ボイエヴィキー〉〔武装活動家たち〕（彼がその時まで、良心の仮借なしに用いていたもう一つの闘争手段）の最後のグループを解散することを要求した。こうした左派への突然の攻撃によって、昨日までの忠実な友は彼の許を逃げ出してしまい、彼はほとんど一人取り残された。しかしこのように行動したのは正しかったとの確信を変えることはなかった。

一九一〇年一月、中央委員会がパリで開かれる。中央委員会は党の分裂をこれまで本当に承認したことはなかったため、今回もさまざまな派閥を和解させる試みがなされたが、大して成果は上がらなかった。その時、一九〇七年の多数派を根拠に、レーニンは全員が彼に従うよう要求した。しかしメンシェヴィキとブントはレーニンのロシアにおける失敗と良心の仮借なき彼の態度を根拠に、彼に党の指導を委ねることを拒否した。統一は実現不可能な夢であった。

数カ月後の八月にコペンハーゲンで開かれた社会主義インターナショナルの会議において、レーニンはあらゆる方面からのもっとも激しい非難の対象となったが、その原因は彼の不寛容であった。彼は党の分裂の張本人で、党の墓掘人となりかねないとロシア社会民主党員は考えていたのである。

一九一一年、彼は内部抗争、近しい者の離反、孤立に疲れ果てた。レーニンを見捨てた者の多くは、ウィーンでトロツキーとヨッフェが刊行している『プラウダ』に引かれるか、[14] あるいはまたボグダーノフと『ヴ・ペリョート』の周りに集まったグループとに合流した。レーニンは例によって神経系が参ってしまい、休息が必要となった。そこで彼はパリ郊外のロンジュモーにあるジノーヴィエフの家庭に身を寄せることになる。この困難な歳月の間に、ボリシェヴィキはこの地に幹部学校を設立し、ジノーヴィエフが指導していた。そこでは解体の一途をたどる運動の再建のためにロシアに派遣するため、活動家が養成された。やはりレーニンから遠ざかったゴーリキーも、同じ目的でカプリに学校を作ったが、ロンジュモーは、このゴーリキーの学校のライバル校ということになる。その地でレーニンは、休養を取る一方で、熱烈なボリシェヴィキのプロパガンダに専心したわけである。

しかしその頃になると、社会民主党がロシア国内の労働者の目覚めに無関心であり続けることはできず、したがって己の傷口を引っかき続けることはできないことが明白になって来た。デモがまず大学内で再び始まる。次いで、労働者のストがあとに続く。一九一〇年にはロシア国内でストライキに加わった者は五万人を数えるのみであったが、早くも一九一一年にはその数は二倍になる。メーデーには四〇万人の労働者が参加している。一九一二年四月、シベリアのレナ川沿岸の金鉱でストが始まり、非常に拡大したため、権力が介入してストの代表者を逮捕し、その釈放を要求して工夫が押し寄せると、軍を派遣して鎮圧に当らせた。警告抜きの発砲がなされ、死者約一五〇人、負傷者数百人という多数の犠牲者を出す。まさに大量虐殺が行なわれたのであり、それによってロシア全国が震撼し、国中に雪崩をうってストとデモが起こるのである。

やがて労働者の騒擾の再生はすべての工業都市に及ぶが、そうなる以前の一九一二年一月に社会民主党はプラハで会議を開いた。レーニンは再び多数を獲得することを期待して、周到に会議の準備をした。ロンジュモー校出身の幹部の多くは、ロシアに帰還してレーニンの支持者を糾合し、もっとも熱烈なレーニンの信奉者をプラハに派遣するよう仕向けるために、扇動を行なうべしとの使命を与えられた。こうした準備が効を奏したことは明らかとなる。何故なら、会議参加者の大部分はロシア国内の地下組織を代表する者であり、ボリシェヴィキであれメンシェヴィキであれ、国外亡命者は極めてわずかの代表しか送ることができなかったからである。この会議はやがて党が和解できない二つの党派に分裂することを確認することになる。

レーニンはプラハにおいて己の権威を押し付けることに成功する。会議の終わりに選出された中央委員会には、彼の側に立つ者としてジノーヴィエフ、オルジョニキゼ、スヴェルドローフ、およびマリノフスキー（彼は相変わらずメンシェヴィキからは疑いの目で見られていた）が就任する。そこでレーニンはマリノフスキーに、党大会で創刊が決定された機関紙『プラウダ』における決定的な役割を委ねる。編集長に任命したのである。第一号は一九一二年四月に発行されるが、その後発行禁止が相次ぎ、タイトルを変えざるを得なくなる。しかしいくつかの語の組み合わせが試みられたが、そのいずれの中にも「プラウダ」という言葉は保持されることになるだろう。さらにレーニンは、プレハーノフの持つ精神的権威を承知しており、彼をこの機関紙発行の仲間に加えようと数ヵ月の間試みるが、この老師の拒絶にあって諦めることになる。

この間、肩書きを奪われたトロツキーは反撃する。一九一二年八月、彼はウィーンにおいて会議を開き、彼なりに党の統一の再建を図ろうとする。しかしこれは失敗に終わった。ボリシェヴィキもメンシェヴィキも一切の対話を拒絶したのである。この会議の成果として〈八月ブロック〉なるものが設立されたが、これは異質な傾向の野合にすぎず、組織委員会が設けられたが、その活動は貧弱なものに留まるだろう。

これと時を同じくして、レーニンとトロツキーとの間で熾烈な論争が繰り広げられた。そもそも〈八月ブロック〉は、レーニンに対抗して結成されたものである。レーニンはトロツキーが両派の間を揺れ動いており、政治的に一貫性がないと非難し、一方トロツキーも負けてはおらず、レーニンがロシアの後進性とその労働者階級の後進性を元手に商売をしていると強調した。

議会もまたボリシェヴィキとメンシェヴィキの対立のもう一つ別の特権的舞台であった。一九一二年に、第三次ドゥーマは任期を満了して終了する。第四次ドゥーマの選挙が行なわれることになり、それに対する選挙戦略を決定しなければならなくなった。確かに一九〇七年に採択された選挙法は相変わらず有効であり、社会主義者たちには不利なものであった。ところがレーニンは今回は投票に対して熱意を示し、一九〇七年の時と同じように選挙への参加を説いた。[15] 一九一二年の国会選挙に対して彼は極めて大きな注意を向けており、十一月に彼がその一員である国際社会主義事務局の集会に参加するよう招請されたのに対して、ドゥーマ選挙のために参加できないと宣言したほどである。[16] 同じ頃、社会主義インターナショナルの連絡機関が分担金納入を督促したのに対して、彼はドゥーマ選挙に党のすべての資金を動員しなければならないと答えている。[17] 投票の翌日、彼は棄権率の高さと不正行為の横行に不満を述べるものの、一三人の社会民主党員――うち六人がボリシェヴィキ――が選出されたことを熱狂的に歓迎する。第四次ドゥーマに当選した議員のうち、やがて議会で大きな役割を演じることになる人物がいた。社会革命党がその当選を大いに誇ったその人物は、レーニンにとってもすでに古くからの間接的知り合いであった。シンビルスク時代の彼の保護者の息子、アレクサンドル・ケレンスキーにほかならない。

新議会の開会当初、ボリシェヴィキとメンシェヴィキは、党の統一という外見を何とか保っていた。しかしすでにプラハの会議で統一は破綻しており、この外見上の統一は長続きせず、一九一三年の夏には終止符が打たれてしまう。そこで抗争はドゥーマにまで波及し、社会民主党は議会内の団体としての存続を止める。その時以降、ボリシェヴィキ派の団長にはマリノフスキーが就任し、ここでもまたレーニンとの仲介役を果すのである。

この院内議員団の分裂は、二つの帰結をもたらすことになる。まず、ドゥーマが今やボリシェヴィキとメンシェヴィキの対決の舞台となったということ。マリノフスキーは議会でメンシェヴィキ議員を罵倒し続け、さらに『プラウダ』がそれを引き継いで罵倒し続けた。一方、マリノフスキーに対しては、ボリシェヴィキの敵だけでなく、当のボリシェヴィキも、ますます不信の念を強めていくようになっていたが、マリノフスキーのこうしたきわめて疑わしい人格が、社会民主党員全員の信用を確実に傷つけていった。

一九一二年から一九一三年に、マリノフスキーはボリシェヴィキ党内で大きなスキャンダルを引き起こす。長年にわたる彼への重苦しい疑惑は、ブハーリンがかつてレーニンに訴えて聞き入れられなかったものだが、ここに来て一連の逮捕が起こったことをきっかけにして再び強まった。それらの逮捕は彼の密告によるものとしか考えられなかったのである。まず一九一二年末、ドゥーマのボリシェヴィキ議員団の秘書で、アレクサンドル・トロヤノフスキーの妻が、レーニンのメッセージを運んでいる時に逮捕された。

その次はスヴェルドローフやられることになるが、彼は子供の頃からボリシェヴィキの活動家で、一九一二年に二十七歳で中央委員会の委員に選ばれている。彼の逮捕は、彼がシベリアを脱出してサンクトペテルブルクに身を隠していた時、マリノフスキーと会った直後に起こったのである。スターリン自身も似たような状況で逮捕されている。ここに挙げたすべてのケースで、マリノフスキーは秘密の隠れ場所の近くにいたか、あるいは警察が逮捕するに至った者の動向に関する情報を得ていた。あらゆる方面から――再びブハーリンから、そしてトロヤノフスキー、さらにマルトフと義弟のフョードル・ダンからも――レーニンに警告が発せられ、〈オフラーナ〉〔政治警察〕の手先であると公然と告発されている人間に対する信頼は撤回して欲しいとの懇願が、レーニンに突きつけられた。[18]しかし無駄骨で、当時クラクフに滞在していたレーニンはこの話に耳を傾けるどころか、彼を家に出入りを許されたお気に入りの一人として扱い、また彼を告発している人々を法廷に引き出すと脅かした。レーニンは、『プラウダ』が掲載した、「調査の結果、われわれはマリノフスキーの潔白を全面的に確信した」との反撃コミュニケに署名し、党内の審問機関がその件に介入することを拒絶した。

マリノフスキー事件はそれ故、ロシア社会民主党内部の雰囲気をさらに悪化させる結果となった。レーニンに近い者の中には、レーニンの盲目振りに我慢できない者が何人かいた。例えばトロヤノフスキーは、激怒してレーニンと袂を分かった。二人はその後、一九二〇年末まで再会することはない。マリノフスキーはと言えば、彼はドゥーマ内でのまぎれもないレーニンの代弁者で、一九一四年には議員たちを集団辞任に引きずり込もうと試みる。この試みが失敗に終わったことと、しかしとりわけ個人的立場がますます微妙になっていた――というのもドゥーマ議長のロジャンコがマリノフスキーの警察活動について情報を得ていたのである――ことで、彼は突然意外な行動に出ることを思いつく。派手なやり方でロジャンコに辞表を提出し、政治活動から身を引くと宣言したのである。彼はその後間もなくロシアから姿を消し、戦争まで姿を現わすことはない。戦争の間、捕虜となった彼は、再び保護者レーニンの助けを仰ぐことになる。いずれにせよこの辞任は社会民主党議員の間に広がっていた混乱に拍車を掛けるのである。

新聞も例によって、この果てしのない抗争をさらに増幅して伝えた。レーニンは辣腕を振るって『プラウダ』を運営していた。マリノフスキーは『プラウダ』の資金調達の問題を担当していたが、主筆のチェルノマゾフもマリノフスキー同様、〈オフラーナ〉の手先だった。レーニンはこの二人の挑発分子の手助けで、同紙を不倶戴天の敵であるメンシェヴィキに対する怒り狂った攻撃の道具にしてしまった。メンシェヴィキの方も、ロシア国内で創刊した機関紙『ルーチ（光明）』紙上で同じ激烈さで彼に応酬した。しかしメンシェヴィキの出版活動は競争相手のボリシェヴィキとは較べようもなかった。何故なら新聞を刊行しその配布を確保するために必要な物質的手段はレーニンの掌中にあったからである。このように金銭問題は社会民主主義の両派の関係に重くのしかかり続けた。メンシェヴィキは良心の仮借なき政敵によって物質的手段を奪われていることを絶えず嘆き続けるのであった。

クラクフ、よりロシアに近く

一九一二年夏、レーニンとその家族はフランスの首都を離れ、クラクフ〔オーストリア領〕に居を構えた。パリが亡命者にとって重苦しかった訳ではなく、ロシアで新たに社会的騒擾が勢いを増し、労働者の運動が再生しつつあるように見えるとなると、ロシアに近い所に住んだ方がよかろうと思ったからである。クラクフはまた『プラウダ』の運営と監督に適した場所でもあった。

とはいえクラクフに居を構えることは、それほど簡単な話ではなかった。オーストリア当局にとってレーニンはとくに望ましい客ではなかった。しかしこの困難な時期に、彼のもとにヤコブ・ハネツキという一人の忠実な配下が馳せ参じ、効果的に仲介の労を取ったのである。このハネツキは不思議な人物で、フュルシュテンベルクとも言い、ポーランド革命運動の一員であったが、一九〇三年よりロシア労働者社会民主党大会の代表となり、第五回大会において中央委員会のメンバーに選ばれている。彼は次第にレーニンのすべての資金関係の事件に関わるようになっていたが、その彼がレーニンのためにクラクフに居を定める許可を取る交渉に成功したのである。クラクフへは他の二人の忠実な友、ジノーヴィエフとカーメネフがやがてやって来て、レーニンに合流することになる。

こうしてクラクフで過ごした二年間は、レーニンにとって平穏で、比較的幸福な歳月であった。彼は論文を書き、長時間の散歩をし、ロシアから来た多数の密使を応接した。

一九一三年に一人のボリシェヴィキがやって来て、しばらくレーニンに合流する。「接収」がボリシェヴィキの金庫を満たすのに貢献するようになって以来、レーニンはその男の功績を認めていた。その男とはスターリンである。彼はスターリンと名乗る以前は「コバ」と呼ばれていたが、この人物に対するレーニンの好意は、早くも一九一二年には誰の目にも明らかとなっていた。プラハ会議において、レーニンは「彼の」中央委員会を選ばせたが、その際しつこく頼みこんでスターリンを委員の一人に選出させ、「ロシア事務局」の一員に任命させた。スターリンを候補とする試みは、「接収」の中で彼が果した役割を記憶している参加者たちからは冷やかに迎えられたのだが。レーニンは、カフカス人一般を引きたてたのであって、スターリンだけを特に引き立てたわけではないが、それはカフカス地域がボリシェヴィキのまぎれもない牙城をなしていたからである。オルジョニキゼもスターリンと同時に昇進している。さらに言うなら、スターリンは同じ年の『プラウダ』創刊に際しても一役買い、モロトフと共に編集局書記に任命されている。しかしスターリンとモロトフの貢献が注目に値するのは、その頃彼らが二人とも同紙上でレーニンに反対して和解路線を擁護したからにほかならない。そのため彼らは「役立たず」扱いされ、スヴェルドローフに代えられてしまった。スヴェルドローフは再び機関紙にレーニンによって定められた路線を押し付ける任務を果したのである。とはいえスターリンはレーニンの好意を失うことはなかった。レーニンはスターリンが一九一三年にクラクフに来着すると、彼を熱烈に歓迎し、彼が強く望んだ任務を彼に与える。それは、ボリシェヴィキが統制している雑誌『プロスヴェシェーニエ（教育）』のために民族問題に関する論文を書くことであった。

民族問題に関するレーニンの思想を詳説するのは、まだ早すぎよう。ここで記憶に留めておく必要があるのは、レーニンが一九一三年にスターリンに助けを求めていることである。彼はこの領分における自分自身の考え方を明確に整理しておく必要があった。それはこれに関する理論を導き出すためではいささかもなく、全くの政治戦略上の理由からであった。というのも一九一二年から一九一三年には、民族問題がロシア社会民主党を揺り動かしていたからである。そして一九一二年八月に開催されたウィーン会議――レーニンはこれを「清算主義者たち*」の会議(19)と呼んでいる――では、各民族の社会民主主義組織の指導者たち（ブント、ラトヴィアおよびカフカスの社会民主党、さらにポーランドとリトアニアの社会党の代表者たち）は、民族ごとの綱領が採択されることを要求したが、これらの要求は危険なものと、レーニンは判断した。それは労働運動の統一性を弱体化させ、場合によっては党を四分五裂にしてしまうことになる恐れがあると考えたのである。以前にブントが[20]社会民主党を同様の危険にさらしたことがあった。その上、党の規律は、一九〇三年に作成された原則への全面的賛同を要求しているが、これらの独自主義的要求は、こうした党の規律を揺るがせるものであった。レーニンはこの点に不安を抱いた。何故なら、カフカスも含めてまさしく社会主義運動の牙城と言うべき地域が、こうした考えの影響を受けており、オットー・バウアーとその弟子たちという、要するにヨーロッパ社会民主主義の内部で非常に尊敬されている人物たちの理論を援用していたからである。民族的な社会主義観に興味を引かれる者すべてと闘うために、レーニンはボリシェヴィキであって、なおかつ民族問題に関係のある者を利用する必要があると感じた。まず彼はアルメニア人シャウミアンにこの作業を委ねようと考えた。シャウミアンはすでにこの問題を考察し、論拠と資料を蓄積していたからである。しかしシャウミアンはカフカスにいた。その時まさに天佑によるかのように、グルジア人スターリンが不意にクラクフにやって来たのである。レーニンは躊躇なく彼にこの任務を委ね、ゴーリキーに次のような手紙を書く。「私たちのもとに一人の驚異的なグルジア人がいます。彼は今、民族問題のプロレタリア的解決を『解明する』長い論文を執筆中です[21]」。

＊「清算主義者」とは、レーニンが考え出したメンシェヴィキに対する侮辱の言葉で、彼はメンシェヴィキが労働者階級の要求に追随して、革命を「清算する」と非難している。

スターリンが命じられた論文の目的は明瞭である。ロシア社会民主党内に秩序を取り戻すための、かつメンシェヴィキおよびその支持者たちに対する抗争に理論的説明を与えることによって、彼らとの決別の過程の進行を速めるための、論戦的文書を作ることである。ブント派、カフカスのメンシェヴィキ、さらには帝国各地のすべてのメンシェヴィキを排除することは、はっきりした理由がなければ困難だったろう。というのも、そんなことをしたらインターナショナルが不快感を表明しただろうからである。そこで自分のやり方に忠実なレーニンは、敵が間違っていることを証明しようと企てた。しかしいずれにせよ、彼が理論的文書を書くことを「驚異的なグルジア人」に任せ切ったと考えることはできない。深い考察、理論、こうしたものはレーニンはいつも自分で担当した。協力者たちには具体的論戦で剣を交える方を任せていたのである。

それにドイツ語については初歩的知識しかないか、もしかしたら全く知識を持たないスターリンを援助するために、レーニンはブハーリンとトロヤノフスキー――レーニンはまだ彼と仲違いしていなかった――を助手としてつけ、この件に関する資料収集と翻訳の手伝いをさせた。この作業の結果は、周知の通り『マルクス主義と民族問題』と題するスターリンの冊子である。スターリンは常にこれを自分の理論家としての才能の証拠と主張することになる。「驚異的なグルジア人」という文句も同様で、スターリンは、いかにレーニンと深い絆で結ばれていたかを示すために、それで身を飾り続ける。しかしそれは別の話である。……さしあたり肝心なことは、メンシェヴィキとの抗争が原因となって、社会主義インターナショナルとの間がこじれていた時期に、レーニンが協力者スターリンのこの仕事を重視していたということである。

ロシア人の内紛とインターナショナル

一八八九年にパリで創設されたインターナショナルは、しばらくは全く柔軟な組織形態の時代が続いたが、二十世紀初頭にはより制度化された形で組織された。例えば社会主義インターナショナル事務局（B

SI）が、一九〇〇年に常設機関としてブリュッセルに設置された。一九〇四年のアムステルダム社会主義大会の際には、インターナショナルはその課題の中に、各国における社会主義の統一に留意するという一項を加えた。ロシア社会民主党の分裂は、その頃からインターナショナルの指導者たちと事務局にとって不断の懸念となっていた。状況がどちらの側の係争当事者にとってもさらに困難なものとなっていたのは、プレハーノフが最初から社会主義インターナショナル事務局内で、ロシア人を代表する二人のうちの一人であり、もっとも知られた人物であったからである。[22]それに加えて、カウツキー、ベーベルといった社会民主主義の重要人物は、ボリシェヴィキよりもメンシェヴィキの方を好む傾向があった。さらにメンシェヴィキが合法と認めることを拒絶するロシア労働者社会民主党の第三回大会の後に、レーニンはプレハーノフがロシアの社会民主主義を代表し続ける権利に疑義を挟み、インターナショナルに対して、プレハーノフに代えてボリシェヴィキを事務局に任命するよう要求した。それが誰かは、第三回大会によって選出される中央委員会が指名する人間、言い換えればレーニンが選んだ人間ということになる。結局、一九〇五年に社会主義インターナショナル事務局のボリシェヴィキ派の代表には、レーニンがなった。しかしロシア第一革命の間中、彼はこの事務局に出席することを避け続けた。

ところが逆に、一九〇七年から一九一二年までの間においては、インターナショナルはレーニンの活動の中で大きな位置を占め、しばしば落胆の歳月でもあったこの亡命の歳月という彼にとっての雌伏の期間の辛さを和らげることに貢献する。さらにインターナショナルとの関係は、一九〇九年から一九一〇年に統一促進の動きが盛んになるにつれて、いくらか改善されて行く。しかしこの動きの中でヨーロッパの社会民主主義者たちは、分裂は根本的対立にではなく、「亡命者間の従来よりの抗争」に起因するとの確信を強めて行く。一九一〇年にこの考えは二つの出来事によって裏付けられたようにみえるだろう。レーニンはインターナショナル事務局に対して、一九〇五年にそのポストを追われたプレハーノフを自分の補佐役として加えるよう提案するのである。プレハーノフの方も、「清算主義者」たちに対抗してボリシェヴィキと協力することを受け入れることになり、そして「われわれは同じ党に所属している」と書くことになる。[23]

一九〇七年、シュツットガルト大会で、[24]レーニンは初めてインターナショナルの大会に出席する。そして大会を取り仕切る事務局の一員にすらなる。『プープル〔人民〕』誌は彼の様子を次のように記述している。「ローザ・ルクセンブルグの左には、終了したロシア国会内の社会主義の指導者、レーニンが座っていた。ブロンドの小さな口ひげ、若禿により広がった大きな額、鋭い眼光、エネルギッシュで鋭い顔つき、本当に印象深い人物である」。[25]この国際会議への初めての参加によって、彼は大いに上機嫌となった。改良主義と戦うための演壇をそこに見出したと確信し、そこで多くの点についてローザ・ルクセンブルグと一致結束したのである。こうしたことが彼にインターナショナルとの協力を追求する励みとなって、彼は四年にわたりすべての会議に出席する。ある意味では、彼がロシア社会民主党内にかかえる困難が、国際社会主義の指導部に参与しているという気持ちによって軽減されたと言えるだろう。しかし一九一二年に、この良き楽観主義は終わりを告げ、ロシア社会民主党内部の軋轢を解消するのに貢献していると信じていたインターナショナルと、インターナショナルに受け入れられ、理解されたと信じていたレーニンの双方ともが、幻想を捨てなければならなくなる。

もちろんロシアの社会民主党だけが分裂の様相を呈していたわけではない。しかしそれはおそらくインターナショナルにとって、もっとも憂慮すべきケースだった。一九一二年一月、プラハ会議の後、メンシェヴィキとボリシェヴィキは永久に袂を分かつ。この状況をインターナショナルは、言語道断で受け入れがたいことと判断した。そこで調停の申し入れが幾度もなされたが、敵対する両陣営はともに強硬にそれを拒否するのであった。メンシェヴィキからすれば、この拒絶の根拠は、こちらは正当な権利を有するのに、いかなる論理によっても打ち破ることのできない暴力に直面しているのだという感情であった。それでもプレハーノフは、同僚よりもはるかに含みのある態度を示し、受け入れられないのは分裂なのであるから、いかなる調停も受け入れ可能であると宣言する。しかし聞く耳を持つ者は誰もいない。レーニンが調停の申し出に耳を貸さなかったのは、確かに彼の非妥協的気質のせいでもあるが、またインターナショナルからすれば自分の方が、丸くおさめるのを妨げる「悪玉」となっていることを自覚していたためでもある。ところがこの点については彼は間違っていなかった。

インターナショナルは、ロシア人の抗争はなによりも人物間の関係に起因するもので、亡命というのはこうした喧嘩口論が広がって泥沼化するのにきわめて適した状況なのだ、と常に考えてきたし、現に考え続けていた。メンシェヴィキとボリシェヴィキの間には、ロシア革命の性格に関する根本的な厖大な論争があるということ、このことをインターナショナルの陣営内では誰一人として本当に信じてはいなかった。こうした判断の誤りが一役買って、ロシア人とヨーロッパの社会主義者たちとの交流に、聞く耳を持たない者同士の対話という性格を与えることになり、これがロシア革命と第二インターナショナル終焉まで続くのである。こうした状況の中で、レーニンはもっとも荒々しく自分の意見を表明したのであり、彼の上にメンシェヴィキの不満がすべて集中し、彼は何をしでかすか分からない男とみなされた。ここでレーニンが推進者にして受益者である接収および遺産の横領といった「事件」を思い出さない訳にはいかない。

インターナショナルの指導者たちは、これらの事件に慄然としたが、同様にレーニンが調停の試みを受け入れなくなった時から彼が見せた粗野な態度――例えばクララ・ツェトキンに対して――にも慄然とした。彼らはこの粗野な言動と、彼らヨーロッパ人の慣習により適ったプレハーノフあるいはマルトフの節度ある礼儀正しい物腰とを対比して受けとめたのである。

ローザ・ルクセンブルグもレーニンの評判を改善するのにあまり貢献していない。彼女はインターナショナル内部では、優れたロシアの専門家とみなされていた。ロシア語を話し、ポーランドの労働運動の出身であり、「ロシア問題」の最高の基準であった。とはいえローザ・ルクセンブルグは、多くの問題についてレーニンと見解を同じくしていた。しかしカウツキーと同様、彼女は今はロシアにおける革命について論争をする時ではないとの確信を持っていた。ロシアにおける社会民主党の統一を突き崩すレーニンの策謀だけが問題だというのである。一九一二年、両者間の溝は急速に乗り越えがたいものになっていくが、それはこの二人がおまけに、ポーランドの社会民主主義組織の内部で生じた分裂という個別的問題に関して対立することになるからである。ポーランドおよびリトアニアの社会民主党の執行委員会はトゥイシカ（レオ・ヨギヘス）とローザ・ルクセンブルグによって指導されていたが、これに反対してレーニンに近い者が立ち上がり、ボリシェヴィキの支持を訴えた。その首謀者はヤコブ・ハネツキとカール・ラデックであった。ラデックは著しく知的で輝かしいと同時に、著しく乱を好み移り気だった。彼はその日和見主義、良心の仮借なき態度、彼にまつわるいくつものスキャンダルの故に、ドイツ社会民主党から嫌われていた。一九〇八年には、彼は窃盗で告発されたことさえあった。一九一二年に彼の主張に対してレーニンが支持を与えたことは、ボリシェヴィキの指導者に対してローザ・ルクセンブルグが好感を抱く材料となるはずはなかった。

プラハ会議、ポーランドの党の内紛、インターナショナルにローザ・ルクセンブルグが圧力をかけたこと、こうしたことが相まって、一九一三年にインターナショナル事務局はロシア問題を議事日程に加えることを決定する。レーニンはインターナショナル内でますます評判が悪くなっていくのを悟って、その年にはインターナショナルから距離を置くことにした。もはや社会主義インターナショナル事務局の会合に出席しなくなり、残りの任期を当時パリに住んでいたカーメネフに委ねたのである。クラクフがブリュッセルから遠すぎるというのが表向きの理由だったが、実際のところは、インターナショナル内での立場が難しくなっているのを感じたからだろう。同様に一九一三年十二月にロンドンで開かれた会議にも出席しなかったが、それについては代理出席をカーメネフにではなく、リトヴィーノフに依頼している。リトヴィーノフはカーメネフに代わって会議に出席し、カウツキーに支持されたローザ・ルクセンブルグに反駁した。しかし会議は、ローザ・ルクセンブルグとその支持者たちの努力も、レーニンの懸念も共に正当とはしなかった。(26) 平穏に予備折衝が数度行なわれた後、この件は数ヵ月後にブリュッセルで招集される予定の特別会議で審議されることになったが、この会議には社会民主主義を名乗るロシアのあらゆる組織、分派、集団が糾合されるはずであった。社会主義インターナショナル事務局が策定した計画は明快であった。ブリュッセルですべての当事者が一堂に会することで、今後相互理解の道を前進することが可能になるか、この一堂に会する対面が失敗に終わるか、もし失敗に終わるならその時には最後の手段として、一九一四年八月にウィーンで開催予定の社会主義者インターナショナル大会で決着するしかない、というものであった。

この時から、レーニンはきわめて入念に来るべき会議の準備を行なう。ロシア社会民主党の統一に関する報告書を書き、代表団に持たせてやるつもりの資料を収集し、彼の主張に好意的な組織が最大限に代表権を獲得しようと画策するのであった。こうして細心の注意を払って、三人のメンバー――その中でもっとも卓越し、もっともレーニンに近いのがイネッサ・アルマンドであった――からなる代表団を選出し、彼らの各種の発言の原稿をすべて自分で書いたのである。こうして準備万端この上なく整ったと見えたが、このレーニンの計画には一つだけ弱点があった。彼自身が出席しないことである。彼はブリュッセルに出向かず、報告書をイネッサ・アルマンドに代読させたわけだが、それはやはり失敗であった。レーニンの欠席は悪い印象を与え、非難されるのを恐れて逃げ出したと判断された。一方、彼が送りこんだ代表たちは論争にまごつき、時として機転を欠いた。熾烈を極めた論争が終わった時、ボリシェヴィキに敵対するカウツキーの決議が勝利を収める。レーニンとしてはそれほど期待が裏切られたわけではなかった。勝利の可能性についてあまり幻想を抱いていなかったからである。しかし統一が実現され得なかったのであるから、ウィーン大会は改めてこの問題を審議するはずであった。そしてレーニンはこの大会に自ら赴く決心をした。メンシェヴィキ、修正主義者、そして必要とあらばインターナショナル全体と戦おうというのである。

この計画は、予定されていた大会と共に無に帰す。この大会の開催が予定されていた年に、戦争が勃発し、ヨーロッパは大いなる災厄に巻き込まれ、インターナショナルの破綻は確定するのである。インターナショナルは、同胞相撃つロシア人を和解させることもできず、戦争を押し止めることもできなかった。一九一二年以来、レーニンはインターナショナルの価値を信じなくなっていたが、インターナショナルの崩壊は彼の見解の正しさの確証にほかならなかったのである。

雌伏の時……しかし身近の者たちがその辛さを和らげる

一九〇七年から一九一四年までは、レーニンにとって確かに政治的には辛い歳月であった。革命の希望は消え去り、四方から非難を浴びた孤立無援の時期であった。革命の再生のわずかな兆しさえ想像することもできず、ましてやボリシェヴィキが支配的勢力として影響力を揮うことができることなど想像することも困難なこの雌伏の時に、彼の助けとなったのは身の周りにいる者たちである。彼の支持者たちの陣営内では、この時期は、厳しい決裂がいくつも起こったが、また新たな信奉者が馳せ参じた時期でもある。

かつては近しく、また彼自身が評価していた者が、何人も突然彼から遠ざかっていった。最初のケースはボグダーノフの場合で、彼は一九〇七年に、第三次ドゥーマの選挙に際して採用すべき態度の問題をめぐって袂を分かち、短期間であるがボリシェヴィキ派の指揮権をレーニンから奪う、ということがあった。しかし権力闘争以上に、両者を対立させたのは哲学的問題であった。それでも常にレーニンは二人の対立を小さく見せようと試みていたのだが、一九〇九年にカプリ〔イタリア〕に創られた党学校にボグダーノフは、トロツキーやルナチャルスキーといったレーニンの政敵を招聘する。レーニンはカプリの学校とそこで広められる思想に対抗してロンジュモー〔パリ近郊〕の学校を創設するが、これだけではレーニンの心痛が十分に静められることはなかった。

クラーシンも長い間レーニンに極めて忠実であったが、一九一〇年に決定的に彼の許を去る。トロツキーも、一時期レーニンの保護を受けたが、やはり彼の許を去る先例だった。

次々と彼の許を去る者があれば、新たに忠実な友も現れてくる。ジノーヴィエフ、カーメネフ、ハネツキの三人は、革命に先立つ数年の間に身近な友となり、レーニンがロシアに帰還するまで彼のもとを離れることはない。

とはいえレーニンが常に掛け値のない励ましと慰めを見出すのは、家族という巣穴の中である。女性からなる巣穴、もちろん母親と姉妹というレーニンの生涯の出発点からの女性たちがいる。彼女たちはレーニンが、シベリアや外国という遠隔の地に移った際、彼の許にやって来ては、かなり長い期間彼と共に滞在した。しかしそれだけでなく、一八九七年以降は二人の女性が加わり、レーニンの死によって別れを余儀なくされるまで、彼の許を去ることはないであろう。

シベリアで結婚したナジェージダ・クループスカヤは、彼の妻であると同時に、彼の官房長にして広報局にして秘書であった。健康が不安定であるにもかかわらず献身的で疲れを知らない彼女には、夫の方も不断に注意を払い続けた。彼が彼女のために最良の医者を呼ぼうと気を遣った事例は、数知れない。彼が狭心症に罹ったナジェージダの体温の急変について、イネッサ・アルマンドに語ったことも数知れない。彼が互いに同志という驚くべき夫婦、愛情と敬意もさることながら、革命の計画によって結ばれた切り離すことのできない夫婦である。死のみが四半世紀にわたるこの二人の同伴関係に終止符を打つことになる。二人の長い共同生活の間に、夫婦は大した困難に直面していない。革命活動にもかかわらず、二人が実際に身の危険を感じることは稀であった。彼らの追放生活はどちらかといえば平穏であった。彼らは国外で何度か住居を変えたが、外国にいるため彼らはほとんど常に帝国警察の手の届かない所にいた。ごく稀な期間を除き、この夫婦は警察に追われているという気がすることはなかったのである。彼らの同志の多くは、そのような気持につきまとわれていたのだったが。

生活の物質面も、長年にわたってレーニンの母親の資金援助によって、またその後は党が彼らに与えた便宜のおかげで、まったく同じように恵まれていた。常にまずまずの所に住み、召使を雇うことができたために、多くの革命家たちが嘆いた生活の不如意は、この夫婦の宿命となることはない。夫婦が直面しなければならなかった試練は心の悩みであった。その一つはクループスカヤに子供ができないという悲しみである（二人とも非常に悩み、ポーランド滞在中に、ジノーヴィエフ夫婦の男の子を養子にくれないかと申し出たほどであるが、これは当然断られた）。もう一つは彼らの生活の中にイネッサ・アルマンドが闖入してきたことで夫婦が陥ったジレンマに由来する悲しみである。

この夫婦の傍らにあって、クループスカヤの母親、エリザヴェータ・ヴァシーリエヴナは、まさしく忠実な家庭の守り手であった。彼女は健康の衰えと年齢のせいで、フルタイムの女中を雇って代ってもらわざるを得なくなる時まで、家事全般を取り仕切った。彼女は一九一五年にこの世を去るまでレーニンの家庭に留まることになる。これもまことに長い同居生活である。彼女と娘婿との関係は一風変っており、敬意とさらには共感に彩られた穏かな慇懃さが守られていた。しかしエリザヴェータ・ヴァシーリエヴナとしてはレーニンに対して多少の不満があった。男たるもの全然仕事をしない（！）のは正常な生活ではないと考えていたのだ。彼女は何度も繰り返してそう述べることになる。

次いで一九一〇年以降、レーニンの生活の中には一人の女性の姿が見えるようになる。ボリシェヴィキ流の謹厳志向から、この女性の存在を通常の同志関係に閉じこめてしまおうとの努力がなされたが、実は彼女は彼の生活の中で心に関わる部分を蓋い尽くしたのである。ここでレーニンの生涯の中でイネッサ・

アルマンドが占める地位について少し触れてみようと思うが、それは別に悪質な好奇心に屈することにも噂話の誘惑に負けることにもならない。彼女の占める地位が認められれば、レーニンの人物像が、入念に仕上げた伝説が常に蓋い隠そうとしてきた光によって照らし出されることになるのだ。それは彼の政治的変転に関わるものであるだけに、隠蔽するのは困難なのである。

イネッサ・ステファン゠ワイルド――のちに婚姻によりアルマンドとなる――は、フランス人を父とし英国人ハーフを母親として一八七四年にパリで生まれた。父親の死後、ロンドンで育てられたイネッサは、十五歳のときに祖母と叔母が待つロシアへと向った。この二人はロシアに定着していたが、十九世紀末のロシアでは、フランス人女性は上流家庭で教育係や住み込みの家庭教師として引く手あまただったので、長期滞在のフランス人は数多くいたのである。機会さえあれば故国フランスでは望むべくもない金持ちとの結婚も実現した。美人で、英語とロシア語を完璧に話すイネッサは、その上、優れた音楽家であった。当時のある種の通俗恋愛小説に出て来る話のように、彼女は裕福な家庭の家庭教師となり、十八歳の時にロシアの豪商の息子と結婚した。夫は美男で、金持ちで好青年、五人の子供をもうけた。イネッサの生涯は、そのまま順調に進むと思われた。ところが革命の誘惑が彼女にこの快適な道を踏み外させることになる。彼女は社会民主主義のグループ内で活動し、夫と別れて若い義弟と結ばれ――自由恋愛幻想への人身御供――、逮捕され、流刑に処されるが、常に夫の保護を受けていた。夫は捨てられながらも寛大で、子供たちの面倒を見ていたのである。彼女は、マルクス主義者の務めを果すべく、経済学の講義を受けたが、やがて一九一〇年にパリに来着し、この地でレーニンと出会うことになる。彼女の目から見ると、レーニンは革命指導者の威光に包まれていた。

手紙の断片から明らかとなる二人の関係は、レーニンに深刻な問題を課していた。ナジェージダ・クループスカヤの問題である。確かな歴史家たちの行なった研究によれば、[27]クループスカヤは早い時期にこの状況を悟り――彼女はレーニンと離れることが決してなかったのだから、彼の気持ちのいささかの変化にも気付くのだった――、苦しみ、反発し、それから毅然として地位を明け渡すと申し出た。しかしレーニンにはそのつもりはなかった。イネッサ・アルマンドとの関係は内密な関係なのだ。イネッサはレーニンを彼女に返し、クループスカヤは敬われる妻であり続け、イネッサに友情を感じるようになった。夫と妻と愛人の三角関係ということだろうか。もちろん違う。レーニン夫妻とイネッサはよく会い、時には一緒に旅行していたが、この三人の行く所、瞠目すべき品位と相互の深い尊敬の念が明らかにうかがえた。彼女にとってクラクフは退屈な町であり、そこに住むのが嫌でならなかったが、おそらくは困難な感情的状況に困惑したためでもあろう、一九一三年に彼女はしばらくレーニンの許を離れ、パリに居を構えた。しかしイネッサと別れる決心をしたのはレーニンの方である。もっとも従来通りの親密な関係は続いた。一九一三年十二月、彼女はレーニンに「彼のそばに残ることさえできるならば、キスしてくれなくてもかまわない」と手紙を書いている。一九一四年五月の手紙でレーニンは彼女にこう懇願している。「私のことを怒らないでくれ給え。君の大きな苦しみの原因は、私のせいだということは良く分かっている[28]」。一ヵ月後、レーニンは彼女にこう頼んでいる。「こちらに来る時には、二人の手紙をすべて持って来てくれ給え」。二人の書簡は、保存されているものを見た限りでは、信頼に溢れると同時に悲痛で、レーニンが自分自身と彼女とにいかに犠牲を強いたかを露に示している。その理由はレーニンの性格を考えれば理解できる。彼は恋愛に関しては、多くのボリシェヴィキが抱いた自由な考え方を持つことは決してなかった。アレクサンドラ・コロンタイが自由恋愛を擁護し、さらにはより一般的にセックスの自由を擁護したのに対して、彼は厳しく批判した。謹厳実直な秩序の人であるレーニンは、仲睦まじい家庭で受けた教育、そして十九世紀末のロシア社会の倫理規範の命ずる行動様式に常に忠実であった。

故フォルコゴーノフ将軍は、ロシアの大統領府資料に接することができたが、レーニンにはそればかりか私生児が一人いると断言していた[29]。事実が証明されても――しかしこの点に関しては秘密はしっかり守られているようである――、それは単に彼が自分の品行方正の評判に傷をつけないようにどれほど注意したかを証明するにすぎない。同時にまた、近しい者を傷つけないことが彼にとってどれほど大切であったかということも。

戦争が始まると、イネッサ・アルマンドはなによりも、レーニンにとってクループスカヤと共にもっとも必要不可欠な協力者となった。彼は彼女にこう書いてさえいる。「私のもっとも全面的な友情、もっとも絶対的な敬意と信頼は、二、三の女性に向けられています[30]」と。彼女はさまざまな社会主義の大会において、レーニンの代理を務めて彼の名で発言し、あるいは彼に従って参加したが、一九一七年四月にレーニンと共にロシアに帰国する一団に加わることになる。彼女が他界した時、打ちのめされ悲嘆に暮れたレーニンの姿は、居合わせた者すべてに深い印象を与えた。それでも彼は彼女を終の棲家まで送る葬列に加わるのであった。心に距離を強いたにもかかわらず、あらゆることが証明しているように、彼女に対して抱く愛は無傷のまま残ったのである。

家族生活、そして彼の生涯の中で心の躍動が占める部分、こうしたものはもう一人のレーニンがいたこと、もっとも狭い身内だけの世界での暖かく思いやりのあるレーニンがいたことを証明している。政敵に対しては比類なく厳しく、また人類全般に対しては抽象的な共感を抱くだけ――「彼は革命によって変貌したあとの人間を愛していた」[31]とゴーリキーは述べていたではないか――のレーニンとは別のレーニンが。ほんのわずかの特権的な人間だけが共に過ごすことのできた、このもう一人のレーニンを、十九世紀末以来ロシアと世界の歴史の中に登場するレーニンに付け加えないとすれば、不公平になろう。しかしこの事実を確認すると、一つの問いが浮かび上がってくる。彼が絶大な権力を掌握した時、身内にかくも心を配るレーニンが、他者を愛する能力を、限られた情愛の輪に加わっていない人間に対して拡大した時はあったであろうか、という問いである。雌伏の時が終わり、風雲急を告げ、再び活動期に入ろうとしているレーニンは、いかなるレーニンであろうか。すべてを己の意志に従わせることしか考えない粗暴な男なのか、それともすべてが失われてしまったと思われた時に、彼が希望の火を燃やし続けるのを手助けした大切な人たちに対してそうであった、人間味に溢れたレーニンであろうか。

第Ⅲ部　是が非でも革命を（一九一四〜一七年）

第7章　革命のためにロシアの敗北を

一九〇五年に太平洋におけるロシアの失敗を目の当りにした時、レーニンはそこから革命が出現するなどと想像もしなかったが、一九一四年には、彼は長い時間をかけて過去から教訓を引き出し、自分自身の不明を責めていた。戦争が革命の好機であることに、もはや彼は疑いを抱くことはないだろう。しかし戦争が勃発すると期待することができるであろうか。特にロシアで勃発すると。数年前に戦争が、結局は流産した革命の口火となったロシアで。レーニンはこうしたチャンスが新たに提供され得るとは考えることができず、一九一三年にマクシム・ゴーリキーに次のように書いている。「ロシアとオーストリアの間に戦争が起これば、革命にとってきわめて好都合なのだが。しかしフランツ＝ヨーゼフとニッキ〔ニコライ〕がわれわれを喜ばせてくれる可能性は少ない(1)」。

そのうえインターナショナルは戦争の脅威を払いのけるために、あらゆる力を結集する構えだった。一九一一年にモロッコ紛争、ついで数次にわたるバルカン戦争によって、国際情勢が緊迫して以来、インターナショナルは集会や大会を次々に開催し、各国人民を互いに争わせる対決を妨げる手段について討論を続けて来た。階級の連帯性からすれば、各国人民が戦い合うのは不可能のはずだった。平和が、そして唯一平和のみが、ヨーロッパの社会主義者の大多数にとって踏み越えてはならない地平をなしていた。紛争が発生した時、そこから革命が流出して来ると考える者はきわめて少なかった。そんなことを考えるのはまずはロシア人だった。すでに一九〇七年に、戦争反対闘争の問題ですべての参加者が一致したシュツットガルト大会において、ローザ・ルクセンブルグ、レーニンおよびマルトフは、大方の不注意につけこんで、多数派の意見のはるか先を行く修正案を採択させることにまんまと成功した。それは「戦争が勃発した場合は、社会主義者は……戦争によって産み出される経済的・政治的危機を全力で利用し、最下層の民衆諸各層を扇動して、資本主義の支配の崩壊を早める義務を有する」(2)というものであった。

ロシア人たちの主張は容易に理解することができる。一九〇五年の革命の記憶がとりついて離れなかったのである。レーニンはもはやこうした戦争と革命を結びつける考え方から遠ざかることはなく、これ以降の歳月の中でそれを不断に発展させて行くのである(3)。

スイスへの帰還

戦争が始まると本気で考えていた者は、一九一四年七月の前半には一人もいなかった。国の指導者たち、党のそして特にインターナショナルの指導者たち、またその余裕のある市民個々人は、誰もみなヴァカンスを取る準備をしていた。ジャン゠バティスト・デュロゼルはその名著『フランス人の大戦』(4)の中で、こう指摘している。一九一四年六月二十八日のオーストリア皇太子の暗殺にもかかわらず、ほぼ七月いっぱい、ヨーロッパには完全な平穏が君臨していた。そんなわけでポワンカレ大統領とヴィヴィアニ首相はロシアに向けて十六日に船で発ったが、その際、首相は「われわれは胸を張って、心穏かに平和に向かって進んでいた」と書いていた。

レーニンは政治的指導者の中で、このうわべの平穏の背後で成長しつつある嵐を感じ取った数少ない人物の一人であった。確かに七月二十三日にオーストリアはセルビアに最後通牒を突きつけた。しかしまだ数日の間、各国大使館は和平の可能性を信じようとしていた。しかしレーニンは、直ちに反応し、二十五日にイネッサ・アルマンドに宛てて、次のように始まる手紙を送る。

「最愛の友へ

ロシアで始まる革命が成功しますように(5)」。

このメッセージの意味するところは明らかである。レーニンはもはや戦争が起こることにも、その帰結として母国で革命が起こることにも疑いを抱いていない。一九一四年七月のこの最後の週にあってそんなことを信じるには、余程の幻視能力がなければならなかった。何故ならロシアがその同盟国にこれほどの信頼感を抱かせたことはいまだかつてなかったことなのだ。ポワンカレの訪露がその証拠であるが、それにフランス大統領は、七月二十三日にツァールスコエ・セローで行なわれた閲兵式に参列して、同盟国ロシアの軍事力は強大であるとの確信を抱いたのである。それにロシアはロマノフ朝三〇〇周年を意気揚々と祝ったばかりであり、随所に見られた民衆の熱狂は、激しい危機の時期はもはや過ぎ去ったのかもしれないと、権力にある者たちに示唆していた。経済発展は続いており、一九一三年は穀物生産が例年にない豊作で、工業生産の結果も良好な年であり、一方インフレは二％ときわめて低い率に留まっていた。もちろんすべてが順調というわけではなかった。しかしレーニン自身、戦争によって希望を取り戻す以前には、一九一三年に発表した論文の中で、(6) ロシアの急速な発展を認め、こうした条件の中での革命の可能性に疑問を抱いた。実際、多くの自由主義者たちが期待するように、ロシアは立憲君主制の道を進み続ける可能性は十分あったし、あるいはまた穏健派革命勢力が伸張する可能性も十分あった。メンシェヴィキはそう考えており、インターナショナルはメンシェヴィキを支持していた。そしてメンシェヴィキはインターナショナルの保証を頼りに、自分たちを中心としてロシアの労働者運動を結集させることができると考えていた。戦争の直前にあって、もっともあり得ない仮説は、急進的革命とボリシェヴィキの勝利という仮説であった。レーニンの味方は国際的には孤立し、国内的には弱体化していたし、またロシアの社会勢力の大部分は事態が平和的に推移することを望んでいたのに対して、彼らの綱領はそうした望みに全く一致しなかったのだから。

レーニンにとって、そんなことはいかなる種類の重要性も持たなかった。現に戦争は起こるのだ。後はロシアの敗北とその帰結を待つのみであった……。

とはいうものの彼の敗北主義的見通しを共有する者は、インターナショナルの多数派の中にも、彼の同国人の中にもいなかった。七月二十九日ならびに三十日にブリュッセルで開催されたインターナショナルは、平和を守るために予定される行動について決定を下さないまま解散してしまう。八月に予定されていたウィーン大会で、戦争を阻止することのできる方策を採択することができると信じこんでいたのだ。ところが戦争の方がこの大会よりも先に来てしまい、そうなるともっとも熱烈な社会主義者たちは、プロレタリアート国際主義の美辞麗句に背を向けるのである。八月四日、ドイツ帝国議会の社会民主主義者たちは戦時予算を可決する。ヴァン・デア・ヴェルデはベルギー政府に入閣する。フランスでは「神聖連合」がすべての政党に広がる。常に到る所で自国の政権担当者をかくも迅速に告発してきた社会主義者たちは、突然、戦争の責任は敵国の政権担当者にあることを発見した。そこで、ドイツ社会主義者たちは戦争を「防衛戦争」と宣言し、一方、フランスとベルギーの社会主義者たちは、戦争勃発の責任を「ドイツの侵略」になすりつけるために団結する。突如として受け入れがたい戦争という考えが退き、入れ替わりに「正義のための戦争」という考えが前面に出て来て、ロシアの社会民主主義者のみが、自国内において戦争に反対し、大半は防衛のために要求される予算の採決を拒絶することになる。レーニンはドイツとフランスの社会主義者たちの裏切りを糾弾したが、ロシア国内で裏切りを告発されたのはボリシェヴィキであった。その上レーニンは、『プラウダ』ならびにドゥーマのボリシェヴィキ議員団を指揮するためにロシアに戻ったカーメネフに、同議員団の態度を規定するための率直明快な指示を与えた。レーニンの命じた指示は、彼らは国会において、戦争への反対およびロシアの敗北を願う意志を正式に宣言しなければならない、内戦と労働者階級の救済は、ロシアの敗北にかかっていると考えられるからである、というものだった。警察の介入とボリシェヴィキの全議員の逮捕によって、この企図には終止符が打たれることとなる。

実際は、ボリシェヴィキ以外のロシアの社会主義者たちは、完全に分裂していた。インターナショナルの最高幹部たちと同様、メンシェヴィキの指導者たちは、宣戦布告の日から、大半が戦争努力に対する賛成を表明して行く。プレハーノフはこのような態度を表明し、ロシアに残っていたポトレーソフも同じだった。しかしマルトフならびにアクセリロードを中心とした少数派は、インターナショナルのテーゼ寄りの姿勢を見せた。分裂は社会革命党にも存在した。そこではヴィクトル・チェルノフがレーニンにかなり近い意見を抱いていた。しかしもっとも重要なことは、レーニンの立場が同盟国側（ドイツ・オーストリア・ハンガリー）の指導者たちの目にとまらずにはいなかったことである。彼らはこの思いもかけない同盟者たちを活用する方途をいち早く発見する。さらにレーニンは革命的精神が駆り立てられるすべての者にとって案内書となるはずのものと考える短い文書を執筆した。これが一九一四年八月末に発表された『ヨーロッパの戦争における革命的社会民主主義の責務』であり、戦争が革命に転化するという彼の見通しを要約し、(7)また彼の支持者たちが採るべき敗北主義的行動のための正確な指示を与えている。すなわち塹壕の中へ赴き、兵卒たちに対して「銃を取れ、それを諸君の士官とすべての資本主義者たちに向けよ」と言う必要があるのだと、特に彼は命じている。

しかしながら紛争が始まってしまうと、レーニンは己の個人的状況、つまり故国と戦争状態にある国に居住する外国人という立場を直ちに整理しなければならなくなった。オーストリア＝ハンガリー当局は当初レーニンの存在に不安を覚え、ある種の観察下に置いた末、逮捕してしまう。レーニンはこうした処置に慣れていなかったためにすっかり動転して、忠実なハネツキに救いを求める。(8)ハネツキはオーストリア＝ハンガリー帝国のあらゆる当局者や知人たち、特にヴィクトル・アドラーに働きかけ、レーニンの釈放を勝ち取るに至った。その工作のためにハネツキは、間接的に三国同盟国側を利する、レーニンの敗北主義的立場を引き合いに出していた。こうして彼のおかげでレーニンは釈放の許可を得たわけだが、それだけではなく支障なくスイスへと出国する許可を得たのである。

レーニンが最初に身を落ち着けるのは、ロシア人亡命者の活動拠点、ベルンであった。到着するとすぐに彼は、このスイスの首都に住むボリシェヴィキを集め、彼らに以下のように戦争についての考え方と行動計画を提示した。「これは帝国主義の戦争である。つまり略奪の戦争である。われわれが要求しなければならないのは平和ではない。平和は司祭の合言葉である。プロレタリアートのスローガンは、戦争を永久に資本主義を破壊するための内戦に変えるということでなければならない！」さらに彼は自分が目指すのは、まさにロシアの敗北であると明示し、それは「ツァーリ政府はカイザー政府より百倍も悪質である」からであると付け加えている。

この集会の最中にレーニンはまた、八月末の短い綱領文書の中に初めて姿を見せたテーマをも展開している。すなわち戦争とロシアの敗北の帰結として予見されるいくつかの地方——ウクライナ、ポーランド、バルト諸州——の帝国からの分離独立というテーマである。この時から彼は、到る所で内戦を開始させるために社会主義者の国際的動員を行なう必要性と、ロシア人がロシア帝国の解体を促す可能性という二つの着想に絶えず立ち戻ることになろう。ベルンから、次いで一九一五年に居を移したチューリッヒから、彼は同盟側からの暗黙の支援を得て、この着想を広めることに熱中して行く。

スイス時代はレーニンにとって困難の多い歳月であった。数多くの手紙の中で彼は、この上なく出費のかさむ生活にわずかな財源で対処しなければならないと愚痴っている。この貧困の時期にレーニンが、生活費のために文学がらみの原稿の注文が来ないかという期待につきまとわれていたというクループスカヤの証言を、そのまま再録した歴史家も多い。ゴーリキーおよびシリャープニコフに宛てた手紙は、どれも援助を頼む手紙であった。(9) しかしレーニン夫妻の財政状態について突っ込んだ研究を行なったヴァレンチーノフは、この説の正しさを全く認めない。それどころか彼は、レーニンが姉妹に宛てて様々な財産譲渡の礼を述べた手紙を引用し、またクループスカヤ戦争の直前にノヴォチェルカスクの叔母の遺産を受け取っていたことを指摘している。レーニンの金銭問題を扱った資料を詳細に調べたヴォルコゴーノフも、レーニンが戦争中に愚痴を漏らしていた経済的困難はいずれも相対体的なものだと主張している。確かに一九一五年から一九一六年にかけては、彼の母の死や、ロシア国内の党組織の崩壊によって、一時的に困難が生じた可能性はある。しかしこの時期のレーニンの嘆きの言葉は、金銭的欠乏よりも落胆の方が原因と考えるべきだろう。

彼は待ち切れず苛立ちにさいなまれていたが、事態の方は彼の説く方向になかなか向かわなかった。ロシア本国では一九一四年に愛国心の高揚が起こり、彼はペスト患者のように忌み嫌われた。一九一五年になると何度か大敗北があったにもかかわらず、レーニンが期待したように戦争が内戦に転化することはなかった。戦争が数ヵ月数年と長引くとは、全く意外であった。もちろん彼はその間、多くの時間を執筆に割いていた。『資本主義の最終段階としての帝国主義』などの大作は、この時期の精励の成果である。彼は論文を執筆したが、『プラウダ』は禁止されており、論文を発表するためのあの特権的論壇は今や存在しなかった。とりわけ追放の身にある彼は、孤独で、ロシアの社会主義運動から実質的に切り離されていた。それでもスイスには同胞革命家が大勢いたけれども、彼の戦争に対する極端な立場は、彼らの多くを離反させることになった。ロシア国内の状況はさらに悪かった。カーメネフを筆頭に、国会議員たちは逮捕され、「国家反逆罪」の容疑で裁判にかけられて、シベリア流刑の判決を受けた。彼らはそこですでに戦前から流刑に処されていたスヴェルドローフ、スターリン、オルジョニキゼと再会することになる。こうした弾圧措置の最初の帰結として、ボリシェヴィキの組織――ならびに党のロシア国内執行部――は実際上存在をやめた。シリャープニコフがロシアに戻り、解体された党を組織し直し、レーニンとの連絡役となるのは、一九一六年を待たねばならなかった。

クループスカヤは回想録の中で、この時期に彼女の夫がスイスで経験した孤立状態がどれほど彼を意気阻喪させていたか、物語っている。それに加えて、ベルンとチューリッヒで過ごした歳月は、彼にとって私的な悲しみの歳月でもあった。クループスカヤの母親の死は、レーニンにとって副次的な出来事に過ぎなかったが、その後、一九一六年にはレーニン自身の母親が亡くなった。レーニンは常に彼女と近しい仲だったが、数年前から再会していなかったのである。彼をかくも悲しませた母の死から程なくして、今度は姉のアンナ・エリザーロヴァがロシアで逮捕される。彼はそれを義兄からの暗号での知らせによって知り、深い悲しみに襲われた。姉に深い情愛を抱いていたからであるが、また彼女が彼には無くてはならない存在であったからでもある。彼女は政治的には十分訓練されていないと彼が判断していたにしても、ジェームズという偽名で彼の通信係を務めていた。彼の母が死に、姉が逮捕された――結局は短期間であったが――ために、彼がかくも愛着を抱いていた生まれ育った家族との繋がりはすべて崩れていったのである。

義母の死もレーニン夫妻の生活に実際上の帰結をもたらした。ナジェージダ・クループスカヤは家事に関心を示すことが決してなかった。夫婦の生活の安楽を不断に取り仕切っていたのは彼女の母親であった。もちろん女中が一人彼女を手伝っていたが、エリザヴェータ・ヴァシーリエヴナが死んでしまうと、この女中に必要な指示を下すことを思い至る者がいなくなってしまった。当時、レーニンのチューリッヒの住居とレーニンの服装がいささかなおざりになり、訪問者によっては嘆かわしいという印象を抱いた者もあるのは、おそらくそうした事情で説明がつくのである。最後にイネッサ・アルマンドだが、彼女は時にはスイスにいて、レーニン夫婦と休暇を共に過ごし——休暇を取る習慣はなくなっていなかった——、時にはパリにいた。彼女とレーニンの文通はこの時期には多数に上った。これほどの数の手紙をレーニンから受け取っているのは、他にはハネツキぐらいのものである。しかし彼女の不在は彼に重くのしかかっていた。残るは政治活動だったが、それはか細く、散発的で、意気を挫くものでしかなかった。

インターナショナルの再建

ヨーロッパの社会主義の大立者たちが戦争を阻止することができなかったという事態は、国際主義を標榜し続けていた者たちに衝撃を与えた。彼らはインターナショナルをその挫折から救い出し、一九一四年七月に地に落ちた聖火を受け継ぐ組織を作り直すという着想にとり憑かれていた。[10] 発議したのはスイスとイタリアの社会主義者たちであった。彼らは早くも九月からインターナショナルの残骸をどのように集めたらよいかを模索しており、秘かにルガーノ〔スイス〕に集って議論を戦わしていた。彼らの計画はクララ・ツエトキンの支持を得ることになる。クララ・ツエトキンは自分の生涯を捧げた運動がほとんど消滅してしまったことに失望しながらも、まず手始めに社会主義者の女性集会を組織しようという着想を持っていた。その結果が一九一五年春のベルンの集会であったが、これにはクループスカヤおよびジノーヴィエフの妻のリリーナ、そして数人のあまり名の知られていないボリシェヴィキが参加した。

彼女たちの背後に隠れてレーニンは、この平和主義的集会を自分の構想に役立つ運動に変えようと試みた。集会は穏健な調子で女性に訴えかける宣言を練り上げた。それは要するに「すべての交戦国の女性労働者よ、団結せよ」と呼びかけるものであった。レーニンの協力者ないし代弁者の女性たちは、この宣言を廃して、急進的な決議に取替えるか、さもなければその決議を付属文書として加えようと試みた。それはすでに作成された宣言の効力を弱める決議だった。女性ボリシェヴィキの決議文——レーニンの手になるものであることは言うまでもない——は、「すべて」の「裏切り者」の社会主義・労働者政党と縁を切ることと、直ちに新たなインターナショナルを組織することを要求し、最後に戦争を内戦に転化せよと呼びかけるものであった。

ベルン会議に参加した女性代表者の中で、ボリシェヴィキとは関係のない活動家たちは、このような決議文を受け入れることはできなかった。彼女たちは現存する政党の埒外に位置することを望まず、逆に政党に働きかけて平和主義的立場を採用するよう説得するつもりでいた。彼女たちは、戦争はすでに最高潮に達しているとしても、大衆に訴えるなら、まだ万事休すというわけではないと確信していた。レーニンが彼女たちに押し付けようとしていた「第三インターナショナル万歳」というスローガンは、彼女たちには無縁のものであった。ボリシェヴィキの女性代表者たちの方は、レーニンに尻を叩かれて、レーニン馴染みの非妥協的な態度を貫いていた。クララ・ツェトキンは共通の立場を弱めることになる決議を取り下げるよう彼女たちに懇願した。しかし彼女たちがいかなる議論をも受け付けなかったため、ツェトキンはレーニンにすがり、危うく命を失いそうになるほどの——ツェトキンは心臓病を患っていた——きわめて長い交渉の末、ついに彼から妥協を引き出す。つまりボリシェヴィキは共通の決議文に署名するが、彼らの文言は最終報告の中に盛り込まれる、というものだった。

レーニンが決裂を避けることを最終的に決断したのは、その時にはすでに自分自身の着想を勝利させるにうってつけの戦略がおぼろげに見え始めていたからである。数週間後、新たな機会が訪れる。同じベルンで、女性会議に引き続いて社会主義青年諸組織の会合が開かれた。レーニンは早速、しばらく前にクループスカヤとリリーナが擁護した決議文をボリシェヴィキ青年たちに託した。同じ闘いが始められ、再び袋小路に行き詰まることになる。

それから程なくして、レーニンは再び同じ工作を試みようとするが、今度は人に仲介させることはない。一九一五年九月五日、イタリアの社会主義者たちはついに、一年前から温めていた社会主義者会議を開催する計画を実現させることになった。それはスイスの小さな町、ツィンメルヴァルトで行なわれ、ロシア、ドイツ、ポーランド、フランス、イタリア、ハンガリー、オランダなどの代表が参加した。彼らが当地にやって来るのは、敵国の代表者との接触は、戦時下にあっては当然裏切り行為と考えられたために、大変な勇気を証明することにほかならなかった。彼らの多くは非合法にスイスに入国したのである。因みに彼らは、この国に居住するレーニンにとっては身に振りかかる危険など存在しない、としてレーニンを非難することになる。このような理由で彼らからすれば、彼の辛辣さはこの上なく不当なものに見えたのである。

ツィンメルヴァルトでは二つのグループがすべての者の注意を引きつけた。それはインターナショナルの将来が、この二つのグループの行動にかかっていたからである。一つは、戦争の最大の当事国となってしまったフランスとドイツの代表たちで、彼らは直ちに「この戦争はわれわれのものではない」と宣言した。そして「領土併合なき講和」のために尽力する意志を明確に表明した。これのみが諸国間の憎悪を今後和らげるための唯一の手段と、彼らは考えていた。両国の代表者、ドイツのホフマンとレーデブール、フランスのメーレームとブルドゥロンは、熱狂的な喝采を浴びた。その場にいた社会主義者たちは彼らの言葉を聞いて、インターナショナルの再生を目の当たりにする希望を再び見出したのである。第二のグループは、ロシア人グループだが、全く異なる推移をたどる。ロシアの代表団は均質的でなく、ボリシェヴィキとメンシェヴィキと社会革命党が含まれていた。それでもかなりの数のレーニンの支持者がいた。論争が進むにつれて、会議に出席の代表三五人のうち八人が彼の味方であることが確認できた。その中にはスイス社会民主党書記のフリッツ・プラッテンがいた。彼は当時三十二歳で、もともと錠前屋で、次いでデザイナーとなったが、戦争中にレーニンの演説に魅了されて彼の忠実な配下の一人となる。一九一七年以降は、コミンテルンの創始者の一人となり、スイス共産党を創ることになるだろう。

当時レーニンが経験していた困難な歳月にあって、彼のもとに新たな信奉者が現れたことは、彼にとって大きな励ましとなった。ツィンメルヴァルトでは、彼はベルン会議で認められた考えを退けようとする。多数派が擁護する平和決議文に対して、自分自身の行動計画を対置すべく努めたのである。それは第二インターとの絶縁、労働者階級の新たな決定機関の即時的創設、それに急進的スローガン、とりわけ到る所で内戦を開始すべしとのアピールを前面に押し立てること、というものであった。少数派であったため、彼は会議の結果、国際社会主義委員会の名の下にベルンに設置された四人からなる執行部に入ることはできなかった。そのメンバーは二人のイタリア人、モルガリ、アンジェリカ・バラバノーヴァとスイス人のロベルト・グリムとシャルル・ネーヌである。レーニンは全会一致で可決された宣言（彼も遺憾ながらそれに賛成した）に影響を及ぼすことはできなかったが、この会議からは一定の満足を引き出している。それは「ツィンメルヴァルト左派」と呼ばれる支持者たちを獲得することができたという満足である。この左派は、この時、共同宣言よりも急進的な宣言を作成するが、その宣言はレーニンが求めたように、一斉蜂起を呼びかけるところまではいっていない。

自分のグループと共にさらに先へ進む機会は間もなく一九一六年四月に、ツィンメルヴァルト会議を引き継いだキーンタール会議の際に訪れる。社会主義者代表団内部の政治的雰囲気はすでに一九一五年のものではなくなっており、そのせいで彼の立場は前進を見た。というのも平和へのアピールには反響のないまま戦争は長引き、そのため社会主義者の孤立は情容赦なく際立っていたからである。そのうえ国によっては、特にフランスとドイツでは、愛国主義に押し流された多数派社会主義者たちに対して「ツィンメルヴァルト派」は少数派であった。例えばドイツでは社会民主党は戦争予算の問題をめぐって意見が分かれ、ツィンメルヴァルト派のスポークスマンであるリープクネヒトは社会民主党議員団から排除された。このように運動の内部に亀裂が入り、平和のために活動する者たちは、さらにいっそう攻撃的な姿勢を見せる傾向があった。

キーンタール会議には四三人の代表が出席した。今回はレーニンに従う支持者グループは、ツィンメルヴァルトの時よりも多数となる。彼の提案する決議案への賛成を一二票集めることになるからである。この会議では、ツィンメルヴァルトで極めて積極的に働いたジノーヴィエフとラデックという二人の副官が不断にレーニンを補佐している。ジノーヴィエフは一九一五年に、レーニンと共著で、『流れに逆らって』を出版したが、これは二人のそれぞれの論文を集めた本であった。次いで、彼はツィンメルヴァルト左派の組織化と、そのプロパガンダ文書作成に熱烈に取り組んだ。キーンタールでは、ジノーヴィエフはラトヴィアの代表として出席している。ラトヴィアはロシア帝国の一部であるから、そうしたことも受け入れられるのであった。ラデックの方は、まだドイツ社会民主党の隊列の中で活動していながら、同時にボリシェヴィキ派にも加わり始め、やがてパウル・レヴィと共に、ドイツ労働者運動の中にボリシェヴィキ分派を創設しようと試みるのである。

ツィンメルヴァルトの時と同じように、レーニンは急進的な決議文を提案する。当時各国の国旗の下に戦っていた労働者階級に「銃口を下げよ、そしてそれを共通の敵、各国資本主義政府に向けよ」と呼びかけるものである。これほどまでに急進的なアピールは却下されたが、多数により採択された決議は、前年の決議文よりも前進したものだった。それはいつ終わるとも知れぬ戦争から結論を引き出して、平和主義だけでは不十分で、もう一つ別の次元、すなわち「社会主義実現の闘い」によって、平和主義を補足するのが適当であることを認めていた。

従って、決議はレーニンの説く方向に向かうものであった。確かに彼は、一貫して擁護し続けた第二インターナショナルとの絶縁という点については敗れた。しかしこの点でも代表たちはレーニンに接近していた。彼ら代表たちはインターナショナルが平和の大義、すなわちプロレタリアートの大義を擁護することができないことを厳しく告発する糾弾を行なったのである。レーニンの急進的な決議案は十二票の賛成票を集めただけであったが、参加者の大半はレーニンの見解に共感するにやぶさかでなかった。そして全員が、国際社会主義運動の発展に対する彼の貢献はきわめて重要であり、決定的でさえあることを認めていた。代表たちの意識の中では、すでに第三インターナショナルの着想が輪郭を取りつつあったのである。

帝国主義についての考察

この間、ツィンメルヴァルト会議とキーンタール会議がレーニンを孤独な生活から引きずり出し、社会主義運動に対して権威を揮う機会を与えたとしても、それだけではレーニンの孤立感を打ち破るには十分ではなかった。この困難な歳月にあって、レーニンの真の心の支えとなったのは、知的活動である。第一次世界大戦によって、彼は自分の思想を深めざるをえなくなった。それは早くも一九〇七年より第二インターナショナルの多数派の考え方と自分との不一致を垣間見ていた領域、植民地搾取の問題にほかならない。一九〇七年にレーニンはシュツットガルト大会の討論を解説するうちに、植民地化とヨーロッパ・プロレタリアートの革命的資質の脆弱性との間の関係について考え始めていたのである。

二十世紀初頭には、多くの社会主義者たちは、ヨーロッパの労働者たちの物質的境遇の向上に植民地政策が有利な結果をもたらしていることを承知していた。それによってヨーロッパの労働者たちは、自分たちの条件から逃れる手段として革命を考える必要に迫られていないと思うことができた。カウツキー、ローザ・ルクセンブルグ、ヒルファーディング(11)は、この問題を明確に感知して提起し、いかにそれに終止符を打つかを自問していた。この主題はシュツットガルトで大いに議論されており、レーニンはその時、次のように書いていた(12)。「こうしていくつかの国において、植民地的排外主義へのプロレタリアートの汚染の物質的・経済的基礎が作られるのである」。

数年の間、彼はプロレタリアートを植民地主義的汚染から隔離するためにいかなる戦術を採用すべきか決めかねていた。しかし彼の同輩の社会主義者たちと同様に、彼もまた解決がもたらされ得るのは西欧のプロレタリアートからであると確信していた。第一次世界大戦は彼の考察に新たな段階を開くことになる。何故なら、戦争に対する社会主義者たちの反応が異なったということは、逃れることのできない問題を提起している——と彼は言う——からである。こうした対立する態度は、社会主義者たちそれぞれの出身国の身分に由来するのではないだろうか。そこでレーニンは、シュツットガルトで植民地問題に関して観察された裂け目は、植民地帝国を持つ強国の社会主義者たち――植民地という事実を問題視する傾向はほとんどない――と、植民地を持たない国の社会主義者たち――植民地化に対してははるかに批判的である――の間にうがたれていたことを指摘する。一九一四年にレーニンは、社会民主主義が強力で、ほぼ公認の地位を持っていた国――それはいずれも広大な植民地を保持するドイツ、フランス、ベルギーの諸国だったが――では、社会民主主義が崩壊したことを確認する。彼はこれに、ロシアの社会主義勢力――とはいえほとんど非合法であるが――の力強さとその平和を守る意志を対置する。なるほどロシアもやはり植民地を持つが、ロシア帝国の性格は他のヨーロッパ列強の帝国のそれとは極めて異なる。ロシアの広大な帝国は、領土が「陸続き」であり、さまざまな民族が入り組んでおり、特に早くも一九〇五年より周辺部の植民地的地域で革命運動が発展しているという特徴がある。レーニンはこうしたばらばらの事実を一貫性ある総体に統合する努力をし、そこから、ヨーロッパの社会主義が経験している危機に説明を与えるのは帝国主義であるとの結論を引き出す。

二つの著作がこの理論的考察の努力を証明している。レーニンはこれに彼の時間の大半を費やし、スイスの図書館で辛抱強く資料を漁り、この二つを共に一九一六年に出版した。その一つ、『資本主義の最高段階としての帝国主義』[13]は、資料に基づく膨大な努力の結果であるが、その各諸要素は、『帝国主義ノート』[14]の中に収められている。これはおそらくレーニンの仕事と方法のもっとも興味深い局面の一つをなすものであろう。一九一五年から一九一六年の日付がある二二のノートには、『帝国主義』執筆を準備するための読書の要約が含まれており、入手可能な情報源を何一つ逃すまいとする意志に基づいた力強い方法を証明している。この作業から『帝国主義』が生まれた。これを読んでみると、なるほど経済の部分はヒルファーディングとホブソンの研究に依拠しており、新しいものはなにももたらしていないことが確認できる。しかしレーニンの野心は、理論的かつ戦術的なものである、と言うべきか、ないしは彼の説く戦術に理論的基礎を与えるということにほかならない。二十世紀初頭以来、世界の中で自分が確認している全世界規模の変動に説明をもたらしたいという願いにつき動かされて、彼は一九〇七年より輪郭を取り始めた着想、つまり西欧のプロレタリアートの堕落を説明する要因とは植民地所有という事実にほかならないという着想を、系統的に発展させる。植民地から上がる利益は、ブルジョワジーが労働者階級の「日和見主義的」な、つまり穏健で改良主義的な傾向を育むことを可能にした、と彼は書く。このように推論するなら、それはレーニン自身が描くプロレタリアート像と調和するのである。彼は『何をなすべきか』以来、階級意識はプロレタリアートに生まれながらに備わっているものではないとはっきり断言してきた。プロレタリアートは、直接的利益への生まれながらに備わったセンスがあるために、労働組合主義に向かいがちなのだ。となると、己の条件を改善することのできる植民地主義によって堕落させられないわけがないではないか。

しかし西欧の労働者階級を堕落させる植民地主義の作用を突きとめ、告発するレーニンは、植民地の大衆へ目を向けると、そこに逆の帰結を見抜く。植民地の大衆はいかなる利益も期待できない支配に憤激し、民族的行動の中に救いを求める。植民地の枠内での民族的感情の発達、これはレーニンに言わせれば帝国主義の肯定的効果にほかならない。早くも一九一六年には、彼は植民地主義に対する民族闘争は、プロレタリアートの解放のためのプロレタリアートの全般的闘争の基本的構成要素であると断言する。植民地での民族解放闘争は、植民地保有国の政府を弱体化させ、プロレタリアートに新しい力を与える。『資本主義の最高段階としての帝国主義』がペトログラードで発行されるのは一九一七年のことにすぎないが、そこで擁護される主張は早くも一九一六年に、ローザ・ルクセンブルグとの論争に武器を提供することになる。

ローザ・ルクセンブルグは、民族に関してレーニンが主張する見解に激怒し、この年にユニウスという偽名で『社会民主主義の危機』を発表した。この中で彼女はボリシェヴィキの指導者を激しく攻撃し、彼に対してヨーロッパ中心主義的革命像を擁護している。「機が熟した時、人間を解放する社会革命の口火を切ることができるのは、ヨーロッパだけであり、もっとも古くからの資本主義国だけである。イギリス、フランス、ベルギー、ドイツ、ロシア、イタリアの労働者のみが、全員打ちそろって五大陸の被搾取者と隷属者の軍隊を率いることができる」と彼女は書いている。なるほどローザ・ルクセンブルグは、彼女もまたツァーリの帝国の出身であるから、自分の列挙する労働者の中にロシア労働者を入れることを忘れていない。しかしレーニンは被支配国ないし遅れて工業化された国に対するこのような過小評価を受け入れることができなかった。ローザ・ルクセンブルグに対する彼の返答は辛辣を極めた。「帝国主義列強に対する民族戦争は、不可避で、進歩的で、革命的である」と彼は書く。

この引用は一九一六年七月付けの『ユニウスへの回答』[15]の抜粋である。その中で彼は、植民地世界を揺り動かしている運動がヨーロッパの革命にとって有益であるとの確信を再び断言している。その時ヨーロッパの革命と植民地における民族的騒擾との間のつながりについてレーニンが展開した思想は、主にロシアにとって決定的なある問題に関する彼の考察から出発して形成されたものである。その問題とは民族運動であり、労働者運動が民族運動に与えるべき地位の問題である。この点については、レーニンの思考は極めて迅速に進化して行き、孤独の歳月が、労働者運動の伝統と断絶する独創的な著作を生み出すことを可能にするのである。

民族と革命

民族問題は社会主義者たちが抱えた全く新たな懸案というわけではない。マルクスとエンゲルスはこの件をそれほど気にかけず、民族によって提起される具体的問題を注意深く分析しながらも、民族理論と言えるほどのものを練り上げることはなかったが、彼らの後継者たちは、きわめて早い時期にこの問題に直面した。特に多民族帝国の住民もしくは出身者たちがそうである。チェコ人として生まれ、オーストリア市民であったが、ドイツに居住したカウツキー、そしてカール・レンナー、オットー・バウアー、こうした人物たちは十九世紀末から二十世紀初頭にかけて、かなりの時間を割いて、民族という現象を理解し、それと革命を推進する力との関係を定義しようとした。オーストリア・マルクス主義——これらの思想家たちの考察の潮流にはこの名称が与えられた——は、民族的事象、つまり歴史の恒久的カテゴリーとしての「民族」の承認と、プロレタリアート国際主義と民族を共存させようとする意志とを、同時に特徴としていた。

ロシアの社会民主主義がこの問題に飛びついた背景には、ロシアにおけるオーストリア・マルクス主義の成功があるが、しかし彼らはこれに理論的課題として取り組んだというよりも、戦略的回答を練り上げるために取り組んだのである。メンシェヴィキと同様、レーニンも直ちに民族自決の原則を受け入れるが、しかしこの表現は実は「プロレタリアートの自決」を意味すると但し書きを付けている。

一九一二年までは、レーニンはこのテーマに関する著作の中で、戦略的な懸案のみを扱っていた。しかし戦争直前になると、考察をさらに先へ進める必要があると考えるようになった。というのも一九一二年八月に、「解党主義者たち」の会議と言われるメンシェヴィキのウィーン会議の際に、トロツキー、マルトフ、ベルク（ブントの代表）からなる特別委員会が、諸民族の将来に関する綱領を作成するために設けられた。カフカスの社会主義者たちとブントのメンバーは、大半がメンシェヴィキ寄りであったために、メンシェヴィキは彼らの要求に耳を傾けざるを得なかったのである。それに加えて、社会革命党がこの領域において、すべての社会民主主義者にとって危険な競争相手だったから、なおさらである。一九〇五年以来、社会革命党は、この問題の重要性を認める民族理論の作成で前進を続け、民族自決権を党の綱領の構成要素に盛り込んでいた。メンシェヴィキは、エスエルに遅れをとるならば、ユダヤ人とカフカス人の社社会主義者の隊列は彼らの陣営から離れ、エスエルに合流してしまう危険があるということを理解していた。

一九一二年十二月にドゥーマにおいて、グルジア人のメンシェヴィキ議員であるアカキ・チェンケリは、「各民族の自由な発展に必要な諸機関」の設立を要求した。この行為は党の規律の意図的な侵害であり、レーニンが許容できる範囲を越えていた。彼はロシア社会民主労働党がチェンケリを戒告処分にすることを要求したが、それだけでなく、とりわけこうした考えを支持する者たちを黙らせることを要求した。

しかしながら彼は単なる行政措置だけでは決して満足しなかった。彼の目から見れば、論戦とは彼が排斥する考え方を撃滅するための最良の武器なのである。こうした理由から、一九一三年に彼はクラクフでスターリンを味方につけたのち、カフカス人、ブント・メンバー、および彼らを手本として従おうとする者すべてに対する批判キャンペーンにスターリンを投入したのである。

しかしレーニンは、危険な異端とみなすもの、とりわけ労働運動の統一と規律に対する脅威とみなすものに対して、自分の代わりに他人が答えることに甘んじられなかった。一九一四年までもっとも妥当な反撃について熟考したのち、[16]彼は二月から五月の間に『諸民族の自決権について[17]』を書く。この文書と同時期にこの問題について書いたより短いすべての文書の中で、彼は自決権のための運動は大衆を革命のための闘いから逸脱させるという考えを退ける。そして民族闘争はブルジョワジーの事業であるという公認の仮説を受け入れるどころか、逆に民族闘争はプロレタリアートの義務であると主張するのである。というのも民族闘争も一つの形態の抑圧に対する闘いであり、プロレタリアートはその本性からして、あらゆる抑圧に敵対するものだからである。ここにおいてレーニンは、革命の中において民族自決の原則を承認する必要のあること、そしてこうして民族闘争を正統化することが、国際的意識の発達に及ぼすであろう効果を強調する。ローザ・ルクセンブルグのような左派の政敵に対抗して、国際主義と民族的熱望の承認とをつなぎ合わせるわけだが、その根拠となる議論は以下の三つである。

——民族自決の必要性を認めることは、多民族国家内の様々な共同体の間の関係、特にプロレタリアート的諸要素の間の関係、したがって党の内部におけるそれらの要素間の関係を和らげることによって、多民族国家の抱える諸困難を解消することである。これを認めれば、党は民族的怨恨から解放され、「すべて」の労働者の利益を代表すると主張するのにより有利な立場に身を置くことになる。

——前革命段階においては、この綱領は労働者階級ならびにその党に、非プロレタリアート的民族運動の協力を確保せしめる。これにより党は力を強め、革命の流れは加速化される。

——最後にこれは民族主義と闘い、プロレタリアートに国際主義の精神を教育する手段である。民族自決からは直ちに、民族の平等が導き出されるが、これについては、抑圧的強国の労働者も非抑圧的国家の労働者も本来的には自覚がない。それ故にレーニンに言わせれば、この原則は、また教育的効力も持つのである。彼がこの原則の擁護に精力を注ぐのは、戦略的行動であるが、それと同時に、その根拠としては国際主義の観点からする懸念があったのである。シュツットガルト大会以来、彼は支配的諸国のプロレタリアートが排外主義に染まっていることを懸念しており、それが将来に及ぼす影響を憂慮していた。

一見したところレーニンの命題は、オットー・バウアーの擁護するものと類似しているように見える(18)。しかし実際には、レーニンはバウアーのような仕方で民族的事象を認めることは拒んでいる。特に、バウアーの推論の核心をなす「民族文化」の承認を拒むのである。レーニンに言わせれば、民族文化とは常に支配階級の文化であるのだから、この概念はブルジョワジーによって造られたものである。レーニンにとって唯一受け入れることのできる文化とは、「世界労働運動の国際的文化(19)」であるということになる。しかしこの労働運動文化なるものを定義する段になると、彼はあまり具体的ではなくなってしまう。スターリンは一九一三年の論文の中でこうした文化的側面を強調したが、それとは逆にレーニンは、自分の考察の中で民族問題にはあまり大きな地位を与えていない。もちろん成り行き上、文化が言語を初めとする民族的要素と無関係に存在することはできないことを認めてはいるが。民族間関係は、なによりも経済とイデオロギーの枠内で彼の関心を引く。彼が民族文化の問題を論じるとしても、それはカフカス人にとって重要な民族の文化的自律性という観念を告発する時のみである。この領域でレーニンが何も語らないのは、彼が民族を現実の歴史的カテゴリーとみなすことができないということを証し立てている。レーニンは民族文化になにがしかの譲歩を示しはするものの、それを一時的な狭い範囲内に留め、それに対してプロレタリアートの国際主義文化を対置することで、その政治的内容を中和化しようと試みるのである。

では民族自決のための闘いはどのような結末に至るのだろうか。レーニンが想定する結末は二つだけである。プロレタリアートが勝利を収めた暁に、統一プロレタリアート国家に完全かつ全面的に参加すること、もしくは分離独立である。この後者のモデルケースは、むしろ革命以前の段階における民族問題の解決策と彼は考えていた。革命前ならば、このケースは現存の国家を弱体化させ、革命への道を開くという結果を招来する。革命が実現した時にさまざまな民族のすべての労働者の統一が実現しないとは、レーニンは想像もしない。革命闘争の期間に労働者運動によって採用された、民族自決という教育的合言葉によって、意識は十分に変革されているはずであり、従ってその後、民族の差異は消え去り、もはやプロレタリアート意識の統一性のみが存続するということになるだろう。いずれの仮説においても、レーニンは、自治あるいは連邦制といった中間的な解決策を退けるのである。

戦争開始直後から、レーニンはロシア帝国解体の必要性を主張したが[20]、それはこうした国際主義的教育への配慮のなせるわざだった。一九一四年十一月二十九日、彼は大ロシア人〔いわゆるロシア人のこと。なお小ロシア人はウクライナ人〕の民族的自尊心を論じた論文の中で、この点に再び触れている[21]。そこでロシア帝国内の民族闘争を支持するというレーニンの意志は、多数の社会主義者たちの確信と衝突することとなった。

彼らは、レーニンが民族感情に訴えるのは、労働運動全体を弱体化させる結果になると考えていた。ローザ・ルクセンブルグとポーランド左派に続いて、ブハーリン、ピャタコーフ、エヴゲーニヤ・ボッシュ、次いでラデックが、レーニンの提案する教育的行動方針に反対の声を上げた[22]。その最初の結果は、プロレタリアートを分裂させ、プロレタリアートが追求しなければならない唯一の目標たる革命からプロレタリアートの目を逸らしてしまうことにほかならない、と彼らは言った。レーニンは一連の論戦的文書で反論した。それらの文書は二年間にわたり、彼の見解を繰り返す以上のことはしなかった。しかし一九一六年、彼は根底的な革新をもたらす論文、『社会主義革命と民族自決権』を発表する。[23] 初めて民族問題に関する全世界規模のヴィジョンがレーニンの考察から導き出されたのである。そこで彼は三つの状況を区別している。

――西欧あるいはアメリカ合衆国といった先進資本主義諸国においては、ブルジョワ的な進歩的民族主義運動はその責務を達成しており、統合は完遂されている。

――ヨーロッパの二つの多民族帝国においては、民族闘争は進行中である。そこではプロレタリアートは、諸民族の自決権を擁護しない限り、己の役割を演じ勝利を収めることはできない。

――最後に十億の民が住む植民地および半植民地世界においては、ブルジョワ的民主主義運動はほとんど存在しない。社会主義者たちは闘争の先頭に立ち、植民地化の即時停止を主張し、必要とあらば革命戦争により、あらゆる反乱を支持しなければならない。

この文書によってレーニンはついに、同僚に対して優位な立場に立つことになった。彼の擁護するのは民族問題と帝国主義をつなぐ首尾一貫した視点であり、しかもそれによれば、革命闘争が至極自然に民族自決のための闘争の段階をそれ自身の中に組み込むことになるのである。そのうえ民族的騒擾が到る所で、しかもロシア帝国内に留まらず世界の到る所で重要性を帯びつつある時に、この包括的ヴィジョンには、歴史的に遅れた特殊な国というロシアの特性を隠蔽し、ロシアに革命運動における中心的地位を与えるという利点があった。

外見上は、レーニンは革命闘争時における〈歴史〉の展望の中で民族的事象に相当の地位を与えている。しかしこの外見の下にはまったく別の現実が隠されている。実は彼は、民族自決権が行使されるであろう「実際的」条件を記述することに専念しているのである。そしてその結果として浮かび上がって来るのは、なによりもこの権利にもたらされる制限である。確かにこの権利は分離独立にまで至るものであり、普通選挙がその行使の手段であると彼は書いている。しかしそれは際限の無いものではない。地理的制約にぶつかるのである。例えばロシアでは、この権利は周辺的位置付けを持つ民族にしか適用され得ず、ロシア領土内に飛地状に居住する民族には適用され得ないだろうと彼は書いている。

二つ目の制限は、決定機関に関するものである。この権利が行使され得るかどうか、行使され得るならそれは何時かを決定するのは党である。党は最高決定機関であるが、それは党が大衆の意識そのものであるからにほかならない。そして党はそれぞれのケースを「社会の全般的発展の利益と社会主義実現のためのプロレタリアートの階級闘争の利益との観点に身を置いて」[24]決裁しなければならない。それにレーニンは、党のいかなる機関で、いかなる判断基準によって、いかなる民族的意志を考慮して、最終決定がなされるかを明確にすることは差し控えた。最後に彼は、革命後に統一が決定的なものになれば、分離の方は常に取り消し可能であると明瞭に述べている。彼にとって革命後の社会の生活の枠組みは、理の当然として中央集権化された大国家であるだけに、この「離別の権利」の不安定さはいっそう目につくのである。革命以前でさえも、このような国家は階級闘争の発展のためにもっとも好適な枠組みであると考えることは、すでに可能であった。しかし革命後はこのような国家が確実に前提とされるのである。

こうしてレーニンは一九一六年に、プロレタリアートと民族のそれぞれの闘争に関する考察を非常に前へと進めたわけであるが、戦争に鑑み、そして民族感情の高揚に直面してインターナショナルが崩壊したことに鑑みて、彼が特に努力したのは、プロレタリアートと民族という二つの熱望カテゴリーの対立を消滅させ、両者を両立させ、それによって革命以後のための回答を今からすでに提案するということだったのである。

＊

レーニンにとって、戦争中の歳月は、総括してみるなら、確かに困難で孤独で、見たところ絶望の色濃いものであった。一九一六年から一九一七年までの間に彼は、戦前にすでに彼を良心の呵責なき扇動者とみなす傾向のあったインターナショナルの主要部分と衝突した。しかしまた、キーンタール会議の相対的成功にもかかわらず、民族的事象を分析し革命の戦略の中に組み込むことを執拗に主張したために、社会主義左派の逆鱗に触れ、排斥されてしまった。マルトフ、トロツキー、ボグダーノフ、クラーシン他、かくも多くの亡命時代および党建設期の近しい仲間たちにとって、レーニンは権力に飢えた危険な男であったが、すでに取り返しのつかない挫折に直面している、と彼らは見ていた。多数の同国人にとっては、祖国の敗北を説く――一九一七年までこのように誤解され続ける――純然たる裏切り者であった。ヨーロッパ社会主義の大立物たちにとっては、レーニンの左翼主義はなによりも労働運動の全体としての進化の方向と対立するものであった。そして最後に、ローザ・ルクセンブルグのような、左派で、本来なら彼を称賛すべき立場にある者にとっては、民族に関する命題の故に、彼は改良主義者にほかならなかた。

こうした四面楚歌の歳月の間にレーニンは、かくも長きにわたってつきまとって来たすべての問題に対する回答を見出しつつあるということに気付いた者は誰一人いない。自分の革命への意志と、多民族で遅れた国というロシアの特異な状況をどのように両立させるのか。ロシアにどのように革命の火花が飛び散るようにさせるのか。かくも少数派の自分の党をどのようにして権力奪取の道具にするのか。彼は革命の民族的戦略を練り上げ、革命過程の核心に民族を組み入れることによって、それをなし遂げることができると考えるに至ったのである。二十世紀初頭に、彼は己の革命的意志の道具を鍛え上げた。一見したところかくも失望に満ち、かくも成果と無縁なこの戦争の期間に、彼は革命の流れを加速させることが可能な民族戦略をおぼろげに把握し始める。この戦略が改良主義的に見え、革命的には見えなかったため、誰もが彼はオットー・バウアーの見解に転換したと思った。しかし実は彼は、問題の根本においてはローザ・ルクセンブルグの側にあり、プロレタリアート革命のみが重要であると確信していたのである。しかし彼の熟考と直観は、民族というものは革命完遂のためのすばらしい手段なのだと彼に教えていた。この歳月の間に、党の創設者としての彼には、戦略家としての側面が付け加わった。そしてこの戦略家は、それからわずか数ヵ月の間に、己の直観を実行に移す機会を見出すことになる。ロシアの歴史的弱点たるその遅れ、なによりも民族の統合の遅れにほかならないこのロシアの遅れこそ、最終的にはロシアを革命の前哨とすることを可能にするものであることを、彼は見抜いたのである。

一九〇五年にはレーニンは驚くべき直観を持った。敗北に終わった戦争が革命の口火を切ることがあり得ることを理解したのである。いつ終わるとも知れぬ第一次世界大戦は、彼にとってもう一つ別の発想の源となった。しかしその発想はなんとマルクス主義から無援であったことか。その時彼が予感したのは、民族の意志の利用は、プロレタリアートの全般的勝利の特権的手段となり得るということだったのである。

第8章　すべての権力をソヴィエトへ（一九一七年二月〜十月）

「大変動に対して準備のできている政党はただの一つもなかった。誰もが考えこみ、夢想し、予感し、強く感じ取っていた……革命なのか。それはあまりにも考えられないことであった。それは現実ではなく、夢でしかないということは誰もが分かっていた。それは困難な長い歳月にわたる夢。数世代にわたる希望であった。ところが信じられないままに、私は若い秘書の言葉を機械的に繰り返していた。はい、革命が始まったのです、と」(1)。

このようにニコライ・ニコラーエヴィチ・ギンメルは、一九一七年二月二十一日、ペトログラードで、オフィスの隣室で仕事をしている若い秘書が彼にロシアの政治体制の崩壊を告げた時の自分の反応を物語っている。彼はスハーノフという名の方が良く知られた政治・経済ジャーナリストであり、社会主義運動とつながりを持っていた。彼があらゆる情報に通じ、首都の政治生活の中心に身を起き、反対陣営の者すべてと頻繁に接触していたことを考えると、革命を信じられないという彼の気持は驚くべきものに見えるかも知れない。しかしこの一九一六年から一九一七年にかけての冬が終わろうとしている頃に、誰も本気で革命を準備しようなどと想像する者はいなかったことを思い出せば、スハーノフの気持もより良く理解できるであろう。

もちろんロシアの状況は惨憺たるものであった。戦争は死者、負傷者、捕虜の群れを果てしもなく生み出し続け、不幸は国土全体に襲いかかった。ナポレオンに有効に対抗したという抵抗の記憶に支えられて帝国軍が実行した焦土作戦は、世界大戦においては逆効果をもたらした。逃亡兵、市民、負傷者の群れが、ロシア中心部へ向かう道路上に溢れ、避難民受け入れの何の準備もない都市に侵入して来た。

この群集は政府から見放されたと感じていた。政府は軍事的失敗を予防することも、群集の苦しみを軽減するための措置を準備することもできなかった。恨みは蓄積され、都市に新たに流れこんだ者たちによって生じた問題が、不満を引き起こし、それはいつでも反乱に転化するばかりになっていた。

経済状況もあまりはかばかしくなっていた。軍事需要に対処するための産業の転換は、確かに防衛に必要な装備の製造を加速化させることを可能にした。しかしこの転換の代償として、消費財の製造はほぼ全面的に停止してしまい、その結果、消費財の不足は物価に反映した。特に農民は売ったものの見返りに何も買うことができず、当然のことながら、収穫をその場で消費するか、努力を減少させるようになった。動員も農民を農地から引き剥がし、やはり生産量の減少に一役買うことになる。工業製品価格も農業製品価格も上昇して行ったが、賃金は相対的に安定したままだった。物不足と生活水準の低下は、労働者に影響を及ぼしただけでなく、それまではより保護されていた階層、中産階級、官吏層にも影響を及ぼす。この二つの階層は、一九〇五年には革命運動に近付くことはなかったが、一九一七年には、物質的困難が増大するのを目の当たりにして、革命運動に加わる気配を見せていた。

都市および農村の住民の不満は潜伏しつつ増大し続けたが、これに加えてロシア政府にとってもう一つ別の困難があった。多民族帝国の危機である。それは一九〇五年にはまだ感知されなかったが、今回は戦争開始直後から、ポーランド、リトアニア、ガリツィアは三国同盟側の軍隊に侵略され、それらの地方の住民は民族感情の名において、ロシアに対して反抗するよう促がされた。はやくも一九一五年から一九一六年にかけて、ドイツはツァーリ帝国の崩壊というカードを切って来て、ロシア軍と戦うためのフィンランド軍を創設し、ポーランドの独立――ロシア支配下の部分だけの独立であるのは言うまでもない――を宣言し、東部戦線のドイツ人部隊を節約するために、ポーランド軍を編成した。特にドイツは戦時中に中立国が創設した民族同盟を利用して、ロシア帝国の少数民族出身の移民を結集し、彼らを駆りたてて、民族独立を呼びかける行動計画を擁護させた。(2) ロシアの政府指導部は直ちにその効力を感知することはなかったが、こうした工作はポーランド、バルト諸国、ウクライナで今にも表面化するばかりだった民族主義の潮流を発展させるのに寄与した。はるかな中央アジアでさえも、こうしたプロパガンダは一九一六年に、遊牧民族の反乱を引き起こすに至り、その地域の一部をツァーリの権力から抜け出させることになる。後にソ連のトゥルキスタン専門家はこう記述している。「この地では、一九一七年の革命と帝国の終焉は、一九一六年にすでに始まっていた」(3)。

最後に、同じ時期にロシアの政権は、それ以前の三〇年間に素晴らしい経済大躍進の実現を可能にしていた原因、つまりロシア資本主義の構造の代償を支払うこととなる。外資はロシアの発展に決定的な役割を演じた。しかし一九一五年以降、主要な投資者であるフランスとイギリスの資本家たちは、ロシア軍の惨憺たる敗北と、単独講和のしつこい噂に不安を募らせた。この噂は皇后がドイツの〔ヘッセン〕大公の娘であるというその出身国籍が根拠になっていた。ロシアに投資された資本にとっては、政体の変更の方が、ぐらついている君主制よりも優れた保証となり得るであろうという考えが横行していた。ロシアの自由主義的ブルジョアジーも同じように考えていた。民衆の方は、政府が国外からの借入れに基づいた発展政策の代価をロシア人の血で支払っているのではないかと疑っていた。東部戦線でドイツ軍を食い止めるために帝国が同意した軍事的犠牲は、どれもこれも情容赦ない債権者たちに対してなされた委譲なのではないだろうか、と。

不満と猜疑の増大に直面して、政権は急速に崩壊して行く。軍人と文官は崩壊の責任を互いになすりつける。皇帝は参謀本部に引きこもり、相変わらず不人気な皇后は大臣の選任を決定し、頻繁に大臣の首をすげ替える。今や精神異常の女性の気まぐれだけで政治が行なわれているとの不安感が社会に広がって行った。

政権の中では誰も緊急の決定を行なおうとしなくなり、代わりに私的イニシアティヴがそうした緊急性に対処するようになる。赤十字と自然発生的に生まれた救援委員会が、都市における避難民、負傷者、それに救助を求めるすべての者が抱える問題を解決しようとする。無秩序に陥った経済生活によって、自分で身を守らなければならなくなった都市住民の場合も同様で、何人かの善意の結果として、委員会が、食糧や生活物資の供給の問題の解決のために創設された。こうして権力が半ば空白の状態となり、無秩序が増大する中で、ロシアの住民は自主管理と自主統治の見習修業をしたわけである。これはまさにほとんど革命的状況であった。ただ誰もそのことに本当に気付いてはいなかったのである。当事者たちも、権力も、反対派も、ましてや亡命の身にある者は。

それ故にスハーノフは革命の知らせに接した時、仰天したわけだが、レーニンの驚きもそれに劣らなかった。

革命政権の誕生

二月革命はペトログラード――サンクトペテルブルクは戦争開始とともにペトログラードと改名された。その名のドイツ語風の外貌を消去するためであった――で始まり、六日間続いた。それだけで君主制はあっけなく除去されてしまったのである。極めて急速で、極めて易々と行なわれたこの革命は、沢山の意表を突く驚くべき様相を含んでいた。完璧に防衛された首都で、指導者を持たず、勝手に行動したプロレタリアートが勝利したこと、革命が広大な国土に即時に拡大したこと、政治家たちがまだ君主制の性格の変更を議論している間に君主制そのものが消滅してしまったこと。このような事態にいかにしてロシアが立ち至ったのか、出来事の展開を追っていけば理解することができるだろう。

ペトログラードは暴動から身を守ることができるはずであった。一九〇五年の教訓を権力は理解していた。首都は一六万人の守備隊に護られ、暴動鎮圧マニュアルが総督の金庫の中に眠っていた。二月二十三日、繊維工場と製錬工場でストを行なっていた労働者と女性たち、総勢九万人が経済的困難を訴えるデモのために集結した。その日は国際女性デーだったからである。労働停止とデモ行進は、民衆の不満の自然発生的表現であった。民衆の不満は物不足とその冬の間相次いで行なわれたストにより増大していた。しかしいかなる政党も、いかなる指導者も、こうした大衆を指導し組織しなければならないとは考えもしなかった。パンと平和を要求する比較的穏かなデモの一日が終わり、デモ参加者たちは、やがて激しい弾圧がふりかかると確信しつつ帰宅した。ところがその類のことは何も起こらなかった。権力はそれでもこうした事件に対する備えは十分できていた。ところが権力は反撃しなかったのである。そしてデモ参加者たちは当局の消極的な態度に呆気にとられたが、翌日、再び街頭に下りた。より安全を確信し、より攻撃的に。その数は増した。プチ・ブルジョワや学生たちが合流した。革命歌が響きわたり、その合間には、経済的要求に代わって政治的スローガンが叫ばれた。ペトログラード全市は、少しずつこの運動に飲み込まれて行った。その時になって初めて、恐れをなした政府は、軍隊の介入の決定を下したのである。しかし群集と軍隊が顔を突き合わせたのは、デモが始まってから三日経った二十六日のことであった。デモの解散命令がやがて射撃命令に代わったその時、民衆はデモに加わるよう軍隊に呼びかける。この誘いは非常に強力で、翌日、複数の連隊が次々に蜂起の側へと寝返った。もっとも威信ある複数の連隊が、反乱に加わったのである。労働者たちは彼らの陣営に移った軍人たちの武器を接収し、ついに自衛の手段を手に入れる。彼らは監獄の門を開き、二日前に逮捕されていた彼らの指導者たちを――普通の労働者たちも――解放する。二月二十七日、権力はもはや存在しなくなっており、別の権力を作り出す必要があった。そして蜂起の動きは全土に広がったのである。

権力を委ねるべき指導者がいなかったために、そこで群集はツァーリが解散させたばかりのドゥーマに目を向けた。ドゥーマは解散の決定を認めず、右派を除くすべての政党の代表が入る臨時委員会を直ちに選出した。この委員会に集まったドゥーマの指導者たちは、改造することによって政治体制を救おうとしていた。彼らはツァーリに自由に行動させてくれるよう訴えた。しかしニコライ二世は革命の規模の大きさに気付いておらず、これらの企てに耳を傾けなかった。そして武力を用いようとして、孤立した。ドゥーマの委員会の委員長であったロジャンコは、ツァーリに立憲君主制を強いることによって体制を救おうと試みていたが、ついにツァーリを見捨て、その退位を勝ち得ることとなる。ツァーリはまず病弱の息子への譲位を決めた後、今度は弟のミハイル大公に譲位する意向を示したが、ミハイルは、ありもしない憲法制定会議の承認がなければ受け入れるわけにいかないとした。こうして君主制は一九一七年三月三日になんの抵抗もせずに消滅したのである。

しかしロジャンコの交渉とツァーリの言い逃れは、時々刻々変化する政治的現実にすでに追い抜かれていた。ドゥーマのあるタヴリーダ宮には、労働者の代議員からなるソヴィエトも置かれていた。それはチヘイゼを議長として設立されたばかりで、ウラジーミル・ウリヤーノフの保護者の息子であるケレンスキーがチヘイゼを補佐し、レーニンの友人で後に決裂したボグダーノフやチヘイゼ、スコベレフといったメンシェヴィキの多数派、ならびにメンシェヴィキのシンパ、国際主義者、それにブントのメンバー一人をその陣営内に擁していた。

ドゥーマの委員会とソヴィエトというこの二つの決定機関が同じ屋根——タヴリーダ宮——の下に所在するところを見ても、この革命がいかに予期せざるものだったかが分かる。ドゥーマは帝政の道連れとなって失墜するのを避けるために民衆の運動と連携した、自由主義ブルジョワジーの意志の発露にほかならなかった。このドゥーマに大衆は目を向け、革命を実行した当の大衆はドゥーマに権力を委ねた。権力を委ねるべき指導者がいなかったためである。もちろん同時期に設立されたソヴィエトの方が、より大衆を代表するものであった。しかしソヴィエトを支配していた社会主義者たちは、ロシア革命は最初の段階ではブルジョワジーを権力につけるはずであると相変わらず繰り返し述べていた。革命的群集は、ブルジョワジーを信用し、社会主義者たちの教えに忠実に従った。しかしまさにこの点が自由主義ブルジョワジーの大きな弱点だった――このブルジョワジーは己が勝ち取った権力を掌握保持していたのではなく、単に委託されていただけであり、彼らに権威を委ねた勢力は、彼らを統制、さらには指導する権利を有すると思っていたのである。

ドゥーマの委員会とソヴィエトの執行委員会によって設立された臨時政府は、ゼムストヴォー前議長のリヴォフ公が首相を務め、その閣僚は大抵は傑出した人物たちであった。外相には歴史家のミリュコーフ、法相にはケレンスキー、陸海軍相にはグーチコフが就任した。この内閣は大部分が自由主義者からなり、これに対してソヴィエトは直ちに条件を突きつけることになる。ケレンスキーはたちまちこの内閣の中で最も民衆の受けが良い人物となった。民衆は彼を穏健派社会主義者で、ソヴィエトにも近い人物とみなしていた。彼は二つの決定機関の両方に足場を持ち、一九一七年三月にあっては革命ロシアの期待の星と思われた。

臨時政府は、戦争遂行という枢要の問題に対して直ちに立場を決めなければならなかった。しかし立場を決めようにも、何しろ軍隊は革命によって組織を失っていたため、決めようがなかった。特に将校と兵卒との間に完全な平等を確立した例の「通達第一号」で指揮系統が解体し、もはや運行の規則も存在しなかった。こうした条件の下で、どうやって戦争を継続していけるであろう。また、どうやって平和を望む社会に、果てしなく続く戦争を受け入れさせることができよう。

早くも三月四日には外交担当の大臣ミリュコーフは、連合側諸国に覚え書きを手交していた。それは、ロシア政府は消滅した政体が締結した国際的義務を遵守する決意であり、戦争を最後まで継続する、と宣言していた。したがってロシアの戦争目的は不変である、ということになる。ソヴィエトの機関紙『イズヴェスチヤ』も三月十四日に、ミリュコーフの覚書に対してそれなりに応答する文書を発表することはした。それはヨーロッパ諸国民に講和を訴えるアピールであったが、しかし曖昧なものに留まり、人々に「屈辱的」講和を勧めるものではなかった。

グルジアのメンシェヴィキで、亡命から帰還したイラクリ・ツェレツェーリは、ソヴィエトに対してより具体的な立場を採用するよう示唆した(4)。すなわち戦争を行ない、同時に平和のために戦うというものである。そこで「併合も賠償金も伴わない講和」というスローガンが穏健左派の行動計画となった。世論の圧力を受けて、ミリュコーフは三月二十七日に以下のように宣言した。「自由ロシアの目標は……民族自決権に基づく永続的平和を確立することである」。こうしてほんの短い期間ではあるが、政府とソヴィエトは達成すべき目標についての概念を共有しているように思われた。しかしレーニンの帰国がこの束の間の統一を粉々にしてしまう。

いかにしてロシアに帰るか

スハーノフは革命の勃発に仰天したが、国外亡命者たちの驚きはそれ以上であった。彼らが居を構えていたジュネーヴ、ロンドン、ニューヨークにおいて、彼らは夢にまで見たものの、常にはねつけられてきた出来事がいつの日か起こり得るとは想像もできなかった。当時レーニンはチューリッヒにおり、スイスの社会主義者たちに大いに期待を寄せて、彼らの活動に間近から関心を寄せていた。彼はラ・ショー・ド・フォン〔スイスの時計製造業の中心地〕の時計製造工たちに講演を行ない、論文を書き……一言で言えば、あらゆることに携わっていた。ただし自分自身の国で起こっていることを除いて。ところが突然、思いもよらないこと、ツァーリ体制の終焉と革命の勝利の知らせが届いたのである。彼はびっくり仰天して、スイスの新聞という新聞を買い求め、受け取ったばかりの知らせが真実であることを確認しようとした。この時から、ただ一つの考えが彼にとりついて離れなかった。一刻も早くロシアに戻り、革命に参加しなければならない。その革命についてまだわずかのことしか分かっていなかったが、その流れを方向付ける計画は、もうすっかり出来上がっていたのである。彼の将来のヴィジョンは、この知らせがもたらされるや直ちに形作られた。アンジェリカ・バラバノーヴァは、その頃チューリッヒで開かれた集会で、レーニンが自分にとりついた確信を全力をこめて次のように断定するのを聞いた。「この革命は第二の、そして勝利に終わるパリ・コミューンに至るだろう。さもなければわれわれは戦争と反動に粉砕されるだろう」(5)。そしてこの回想録の著者は仰天する。「私は革命がもっとも工業の進んだ国から始まるという考えに馴らされてきた。レーニンの分析はその時、私には半ばユートピアと見えた」(6)。

しかしレーニンは何よりもロシアへの帰還の手段を模索した。ロシアに帰るためには、スウェーデンを経由する必要があり、そのためには連合国側の領土を通るか、ドイツを通らなければならない。彼はまず友人の社会主義者が多数居住するイギリスの援助を頼もうと考えた。しかし彼の敗北主義思想は、ロシアに戦争を続けさせることが決定的に重要な連合側諸国を恐れさせるだけだということを直ちに理解するのであった。彼がロシアに帰り、単独講和もしくは敗北をロシアで説き勧めるなどということは、連合国にとっては望ましからざることであるというのは分かっていた。臨時政府は締結された同盟に忠実であることを直ちに宣言していたのである。連合国にとってレーニンのロシアへの帰還が望ましくないその理由は、ドイツにとっては魅力的なものであった。可能な解決法を余さず考え抜いた結果、彼は急速に、ドイツに頼らずして故国に戻ることはできないという結論に至るのであった。

レーニンの心を揺さぶっていた熟考は、その同じ時期に三国同盟側諸国の指導者たちが考えていたことと共通していた。同盟側は単独講和が実現すれば、すべての戦争努力を西部戦線に振り向けることが可能となると、長い間期待していた。しかし早くも一九一六年には彼らはこうした幻想を諦めねばならなかった。まずツァーリが、次いで臨時政府が、一九一四年以前に交わされた約束に反する講和を結ぶことはないとはっきり断言したのである。戦争に関するレーニンの意見は同盟側にもよく知られ、好感をもって迎えられていたが、それは早くも一九一五年からアレクサンドル・ヘルファンド、通称パルヴスという怪人物が、ドイツ外務省に対してレーニンを代表する者と称していたからである。(7) ドイツの資料が証明していることだが、この男は当時「ロシアにおける大衆的ストライキのための準備工作」と題する覚え書きとも行動計画ともつかぬものを入念に作成していたが、その中でレーニンの敗北主義的構想（戦争→敗戦→革命）を参照している。この計画はドイツ当局には非常に興味深いものに見えたようで、一九一五年三月七日に帝国財務大臣は「ロシアにおける革命のプロパガンダのために二〇〇〇万マルク」(8) を割り当てている。確かにレーニンは一九一七年までパルヴスと直接の接触はほとんど持たなかったし、獲得された援助金をまったく受け取っていない。しかしパルヴスは当時、レーニンに極めて近いハネツキと共に仕事をしていた。レーニンはハネツキと絶えず連絡をとっていたが、ハネツキとパルヴス「博士」（この学問的称号は不当に入手されたものである）との関係について、トロツキーが警戒していることを知らなかった。トロツキーはパルヴスをただ単に「金で雇われたドイツのスパイ」であると非難していた。

一九一七年三月、この怪しげな人物に対するレーニンの先入見は一挙に消滅する。ロシアに帰るためにドイツ領土内を通過する権利についてドイツと交渉するためなら、あらゆる接触が彼にとっては有益であった。その頃マルトフも、レーニンと同じく何とか故国に帰りたいと思い、彼は彼でかなり類似した計画を考え出していた。これなら自分を援助するようドイツ当局を説得することができる、と彼が考えたその計画とは、ドイツ当局がロシアの社会主義者たちのドイツ通過を許可し、ロシアの社会主義者たちは故国に帰還した暁に、その見返りとして、相当数のドイツ人およびオーストリア人捕虜の釈放を臨時政府から勝ち得る、というものであった(9)。しかしこの計画はドイツ政府の興味を引かず、マルトフ案は却下される。実際、この提案は戦争の継続には大した帰結をもたらさないものであった。それに対して、即時停戦と革命を説くレーニンのような人物の存在は、ドイツの利益に莫大な貢献をもたらすだろう。これが駐ベルン・ドイツ公使のフォン・ロンベルク伯爵およびパルヴスの工作の意味するところであった。二人はマルトフのではなくレーニンの要求を受け入れるよう、ドイツ政府の説得に取り掛かった。こうして協定が結ばれることとなったが、その直接の要因は、敗北主義思想を広めるためにレーニンを利用しようとするドイツの意志である。その証拠はドイツ外務省が発信した次の電報の中に読み取れる。「皇帝陛下は今朝、ロシアの革命家たちがドイツ経由で輸送され、ロシアで工作するための宣伝機材の提供を受ける、との決断を下された」。

交渉はレーニン主導のもとに行なわれ、スイス人社会主義者のロベルト・グリム[10]とフリッツ・プラッテンがそれに協力したが、常に慎重なレーニンは表に出ず、あらゆる場面にジノーヴィエフを代理に立てた。レーニンは使用される車輛が治外法権の地位を有することを条件として要求した。ドイツとの共同行為であるとのあらゆる非難を避けるためであった。「封印車輛」の伝説を生み出すことになるこの要求は、受け入れられる。ドイツはまた講和と革命のプロパガンダを賄うための多額の資金を提供し、こうして持参金付きのレーニンは、帰還計画の実行に取り掛かることができたのである。

一九一七年三月二十七日、ボリシェヴィキたちはチューリッヒを離れる。レーニン夫妻には多勢の忠実な随行者が付き従う。その筆頭はイネッサ・アルマンドであるが、またジノーヴィエフも家族と共に乗車し、初めてロシアの地に足を踏み入れるラデック、そして数人のブント派もいた。ドイツによって手配され保護されたこの旅が、ヨーロッパ社会主義者たちに好ましからぬ印象を与える恐れがあることを意識して、レーニンはフランスのツィンメルヴァルト派にこの旅を公に承認するように要求した。同じ要求がロマン・ロランに対してなされたが、これは軽蔑をこめて拒否された。さらに言うならチューリッヒ出発の当日は波瀾含みだった。駅までレーニンを見送った支持者たちがインターナショナルを歌い出す一方、反対するデモ隊はレーニン一行をスパイ呼ばわりしたのである。

これに続いて二番列車が同じ旅程でマルトフの側近の亡命者たちをロシアに運んだ。マルトフ自身の他、アクセリロード、バラバノーヴァ、ルナチャルスキー、グリム、ソコーリニコフといった面々である。後者二人は、ロシアに到着するや直ちにボリシェヴィキ側に加わる。[11]

ここにおいて、この件に関わる当事者の誰もが締結された取引の項目を十分承知していたことを確認しておく必要がある。ドイツ当局にとって、レーニンはロシア政権を崩壊させるために握っている切り札であった。革命の火蓋を切るために、レーニンは講和を説き、軍隊を解体へ駆り立てる。それ以外は成り行き次第だ。一九一七年、ドイツにとって戦力を西部戦線へ集中することが急務であった。当時アメリカ合衆国は、いまにも参戦しそうな態勢であり、ドイツとしてはできるだけ早く戦争に勝つこと、少なくともいくつかの戦場で決定的勝利を収めることが必要であった。しかしそれは戦争が二つの戦線で展開する限り不可能であった。レーニンの方も、ドイツがいきなり彼に提供して来た利益と援助の理由を明瞭に理解していた。しかし彼はこの援助——財政援助も含む——が無ければ、何もできないことを知っていた。ロシアに帰ることもできなければ、また自分の党に、権力奪取のために必要な行動手段を提供することもできないことを。しかしてアンジェリカ・バラバノーヴァがはっきり示しているように、早くもこの時期から、権力奪取こそがレーニンの唯一の目標だったのである。

彼が帰還したとき、彼は自分の党が自分の意見を共有するにはほど遠いことを確認せざるを得なくなるだろう。

四月テーゼ

レーニンのペトログラードへの帰還は、外見上は凱旋であった。数週間前から亡命者たちが帰国しており、その都度、歓迎する大勢の政府およびソヴィエトの代表団の出迎えを受けた。しかしレーニンに対する歓迎は例外的なものであった。これについて詳しく語っているスハーノフは、こう記している。「ボリシェヴィキは組織力を誇示するすべを心得ていた。見栄えに力を入れ、行きすぎを恐れることなく人の目を眩ませることを好んだ。今回、彼らが紛れもないレーニンの神格化の祭典を準備していたのは明らかだった」[12]。ボリシェヴィキがレーニン歓迎委員会に例外的な派手な光輝を与えようと努めた理由の一つとして、帰還がドイツ経由というマイナスの印象を払拭し、すでに姿を見せ始めていた批判キャンペーンを予防する必要があったことを、スハーノフは強調している。

軍楽隊、あらゆる種類の横断幕、代表団、その日、〔ペトログラードの〕フィンランド駅にはないものはなかった。そしていつものセレモニーが滞り無く行なわれるものと考えることができた。列車が到着すると、レーニンが最初に姿を現した。彼はチヘイゼの前に立つ。チヘイゼは自分が議長を務める「労働者と兵士のソヴィエトの名のもとに」歓迎の言葉を述べ、次のように付け加えた。「われわれは革命的民主主義の現時点における主要な責務は、国の内外を問わず、いかなる敵対的企てからもわれわれの革命を防衛することであると考えます。民主主義全体の隊列を分裂させてはならず、逆に隊列を固めるべきであると考えます。あなたがわれわれと共にこの目標を追求されることを希望するものです」[13]。この演説の間、レーニンはこの言葉が彼に向けられているのではないとでもいうように、無感動のままだった。あちらこちらに視線を投げ、抱えきれないほどの巨大な花束をいじくりまわし、何も聞こえていないような様子であった。しかしチヘイゼが話し終わるやいなや、レーニンは彼に背を向けて、一語一語連打するように語り出した。

「親愛なる同志、兵士、水兵、労働者諸君。私は勝利したロシア革命の担い手、世界プロレタリアートの軍隊の前衛としてのみなさんに敬意を表します。帝国主義の略奪戦争はヨーロッパ全土の内戦の始まりであります。……世界革命の曙光がさし始めています。今にも帝国主義全体が崩壊することを予期することができます。社会主義世界革命万歳！」

そして彼は、茫然として立ちすくむ聴衆を後にして、「ラ・マルセイエーズ」の調べに送られて遠ざかり、公用車に乗る。然るべく動員されて集っていた群衆は、拍手喝采し、新たな演説を要求して、公用車の前進を阻もうと試みた。しかしレーニンはボリシェヴィキの司令部へと赴いた。

ボリシェヴィキは偉大なバレリーナ、クシェシンスカの宮殿を彼ら専用に接収していた。ニコライ二世がはるか以前、結婚する前にいくぶん恋心を抱いていた女性の宮殿である。支持者たちが待つその宮殿に着くと、レーニンはバルコニーへと急ぎ、短い演説をした。演説は何度も拍手で途切れたが、また敵対的な叫びも上がった。しかしそれは有能な警備担当者によってすばやく制圧された。そしてようやくレーニンは、ボリシェヴィキの責任者たちと再会したのである。

こうして彼は大勢の活動家、労働者に迎えられたわけだが、そこにはレーニンを一目見ようとやって来た良家の娘たちもいた。ロシアではまだ良く知られていないが、人々が随分と悪口を言っているあのレーニンを。カーメネフとジノーヴィエフが短い前置きの演説をしたが、聴衆は上の空で聞いていた。というのも彼らはこんな脇役の話を聴きに来たのではなかった。それが終わると、ついにレーニンが崇拝者たちに向って語りかけた。たっぷり二時間、七年の亡命生活の末ロシアに戻り、近しい者たちと再会できた幸せに陶酔しつつ、「ハンマーで連打し、相手を執拗に攻めたてる」一種独自の演説口調で、明瞭この上ない演説を惜しげもなくぶちまけたのである。フィンランド駅でしたように、一刻も無駄にすることなく、戦争を内戦に変えるというお気に入りのテーマを再び取り上げ、それまでソヴィエトが採用してきた姿勢を単刀直入に断罪し、次のように断言した。「ツェレツェーリとチヘイゼが説くソヴィエト民主主義は現実の講和（内戦による）にも革命にも到達することはできない。……日和見主義者たち、社会愛国主義者たちによって指揮されるソヴィエトは、ブルジョワジーの道具でしかあり得ない。ソヴィエトが世界革命に貢献するようにするためには、ソヴィエトを征服し、プロレタリアートのものとしなければならない[14]！」そこから二つの結論が出て来る。すなわち臨時政府への支持を拒否すること、そしてボリシェヴィキがソヴィエト内で多数を占め、さらにはソヴィエトを支配すること。レーニンの支持者たちは茫然として身動き一つせず、この演説を聴いていた。こんな演説を聴くとは予想もしていなかったのだ。革命は彼らをして社会主義の統一を夢見るに至らしめており、分裂など思いもよらなかった。ところがレーニンは彼らに、ツィンメルヴァルトの命題を支持した者のみが真正の革命家であると告げに来たのである。

ツァーリ体制崩壊に続く数週間、ボリシェヴィキは、指導者の不在にもかかわらず、何もしないでいたわけではなかった。早くも二月二十六日には、ペトログラードの騒擾の真っただ中にあって、シリャープニコフとザルーツキーとモロトフは宣言を準備しており、それは創刊間もないペトログラード・ソヴィエト機関紙『イズヴェスチヤ』によって発表された。モロトフとシリャープニコフはすでに一九一六年から首都のボリシェヴィキ組織の再構築に取り掛かり、その結果、中央委員会のロシア事務局を設立していたが、彼らの宣言は穏健なトーンを打ち出していた。二月二十八日にこの宣言が公表された時、新政権はまだ安定していなかった。そこでこの宣言は「革命臨時政府」創設を呼びかけ、普通選挙によって選出された憲法制定会議の招集、労働者同士の平和への呼びかけ、大地主の所有地の没収といった、民主主義的な改革を要求するだけで満足していた。この宣言を読んだとき、レーニンはまだスイスにいたが、平和に至るための労働者の連帯を訴えるという提案――彼は大して気にかけていなかったものの正当と評価はしていた――を読みとって満足していた。

その数日後、ロシアにおいて出版の自由が確立されたので、『プラウダ』がモロトフを編集長として再刊され、即座にこの宣言の主張を採用した。とはいえボリシェヴィキにとって、特に臨時政府が樹立された時に、これに対して明確な政治路線を選択することは簡単なことではなかった。臨時政府を支持すべきか。あるいは逆に、モロトフが考えているように、それを打倒すべく闘うべきか。三月十三日、かつて『プラウダ』の統制権を握っていたが、シベリアに追放されたためにそれを失った三人の古株、スターリン、カーメネフ、ムラノフがペトログラードに帰還し、直ちに党機関紙を再び掌握した。そこで彼らがこの機関紙で打ち出した立場は、その後レーニンが擁護することになる立場とは何の関係もないものであった。[15]輝かしきジャーナリスト、カーメネフは、戦争中に軍隊に対して武器を置けと要求することはできないと書いた。こうした防衛主義の立場は少数派であることがやがて明らかになるが、この立場によって『プラウダ』は、臨時政府に対しては穏健な態度を選び、臨時政府に対する、ないしその戦争遂行の意志に対するいかなる攻撃をも控えた。結局、『プラウダ』の責任者たちは、事態が流れを見せるまで精密な分析を行なうのを見合わせるという慎重な態度を採っていたのである。[16]

彼らの立場の支配的な要素は、二月革命はブルジョワ革命であり、それゆえ臨時政府が革命を代表すると称し、講和については革命の利益を考慮して考えようとするのは正当であるとの確信である。ボリシェヴィキの態度には、統一への欲求というもう一つの成分があった。キーンタール・ツィンメルヴァルトの原則に賛同するすべての者には和解の可能性があるとのスターリンの言明は、そこから出て来る。彼らの「妥協的」見解と、レーニンの立場との間の距離は全くかけ離れており、まだレーニンがチューリッヒにいた三月に、「遠方よりの書簡」[17]と題された論文――これはすでに臨時政府転覆を呼びかける『四月テーゼ』

を予告するものである――を彼から受け取ったカーメネフとスターリンは、これに検閲を加えることを決断した。二人はこれらの書簡の最初の一通だけを、臨時政府に対する攻撃の部分を削除した後に、『プラウダ』に発表したのである。(18)

帰還当時のレーニンの過激な発言は、彼の支持者たちの穏健な行動や統一への意志とかなり食い違っていた。しかし初日の演説以上に、翌日の会議は火に油を注ぐことになる。四月四日、統一を宣言する目的で、あらゆる派閥の社会主義者を集めた集会がタヴリーダ宮で開かれた。レーニンはめったにない激しさで真っ向から計画をぶち壊しにかかる。自筆の文書を社会主義者たちに向かって読み上げるが、これは革命の新たな局面への移行の全面的計画である。さらに重大なことに、彼は自分の案が直ちに実行されるべきであると強く主張した。その主要な要素は以下の通りである。すなわち、あらゆる戦争努力の即時停止、臨時政府への支持を止めすべての権力をソヴィエトへ移転すること、正規軍を廃止し民兵団をもって代えること、大所有地の没収と土地の国有化、ソヴィエトによる生産と分配の管理。

和解の精神が基調をなす会議の上に、レーニンの演説は、まるであらゆるものを破壊して進む暴風雨のように襲いかかり、出席者の大部分は憤慨した。レーニンの振舞いは、明晰な精神の持ち主ではなく扇動者の振舞いだと、彼らはみなし、抗議の声が至る所でわき上がった。「狂人のうわごとだ」とボグダーノフは叫び、古参ボリシェヴィキのゴルデンベルグは次のように宣言した。「レーニンは三〇年前から空位となっている王座、バクーニンの王座に立候補したのだ。……『分裂』を標語とし、自ら社会民主主義の外に身を置く者と、統一の話をしても無駄であろう(19)」。

メンシェヴィキの最良の弁舌家の一人であるツェレツェーリは、直ちにレーニンを断罪した。しかしツェレツェーリの目から見てレーニンの考えは、あまりにも奇妙で現実からかけ離れていたため、彼は議論を展開する中で自分自身が混乱してしまい、彼の反論は空回りしてしまう。要するに、レーニンは罵詈雑言と嘲弄を浴びたが、会議は彼の立場に対するがっちりと筋の通った批判を打ち出すに至らなかった。それが彼を救った。またそれは後に彼の強みとなる。臨時政府はレーニンが社会民主主義者たちの世論の中で支持を失ったと思い、ドイツの協力でロシアに帰還したというエピソードに行きすぎた発言が上乗せされた以上、彼からは支持者も一般世論も離れて行くだろうと考えた。ミリュコーフはその『回想録』の中で、駐露フランス大使のモーリス・パレオログが、レーニンはこの会議の間に笑い者になった痛手から立ち直ることは決してできないと思うと「嬉しそうに打ち明けた」と、述べている。[20] そして最初はレーニンを恐れ、彼の帰還を許すのを躊躇さえしていた――しかし二月の熱狂するロシアにおいて、これを拒否することは考えられなかった――臨時政府の指導者たちは、そこで現実を見誤る。レーニンはもうお終いだと考えたのである。臨時政府の中でただ一人の男がこうした幻想を抱いていなかった。ケレンスキーのみは、レーニンがすぐに復活するだろうと確信していた。彼の明晰さを当時分かち合う者がほとんどいなかったということだけを見ても、政権にあった自由主義ブルジョワジーが、レーニンに対していかに非力であったかが分かるというものである。わずか数ヵ月後に、民主主義を打ち倒すことになるこの男に対して。

しかしその前にレーニンは、自分自身の党の中で権威を確立しなければならなかった。そしてそれは容易な課題ではなかった。彼は『プラウダ』に、後に『四月テーゼ』[21] と呼ばれることになる論文を持ち込んだが、『プラウダ』は不平を鳴らした。この文書は同紙がとる立場に合致しないというのである。しかしレーニンは、彼の仲間の誰よりも粘り強くすぐれた策士であった。彼は帰還するやいなや、忠実なジノーヴィエフを引き連れて、『プラウダ』の門をこじ開け、編集委員会に入り込んだ。そして議論と脅迫を織り交ぜて、ついに目的を達成する。四月七日、『プラウダ』は彼の論文を「現下の革命におけるプロレタリアートの任務について」という標題の下に掲載する。とはいえこの論文の前に、カーメネフの注が付されていた。それはこの文書の責任はレーニンのみに帰することを強調し、さらに次のように述べていた。「この文書はわれわれには受け入れがたい。何故なら、ブルジョワ革命が完了しているとの前提に立って、この革命を直ちに社会主義革命に変換すべしと主張するからである」。

レーニンのテーゼに対するボリシェヴィキの反対は極めて強かったために、翌日、首都の党委員会が、それについて審議するために開催された。最後に行なわれた投票の結果は、反対一三、賛成二、棄権一という圧倒的なものであった。地方からも同様の反対表明が届き、これを見てもレーニンが党を自分の考えに従わせるのは困難であると予想された(22)。

しかしそれでも彼は闘志を失うことはなく、一〇日後に開かれる予定の全ロシア党会議の準備を最大限に入念に進めた。これに際して彼には有利な要素が二つあった。

――下部のボリシェヴィキの出席。彼らはレーニン不在の間に党を指導していた者たちが、特に戦争の問題についてこれまで見せて来た躊躇に当惑していた。ところが今や突然、決断力があり、発言が分かり易く、力と意志で心を奪う、断固たるリーダーと対面することになったのである。

――とりわけ革命ロシアは、戦争に関するミリュコーフの豹変で動揺していた。彼が四月三日に発した覚書は、社会主義者たちの講和の意志に沿うもののように見えたが、彼自身の見解からすれば彼らの圧力への一時的譲歩にすぎなかった。四月十八日、彼は連合国に伝えられた新たな覚書の中で、以前の宣言に立ち戻り、ロシアの戦争目標を力強く再確認した。講和の望みは遠のいていくように見え、ミリュコーフは二枚舌と告発された。直接の反応として、首都でデモが組織され、「ミリュコーフ、辞めろ」の叫びが上がった。

こうした危機を背景として、党会議は約八万人の党員から選出された一四九人の代表者を集めて開かれた[23]。レーニンに反対して、カーメネフは党が三月に決定した路線を堅持し、臨時政府を「監視する」べきであると提案する。ルイコフはルイコフで、「社会主義革命のイニシアティヴはわれわれに属さない」と宣言する。しかしレーニンはこの時、心変わりすることなきジノーヴィエフに支持された。またブハーリンも彼を支持した。ブハーリンは一九一五年に民族問題に関するレーニンのテーゼに反対した――民族自決の考えに反対だった――が、革命は即座に行なわれなければならないとの確信からレーニンに同調したのだ。さらにはスターリンが突然、レーニンの考えに転向した。スターリンはこうしてレーニンを支持したことによって、会議の後に選ばれた委員会の委員に、レーニンとジノーヴィエフに次ぐ得票で選出されることになる。

会議が審議を続けている間に群集は街角でデモをしていた。臨時政府はデモ参加者鎮圧のために部隊を投入することをためらったが、その部隊の方も鎮圧命令が出た場合にそれに従う決意をしている様子はあまりなかった。その時あらゆるものが、レーニンの主張を裏付け、彼の優位を強めているように見えた。最後の票決の結果は、彼が説得に成功し、党に権威を認めさせることができたことを証言している。戦争に関する決議では、彼はほぼ全員の賛成を得た（棄権七）。ソヴィエトへの権力の移転を準備すべしとのアピールには、一二二票が彼を支持した。その代わり、社会主義革命への即時前進に関する決議を支持する票は、七一にすぎなかった。レーニンはまた、「社会民主主義」という語を放棄して「共産主義」という語を採用するよう闘った。「社会民主主義」というのは裏切りの同義語であると彼は言い放った。この点については会議は彼に従うことを拒否し、またレーニンの意志に反して、統一の回復を目指してボリシェヴィキとメンシェヴィキを集めた作業グループを創設することを決定した。和解の夢は社会主義者の頭から離れなかったのである。

したがってレーニンは本質的な部分では勝利を収めたが、全面的に勝利したわけではなかった。会議の終わりに選出された中央委員会は、九人の正規委員と五人の補欠から成るが、彼の勝利の二面性を反映している。九人の正規委員のうち四人、ジノーヴィエフ、スヴェルドローフ、スミルガ、スターリンは彼の支持者だった。しかしスターリンに関しては、多少の留保が必要である。彼の合流はつい最近のことだからである。この五人のグループ——一〇四票で選出されたレーニンを加えて——に対して、レーニンが「古参」ボリシェヴィキと名づけるカーメネフ、ノギーン、ミリューチン、フョードロフがもう一つのグループをなしていた。

レーニンの最大の成功の要因はおそらく、すでにこの時点で党が「すべての権力をソヴィエトへ」というスローガンを採用していたことである。もっとも一九一七年四月にこのスローガンを打ち出したということは、レーニンが自身の考えの修正版を提示したということにほかならない。この年の初め、まだスイスにいたとき、彼はある講演の中でソヴィエトというテーマに触れていたが、この制度にあまり関心を示さず、一言二言短く言及しただけだった。しかし次第にその重要性を理解して行き、最初の「遠方からの書簡」の中で、ソヴィエト制度を「プロレタリアートと住民のもっとも貧しい部分との利益を代表する労働者の政府[24]」と記述している。このように変わって来たレーニンの認識は、すでに『四月テーゼ』のスローガンを予告している。その中で彼はソヴィエトとパリ・コミューンとの間に同等性を打ち立て、ソヴィエトとパリ・コミューンは両者とも、「人民大衆の直接的イニシアティヴ、社会の『底辺』から出たイニシアティヴ」によって成立した権力であるとしている。パリ・コミューンとソヴィエトを同一視し、マルクスに依拠することによって、レーニンは自分の主張に強固な歴史的根拠を与えた。とはいえ彼の考えるソヴィエト――彼はこの点についてこの上なく明確に考えを述べている――が、党によって浸透されたソヴィエト、つまり党の意志の表現であることに違いはない。ところが党は、何者が社会を政治的に代表するのかについてあまり首尾一貫した観念を持っていなかった。一九〇三年に採択された綱領は、一九一七年においてもまだ変わっていなかったが、普通選挙で選ばれた憲法制定会議を人民主権を代表する決定機関としている。四月の会議の際に、参加者たちはまだソヴィエトと憲法制定会議を同一レベルにおいており、この二つの決定機関の権力の序列を決めようとはしていない。十月以後、巧妙にもこの微妙な点に関する見解をまだ口にしていないレーニンと、党全体との間の不一致が顕在化する。しかし四月の会議に続く数ヵ月間は、レーニンの党も他のすべての社会主義組織も、憲法制定会議を発足させるための選挙を組織するのに手間取っているという理由で、臨時政府を攻撃し続けることになる。[25]それでいてこの間、ボリシェヴィキはますます声を高めて「すべての権力をソヴィエトに」と叫び続けるのである。

トロツキーとの同盟

四月の会議が終わるや否や、さまざまの出来事が相次いで起こり、ロシアおよび党内の状況が一変する。

第一の変化とは、ミリュコーフの覚書によって引き起こされた危機の中でリヴォフ大公の政府が倒れ、連立内閣が成立したことである。結局、この覚書はすでに悪化している状況をさらに悪化させる役割を果したにすぎなかった。当時、ロシアの混乱の原因は、権力の二重性、というよりむしろ、臨時政府がソヴィエトに有効に対処することができないという事実だった。前内閣の唯一の社会主義者閣僚ケレンスキーは、その存在自体、またその立場の両面性、政府とソヴィエトとの間で彼が行なった術策の数々からして、権力の中心がどこにあるかがいかに確定しにくいことであったかを示す証拠にほかならない。危機の結果として、五月の初めに連立内閣が組閣される。リヴォフ大公は首相の座を維持したが、ソヴィエトを代表する六人の社会主義者が入閣した。二人の社会革命党員と二人のメンシェヴィキと二人の無所属社会主義者であった。リヴォフはもはや何も代表していなかった。[26]

しかし党にとって新たな段階の幕開けとなったのは、トロツキーとの和解である。五月の初めに、今度はトロツキーがロシアに帰って来た。早くも到着の翌日には、彼はソヴィエトに対して演説をするが、彼が一九〇五年には首都のソヴィエトの議長の座についていたことを誰も忘れてはいない。彼はただちにレーニンが展開したテーゼを自分のものとし、すべての権力をソヴィエトに委ね、直ちに民主革命をプロレタリア革命へと転化させるよう、代議員たちに呼びかける。もはや何ものもトロツキーとレーニンを引き離すことがないように見えた。ただトロツキーは国際派社会民主主義者の組織（〈メジライオンツィ〉、「地区連合派」と訳すことができる）に繋がりがあったが、この組織は社会民主主義の二つの派閥に対して、独立を守ることに執着していた。しかしレーニンはトロツキーを自分の陣営に引き込みたいと強く望んでおり、一方、トロツキーは一刻も早く行動に移ろうとうずうずしていたが、行動を開始する力をもっとも有するのは、ボリシェヴィキの首領レーニンであることを完全に理解していた。

最初の一歩を踏み出したのはレーニンの方だった。彼はトロツキーが首都に到着した直後に、「地区連合派」の会合に出席し、『プラウダ』の編集委員会ならびに党大会準備委員会に加わるようトロツキーに提案した。これで直ちに二人が手を組むに至ったわけではない。トロツキーはなおボリシェヴィキの旗のもとに馳せ参じることに踏み切れなかったからである。彼はボリシェヴィズムは過去のものとなっており、今や新たな党を創設すべき時だと考えていた。そのためらいの背後には、彼が抱いていた違和感と同時に自尊心の問題が隠されていた。彼がレーニンの側につくとするなら、それはボリシェヴィキが正しかったことを認めることになりはしないだろうか。それゆえ彼はしばらくは距離を置いておき、レーニンの方がこちらの考えに同調して来るのを期待した方が良いと考えた。しかしレーニンはレーニンで己の信念を曲げない男で、事態の進展に促されていずれトロツキーは味方になると確信しており、いつの日か政権を奪取するという目的のために自分が創設した党を解散することなど肯んじなかった。いわんや党名を変えるつもりはさらさらなかったし、成功が間近いと感じており、今は党に関して何事であれ変える時ではないと考えていた。いつでもトロツキーを党に迎え入れる構えでいたが、しばらくは我慢する構えでもいたのである。

これに続く数週間の間に、ツィンメルヴァルト・グループの会議がペトログラードで開かれ、講和について討論するためにストックホルムで準備されている社会主義者の会議に、ロシアの社会主義者たちが参加すべきかどうかが審議された。会議は、参加を支持する者とボイコットを支持する者の二つのグループに分かれた(27)。トロツキーはボリシェヴィキよりもさらに激しく、議会開催の企てを告発した。この会議は、すでに革命の道に踏み出したロシアの社会主義者たちと、いまだに自国の政府を支持する必要があると確信しているヨーロッパの多数の社会主義者たちを一堂に集めようとするものだ、と彼は主張した。彼は「妥協論者たち」を非難するためにこれでもかこれでもかとばかり激烈な言葉を浴びせたが、その間レーニンは、彼が表舞台に立ち続け、妥協を許さない社会主義者の役回りを演じるのに任せていた。アンジェリカ・バラバノーヴァはトロツキーがこれほど過激な立場を採るのを見て驚き、レーニンに、どうして彼がまだボリシェヴィキに加わることをためらっているのか、そのわけを尋ねた。レーニンの答えは、この二人の人間の関係の両面性を明らかに示すものである。すなわち「知らないのかい。野心だよ。いつだって野心だ！」[28]

レーニンの懐柔の努力は、トロツキー個人だけに向けられたわけではない。同じ時期にロシアに帰ってきたマルトフにも同様の申し出がなされた。メンシェヴィキのうち、国際主義の立場と講和の意志を擁護するマルトフと同意見の者たちをボリシェヴィキに組み入れてしまおうとしていたのである。折しも連立政府が結成され、二人のメンシェヴィキが入閣したが、メンシェヴィキ党全体としては、政府が「国土防衛主義的」立場を採っているために、この参画を認めることを躊躇していた。マルトフはちょうど良い時に到着して、連立参加問題を討議するメンシェヴィキの大会に出席し、党員が新内閣に席を有することに激しい敵意を表明した。彼はレーニンにとって明らかに重要な同盟者だった。マルトフの知的威信は依然として莫大であったからである。ところが彼は亡命によって政治的影響力を大幅に失っていたことを確認せざるを得なくなる。メンシェヴィキ大会は、マルトフの反対にもかかわらず、連立内閣への党員の入閣を承認し、政府への全面的支持を約束したのである。入閣への賛成が四四票、反対一一、棄権一三であった。マルトフはこの闘いに負けると同時に、メンシェヴィキ党の党首となる可能性も失ってしまったわけである。彼は孤立したが、レーニンの側につくことは拒否する。(29) 一九一七年に、以前は友人であったレーニンについて、彼は否定的な見解を持つようになった。もはや権力のみを情熱の対象とする良心の呵責なき男としか考えられなくなったのだ。そして帰還の数日後に、ツェレツェーリにこう打ち明けている。「レーニンの目から見れば、講和にも戦争にも、現実的な関心をそそるものなどない。彼にとって唯一重要なのは革命だ。そして唯一真実の革命とは、ボリシェヴィキに政権を取らせるような革命なのだ」。

このような判断がある限り、この二人の人間の間にはいかなる接近も想像できないということになるのは明らかである。しかしレーニンにとって、結局、自分の誘いが拒否されたことは、さして重要なことではなかった。何故なら、世論のボリシェヴィキ化がゆっくりとではあるが着実に進行していたからである。それにこの時期、彼は敵が用いることのできない重要な切り札を手にしていた。

まず彼は新聞発行手段を握っていた。そしてその資金の出所は、一部はドイツから支給された金で、他党の資金とはけた違いだった。この資金のおかげで、レーニンは帰還するやたちまち、さまざまな社会・民族集団にむけた多様な形の新聞発行活動を展開することができたのである。一九一七年の夏にはもう『プラウダ』の発行部数は九万部に達する。党の各種新聞の総部数は三二万部で、これら四一紙の新聞のうち、二七紙はロシア語で、それ以外のものはグルジア語、アルメニア語、リトアニア語、ラトヴィア語、タタール語などで発行されていた。しかしボリシェヴィキの新聞——それがまさに彼らの強味なのだが——は、単にそれぞれの言語共同体に向けられただけではなく、女性や軍人（さらには水兵、前線の兵など、兵科に合わせた新聞さえあった）といった個別の社会集団にも向けられていたのである。さらにボリシェヴィキの印刷機は、毎日莫大な数のビラを印刷していた。こうした発行の努力のために党は、当時、印刷所を一つ所有していたが、それは二六万五〇〇〇ルーブルで購入されたものだった。フォルコゴーノフ(30)はこうしたデータを入念に検証して、確かにこの時期に活動家の数は増えていたものの、活動家の納入する党費だけでは、このような購入を賄うには決して十分ではなかったと強調している。この検証の結果は、レーニンが他との比較を絶したプロパガンダの手段を持っていたということにほかならない。

しかし新聞発行だけでは十分ではなかった。ボリシェヴィキは、工場委員会という、労働者階級の組織化のための別の道具を見つけ出す。というのも組合はメンシェヴィキに支配されており、それ故に組合の影響力を減じる必要があった。レーニンは工場委員会の設立を奨励し、その内部でボリシェヴィキは強烈なプロパガンダに専念した。確かに工場委員会は容易に操ることができるようなものではなかった。最初は労働者の自発的イニシアティヴから生まれたもので、ボリシェヴィキとしてはそれを拍手で迎えざるを得なかったのだ。レーニンはこうしたアナルコ・サンジカリスム的な動きを警戒し、現にこれまで一貫して告発し続けて来たが、今回は労働者階層の中に根付いたメンシェヴィキの権威と戦うためにこれを利用した方が良いことを理解していた。それによって彼の意図にしたがって組織される強固な性向を持つ労働者階級を、できる限り編成する方が良いというわけである。常に実際的で、さらには日和見主義的でさえあるレーニンは、こうした動きを最大限に利用することに決めたのである。

「われわれは政権を掌握する準備ができている」

ロシアに戻って二ヵ月そこそこで、レーニンは満足すべき成果を達成していた。状況は急速に進展し、政府の権威の低下は誰の目にも明らかだった。連立政府は、賠償金も併合もない講和に到達する意志を表明したが、しかし講和の気配は見えず、軍の不満は増大しつつあった。アメリカ合衆国の参戦は戦争の性質を変え、戦争はもはや帝国主義国家間だけの戦争ではなくなり、ロシアが望む講和の可能性は強まった、と政府は国民に説明していた。しかし社会はこうした言説に耳を貸さず、戦争は続き、それに伴う苦しみもまた終わりはしないことを確認していた。ボリシェヴィキが入念に唆していた都市の騒擾もさることながら、農村部でも暴動が頻発しており、あらゆるものが、政府の孤立が度合を増していることを示唆していた。そして誰もが必死になって自分の要求を主張しようとする農民や労働者を集めた協議会ないし大会は、波瀾含みの雰囲気を醸成するのに一役買っていた。こうしたところで事をなすのはボリシェヴィキにはお手のものなのだ。

こうした政治的急進化の状況の中で、六月に第一回全ロシア・ソヴィエト大会が開催される。ボリシェヴィキはこの大会の統制権を握ることからはほど遠かった。投票権を持つ代表八二二人のうち、ボリシェヴィキの代表は一〇五人を数えるにすぎず、代表二八五人の社会革命党と代表二四八人のメンシェヴィキのはるか後塵を拝していた。しかしまだどの党にも従属していない代議員が大勢いて、彼らは力関係がどちらの方向に傾くかを見守っていた。ボリシェヴィキはこうした未決定分子に向けて盛大な勧誘の努力を繰り広げた。

多くの兵士がひしめく過熱したタヴリーダ宮で、事件は起こった。郵政相のツェレツェーリが次のように宣言した時だった。「今日、わが国には、『諸君は政権をわれわれに委ねて、ご退場下さい』と言うことができる政党はない」と。するとレーニンが立ち上がり、一語一語、一音節一音節、明瞭に発音し、彼一流の説得の才を駆使しつつ、答えた。「その党は存在する。われわれは直ちに政権を掌握する準備ができている！」[31]

彼の演説は戦争の問題と政府に戦争を終結させる能力がないことをめぐって展開したが、敵意のこもった叫びと嘲笑によって中断された。しかしこの時、タヴリーダ宮に押し寄せていた水兵は、レーニンの演説に拍手を送った。ケレンスキーが立ち上がり、全く意外な皮肉と論理を込めた批判をレーニンに行なったが、その発言も水兵たちの圧倒的な存在によって不首尾に終わった。その発言は以下の通りである。「あなたは一七九二年のフランス革命を真似るようにとわれわれに勧める。あなたはこの国の完全な崩壊の中にわれわれを引きずり込もうとしているのだ。もし反動勢力の支持を得て、われわれを殲滅することに成功するならば、あなたは独裁者のために席を用意したことになるだろう！」

いくら喝采を浴びても投票はまた別の話である。レーニンとケレンスキーの二人のうち、前者は議場に侵入した兵士たちのおかげで真の勝利を得た。しかしその場の勢力の均衡を示す投票の瞬間に勝利したのは後者であった。大会議員たちは臨時政府への信任を票決し、国家権力を直ちにソヴィエトへ移管することを要求するボリシェヴィキの決議案を否決した。

閉会の前に、大会は以下のことを決定した。将来にとってこの決議は重要であった。すなわち規約を定めるべきこと、三ヵ月毎に会議を開くこと、そして総会から次の総会までの間に活動するソヴィエトの常設機関になる全ロシア中央執行委員会（ヴツィクすなわちＣＥＣ）を選出すること。この中央執行委員会に選出された二五〇人のメンバーの中で、ボリシェヴィキは三五人にすぎなかった。こうしてソヴィエト大会の統制権は、レーニンがかくも努力しソヴィエトの権力を擁護する演説を行なったにもかかわらず、とりわけ議場に溢れた兵士と水兵というすさまじい圧力の用具が存在していたにもかかわらず、彼の手中に帰するに至らなかった。兵士と水兵は絶えずボリシェヴィキの主張に拍手喝采し、レーニンに反論する者をやじりとばし続け、そのため大会はまるで極左主義者の集会の様相を呈したのであったけれども。

ソヴィエトの大会の中ではいまだ非力とはいえ、レーニンは街頭ではいささかも非力ではなかった。そこで彼は直ちにそれを証明しようと決断する。六月九日、ボリシェヴィキ党と工場委員会から、翌日「平和的に」デモをするよう呼びかけるビラが出される。しかしスローガンは平和的なデモを示唆するには程遠かった。「ツァーリのドゥーマを打倒せよ！」、「内閣を打倒せよ！」、「十人の資本主義者大臣を打倒せよ！」、「全権を直ちにソヴィエトへ！」、「パンと講和と自由を！」。武装してデモに参加すると予告する連隊がいくつもあった。ペトログラード駐留の各部隊は、レーニンが監督するボリシェヴィキの軍事組織が張りめぐらした本物の指揮系統に服従していたのである。

チヘイゼは取り乱し、全ロシア大会に対して警鐘を鳴らし、ボリシェヴィキのこのような力の誇示作戦は流血の惨事に終わる恐れがあると訴え、一方、ツェレツェーリはレーニン一派がクーデターを扇動していると非難した。奇妙なことにレーニンは当日、タヴリーダ宮にはおらず、それゆえこのデモの計画を撤回するように勧告する大会議員の不安に苛まれた呼びかけに対応することはなかった。結局デモは取り止めとなる。ボリシェヴィキは、政府が労働者を武装解除し、駐留部隊の力を弱めようとして、陰謀と称するものをゼロからでっち上げたと非難した。しかしあらゆる徴候からして——のちに行なわれる調査で証明されることになるが——ボリシェヴィキはデモがクーデターに立ち至ることを当てにしていたことは明らかだった。クーデターが成功したら直ちに新しい権力を樹立する手はずがすっかり整っていたのである。

翌日、事件から教訓を引き出すべく、ソヴィエトが開かれた。メンシェヴィキとその主要なスポークスマンであるダンとマルトフは、デモを催すことができる条件について厳密な規則が規定されるよう要求した。ソヴィエトのみがデモを許可する資格を有するとされ、武装示威作戦は、ソヴィエトにより例外的に許可が与えられる時以外、許されないことになった。ボリシェヴィキも議論の場に加わっていたが、何らかの反撃をすることもなかった。特にその必要もなかったのである。というのもツェレツェーリが議会に対して、ダンの思惑のもっと先まで歩を進めて、ボリシェヴィキおよびそれが操る集団を武装解除せよ、それに従わない時は時を移さず合法性を剥奪すべしと要求した時、マルトフが立って反対し、「労働者階級を武装解除する」ことはできないと宣言したのである。最終的な決定はダンを満足させたが、ボリシェヴィキの方も重くのしかかっていた深刻な脅威、すなわち非合法性へ追いこまれる恐れを免れることになった。その時点では、そのような危険に立ち向かうことができるかどうか確かではなかったのである。だから彼らとしては、自分たちを擁護してくれたマルトフに謝意を表してもよかったはずだ。マルトフは彼らを、いささか騒々しく御しがたいのは確かだが、民衆の支持を得ているが故に正当と認められる革命家集団であると規定してくれたのだから。しかし謝意の気配など見られないだろう。ボリシェヴィキを法の保護の外に置こうとするツェレツェーリの試みは失敗に終わった。ほどなくしてメンシェヴィキは、ツェレツェーリの予言が、彼らが信じたいと望んでいた以上に、現実に近いものであったことを確認することになるだろう。(32)

早くも翌日にはレーニンは再び優位に立った。というのも『プラウダ』は、ボリシェヴィキからすれば、ソヴィエトにはデモを統制もしくは許可するいかなる資格もない、ボリシェヴィキはいかなる状況においても、欲するときにデモを行なう権利を認めてくれるようソヴィエトに頼むなどということはしないと、告げたのである。レーニンは新たな出撃作戦のために有利な時機を有効に用いようと心に決めていた。

その機会は待つことほんの数週間で訪れる、と少なくとも彼は思っていたのである。

蜂起の失敗

六月二十九日、レーニンはクループスカヤと共に首都を離れ、フィンランド国境近くの村にある、友人のボンチェ・ブルーエヴィチの別荘で数日を過ごした。それは休暇だったのだろうか、それとも必要な撤退だったのか。確かに彼は帰国以来繰り広げてきた絶え間ない活動によって疲労困憊しており、彼の神経の状態は、クループスカヤが注意深く気に留めていたとはいえ、良好とはいえなかった。しかしこの首都からの出発を説明するには、休息の欲求よりも強いもう一つの動機が考えられる。すなわち用心深さである。この六月の下旬には、レーニンは政府が彼に不利な関係資料、彼の裏切りの証拠を含む資料を準備していることを察知していた。ドイツ経由で帰国したことは良く知られており、今なお厳しい批判の対象となっていたが、今度はそれに加えて、ハネツキとパルヴスによる金銭的裏取引の証拠を提示し、レーニンがこの策動に無関係ではなかったこと、そしてすでに一九一四年からレーニンが説いていた敗北主義的キャンペーンをボリシェヴィキが前例のない規模で拡大することができたのは、ボリシェヴィキの金庫に大量に流入したドイツの金によってであることを、政府は証明しようとしていたのである。

こうした情報の開示は、フランス情報部も応分の協力をして実現したのだが[33]、その時期はまことに間が悪かった。二週間前の六月十六日に、ケレンスキーは南西部戦線で攻勢を開始したが、それを援護するためにフランスに派遣されている師団をロシアに戻すことが必要になるだろうと覚悟した。彼はこの最後の努力によって、ロシアの軍事的失敗の悪循環を絶ち切り、同盟側諸国に単独講和を期待することはできないことを見せつけようと望んでいた。軍事的成功への信念が再び生まれ、ガリツィアにおける最初の作戦が順調に進むことが明らかになると、前線だけではなく社会の中でも、愛国的熱情はまだ完全に消えたわけではないということを、ボリシェヴィキとしては認めざるを得なくなった。しかしドイツ軍の急激な反攻が、わずか数日の内にこうした期待を打ち砕く。そうなると、惨憺たる失敗を認め、犬死にした兵士と負傷者と捕虜の数を数えるしかなかった。ケレンスキーの決断は、今や全くの狂気の沙汰ということにされてしまい、彼としてはその代償を支払わなければならなくなった。その責任者と見なされ、大幅に権威を失ったのである。この失墜に見舞われたまさにその時に、七月事件が起き、彼は決断力と威信を発揮することが要求された。しかし彼は決断力などこれまで一度も見せたことがなく、威信はすでにずたずたにほころびていたのである。

　ここで失敗に終わった蜂起の一部始終を再現するとしたら、長くなりすぎるだろう。しかしその大筋を要約しておくのは無駄ではない。そこでまずは一九一七年夏の首都における状況の、二つの重要な局面を見直してみよう。

　出発点はヴィボルク地区「ペトログラード近郊、フィンランドの近く」の中心にある別荘を牙城とした無政府主義者たちの活動の活発化だった。この別荘は革命以前にドゥルノーヴォ大臣が所有していたものだが、今や無政府主義者たちの司令部となっており、スハーノフが強調するところでは、ソヴィエトも政府も両者共に、この別荘はいついかなる時にも使用できる武器弾薬を大量に所蔵していると確信して、不安を抱いていた。しかし敢えて介入したり、詳しく調査しようとする者はいなかった。ところが六月に、無政府主義者たちは印刷所に乗り込んで支配下においた。これがソヴィエトに反撃の口実を与えることになる。ソヴィエトは彼らから印刷所とドゥルノーヴォの別荘を接収しようと試みた。これが今度は彼らにヴィボルクの住民を味方として動員するための口実を与えることになる。結局この事件は、ヴィボルクを紛れもない要塞に変えるという結果をもたらした。そこに陣取った無政府主義者の労働者と水夫は、こぞって「多数派」（政府とソヴィエトを一緒くたにして彼らはこう呼んでいた）は革命の敵どもの陣営に与していると考えていた。残るはこの確信を戦闘に移すことだけであった。[34]

こうしてヴィボルクで騒擾が拡大する一方で、首都の兵営内でも騒擾が広がっていた。そこではボリシェヴィキが兵士の不満をかき立て続けていたが、六月攻勢をきっかけとして大きな動揺が引き起こされ、兵士たちはガリツィアの前線に援軍として派遣されるのではないかと恐れていた。ボリシェヴィキはボリシェヴィキで、政府がこの機会を利用して彼らの思想に同調した部隊を首都から遠ざけようとしていると懸念していた。こうした錯綜する状況の中に、ドイツ・オーストリア軍に敗北を喫したとの知らせが入り、増大しつつある不満に加えて、政府はその職務を全うする能力を完全に失っているという確信が生まれることになったのである。

七月三日、ペトログラードで本物の蜂起が始まり、三日間続いた後、第一次連立政府に終止符を打つ。ロシアの政治的状況が依然として不可解極まりないことが明らかになる。

この蜂起の直前に政府は、ボリシェヴィキの活動を停止させる決定を下していた。守備隊に対するボリシェヴィキの策謀は、政府からすれば許容範囲を超えるものであった。いくつかの小部隊を前線に送るという命令に対して、守備隊は実質的に抗命状態にあったのである。レーニンの国家反逆を証明する書類を入手した政府は、ボリシェヴィキの指導者たちの逮捕を決定した。この決定の検討中にレーニンはその情報を得ており、彼が首都の外へ一時避難場所を求めようとしたのは、恐らくこれで説明が付く。

七月三日、首都で兵士の行列をつき従えた労働者のデモが組織され、二日間にわたって街路を埋め尽くす。そしてタヴリーダ宮を包囲し、数人の政治家を捕捉し――ヴィクトル・チェルノフはこうして人質にとられることになる――、ソヴィエトへの権力の移転を要求した。周章狼狽しながらも、政府はさまざまな鎮圧措置をとった。『プラウダ』を禁止し、政府に忠実な部隊を首都に呼び寄せ、さらにはボリシェヴィキの三人の指導者、レーニン、ジノーヴィエフ、カーメネフの逮捕を命じた。

この七月の栄光の三日間――すべては六日に終わっているのだから――は、ボリシェヴィキ、デモ隊、政府という三つの行為者集団の苦闘の成果であった。各集団の行動は、決断力を欠き、優柔不断で、要するに一種の任務放棄のごときものが見られたという点で何かしら驚くべきものであった。

つまるところ指導者が不在だったボリシェヴィキ――レーニンが隠れ家から出てくるのは七月四日になってからのことであった――は、この不確実な日々の間は、新たに形成されたジノーヴィエフ、カーメネフ、トロツキー（この時以降レーニンの側につく旗幟を鮮明にした）の三人組によって指導された。もっともこの危機で主役を演じたのはトロツキーで、終始一貫して意志を表明し続け、蜂起のもっとも緊迫した時点において権力の保持者の変更を要求し続けたのである。ボリシェヴィキは二つの戦線で戦った。蜂起した群集に向けては次々に指令を発したが、数時間後にはそれと反対の指令が出されることもしばしばだった。一方、ソヴィエト内でも活動を展開し、そこに存在する労働者部会を先鋭部隊として用いようとした。

事件の第二の立役者は労働者と兵士たちで、彼らは七月一日から権力の中枢へ向けて攻撃を集中し、自分たちの運動をこの先どうするのかについてボリシェヴィキからの指令を待った。自然発生的な運動だ、とボリシェヴィキは主張していた。しかしより仔細に検討してみれば、これはボリシェヴィキが自分で引き起こしたものではないにしても、彼らが数週間にわたって念入りに煽り立てたものなのである。七月三日は決定的な日である。その日、蜂起は押し留めがたく見えた。首都の街頭に侵入した労働者と兵士たちは、これまでになく断固たる態度を見せた。あちこちで数発銃撃が行なわれ、控え目に略奪が行なわれた。特に政府とソヴィエトの所在地の周りでは、「十人の資本家閣僚を打倒！」、「すべての権力をソヴィエトへ！」との叫びが上がる。タヴリーダ宮のソヴィエトの前でカーメネフは演壇に飛び上がり、「われわれが反乱を呼びかけたわけではない。しかし大衆は自発的に街頭に出てきたのだ。……われわれは大衆と共にあらねばならない。われわれの任務は運動に組織性を与えることである」と大声で叫んだ。

このようにボリシェヴィキは蜂起者たちの助けを得て、今にも権力を奪取するばかりと見えた。ところが一向にその動きはなく、彼らは相矛盾する指令をやたらに出し続けるのだった。しかし翌日になると、レーニンの支持者たちはそれでも行動に移る決心をしたと信じることができる。彼らは党の司令部で夜を徹して行動の段取りについて討議した。しかしその間、政府は危険を自覚し、援軍を呼び寄せていた。ところが明け方になると再びすべてが一変する。ボリシェヴィキだけでなく代議員たちも兵営と工場へと急行し、兵士と労働者たちにいかなる行動をも差し控えるようにと説得にあたったのである。

要するに、ボリシェヴィキは、長時間にわたってぐずぐずと言い逃れを並べたのちに、武力行使の時はいまだ至らずとの決定を下したのだ。デモ参加者たちに命令が出されるや、次いでそれが撤回されるということが何度も繰り返されたという事実が、彼らの優柔不断を物語っている。例えば七月四日の『プラウダ』の一面には、検閲で削除された大きな白紙部分と、社会に節度を呼びかける論説とがならんでいた。このような躊躇——四日のレーニンの行動はそのもっとも明瞭な例にほかならない——が見られた理由は何なのだろうか。権力は麻痺したように見え、大衆は方向が指示されたなら何でもする構えでいたというのに。

部分的ではあるが必要な説明が一つある。それは、レーニンの国家反逆に関する新事実が、公表されるばかりになっていたという事実である。すでに七月四日には、ケレンスキーはレーニンの国家反逆を証明する資料を報道する命令を出した。しかし政府はこれを発表すべき緊急性があるかどうかまだ躊躇していた。その同じ日のうちに、政府は暴動に歯止めをかけ、ボリシェヴィキを非合法化することができると考え、彼らを永久に政治活動から遠ざけることになる訴訟のことを早くも夢想していた。それゆえ政府はレーニンを打ちのめす資料をほんの一部しか公にせず、その主要部分は計画されていた訴訟のためにとっておくことにした。政府は新聞にその資料を提示したが、その直後に取り下げてしまう(35)。実はその時、この件に関する見解が、法相ペレヴェルゼフとソヴィエトの多数派との間で完全に対立していたのである。ペレヴェルゼフの方は資料を全部公表することを願っていたが、ソヴィエトの多数派はレーニンに加えられようとしている仕打ちに憤慨した。レーニンを憎んでいたツェレツェーリでさえ、国家反逆事件を封鎖するのに貢献した。すべての新聞がソヴィエトの求めに応じて沈黙を守ることになるが、『ジヴォーエ・スローヴォ』だけは例外で、「スパイ団　レーニン、ハネツキとその一味」と題する記事を載せた。この記事は至る所で読まれ、レーニンにとって悲惨な結果を生み出した。ロシアの民衆は、ボリシェヴィキ主義に共鳴する兵士たちも含めて、もちろん心から講和を希求していたが、敵国から資金をもらって、敵国の金で買われた講和という観念を受け入れる態勢にはなかったのである。

ボリシェヴィキの反撃は確かに迅速だった。ジノーヴィエフは直ちにソヴィエトで発言し、次のように告発した。「新聞に発表されたおぞましい中傷は、すでに人民大衆に対して効果を発揮した。こうした卑劣な行為の意味するところは、改めて諸君に説明するまでもない。それはわが国の革命の利害に関わるのみならず、ヨーロッパ全域の労働者運動に狙いをつけているのだ。同志レーニンの名誉回復を行ない、中傷を沈黙させる必要がある。……私はこうした使命を帯びて、わが党の中央委員会の名のもとに、ここにやって来たのである」。しかしこの力強い声明を以ってしてもボリシェヴィキの狼狽と不安を隠すことはできなかった。この暴露によって生み出される効果がいかなるものかを承知していたので、彼らは――誰にもまして真っ先にレーニンが――このような時期に権力を奪取することは不可能と判断したと考えられる。蜂起者たちに対して節度を呼びかける勧告がふんだんに発せられたのは、そうした訳なのである。

政府はそれにつけこんでイニシアティヴを奪い返す。社会の直中に反動が形成される兆しがあったからである。革命ないしボリシェヴィキに敵対する分子が、『プラウダ』の印刷所を襲撃し、ボリシェヴィキの司令部を包囲した。政府はこの時とばかりに反乱兵を武装解除し、兵営の統率権をいくらか回復する。また同時に、ボリシェヴィキ逮捕の命令を下したのである[36]。

レーニンとジノーヴィエフは何とか姿を隠し、次いでフィンランドへ逃亡することができたが、カーメネフ、トロツキー、ルナチャルスキー、コロンタイは逮捕される。彼らは監獄で、ドイツ資金事件で収監されていたハネツキと再会する。スハーノフは著書の中で、レーニンの逃亡は彼のイメージを改善するのに役立たなかったと指摘している。「確かにレーニンが行動の自由を確保した方が有意義だったと考えても構わなかったが、しかし地下への潜伏を余儀なくされた以上、監獄にいるのと大した変りはなかったのではなかろうか」。さらに彼はこう付け加えている。逮捕されたボリシェヴィキは、監獄で殉教者の栄誉を獲得したが、それに対して「レーニンに重くのしかかる中傷によって、彼の逃走の帰結はさらに好ましからざるものとなっていった。……何びとといえどもどんなに不利な状況にあっても、裁判を受ける権利を要求できたはずである」(37)。

スハーノフの見るところ、レーニンの道徳的イメージは、彼が共に闘っていた者を見捨てて逃亡したことによって永遠に汚点を刻まれたということになる。事実、この事件に関する彼の行動は栄光に輝くというようなものではなかった。蜂起の間、彼は革命の企てよりも、次いで味方の者との連帯よりも、自分自身の身の安全の方により配慮したのである。しかしこの行動は彼の党についての考え方に則っている。彼は己が創設した組織とあまりにも一体化していたので、自分の下す決定が正統性を持たないとは一瞬たりとも考えることができなかったのである。自分が党の首領であり体現者である以上、自分で下した決定は党全体の決定である、と彼は考えていた。

しかしながら、レーニンの決定は多くのボリシェヴィキの賛同を得ることは無かった。彼はそれを正当化するために、彼らと議論しなければならなかったのである。彼はアリルーエフ家——スターリンと親しい家族で、後に彼自身もそこに身を隠すことになる——のマンションに一時の避難所を見つけだしていたが、七月七日に、レーニン、クループスカヤ、スターリン、オルジョニキゼ、ノギーンおよびそれほど名の知られていない数人のボリシェヴィキの間で、この件について議論がなされた(38)。ノギーンは生え抜きのボリシェヴィキで、一九〇三年以来レーニンの側近となり、四月に中央委員会に選出されているが、その彼がレーニンに投降を説き、長時間にわたって彼を説得しようとしていた。逃走の方へ天秤を傾けたものは、エレナ・スタソヴァの到来であった。彼女もまた古くからのレーニンの支持者であったが、政府が訴訟の根拠となる情報を流していることを告げた。レーニンは単にドイツの手先であるばかりでなく、〈オフラーナ〉の金で雇われた協力者と推測されているというのだ。「監獄へ行っては駄目です。あなたはやつらに殺されますよ」[39]と、スターリンは叫んだ。レーニンは心の底ではすでに確信を持っていたが、ここに至ってノギーンおよびオルジョニキゼの意見よりもこちらの意見に与することを決断した。翌週、『プロレタリアの大義』にレーニンとジノーヴィエフ連署の手紙が掲載され、この件に終止符が打たれた。二人はその手紙で、法的に公正な扱いをされるいかなる保証もない逮捕を拒否すると発表していた。

この武装蜂起という事件が浮き彫りにしたのは、政府の揺るぎなさというよりは、大衆とボリシェヴィキの優柔不断振りであったが、ともかくこの事件直後に、政府は優位に立ったようであった。レーニンと彼の党は破綻に瀕し、その結果、権力とメンシェヴィキと社会革命党は思うがままに振舞うことが出来るようになった。今や、革命はこれまでより明確な道に踏み込んだ観があり、ボリシェヴィキが政治の舞台から姿を消し、信用を失ったことによって、不断の急進化の脅威が去って、ある程度の安定が訪れると思われた[40]。

再浮上の困難

七月事件の結果は、第一次連立政府が蜂起の数日後に姿を消したということである。今度こそ決定的にルヴォフ公が辞任し、ケレンスキーが社会主義者が多数を占める内閣の首班となり、国防大臣の座も保持しつつ、海軍大臣を兼務した。彼は自分の内閣に、エスエル党員――サヴィンコフとレヴェジェフ――および数人のカデットも呼び寄せた。しかしながらこの連立は誰の心も引きつけることはできなかった。己の権威を補強するために、彼は七月十八日にコルニーロフ将軍に助けを求め、将軍に軍の統帥権を託した。しかしこうして再建された権力は、レーニンならびにボリシェヴィキとの衝突を果てしなく続けることになる。そして政府に対して執拗な攻撃が繰り返され、そのために政府は当初の計画、つまりドイツ資金の一件を全面的かつ決定的に公開することを首尾良くなし遂げることを妨げられてしまう。政府はソヴィエトからの批判に晒された。ソヴィエトは逮捕――確かに逮捕件数は多すぎたが――の必要性そのものに異議を唱えていたが、しかしとりわけレーニンを擁護し続けたのである。マルトフは政府の行動に対するもっとも激しい異議申立ての態度を示した。レーニンは疑いなく良心の呵責を感じない策謀家であるが、絶対に国家反逆の徒ではないと執拗に繰り返し主張したのである。ツェレツェーリも彼に足並みをそろえた。こうした非難を浴びて、政府は少しずつレーニンの国家反逆に関する調査を放棄しなければならなくなる。レーニンにとって最初の勝利であったが、その勝利を彼自身はなにもせずに勝ち取ったのである。単にもっとも明晰と見えた彼の政敵たちが、彼の救援に駆けつけなければならない必要を痛感したが故に勝ち取られたのだった。

ボリシェヴィキ党は、七月二十三日から八月三日まで開催された第六回党大会の折に、組織を立て直す。(41) この注目に値する大会は、当時逃走中のレーニンも、投獄されていたトロツキーも参加していなかったにもかかわらず、この二人の人物に支配されていた。この大会は統一大会という象徴的な名称を冠していたが、これはかくも混迷する時期にあって再び政治の舞台に浮上したいという、ボリシェヴィキ全員の願望を見事に証言していた。この大会はまた、約一七万人の活動家――その四分の一は首都にいた――が参加した、見事に組織された選挙によって選出された代議員を集めたものだった。二六七人の出席者の中には、単に公然のボリシェヴィキだけでなく、トロツキーが属する「地区連合派」組織の代表も、その時まで独立を守ろうとしていた国際派のさまざまな派閥の代表もいた。誰もが統一の達成を願っていた。勢力を増大しつつある反動に直面しており、それに立ち向かうには結集しなければならないと感じていたからである。

こうして統一が実現した。これはレーニンの不在中に実現した統一であったが、紛れもなく彼が勝ち取った勝利にほかならない。彼が常に考えていた統一というものは、そのようなもの、すなわち社会主義を標榜するすべての者が、無条件に彼の旗の下に参集するというものだったのである。

大会で選出された指導部は総勢二一人のメンバーからなる。レーニンは得票数一位で選ばれ（投票数一三四のうち一三三票）、ジノーヴィエフ（一三二票）、トロツキーとカーメネフ（一三一票）が続く。これは正反対の経歴と傾向を寄せ集めた異種混合的な中央委員会であった。レーニン、ジノーヴィエフ、カーメネフ、トロツキー、ブハーリン、ソコーリニコフは、長きにわたり国外に亡命していた人間だが、これに対してスターリン、ルイコフ、ジェルジンスキー、シャウミアン、スヴェルドローフ、ムラノフは、国内で活動して来た人間で、監獄生活とシベリア流刑生活を繰り返していた。委員に選出された者の大部分は、党内抗争に関して、あるいは戦争について、あるいは例えばブハーリンがそうなのだが、民族問題に関して、これまで一度はレーニンと対立したことのある人間だった。コロンタイのようにメンシェヴィキ出身の者もおり、またトロツキーのようにレーニンに一貫して敵対して来た者もいた。トロツキーがレーニンと手を結んだのはこの一九一七年の夏のことにすぎず、この和解は第六回党大会によって公式のものとなったわけである。

またこの大会は二つの権威機構の設立を承認した。一つは最高会議幹部会で、これの指導部には党大会の出席者（スターリン、スヴェルドローフ、ロモフ、オルミンスキー、イウレーニエフ）が収まることになる。もう一つが本物の決定機関で、そのメンバーはレーニン、トロツキー、ジノーヴィエフ、カーメネフ、ルナチャルスキー、コロンタイだった。当時、コロンタイはヴィボルクの監獄に収監されていたが、捕われの身であることから、却って威信を強めている気配があった。

スターリンはレーニン不在の中で、大会での一般報告を行ない、身を隠した指導者のスポークスマンを務めた。彼はこれからは政府と革命の関係は、レーニンの有名な言葉「誰が誰を打ち負かすのか（クト・カヴォー？）」に要約されると宣言し、次のように結論した。「七月以前には、権力のソヴィエトへの平和的移転は可能であった。しかし今やそれは不可能になった。革命の平和的な期間は終わったのである。決裂と爆発の時期が到来したのだ」[42]。レーニンは不在だったが、彼の思想は、すでに彼のもっとも忠実な代理人とみなされたいと望む者によって熱烈に擁護された。またスターリンは、誰も声に出すことはなかったが、実は党全体が困惑している問題についても発言した。レーニンは自分に対してなされた国家反逆の告発に対して潔白を証明するために、裁判を受けて立つべきだったのか、それとも彼が現にしたように逃亡すべきだったのか、という問題である。スターリンの答えは両義的だった。裁判になった場合に政府が、レーニンに安全と公平のあらゆる保証を提供したならば、彼は裁判に出廷した方が良かったであろう。しかしその保証が揃わなかったのであるから、最小限の慎重を期して逃走する必要があったのである[43]。スターリンはこの発言のせいで激しい批判を浴びた。ジェルジンスキー、スクルイプニク、ブハーリンが、この発言はなまぬるすぎると判断したのである。特にブハーリンは「ブルジョワの法廷が公平であり得る」という考えを一笑に付した。とはいえスターリンの意見は、レーニンの逃亡へのある程度の不同意が潜在することを露呈している。それは多数の信奉者のあいだに深刻な不快感を引き起こしていたのである。

この大会からはまた、二つの要件を指摘しておく必要があるだろう。それは当座はほとんど気にもとめられなかった要件であるが、将来において重要な意味を持つのである。

その一つは、「すべての権力をソヴィエトへ」というスローガンがほとんど消え失せ、さらに曖昧な、それでいて人々の精神の過激化を示す「労働者と農民の革命的独裁」というスローガンに代わったことである。

二つ目は、マルトフ派がボリシェヴィキの大会に祝意と支持のメッセージを送り、レーニンの党と連帯して連立政府に対する闘いを遂行すると断言したことである。放逐され、信用を失っていたレーニンは、こうして長い間敵対関係にあった者が彼の周りに駆けつけるという喜ばしい状況に恵まれたわけである。多くは思いがけないこれらの支持は、彼の孤立状態を緩和してくれた。

大会が終わる頃、首都郊外のラズリフに身を潜めていたレーニンは、隠れ場所の秘密が暴かれたとの知らせを受ける。彼はその地でジノーヴィエフと共に、穏かな日々を送り、短い著作を執筆し、書物を漁り、後に『国家と革命』として結実する大著の準備をしていた。当局に狙われる危険を察知すると、彼はフィンランドへの避難を決心する。彼は当地へ、身元を偽り、偽のパスポートを携えて赴いた。ジノーヴィエフも同様だった。レーニンは人相風体をすっかり変えた。髭を剃り、ブロンドの鬘をつけて、似ても似つかない人相になった。彼の側を離れることのない同行者ジノーヴィエフは、彼とは正反対に頭を剃り、髭を生やした。

このように姿を変えた二人組は、すんでのところで捕まりそうになり、泳いで川を渡る羽目になったり、機関車の火夫を装う羽目になったりの波瀾万丈の旅の末、ようやくヘルシンキに辿り着く。レーニンはそこで警察署長の家に避難所を見つける。彼にとってこれ以上安全と思われるものはなかったのである。

この間、ペトログラードでは状況は悪化し続けていた。連立は二週間しかもたずに崩壊し、そのあとに組閣された新政府は、相変わらずケレンスキーによって支配されるものだった。ケレンスキーは国家協議会をモスクワに招集することを決定した。二千人にのぼる参加者が、体制の安定性の確保を可能にするようないくつかの提案を作成するに至る、と彼は目論んでいた。会議の開催に先立って新聞は鳴り物入りの宣伝を行なったが、この討論会が何のために企画されたのかを正確に知る者は誰ひとりいなかった。すべての政党がこの会議に代表を送るべきものとされていたのだが、これに参加するかボイコットするかの、例によって例のごとき議論が、暫しの間、各党内で繰り広げられた。しかしその論争にはいかなる重要性もなかった。何故なら協議会はほとんどその直後に中止と宣言されたからである。

そこから事態は急展開を見せる。社会は戦争の問題の打開と農地改革という要求に対する回答を待っていた。ケレンスキーとその政府の方は、執拗に戦争を遂行し続け、農地改革を来るべき憲法制定会議へと先送りしながら、それでいて憲法制定会議の選挙の実施を急ぐ気配はなかった。あらゆる問題について、この政府は時間稼ぎをしていた。それにケレンスキーは、ボリシェヴィキの蜂起の失敗以来、今度は右翼から武力行使があるのではないかとの恐れにとりつかれていた。こうした不測の事態に備えるために、彼はコルニーロフに助けを求めた。この人物はブルシーロフ将軍から「ライオンの心と小羊の頭脳を持った」

男と呼ばれていた。しかし同時にケレンスキーは、新しい司令官が軍事クーデターを企てる可能性を恐れた。両者の間には互いに相手に対する不信の念があり、下心もあった。それゆえ国家協議会の失敗と国を混乱から守るためのあらゆる企ての失敗を見て取ると、コルニーロフは、今度は自分が冒険に乗り出すことになる。(44) 彼はますます顕著になる軍に対する革命側の圧力と、九月の初めには首都を脅かすに至ったドイツ軍に対処するために、内閣の辞職と彼自身への全権委譲を要求した。ケレンスキーは直ちに彼を罷免する。これに対して将軍は八月二十七日に部隊を率いてペトログラードへと進軍を開始する。この軍事クーデターの脅威に直面して、すべての左派政党――ボリシェヴィキ、メンシェヴィキ、エスエル――は、総動員態勢に入り、大衆を組織し、陰謀を打ち砕くことこそが自分たちの最重要課題だと宣言した。しかしその努力には及ばなかった。コルニーロフの部隊は戦意をほとんど見せず、事件はそこで終わってしまった。九月十二日、ケレンスキーはコルニーロフを逮捕させることができた。外見的には彼が勝利したことになる。

こうして失敗に終わった軍事クーデターは、結局二つの結果をもたらす。

第一に、このクーデターは、政府がもはや国をまとめる核となる力も、二月革命から生まれた権力を保持する力も持たない幻想にすぎないことを明らかにした。引き延ばし政策を採ったため、政府はどの案件でも袋小路に追い込まれていた。もしももっと決然たる、社会からより多くの支持を得た敵――コルニーロフは社会から何の援助も得ていなかった――が相手だったら、ケレンスキーは疑いなくこの時に権力を失っていたであろう。

第二に、失敗に終わった軍事クーデターは、ボリシェヴィキにとって奇跡的な効果をもたらした。それはボリシェヴィキをロシアの政治の舞台に再び登場させることになり、同時に左翼全体を結びつける絆となったのである。結局ボリシェヴィキは、自身がほとんど関与しなかったこの危機の勝利者となったのである。スハーノフはクーデターの翌日に、次のようにその結果を分析している。「最初は単なるでっち上げだったボリシェヴィキの脅威は現実となっていた。首都のソヴィエト、その他のすべてのソヴィエトの指導部、現役軍、後方守備隊、これらすべてがレーニンの手の中に落ちて行った。国家のあらゆる権威を体現するのは、大衆と固く結ばれたボリシェヴィキたちだったのである」(45)。

それと同時に、ロシアの急速なボリシェヴィキ化によって、メンシェヴィキとエスエルという他の社会主義者たちは、事態の進展から取り残されないようにするために、立場を左翼化させざるを得なくなった。ブルジョワ民主主義が瀕死の状態にあることは、今や明らかだった。

その前夜

ロシアは抗いがたく新たな革命へと引きずり込まれて行く。しかしケレンスキーは今や立ちすくんで身動きもできず、その動きに対処することができない。臨時政府は再び改造され、九月二十四日に第四次連立内閣が誕生して、ケレンスキーは首相の座を保持した。しかしこの政府の権威はもはや地に堕ちていた。権力はソヴィエトと政府に決定的に二分されていたのである。ペトログラード・ソヴィエトは、九月四日以来、牢獄から出所したばかりのトロツキーが議長を務めていた。彼は議長職につくや直ちに発言し、自分はチヘイゼの後任として議長に就任したのではなく、もともと自分の地位であった議長の座をチヘイゼが簒奪したのであると宣言した。一九〇五年にソヴィエトの議長であったトロツキーは、このように革命運動の連続性を強調したわけである。それでも彼は同時に、ソヴィエトの任務は最終的勝利にまで革命を導くことではあるが、「ソヴィエトは決して少数派に対して強制をすることはない」と断言し、依然としてソヴィエトの自由主義的イメージを示すことに心を配っていた。このような声明が幻影にすぎないことが証明されるには、ものの一、二週間で十分であった。しかしまた一方でトロツキーは、政府はもはや政府のみを代表するにすぎず、政府とのいかなる関係ももはや何の意味もないと断言し、近く開催されるはずの第二回ソヴィエト大会に、真の革命政府の設置を期待するとした。それにクーデターの直後に、ソヴィエトは七月に逮捕されたボリシェヴィキを全員釈放させていた。そこでボリシェヴィキ党は、至る所で再び優勢になった。そしてそれを誇示し、厳しい要求をつきつけるようになったのである。

レーニンはフィンランドから注意深く軍事クーデターを、次いでクーデター以後の兵舎と工場の人心の変化を観察し続けた。そして七月に彼の手をすり抜けた権力が今や手の届く所にあることをたちまちにして理解した。こんどは二度と戦術上の誤りを犯さぬようにすることが肝心であり、ジノーヴィエフに手伝わせて、行動計画と近い将来に向けた具体的な提案を練り上げたのである。軍事クーデター失敗に続く第一段階についてのレーニンの計画は、終わったばかりの危機を最大限に利用して、ケレンスキーの力を決定的に弱体化させ、ボリシェヴィキだけが力の均衡を根底的に変えることができることを示そうとするものであった。彼はこの目標のために、「部分的要求」と称する要求を突き付けるよう主張した。すなわち「ケレンスキーにミリュコーフの逮捕を要求すること、労働者に武器を分配すること、さらにまた、ドゥーマの解散、工場における労働者による管理の創設、土地の即時分配、すべてのブルジョワ新聞の即時発行停止、等々を要求すること」。しかしレーニンの戦略は、クーデター後の数日間はまだ慎重なものだった。

党の中央委員会が採用すべきものとして彼が概略を描いたこれらの行動方針は、「行動に移るための遠謀」をなすものであると、彼は規定した。この計画が効力を発揮するには、ケレンスキーに突き付けた要求が下部に引き継がれることが必要だった。そこでボリシェヴィキは、その要求の代弁者となり、政府をしつこく攻めたてて瀕死の重傷を負わせるよう、労働者と兵士たちを説得する任務を負ったのである。ついにはケレンスキーが民衆の圧迫によって崩れるように仕向けようというのだった。これらの行動指針をレーニンは、七月事件以来発行禁止になっている『プラウダ』を引き継いだ『ラボーチイ・プーチ（労働者の道）』に繰り返し論文を発表するという手段によって、世論に対してもまた訴えかけたのである。

ボリシェヴィキは少しずつレーニンの指示に従って動くようになり、首都と地方で権力の決定機関を掌握して行く。かくしてそれまでメンシェヴィキに支配されていたペトログラードの執行委員会の選挙が、九月二十五日に行なわれた結果、四四議席のうち三分の二をボリシェヴィキが占め、メンシェヴィキは五議席、そして革命開始の時点では多数派であった国際派メンシェヴィキの議席はゼロとなった。モスクワでもその六日前に選挙があり、ボリシェヴィキは多数を獲得した。もっともレーニンは、各種の権力機構におけるメンシェヴィキとエスエルの影響力を承知していたので、『ラボーチイ・プーチ』に発表された一篇の論文を通して彼らに妥協案を提案していた。この論文は、ソヴィエトがブルジョワ政党と完全に手を切り、ペトログラードと地方のソヴィエトが至上の権威を付与されるに至り、さらには扇動の自由がいかなる制限もなく受け入れられるならば、ボリシェヴィキはソヴィエトを支持する用意があると示唆していた。しかしこの取り決めを他の社会主義者たちに提案しているまさにその最中に、レーニンは「恐らくこの提案が出されたのは遅すぎただろう。革命の平和的展開が可能であった時はすでに過ぎ去っただろう……」と解説していた。

フィンランドの隠れ家から指令を発するレーニンは、急速に慎重な態度を捨て、より過激な提案をするようになった。一刻も猶予はならないという気になっていたのだ。「すべての権力をソヴィエトへ」というスローガンを再び掲げるよう――これは九月十四日付けで『ラボーチイ・プーチ』紙上にて実行された――中央委員会に提言した後、当の中央委員会に対して権力奪取の時が来たとする書簡を送った。今回は、もはや公開の論文ではなく、密書であった。「ボリシェヴィキは権力を奪取せねばならない」[46]、これが九月十二日から十四日という日付けを持つ手紙の標題である。これには、九月十二日から十四日に書かれた「マルクス主義と蜂起」と題する指令が添えられていた。[47]当時マルトフは状況を次のような言葉で要約していた。「今や、政府を作る方法は二つしかない。市民が投票箱に一票を投じるという行為によるか、あるいは市民が銃に弾をこめるという行為によるかの、いずれかである」。レーニンの立場にはもはや曖昧な点はない。彼は第二の仮説に賛意を表明していたわけである。

この過激な立場を彼は、憲法制定会議の議員を選ぶための十一月の選挙までのつなぎとして政府が開催しようとした民主的会議への参加の問題に関して表明することになる。この会議は国会の前身となるはずのもので、これに対してどのような態度を採るかはボリシェヴィキ党内で意見が分かれた。スターリンとトロツキーはボイコットを主張したが、参加を主張するカーメネフとルイコフに同調する者が多数を占めた。それを知ったレーニンは激怒する。[48]「諸君は直ちに会議が開かれている場所を包囲し、悪党どもを一人残らず逮捕して牢獄にぶちこまなければならない。さもないと諸君は度し難いぼんくらということになってしまうぞ！」

ブハーリンは後に、中央委員会に宛てた手紙の中に書きこまれていたレーニンの反応に委員たちは唖然とした、と報告している。いかなる行動を取るべきかを討論した後、一同はこの出来事を忘れ、件の手紙を破棄することに決めた。その手紙の荒々しさは、不在のリーダーの指示に従わない者に対して浴びせられた脅迫にも現れていたが、彼らには受け入れがたいと思われたのである。

その頃ボリシェヴィキ党内を支配していた奇妙な雰囲気がどのようなものだったか、よく分かるというものである。片や党内の多数は、七月の誤りを繰り返すまいと懸念して待機主義に陥っており、対するレーニンの方は、自分の意図が聞き入れられないで激怒し、歯ぎしりしていた。いずれも蜂起の緊急性を説く中央委員会宛ての手紙が、当の中央委員会によって隠蔽され、党の機関紙で日の目を見ることがなかったために、よけいに激怒していたのである。その内のいくつかの手紙の内容が人目に触れるには、一九二一年まで待たねばならない。レーニンは怒りのあまり、自分としては中央委員会に対して辞表を提出し、自ら下部に下りて行って、党が小心翼々たる態度に留まり、最後の突撃に突入するばかりとなっている労働者階級に信頼を寄せることを拒否している、と説明するぞと脅した。

このようにレーニンが党の慎重な態度と衝突するのは初めてのことではない。しかしこの九月には、彼は大きな権威を持った潜在的同盟者を持っていた。トロツキーである。トロツキーはソヴィエトを紛れもないボリシェヴィキ党の要塞に変えていた。そしてこの成功に勇気づけられて、彼はレーニンと同様に、状況は徹底的な政治的変化にとって有利に傾いていると考えていた。彼がレーニンとの完全な意見の一致に達しなかったのは、権力奪取――彼はその条件はすでにそろっていると考えていた――の問題についてではなく、その日程についてであった。

レーニンはこれ以上待つつもりはなかった。彼の推論は緊急性と戦略に立脚していた。彼の目から見れば、待つということは「犯罪であり危険である」。何故なら、反動の恐れは相変わらず存在するからである。事が緊急であるというのはまた、資本主義諸国で騒擾が増大していることが現に感じ取れるという事実から由来する。特にドイツでは軍の内部で反乱が頻発しており、ロシアの革命を完遂するなら、今まさに行動を開始しようとしているドイツのプロレタリアートの支持を得ることができるはずなのだ。しかしレーニンはまた一つの革命戦略の問題につきまとわれていた。彼の党であるボリシェヴィキ党は、政権奪取を任務とする。トロツキーが求めているように、決定をソヴィエト大会に委ねるということは、党の歴史的役割を小さなものとし、党をソヴィエトに従属させることに帰着してしまうだろう。もはやレーニンが「すべての権力」をソヴィエトへ移転せよと要求していた時は終わった。ソヴィエトはボリシェヴィキ化され、しかもそれはペトログラードとモスクワだけの話ではない。九月中に、イヴァノヴォ＝ヴォズネセンスク、サラトフおよびその他多くの都市のソヴィエトが、ボリシェヴィキの手に移った。ソヴィエトに対する党の権威が獲得されたのであるから、今や党が行動しなければならない。

革命の騒擾から遠く離れて、平穏な場所で待つことは、今ではレーニンには堪えがたいこととなっていた。彼は革命の中心に近づく必要性、それだけでなくボリシェヴィキにも近づく必要性を実感していた。ボリシェヴィキに圧力をかけるためである。九月下旬、彼はフィンランドを出て、やはり秘密裏にヴィボルクに移動する。形影相伴うジノーヴィエフが付き従っていた。そこで彼は『ラボーチイ・プーチ』に「危機は熟した」[49]と題する一文を送った。その中で彼は「今や世界革命前夜である」と宣言するのである。

党はこの先、レーニンの存在と圧力から逃れられなくなる。ヴィボルクからペトログラードまでの道程は短い。数日の滞在ののちに、彼は仲間と再び合流し、トロツキーの助けを得て、彼の計画の最終段階を発進させる決心をするであろう。全生涯を賭けた闘争に、つまりは彼の全生涯そのものに意味を与えるはずの段階、すなわち権力の奪取である。

第9章　すべての権力をボリシェヴィキへ

十月の初め、ペトログラードには多数の政治的中枢が存在し、革命の立役者たちはそれらの中枢の間をあちらからこちらへと休むことなく駆け回っていた。まず「二重権力」の二つの公式の中枢がある。政府は七月事件の後、ネヴァ川のほとりにある冬宮に移転し、時を同じくしてソヴィエトはタヴリーダ宮を出て、革命以前は貴族の女子の特権的教育機関であったスモーリヌイ学院を接収した。十月七日、国会の前身、より正式に言えばロシア共和国臨時評議会が、正式にマリヤ宮に設置された。というのも、ケレンスキーは九月一日にロシア共和国を宣言したのである。これらの機関の各々は独自の政治的基調を有していた。連立政府はボリシェヴィキを排除し、社会革命党と自由主義政党の間の従来の均衡を維持していた。一方それと同じ時期に、ペトログラードのソヴィエトとモスクワのソヴィエトは、ボリシェヴィキに支配されており、ボリシェヴィキはまた〈イスポルコム〉すなわちソヴィエト執行委員会に対して全面的権威を有していた。ロシア共和国臨時評議会は議員三〇八人を数え、エスエル（一二〇）とメンシェヴィキ（六〇）が多数派で、ボリシェヴィキは議員六〇人で少数派であり、時にエスエル左派二〇人の支持を得る程度だった。対するに議員七五人の立憲民主党すなわちカデットの代表団は、討論の中ではもはやほとんど重きをなさず、まさにそれはロシアの政治的諸決定機関の左傾化の証拠にほかならなかった。(1)

この評議会の議員は政党によって指名されたもので、全体として誰もがこの決定機関の使命について逡巡している様子だった。何人かの有力人士の不在が目についた。まずプレハーノフ、そしてレーニンである。プレハーノフは年齢と病気のせいで、時局への関与を差し控えていた。レーニンの方は、逮捕状が毎週更新される状態で、慎重に身を隠していた。ボイコットについてのボリシェヴィキの論争にもかかわらず、トロツキーは議員になっており、開会審議の際に、直ちにすべての権力をソヴィエトに渡すようにロシアに呼びかけて、既成の権力に対する紛れもない宣戦布告を行なった。この激烈な演説はすさまじい喧騒を引き起こし、レーニンの国家反逆と例の「封印列車」の件がむし返され、罵詈雑言が浴びせられた。当のトロツキーは「悪党」呼ばわりされ、この喧騒の中ボリシェヴィキは議場から永遠に退場した。これによってボリシェヴィキは、他の社会主義者たちに現行の機関および彼らと決別するという意向を表明したわけである。ボリシェヴィキの行動はスハーノフには完全に理解されていた。彼は次のように記している。「彼らにとってもはや道は一つしかなかった。バリケードに至る道である。投票用紙を拒絶したのだから、銃を取るしか道は残されていなかった」。

臨時評議会はその後も公式には存在し続けるが、その時から関心を払うに値しなくなる。そして政治的対決の舞台は二重権力の二つの機関に限定されることになる。

レーニンの苛立ち

レーニンは隠れ家から事態の推移を観察していたが、彼の計画にとって不利な結果をもたらし得る要件がいくつか目に付いて、不安を覚えていた。何よりもまず、憲法制定会議の選挙は脅威であると彼には思われた。この選挙は長い間、先延ばしされて来たが、ついに十一月十二日に実施することが確定した。一見したところ、投票を行なえば、ソヴィエトに類似した、ボリシェヴィキに好都合な議会ができると想像することができた。しかし彼はそうは行かないであろうと考えていた。ソヴィエトは都市で労働者たちによって選出されたものだった。しかし国民の大半は農民であり、社会革命党にとり込まれていた。それゆえ社会革命党は勢力伸張のために選挙を首を長くして待ち望んでいたのである。ところが普通選挙によって選出された議会は、疑問の余地なき正統性を帯びることになり、人民を真に代表する唯一の機関となるであろう。この選挙が行なわれれば、ボリシェヴィキは――彼らが絶えず実行しているように――人民の名のもとに語ることが不可能になるだろう。そしてそのような議会から権力を奪い取るのは極めて困難なこととなるだろう。

もっともレーニン自身は、憲法制定会議の計画に保証を与えることを長い間差し控えてきた。彼が四月に打ち出し、その時以降必死に擁護してきた「すべての権力をソヴィエトへ」というスローガンは、国全体によって選出される会議の権威にはいかなる余地も残していなかった。数ヵ月間にわたり、この点に関するボリシェヴィキの言説は、著しい二枚舌だった。レーニンはこの件に触れないように用心していたが、彼以外のすべての党員は、「憲法制定会議の名において、ソヴィエトの権力万歳！」と力をこめて叫んでいたのである。

しかし十月になると、選挙が間近に迫ってきたために、こうした二枚舌の言説は立ち行かなくなり、ボリシェヴィキは、レーニンにとって憲法制定会議がどれほど大切であるかを強調しようと企てるようになる。十月四日の『ラボーチイ・プーチ』は次のように記している。「レーニンは一度たりとも憲法制定会議に反対したことはない。当初から彼はわが党全体と共に、憲法制定会議の招集を遅らせた臨時政府の企みを暴露していたのである。われわれの革命が成功した暁には、われわれは実際上、ソヴィエトから成る共和国と憲法制定会議との完璧な結合を目にすることになるだろう」。この記事には署名がないが、見事な論証がなされており、恐らくジノーヴィエフの筆になるものと思われる。彼は相変わらずレーニンから離れず、この非合法の期間にあって、自分を不安で苛む状況にレーニンがいかに疑念を抱き、そして適応していったかを目撃していたのである。

というのも、この選挙の見通しとは別に、レーニンは首都に圧迫を強めるドイツ軍の脅威に不安を抱いており、ケレンスキーがそれを利用してボリシェヴィキの地位を弱体化させる手段にするかもしれないと考えていた。バルト諸州にまで進出したドイツ軍部隊は、ペトログラードの至近距離に迫り、十月初旬には首都の占領も間近と見えた。そこでケレンスキーは、危険が明瞭に具体化した時には、政府をモスクワに移そうと考え、首都撤退計画を策定した。それと同時に、彼は〈イスポルコム〉に対して採るべき態度は自分で決定して構わないと伝えた。レーニンはそこに、首都と、労働者と、ボリシェヴィキが支配する決定機関を、ドイツ人に引き渡そうとする計画が隠されているのを見破る。ケレンスキーがこのようにしてドイツの援助を得て、ボリシェヴィキ問題を解決しようと望んでおり、そうすることによって自分の権力を維持しようとしているのだと推量したのである。ソヴィエト議長のトロツキーから正式の譴責を受けた〈イスポルコム〉は、何事も自分たちの同意なしでは決定され得ないと宣言し、特に首都の守備隊から編成した援軍をこのきわめて不安定な前線に派遣するというケレンスキーの指令に、異議を唱えた。

最後に、次のソヴィエト大会の件もレーニンにとっては問題だった。彼はこの大会が、まだ存在していない憲法制定会議に対抗する重みを持つことができるのではないか、と考えていた。というのもソヴィエト大会は、何よりも都市を選出母体とするものだが、これも社会を真に代表する者というボリシェヴィキの主張を正統化する機構として役立つことができるかも知れない。それが無理としても、権力奪取のためにボリシェヴィキが画策する武力行使を覆い隠し正統化することができるであろう。しかしここでボリシェヴィキは二つの困難に突き当たる。一つには、他の社会主義政党は、ソヴィエト大会は憲法制定会議の力を弱めるか、それを無用なものにしてしまうだろうと予感して、大会の招集に同意を示さなかった。しかし他方で、これらの政党は十一月の選挙で勝利を収めることができると感じつつも、ボリシェヴィキが多数派となる議会の出現を恐れてもいた。同じ消極的意見が、ボリシェヴィキが意見を徴したソヴィエトの中でも表明された。ここでもまた近く選出される議会が大方の共感を集めていた。二月以来、ロシア国内ではまさに憲法制定会議の神話とも言うべきものが発達しており、その招集が絶えず無期限に延期されたために、いっそう人々の心を引きつけていた。議会招集の決定が、七月事件後にケレンスキーによって発表され、これが人々の希望に再び火を点した。そして首都のボリシェヴィキ化されたソヴィエトも含めて、誰もがその時を待っていたのである。

ボリシェヴィキは、敵からのものであろうと自分たちが統制していると思っている者たちからのものであろうと、何らかの反対を受け入れる用意はなかった。四方八方から寄せられた反論を無視して、彼らは自分たちが支配する〈イスポルコム〉に、第二回ソヴィエト大会が十月二十日にペトログラードで開催されることを発表させた。その後、開催日が変更され、最終的に二十五日と定められた。

この大会の招集は、代表性の規則をほとんど尊重せずに行なわれた。ボリシェヴィキはこの大会で少数派になることを恐れ、その準備に操作を加えた。〈イスポルコム〉さえも平静を装えず、『イズヴェスチヤ』がボリシェヴィキを告発するというほどのすさまじい操作だった。代表の割り当ては、一つのソヴィエトで二万五〇〇〇人の選挙人につき代表一人というものだったが、それは無視された。ボリシェヴィキは時にはいくつもの選挙区をはっきりと切り捨て、時には数百人の人間を勝手に「選挙区」に仕立てて、それに代表者一名を選出する権利を与えた。他の社会主義政党はこの操作を暴露したが、選挙マシーンにブレーキをかけ、ボリシェヴィキが不当に入手した権力を取り上げるには、すでに遅すぎたのである。

力によって権力を奪取する必要があるのか？

レーニンにとって答えは疑いを容れなかった。蜂起を開始し、力によって権力を奪取する時が来たのだ。すでに九月末には、彼は同僚たちにこう書き送っていた。「ボリシェヴィキはソヴィエトで過半数を得ているのであるから、国家権力を奪取することができるし、またそうしなければならない」。そしてこの断定に伴っていくつかの具体的な指示を出していた。「われわれは一分たりとも無駄にすることなく、直ちに蜂起部隊の司令部を組織し、味方の戦力を各地点に配置し、信頼できる連隊を最重要地点へ急派し、電信電話局を占拠し……そこに司令部を設置し、すべての工場、すべての連隊と司令部を電話で結びつけなければならない」。ボリシェヴィキはこれらの命令に対応するどころか、警察の手から逃れるためにフィンランドに留まるよう、レーニンを説得する努力を重ねていた。しかしレーニンは己の直観以外に耳を貸さず、作戦区域に接近することを決心する。そこで秘密裏にヴィボルクへ赴いたわけである。そこから彼は、もはや待つことはできないことを倦むことなく同志たちに証言するメッセージを何度も何度も送った。彼の苛立ちの理由は明らかである。彼は七月のボリシェヴィキの失敗を反省し、大衆の幅広い支持を得ることはほとんど不可能であることを確認した。しかし彼の仲間の大多数は逆にそれが可能だと信じていた。この分析から彼が引き出した結論は、彼がこれまで常に表明して来た確信に合致していた。すなわち革命は「職業的革命家」たちが、然るべく準備された蜂起によって行なうのだという確信である。権力中枢を麻痺に陥れることが必要なのであり、大衆の蜂起によって権力が掌中に転がり込むのを待つなどはお話にならないと、彼は確信していた。

党内の「待機主義者たち」に対するレーニンの呪いの言葉は、次から次へと投げつけられた。十月七日、彼は次のように書いている。「憲法という幻想、憲法制定会議招集を信じること、ソヴィエト大会への期待、等々のような罠に嵌まるなら、ボリシェヴィキはプロレタリアートの大義に対する正真正銘の裏切り者とみなされるであろう(2)」。そして遠方からいくら命令を出しても、同僚のやる気のなさや躊躇に突き当ることに業を煮やして、彼は十月十日にペトログラードに乗り込んだ。相変わらず鬘をつけ、髭は蓄えずに。髭は生やしているが頭は禿のジノーヴィエフに付き添われて。二人ともこの仮装行列で大いに悦に入っていた。そこで彼はスハーノフ邸で開かれた党中央委員会の会議に出席する。スハーノフ自身は不在で、会議を行なうことを知らされていなかった。当事者たるスハーノフはこれにひどく腹を立てたことが、彼の『回想録』の中に証言されている。(3) しかし大事な点は他にあった。レーニンはソヴィエト大会の開催以前に、蜂起の火蓋を切るとの決定を中央委員会からもぎ取ろうとしていたのである。

権力奪取のために武装蜂起を打つ必要性に関して、レーニンはトロツキーという重みのある同盟者を当てにすることができた。トロツキーも状況は武力行使に好都合と判断していた。しかしこの二人は日程に関してはいまだ意見を異にしていた。

直ちに蜂起、すなわち十月二十五日以前に蜂起を、とレーニンは要求した。その主張の裏づけとして彼は、国内の情勢は熟しており、ボリシェヴィキが政府から権力を奪取すれば、直ちに大衆は彼らのあとに従うだろうと力説した。それに加えて彼は、ロシア革命が起これば、それに続いて世界革命が起こる可能性があると強調した。

トロツキーもまた武力行使の必要性を確信していたが、それでもソヴィエト大会の開催を待つことを願った。それが蜂起に正統性を付与してくれるというのだ。

レーニンは、忠実なジノーヴィエフ、それにカーメネフ、ノギーン、ウリツキー、ルイコフの反対に突き当った。彼らはみな蜂起に反対だった。行動はまだ時期尚早と考えていたのである。蜂起など決行したら、ボリシェヴィキは敗北する危険がある。それに対してソヴィエト大会と十分に準備された憲法制定会議選挙は、ボリシェヴィキに平和的に権力に到達する手段を与えてくれるかも知れないのである。

中央委員会の意見は真っ二つに割れたが、論争に決着をつける最終票決が行なわれ、その結果はレーニンの主張を可とするものであった。彼はためらっていた者全員を後に従わせることに成功したが、ジノーヴィエフとカーメネフだけは例外だった。カーメネフは下された決定に同意することを拒否し、中央委員会を辞職する。確かにレーニンが中央委員会の他のメンバーからもぎ取った決議は、武装蜂起が実行されるべきことを断定しているとはいえ、日程に関しては曖昧であり、さらにまた蜂起とソヴィエト大会を関連付けて、大会が開会となるや直ちに蜂起に正統性を与えることになるように、蜂起は大会の直前に始まるべしとされていた。中央委員会の討議の翌日、カーメネフとジノーヴィエフの二人の反対論者は、ボリシェヴィキの諸機関に宛てて、下された決定に異議を申し立てる手紙を送るが、これは党の規律規則の侵犯にほかならない。十月十六日、二人は中央委員会の拡大会議において、再び反対意見を主張する。結局、十八日に、カーメネフとジノーヴィエフは、ゴーリキーの新聞『ノーヴァイヤ・ジーズニ』に、蜂起が「絶望的行為」であるという文面の手紙を発表した。隠れ家に戻っていたレーニンは激怒し、中央委員会に手紙を書き、「スト破り」は党から追放されねばならないと要求した。しかしカーメネフはすでに中央委員会に辞表を提出していた。中央委員会のその他のメンバーは、レーニンの立場に賛同する者であっても、全員一致で彼を支持することからはほど遠かった。レーニンの手紙はこうして党の機関紙『ラボーチイ・プーチ』に発表されたが、スターリンの冷やかな註がつけられていた。「同志レーニンの乱暴な口調に気をとられて、基本的にはわれわれは意見が一致しているという事実が見過ごされるようなことがあってはならない」。

『同志への手紙』(4)と題するこのレーニンの文書は、十月十九日から二十一日にかけて三号にわたって掲載された。同じ日に、中央委員会がレーニン不在のまま開かれたが、彼の指示と、彼が「犯罪者」呼ばわりする人物に対する罵倒の手紙は、討議資料として提示された。カーメネフの辞職は承認されたが、二人の反対者を党から追放すべしとのレーニンの要求は、中央委員会によって「省略」された。この二人には、党の過半数によって議決された決定に対する反対を今後は公然と宣言してはならないとの厳命が申し渡されただけだった。結局のところ、事態はまことに急速に進展したために、中央委員会のメンバーとしては、意見の対立をさらに深めるよりは蜂起の準備に専念する方がましだったのである。

蜂起のための軍事装置

軍事行動を支持する者であれ、それに反対する者であれ、ボリシェヴィキは誰しも自分たちの相対的弱さを自覚していた。いくつもの軍単位に対して宣伝活動を行なっていたにもかかわらず、兵士たちは大半が彼らのあとに従う態勢にはないことを、彼らは知っていた。それゆえ行動への移行を計画するためには、有効な軍事装置を所有する必要があった。この装置が十月九日、党中央委員会の会議の直前に設立された軍事革命委員会である。元々はこの機関は、ドイツの攻勢の恐れが強まった頃、首都の防衛を組織するためにソヴィエトのメンシェヴィキが空想したものである。ボリシェヴィキは熟慮の末、このような計画を自分たちが利用できることを理解し、討論の際に、独自の防衛委員会構想――外敵に対すると同時に「内部の」敵に対する防衛――を規定し、また同委員会に代表を送り込む諸機関と同委員会が持つ諸権限を列挙した決議案を提出した。このボリシェヴィキの決議案を綿密に読んでみると、彼らの構想の中で、軍事革命委員会の創設それ自体がすでに紛れもないクーデタ―にほかならなかったことが分かる。政権の合法的機関はこの委員会に対して何の権限も持たず、唯一ソヴィエトのみがこれに権限を有する。執行委員会すなわち〈イスポルコム〉は軍事的全権をその手に集中する、すなわちすべての権力を専有するべきものとする、というわけである。スハーノフはボリシェヴィキの決議案を解説しつつ、これがソヴィエトの全体会議によって最終的に採択された時の様子がいかなるものであったかを報告している。討論の際に、一人のメンシェヴィキの代議員が、「軍事革命委員会は政権奪取のための革命司令部にほかならない」と公言した。するとたちまちトロツキーから痛烈な反撃が返って来た。その意見はケレンスキーの名において表明されたものか、それとも〈オフラーナ〉の名において表明されたものなのか、とトロツキーは尋ねたのである。これをきっかけに議場は逆上的な熱狂に包まれて、圧倒的多数でこの法案は採択されることになったのである。

そういう訳で、革命の装置は存在しており、ボリシェヴィキの掌中にあった。ボリシェヴィキは政府を軍単位から切り離す有効な手段を握っており、全く合法的に各単位に指令を発することができたのである。そのため、ボリシエヴィキの権力増大に不安を募らせていた者は懸念を表明したが、彼らのうちで、レーニンが何を準備しており、何をすることができるかについて正確な見通しを持つ者はほとんどいなかった。ゴーリキーは十月十八日に不安を煽る記事を発表した。「ボリシェヴィキの行動に関わる噂がますますしつこくなっている。……ボリシエヴィキの中央委員会は武力行使に関する噂を確認しなかったが、否定もしなかった。委員会が本当に強力で、自由に行動でき、大衆を支配することのできる組織であるならば、それを否定しなければならない」。ゴーリキーによってこのように表現された不安は、参謀長もまた抱いたものだった。彼は首都に飛び交うさまざまな噂を伝えるために、ケレンスキーに宛てた報告書の中で次のように記していた。「ボリシェヴィキは政府に対する抗議デモを準備しています。デモは平和的なものとなるべきところですが、それには労働者が加わるでしょうし、彼らは武器を持つことでしょう」。

話がここまで来たなら、今やスハーノフが自問したのと同じ疑問を問いかけることができる。このような警告を読んでも、ほとんど何の手も打たなかったケレンスキーの驚くべき消極性はどのように説明できるのか、という疑問である。その時にケレンスキー自身が与えた返答は、それから半世紀後に(5)、ある対談の中で彼が与える答えと合致する。すなわち彼はレーニンが計画を最後の最後までやり遂げる力を持たないと思っていたというのである。

一九一七年の四月から十月までの全期間にわたるケレンスキーの反応を検証してみると、二つの態度が彼のすべての選択の特徴をなしていることが分かる。

第一に、彼がレーニンを危険な扇動者とみなしながら、長い間過小評価し続けていたことは明白である。スハーノフは彼の態度を「子供染みた素朴さ」と形容している。ケレンスキーは常にぶらぶらと揺れる機構を拠り所としようとし続けて、それで実際にレーニンに抵抗しているつもりでいたが、素朴さの大部分というのは、紛れもなくそうした点にうかがえる。一九一七年十月において、首相たる者がいまだに、臨時評議会と憲法制定会議選挙の予告——何とものんびりした話だ——とを行なえば、それだけでロシアの騒擾を鎮めることができると考えていたとなると、彼はダンやマルトフのような人物に比べれば、はるかに明晰さにおいて劣っていたということになる。ダンやマルトフは、軍事革命委員会がその頃憂慮すべき権威を横領しつつあると、彼に対して警告し続けたのであった。マルトフは、この機構が政府に、軍との直接の連絡を一切禁じてしまい、ボリシェヴィキが政権を奪取する前から、彼らに軍事上の全権を与えてしまうということを、ただちに理解した。政府が軍事力を手中にしていないなら、追い詰められた政府に何ができるのか。この問いを自分に問いかけることをケレンスキーは最後まで避けたのである。

しかし彼の態度についてはもう一つ別の説明がある。それはアメリカの歴史家、リチャード・パイプスが詳細に力説していたもので、これも全く同じようにもっともと考えられる。彼の説明によれば、ケレンスキーはなによりも右からの武力行使を恐れていた。(6)七月の劇的な事件の折――しかし彼は十月になってもまだそう確信していたのだが――に、彼は右派がレーニンをこけおどしの目くらましに使って、その陰で武力行使を準備しようとしている、もしかしたら君主制の復興さえも目論んでいる、と考えた。この説明は前の説明と矛盾しない。両方ともにレーニンの人となりとその策謀に対するケレンスキーの盲目振りを証言している。ボリシエヴィキの指導者がいかに権力を渇望していたか、そしてその男が目的達成のために用いる手段がいかに有効か、この点についてケレンスキーは過小評価していたために、最後までレーニンが思い通りに軍と労働者階級のもっとも活動的な部分を動員することを許してしまい、その一方で自分自身の抵抗の努力は、右からの陰謀の疑いのある者たちに対してひたすら傾注することになってしまったのである。とりわけ彼は、軍事革命委員会の設立に対して現実に不安を抱いたことはただの一度もなかったようである。この素朴さを、レーニンに対する懸念を明晰に抱いていたはずのメンシェヴィキが、時として助長するのに貢献している。首都防衛のための措置を講じるために行なわれた中央執行委員会内での討論の際に、ダンはボリシエヴィキの活動に言及しつつ、ボリシエヴィキの意図が政権奪取であるかどうかを、当のボリシエヴィキが明言するよう、無邪気にも要求したのである。これに対して当然のことながら、ボリシエヴィキのスポークスマンであるリャザーノフからは、「ダンがご存知の通り、私たちはマルクス主義者であり、蜂起の準備はしていない」との返答がなされた。

このような問答が証言している、人の言った通りを真に受ける信じ易さは、ケレンスキーの優柔不断な態度と同様に驚くべきものであるが、七月の慎重な態度とは打って変って、レーニンの決意が十月には揺るぎないものであった理由は、ケレンスキーのこうした信じ易さなのである。

「じわじわと迫る」蜂起

早くも十月二十一日には、首都の状況はボリシェヴィキの権力獲得のための準備作業の開始をうかがわせるものとなる。レーニンはヘルシンキの労働者・兵士・水兵委員会の議長であるスミルガに以下の伝言を送った。(7)「ケレンスキーを打倒する準備をしなければならない時に、決議案や修正案の決議で時間を無駄にするのはばかげている。もっとも重要な問題は武器を手に入れることである。……貴下の役割は、フィンランド軍とバルチック艦隊の協力をわれわれのために確保することである」。

翌日には作戦が始まる。軍事革命委員会は首都の守備隊を正式にその権限下に置くことを企て、もはや同委員会から出される命令のみに従うべきこと、何事についてもこの委員会に対して責任を負うべきことを、守備隊に対して通達した。このクーデターを知った参謀本部は、すでに全面的にボリシェヴィキに服従しているこの委員会を創設した原則上の主体たるソヴィエトの方に目を向け、守備隊に与えられる命令を即座に破棄通告するようにせよ、さもないと政府との公然たる敵対関係に突入することになるぞと、ソヴィエトに対して強く申し入れた。ケレンスキーは十分に情報を得ていたが、相変わらずボリシェヴィキの現実の力をあまり承知しておらず、このクーデターの発端を利用して反撃に転じ、最後には敵を殲滅する可能性をなおも信じていた。十月になっても彼はまだ七月に支配的であった力関係に基づいて思考していた。彼はレーニンが今回は計画を最後までなし遂げる決意でペトログラードに来ていることを、ことさらに無視したのである。

同じ日に、ソヴィエトはスモーリヌイ学院にて臨時会議を開く。ボリシェヴィキはその会議に、首都に駐留している連隊の責任者あるいは代表者たちを列席させるべく取り計らった。彼らに向けた発言の中でトロツキーは、参謀本部が軍事革命委員会の権威に従うことを拒否したことを告げ、次のように言い放った。「参謀本部がこの委員会の命令を承認することを拒否した以上（……）参謀本部は反革命勢力の道具となった。ペトログラードの兵士諸君、革命の防衛は、唯一軍事革命委員会のみの権威の下にある諸君の双肩にかかっているのだ！」

かくして政府と参謀本部に対する宣戦布告が行なわれたのであり、ケレンスキーはそれにどのように反撃するかを決定しなければならなくなった。しかし彼の反撃は不十分で、適切を欠いていた。首都の近くに配置されていたクラースノフ将軍率いるドン・コサックに助けを求めたのである。しかしボリシェヴィキはコサックへの警戒を怠っておらず、政府の命令に従うコサックの動きは、たちまち麻痺してしまう。そこでケレンスキーは二十二日の夕刻、士官学校の学生たちを用いようとする。しかし彼らはボリシェヴィキによる激しい宣伝工作を受けており、すでに非正統のレッテルを貼られた政府の命令に従うことをためらった。二日後の二十四日になってようやく、この若き士官候補生たちは、首都のさまざまな戦略拠点に警備のために配置される。しかし彼らは分散しており、冬宮の守備は女性特殊戦闘大隊に委ねざるを得なかった。この時から、援軍として呼ばれた部隊は、政府が出した命令を念のために確認してくれるようソヴィエトに求めるようになる。部隊がこのような振舞いをするのであるから、ソヴィエトとしては部隊に対して動くなと答えれば良いわけである。政府がまだ相当な軍事手段を駆使することができたはずなのに、そのわずかな部分しか動員するに至らなかったのは、これで説明がつく。

　ケレンスキーが忠実に履行されない命令を出して時間を無駄にしている間に、クーデターの準備は続けられた。二十三日、同僚と議論を続けたレーニンは、ついに自分の見解を彼らに押し付けるに至る。蜂起はこれ以上引き延ばすことはできない。ソヴィエト大会の開会当日である翌々日までに実行されねばならない。(8)

　蜂起が始まった時、軍事革命委員会には、党中央委員会のメンバー二人、エスエル左派の代表者二人、ペトログラードの兵士の代表者四人、そして特にもっとも活動的な人物として、トロツキー――彼は全作戦を指揮する――、ジェルジンスキー、アントーノフ＝オフセーエンコ、ラシェーヴィチ、ネフスキー、ポドヴォイスキーがいた。こうしてこの決定的瞬間にトロツキーの周りに集まっていた者たちは、これまでにたどった道は異なるものの、この十月二十四日の夜にスモーリヌイ学院に居合せる論理的な理由を持ったボリシェヴィキたちであった。

　まずアントーノフ＝オフセーエンコは、クーデターの軍事面を監督するのにうってつけの人物であった。彼は首都の貴族学校で教育を受けた職業軍人で、後輩にあたる一九一七年の若き見習い士官たちを革命の側に引き入れる力を他の誰よりも持っていた。十月に彼がすることは、すでに一九〇五年に彼が試みたことで、当時、ＰＳＤＯＲ（ロシア労働者社会民主党）の党員であった彼は、将校として所属していた軍の反政府行動に参加して、ポーランド駐留の二大隊の反乱を引き起こした。彼は一九一四年まではメンシェヴィキだったが、次いでトロツキーの国際派グループに加わり、トロツキーに極めて近かった。軍人としての過去と一九〇五年の殊勲によって、アントーノフ＝オフセーエンコは、蜂起を組織するのにもっとも適任の専門家の一人であるとの評判を勝ち得ていた。とはいえ彼とレーニンとの関係は困難なままであった。メンシェヴィキであったので、ボリシェヴィキを激しく攻撃し、その指導者と党を「腐敗をもたらす者」呼ばわりしていたのである。蜂起を指揮した「トロイカ」の中で彼に重要な役割が与えられたのは、トロツキーの支持もさることながら、彼自身の軍事面での類い稀なる手腕の故であった。(9)

ジェルジンスキーの場合はまったく異なる。彼はポーランドの田舎貴族で、早い時期から社会民主党に加入し、最初はローザ・ルクセンブルグに近かったが、その後彼女から遠ざかり、レーニンの陣営に参入した。これが一九一一年のことであるが、この時以降ジェルジンスキーは、レーニンにとって比類なき忠誠心を持つ同盟者であり続け、党が分裂した時、特にレーニンが少数派になった時は、常に彼に支持をもたらしてきた。彼は十月十六日の討論において、中央委員会が蜂起の問題に関してレーニンに従うことを躊躇していた時に、ジノーヴィエフおよびカーメネフと激論を交わし、形勢をレーニン側に傾けるのに貢献した。このような支持者をレーニンが評価しないはずはなかった。全く当然ながら彼は軍事革命委員会に任命され、十月二十四日には、臨時政府のあらゆる動きを監視する重責を担っていたのである。

両者ともレーニンより数年若いポドヴォイスキーとネフスキーは、一九一七年の夏の終わりに、共に首都における党の軍事組織を創った仲間同士だった。ポドヴォイスキーは軍事革命委員会の議長になり、革命後は軍の諸問題に身を捧げることになる。

最後に、ラチェヴィチは一介の労働者であったが、だからといってその後ボリシェヴィキ党の序列を順次よじ登って行くことが約束されていたわけではない。しかし一九一七年に、彼に課せられた役割を果すだけの資格は十分に有していた。なにしろ下士官として自分の所属する連隊をまるごと革命の側に同調させることに成功していたからである。

蜂起の装置は見ての通り形式的な組織体にすぎないものではなく、本物の専門家たちから構成されていたわけである。

二十三日、ボリシェヴィキと政府の双方は、一日中いくつもの決定を次々に下し続け、それによって状況はあと戻りを許さないものとなって行った。軍事革命委員会は守備隊のすべての単位に代表者――これが最初の政治コミッサール〔人民委員〕である――を派遣し、次のようなコミュニケを広範に伝達させた。「今や、すべての権力は軍事革命委員会に属している。各部隊はコミッサールにより伝達される委員会の命令に従わなければならない」。さらにまたコミッサールの指揮下に置かれた一分遣隊が、政府の命令によって閉鎖されていた『プラウダ』の印刷所に派遣され、職権によりこれを再開させた。真っ向から命令と取り消し命令が飛び交うのであった。ケレンスキーはボリシェヴィキの宣伝活動を阻止するために、その機関紙を禁止する決定を下す。しかし反動に門戸を閉ざすことも相変わらず目論んでいたため、右派の新聞二紙も同時に発行禁止にした。このため彼の措置は一切の実効性を失ってしまう。さらに彼は、軍事革命委員会のメンバーを逮捕させようと企てた。軍に対して不服従の呼びかけをしたことは、逮捕のためのこの上ない口実をケレンスキーに提供してくれたわけである。しかし法相は、そのような措置は挑発とみなされる可能性があると主張して、反対した。

常に正当な権限の保証が得られないケレンスキーは、今度は臨時評議会に訴えて鎮圧措置への承認を得ようとする。この手続きは、ロシアの置かれた奇妙な状況を見事に照らし出している。軍事革命委員会はすでに自らが合法的な権力の保持者であることを宣言していた。ところがこの間も、ケレンスキーは饒舌な議会に対して、秩序の回復に必要な「精力的措置」を取る許可を与えてくれるよう要求していたのである。メンシェヴィキのリーダー、マルトフは、否定し得ない政治的知性の持ち主ながら、しばしば明晰性が欠落した事例を残しているが、果して今回も、内戦を防ぐために民主的政策を採るよう政府に要求する決議案を票決させた。どのようにしてそれを実現したらいいのか？　マルトフはそれについては一言も発さない。議会は議会で、公安委員会の設置を願っていたようだが、それは相変わらず観念の領域のものであった。つまるところ、守備隊が政府の統制から離れてしまった以上、このような委員会はどのような武力に支えられるというのか。

こうして議論と予測と提案で一日が費やされていた間に、公然たる蜂起の第一幕が演じられていた。一人のコミッサールに指導された少数の水兵の群が、政府の電信局の占拠に向かった。電信局はほとんど警備されていなかったために、死傷者を出すこともなく、万事はうまく運んだ。ところがそのあといくぶん滑稽な一幕が演じられることになる。ケレンスキーは事件を知り、同時に電信局の警護のために配置されているのが少数の水兵にすぎないことを知り、わずかばかりの士官学校生の一団を派遣した。彼らは占拠している者を追い出し、難なく同所の統制権を取り戻した。スモーリヌイ学院の電話回線は直ちに切断され、ボリシェヴィキは外部で彼らを支持している者たちから切り離された。

この一幕に鑑みるなら、もう少し決断の精神があったのなら、取り返しのつかない事態を避けることもできたはずなのだ。しかし政府の勝利はきわめて短時間しかもたなかった。二十四日にはさいころは反対方向へ転がり、ボリシェヴィキの企てに決定的勝利が確保されることになる。

蜂起の成功

すべては十月二十四日にかかっていた。二つの敵対する司令部はすでに決着をつける決意を固めていた。ケレンスキーは電信局の奪回にいささか励まされ、また電話による連絡手段を奪われた敵は今や苦境に陥っていると確信し、行動に移ることを告げた。士官学校生は帝都全域に展開し、ようやく首都に到着したコサックに対してケレンスキーは、ボリシェヴィキと戦うように要求し、北部戦線の司令官に、救援のために緊急に部隊を派遣するように要請する電信を送った。その一方で援軍がボリシェヴィキ救援に駆けつけるのを妨げるために、ネヴァ川にかかる橋を揚げるよう命令が下された。まさにそれと同じ瞬間に、レーニンは蜂起の準備にかかっており、その日のうちあるいは遅くとも二十五日夜には暴動を開始するよう命令を下す。戦闘計画は軍事革命委員会によって策定された。日が暮れる頃、レーニンは厚化粧で変装してスモーリヌイ学院へ赴く。委員会のメンバーと共に、とりわけ作戦の予定通りの展開を監督する作戦全体の偉大なる組織者トロツキーと共に、そこで夜を過ごす予定であった。

第一幕は、ペトログラード市内への通路を再び開き、政府を守ろうとする疑いのある兵力をすべて制圧することであった。今や兵士はコミッサールの統率の下にあったが、そうしたコミッサールの命令によって軍人たちはネヴァ川の橋を降した。夜間に、分遣隊がまずフィンランド駅に隣接した区域を占拠し、次いで首都の中心部へと向かった。駅、橋、電信電話局、国営銀行といった、すべての戦略拠点、すべての権力施設が急襲によって奪取された。電話局では、ボリシェヴィキは政府にやられた通りをやり返した。昼間のうちに自分の通信回線は修復していたが、今度は冬宮の回線を切断したのである。こうして今度は政府が孤立してしまい、状況の推移を知ることができなくなってしまった。

十月二十五日の蜂起は、その主要な部分がそれ以前に、それまでの数日間に、軍事革命委員会が軍に対する統制権を確立した時に、すでに完遂されていたという点で、まことに特異なものである。レーニンが二十四日に開始の合図を送った蜂起それ自体の部分は、すでにもはや民衆蜂起らしい所がなかった。それは驚くべき平穏の中で展開したのである。政府の統制下にある戦略地点を警備する士官学校生たちは、共産主義者の分遣隊が姿を見せた時、多少なりとも反撃するだけの力さえないことを露呈する。彼らは革命派の分遣隊を指揮するコミッサールから退去を勧告されると、その命令に従って退去した。その際、銃撃はただの一発も行なわれず、ペトログラードは音もなくボリシェヴィキの権威下に入って行った。

しかし、スハーノフが極めて的確に強調したことであるが、蜂起のもっとも重要なモメントとは、政権が打倒され、権力行使の場が蜂起した者の手に移るその瞬間である。ところが二十五日の夜には、冬宮のこともケレンスキーのことも閣僚たちのことも、気にかけている者は誰一人いなかった。生涯をかけてこの政権獲得を夢見、ついにその瞬間をじっくり味わうことができたレーニンその人にしてからが、己の成功を公表するのを急ぐあまり、前政権の首脳たちの処遇を決めることなどそっちのけだった。午前十時に彼は鐘を鳴らすよう命令する。そして声明文の作成に取りかかる。それはすべての都市で読み上げられ、さらにはまだ断続的でしばしば聞き取りにくい無線によって、前線へ、ロシアのもっとも遠方の果てまで伝達されて行く。

「ロシアの市民に告ぐ。臨時政府は解任された。国家権力はペトログラードの労働者と兵士の代表者からなるソヴィエトとその機関である軍事革命委員会の手に移った。同委員会はペトログラードの守備隊とプロレタリアートの先頭に立って戦った。民主的講和の即時提唱、土地所有の廃止、労働者による生産の管理、ソヴィエト政府の創設、これら人民の闘争の目標はすべて達成された。労働者、兵士、農民の革命、万歳！」

この文書には[10]、軍事革命委員会が署名していた。とはいえその内容と執筆は、レーニンただ一人の手によるものであり、彼は数時間後にはスモーリヌイに向かい、増えつづける群集に向かって倦むことなく演説を続けた。三時頃にそこに赴いたスハーノフは、次のように語っている。「私は直接大広間へ通った。トロツキーが議長を務めていた。髭をそった禿頭の男が大きなしわがれ声で話していた。その声は私には奇妙にも馴染みのあるものだった。それはまさしくレーニンの声だった。彼は四ヵ月間の地下生活の後、ついに姿を現していたのだ[11]」。

その少し前に、このレーニンの宣言文を群集に対して読み上げたトロツキーは、次のように付け加えていた。「われわれの蜂起は革命を血の海に沈める全国的蜂起を引き起こすことになろうと言う者がいた。しかしすべては一滴の血も流すことなく実行された。犠牲者は一人も出ていない。これは革命運動の中で唯一無比の例である」。その日の午後三時においてはトロツキーは正しかった。レーニンの革命は平和的な顔を誇示していた。やがてそれが血の海を現出することになるとは、そして一九四〇年八月のある晴れた日にトロツキーの血もそれに合流することになろうとは、いまだに何ぴとも想像していなかった。

勝利のこの数時間、人々の気分は楽観論だけでなくユートピアに染まっていた。レーニンはその時、聴衆に向かって、「抑圧された大衆は自分自身で政府を創ろうとしている」と宣言したではないか。首都にあって、マリヤ宮からスモーリヌイ学院へと、あるいは反対方向へと絶えず駆け足で向かっている者以外に、誰がさきほど政治秩序が転覆したということを本当に理解できたであろうか。商店は開いており、散歩する者も大勢いた。この革命を目の当りにした駐ロシア〔フランス〕大使館員、ルイ・ド・ロビアンは、十一月七日付け（十月二十五日のこと。彼は日記の日付には西欧のグレゴリオ暦を用いている）の日記に、こう記している。「街は見たところまったく平穏である。英雄気取りの『同志諸君』を乗せたいつものトラックさえ目にしない」[12]。

政府はもう目につかなくなってしまったが、それでも政府の一件は決済されなければならなかった。ボリシェヴィキは自分たちの、正確に言うなら自分たちが支配するソヴィエトの、政権への到達をあまねく宣言していた。しかし政府はまだ確かに存在しており、それに加えて第二回ソヴィエト大会が開催されようとしていた。となると合法的権力はどこにあるということになるのだろうか。

レーニンは、大会が審議に入る前に、冬宮を襲撃すべきだとの決定を下した。しかし危険なしにそれを実行できるであろうか。ボリシェヴィキは、プスコフに配置された北部戦線司令部まで救助を求めに行った――先に出した援助の要請が沈黙で迎えられたため、この援助が必要となったわけである――ケレンスキーが、援軍を連れて首都に戻るのを恐れていた。閣僚たちは護衛もなく、冬宮に立て籠っていた。政府の所在地を防衛する任務を負った部隊は、数において不十分であり、戦意も高くないとスハーノフは断定したが、攻撃を受けるとなれば、女性大隊も本物の勇気を見せることであろう。とはいえ、蜂起に加わるにせよ、政府側の防衛に加わるにせよ、どちらの側も戦意が微弱なことに変わりはなかった。その点がこの革命の数日間の驚くべき特徴である。首都の守備隊は兵力二〇万人であったが、彼ら兵士はボリシェヴィキの不断の圧力に従順だった。ところがボリシェヴィキによって行なわれた闘いに参加したのは、この二〇万の兵員のせいぜい十分の一にすぎない。政府側では、ケレンスキーが大きな期待を寄せていた士官学校生は、革命の名のもとに懇願されれば、ただちに学校へ戻ってしまう傾向が強かった。政府への忠誠が変わらぬと考えられた連隊も、政府の救援に急いで駆けつけようとはしなかった。こうしたことによって、最後の襲撃までペトログラードを支配していた静寂は説明がつく。

しかし二十五日の日中、これ以上の待機はもはや不可能であった。レーニンはケレンスキーの要請を受けた援軍が首都に侵攻してくることを恐れており、その場合、自分の陣営に移った部隊が敵の援軍を食い止めることができるという十全な確信がなかった。しかしたとえ目につかず亡霊のごときものになっていても、政府が存在する限り、レーニンはソヴィエト大会に姿を現すことはできなかった。成功した革命の神話は、権力が唯一の場所に集中していることを前提とする。何しろ数ヵ月前に、二月革命から生まれた政権が失効を宣告されたのは、権力の二重性の故だったのである。

それゆえ彼はその日の午後、冬宮攻撃と全閣僚の拘留の命令を下す。この間に、トロツキーはソヴィエト大会の開会時間を遅らせようと努力していた。スモーリヌイ学院に集まった代議員たちは、この待機の理由が理解できず苛立ちを見せた。誰もが待っているレーニンは、冬宮が攻略されない限り姿を見せることを拒否していた。彼は事が成就しない限り、会議場の隣の小さな部屋の仮のベッドに横になって待機したのである。

ついに軍事革命委員会は、冬宮の占拠者たちに対して最後通牒を突きつけた。ただちに降伏しなければならない、さもなければ攻撃が行なわれるであろう、そうなれば宮殿は、宮殿の向かいに停泊している巡洋艦オーロラ号――三日前から同委員会が統制下に置いていた――と、やはり委員会の手に落ちていたペテロ・パウロ要塞から、砲撃を受けることになろうというものだった。最後通牒が拒否されたために、八時に速やかで激烈な攻撃が開始された。宮殿は持ちこたえることができなかった。防衛側は、ケレンスキーが迎えに行った援軍を待っていた。しかし何も到来しないのを確認して、交戦を諦め、徐々に四散するか降伏した。最後の抵抗を試みたのは女性大隊だった。彼女たちは勇敢に抗戦しはしたが、攻撃側に対してあまりにも微弱なことを露呈した。アントーノフ＝オフセーエンコに指揮されたボリシェヴィキは、夜中の十二時前後に、ついに宮殿内に侵入し、閣僚たちを逮捕した。そして宮殿を興奮した群衆の手に委ねた。群集はしばしば浴びるほど酒を飲んでおり、略奪と強姦と殺害に身を委ねたのである。

レーニンに勝利の知らせが伝えられると、彼は飛び上がり、会議が開かれている広間へと急いだ。逸る気持ちにせかされたあまり、彼は用心のために再び被ることにしていた鬘を脱ぐことをほとんど忘れていた。彼の満足に画竜点睛を欠いていたのは、ケレンスキー逮捕の知らせがなかったことである。ケレンスキーは救援を得ようと試みるも果さず、その後逃走したのだった。他の大臣たちは暴力的な雰囲気の中、ペテロ・パウロ要塞へと連行された。その暴力的雰囲気は翌日からすでに、それまで確認されていた平穏に代わって首都を覆い始めることになる。[13]

しかし冬宮は今や政治的中枢として存在することを止めていた。ボリシェヴィキの注目と努力の対象は、第二回大会が開かれているスモーリヌイ学院へと移って行く。

第二回ソヴィエト大会

大会は冬宮制圧の数時間前に厳かに開会せざるを得なかった。[14] 開会を遅らせせようとトロツキーは努力を重ねたが、代議員たちの苛立ちを抑え切れなくなったのである。

大会の審議はまずメンシェヴィキのダンが議長を務めて進行した。しかしその後すぐに行なわれた最高幹部会議選挙の結果、ボリシェヴィキが当会議において異論の余地のない権威を揮うことが明らかになる。選出された二五人のメンバーのうち一四人がボリシェヴィキで、それはレーニン、トロツキー、ジノーヴィエフ、カーメネフ、ルイコフ、ノギーン、コロンタイ、アントーノフ゠オフセーエンコ、ルナチャルスキー、常にトロツキーの側近であるムラロフ、リャザーノフ等々であった。大会の構成もボリシェヴィキの優位を物語っている。代議員総数六五〇人に対して、三六〇人がボリシェヴィキで、これにエスエルのうちほぼ一〇〇人近い大集団が加わることになる。大会の議長の座は当然ボリシェヴィキのカーメネフの手に落ちた。就任より数時間後に彼は冬宮陥落を意気揚々と報告し、逮捕されて牢獄に連行された閣僚のリストを仰々しく読み上げた。これには議会の一部から拍手喝采が送られたが、エスエル左派の一議員が立ち上がって、社会主義者閣僚の逮捕に抗議した。しかしトロツキーはその議員に対して、そのような些事に長々とかまける時はすでに終わったのだと手厳しく答えた。革命は旧体制を吹き飛ばしたのであり、昨日までの閣僚は、あっと言う間に非合法性を代表する者となってしまった。少数派の立場に置かれたメンシェヴィキとエスエルは、ここに至って大会から退去することを決めた。これはボリシェヴィキをさらに快適な状況に置くことになる。議会内での彼らの相対的な重みは増大し、彼らの権力濫用を告発して今なお感銘を与えることができる才能を持った何人かの雄弁家が、討論から姿を消すからである。トロツキーが反対派に「歴史のくずかごの中」でくたばれと宣告するのを聞いて憤慨したマルトフが、その例であった。

第一会議が終わって次の会議が始まるまでの間、レーニンは退出し、二回目の会議で提出するはずの、政治体制の完全な転換を明示する布告の執筆に取り掛かった。第二会議はカーメネフ議長によって開会される。彼は死刑の廃止および連立政府が逮捕した政治犯全員の釈放を告げた。確かに当のその時点において、牢獄は新しい「入所者」、つまりこの数日、革命に敗れた者たちを受け入れ始めていたのである。これに次いでレーニンが登壇し、三つの布告からなる長い文書を読み上げた。平和に関する布告、土地に関する布告、新政府の編成を予告する布告の三つであるが、これについては後ほど論じる。

三つの布告のうちの最初のものが読み上げられると、熱狂の渦が巻き起こり、代議員たちはこぞって「インターナショナル」を歌い出した。レーニンはその調べにあわせて文書を読み終えた。そしてこの文書は全員一致の票決で採択された。

土地に関する布告が提示された時には、議会はこれほどの熱狂を見せなかった。もちろんこれは採択され、留保の印としては反対が一票、棄権が八票あったのみである。しかしスモーリヌイ学院に生み出されたほとんど宗教的な熱情の雰囲気の中で、絶えず拍手喝采を送るボリシェヴィキたちの猜疑の視線の下で、これらの留保はそれだけでもかなりの勇気がなければ表明することができなかったと考えられる。

新政府の件について審議する段になると、直ちにあることが問題となった。名称の件である。新政府に対する呼び方が革命という事態の新しさを表現するようにするにはどうすれば良いのか。ロシアが一歩を踏み出したこの「新世界」を表現するようにするには？　レーニンはこの問題に特に敏感な様子だった。布告を提示するためにスモーリヌイ学院に着くと、彼は「革命第一日に敬意を表しようではないか」と勝ち誇って宣言した。それは彼にとっては過去との全面的な断絶を告げる日であった。興奮さめやらぬこの時にカーメネフとすれ違ったスハーノフは、「諸君はブルジョワ的モデルに則って省を作るつもりなのか」

と尋ねた。カーメネフは次のように答えた。「フランス革命の国民公会の時のように、『参事会』が統治にあたり、『参事会』の会長たちが集って政府の最高機関を形作ることになる」。この方式は採用されることにはならなかったが、大臣という語はレーニンに即座に退けられた。「何でも良い。ただ大臣だけは駄目だ」[15]と彼は宣告した。その時トロツキーが政府のメンバーを「コミッサール」、政府を「コミッサール評議会」と命名することを思いついた。スハーノフは、彼の友人の中にはこの示唆は問題だと考えた者も何人かいた、と記している。「コミッサール」〔人民委員〕というのは警察的職務を連想させるのではないかというのだ。もしかしたらボリシェヴィキは、彼らの権力が警察的形態をまとう必要が生じることを予感して、無意識のうちにこの選択を行なったのかも知れない。

レーニンによる政府の編成内容の報告は、完全な平穏のうちに行なわれたわけではなかった。ボリシェヴィキの早手回しのやり口に抗議して退場した代議員たちは、それでも一つの厄介な問題を未解決のままに放置したのだった。その後数日の間に重大な対立の元となるその問題とは、ボリシェヴィキが我がものとしたと主張する全面的権力に関する問題であった。レーニンは、これは「暫定的政府」であって、憲法制定会議の選挙までの間、ロシアの統括をまかされたものであると予告していた。しかし彼が提案する政府の構成メンバーは、すべてボリシェヴィキに占められており、他の社会主義政党を憤慨させることにしかならなかった。

最初、レーニンは「人民委員評議会」〔ソヴナルコム〕に加わることを望まず、その議長役をトロツキーに持ちかけた[16]。しかしトロツキーはその申し出を断った。そこでレーニンは側近たちの圧力に押されて、結局、個別的担当職務を持たない無任所の形で最高指導者のポストを受け入れざるを得なくなった。こうして出来上がった政府の構成は以下の通りである。内務人民委員にルイコフ、農務人民委員にミリューチン（農業に関する著書があり、一九一七年までに何度も逮捕、投獄、追放の経験あり）、労働人民委員には労働組合活動家のＡ・シリャープニコフ、軍事海軍人民委員としては、ペトログラード蜂起の中心人物、アントーノフ＝オフセーエンコと、蜂起の際にオフセーエンコを補佐した海軍士官学校生のクルイレンコ、そして水兵のドゥイベンコの三人が集団指導の形で当たることになった。商業・産業人民委員はモスクワ生まれのノギーンに当てられた。文部人民委員は輝かしい知識人、ルナチャルスキー、司法人民委員は、法学を修めたという自負を持つＧ・ロモフ（オポコーフとも呼ばれる）、財務人民委員はＩ・スクヴォルツォーフ、食糧人民委員にはＩ・テオドロヴィチ、郵政人民委員にはグレーボフ（アヴィーロフ）。

残りの二つの人民委員のポストには、特に注目すべき人選が行なわれた。外務人民委員にはトロツキーが任命された。これは原則として権威あるポストであるが、外交に関するレーニンの考え方を踏まえて、上から下まですっかり作り直す必要があった。そのために、結局、二番目に重要な委員の座として、トロツキーに回って来たわけである。最後に民族人民委員というポストが、十月革命の新機軸として設けられ、この適任者はスターリン以外にいなかった。(17)

この政府に二人の人物、ジノーヴィエフとカーメネフの名がないことは注目に値する。いかにもこの二人は十月十日と十六日の中央委員会の会議の際に、レーニンの蜂起開始の意志に激しく反対した。しかし最終的には同調したのであるし、それに二人は、戦争が始まる前の厳しい孤独の歳月の中で決してレーニンを見捨てなかった忠実な支持者であった。スハーノフは政府にこの二人が入っていない原因を考察して、別の説明を示唆している。「おそらく戦術的理由から、政府内にユダヤ系の閣僚の数を極力少なくする必要があったのであろう。トロツキーは唯一の例外であった」[18]。しかしレーニンは、ジノーヴィエフを、政府の公式機関紙になるはずの『イズヴェスチヤ』の編集長に任命し、カーメネフを中央執行委員会（イスポルコム）の委員長にすることを考えていた。もっともカーメネフはこの職に短期間しか留まらないのではあるが[19]。政府はこの中央執行委員会に対して責任を負うべきものとされ、同委員会は人民委員の活動を監督し、その解任の権利を持つとされた。

十月二十六日の夕刻には、こうしてロシアではすべてがボリシェヴィキの掌中にあった。しかしトロツキーがすでに指摘していた通り、ペトログラードで政権が発足したからと言って、国内至る所で成功したことを意味するわけではなかった。首都における十月二十五日の蜂起に続いてモスクワで展開した闘争は、ボリシェヴィキがまだ抵抗に会うことを証言していた。

ロシアの古都モスクワにおいては、蜂起が時宜に適しているかどうかの議論の際に、ボリシェヴィキたちはどちらかと言えばジノーヴィエフとカーメネフを支持する傾向を見せていた。しかしペトログラードにおける蜂起の成功が伝えられると、彼らの懐疑には終止符が打たれ、彼らは直ちにすでに試験済みのモデルに則って軍事革命委員会を結成する。これに対して社会革命党員たちは自分たちで公安委員会を結成しており、協力を拒否する。そこでブハーリン指揮下のモスクワのボリシェヴィキは、この都を彼らが支配していることを示すために、クレムリン奪取の決定を下す。彼らは最初は失敗するが、その後味方に加わった援軍の到来によって救われる。一方、最初は勝負に勝ったと思っていた「エスエル」の公安委員会は崩壊するのである。

このように要約すれば、モスクワのボリシェヴィキ化の進展は単純であったように見える。しかしこの話はこれで終わったわけではない。必死に防衛する敵から勝利を勝ち取るために、ボリシェヴィキ武装団は、家々を砲撃し、大きな被害を出しながら、街路を一つ一つ奪い合うような戦闘を行なわねばならず、最終的に勝利を収めたのも、救援に駆けつけた援軍のおかげという体たらくだった。

戦闘は地方においてもしばしば熾烈を極めた。都市部は最終的にボリシェヴィキ政権に屈したとしても、農村部と周辺部は、ボリシェヴィキにとって全般的には手の届かない地域であり続けた。これについては後に触れる。

十月二十七日に第二回ソヴィエト大会は延期になってしまう。その結果、この大会はソヴィエト大会の中でもっとも会期の短いものとなるだろう。すでに首都の雰囲気は、革命第一日の夕刻のような平穏を失っていた。二十六日、軍事革命委員会は新秩序に敵対的と判断する新聞の印刷所へ水兵を急行させ、入手可能な印刷物をすべて押収し、公開で焼き払うべしとの命令を出した。帝政はこのような焚書行為に身を委ねることは一度もなかった。「ブルジョワ」新聞と言われる新聞がすべて数時間のうちに姿を消すというこの乱暴な措置は、首都の多くの住人に悪い印象を与えた。政権に参加していないメンシェヴィキとエスエルにとっても同様だった。しばしば軍事革命委員会の命令によって実行される逮捕が多数に上ったため、マルトフはボリシェヴィキの中央執行委員会に赴き、合法性に立ち返り、社会主義者の大臣を釈放するよう要求した。しかし彼の要求にはいかなる回答も返って来なかった。一般的には、ボリシェヴィキの答えは次のようなものになりがちであった。すなわち勝利は確かに勝ち取られたが、しかし彼らはさまざまな危険に取り囲まれているのだと。国全体が彼らの大義に賛同したと言うには程遠く、近傍では、逃亡したケレンスキーが失地回復のために地方で兵力を集めようとしていると思われた。それゆえボリシェヴィキは、紛れもない戒厳令を敷く権利があると感じていたのである。

勝利を収めたものの、ボリシェヴィキは依然として厳戒体制にあった。第二回ソヴィエト大会においてレーニンによって予告された計画を実行に移さなければならないのはもちろんだが、なによりもまず自分たちが生き残らなければならないことを良く理解していたのである。

＊

〈二月革命〉から〈十月革命〉までの革命の歴史は、二つの時期に分かれる。二月革命から一九一七年の夏までは、さまざまな政治的解決、臨時政府が進む路線のさまざまな修正がまだ可能であるように見えた。レーニンがロシアに戻り政府とソヴィエトに圧力をかけ始めたが、それでも彼の党が権力に到達する可能性はきわめて小さかった。二月革命後に、国外亡命から戻った彼の同志たちの多くは、ブルジョワ革命という現存する政治的状況を受け入れ、国の舵取りに参与しようという気になりがちであったため、なおさらその可能性は小さかった。確かにこの時期を通して権力の特徴は、政府とソヴィエトという二つの権威の中心の存在であった。しかし当時もっとも重要だったのは、その点ではない。社会が臨時政府に期待していたのは、社会のもっとも強い熱望、つまり講和と農地改革に対して何らかの答がもたらされるということであった。この期待は初期にはソヴィエトに対して向けられることはなかった。決定と行動の合法的権限を有するのは政府だったからである。臨時政府の弱さは、社会から出るこの二つの差し迫った要求に対して、期待された回答をもたらす能力がなかった、あるいはもたらすことを拒否したというところから由来する。そしてそれが次第に臨時政府から正統性を奪って行ったのである。ミリュコーフ、次いでケレンスキーによって表明された意志、すなわち締結された同盟を堅持し、そのためには戦争を続行しようとする意志は、講和を渴望し、直ちに講和条約が締結されることを望む社会の熱望とたちまち衝突した。

〈十月革命〉までの二つの政府によって、土地の問題に対してなされた回答も、やはり民衆の要求と衝突するものであった。この問題の解決は、意見を表明する正統性を有する決定機関である憲法制定会議に委ねられた。しかし数ヵ月にわたって政府はこの議会を誕生させるための選挙を延期し、それによって憲法制定会議が人々の精神の中に有していた威信の一部を奪い去り、政府自身も信用を失って行ったのである。

民衆の希望にこれほど反する態度が引き起こした深い失望が、早くも一九一七年夏に姿を現わした二つの変化の原因であった。まず、政府に何も期待すべきでないことを理解した社会は、政府に背を向け、他の決定機関、とりわけソヴィエトの方に回答を探した。こうしてソヴィエトはほんの一、二ヵ月で民衆から信頼を寄せられるようになり、それによって固有の正統性を付与されることになる。しかしそれと同時に、この期待を裏切られ続けた社会は、夏以降、己自身の熱望に対する回答を、もはや権力にかまけることなく、己自身が現場で見出す決心をする。早くもこの時期から前線で脱走が頻発し始めたことや、農村部で農民が自分たちの力で土地や領地を没収するようになったことは、社会のこうした自然発生的行動が権力の及ぶ範囲外で堂々とまかり通る事例にほかならなかった。しかし土地に関するこれらの自然発生的行動によって、後戻りできない状況が作り出されることになり、一九一七年十月に誕生する政権は、この状況に対処しなければならなくなる。

疑問の余地なき政治的直観の持ち主であるレーニンは、一九一七年の二月から四月までの間に、このようにしてロシアで起こった変化の重要性を直ちに把握した。そこで彼が「すべての権力をソヴィエトへ」というスローガンを打ち出したのは、ロシアに戻るやたちまちにして、以下のことを見抜いたからにほかならない。すなわちソヴィエトが、そしてロシア全土に生まれたそのさまざまな姉妹機関が、臨時政府を差しおいて正統性を獲得しつつあり、しかももはや臨時政府の側に立っていないこと、そしてそうした正統性はいつかボリシェヴィキ党がまんまとせしめることができるかも知れないということを。

そうであったとするなら、ボリシェヴィキの勝利は不可避のものだったのだろうか。一九一七年夏にはその勝利は予測できるものだったのであろうか。そこで大衆はボリシェヴィキの陣営へと不可逆的に移って行ったのだと断言できるであろうか。そんなことはない。この時期においては、社会は他の社会主義政党により近かった。その代表者たちは社会の目から見て連立政府への参加によって信頼を失ったと思われていたけれども。ロシアにおいて多数派を占める農民層は、社会革命党が期待に応えてくれると期待していた。そしてメンシェヴィキは労働者階級の中で現実の権威を保っていた。ボリシェヴィキの武力行使の失敗は、彼らの威信を高めはしなかった。しかしこうした状況にあってレーニンは、ケレンスキーから大いに助けられることになる。

一九一七年夏から〈十月革命〉まで、次々と出来事が起こった。ロシアの政治の舞台は、実は二人の人物の目に見えない対決が支配していたということになる。レーニンはケレンスキーの弱点、その中でも特に二つの弱点を感知し、分析した。一つは彼の性格に関連するものであり、もう一つは状況を正確に分析する能力を彼が持たないことである。ケレンスキーは優柔不断な気質の人間で、一つの計画を首尾一貫して追求することができなかった。もっとも困難な時期に、彼は躊躇し、意見を変え、先延ばしし、さらにこのような不決断に加えて、他人との関係においては、あきらかに良心のかけらもない態度を見せた。コルニーロフ将軍に対する態度がまさにその実例で、ケレンスキーは将軍を利用した上、欺いた。これにより彼は軍の共感を決定的に失うことになったのである。しかしそれと同時に、彼は複雑で流動する状況を確実なやり方で見定めることができなかった。例えば君主制の再興もしくは軍による政権奪取を目指す反革命勢力に脅かされているとの恐れに不断に憑きまとわれており、注意力と攻撃を絶えずこの想像上の敵の方に向けてばかりいて、彼の反右翼志向を利用するレーニンの能力を過小評価した。同様に、十月革命が勃発するまで、ケレンスキーはボリシェヴィキが数多くの失敗から立ち直る力を持たないと見くびっていた。彼が自分の誤りに気付いた時には、すでに彼は勝負に負けていたのである。

ケレンスキーの政治的盲目振りに対して、レーニンははるかに巧妙に勝負を進めた。確かに彼も、特に一九一七年七月に誤りを犯しはした。しかしこの困難な数ヵ月の間に彼が決して大きく失策をしなかった点が一つある。それはケレンスキーに対する彼の認識である。彼は常に敵の判断や行動の誤りを見抜くことができ、それを自分の政治戦略に組み入れたのである。

「ケレンスキー・カード」は結局レーニンにとって、ボリシェヴィキ党が少数派の立場にあったにもかかわらず、最強の切り札となった。しかしこのカードにもう一枚別のカード、社会主義者である敵対者、特にメンシェヴィキが彼に提供してくれたカードを加えるべきだろう。メンシェヴィキはボリシェヴィキよりも人気があり、労働者階層の間によりいっそう根を降ろしており、したがってより強力であると確信しており、ケレンスキーと全く同じようにレーニンを過小評価することになった。メンシェヴィキもソヴィエト内部への、次いで軍の内部への彼の「潜入工作」にやはり十分な注意を払うことがなかった。

結局、彼レーニンの競争相手たちは、いずれも発言と著作に十分な注意を払わなかったという弱点を持っていたということになろう。彼の発言を聞き、彼の著作を読んでいたなら、彼らは十月革命の重要な与件となるものをおそらくより良く感知するなり、予見することができただろう。それは革命の「職業的専門家」の役割と、諸機関の操作にほかならない。この職業的革命家たちは、その思想的指導者のあとに続いて、見事にそうした操作をなし遂げたのである。

第Ⅳ部　夢の終わり（一九一七〜二四年）

第10章　国家の死から革命国家へ

一九一七年十月、在ペトログラード・フランス軍事使節団のメンバーであったジャック・サドゥール大尉は、彼の眼前で展開しているロシア革命について、大臣アルベール・トマに毎日報告を送ることに決めた。確かに彼は完全に冷静な証人ではなく、彼の共感は勝者の陣営の方に向けられていた。しかし彼は優れた観察者であり、彼の指摘は情勢の推移を理解するためには貴重である。十月三十一日、レーニンの成功からほんの数日後に、彼は次のように書き留めている。(1)

「街路は全く平穏である。信じられないことだ。流血の一週間の間、ボリシェヴィキの鉄の威圧と強力な組織力のおかげで、公共の業務（市内電車、電話、電報、郵便、輸送）は決して通常の機能を止めることはなかった。秩序がこれほどみごとに保たれたことはかつてない。

役人とブルジョワジーのみは不平を鳴らしている。各省は怠業している。しかしトロツキーは強硬な手段を用いて、彼らに義務の遂行を強制するだろう。……ボリシェヴィキの蜂起はあらゆる抵抗を打ち破る力を持っていることを、すべての者が理解することになるだろう」。

サドゥールはこの一文で、十月末において、重大な問題となっているのは何であるかを示唆している。レーニンはあれほど強く願った蜂起の成功を勝ち取ったが、今後ボリシェヴィキは、いかにして全国レベルで政権を組織し、抵抗に打ち勝ち、期待を実現しようとするのか、という問題である。

革命のための国家とはいかなるものか

レーニンは常に政権獲得に情熱を燃やし、その法則と手段を多数の著作の中で定義して来たが、彼の思索の中で、革命後のことについては不確定な点の方が多かった。政権奪取の直前、彼が再び姿を現すための好機を待ちつつフィンランドに避難していた時、彼はようやくこの問題に専念するに至り、『国家と革命』(2)を書く。この著作の副題「国家に関するマルクス主義の教訓と革命におけるプロレタリアートの責務」は、この本の意図を明らかに示している。この本は大急ぎで書かれたが、単なる時局向けの著作ではない。レーニンはこの年の初めからすでにこの問題に強い関心を示しており、いつもの習慣通りに著作の執筆準備のために大量の本を読み、ノートを取っていた。このノートが二冊の予備的覚書、「マルクス主義と国家」(3)と「『国家と革命』のための草稿とノート」(4)の材料を提供した。こうした系統立った読書から生まれた『国家と革命』は、一風変った多義的な著作であり、多くの読解を可能とするものとなる。

この本の中でレーニンはまず初めに、ロシアの革命運動の基底をなす思想を生み出した思想家たちとの論争を展開する。彼らの国家に関する考察を退けようとするわけである。それはアナーキストたち（プルードン、バクーニン、クロポトキン）であるが、しかしまた正統マルクス主義者（カウツキー、プレハーノフ）ならびにベルンシュタインのような修正主義者でもある。アナーキストに対してはレーニンは、連邦主義的見解、あるいはさらに反抗こそがいかなる形態の組織にも代わるものであるという神話を批判する。正統マルクス主義者と修正主義者については、両方とも一緒くたにして、マルクスを裏切っていると非難する。そして「プロレタリアートの党の責務に関する態度に関して、マルクスとカウツキーを深淵が分け隔てている」と書き、次のような決定的断罪を付け加えているのである。

「ドイツ社会民主党はカウツキーの口を借りて、こう宣言しているように思う。『私は自分の革命的概念を保持しています。……しかし国家に関するプロレタリアート革命の責務の問題が提起されるとただちに、私はマルクスが一八五二年にすでに述べていたところから退却を実行します……』と」。

レーニンがこの著作の中で攻撃している者は、いずれも国家の重要性を否定したか、あるいは革命の過程の中でマルクスの分析とは無縁の身分を国家に与えるという誤りを犯した、ということになる。

こうした全般的断罪はこの著作の後半部に表明されているので、その要点をなすものについて見ておくのが適切であろう。すなわちレーニンがマルクスとエンゲルスから導き出した、革命中ならびに革命後における国家である。彼自身の目から見てもやはり、国家とは一つの階級が別の階級を抑圧する道具であって、破壊されなければならず、その自然消滅を当てにしても無駄である。自然消滅という考え方は、「革命の否定ではないにしても、革命の力の縮小である」と彼は書いている。国家は暴力によって破壊されなければならない。暴力のみが支配階級の暴力に対抗することができるのである。『何をなすべきか』でレーニンは、プロレタリアートの勝利を確実にするためには革命的暴力と武装闘争が必要であることをすでに明確に述べていた。『国家と革命』では、暴力それ自体はそれほど強調されなくなり、暴力という語もそれほど頻繁に使われていないが、その言説はやはり暴力の言説である。「プロレタリアートに対してブルジョワジーにより行使される専門化した抑圧の権力」、「プロレタリアートの独裁」、これらは平和的表現とは言えない。レーニンはエンゲルスが「国家の自然消滅」という考え方に立ち至ったのは誤りであることを証明することに全力を傾けたが、そのエンゲルスを引用しつつ、次のように述べている。「このエンゲルスの著作には国家の自然消滅に関する推論が含まれていることは、何ぴとも承知しているところだが、これにはもう一つ別の暴力革命の重要性に関する推論も含まれている」。国家の役割についての歴史的評価は、エンゲルスにあっては紛れもない暴力革命の礼賛に変貌している。革命の目的は、国家装置を「打ち破り」、「破壊し」、「解体する」こととされている、というわけである。このようにマルクスとエンゲルスの思想を記述するためにレーニンが用いた語彙の一覧表を作るとなると枚挙にいとまがないだろう。その語彙は革命が消滅させるはずの国家に関することとなると、たちまちその全体が暴力的観念を中心にして廻り始めるのである。

　しかし現存する国家機構を廃止するために革命的暴力が不可欠であることをこうして正当化しつつも、レーニンはさらにその先へと進んで、相変わらずマルクスを援用しつつ、パリ・コミューンの国家モデルを提案する。

　「パリ・コミューンはプロレタリアート革命がついに見出した形態であり、これは労働の経済的解放の実現を可能にするものである」。

結局、常にマルクスとエンゲルスに依拠しつつ、レーニンは国家に対する革命戦略について二つのヴィジョンを提示するわけである。革命「以前」には、有産階級が有する支配の機関である国家は、革命的目的のために改良も利用もされ得ない。国家は破壊され、一掃されねばならない。革命「以後」、一たびプロレタリアートが勝利を収めた暁には、革命国家は、それ自身の消滅を準備しつつも、しばらくの間存在する。コミューンのモデルが参考とされるのはそこにおいてである。しかしレーニンは、最後には消滅する運命にあるこの国家の記述の中では、慎重に歩を進めていく。彼が記述するのは、とりわけプロレタリアート独裁の局面における国家の機能である。この局面では国家は今までにない形で存在し、機能する。プロレタリアートの勝利――この本の中でレーニンは党に言及することはあまりなく、中心的役割を演じるのは大衆となっている――の後、しばらくの間国家が存続するが、それは〈歴史〉の舞台から直ちに姿を消すことに甘んじられない搾取諸階級のいかなる抵抗の試みをも決定的に打ち砕く必要があるからである。これらの階級の抵抗が国家の存続する段階を維持する必要性の説明要因をなすわけである。しかしどのような権力を以ってそれを行なうのか。

そこにおいて、パリ・コミューンがモデルとして用いられる。それは多数派による権力で、少数派となったかつての搾取者に対して真の独裁を行使するプロレタリアートの権力である。しかしこの権力は伝統的権力には似ていない。特に、常に国家の特徴であった軍と警察という武力装置に対する占有権を有さないからである。軍隊となり、警察権を行使するのは、武装した人民である。この二本の支柱を持たない国家は、民衆に対して暴力を揮うことはできない。国家は逆に民衆に依存する。あらゆる行政・管理職務も同様である。すべてが、民衆によって選出され民衆によって解任される、民衆出身の官吏によって遂行されることになる。国家は国家を機能させる人々に対する権威を持たないであろう。そしてレーニンは次のように具体的に述べている。「例外なくすべての官吏を全面的に選挙にて任命し、常時解任することができること。労働者の通常の給与レベルへの役人の給与の引き下げ」。これによってマルクスが次のように記したモデルに全面的にたどりつく。「軍備と官僚組織という二つの大量出費の源泉を廃止することによって、安上がりの政府という、あらゆるブルジョワ革命のスローガンを実現させたパリ・コミューン」[5]というモデルに。

この新しいタイプの官吏になるのは何者であろうか。すべての人間である。何故ならこの単純化された国家の運行を保証するのに、特別な知識はいささかも必要とされないからである。

「今や直ちに、国家官吏特有の『指揮方式』を廃して、今日ただ今より、都市住民にとって全く可能な、きわめて単純な職務内容たる、単なる監督と会計の業務遂行に代えることを始めることができるし、そうしなければならない」。

「料理女も国家を指導する能力がある」というスローガンは、国家権力を己の利益のために流用する恐れのある官僚からなる新たなる指導層の出現という仮定を排除する――すべてのプロレタリアは相互に置き換え可能であることを想定しているという点において――考え方に発している。同様にレーニンは、この社会的行為者の恒常的流動性から、権力を握り保持しようとする意志が生み出すあらゆる社会の欠陥――例えば犯罪行為、あらゆる形態の軽犯罪、さらには経済的不平等――は、おのずから消滅するという確信を引き出した。「資本主義的奴隷制、恐怖、野蛮……から解放されて、人間はしだいに社会生活の基本的規則を尊重することに慣れていくだろう」。

レーニンは権力分立という民主主義の原則を速やかに厄介払いする。パリ・コミューンは、レーニンが「金銭ずくの、骨の髄まで腐敗した」と記している伝統的議会制度に対する断罪であり、唯一それ自体において行政権と立法権の総合を実現しているのである。マルクスは「コミューンは行政的であると同時に立法的に作用する機関である」と記していたではないか。

このユートピア的、無政府主義的傾向を示す文書は、一連の問題を提起している。まずプロレタリアートの概念と党の概念との関係の問題である。プロレタリアートは国家と同じものとされる――「国家、すなわち支配階級として組織されたプロレタリアート」、あるいはさらに「〈歴史〉におけるプロレタリアートの役割の到達点は、プロレタリアートの独裁、プロレタリアートによる政治的支配である」とレーニンは記している。一方、党の方は、レーニンが常に強調したように、プロレタリアートと同一のものではなく、プロレタリアートの案内役であり、プロレタリアートがその役柄を演じることを可能にするために、プロレタリアートにとって必要な知識を保持しているものである。さてそこで、この支配者たるプロレタリアートという考え方の中で、党はどこへ行ってしまったのか。それはほとんど問題になっていない。レーニンはこの側面に触れることをしないが、彼がプロレタリアートに対して常に否定してきた生得的階級意識を、この階級がどのようにして突然獲得することになったか、についてもやはり明らかにしていない。ところが権力獲得のために作られ、革命の「職業的専門家」――レーニンは常にこの職業的専門性が必要であることを強調して来た――からなる党とは、あらゆることに適性を有するプロレタリアたち、およびいかなる能力ももはや要求されない国家に対するアンチテーゼなのである。

さらに言うなら、レーニンの著作はきわめて両義的なやり方で、相矛盾する考え方を組み合わせている。

彼は無政府主義的考え方に反対して、マルクスによって「中央集権化された」国家に与えられた重要性、すなわち「コミューン的政体によって打破されるどころか、逆にそれによって組織される国民の『統一性』」を強調する。さらにレーニンは、マルクスから次のような表現を借用している。「軍事的、官僚的ブルジョワ中央集権制に対して、自覚的、民主的なプロレタリアートの中央集権制を突き付けるために、民族＝国民の統一を組織すること」。社会の組織のあり方に関しては、同様に完璧に序列化され、中央集権化されたヴィジョンを提示している。「社会はもはや全体として労働の平等と賃金の平等を備えた、単一の事務所と単一の工場に過ぎなくなる」。しかしプロレタリアートが資本家たちを打ち倒した後、社会全体に広げることの「工場」の規律は、「われわれの理想でも、最終目標でもない」とレーニンは付け加える。それは一つの段階にすぎない。最終段階とは共産主義社会が、「長期にわたる過程の」末に進化を遂げる段階だが、その進化の向かう未来の輪郭は、マルクスにあってもレーニンにあっても想像することが不可能のようである。

レーニンはこの困難を認め、それに答えたと考えている。しかし『国家と革命』を読む者は、この上なく途方に暮れてしまう。パリ・コミューンのモデルから出発して、レーニンがプロレタリアートについて提示する無政府主義的ヴィジョン――プロレタリアートはすべてであり、すべてを引き受け、あらゆる場合に官吏の選出と解任の権限を持ち、立法者であると同時に行政者でもある――と、彼の組織者的ヴィジョン――「中央集権化」、「統一」、「工場の規律」が、彼の記述する国家のキーワードである――とを、どのように両立させれば良いのか。この強力な組織からどのようにしていかなる組織も存在しない状態に移ることができるのか。どのような型の決定を経てなのか。連続的進化によってか。プロレタリアートの自発性によってなのか。ある特定の時期に、「広大な事務所と広大な工場」の中で、指揮を執る地位を占める者たちの意志によってなされるというのか。

最後に、最終段階に関して全く不明確であることは、レーニンの推論に賛同する上で全く助けにはならない。

最終的に提起しなければならない問題は、このユートピアがレーニンの知的行程の中でどこに位置するのかというものである。確かに完成したとは言い切れないこの著書は、気持ちの高ぶりの中で書かれた。レーニンは当時、彼が説き勧めていた蜂起をその避難所で待ち望んでいたからである。* しかし彼はその材料を数ヵ月前から集めており、これがこの主題に対する彼の関心の強さを物語っている。おそらく提起された問いに対する最良の回答は、著作計画のたどった変遷と出来事とをつきあわせてみることにあるであろう。

＊ この文書は未完のまま残される。レーニンは一九一七年十一月三十日に出版に備えて後書きを書く。冊子として発行されるのは一九一八年である。

一九一七年初頭にレーニンがマルクスとエンゲルスの国家に関する著作の検討にとりかかった時、確かに彼は敗北と格闘しているロシアに目を釘付けにしていた。しかし何よりも彼は世界革命を待ち望んでいたのである。おそらく彼の著作計画はロシアのみを射程に入れてはいない。というのも一九一六年末から一九一七年初頭は、大戦の歴史の中で奇妙な期間をなしている。和平の提案があらゆる陣営から相次いで出されたのである。「同盟側諸国は一九一六年十二月十二日に和平交渉の申し出をした。十八日にはウィルソンが和平案を提出。一九一七年三月になるやロシアの社会主義者が、次にオランダとスカンジナヴィアの社会主義者たちが和平案を提出した。法皇ベネディクト一五世は遅れをとらぬよう、八月に和平案を提案した……」[6]こうした平和の呼びかけは、市民社会においても軍隊内部においても平和主義的傾向を増大させる、とレーニンは考え、また大戦勃発以来、彼が必ず起こると確信していた各国の政治体制の解体の局面が近づいていると思った。それゆえ彼はいまだに革命的社会の到来は西欧で起こると予想していたが、そうした革命的社会の将来について考察の努力を払う必要があるように思われたのである。しかし彼の他の著作との整合性がきわめて少なく、彼の思想の中に位置付けることの難しいこの著作を執筆している時、彼が訴えかける相手と考えていたのは、ロシア、数ヵ月前から革命過程の真っただ中にあるロシアであった。となれば、この文書の意味するところはより良く理解できる。これはまず第一にロシアにおいて彼が主要な敵とみなす者、すなわち連立政権という構想に諸手を上げて賛同した社会主義者たちの提案を貶めることを目的とするものなのである。

特にレーニンはボリシェヴィキによる権力奪取に対して、彼らに正統性を付与するような参照基準を与えようとした。民衆全体が権力の保持者であるとする、パリ・コミューンというユートピア的考え方の方が、唯一それのみが権力を独占する党というものよりも、正当化するのが容易なのは間違いない。ほんの短期間しか存続しなかったパリ・コミューンのモデルがあまり説得力を持たなくても、大した問題ではない。レーニンにとってもっとも重要なことは、マルクスから、そしてパリ・コミューンというこの短い革命の冒険から支援を仰ぐことであり、彼がまさに身を投じようとしている冒険を、あらゆる社会主義者から崇められているこの二つのものの庇護の下に置くことであった。

レーニンが党の名もその存在もほとんど口にしなかったのは、偽善を行なっていたからであろうか。あるいはその時、革命的熱狂に突き動かされて、ユートピア的夢想に身を任せるに至ったのだろうか。後者の仮説は留保なしに受け入れることは難しい。もっとも考えられるのは、レーニンが権力に到達する前に、「マルクス主義の開祖たち」に則った理論的著作を持つことの有用性を実感したということである。そのような著作があれば、彼に従わないすべての者の排除を苦もなく正当化でき、また権力についての独裁的な考え方を正当化することができるからである。

『国家と革命』の中では、レーニンは議会制の手続き、選挙（パリ・コミューンの官吏の恒常的選挙は例外として）に対する軽蔑を直截に誇示している。権力分立への拒否も同様である。とはいえ、なにはばかることなく表明されたこれらの立場は、この著作ではマルクスの保証で裏づけられている。プロレタリアート政権の無政府主義的ヴィジョンと党の権力の中央集権的ヴィジョンとの間に見られる両立不可能性の問題に関しては、まさしく政権獲得以降に問題解決を先延ばしにしていると理解するしかない。「乗り出してみる。それから考える」という、ナポレオンが言ったとされる言葉への賛同を、彼ははっきり述べているではないか。十月革命に際して、彼の側近たちはロシアの状況では社会主義革命の条件は熟していないと彼に確言したが、そうした側近たちの躊躇を彼は説き伏せなければならなかった。こうした態度全体が、彼の揺るぎなき決意を確証しているではないか。まず乗り出してみる。それから考える、というわけである。

この著作は一見したところ首尾一貫性に欠けるように見え、無政府主義的な読解も権威主義的読解も望み通りにすることができるとしても、それでも明らかにレーニンは、彼の著作に巧みに内的一貫性を与えている。それは二つの異なる読解ではなく、二つの歴史的時間に対応する一つの読解をそれに付与することによって果された。すなわち無政府化的考え方と組織化への意志との混合が優越する過渡期と、国家の消滅についての極めて長期的な展望――彼はその時期を指定することを避け、その内容にも言及しない――

である。全体としてはこの著作は、適用開始を見ることが決してないユートピアをなしている。しかしレーニンの性格とこの著作を「取り巻く」他の著作とを勘案するならば、ユートピアは彼の思想の発展の一段階を画すわけではなく、全く単に権力へ向かう彼の前進戦略の一つの「構成要素」にすぎないということを、すべてが示唆しているのである。

『国家と革命』対　現実

もっとも差し迫った問題は、権力の行使の問題、すなわち政府の問題であった。もっとも彼はソヴィエト大会に対して提案を行なった時には、それを解決したものと考えていた。自分の党を自分のすべての計画の特権的用具とみなすいつもの習慣に忠実に従って、彼は他のあらゆる社会主義政党を排除する政府を一気に樹立した。ところがこの点で、彼はすぐに社会革命党とメンシェヴィキの憤慨のみならず、当の自分の陣営とも衝突することになる。十一月一日にサドゥールは大臣宛の書簡にこう記している。(7)
「危機が始まろうとしています。過激主義者〔ボリシェヴィキ〕の指導者の中でもっとも議会尊重のカーメネフは、ボリシェヴィキの名誉ある孤立に恐怖を募らせています。彼はジノーヴィエフ、ルイコフ、シリャープニコフ、リャザーノフおよび彼の大部分の同志と同じように、全社会主義勢力結集の内閣だけが、第三革命の成果を守ることができるであろうと考えているのです」。

党内で勃発した危機は、ソヴィエト大会が始まった時にすでに予見することができた。この大会では、レーニンによって予告された政府が他の社会主義政党に開放されるべきことを要求する、マルトフによって提案された決議案を、代議員たちは圧倒的多数ですでに可決していた。この票決は、レーニンとその党が権力を奪取したばかりのまさにその時に、ボリシェヴィキが支配的な議会で行なわれたものであるから、ボリシェヴィキの精神状態を明示している。しかもボリシェヴィキの一人、ルナチャルスキーは、討論の最中にマルトフの提案を断固支持する挙に出たのである。レーニンの「独占主義的」な考え方に反対するこの意思表示の理由は、容易に理解することができる。彼の仲間の大部分は不承不承蜂起に同意したのであり、彼らの懐疑は消え去ったわけではなかった。権力奪取の後になってからも、多くの「古参ボリシェヴィキ」は、それを断罪すべき政治的冒険主義の顕現とみなし続けた。中でもボグダーノフ、クラーシン、ゴーリキーがその例である。彼らは、政権は不利な条件をおして獲得されたのであるから、それを守るためにはすべての社会主義者を政権に関与させようと試る必要があると考えた。レーニンにはきわめて無縁な統一の夢は、彼の同志の頭から離れることはなく、彼らは社会主義者の統一がかくも必要とされたことはこれまでにないと、繰り返し訴えた。トロツキーだけが迷うことなくレーニンを支持し、サドゥール大尉に、権威的で抑圧的な措置を用いることによってボリシェヴィキの政権を守ることができるとの自信を語っている。トロツキーはほんの少し前からレーニンの味方となった者だが、この危機が突発した時には彼の最良の支持者となるのである。

　しかしボリシェヴィキ派の大物だけが、この衝突で重要な役を演じたわけではない。鉄道員組合《ヴィクジェーリ》の強大な執行委員会が介入し、ボリシェヴィキが権力を独占することを諦め、連立という考えを受け入れるよう要求して来る。同執行委員会は、その決意を示すために、ボリシェヴィキ党と政府から除外された党との間の交渉がただちに開始されなければ、あらゆる鉄道輸送をストップすると告げる[8]。これは容易ならざる脅迫であった。サドゥールが革命の最中に公共業務を機能させたボリシェヴィキの有能さについて感嘆をこめた指摘を記したにもかかわらず、状況は数日の間に悪化していたからである。早くも十月二十八日には、公共機関と銀行はストに突入した。蜂起に参加しなかったが、進行中の変化に消極的ながら共感を表明していた勤め人たちは、二十六日には早くも、国土のボリシェヴィキ化に衝撃を受けた。こうしてレーニンは「ホワイトカラー」の無言の、しかし効力ある圧力と鉄道員組合の暴力的な圧力、そして同志たちの懐疑に直面したのである。

彼の支持者の中で、彼が正しいとする者はあまりいなかった。トロツキー以外は、スターリンとオルジョニキゼに支持されていたにすぎない。これではいかなる対話をも拒絶するというわけにはいかなかった。こうして彼は話し合いの原則を受け入れなければならなかったが、結局は何の譲歩もしないとはっきり心に決めていながら、形式的な譲歩を行なうことを納得したのである。

彼は十月二十九日に、モスクワの革命が血の海に転じたことを知り、ペトログラードではあらゆる行政業務が麻痺したのを見て、譲歩を余儀なくされる。〈ヴィクジェーリ〉の肝煎りで、ボリシェヴィキ——レーニンとトロツキーとスターリンは出席しなかった——とさまざまな左派組織の代表者を集めた会議が開かれる。鉄道スト突入の予告の脅迫の下に開かれたこの会議の目標は、「国家の権威の構築」[9]である。カーメネフは、ボリシェヴィキが多数派を占める第二回大会（ボリシェヴィキは六六に対して、エスエル左派三九と「その他」一〇）で選出されたソヴィエトの中央執行委員会の議長として、ボリシェヴィキの代表団に加わっていた。彼は会議の間、全力を注いで、議論の方向を連立に有利な方に傾けた。彼の提案から暗黙の帰結が導き出され、早くも翌日にはそれははっきりと承認されることになった。連立に対するいかなる合意も、レーニンとトロツキーの排除を前提とするとの了解である。何故ならこの二人の頑迷によって、政府を他党に開放しようとするいかなる企ても失敗に帰することになるだろうからである。

レーニンはこのような妥協のために見捨てられる恐れがあることを完全に察知し、それに対抗して、党に対する自分の権威をさらに固めることに専念した。十一月一日、彼はペトログラードの委員会に、合意の交渉に当っているボリシェヴィキの委員たちは「唾棄すべきペテン師」にすぎないと宣言し、いかなる譲歩も排除する次のような言葉で結んだ。「社会主義者たちと交渉するなど問題にならない。われわれのスローガンは、妥協の排除。ボリシェヴィキの単独政府の貫徹である」。

レーニンとしては、真っ向うから相手とぶつからぬようにする必要があった。それほど彼を排除することになる同盟が結実する危険性は大きかったのである。しかし彼は外面的な譲歩からいかなる意味をも奪ってしまうような党側からの反撃を煽り立てようと画策した。彼のスポークスマンとして、彼の提案を中央執行委員会に伝えたフォロダルスキーの任務とは、まさにそれであった。

フォロダルスキーの述べたところは次の通りである。すなわちレーニンは交渉を、そしてとりわけ中央執行委員会を組合と農民ソヴィエトと軍の代表に拡大することを受け入れる。彼はまた、政府が中央執行委員会に従属するという原則に同意する。これはどちらにもとれる妥協であった。なるほどボリシェヴィキでない者から見れば、政府はこの案では変わらないままである。しかし他の党に近い勢力に対して中央執行委員会が開放され、この委員会に最高権威が認められるというのは、それによってボリシェヴィキの政府を統御できると考える社会主義者たちの心を引きつける材料だった。レーニンにとっては、政府の一枚岩の団結というもっとも重要なことは護持される。中央執行委員会に関しては、彼は徐々に党の影響を強めて行くことができると考えた。とりわけ彼としては時間を稼がなければならなかった。

中央執行委員会のボリシェヴィキたちはこうした下心を見抜くことができず、この合意は三八対二九で可決された。しかし〈ヴィクジェーリ〉はこの措置では不十分とみなし、ボリシェヴィキの政府からの全面撤退を要求した。この困難を回避するためにカーメネフは、レーニンを辞職させ、エスエルのヴィクトル・チェルノフをその後任とする案を提出した。この案にはレーニンの堪忍袋の緒が切れた。彼は中央委員会を招集し、連立政府の形成をめぐるあらゆる交渉の中止を要求する。票決の際、彼は反対意見が大勢を占めることを確認せざるを得なかった。反対一〇票に対して、賛成は、もちろんトロツキーも含めて三票にすぎなかった。この状況を乗り切るためにトロツキーは折衷案を説いた。エスエル左派のみと交渉を続け、この譲歩を危機脱出のための最後の試みとみなすというものである。中央委員会の出席者はこの提案を受け入れた。トロツキーはスターリンに関する文書の中で、討論の間ずっと沈黙を守っていたスターリンが、最後には彼の味方についたと書き留めている。

レーニンは対立を最後まで推し進める腹をくくり、これを利用して反対派の服従を要求する。最終提案には一〇名の署名が添えられる。中央委員会のメンバーであるブーブノフは、レーニンのやり口の特徴を示す次のようなエピソードを詳細に語っている。レーニンは文書を書き、次いで「執務室にメンバーを一人ずつ呼び入れて、書類を読ませ、それに署名するよう要求した」(10)。

この実力行使は、党全体の熱望に近い何人ものボリシェヴィキを非主流派に追いやったが、これと同時にレーニンは、彼らの良心を深く傷つける決定を下した。それまではボリシェヴィキは報道の自由の尊重を約束していた。危機の際に臨時政府によって彼ら自身の機関紙の発禁が命じられた時、彼らはそれに反対してこの約束を押し立てていた。レーニンもその際、報道の自由の主唱者となり、「全市民の意見が表明され得る」[11]という条件でのみ、この自由は存在すると説明していた。ところがそれから三ヵ月も経ぬうちに、彼は「憲法制定会議の成功をいかに確保するか」と題するこの文書を忘れてしまったのだろうか。一たび政権を獲得するや、彼は自由な報道と憲法制定会議の敵対者となったのである……「反革命的報道」の自由を制限する命令が出されたのは、その時であった。ボリシェヴィキのユーリ・ラリーンは、中央執行委員会でこの措置を告発したが、レーニンはそれに対して「党の規律に反対する者」を誹謗するばかりであった。中央委員会は、報道に関する政令の停止を要求するラリーンの動議を、わずか二票差の過半数で否決した。こうして大勢のボリシェヴィキが〈ソヴナルコム〉、つまりはレーニンに対して反対票を投じたわけである。選択の時が来た。レーニンは反対意見の者に、中央委員会の立場に同調するよう命令する。幾人かは華々しく辞職する方を選んだ。カーメネフ、ジノーヴィエフ、ルイコフ、ミリューチン、ノギーンは中央委員会を辞職。後三者は人民委員の職も放棄し、カーメネフは執行委員会議長の座を離れた。レーニンは直ちにその後任にスヴェルドローフを任命する。辞職した者たちは、〈ソヴナルコム〉の公式機関紙である『イズヴェスチヤ』に宛てて、彼らの行動を正当化する手紙を送った。彼らはその手紙においてさらにもう一度、社会主義者全員に開かれた政府の必要性を確信していると述べ、「中央委員会を支配するグループ」の権威主義に反対して社会に支持を訴える意志を表明する。

明らかに党内は分裂していた。しかしレーニンは分裂を容認しない。彼は除名し、「粛清し」、さらに足場を固めて危機から脱出しようとするのである。これは『国家と革命』から、またパリ・コミューンの例から汲み取られた権力論からは、ほど遠い姿勢である。しかしレーニンはこの係争においては、社会主義者の分裂に助けられた。穏健な社会主義者たちは彼の粗暴さに意気阻喪して、中央執行委員会の論争から手を引き、政府の問題を再び論じるためには、憲法制定会議の成立を待つ方が得策と考えた。一九一七年十一月には、社会主義者たちはまだ、レーニンが普通選挙で選出された議会には膝を屈するはずだと信じていたのである。それゆえ彼と対決する者としてはエスエル左派のみが残り、彼からの提案を受け入れることになる。それはきわめて巧妙な提案であることが明らかになる。なるほど彼らは権力を独占しようとする意志の故にレーニンを攻撃した。しかし彼はたちまち甘い話を持ち出して彼らの心を巧みに引きつけることに成功した。というのも彼らが政府に参加すること、そして中央執行委員会を新たな代表たち、なによりも農民の代表たちに拡大することを提案しているのである。厳しい交渉が数日続いた後、十一月十五日に、レーニンによって示唆された合意は締結される。しかしそれに参加したのはエスエル左派のみで、その他のエスエル党員とメンシェヴィキはそれから排除されていた。そこで数人のエスエルが政府に加わった。法務人民委員を引き継いだシテインベルグもその一人であった。

鉄道員組合をなだめるために、レーニンは組合が提示した要望を受け入れ、運輸人民委員のポストを、組合員の一人であり、エスエル左派に属しているクルチンスキーに委ねた。クルチンスキーはボリシェヴィキとの対立では重要な役割を演じていたから、レーニンは彼が制御できない閣僚になる恐れがあることを承知していたが、組合を中立化させるためにはその要求を飲まなければならなかった。この難点を解決する策として、彼は義兄のマルク・エリザーロフを副人民委員としてクルチンスキーの下に配した。エリザーロフは技師で組合員であったために、〈ヴィクジェーリ〉はこの任命に同意する。この取引に加わった三者――レーニン、エリザーロフ、組合――のそれぞれは、下心を隠していた。人民委員会に義兄がいるおかげで、レーニンは正人民委員のクルチンスキーに、つまりは鉄道員組合に影響を及ぼすことができる信頼のおける代理人を持っていることを確信した。エリザーロフは二つの陣営の間で平等な均衡を保つことができると期待し、その上そうした意向を表明した。〈ヴィクジェーリ〉の方は、レーニンの望みをかなえてやったのだから、運輸人民委員会と政府に関して異論の余地なき権限を行使できると考えていた。

この中で、自分の計算をもっとも信頼できたのは、レーニンである。彼としては、連立は一時的な譲歩にすぎず、ソヴナルコムの中に非ボリシェヴィキの人民委員がいるのは束の間でしかあり得ないと考えていた。急を要するのは、ストの計画を撤回させるのもさることながら、十二月の初めに開かれることになっている鉄道員組合大会の準備を裏で操る――これについてもレーニンは義兄を頼りにしていた――ことであり、常にボリシェヴィキに反対する現在の指導者たちをこの大会から排除し、レーニンの見解に協調的な、さらには全く従順な組合執行部を選出させることであった。案の定、「政府の拡大」とはレーニンにとって、ボリシェヴィキ以外の党あるいはグループを権力に参加させたいと願う者への本当の譲歩とは全く異なるものを意味していたのである。

しかし政治的開放と見せかけて、レーニンの策謀はまた中央執行委員会にも広げられた。この時期にはまだ立法府は存在しておらず、同委員会がそれに代わるものであった。十一月十五日の合意は、実際すでにこの拡大を想定しており、レーニンは総勢一〇八名からなる同委員会の門戸を開かせて、多数の農民と兵士と組合代表を迎え入れた。この見かけ上の譲歩の結果は、権力の中央集中の強化であった。というのも中央執行委員会は当初の委員数から、メンバー三六六人に拡大し、その結果、全く効率性のないものになってしまった。農民と兵士という新参者の大群が見解と要求の異質性を増大させたからである。もう一つ別の帰結は、同委員会においては農民が特に近いと感じているエスエル左派に対して、ボリシェヴィキの比重が減少したことである。しかしどんな議会にも最高幹部会が設けられていたが、中央執行委員会の最高幹部会は十二月十二日に再編され、そこではエスエル左派の七議席に対して、ボリシェヴィキが一二議席を占めた。ところがこの幹部会が実際上の権力の保持者なのである。中央執行委員会は人数が多すぎ、集まるのが困難で、さらに真剣に議論を戦わせるのはもっと困難であったために、参会者の多すぎる議会がしばしば見舞われる運命に見舞われたのである。棄権と饒舌がこの委員会の特徴となった。その結果、会合は稀になり、ソヴナルコムによってこの委員会に委ねられていたはずの立法行為は、もはや委ねられなくなった。毎日開かれる人民委員評議会〔ソヴナルコム〕は、行政権と立法権を兼務するのがより時宜にかなっていると判断するに至る。『国家と革命』において、レーニンはこのような兼務に対するマルクスの共感を強調していた。彼はソヴナルコムが二つの権力を併せ持たずには立ち行かぬようにするために、中央執行委員会を拡大したのである。この点については、彼のユートピア的著作は、数週間の内に現実の一環をなすに至ったと言うことができる。

この政治的いかさまは、ボリシェヴィキのパートナーであるエスエル左派の目をごまかすことはできず、彼らは憤慨した。しかし彼らは政府に参加しているために、彼らが告発する行為の共犯者となっており、したがって彼らの抗議はなんの反響も呼ばなかった。

いずれにせよ、一九一七年十二月には、一方ではレーニンが己の権力を増強していたのに対して、彼のやり方に反対する者たちはいずれも、憲法制定会議の選挙と開設が、現に存在する力関係の実情により適合した政治活動をロシアに復活させてくれることを待ちかねていたのである。

憲法制定会議の誕生と死滅

憲法制定会議の招集は、ツァーリ体制の崩壊以降、ロシア社会の希望の星であった。その選挙は約束されたが常に延期された。そのために〈二月革命〉から〈十月革命〉の間に組閣された二つの政府は、民衆の輿望を担うことができなかったのである。レーニンは世論の深い失望を承知しており、当然、投票が行なわれねばならないと宣言していたが、政権を獲得した時には、選挙日程がすでに決定されていたため、選挙は予定通り行なわれると約束していた。しかしながらこの約束は彼にとってあまり都合の良いものではなく、彼は側近の協力者たちにそれを履行しない可能性について相談した。レーニンからそれをほのめかされたトロツキー[12]は、臨時政府のような行動を取るのは危険だと反論したが、レーニンは彼に荒々しくこう答えた。「あなたは間違っている。最終結果だけが重要なのだ」。しかしレーニンも最終的にはこうした意図を諦めなければならなかった。というのは、他の政党——特に社会主義政党——は、ボリシェヴィキの勢力を削減するためにこの選挙を利用しようとして、十一月の初めになると早くもきわめて積極的な選挙運動を開始していたのである。とりわけエスエルは地方を縦横に駆け回り、農民を動員した。その結果、投票率はきわめて高くなり、特に農村部で高く、都市部ではそれに劣るにせよ六〇％前後となった。選挙は臨時政府によって十一月十二日と定められていたが、実際は運営上の理由で二十六日まで引き伸ばされた。婦人も投票したことを指摘しておくのも無意味ではない。レーニンは一時、有権者の年齢を二十歳から十八歳へ下げることを考え、そうすることでより影響を揮いやすい選挙民大衆を手に入れることができると期待した。しかし制度を変えるには遅すぎた。彼のさまざまな計画（選挙を取り止めにする、次いで選挙民の構成を変更する）は、この選挙が、ボリシェヴィキがエスエルに劣る二番目の位置を占めていることを確証することになるという、まことに正しい予感から生まれたのであった。

この選挙の結果は、選挙民の真剣さと意識の高さが目立つもので、二、三の事件を除けば全体として真摯なものであったが、レーニンの不安は的中した。社会革命党は一七〇〇万票、すなわち四〇％の票を獲得した。ボリシェヴィキは一〇〇〇万票そこそこ、すなわち二四％であった。エスエルはその上、五〇〇万票（一二％）を集めたウクライナの兄弟党の成功でさらに力を増しており、これにより社会革命党全体の割合は五〇％以上に達した。ボリシェヴィキの方は、自分たちが獲得した票に、同盟者エスエル左派の五〇万票（一％）を加えることができたにすぎない。これに対してメンシェヴィキにとって、選挙は敗北となった。わずかに一三〇万票を越えるかどうかというところで、三％に達しなかった。カデット（立憲民主党、すなわちK・D）を筆頭とする自由主義政党は、政治の場からほとんど排除されていたにもかかわらず、三〇〇万票、すなわち選挙民全体の七％をわずかに上回る票を集めることに成功した。これらの政党は良質の機関紙を持ち、ボリシェヴィキを拒絶していたすべての人々の中に幅広い支持層を獲得していた。これは目を見張るような成功ではないが、〈十月革命〉の打撃を受けた後としては、惨憺たる敗北という訳でもなかった。主に大都市で選出されたカデットは、都市社会の一部にとっていまだに希望の的だったのである。

憲法制定会議の議席となって現れた選挙結果の方も、レーニンを安堵させることはできなかった。全七〇三議席のうち、エスエルは四一九議席、すなわち六〇％を獲得した。ボリシェヴィキは一六八議席で、これにエスエル左派の四〇議席が加わった。カデットは一七議席、メンシェヴィキは一六議席、九〇議席は少数民族を代表する党のものとなった。選出された議会の構成は、ボリシェヴィキが支配していると信じていたロシアに政治的変化が生じたことを明瞭に示していた。普通選挙――それは社会的総動員という条件の下で実施されたが、そのこと自体、民衆がこの選挙にいかに重要性を付与していたかの証明となっている――から生まれた議会は、その三分の二はボリシェヴィキとは無縁のものであり、かくしてこれ以後ボリシェヴィキは、己の統御を全面的に免れ、己の権力に敵対する決定機関を目の前に持つこととなった。その時まで、レーニンは「拡大」策と言われる策略によって、ソヴィエト大会、次いで中央執行委員会を溺れさせ、ほとんど非存在の状態に陥れることに成功して来た。憲法制定会議に対しては、彼は同じように行動することはできなかった。その時、彼がチェルヌイシェフスキーから受け継いだ、何をなすべきかという問題が、姿を現すのである。

これが問題となったのは、憲法制定会議防衛委員会が誕生したからであった。この委員会の創設は、ボリシェヴィキがいかなる挑戦を突然突きつけられたかを社会が承知していることを証明していた。ボリシェヴィキとエスエル左派を例外として、すべての党と数多くの組合や結社の代表者からなるこの委員会は、一ヵ月前にボリシェヴィキによる全権限の占有に反対するために設立された祖国・革命救済委員会の後継者と考えられた。それゆえ同じ問題が憲法制定会議選挙の後に、再び出現したのである。非ボリシェヴィキ各党と数多くの組合は、レーニンの権力への意志に度を失うと同時に激怒したが、しかし一九一七年十一月末には、これらの党と組合はレーニンを挫折に追い込む力を持つ本物の政治的用具を手に入れたのだった。すなわち新たに選出された議会である。もっとも重要なことはこの議会の解散を阻止することであった。何故なら、レーニンの敵対者たちは、慧眼にもそれが彼の密かな計画であることを予感していたからである。

臨時政府は消滅する前に、選挙の日程をすでに決定していたが、また新議会の招集が十一月二十八日に行なわれることも予告していた。憲法制定会議防衛委員会は、予告された日にこの議会の開会が確保されるよう社会を動員することを決定した。委員会は開会の命令を発したが、当選議員はまだ公式に招集されておらず、タヴリーダ宮殿内に入ることができた議員はほんの少数にすぎなかった。議会を応援するデモ隊が彼らを守るために大挙して押し寄せたが、出席議員が数十人の、したがって必要な定足数にはるかに達しない、現実の地位を持たない会合は、力量不足の証明にしかなり得なかった。

この間、レーニンは手を拱いていたわけではない。彼はすでにソヴナルコムに対して、議員が集まるのがきわめて困難であることを口実に、議会開会の延期を提案していた。それと同時に彼はカデット党を攻撃した。この党は十一月二十八日――憲法制定会議開催の可能性を巡る最初の対立の日――に発令されたソヴナルコムの命令によって、「反革命党」として活動が禁じられた。カデットはブルジョワジーの利益のために政権転覆を扇動し、その目的のために憲法制定会議を利用していると告発されたのである。選挙である程度の成功を収めたばかりの政党のこのような非合法化と同時に、その指導者たちの逮捕命令も出された。そのうえカデットに対してなされた告発――現政権に対する陰謀という――は、極めて具体性を欠いており、必要とあればボリシェヴィキに反対するすべての社会主義者に拡大される可能性のあるものであった。

この十一月二十八日の政令は、選挙に勝利を収めた諸政党が、議会に対してレーニンが準備した実力行使を未然に防ぐ力を持たないことを暴露する実験であった。それに早くもこの時からレーニンは、己の計画を最後までやり遂げることを可能にする装置を、街頭と来るべき議会の中に仕掛けたのである。この企ての現場主任はスヴェルドローフあった。レーニンによって押し付けられた一枚岩の政府に対して指導者たちの多数が反対するというボリシェヴィキ党内部の危機の時期に、スヴェルドローフは、政府の首長たるレーニンの急進的な立場を躊躇なく支持した信頼できる人物であった。そのきわめて「レーニン派」的な立場によって、彼はカーメネフの後任として中央執行委員会の議長に任命され、さらにそれまで就いていた中央委員会の書記局長の職も保持した。このポストによって彼は、党組織全体を統括する権限を行使していたのである。第二インターナショナル史の著名な研究家であるジョルジュ・ハウプトは、彼について次のように記している[13]。

「ルナチャルスキーは、この褐色の髪の、背の低い、ユダヤ人の特徴が際立った男の見事な心理的肖像画を描き出している。最初に全身黒の革の服を纏ったのもこの男で、のちにこれが委員の制服となる。すべての偉大な革命家にあってルナチャルスキーに感銘を与えた特質、すなわちもっとも過酷な状況における平静さと落ち着きは、スヴェルドローフにあっては、『堂々たる、いわば記念大建造物のような』次元に達することであろう。彼の党内における役割と位置については、ルナチャルスキーは次のように定義していた。レーニンとその他数人がイデオロギー上の指導の確保にあたり、彼らと大衆、党、ソヴィエトの執行部、つまるところ全ロシアとの接触は、スヴェルドローフによって確保されていた」。

レーニンがいかなる条件でも受け入れられない憲法制定会議に対して相変わらず隠密裏に推し進めている闘争のために、まさしくこの党中枢の働き手という途方もない役職をスヴェルドローフは役立てることになる。彼はペトログラードにボリシェヴィキの当選議員を招集し、彼らを指示された役割を果す態勢の整った緊密にまとまった小集団に組織して、次いでこれらの議員たちを、「無用の」議会に対する系統的批判に専念させるべく、企業内に送り込んだ。しかしこの宣伝活動が現場では、自分たちが選んだ議会に依然として愛着を持つ労働者たちのためらいにぶつかるのを見て取ると、この活動を速やかに放棄し、今度は動員の努力を当選議員の集団に向けて行く。議会内のボリシェヴィキ会派の監督に当たる事務局が中央委員会の下に設置され、彼らボリシェヴィキ議員たちは集団としてその権限の下に置かれた。この事務局の責任者に任命されたのは、互いにきわめて異なる二人の人物、ブハーリンとソコーリニコフであった。ブハーリンは世界革命という考えに精神がとり付かれており、国家と民族問題に関してすでにレーニンと衝突したことがあったが、早くも一九一五年にはロシアの敗北の必要性を確信し、レーニンを支持した。ソコーリニコフはレーニンから見れば忠臣中の忠臣であり、蜂起の間、躊躇なくレーニンを支持し、次いで単独政府の主張を擁護し、さらには議会に対する彼の嫌悪を共有していた。このような指揮系統下に編成されたボリシェヴィキの当選議員は、レーニンの命題を主張する構えができており、憲法制定会議のような機関の存在が許容され得るのは、議員が政府の決定によっていつでも解任され得る場合にすぎないと、我勝ちに繰り返すのであった。

十二月十二日、レーニンは『プラウダ』に『憲法制定会議に関するテーゼ(14)』を発表して、直接態度を表明する。彼が述べる考えは、まことに直截であった。すなわち、議会は、議会制的段階がすでに終わっているのだから存在理由を持たない。社会は完全に権力と合意に達しているのに、憲法制定会議は、ブルジョワ政党が選出されるなど、社会の意識とは異なる段階を表現している。しかして革命ロシアは後退することなどあり得ない。革命以前の社会意識の発露である憲法制定会議を受け入れることは、歴史的後退になるであろう。

これらの主張はレーニンが数ヵ月前から擁護して来た考えに則っている。彼は早くも七月末には『立憲制の幻想について』[15]と題する論文を書いており、革命期には「多数派の意志」は重要ではないと容赦なく宣言していたのである。「重要なのは、より良く組織された少数派である。それはより意識的で、より良く武装され、その意志を多数派に押しつけ、打ち負かすすべを心得ている」。

レーニンは己の確信を押しつけるのに手段には事欠かなかった。その後数日の間に、憲法制定会議防衛委員会の責任者たちとアフクセンチエフのようなエスエル右派数人を逮捕させ、またヴィクトル・チェルノフとツェレツェーリ逮捕の命令を出す。エスエルにとってまさに反撃すべき時であった。しかし彼らは何の反撃もしなかった。憲法制定会議が招集されれば、議会は少数派のボリシェヴィキを沈黙させ、ボリシェヴィキの非正統性を証明するだろうと確信していたのである。エスエルが憲法制定会議を根拠として抱く希望は、エスエル左派からの支持——限定されてはいるが——を期待してさらに強められていた。エスエル左派は、議会廃止に反対であり、議会の設置をボリシェヴィキ支持の条件にしていたからである。

この点についてはレーニンは譲歩しなければならなかったが、すでに最終幕を用意していた。憲法制定会議の開会は一月五日と予告されたが、それはジノーヴィエフによる勿体ぶった警告を伴っていた。彼は十一月に単独政府に反逆し、中央委員会を辞任したが、その後、委員会への復帰と指導的立場の回復を急いでいたのである。[16]カーメネフはそれから数週間後に、彼に続いてレーニンへの服従の道を歩む。こうして憲法制定会議招集が発表された時には、ボリシェヴィキは隊列を再び固めていた。そしてジノーヴィエフは当選議員たちに、議会の存続は議会の従順さにかかっていると警告したのである。議会は直ちに政府の正統性を認め、政府が議会に付議するものを可決しなければならない、というわけである。さらに念には念を入れて、レーニンは第三回ソヴィエト大会を一月八日に招集することを発表する。かくして二つの会議が鉢合わせすることとなる。

憲法制定会議の会議が開かれるまでの数日間は、対立する両陣営のいずれにとっても熱を帯びた日々となる。メンシェヴィキとエスエル右派は、提出法案を念入りに仕上げる。彼らはまた細心綿密に会議の進め方を準備する。彼らが遂行するこうした作業は、多くの同僚が逮捕されており、またもっとも威信ある大物がまだ自由の身ではあっても地下活動を余儀なくされているという事実によって、厄介で面倒な作業となった。ボリシェヴィキ革命と自由は並び立つものではなかったのである。それでもその頃レーニンは、ロシアのただ一つの民主的機関に今まさに加えようとしている攻撃を、合法性の衣にくるもうとはしていたのであるが。

エスエルは綱領を作成するだけでは満足しなかった。彼らの中には、テロリズムが彼らの闘争手段の一部をなしていたことを思い出し、レーニンが彼らに突きつける問題にけりをつける最良のやり方は、レーニンに対して、かつてツァーリに対してしたように行動することであると決断した者たちがいた。暴君はたとえそれがボリシェヴィキであっても、彼らの目にはやはり暴君である。一九一八年一月一日、レーニンがスイス人社会主義者プラッテンおよびその姉と共に車でスモーリヌイ学院へ赴く時、レーニンは一斉射撃を受ける。彼はプラッテンに車の後部座席に押しつけられて、辛うじて銃弾を免れる。しかしこの襲撃はレーニンとエスエルの間で、宣戦布告がなされたことを意味した。

政敵たちが民主的綱領の作成を進めているのと同じ時期に、レーニンも代議員たちが採択「しなければならない」はずの綱領を執筆していた。これは憲法制定会議開会の二日前にあらかじめ中央執行委員会によって承認された。『勤労・被搾取人民の権利宣言』[17]と題されたこの綱領は、一種の憲章で、ロシア・ソヴィエト連邦社会主義共和国憲法に組み込まれることになる。かくして原則として国が辿るべき道を決める任務を課されていた憲法制定会議は、時の政府の政治計画を採択する以外に選択の余地はなく、さもなければ直ちに解散されてしまうことが明示されていた。明らかな恐喝であった。

これに加えて、選出された議会を支援するいかなる民衆運動をも阻止するための、警察的措置が採られた。レーニンは議会の解散をはっきり決意しており、社会の賛同を当てにしていなかったが、社会の消極性を信じこんでもいなかった。言論の自由の制限、相次ぐ逮捕、前代未聞の暴力性を帯びたボリシェヴィキの宣伝活動にもかかわらず、レーニンは、久しく待ちに待った議会を信じたいと欲する民衆から湧き起こる激発をまだ恐れていた。それ故に一月四日、ペトログラードのチェカーの長官であるウリツキーは戒厳令を敷き、ラトヴィア人からなる部隊をペトログラードに展開した。タヴリーダ宮は水兵によって包囲され、ウリツキーはそこに居合せた官吏全員に対して、彼の権限下にある宮殿守備隊司令官のみに従うよう指令を出した。こうして憲法制定会議を無力化するはずの態勢は、議会開会の前夜に完璧に整えられたのである。

レーニンの観点からすれば、彼が新議会を戒厳令下に置いたのは間違いではなかった。何故なら、その夜、平和的デモの隊列が、ウリツキーによって宮殿に配備された部隊と議員が乱闘を起こさぬようにするために、タヴリーダ宮の近傍に陣取ろうとしていたからである。夜明け前にすでに銃撃が行なわれ、犠牲者が数名出た。一月五日、議会が開かれようとしている時、辺りの雰囲気は平穏とはほど遠く、非ボリシェヴィキの代議員にとって、議場を囲んだ水兵の列を乗り越えるには相当な勇気が必要だった。水兵たちは攻撃的で、レーニンの党に所属しない議員に向けて罵りの言葉を投げつけるか、拳を上げて「インターナショナル」を歌うのであった。

宮殿の内部では、直ちにレーニンの同志たちが主導権を握った。議会の伝統に則って議長を務めるため最年長者が演壇に上がったが、たちまちスヴェルドローフによって引きずり降ろされる。中央執行委員会がスヴェルドローフに議長を委任したという理由によってであった。彼はまず最初に、前日レーニンによって作成された宣言を読み上げた。左翼は拳を上げて「インターナショナル」を歌い出す。雰囲気は確かに議会の討論の落ち着いた威厳にふさわしいものではなかった。次いで議長を選ぶ番になった。候補となったのは二人のエスエルだったが、異なる陣営から出ていた。ヴィクトル・チェルノフは非ボリシェヴィキもしくはそれに近いグループすべての支持を得ているのに対して、ボリシェヴィキとエスエル左派の推す候補者、マリヤ・スピリドーノヴァの方は、うら若き頃からエスエルのテロリスト派に賛同し、一九〇六年に死刑の判決を受けていた。チェルノフは二四六票対一五一票で対抗馬を押さえたが、議長席に就くやいなや、共同で仕事を進めなければならないと、議員たちを説得しようとし始めた。この和解を訴える晴朗な演説は、誰にとってもお話にならないと思われた。周りで起こっていることをすっかり忘れていたからである。タヴリーダ宮を包囲する部隊は、憲法制定会議を守るために集まった大衆のデモを寄せ付けまいとしており、怒号、殴打、さらには発砲が繰り広げられていたのである。

宮殿の内部でも雰囲気は全く同じように慎みに欠けるものであった。左翼からは叫び声や罵詈雑言が湧き上がる一方で、チェルノフの支持者たちは、ボリシェヴィキが民主主義を脅かしていることをほとんど問題にしない演説を彼が行なうのを、呆気にとられて聴いていた。ボリシェヴィキの暴力、独占された権力、選挙民によって表明された願望にレーニンが対置する事実上の状況、こういったことが問題として指摘されるには、ツェレツェーリの熱のこもった発言を待たねばならなかった。野次が飛び交う中でも、ツェレツェーリは最後まで話を続けることに成功し、この発言がエスエル・メンシェヴィキ・カデット陣営に再び勢いを与えることになる。ラスコーリニコフは〈十月〉の蜂起の際にクロンシュタットの水兵の指揮をした人物だったが、その彼が議会にとって綱領の代わりをなすとみなされる――と彼は宣言した――決議文――例の『勤労大衆の権利宣言』〔ママ〕――を議会に提出すると、議員たちはそれを二三七票で否決し、社会主義者たちによって作成された綱領の方を採択しようとした。

状況は明白であった。議会はボリシェヴィキに敵対していた。市内の多くの人士も同様だった。しかし政府、軍、等々のすべての権力機関は、レーニンの手中にあった。となれば議会を残しておいて何になるのか、と彼は言う。彼は平然として会議の初めには出席していたが、議員たちが審議を実際に始めようとしている時に、これ見よがしに議場から退出した。時を同じくして、ボリシェヴィキとエスエル左派も華々しく退出した。

チェルノフはそれを利用して、決定的に重要な一連の措置について審議を行ない採択させた。土地の国有化、ロシア民主主義連邦共和国の設立、連合国への全面講和締結のためのアピールである。憲法制定会議はこの点では異論の余地なく社会の期待に応えていた。この討論は、常にウリツキーが議会内に配備した警備隊と傍聴席に導き入れた傍聴人――両者ともにボリシェヴィキに操られていた――の圧力と干渉と妨害に邪魔されていただけに、まことに注目すべきものであった。傍聴席からは絶えず罵り声が聞こえ、警備隊は会議の休止を要求し、電気を止める、さらには強制的に議場から退去させる、と脅しをかけた。しかし議員たちは、議会にのしかかる解散の脅威を自覚しており、遺憾千万な状況にありながら、また彼ら自身憔悴していたにもかかわらず、彼らの活動の跡を、ロシアの現在ではないにしても、〈歴史〉に対して残そうと決意していた。

午前四時、精魂尽きて、彼らは数時間後に再開することを取り決めて、会議を中断する。ところが彼らがタヴリーダ宮に戻って来ると、兵士たちが入場を禁止した。入り口に貼りつけられた議会の解散を命じた政府の政令は、中央執行委員会の承認を得ていた。この政令は『プラウダ』に掲載されるが、一方、憲法制定会議の討論を報告する新聞は時を移さず差し押さえられ破棄された。レーニンは勝利を収めたのである。[18]

その晩のうちに、中央執行委員会に宛てた文書の中で、レーニンは民主主義と反革命勢力を同一視し、民主主義に対して、ソヴィエト内で表明される民衆の意志を対置する。ソヴィエトと革命的人民の時代には、資本主義と所有者とブルジョワジーの表現である憲法制定会議は、もはや死に絶えた過去の象徴にすぎないという、すでに主張していた論拠を再び持ち出すのである。彼はさらに次のように付け加える。「憲法制定会議万歳」というスローガンは、実際には「ソヴィエト政権打倒」を意味している。それ故にソヴィエトを保持したいのであれば、憲法制定会議を存続させることはできない。革命の未来、人民の意志は憲法制定会議の解散にかかっている、というのだ。レーニンが常に憲法制定会議招集という考えに反対であったことは知られている。彼は選挙人を信用せず、議会制的観念を軽蔑し、投票の翌日になってもなお、議会を誕生させないようにする手段を模索しつづけた。武力を用いることによって彼が容易に目標を達成することができたのは、彼の敵対者たちがほとんど手段を持たず、敢えて公然と民衆の支持に訴えようとしなかったからでもあった。レーニンの勝利は憲法制定会議を破壊しようとする彼の意志の成果であるが、また社会主義者たちの気力の薄弱さの結果でもあるのだ。国中が彼らへの賛成を表明しており、首都の住民は決定的瞬間に彼らを支持しようとしていたのに、彼らは異論の余地なく毅然たる厳しさを欠いていた。

憲法制定会議の死には、ペトログラード市内での暴力行為が伴った。ボリシェヴィキの水兵たちが二人の自由主義議員、シンガレフとココチュキンを暗殺したのである。レーニンは政敵たちがこのような行き過ぎを告発していると知らされたとき、「いくらでも叫ぶが良い、彼らができるのはそれだけだ」と言って、嘲笑った。そしてトロツキーに向けて次のような状況についての論評を送った。「ソヴィエト政府による憲法制定会議の解散は、民主主義の観念が清算され、独裁の観念に席を譲ることを意味する」。しかしレーニンのこうした臆面もない言葉に対して、同僚の中には彼の行なった選択にもう一つ別の定義を加えて反駁した者もあった。「あなたが開始したのは内戦ではなく、エスエルに対する戦争だ」。

レーニンの戦略の成功は、その後数日の内に、第三回ソヴィエト大会が、まさしく憲法制定会議が開かれた場所であるタヴリーダ宮殿で開催された時に確認された。

一月九日、ソヴィエト大会開会の前日、ペトログラードの市民は、憲法制定会議支援に向かったため軍と衝突して倒れた死者たちの厳かな葬儀を執り行なうために集った。ゴーリキーは『ノーヴァヤ・ジーズニ』紙上で彼らに哀悼の意を表し、憲法制定会議の夢がおよそ一世紀にわたってロシア人民に生きる力を与えてきたこと、そして現実となったこの夢を守るために何人もの労働者が虐殺されたことを想起させた。当時死に瀕していたプレハーノフも、憲法制定会議の解散は、「まさにそれゆえにこそ、民衆の意に反して権力に留まるために不断の恐怖政治に頼らざるを得なくなった一派の勝利」[19]だった、と宣言することになる。

レーニンの考えでは、憲法制定会議とは逆に、第三回労働者・兵士ソヴィエト大会は、彼の権力の正当性を保証するための真の人民議会であった。しかしこの大会は、議会でもなければ真剣に討議することができる機関でもなかった。まず第一に参加者の数が多すぎたためである。二千人近くの参加者がいたが、これでも予告されていた全「ソヴィエトの代表者」からはほど遠かった。というのも、大会三日目の一月十九日には、この大会は急遽招集された農民ソヴィエトの代議員大会へと拡大されたのである。さらに、多数の兵士と、最初は代表団に属していなかった組合や工場委員会等々の代表も席を占めていた。代表の選択はボリシェヴィキによって細心に管理されており、何らかのソヴィエトのいかなる決定も経ずに指名された者もいた。要するに会議の代表性はきわめて疑わしいものであった。構成員の数が多いために、会議はボリシェヴィキの提案の単なる登録機関となっていた。このような条件のもとでは、ラスコーリニコフが憲法制定会議に提出して拒否された案文が、歓呼の中、二度にわたり採択されたのもいささかも驚くには当たらない。まず労働者・兵士ソヴィエトにより、次いでこの拡大会議によって採択されたわけである。

大会は、レーニンとスヴェルドローフの演説は注意深く傾聴した。演説家の才が聴く者すべてに感銘を与えるトロツキーの演説には感嘆をこめて耳を傾け、マルトフがロシアの政府がテロリズムに陥りつつあると聴衆に警告しようとした時には、会場全体がさしたる関心を示さなかった。マルトフの話に人々が耳を傾ける時代は過ぎ去ったのだ。タヴリーダ宮殿の内部で、彼が頼りにできたのはもはや一握りの賛同者にすぎなかった。

大会は要求されたものはすべて採択した。まず最初に新中央執行委員会を選出したが、それは全面的にボリシェヴィキに支配されたものとなった。次に創設以来ソヴナルコムに付されていた「臨時」という語を消すこと、また消滅した憲法制定会議へのいかなる準拠も決して行なわないことを決定した。勝負の仕上げはついたのである。レーニンは己が支配するソヴィエト大会の正統化の旗のもとに己の権力を置き、己を拒絶する民衆によって選ばれた厄介な議会を〈歴史〉から消し去ろうとしていた。かくも久しく夢見つづけて来たこの目論見を実現するために、彼としては往々にしてためらいがちな味方を服従させ、敵の信用を失墜させて、蹴落とし、策略、裏工作、暴力を代わる代わる、あるいは同時に用いる必要があったのである。これまでの全生涯を支配してきたこの計画のために、彼は侮りがたい政治的天才と、しばしば身近な者とさえ衝突する原因となった比類無きシニスム〔良心の呵責なき臆面のなさ〕を動員した。しかしこの一九一八年一月末において、ソヴィエト国家は存在し、彼の政府はもはや臨時ではなく、いかなる民衆の意志ももはや彼に反対することはできない。それを表現するための機関を彼が消滅させたからである。

確かに民主主義は死んだ。しかしこれがまさしくレーニンの望んでいたことではないか。

残るは、急を要する一つの問題を解決することのみであった。この問題を無期延期したことが、ツァーリ権力とそれを引き継いだ権力の命取りとなったのだ。それは民衆が忌み嫌っていた戦争を終結させることである。

ブレスト＝リトフスクの講和

ボリシェヴィキ政府が行なった最初の行為は、『平和に関する布告』を発表することであった。この布告は、レーニンが心に決めた優先順位と、彼の全般的政治観を示す貴重な指標であった。この布告の文言は、彼が一九一四年から繰り返し表明してきた戦争に対する見方からも由来していた。

常に戦争に反対だった彼は、一九一七年二月以降は、臨時政府に反対して「即時講和」のスローガンを掲げたが、それは臨時政府を弱体化させるためにこのスローガンを利用したまでで、その際、これの実現のための実際的手段を気にかけることはなかった。〈二月革命〉から〈十月革命〉までは、講和はレーニンにとって敵に立ち向う武器にすぎなかった。この武器はやがてレーニンを権力にまで行き着かせるのに貢献することになる。しかし〈十月革命〉以降、スローガンの時代は終わり、今度はボリシェヴィキが講和に関する具体的問題に直面する立場となり、もはや意向の宣言だけで済ますことはできなくなった。十月二十六日のアピールは、多民族国家と植民地帝国の消滅に基づく「併合も賠償もない講和」への彼らの意志を表明していた。レーニンは同盟側諸国の国土を寸断し、ロシアの同盟国たる連合国側諸国の植民地支配に終止符を打つことになるかも知れないこの講和計画が、どちらにとっても受け入れがたいことを完璧に承知していた。しかし彼がこのアピールを向ける相手は各国の政府ではなかった。各国人民に対して、彼らの政府の頭越しに、さらには政府に抗して講和を実現するよう呼びかけているのであった。

平和に関する布告が極めて重要なのは、それが紛争を終わらせるための古典的な外交プロセスの否定を意味しており、新たな政治的秩序の存在を証言する手続きを提唱しているからである。このアピールを行なうことによってレーニンは、各国政府に立脚し、国家間の関係に立脚し、政府間の関係という手段を借用している伝統的な国際社会を忌避している。彼は人民が立役者となる新たなタイプの国際社会に対して訴えかけているわけである。もちろん労働者運動も、労働者に限定され社会の総体を目指すものではなかったが、これに類似した野心を育んでいた。しかし一九一四年にヨーロッパ各国の労働者階級を労働運動が戦争反対に動員するのに失敗したことは、国家の枠内での民族的連帯の方が、階級の連帯よりもはるかに強いことを証明した。一九一七年十月に、これまで常に労働者運動の挫折を告発して来たレーニン――とはいえ彼はこの挫折を、労働運動の指導者たちの改良主義のせいにした――は、労働者階級の連帯の夢を自分のものとして取り上げて、自分の政策の基盤とした。講和へのアピールが各国政府に聞き入れられるかどうかは、彼にはどうでもよかったのである。彼が説得しようとしたのは各国政府ではなく各国人民であり、彼は、ロシア人民と同じ手段によって、すなわち講和の決定を政府の手から奪い取り、政府を転覆することによって、戦争の問題を解決するよう各国人民に説き勧めるのであった。こうして彼は著作の中でかくもしばしば詳説し、理論に仕上げた、戦争と革命の間の関連性を実践の中で立証しようとした。したがって平和に関する布告は同時に革命を呼びかけるアピールであった。レーニンはここで彼の意図を明らかに示す。政権を取ることによって、彼は唯一ロシアの運命だけを決定しようとしているのではない。革命ロシアから始めて、世界秩序の転覆を目標とするのであり、その手段を手に入れたと信じるのである。

彼のアピールはまた、彼が願うソヴィエト国家の本性を明示してもいる。それは国際社会が知っているような伝統的国家とは全面的に異なる国家であり、世界革命から生まれる諸国家をつなぐ新たな鎖の最初の環なのである。このヴィジョンをトロツキーは完全に共有していた。彼は外務人民委員に任命されたが、自分ではその職務を一時的なものと定義していた。講和の問題に決着をつけることが自分の唯一の使命で、この任務がなし遂げられた暁には「店じまい」をする、と彼は言っていた。プロレタリアートの勝利によって統一され和解が実現した世界の中で、同じ運命を共有する革命的諸国民には「外務も」、担当大臣も必要ではなくなるだろう。したがってレーニンが発した「諸国人民の平和」のアピールが準拠するのは、いまだかつて存在したためしのない新しい国家のタイプなのである。

しかし平和と同時に新たな秩序を呼びかけるこのアピールは、それが呼びかけた相手には聞き入れられなかった。各国では兵士たちが自国の防衛のために戦い続けた。後方では、あちこちで動揺が走ったにもかかわらず、革命が起こって交戦国政府の権威に終止符が打たれるということは起こらなかった。ただ同盟側諸国の政府だけが、平和に関する布告に耳を貸した。この布告の中に、東部戦線に部隊を維持しなければならない義務から解放してくれる単独講和調印の可能性を見て取ったからである。平和に関する布告は、レーニンによって革命が各国に分散し拡大するようにするための武器として考案されたものであったのが、彼が想像していたのとは全く異なる結果に至ることになる……。

この布告は同盟側諸国の代表と若きソヴィエト国家との間の単独講和調印を目指す長く困難な駆け引きのきっかけとなる。ヴィルヘルム二世がいとこのニコライ二世に期待していた和平を、レーニンが提供することになるのである。しかしそれはドイツ政府が一九一七年にレーニンのロシア帰還を援助し、彼の活動に資金を提供した時に期待していたことではないか。こうしてソヴィエト国家は、国際舞台に古典的タイプの国家としてデビューすることになる。交渉相手はソヴィエト国家に何も新しい点を見ない。交渉の担当者が変わっただけだと考えていた。

レーニンの平和のアピールは直ちに同盟側諸国を揺り動かしたが、当の彼の同志からはさまざまに異なった形で解釈された。この考え方の相違は一考に値する。そのいずれもが革命の将来に関わるのであり、またソヴィエト国家の将来を条件づけるからである。そこで三つの立場が浮かび上って来る。そのいずれもがその代弁者が見抜いていると信じる具体的行動の可能性に結びついている。それはそれぞれ一人の人間によって体現されている。両極がレーニンとブハーリン、中間がトロツキーである。

レーニンは自国の状況から出発し、そこから彼の国際政策のための帰結を引き出す。彼はロシアが自分が情熱をこめて望んだ革命をなし遂げ、「旧世界」を一掃したことを確認する。とはいえ彼はロシアの極端な脆弱さを見抜いており、休息の必要性を実感している。ロシアは、その政権が二つの敵に対して新体制を防衛するために当てにすることができる軍隊をもはや持たない。外からは戦争を継続している敵、内には革命秩序を転覆しようとする敵という二つの敵である。もはや軍隊を持たないだけでなく、誕生したての制度機関は内容も活動もまだ不明確なままである。ロシアではすべてが、数人の決然たる人物の双肩にかかっている。そのうえレーニンは身近の者からの支持も半ば確保されているにすぎない。党首脳部で相次いで危機が起こったことから、レーニンは自分の地位も相対的に永続性を持たぬものであると考えていた。こうした条件の下で、体制を守るために内では真っ向から闘いを完遂し、外に向かっては戦争を継続することが果して可能であろうか。レーニンはそれは幻想にすぎず、革命国家が敗北するのを避けるためには、すべての努力を国内の戦線に注ぐ必要があることを確信した。階級の敵は、彼の事業全体を脅かす者である。しかしてこの敵との間には、いかなる妥協も想像できない。敵は敗れ、権力から遠ざけられているが、破壊されたわけではなく、この上なく危険である。戦争を続ければ、この敵に猶予を与えることになろう。ロシアは必然的にその努力の目標を選択しなければならない。戦争を清算し国内の敵と戦うか、あるいは戦争を続けて国外の敵と戦うか、いずれか一つである。

レーニンはその問題の立て方――それは未来を予告しているが――の中で、「階級の敵」――つまりロシアにおいてボリシェヴィキに賛同しない者すべて——と外の敵とを、全く同等なものとみなしている。したがって彼がこの「階級の敵」に対して宣告しているのは、まさしく情け容赦ない戦争——人物、政党、さらには社会も含めて、すべての敵を壊滅し抹殺しようとする——である。しかして戦争とはそもそも情け容赦のないものであり、敗者の最終的消滅という単純な原則に基づいている。レーニンは躊躇なくこの優先事項を選択する。彼は革命の護持を欲し、情け容赦ない戦争と他者の排除という形でそれを構想する。革命を守るためには、連合国側に約束した義務やドイツ帝国主義を強化させまいとする意志は大して重要ではない。ロシアで革命が守られれば、最終的には革命はドイツ帝国主義をも吹き飛ばしてしまうだろう、と彼は確言する。

レーニンはここで、今後彼の決り文句となって行く考えを強調している。革命とは、せいぜいがところ諸国人民に周期的に遠い目標を思い出させ、次いでパリ・コミューンのように輝かしい想い出を形成するだけの、明日なき無償の行為であってはならない。世界を変えるためには、実行された革命にしがみつき、それに伴う現実を受け入れる必要があり、革命を何やら曖昧な完璧な実現への欲求のために犠牲にしてはならない。このように述べる時にレーニンは、まだボリシェヴィキ革命を特権的なものとすることを考えているわけではない。彼はただロシア革命が他の革命に火をつける「火花」となるはずであると主張しているにすぎない。ロシア革命の価値は、彼にとって革命が存在しているという事実のみに存するのである。

それゆえ来るべき世界革命のためにロシア革命を守り通す必要があり、そのためには是が非でも講和条約を締結する必要がある。たとえ全占領地域の併合とドイツの領土的・経済的強化を意味するベルリンの提示する条件を呑んでも。レーニンは一九一八年一月に執筆した『講和に関する二一のテーゼ』と、一月七日に中央委員会で繰り広げられた議論の中で[20]この考えを主張している。その時、反対論の中心人物はブハーリンであった。彼は熱烈な国際主義者で、レーニン同様、ロシアの悲劇的状況に対して明晰であったが、だからといって、ソヴナルコムの議長レーニンがそこから引き出す結論を受け入れることはなかった。確かに彼はロシア軍はもはや存在しないことは認める。しかし講和を結ぶことは、結局、帝国主義の強化を受け入れ、帝国主義に各国プロレタリアートを引き渡し、それによって世界革命の可能性を潰すことになる、と彼は論じた。このような袋小路から抜け出すために、ブハーリンは全ロシア人民の革命的意識に訴えることを提案する。ドイツ軍の進攻に対して、パルチザンの軍隊、国家ではなく革命を守るために立ち上がった人民が、壊滅した正規軍の後を継いで立ち向かうことになるだろう。そして革命の名のもとに闘うこのプロレタリアに対して戦うことを、軍服を着た他国のプロレタリアが受け入れることがあるだろうか。

役職上、和平交渉に当たる立場にあるトロツキーは、ブハーリンとレーニンの間で迷っていた。彼は、国内の反対派が力を増し、ボリシェヴィキ体制を転覆する恐れがあるのに、戦争を続行するのは危険である点については、レーニンと意見が一致していた。レーニンと同じように、ロシア革命を、その推移と革命の周りに噴き出している危険を消極的に見守るだけの西ヨーロッパの労働者運動のために犠牲にするのは、あまりにも僥倖頼りであろうことを理解していた。しかし同時に彼は、西ヨーロッパのプロレタリアートが、ロシアから奪い取ったもので力を増したドイツの手に委ねられれば、革命の道に踏み出す気力を永遠に失ってしまうという懸念は、ブハーリンと共有していた。ブハーリンのように、トロツキーは労働者たちの階級意識を信用しようとする。しかし結局、彼はいずれかに決断するに至らなかった。どちらの議論を優先させれば良いのか。レーニンのものか、ブハーリンのものか。彼は時には、講和がドイツのプロレタリアートにショック効果をもたらし、革命の道に踏み出すよう促すことになると考える方に傾くかと思えば、時にはブハーリンと共に、講和はプロレタリアートの粉砕をもたらすことになるのではないかと不安に怯えた。彼の未決定の実情は、彼が最終的に採用した「講和も結ばず戦争もしない」という立場に現れている。そして一月八日に開催された中央委員会は、彼がこの立場を押し通そうと試みることを承認する。

ブレスト＝リトフスクにおいて、交渉の推移は、このボリシェヴィキ指導部内の分裂を反映していた。交渉はすでに十一月十八日から始まっていた。この日、トロツキーの側近であるアドルフ・アブラモヴィチ・ヨッフェが当初は団長を務め、カーメネフがそれを補佐するロシア代表団が、休戦交渉のために到着したのである。しかしこの代表団が前線の兵士と捕虜に蜂起を扇動する活動を行なったのを察知したドイツ側は、ロシア政府の真の意図を疑った。ロシアはつまるところ何を求めているのか。講和か、あるいは単に時間を稼ぎたいだけなのか。(21) 十二月末にロシア代表団の団長となったトロツキーの態度は、このドイツ側の疑念を強め、ドイツの立場を硬化させることになった。ロシアの主張する「無併合、無賠償の講和」という考えを、最初はドイツも交渉の対象にする用意があるようであった——東部戦線がなくなるのなら、それぐらいの代価は支払ってもよかったのだ——が、やがてそれは相手にされなくなる。ドイツ側がロシアの弱味をすっかり把握したからである。そこでドイツ側はウクライナと単独講和条約を締結し（二月九日に調印された）、ロシアからドイツが占領していた地域をすべて奪い取る決意をした。

これらの要求に直面して、レーニン、ブハーリン、トロツキーの主張の間の亀裂はますます深まって行くだけであった。中央委員会はどちらかというと、どのような条件でも即時和平を受け入れることを主張するレーニンに反対して、トロツキーを支持する傾きがあった。トロツキーはこうした支持を得て、ブレスト＝リトフスクに戻り、交渉を引き延ばすよう努めたが、遂に最後通牒が突きつけられた。議論も猶予もなくドイツの条件を受け入れるか、さもなければ交渉は打ちきられ、ドイツの攻撃が再開される、というものであった。

二月十日、この厳しい要求に直面して、トロツキーはブレスト＝リトフスクを後にした。話し合いは打ち切られ、ドイツの攻撃が直ちに再開され、首都さえもが脅かされることになる。中央委員会は再びレーニンとトロツキーの間で分裂した。レーニンはもはや調印を引き伸ばすことを望まず、トロツキーは戦闘の停止と、全軍——というよりは軍の残滓——の動員解除を決定していた。

一月三十日にサドゥール大尉は大臣に宛ててこう書き送っている。「全く意外な展開です。トロツキーは講和条約に調印しないが、ロシアと同盟側諸国との交戦状態は終わったと宣言しているのです」[22]。サドゥールが「交渉の現実離れした結論」と呼んでいる解決策について、トロツキーはさらにブハーリンの支持を得ており、二人の立場は、その件を討議する中央委員会の同意を一票差の多数で得た。しかし翌二月十八日、ドイツ軍は極めて迅速に前進したため、トロツキーは「講和も結ばず戦争もしない」のスローガンにしがみつくことの無益さを理解した。このスローガンはドイツ軍部隊の前進を止めもしなかったし、西ヨーロッパのプロレタリアートの奮起を引き起こしもしなかったが、ロシアの国土を敵の前に大きく開放していた。そこで彼は考えを変え、レーニンの側へ移ったが、ブハーリンは交渉のテーブルに戻ることを執拗に拒否し続けた。しかし形勢は逆転し、必死に拒否を主張する者たちに抗して、単独講和支持に七票が投じられ多数を制した。ドイツ側は彼らの条件を受け入れるとの知らせを直ちに受け、代表団は条約に調印するためにブレスト＝リトフスクに戻った。この条約のためにロシアは、領土と富だけでなく、政権内のまとまりの点でも多くを失ったのである。同僚たちからこの「強制的講和条約」への賛同を得るために、レーニンは辞任するとの脅しを議論の中で口に出さなければならなかった。全員がレーニンの辞任という考えを拒絶したが、レーニンが主張する解決策に反対の立場をとり続けた者の多くは、自分の担当する職を辞任した。トロツキーは外務人民委員の地位と講和条約調印の務めを「大きな安堵のため息」――と彼は書いている――とともにチチェリンに委ねた。今回はグリゴーリー・ヤコヴレヴィチ・ソコーリニコフが代表団長となり、これにヨッフェとカラーハンを従えていた。ブハーリンは「西ヨーロッパのプロレタリアートを裏切る」という考えを絶対に受け入れることができず、華々しくすべての職を辞し、ボリシェヴィキ左派を引き連れて出て行った。

一九一八年三月三日に調印された講和条約によって、ロシアはポーランド、フィンランド、バルト諸国という広大な領土を失うことになった。ウクライナは独立することになった。これらの領土と共に、膨大な人口と巨大な経済的資源がロシアから離脱することになった。トゥルキスタンとカフカスを除いて、三〇〇年にわたって築き上げられた帝国には実際上何も残らず、一方ドイツ側は、驚くほどの領土の拡大を見ることになったのである。

レーニンは困難な戦いの果てに何とか自分の見解を受け入れさせたが、だからといって彼の政敵たちは自分たちの主張を擁護することを諦めたわけではなかった。条約は批准される必要があり、このために第四回ソヴィエト大会が三月中旬に招集された。これに先立ち、第七回臨時党大会が開かれ、レーニンは支持を要求するのと引き替えに、中央委員会に「ブルジョワ帝国主義政府と締結したあらゆる講和条約をいついいかなる時にも無効にすることのできる」権限を与える秘密決議を承認した。この決議は、党中央委員会を革命ロシアの外交政策の特権的行為主体にするものであり、〔国家間で〕締結された協定の効力を前もって否定するものであったが、これは平和に関する布告の基盤をなすレーニンの立場の延長線上にあるものであった。彼は国家間の関係などに信を置かず、彼にとっては、党のみが状況に応じて決定を下すべきなのだ。政府の協定が、労働者階級の党に押しつけられることなど全くあってはならないことであり、そんなものに縛られているとは彼は感じていなかったのである。

ソヴィエト大会は三月十四日に開かれた。ボリシェヴィキが過半数を占めていたにもかかわらず、こちらの方が中央委員会よりも黙らせるのが困難であった。レーニンと彼に近い協力者たちは、批准に反対するブハーリン、コロンタイ、リャザーノフ、ドゥイベンコの率いる「左派」反対派から激しい批判を浴びた。ブハーリンは論争の与件を改めて並べてみせた。講和は確かに一時的にはロシアを、というよりはむしろボリシェヴィキ政権を救うだろうが、世界革命には死刑を宣告することになる。レーニンは革命の国際主義的な考え方に反対して、民族的利益を選択したのだ。レーニンはこの非難を拒絶し、彼の方もまた世界革命という論拠を振りかざして反論した。ブレスト＝リトフスクの講和条約は、時間稼ぎにすぎず、それが実施されることはないだろう。何故なら革命は拡大するはずであり、ロシア革命が守り通されるなら、出撃基地ともモデルともなるだけに、その分さらに革命は拡大するはずである、と彼は言う。さらに「われわれが全事業をボリシェヴィキの手中に委ねたのは、革命がすべての国において熟しているからであり、最初の最初ではなく、最後の最後には国際社会主義革命が到来するからなのである」と付け加えた。

レーニンの見通す将来の展望は、ブハーリンのものと同じで、世界革命である。しかし彼ら二人の革命戦略は異なる選択に立脚する。講和について論じる時、彼ら二人の意見が対立するのは、講和を越えた問題に関してなのである。彼らの論争は世界革命の主力は何かという問題に関わる。それはボリシェヴィキなのか。それとも世界の（つまり西欧の）プロレタリアートなのか。すでに実現したロシア革命を、西欧の労働者運動のいまだ仮定的にすぎない将来のために犠牲にすることを受け入れることができるであろうか。それとも西欧の労働者運動の成功をロシア革命の存続に結び付ける必要があるのであろうか。

レーニンは彼が常に考え欲したことに忠実に従って己の選択を導き出した。組織の人間であり、どの国のプロレタリアートであれ、その革命意識に対して懐疑的な彼は、自分が創り出し、ロシアにおいて政権奪取を可能にしてくれた革命の用具を頼りにしている。このような用具を持たず、またその脆弱さと日和見主義によって、世界戦争の中で各国プロレタリアートが自国の政府の利益のために相対立する、というような事態を許した西欧プロレタリアートを、レーニンとしてはどうにも信頼することができないのである。しかし彼は、彼に反対する者たちと全く同じように、ロシア革命は単独では生き延びることができないこと、また世界革命が勃発してロシア革命を救ってくれることを確信していた。レーニンもその政敵たちも、革命をただ一つの国の国境の中に閉じ込めることが可能であるとは考えていなかった。誰もが外に目をやり、同じ質問を発していた。どうしたらヨーロッパにおける革命の勃発を促すことができるだろうか、と。

議論が終わった時レーニンの確信は勝利した。大会は条約批准を、賛成七二四票、反対二七六票、棄権一一八票で承認した。反対者は大部分がエスエル左派とボリシェヴィキ左派であった。※ エスエル左派はそれを惨憺たる敗北とみなして、見せかけの同盟を解消することを決め、政府から辞任する。その間、政府は政権の中枢を守るためにペトログラードを後にしてモスクワへ移った。レーニンは体制を存続させるために、たとえウラルの果てまでも必要な限り遠くまで行くことも想定した。サドゥールは「ボリシェヴィキは必要とあればヨーロッパ・ロシアを放棄することも辞さぬ覚悟だ(24)」と記している。これは疑いなく甚大な混乱の徴候である。というのは、講和条約が調印された以上、ドイツのはなはだしく増大した力は誰もが確認するところだからである。* しかし数えきれないほどの困難にもかかわらず、レーニンは全体に蔓延する悲観論に与しない。モスクワまで退却し(25)、結局、最初から彼が望んでいたように単独政府を指導しつつ、彼は漠然と予想する差し迫った任務に取り組むことができるであろう。それはまだ現実の国家となっていないこの国家を組織することである。世界革命の将来はこの国家にかかっていた。

※原注　一九一八年に党内に一つの集団が形成される。ブハーリン、ラデック、ピャタコーフ、ウリツキー、ブブノフからなるこの集団は、「左派コミュニスト」と名づけられることになる。この集団はブレスト＝リトフスクの講和条約に反対し、戦争を「革命戦争」に転換することを望み、急進的な経済政策、特に経済の全面的国営化を要求した。

＊　強大化したドイツによって世界革命が圧殺され、その結果、ロシア革命が危機に瀕するおそれがあった。

第11章　是が非でも権力を守る

ボリシェヴィキ国家は既知のあらゆる国家とは異なる国家、過渡的な国家であるが、存続しようとするならば組織されなければならない。レーニンがかくも長い歳月にわたり育んで来た偏執――いかにして政権を取るか――は、いまやもう一つ別の偏執を生み出す。いかにして権力を保持するか。この問いに対する答えは単純ではない。ボリシェヴィキに反対する勢力として、あらゆる決定機関から排除したがいまだ存続する諸政党、この国の大部分の地域――周辺地域も農村部も取り込まれていない――、恐るべき軍事的状況が存在していたからである。ドイツ軍部隊は常に首都に向けて進撃する恐れがあり、帝国ロシア軍の残滓からは、ボリシェヴィキ政権転覆の試みがいくつも生まれようとしていた。レーニンにとって、妥協によって己の権力を弱めることは問題外である。彼はそのことを憲法制定会議を解散することと連立政府という考えを拒否することによってはっきりと示した。諸々の困難を理由として権力を譲り渡すのはさらに問題外である。持ちこたえる必要があった。権限の行使に必要な用具を手中にしなければならなかった。

権力の用具

権力を獲得するや直ちにレーニンは、政府組織としてソヴナルコムを設置した。しかしこれは当初あまり内容のない抜け殻であった。何故なら、実際の権限——レーニンはそのために苦心したのだが——は、ソヴィエトの中にあったからである。

二つの大きなソヴィエトが一九一七年から一八年にかけての冬にロシアの生活を支配していた。ペトログラードとモスクワのソヴィエトである。しかし地方でも至る所で別のソヴィエトが出現した。当初これらの決定機関の特徴となっていたのは、ソヴィエト同士の間の異種混合と各ソヴィエトの内部の異種混合という二重の異種混合性であった。ペトログラードのソヴィエトはもっとも威信あるもので、革命の担い手とみなされていたが、〈十月〉以降、急速に変化した。その変化とはその後、他のソヴィエトに起こる変化を予告するものであった。労働者の代表のソヴィエトであったものが、ボリシェヴィキの意志によって、労働者よりもレーニンの党に従順な兵士に拡大され、次いで農民にまで拡大されたのである。この拡大の二つの帰結として、一つには、参加者数が不断に増大することによって、会議は効力の無いものになってしまい、もう一方では、会議の内部で異種混合性が増大したために、イニシアティヴは、もっとも活動的で、もっともボリシェヴィキに操作されやすい要素、すなわち兵士たちに委ねられるようになってしまった。ソヴィエト（特にペトログラードのソヴィエト）は、最初はメンシェヴィキとエスエルによって支配されていたが、レーニンが系統的に「潜入工作」を行なわせた結果、中立化した。非ボリシェヴィキの社会主義者たちは議席をレーニンの賛同者に明け渡し、ソヴィエトから離脱するようになった。モスクワではソヴィエトは、最初はボリシェヴィキの圧力により強く抵抗することができるように見えた。しかし他の地方ソヴィエトと同様、モスクワにも、党は迅速に代表者たちを送り込んだ。彼らの任務は、手続きと行動を一様化させ、中央に集中させることであった。

早くも十一月末からは、各ソヴィエトはその活動を人民委員評議会《ソヴナルコム》に報告せよとの命令が出され、内務人民委員ペトロフスキーが、原則としては革命的正統性の保持者に他ならないソヴィエトの一種後見人のような立場になったのである。こうして二つの動きが少しずつ進行した。ボリシェヴィキが意志を押しつける力を持ったところでは、ソヴィエト内部のボリシェヴィキ化が加速化し、それと同時に、弱体ながらも中央政権は、上下の序列関係を確立し、すべてのソヴィエトを次第に服従させて行ったのである。

しかし難問が一つ残っていた。ボリシェヴィキが政権を取った時、彼らは管理行政の経験もなければ、この国の管理を可能にする機関も持っていなかった。当時、人民委員会事務局は備品もろくに入っていない建物にすぎなかった。人民委員には協力者もいなければ、地方との接触もなかった。これとは全く逆に、ソヴィエトは至る所に設置され、特にボリシェヴィキがあまり影響力を発揮できない農村部では、住民とのつながりを持っていた。至極当然ながら、レーニンは数ヵ月前に掲げた「すべての権力をソヴィエトに」というスローガンを実行に移すに至った。しかし〈十月〉以降はそれを取り巻く情勢と意味はすっかり異なったものとなっていた。ソヴィエトは、しばらくの間、ボリシェヴィキの権力の用具となるのである。

したがって革命に続く数ヵ月間の特徴は、ソヴィエトの権限が増大し、党が後に退いたように見えたことだった。この行政権限のソヴィエトへの移行は、一九一七年末から一九一八年初頭にかけてのソヴィエトの営みにおける枢要な事実である。数ヵ月で、党のもっとも活動的な幹部はソヴィエトへ移動し、そこで党からは活動家が払底した。

ソヴィエトの力が増大したのにはもう一つの原因がある。財政上の問題である。現地で行動するソヴィエトは、現地に存在する資産を財源に変えることができた。そこで党組織はしばしばソヴィエトの好意に依存するようになった。

ソヴィエトの権威の伸張は、特に当時権限の合併が定着した点に現れている。体制の頂点にあっては同一人物が、ソヴィエト国家と党を区別なく体現した。党の創設者であり、ソヴナルコムの議長でもあるレーニンの場合がそうであった。その上を行くのがスヴェルドローフで、彼は党中央委員会の書記であると同時にソヴィエト中央執行委員会の議長でもあった。したがって初期の段階では、党とソヴィエト、ソヴィエトと政府の間における権限の区分は不明確に見えた。

とは言うものの、新たな権力の決定的な用具の一つは、早くも形をとり始めていた。レーニンが『国家と革命』の中で気前よく社会に帰属すべきものとした権限、抑圧の権限である。この権限の誕生は革命権力の誕生とほぼ時を同じくしている。そしてこれは時を移さずレーニンによって、テロル〔恐怖政治〕の革命的活用のために必要な手段として正当化される。彼の旧友、アドラツキーは次のように報告している。早くも一九〇六年に、彼が政権獲得後に敗者がたどる運命についてレーニンに質問したところ、レーニンは彼に「われわれは彼らに革命に賛成なのか反対なのかを問うことにする。賛成ならば彼らをわれわれのために働かせる[1]」と答えた。そして彼は好んでマルクスから「革命的テロルは新秩序の誕生にはなくてはならないものであった」、という文を引用していた。したがって軍事革命委員会の内部に、五人のメンバーからなる「軍事調査委員会」が誕生したことは、なんら驚くにあたらない。これについての言及は早くも十一月一日になされているが、それはたちまち行き過ぎが指摘されることになる。しかしレーニンはこの機関は一貫性がなく、効果のないものと考えた。彼はいくつかの方式のいずれを採るかためらったが、早くも十二月七日には「反革命、破壊活動、投機と闘うための全ロシア臨時委員会」を設置する。これはその頭文字を採ったTcheka《チェカー》の名で歴史に悲劇的な名を残すことになるだろう。この委員会は直ちにその発案者であるフェリックス・エドゥムンドヴィチ・ジェルジンスキーに託された。彼は十月の蜂起の際に軍事革命委員会で大いに活躍した人物であった。彼とレーニンとの関係は常に平穏というわけではなかった。蜂起の頃はレーニンを支持したが、講和交渉の際にはレーニンに反対して、レーニン解任を要求することさえしている。そのためボリシェヴィキにとって、ジェルジンスキーは革命の純粋性の象徴となったのである。しかし左派社会主義者たちは彼を嫌悪していた。彼の残忍さと裏工作の才能を承知していたからである。実はこの人物は特にレーニンを魅了するものを持っていたのだ。非人間的なまでに峻厳な——彼は自らテロリズム的作業に身を投じた——彼は、レーニンが青春期の読書の中で出会った冷徹無比な「新しい人」〔ロシア・ニヒリストたち、特にチェルヌイシェフスキーの『何をなすべきか』が示唆する人物像。六一頁参照〕を多くの点で思わせたのである。

チェカー設置の布告は報道されなかったし、その職務はきわめて曖昧に定義されたにすぎなかった。(2) 当時発表されたいくつかの文書は、この新しい機関は破壊活動と反革命の企てを未然に防ぐための調査を行ない、被疑者を法廷に付託することを任務とする、と示唆しているが、実際には同委員会はその発足直後から、無制限の調査・抑圧の権限を有していた。一九一七年十月二十七日に、第二回ソヴィエト大会は、論争もせずに死刑を廃止していたが、チェカーは他のいかなる機関にもその決定を報告することなく独断で死刑を活用した。もっともレーニンはこの死刑廃止の決定に内在する愚直さを、「銃殺をせずにどうやって革命ができるというのか」と嘆いていたものだ。そのしばらく後に、彼は「われわれの中にフーキエ・タンヴィル〔仏革命裁判所検事。恐怖政治による冷酷さでその名が知られる〕のような人物はいないのか」とも言っていた。そして死刑廃止の決定が無視されても気にかけず、直ちにジェルジンスキーに、チェカーの有効性を確保するという条件の範囲で職権を行使する手段を認めることになる。人民委員の事務局がまだ存在しない時に、一二〇人の協力者で仕事をはじめたチェカーは、一年後には職員三万人以上を数えるまでになるのである。

『国家と革命』の中で、パリ・コミューンを分析するマルクスの忠実な読者としてのレーニンが人民の統制下に置いた組織がもう一つある。軍隊である。この場合もまた、レーニンの考えは直ちに変化し、変化した考えは直ちに実践に移された。トロツキーは外務人民委員を辞した後、すぐに軍事担当人民委員の職を担うことになるが、今回は彼は速かに「店じまい」をしなければならなくなるとは思っていなかった。一九一八年にロシア軍は解体された。ただ一つ残ったのは赤色親衛隊であるが、階級も、規律も、軍事的ノーハウも持たなかった。すべてをゼロから創り出さなければならなかったのである。クラウゼヴィッツの愛読者で、またジョレスの愛読者でもあるトロツキーは、この二人から多くのヒントを得て、戦争と軍隊に関する彼自身の構想を練り上げた。彼は最初はジョレスの主張する民兵という概念に賛同し、そこから得た結論として、いずれは人民の軍隊を創設するという考えを抱いた。しかし原則問題としては、専門家からなる常備軍という観念を拒絶したにしても、実際上は次のように主張して、これを選択することになる。すなわち人民の軍は将来の領域に属するものであり、ロシアが旧来の社会体制のあらゆる名残を除去し、遅れを清算し、いかなる脅威ももはやのしかかることのないように、ソヴィエト政権を強固なものにした時に、創設されるのだというのである。内戦の兆しがあるときに軍を創設するよう求められたトロツキーは、そうした情勢を補足理由として、人民軍の夢を忘れ、伝統的な型の軍事的用具に頼ろうとするのであった。(3)

トロツキーの考えるこの軍隊の組織原則は、世界中のあらゆる軍隊のそれときわめてよく似ていた。第一に、軍は正確な序列と指揮系統の規則に従う常設の組織でなければならないとトロツキーは考えていた。革命以来、選挙の原則が適用されたことで軍は解体されてしまったわけだが、この選挙の原則は忘れられ、将校の任命は、政治的判断基準ではなく軍事的能力を考慮して、権限体系に沿って上意下達の形で行なわれなければならない。規律というものも、革命的情熱の炎の中で有罪判決が下されたのだったが、その峻厳な地位を再び獲得しつつあり、その地位はもはや二度と議論に付されることはなかった。能力と知識はそれが存在していた所、すなわち消滅した帝国の将校たちの中に求める必要があった。軍事技術の専門家である彼らは、つい昨日まで部下の兵士たちから侮辱され、階級を剥奪されていたのが、突然、新設の軍隊に加わるように求められたのである。確かにトロツキーは自分の創った軍の中に、その後有名になる政治委員という職務を設けた。(4) しかし一九一八年には、彼は将校と委員のそれぞれの役割について、軍事プロパーの件に対しては政治幹部層からのいかなる口出しも許さないという明確な考えを持っていた。彼はそれについて、一九一八年六月の第一回全ロシア政治委員大会の際に行なった演説の中で、次のように説明している。「将校は軍事作戦に全責任を負い、委員は道徳と忠誠心を尊重させることを任務とする」。これより少し前、モスクワの党組織に宛てて、彼は軍隊の道徳の大原則を「勤労、規律、秩序」という三つの単語に要約した。これらの語を原則としない軍隊などあるだろうか。

確かに、トロツキーは新たに軍事担当人民委員という職務に就いたにもかかわらず、彼の計画の枠組みをなすのは革命とその将来であるということを忘れていなかった。彼は、有効な用具は現在の軍隊であり、それこそが革命を守ることができる、と何度も明言することになる。しかし彼はまた将来のことも考えており、国家が消滅する時には、軍は人民の軍隊となり、そうなれば完全に民主化されることになるだろうと断言する。こうして彼は不明確な未来に身を投影することによって、ジョレスと和解するわけである。当面は革命の軍隊は、外見上はそう見えないとしても、従来の型の軍隊ではないはずであると彼は主張する。従来の軍隊と将来の軍隊を区別するものは、軍の基盤に流れる精神である。軍の基本的要素を練り上げつつ、彼はそのように考えていた。将校は権威を有していても、階級と規律が将校と兵卒の間を目に見える壁で隔てていても、人間の平等が規則となるような共通の未来のために働いているという確信によって、将校と兵卒のいずれもが突き動かされているのである。新たな軍は、なによりもまず労働者と農民を糾合する。労働者と農民の間で実現する結合は、共通の理想のために献身する用意のある共同体の未来の姿を示すものである。そして将校自身も、革命以前の将校に育成されたとしても、農民層と労働者階級の出身であるだろう。このようにして赤軍からの出発点に存在した階級の軍隊は、階級の廃止に伴って、プロレタリアートの軍になるのである。

トロツキーによって幾度となく言明されたこれらの大原則は、しかしながら政治的要素と軍事的要素の戦略的融合という幻想の中に、トロツキーを陥らせることはなかった。赤軍が徴募した旧体制の将校たちは、プロレタリアート的軍事戦略を練り上げるべきだと勧めて、名誉回復を図ろうとする傾向があった。トロツキーはこの考え方を厳しく非難し、マルクス主義は戦略に関しては何の役にも立たないと穏かに宣言するのであった。マルクス主義を忘れた方が良い。軍事的見解とは、知識と蓄積された経験に関わる事柄である。この領域ではイデオロギー的思弁に席を与えることはできない、と彼は言った。そしてこう結論するのであった。「チェスをする時にマルクスにヒントを得る者はいない。いわんや戦争をする時にマルクスを参照しても始まらない」。

原則を越えて、ある事件のために迅速に具体的措置が講じられた。シベリアでチェコスロヴァキア人捕虜の反乱が起こり、ボリシェヴィキはこれに対して自衛せざるを得なくなったのである。彼らは、オーストリア・ハンガリー軍に編入されていた時にロシア帝国軍によって捕虜とされたものだが、ロシアの味方として戦闘を継続させるために臨時政府によって釈放された。チェコスロヴァキアの独立が連合国によって保証されていたため、ブレスト＝リトフスクの講和条約調印の後、ボリシェヴィキはこれを「自治部隊」と認めていたが、やがてウラジヴォストーク経由で祖国に帰還すること、またそれまではいかなる場合もロシアの政治生活に介入してはならないことが決定された。このような決定が下されたのは、偶然の理由からであった。当該地方のボリシェヴィキ当局は、時には彼らを味方に引き入れようとし、時には彼らから武器を奪おうとしたため、彼らは当局と衝突を繰り返していたのである。この状況が続いていたところ、トロツキーは構築中の軍に彼らを編入しようと考えた。チェコ人部隊は祖国に帰還することのみを願っていたため反乱を起こし、シベリアおよびウラル地方のきわめて弱体なソヴィエト政権を危険な状態に陥れたのである。サドゥール大尉はこの危機を次のように要約している。[5]「事態は連合国にとっては厄介であるが、ソヴィエトにとってはきわめて危険である。ソヴィエトが直面したのは、二万五千人の頑強で、勇敢な、規律正しい兵士たちなのだ。（彼らは）多数のチェコ人捕虜が収容されている地域を占領している。この捕虜たちは間違いなく彼らに合流するであろう」。

それだけでなく状況は他の地域、まずどこよりもウクライナで悪化していた。それに対処するためには、ボリシェヴィキは本物の軍隊をなんとしても手に入れる必要があった。トロツキーはそれより以前に、連合国、特にフランスに対して、早急に軍事専門家をボリシェヴィキに対して派遣してくれるよう訴えていた。

四月十一日、サドゥールは次のように記している。[6]「ボリシェヴィキがフランスに四〇人の将校団の派遣を求めたのは、私の強い勧めによるものだ。……ボリシェヴィキはもっと大勢の将校を望んでいた。というのも軍に対する信頼感を抱かせ、軍の健全な構成員が軍に戻って来るようにするには、これよりもはるかに大勢の将校が必要だからである」。さらに彼は客観的たらんとする強い意志をもって、ロシア軍が組織されつつある困難な条件を記述している。「軍の再編成の作業はゆっくり進んでいる。委員会の一部をモスクワへ移転し、事務局をいくつかペトログラードにそのまま留め置き、さまざまな参謀本部をロシア中心部のあちこちに分散させるといったことが、困難を山積みにした。……最初はボリシェヴィキだけからなる、訳もわからず無能な職員ばかりの軍事人民委員部指導部に、少しずつ本職の人間が集まって来る。もっとも優秀な専門家が最初に戻ったわけではなく、いくつかの良いポストは無能な者や忠誠心を持たない策謀家が握っている。……しかしトロツキーはまさに完璧な政治的公正さを見せ、能力のみで判断して本職の人間を用いたいとの欲求を明らかに示している」。

サドゥールによって素描された情景は印象的である。トロツキーはやる気に満ち溢れている、と彼は断言している。しかし軍事について何も知らない。彼は若い頃に軍に編入されるのを避けさえした。その彼が注意深く人の意見を聞き、昔の幹部を採用し、連合国の将校の協力を要求するのである。しかしチェコスロバキア人捕虜事件によって、徹底的な決定を早急に下す必要が差し迫った。そこで大都市の二十一歳の労働者を期間六ヵ月で召集することになった。次に義務兵役が布告によって復活する。同じ時期――一九一八年六月――に出された第二の布告は、解体された旧軍の全将校が強制的に赤軍に志願することを義務付けた。志願者を募る呼びかけがなされ、それに次いで防衛への参加が義務付けられ、それを逃れようとする者に、見せしめの処罰の脅しが行なわれた。トロツキーは、選択の余地も残されなくなった将校たちの忠誠心を当てにすることができないことを確信したため、この頃から、政治委員はより重要な存在となって行く。参謀本部直属の学校が将校団養成のために設立される。こうして数ヵ月のうちに赤軍が形成されたが、異質な要素の寄せ集めで、将校の配備も十分でなかった。トロツキーは職務に就くとき、「従うことを知っている者をよこしてくれ」と言っていた。しかし数ヵ月前に弊履のごとく捨て去った服従の原則を復活させるのは容易なことではなかった。それをなし遂げるためには、生まれたばかりの軍隊に対して脅迫と強制を用いることが必要となるのである。

こうして早くも一九一八年の夏には、一つの事実がはっきりしてくる。それは「パリ・コミューン」の夢が挫折したことである。生まれたばかりで、まだその組織のありようもはっきりしていないソヴィエト国家は、軍と警察という伝統的権力の二本柱を復活させたのだ。この二つは中央政権の権限の下にあり、ソヴィエトおよび下部のいかなる強制をも免れている。強力で中央集権化された権力の二つの要素が設置されたが、当の政治権力そのものは、その組織も不確定なままで、存続もほとんど保証されていないという有様だった。

確かに、ボリシェヴィキは時にはこの急な体制の変化に対する困惑を報告している。トロツキーは社会の変化に合わせて変貌する未来の軍隊の姿を描き出したが、同様に、ジノーヴィエフは一九一八年に、チェカーは例外的な機関であり、国家の消滅と共に消滅して行くという確信を表明した。しかし一九一八年に述べられたこれらの発言は、この二つのケースのいずれをとっても、警察と軍隊の早期消滅を目指して行動しようとする現実の意志というよりも、革命前のイデオロギーと革命以後の現実との間に存在する溝を隠蔽したいという欲求からなされたものである。レーニンはカーメネフによって主張された死刑廃止に強く反対したが、彼が頭に思い描いていたモデルは軍隊だった。このことは彼のあらゆる著作が物語っている。彼の語彙は常に軍隊用語から想を得たものであった。二十世紀初頭には彼は軍を参考にして党を考えており、自分の党を作り上げるために軍隊的図式――特に中央集権と序列と規律という諸原則――を借用したが、革命が成立した後にロシアにもはや軍がなくなってしまった時には、今度は党そのものが見本として軍に押しつけられることになったのである。トロツキーあるいはジノーヴィエフとは逆に、レーニンは設置される武力機構の組織構造について、無益な遺憾の念に迷い込むことは決してなかった。いかなる時にも、これらの組織が消滅するに至る最終段階に言及することはなかったのである。もっともこの増大する警察権力は、党に関する彼の著書の題辞として「純化〔粛清〕する」と記されていたように、レーニンがモットーとするものの論理に沿ったものだったのではなかろうか。一九一八年に始まる実践は明らかに、彼が早くも一九〇二年に開陳し、爾来決して離れることのなかった権威と統御の概念から派生しているのである。

約束と後退

レーニンは権力奪取の前に、農民に対する約束を数多くしていた。農民に対してほとんど手がかりを持たず、またマルクスの弟子として、農民が反乱者たちの中核部に合流しないような革命は失敗に終わることを知らないわけではなかったために、彼は早くも一九一七年四月に、農民が熱烈に要求していたもの、つまり土地を約束していた。実のところ当時の彼のスローガンは革新的なものではなかった。農村部の急速な状況の変化に適応しただけのものであった。彼が権力を奪取した十月には、農民たちは彼の勝利に先行して、すでに土地の占有を敢行していたのである。「大分配」といういにしえの夢が具体的な形を取りつつあった。十月二十六日、レーニンは土地に関する布告をソヴィエト大会に提示する。この文書は、補償金なしで、大土地所有を廃止し、土地を耕す者の自由な使用に委ねるというものであった。もちろんこの文書は憲法制定会議が農地改革を策定すると明確に謳っていたが、農地改革の枠組みは、革命成立直後に発せられた最初の文書ですでに定義されていたわけであるから、憲法制定会議はそれに革新も補足も加えることはほとんどないようになっていた。事実、土地に関する布告は、一九一七年夏以後に農民によって創り出された状況に合法的な地位を付与するものであった。布告は農民を即座に満足させ、それによって彼らをボリシェヴィキの味方につけることになった。しかし同時に矛盾した状況を創り出したのである。革命は社会主義を標榜していたが、それと同時に、革命の最初の決定の一つが農村部における所有の原則を正式に認めることであったのである。この矛盾の重要性を認識し、そこから結果を引き出すのに、レーニンにとっても農民にとってもそれほどの時間は要らないであろう。

しかしさしあたって農民たちは、土地に関する布告を後ろ盾にして、それから「闇分配」（チョールヌイ・ペレジェール）は続けられるべきであるとの結論を引き出し、まだ手に入れる余地のあった土地や土地を耕す用具、家畜、それに荷車などの農村生活に有用な輸送手段を横領した。一九一七年十二月九日、政府の公式機関紙である『イズヴェスチヤ』は、この現に進行中の「闇分配」を次のように論評している。「農民たちは土地に関する布告についてなにも理解していない。彼らはこの地域（サマーラ）に現存する家畜と資材の略奪を始めている。ソヴィエトは秩序回復のために部隊を派遣しなければならなかった」。

農村部で自律的に進行していた革命は、同じ時期に労働者階級の中で起こっていた変化と矛盾しており、それだけに注目すべきである。労働者の世界で何が起こっているかを理解するためには、レーニンが政権獲得の準備を整えている時に、彼が表明していた考え方に立ち返ってみる必要がある。当時、彼はロシアでは社会主義がまだ実現可能ではないことを承知しており、十月革命以前に書かれた最後の文書、『差し迫った破局、これとどう闘うか』[7]の中で、単に労働者による生産管理を行なうだけで資本主義を削減することができるとの考えから出発して、以下のような「革命的民主主義」の五つの経済措置を提案した。

――すべての銀行の単一の銀行への統合。その取引は国家が管理する。あるいはこれに代わる措置として銀行の国有化。

――最大のカルテル（石油、石炭、製鉄）の国有化。

――商取引上の秘密の廃止。

――工業、商業などの総体の強制的「カルテル化」。

――社会全体を生産・消費の循環を統制するいくつかの消費者組織に半強制的に再編すること。
これらの措置は社会主義的なものではない。レーニンは次のように明確に説明していた。「国有化と私有財産の没収とは明瞭に異なる措置である。銀行に集められた資本の所有権は、責任者直筆の証明書によって保証される。それらの証書のどれも銀行の国有化によって修正もしくは破棄されることはない」。さらに次のように付け加えている。「銀行の国有化の主な利点は、小経営者と農民への貸付を促進することである」。

その時彼はこのように国有化を、経済活動を合理化し、小企業家の営業を容易にし、そうすることで彼らが必要な資金を入手することができるようにする措置として提示しているのであって、私有財産の廃止として提示してはいない。同様にカルテル化についても、レーニンは「いかなる所有者からも、カルテル化は一銭たりとも取り上げはしない」と明確にしている。そして提唱された措置を、西欧社会で適用されている措置と突き合わせる。彼が望むのは、革命から生まれた政府に資本家が協力するよう誘導することである、と彼は言う。一方で彼は、資本家たちへの統制を行なうことによって、彼らが革命政府の経済政策を妨害しないようにさせようとするのである。要するに革命前夜にあってレーニンが目指していたのは、社会主義への移行段階をなすような「国家資本主義」を創出することであった。そして未来の予想を次のように定義していた。「社会主義は、資本主義的独占の直後に到来する段階以外のなにものでもない」。

この文書から浮び上がる過渡的社会主義は、農民の所有権を完璧に前提としている。政権奪取ののち、レーニンはこれより一歩前進する。労働者による企業の管理を創設したのである。この措置は、採択されたのは土地に関する布告よりも遅かったが、企業所有者の地位をそのまま維持しているために、労働者階級の切望に対して、また多くの場合、実際の状況に対しても大きく後退していた。労働者たちは自分たちこそレーニンの勝利の原動力であったと感じており、自ら自分たちの企業の所有者になることを欲し、経営者を追い出していたのである。彼らは全くの独断で所有者の財産の収用を行なっていたのであり、単なる管理を行なうという考えを受け入れることはできなかった。しかし一九一八年一月の『勤労被搾取人民の権利に関する宣言』[8]は、レーニンの考え方を確証したもので、労働者階級の期待に対して明らかな後退となっていた。この宣言は、労働者たちの自然発生的意志の結果る収用の動きにブレーキをかけようとするレーニンの意志をうかがわせる。ようやく、重工業の収用に関する布告が出されるのは一九一八年六月二十八日になってからのことにすぎない。しかしその時には、収用できる財産の所有者たちはすでに労働者たちによって追い出されていたか、あるいは労働者たちの敵意や、さらには暴力の故にもはや抵抗は不可能であったために、自分から逃げ出していた。

一九一七年十月から一九一八年六月末までは、したがってロシアには社会主義革命という同じ原則のもとに、二つの対立する社会的・合法的状況が共存していたわけである。農村部では、レーニンの政府は直ちに農民の所有権への願いを承認し、合法的ステータスを付与した。工業分野においては、逆に数ヵ月にわたって政府は革命的状況に、そして労働者階級の意志主義的な動きに目をつむった。政府は労働者階級を合法的枠組みの中に留めようとしたが、その合法的枠組みとは唯一、労働者による管理の枠組みでしかなかったのである。この矛盾した行動の中には、レーニンが全生涯にわたって見せるはずのプラグマティズムが認められる。このプラグマティズムの故に彼は、己の掲げる原則を常に現実の要求に従わせるのである。農村部では少数派であり、社会革命党との競争にさらされているために、彼は早くも一九一七年十月には、農民たちの伝統的な熱望に躊躇なく応えるような人物になろうとした。それによってエスエルに不意打ちをくらわせ、そのようにして来るべき選挙で農民の票を集めることができると期待したのである。しかし努力の甲斐はなかった。農民たちは、彼らに所有権を付与する布告につけいって、自分たち流に農村部の組織化を開始したのである。とはいえ、彼らの利益を常に代表してきた党に背を向けることにはならず、憲法制定会議の選挙は彼らがエスエルに忠実であることを確証することになる。こうした農民層の行動に接して、レーニンはロシアの農村部に対する不信感をさらに強めるようになる。レーニンはロシアの農民を、後進性とアジア的伝統の象徴ととらえ続けてきたが、今後、そうした不信感を決して捨てることはないであろう。農民たちが一九一七年四月から十月までの革命運動に参加したのは、彼らの個人主義と所有したいという意志を勝利させるためであり、社会主義に賛同したからでは全くないということを、レーニンは承知していた。

決裂は不意に容赦なく襲ってくるだろう。そして農民は二重の幻想――レーニンの発言を信じたことと、彼らの熱望が最終的に認められたと確信したこと――に凄まじい高価な代償を支払うことになるだろう。

労働者階級とレーニンとの関係は、これとは逆の方向へ進展していくが、だからと言って労働者たちの境遇がそれによって現実に改善されるわけではなかった。しかし一九一八年夏以降に、ボリシェヴィキ政権が至る所で攻撃されるようになると、労働者たちは革命を守るためにレーニンの側に味方するようになる。これは一時的な同盟であった。一九二〇年代初頭になると、労働者たちは、『何をなすべきか』に表明された原則の下に労働者たちを指導しようとする党から自らを解放しようと試みるのである。その際、労働者に特有の行動手段の追求が、レーニンにとってもう一つ別の問題をなすことになる。またしても彼は、労働者社会であれ、農民社会であれ、社会とそれが有する権力機関との間の意見の一致は、存在するにはほど遠いことを思い知らされるだろう。ボリシェヴィキ政権の孤立とは、レーニンは好んでロシア革命という模範にあまり進んで従おうとしなかった西欧プロレタリアートの裏切りに帰しているが、なによりもまず社会に対する政権の孤立なのである。

さらに、革命の当初におけるレーニンの約束は、旧ロシア帝国支配下の各民族に対してもなされていた。すでに大戦中に、レーニンは民族の自決権を肯定していたが、その後諸民族に対しては農民に対するのと同じような行動を見せた。すなわち彼らを味方につけるために、いささかの留保もつけずに民族的熱望を認めたのである。農民の場合と同じように、彼の言葉は周辺部諸民族の中に反響を呼んだが、それは、帝国とそれに続く臨時政府の政治的崩壊が独立への意欲に拍車をかけているからでもあった。十月二十六日、レーニンは全ロシア・ソヴィエト大会に赴き、「平和に関する布告」を読み上げる。これは最初の権限行使の行為であり、同盟側諸国との戦争の停止の問題に関する最初の宣言であったが、同時に領土併合の問題、ということはつまり崩壊寸前の帝国の問題に関する最初の宣言であった。その中には次のように述べられている。「弱ないし小民族を大ないし強国に併合することは、いかなる場合にも、併合を強いられた年代の如何を問わず、またこのように併合された民族の併合の度合いの如何を問わず、そしてこの民族がヨーロッパに存在するか、あるいは海外に存在するかを問わず」、非難さるべきである。このことは大ロシアの行なった併合、すなわちロシア帝国に関しても妥当すると、平和に関する布告は明確に述べている。十一月二日、レーニンと民族問題人民委員のスターリンによって連署された『ロシアの諸民族の権利宣言』は、併合された民族に関する新政権の指針たる四つの原則を次のように規定している。

——ロシアの諸民族の平等と主権。

——ロシアの諸民族の自由なる自決の権利。この権利は、その意志が表明される場合には、分離と独立国家の創設も含む。

——民族あるいは宗教に由来するすべての特権と制限の廃止。

——ロシア国土内に居住する少数民族と小民族集団の自由なる発展。


こうして農民と同じく、諸民族は突然、自分たちの運命の選択を法的に認可された。この面でも、権力を奪取し固める間レーニンは時間稼ぎができ、数ヵ月前から完全な熱狂状態にあった周辺地域の支持を獲得した——少なくとも彼はそう考えた——のである。大部分の民族にとって、圧倒的多数を占める農民と同じように、レーニンの布告は、決定的な約束とみなされた。山積する難問の間に優先順位をつけ、まずは権力の基盤をしっかり固めようとする戦略に基づいた巧妙な操作とは受けとめられなかった。この面でもこのドラマの登場人物たちは、やがて誤解に気づくことになるだろう。それはやがて表面に現れ、正念場に至っては彼らを凄まじい武力抗争へと突入させることになるだろう。

内戦と民族戦争という制約

ブレスト＝リトフスクの講和条約に調印することによって、レーニンは、権力を強固にするための一時停止（ペレドゥイシカ）を獲得し、ロシア革命という口火がヨーロッパを燃え上がらせ、それによって西欧のプロレタリアートの支持が自国にもたらされるまで待つことができると目論んでいた。この希望はたちまち裏切られる。講和はさまざまの問題に決着をつけることからほど遠く、ロシアにとって恐るべき新たな時代の幕を開けることになる。その時代の特徴は、内戦、外国の干渉、民族戦争という、三つの戦線における戦争である。

レーニンは政権を取ったとき、平和と土地とパンを約束していた。しかし直ちに前政権を一九一四年以来揺るがしてきた問題に直面することになる。飢えの問題である。この問題が権力を保持する者たちから住民を離反させて来た。この住民は、どんな政府であれ、生き残る手段を保証してくれる政府を期待してやまなかった。一九一三年からわずか五年しか経っていないのであるから、戦争以前の生活状況が改善されつつあったことを、彼らは忘れていなかった。大戦がこうした発展傾向をはっきり停止させてしまったのは確かである。しかし一九一四年から一九一七年の大戦中の生活条件の低下は、一九一八年以降にロシアが出会う生活条件に比べて、まだ大分ましだった。一九一八年より後は、講和以後のロシアの政治状況も農民層の状況も、すべてが絡み合って大災厄に立ち至るのである。

ブレスト＝リトフスクの講和条約は、ロシアからもっとも豊かな地域の一つであるウクライナを奪い去った。ウクライナは小麦生産地であり、砂糖生産の九〇％、鉄鉱石の七〇％を占める。ドン・コサックは、ドン河地域でソヴィエト権力と白衛軍――最初はコルニーロフ将軍が指揮していたが、彼が戦死した後は、デニーキン将軍が指揮した――が繰り広げた戦闘に際しては、しばらくの間傍観の立場を維持しようとしたが、やがてボリシェヴィキに対して反乱を起こす。ボリシェヴィキが、制圧した地域では支配下の住民の上に直ちに恐怖政治体制を敷き、徴発、逮捕、銃殺等の暴虐の限りを尽くしたのは事実である。反乱によってドン川地帯全域は、コサック首長のクラースノフの権威のもと、ボリシェヴィキの統制を離れたのである。東部ではチェコスロヴァキア兵の反乱がかなりの規模に達し、その分遣隊はノヴォニコライエフスク、クルガン、オムスク、サマーラといったウラル地方の都市を奪取した後、カザンにまで達し、同じく反抗を行なっていたヴォルガ地方の農民たちと合流する。至る所で、コサック、チェコスロヴァキア兵、農民、赤衛軍が苛烈な戦いを繰り広げ、トゥーラ、コストロマー、サラトフといった多数の都市では、今度は労働者たちが反乱に加わって行くのであった。

この逆風に対抗して、権力はさらに暴力を増大させる。トロツキーは生まれたばかりの彼の軍隊に、敵とみなされた者を情け容赦なく鎮圧し、見せしめの死刑をどしどし執行せよとの指示を与えた。至る所で良心のためらいもなく銃殺が行なわれた。戦闘で捕らえられた「白衛軍兵士」や農民ばかりか、自軍の兵士や将校も、厳しい鎮圧を遂行する力に欠けた時には銃殺された。軍はさらに兵員を増強した。早くも一九一八年秋には軍は約一〇〇万の兵力を擁していた。政治委員による統制が強まるなか、過激主義的命令が連発されたため、軍は残忍な行動を繰り広げるのだった。

こうして政治的恐怖が増大しても、それは何一つ解決せず、とりわけ緊急の課題である飢えの問題を解決しなかった。国の秩序の崩壊は運輸、特に食糧輸送に甚大な影響を及ぼした。ロシアの鉄道網は、日露戦争および世界大戦が明らかに示したように、広大な空間の各部分を結ぶには不十分であることがこれまで常に露呈して来たが、それに加えて今度は部分的に破壊されたのである。一九一三年にはロシアは一万八千台の蒸気機関車を有し、一千万トンの貨物を運ぶことができたが、一九一八年には七千から八千台が残るのみで、輸送能力は五年前の三分の一に落ちていた。生産物はしばしば現地に残されそこで腐った。都市へと列車が出発しても、進行がきわめて遅く安全性はまことにお粗末であるため、商品はしばしば使い物にならなくなった。さらには列車が途中で攻撃され略奪されたために、都市にたどり着かないこともあった。結局、農民たちは、なんであれあまり売る気にはならなかった。「土地を農民の手に」というレーニンのスローガンは、たちまち農村における階級間の戦争を引き起こして行った。この点については後に触れる。農民層は絶望し、殻に閉じこもり、一方、都市では人が飢えで死んで行くのであった。

主要都市における状況は、二つの現象の影響によって急速に悪化した。失業と、兵士および捕虜の帰還の二つである。軍需産業の再転換は順調に進まなかった。輸送の困難のために工場はドネツ川地方の資源や原料調達の手段を奪われたため、貯えを使い果し、閉鎖に追い込まれた。「新しい世界」の建設のために革命に参加するよう呼びかけられた労働者たちは、失業者となり、一方、物価はますます急激に上昇して行き、闇市が発展した。ブレスト＝リトフスクの講和条約によって、兵士は市民生活に戻ることになったが、それによってさらに状況は悪化した。不治の身体障害者となった者も含む重傷者一五〇万人と捕虜三〇〇万人が都市に戻って来たが、都市は彼らに仕事も食糧も与えることができなかった。彼らは時には農村に帰ることを選択する者もいたが、その結果、農村では不平分子の群がさらに肥大化して行くことになる。

一九一八年春は、社会全体、特に都市社会にとって恐ろしいものとなった。その当時、ペトログラードでは失業率は七〇％に達しており、わずか一斤のパンを手に入れるために、果てしなく続く長い行列を作らなければならなかった。ボリシェヴィキの人気が下落しても、なんら驚くには当たらない。一九一八年四月にソルモヴォで地方ソヴィエトの選挙が行なわれたが、当選者の多数は、メンシェヴィキとエスエルによって占められた。憲法制定会議選挙での勝利をレーニンによって奪われていた政党は、ボリシェヴィキが孤立し、暴力以外の手段でその事態に対処することができない体たらくにつけ入って、反撃に転じる時が来たことを理解した。憲法制定会議選挙で選出された非ボリシェヴィキの多数派は、相変らず社会意識の希望を体現していたのである。

モスクワでは立憲民主党が、ごまんといる不平分子を糾合することができる反対勢力の組織を整備しようと試みていた。ロシア革新同盟は、憲法制定会議の招集の実現を即時的政綱として掲げる右派社会主義者と左派カデットを結集した。一方、エスエル党の声望ある人物であるボリス・サヴィンコフは、祖国自由擁護連合を創設する。彼は将校たちに同調を呼びかけ、ボリシェヴィキ政権転覆を準備するためモスクワと地方に拠点を持つ、がっしりと組織された秘密組織を作ろうと努めた。確かにこれらのさまざまな組織は脆弱であった。分散し互いに敵対関係にあったし、とりわけその政綱は大抵の場合、君主制復興から死産に終わった憲法制定会議の招集までにわたる過去志向のものであることがしばしばだった。ロシアが陥った混沌の中では、こうした綱領はあまり反響を呼ばなかったが、次の事実を際立たせる効果はあった。すなわちレーニンによって設立された体制は永続するものではないこと、また至る所で武装勢力が彼に反対して立ち上がっており、それによって彼が身に纏う正統性は自ら僭称しているものにすぎないということが暴露されていることである。力を増す反対派は、ボリシェヴィキの左側にも出現した。無政府主義者たちも穏健政党と同様に、レーニンが敢行した政権強奪をもはや受け入れなかった。飢えた人間の群れに加えて増大した無政府主義者集団は、黒い旗を振りかざし、「人民委員に対する反抗」とのスローガンを掲げた。一九一八年五月と六月には、武力衝突の件数が増え、ツァリーツィン（後にスターリングラード、次いでヴォルゴグラードになる）、サマーラ、サラトフ、その他の多くの都市は、流血の激発がボリシェヴィキによって比類無き残忍さで粉砕される事件の舞台となった。

飢饉、経済の完全な崩壊、そしてしばしば各地の権力も完全に混乱するという状態に加えて、三月からは、反革命の組織が形成され、活動が開始され、さらに外国の干渉も始まる。

軍の一部――主に将校――は、「破廉恥」と言わざるを得ない和平が結ばれたことによって、途方に暮れてしまった。市民生活に戻り、その後トロツキーの軍隊の将校として召集されたが、彼らの大半はそれを拒否し、ボリシェヴィキから権力を奪取するために自前の軍事組織を作ろうと努力することになる。その時きわめて多様な運動が混じり合う。ボリシェヴィキに政治的に敵対する白衛軍、レーニン政権の暴力や裏切られた希望、そして党によって農村に押しつけられた内戦、こうしたものに絶望した農民である「乞食」の軍団、こうした勢力がしばしば無政府主義者を中心に結集した。五〇万にのぼるロシア帝国軍の残存兵は、革命あるい講和、またはその両方を受け入れることができない野心的な将軍たちのもとに結集し、「白」衛軍を構成することになる。五万人のチェコ部隊は、次第にフランス人将校に指揮されるようになり、これにロシア人の志願者が加わって、戦力に優れた軍を形成して行く。

こうした新しい兵力が組み合わさってあちこちに権力が生まれた。オムスクでは保守的傾向の西シベリア政府が設立される。サマーラではエスエル指導の政府が、同様に反乱状態に入っていたウラル・コサックに接近する。南部では、デニーキン将軍が義勇軍を組織するが、この装備は一部イギリス政府によって供給され、イギリスの軍事顧問団の援助を仰いでいた。連合国からの介入は隠密裏に行なわれたとはいえ、ボリシェヴィキ政権に終止符を打ちたいと願う者に相当の支援をもたらした。一九一八年三月以来、フランス・イギリス軍部隊はムルマンスクに上陸を始め、次いでアルハンゲリスクに、そして夏にはついにウラジヴォストークに上陸する。四月には日本軍部隊のロシア極東地方への侵攻が始まっている。

このロシアの混沌の一覧表を完成させるには、民族の離脱を加えなければならない。これも同じようにレーニンの政府の権威が及ぶ範囲を縮小させる要因であった。ウクライナでは、ドイツがまず単独講和条約に調印し、それによってウクライナをロシアから引き離した。次いでドイツはウクライナの民族政権であるラーダ〔コサックの自治政府の呼称〕がドイツに敵対するとの疑いを抱いてこれを放逐し、スコロパツキー将軍の政権を支持した。彼はアタマン〔コサックの首領〕制を再興したが、これは革命のイデオロギーを継承するにはあまり適さない前革命的制度であった。スコロパツキーはドイツの司令部と大地主に依拠して、ウクライナを反ボリシェヴィキ政権の介入に用いることのできる基地とした。中央アジアもまたボリシェヴィキに対して好意的ではなかった。中央アジアは早くも一九一六年末には、ロシア帝国に対して反旗を翻していたが、いくつもの敵対政権が樹立される。コーカンド共和国がその例で、一九一七年に独立宣言を行なったが、一九一八年二月にボリシェヴィキの攻撃によって崩壊する。この国の戦士たちはボリシェヴィキをロシア支配の新たな体現者とみなしたのである。フェルガーナ全域において、同じ時期に民衆の反抗が広がった。バスマチ（「乞食」）の運動である。これは紛れもない農民ゲリラであり、数年にわたってレーニンとその後継者たちをてこずらせることになる。同じ希望と同じ闘いの意志が、カフカスの諸民族を駆り立てていた。至る所で、これらの政権あるいは民族的抵抗体は、彼らの目から見れば仮面を被った帝国主義にすぎないボリシェヴィキ主義に対する自分たちの闘いを擁護してくれるよう、イギリスを頼りとするのであった。

組織された反革命軍と民族的抵抗と外国の干渉軍の他にも、何とも定義しがたい集団が跳梁跋扈した。いかなる陣営にも属さない「緑色団」〔農民パルチザン〕である。全体に広がる無秩序状態の中で、彼らは通り過ぎる先々で恐慌を巻き起こし、時には町全体を占領することもあった。

政治的反対勢力の再生

一九一八年夏、ボリシェヴィキの状況は八方塞がりのように見えた。彼らの影響圏は不断に縮小して行き、敵は数を増して地歩を獲得し続け、ボリシェヴィキの権力を保持する権利に異議を唱え、さまざまな正統性の名においてその権利に反駁した。君主制という正統性を主張する者もあれば、憲法制定会議選挙において表明された人民の意思こそ正統とする者、さらにはボリシェヴィキが種を撒き散らしながら、押さえ込む力のないところを露呈してしまった貧窮の増大と混沌状態こそがその根拠なりとする者もいた。ボリシェヴィキがまだ状況を制御できる所、特に首都――少し前からモスクワに移っている――にあっても、その権力はぐらついていた。

エスエルはこの弱点を完全に把握していた。エスエルの全国評議会は早くも一九一八年五月には憲法制定会議の招集を要求していた。この点に関してボリシェヴィキが沈黙していた――レーニンにとってこの議会は一度も存在したことがなかったし、全人民による選挙の呼びかけは全くの「白痴的行為」にすぎなかった――ことが、エスエルを行動へと移らせる。彼らは七月にモスクワとペトログラードで反乱を起こそうとする。そこで社会の代表を選ぼうとの呼びかけは姿を消し、代わってテロリズムによる闘いが前面に押し出されるのであった。最初からクーデターに反対していたエスエル右派だけでなく、一九一八年夏まではレーニンにとって忠実な同盟者であった左派も、今やボリシェヴィキと闘争状態に入った。六月、彼らエスエルはレーニンに反旗を翻し、ソヴィエト大会に政策の根本的変更を要求する。すなわち赤衛軍とチェカーの即時解体、農村部における小麦徴発部隊の廃止である。レーニンはこれらの要望を尊大に無視した。そこでエスエルは、対決の時が来たことを決断したのである。

エスエル党員のブリュムキンがドイツ大使、フォン・ミルバッハ伯爵を暗殺する。ドイツ軍国主義を体現し、ロシアにおいて自国の利益を擁護していた、というのがその罪状である。「封印列車」症候群がすべての人の心に残っており、ミルバッハはレーニンの無数の敵から、ドイツの最大利益のためにレーニンを操る人物とみなされていた。エスエルはこの派手な攻撃だけでは満足せず、ジェルジンスキーを逮捕し、さらにフォロダルスキーとウリツキーを暗殺することになる。この後者二人が標的として選ばれたのは、意味深長である。革命直後、フォロダルスキーは連立政府の断固たる敵対者の一人であった。ペトログラードの憲法制定会議選挙の準備の責任者に任ぜられた彼は、次のように自分の職務を定義していた。「議会でボリシェヴィキが多数派となればよし、さもなければわれわれは新たな革命を行なうことが必要となる」。モイセイ・ウリツキーもまたエスエルの評判が良くなく、エスエルは彼を憲法制定会議解散の際の働きで判断していた。その時彼は「議会担当人民委員」で、暴力により選出議員を議会から追い出すことに貢献し、その後首都において、チェカーの責任者としての資格で、恐怖政治を組織したのである。この二人の暗殺はエスエルにとって、社会が憎む敵への攻撃であった。彼らの死に憤慨したのはボリシェヴィキだけであった。

こうした壮挙に力を得て、エスエルは次に電信局を奪取し、首都の住民に蜂起を呼びかける。しかしロシアは、一九一七年四月以降、レーニンの強力な人格に支配されていた。エスエルが国をボリシェヴィキのテロルから解放するためのこの最後の闘いにおいて、かくも情熱的に革命を望んでいた人間、また決して妥協することなく全面的権力についての己の考え方を革命に押しつけた人間を忘れることがどうして想像できようか。それゆえレーニンはエスエルの次の標的となる。しかし彼に向けられた攻撃はその標的に達することはない。一月にすでに彼はペトログラードで銃撃戦を蒙って、危うく一命をとりとめていた。彼の姉アンナは、弟の生涯の特筆すべきすべての瞬間を物語るのを急ぐあまり、この事件には言及していない。サドゥール大尉も同様に、この点には無関心のままであり、それゆえこの事件はその当時、多くの人間の印象に強く残ったわけではないと推論できる。それとは逆に、八月三十日、ファニア・ロットマン（カプラン）が遂行したテロ攻撃は、大いに喧伝され、長く尾を引く影響を及ぼすことになる。

事実を要約すればまことに単純なのだが、この事件は長い間信じられていたほど明快ではないのである。八月三十日、レーニンはモスクワ旧市街にあるマイケルソン工場で討論集会を開いていた。口先だけの約束以外のものを望んでいた労働者たちに、レーニンは、民主主義はまやかしであり、政体の敵を粉砕するためには今まで以上に沢山、しかもより良く働く必要があることを説明した——この演説はなによりも階級闘争の賛美を目指していた——後に退場し、車へ向かっている時に銃が発射され、今回は彼に命中した。二発の弾丸が肩甲骨と首を傷つけ、彼の健康状態はしばらくの間、きわめて悪化した。この襲撃の実行犯は若い女性、ファニア・エフィモヴナ・ロットマン、別名ドラ・カプランで、ヴォルヒニエのユダヤ人教師の娘で、きわめて早期に無政府主義者の仲間に加わり、すでにテロ活動に参加したこともあった。彼女が無政府主義から社会革命党の運動に移ったのは、留置場でエスエルのテロリズム分派の伝説的人物であるマリヤ・スピリドーノヴァと出会った結果である。事件現場で尋問を受けたドラ・カプランは、易々と自分が銃撃犯であることを認め、ロシアに圧制を加える人物を始末するために、そしてロシアを革命の道に復帰させるために、単独で行動したと明言した。彼女はいくつか手早く尋問を受けた後、裁判にかけられることなく処刑された。彼女を「撃ち殺す」任務――この任務は法律とは縁のないこのような言葉で与えられた――を与えられたのは、クレムリンの司令官、マルコフであったが、彼は後に心のうちを次のように打ち明けている。女性を処刑することは、それだけでも楽しい仕事ではなかった。その上この処刑の条件はとりわけさもしいものであった。処刑は襲撃のわずか数日後の九月四日に、ガレージの中で、射撃音を消すために自動車のエンジンをかけた中で行なわれた。しかも「この事件から革命的霊感を引き出すために立ち会った、プロレタリア詩人、デミヤン・ベードヌイ」(9)の臨席のもとに。

以上が歴史家たちの物語る事実である。レーニンが事件後養生していた別荘に彼を訪ねたアンジェリカ・バラバノーヴァは、ドラ・カプラン事件が蒸し返されてくどくど述べられるのを彼が嫌がっていたと指摘している。そして、処刑が彼にとって二度と触れたくないほど不愉快なものであったのは、処刑が彼に向けられた行為を罰したからであると、暗示している。襲撃の標的が他の人民委員であったなら、彼は処刑には無関心であっただろうと、彼女は書いている。メンシェヴィキの一集団に加えられた鎮圧について彼女が不平を述べると、レーニンは次のように返答した。「あの数人の指導者たちの銃殺をためらえば、われわれはじきに一万人の労働者を銃殺しなければならない立場に立ち至ることを、あなたは理解できないのですか」(10)。バラバノーヴァは、レーニンはやむを得ない必要性を表明していたにすぎないと結論している。

しかしながらテロリズムに身を献げた一人の人間の生涯に終止符を打ったドラ・カプランの処刑は、ソヴィエトの歴史が長い間信じ込ませようとしてきたほど明快ではなかったようである。事件全体について注意深く検討し、事件に関わるあらゆる要素を古文書の中に渉猟したフォルコゴーノフ将軍は、公認の物語の真実性について疑いを表明している。こうした調査からこの件の中でただ一つ真実と証明されるのは、襲撃であるが、それ以外は「まやかし」である、と将軍は結論付けている。彼の見るところ、ドラ・カプランは恐らく襲撃の実際の実行犯ではなく、彼女のエスエル党との関係がボリシェヴィキに利用されたのである。ボリシェヴィキは少し前までエスエル左派の支持を得ていたので、突然合法性への回帰を要求し始めた厄介な同盟者に対して、絶縁から排除へとどうやって転換すれば良いのかあまり分からなかったというのである。フォルコゴーノフが公式発表された事実経過に疑いをさしはさむのが正しいとすれば、ドラ・カプランによるものとみなされた襲撃は、ちょうど上手いところに起こったということになる。これによってボリシェヴィキはエスエル全員を厄介払いし、彼らの要求を「反革命的意志」のカテゴリーの中に投げ捨てることが可能になったのである。

こうして、国家によるテロルが荒れ狂うことになる。

農民の悲劇

飢餓の亡霊はすでに戦争の間からロシアの上空をさまよっていたが、特に一九一七年夏以降は、その様相は決定的となる。臨時政府はきわめて早い時期から、都市と軍の食糧補給を確保するために、権威主義的措置を取っていた。特別委員会が地方レベルと首都において設置され、危機的状況を避けるために、投機を禁じ、食料品、特に小麦の取引と配達を合理化しようと試みていた。すでに一九一七年五月に補給省がこの目的のために設立されており、右派人民主義者のA・ペシェホーノフの権限下に置かれた。しかしこの人物はたちまちヴィクトル・チェルノフと衝突した。チェルノフは農民の委員会の権威を守ろうとしており、それゆえこれらの委員会に対して補給委員会が統制を行なうことに反対していた。早くも一九一七年夏には、機関の間の対立と、農村部の利益に適った政策を決定してもらいたいという農民の意志のため、収穫物の大部分は、農村部に残ったままとなったか、あるいは政府の統制を逃れた密売の対象となっていた。そのうえ農村部の人口は、飢餓の苦しみを逃れて田舎に来た都市住民や、講和を見越して土地の分配に与ろうとする兵士で増加していた。レーニンは権力の座に就いたとき、不安定な食糧調達と農民の自主的機関の自律的習慣を特徴とする、こうしたきわめて危機的な状況を引き継いだのである。彼にとっては計算外であった。このような危機が起こることなど想像もしていなかったからである。

この問題担当の人民委員のイヴァン・テオドロヴィチは穏健な人物で、農民に対して暴力的方法に訴えることを肯じなかった。こうした彼の態度はたちまち論争と機関間の対立を引き起こす。ペトログラードでは、彼の補佐についた人民委員は、任命されるや否や、農民に対する懲罰作戦に賛成であることを表明した。しかしモスクワではボリシェヴィキは妥協を説く傾向があり、暴力的方法に対する反対が有力であった。一九一七年十二月に設置された食糧調達のための全ロシア委員会は、農業問題の専門家とされる者たちのうち、二つの主張を支持する者の間の対決の場となった。議論はすべて農民の問題と、社会に食物を供給させるために農民を鼓舞もしくは強制する方法をめぐって展開したのである。一九一八年一月十四日、ペトログラード・ソヴィエトの代議員たちと食糧調達地方委員会の協力者たちからなる聴衆に演説をした時に、レーニンはこの問題に触れた。解決策を彼はすでに念入りに作り上げていたが、それをこの上なく率直に披露した。一〇人から一五人の兵士と労働者で構成された分遣隊を作る必要がある。それを数千組組織して農村部に投入し、要求に従わないすべての農民を銃殺できる権限を与える、というのであった。これほど過激な話がレーニンの口から出るのは初めてのことであった（少なくとも公の場では）。聴衆は恐怖に慄えた。彼らはすでに「サボタージュ〔妨害行為〕分子」に対してチェカーに訴えること、農民に引渡しを強制することは示唆していた。しかし社会の一部に対して組織化されたテロリズムに訴えるところまでは想定していなかったのである。

一月十日から十八日にかけて開かれた第三回全ロシア・ソヴィエト大会では、レーニンによって示唆されたものよりも穏かな解決策が提案された。危機に対処する責任を食糧調達関連労働者ソヴィエト大会に委ねるというものである。このソヴィエトは、三五人のメンバーのうち二一人をボリシェヴィキが占める——そうなるようレーニンが留意していたのである——執行部を設置し、それに権限を委任した。この執行機関はその行動について、最高経済評議会に対してではなく、直接ソヴナルコムに対して責任を負うとされた。この複雑な仕組みの作り方から言えることは、レーニンは農民に対してテロルを公然と用いることを同志たちに納得させることができなかったために、ボリシェヴィキからなる、手段を選ばず食糧を調達することを任務とする機関を、彼の権威のもとに置こうと試みた、ということである。実際には、この執行機関はいかなる権威も持っていなかったために、この件はそのまま膠着してしまう。このため二月十五日に、トロツキーが「食糧調達部長」として、この目的のために創設された臨時委員会のトップに任命されると告げる布告が出されることになる。しかし当のトロツキーは、この新たな使命を任されることを予告されていなかったために、その任務をほとんど遂行しなかった……。

こうしていずれも都市と軍の食糧調達という枢要な問題を解決することを任務とする機関を次から次へと無秩序に創設したことは、ボリシェヴィキがこの問題に対処するための準備を欠いていたことを証明している。政権の座につく前は、この問題がこれほど重要であるとは思っていなかったので、彼らの権力行使の初期の段階——一九一七年十月から一九一八年五月まで——において、彼らはこの分野における困難の大きさを思い知り、国全体に食糧を供給する能力のある地域がますます彼らの手から逃れていくことを確認せざるを得なかった。ウクライナを失ってしまったからには、残るはシベリアと中央ロシアの田園地域であった。前者へは多数の派遣隊が送られ、後者では農民たちが物言わぬ抵抗を示すケースが増え、まだ限定されていたとはいえ徴発が行なわれると、却って反抗を強めるだけであった。政権は、臨時政府が始めた小麦取引の国家による独占の原則を引き継いでいたが、小麦を手に入れるために、二つの政策のうちのいずれを採るべきか、いまだに躊躇していた。一つは食糧調達の「商業的」考え方で、各地の委員会がその実行に当たるというもので、もう一つは、すでに一月にレーニンによって決定された徴発に基づく暴力的な考え方である。レーニンは農民と生産物について交渉をするよりも、農民から奪い取ろうと考えており、そのために彼は、闘争至上主義的熱意が収まっていないペトログラードのボリシェヴィキ機関に支持された。ここから農村部へ向けて最初の分遣隊が出発することになる。それはクロンシュタットの水兵と労働者から成るもので、「鉄拳」徴発の遂行を任務としていた。しかし公式なスローガンが依然として農民の所有権の尊重である時に、この徴発が繰り広げられたのである。そのためそれはいっそう非合法的に見え、ボリシェヴィキ化された都市に対する不信と敵意に凝り固まった農民の憤激をいやが上にも募らせたのである。十月には可能であるとレーニンが信じていた社会の統一は、たちまち利害の対立に変わった。農民に手を差し延べる政策の破棄がまだ通告されていない時に、農民に対する階級闘争が非合法的に定着しつつあった。

この緊張に満ちた、しかしまだ何事も決着がついていない時期の間、農民層は防衛のために、自分たち自身の組織とエスエル党を当てにした。農村社会の信頼を得ている農民自身の組織とは、一九一七年五月に初めて開かれた農民代議員全ロシア大会である。この大会はそこで、大会から次の大会までの間、下部組織同士の連絡を維持し、次の会議を準備することを任務とする執行委員会を設置した。レーニンの実力行使の直前に、この執行委員会は第二回の農民組織の大会が憲法制定会議の会期の後に開かれるべきことを決定しており、レーニンの意図を知らずに下されたこの決定のせいで、農民層の責任者たちは、ボリシェヴィキが勝利を占めるのを許したのであった。十月二十五日のクーデターは、労働者と兵士からなるソヴィエト大会によって承認された。したがって農民層は不在だった。もちろん兵士の多くは農村の出身ではあったが。レーニンは農民層の志向が表明されなくとも、ロシア社会全体の支持を得ていると称することができたのである。農民の責任者たちは犯した過ちを自覚し、政体の転換以後の彼ら自身の考え方を定義するために、十一月十日に農民代議員臨時大会を開催した。この大会は非常におおざっぱな代表条件で大急ぎで招集され、エスエル穏健派の三倍に上るエスエル左派に支配されており、ボリシェヴィキの代表団も加わっていた。議長に選ばれたマリヤ・スピリドーノヴァの燃え立つような個性が、この会議を支配し、左派主導へと方向付けるのに貢献した。しかし出席者にとって問題は、なによりも農民組織の独立性を維持し、エスエルが大切に掲げる主張、すなわち連立政府という観念を支持することであった。これと同時に、大会は中央執行委員会へ代表を送り込むことを決定した。同委員会は当初のメンバーは一〇八人であったが、こうして一〇八人の農民代表と一〇〇人の軍の代表と五〇人の組合の代表が加わることになったのである。この変化についてはすでに触れたが、これは農民の指導者たちの考えでは、全ロシア・ソヴィエト中央執行委員会（ＣＥＣ）に、住民のさまざまなカテゴリーからなるがゆえに、いくら政府に反対する議論を展開しても無視できない十分な資格を有する本物の議会としての品格を与えることになるはずであった。この決定は一見したところ政府の権威を弱めるように見えたが、実際にはレーニンに現実的な不安を覚えさせることはなかった。この執行委員会の人数の多さが、現実の有効性を奪っていたのである。そのうえエスエル左派が、農民の代表という形で委員の数を増したことは、彼から見れば有利な点であった。それによって彼の政敵たちは、ボリシェヴィキ権力の独占を押し付けているという非難を彼に向けることができなくなると、彼は考えた。連立の外観はこれによって強められた。しかし農民組織をより巧みに統制する課題が残っていた。

第二回農民代議員大会（十一月の大会は正規の会議に数えられない）は十一月二十六日から十二月十一日まで開催されたが、その特徴はマリヤ・スピリドーノヴァの過激主義と、農民組織の独立性を維持しようとするヴィクトル・チェルノフの意志との対立であった。特に二つのテーマが代議員を二分していた。まずチェルノフに率いられる穏健派は、憲法制定会議が大至急招集されること、そしてその「憲法制定」の権限がボリシェヴィキに尊重されることを強く主張した。これはこの要求をまともに受けとめるつもりがあまりないレーニンを大いに苛立たせた。このためにレーニンの大会での発言は野次によって迎えられ、スピリドーノヴァはそれを鎮めることはできなかった。もう一つの分裂のテーマは、農民大会と労働者・兵士代表者大会との合同であった。この合同はボリシェヴィキが望み、エスエル左派が支持したが、チェルノフに従う中道派は反対した。スピリドーノヴァはこのテーマを、一九一八年二月に予定され、次いで一月中旬に繰り上げられた第三回大会に先送りすることに成功し、巧妙な細工を仕組んだ。第二回大会の代議員の任期を第三回大会まで延長することにして、第三回大会の代表者は、新たに下部組織で選出されるのではなく、単に第二回大会の代表者と同じ者がこれを務めるとする、と彼女は提案した。こうしてエスエル左派とボリシェヴィキは、民主主義的代表性の規則を無視するシナリオを念入りに作り上げた上で、一月十三日に開催された第三回農民大会に優勢を保ったまま臨んだのである。

最初の会議が開かれた日には、政治状況は農民の自律性への意志を消滅させるのに有利であった。憲法制定会議は解散し、ボリシェヴィキが支配していた。エスエル左派はボリシェヴィキにとってもはや微力な同盟者にすぎず、彼らはボリシェヴィキに従わざるを得ない立場にあった。さもなければ、選挙での勝利がレーニンによって否定されてしまったエスエル党の運命をたどることになっただろう。そこでスピリドーノヴァはボリシェヴィキに向って文字通り過ちの告白を行ない、エスエルが「憲法制定会議という歴史的に過去のものとなった神話に」執着したのは誤りであったと宣言したのである。大会が予定されていた残りの議題についての討論に入るのを打ちきりにして、彼女は農民ソヴィエトと労働者・兵士ソヴィエトとの合同を満場一致で可決させた。農民組織の自律性は過去のものとなった。

第三回大会の代表者たちは、憲法制定会議が承認を拒否していた『勤労・被搾取人民の権利宣言』を満場一致で可決し、全ロシア・ソヴィエト中央執行委員会がこの宣言をもとにロシア憲法を準備するよう要求した。農民大会はまた土地の社会化に関する法律にも賛成した。この法律は十月二十六日の『土地に関する布告』に具体的内容を提供することになる。

この最後の点に関しては、農民層の代表、全エスエル、およびボリシェヴィキは、深刻な意見の不一致を見るが、その理由は、一九一八年一月にはまだそれほど明示的ではなかった。しかし一、二ヵ月後には、逆に対立の要件はすべての関係者にとって理解可能となる。エスエルにとって、土地の「社会化」は彼らの伝統的な考え方に合致している。社会化とは、組織編成途上にある社会主義社会における権力は、その社会を構成する多様な集団に属し、下部から発するということを意味する。農民層は生活を組織し、農民層の進む方向を決定するのは農民層自身である。ところがボリシェヴィキにとっては、目標は土地の「国有化」である。これでは農村部が工業界と労働者階級を特権的行為者とする全体的経済計画の中に組み込まれる結果となり、農民の努力はひたすら進歩を下支えするよう要請されることになる。このような全体的経済計画は、共通のヴィジョンの担い手である中央権力の絶対的権威を前提とする。

レーニンは彼と農民層の間にある誤解を意識しなかったことは一度もない。しかし彼は、必要な期間、農民の賛同を得ることができ、農民層がロシアを養うことを可能にしてくれる法律を採択する用意はあった。『土地に関する布告』、次いで土地の社会化に関する法律を何としても通さねばならないと思っていたわけではない。文言そのものは大して重要ではなく、要はその解釈と適用である、と考えていたのである。彼はエスエルとの対立が拡大するのを望まず、これについて次のように解説していた。「社会化の人民主義的観念をわれわれのやり方に適合させる方法を見出すだけで十分なのだ」[11]。エスエルは逆に、法律が一度採択されたら、ボリシェヴィキはそれを尊重しなければならなくなるということを、確認済みのこととみなしていた。こうした理由で、彼らは第三回ソヴィエト大会でこの法律が可決されるよう強硬に主張したのである。

こうしてこの法律は採択された。政府は――これが一番大切なことであるが――個人的経営以上に経済の進歩に寄与することのできる集団農業を促進させる任務を帯びていた。それには集団農場を発展させることが肝要であったが、土地が再配分されることが予定されている以上、それには優先的に取り組む必要があった。確かにエスエルはこの法律をめぐる闘争に部分的に勝利していたが、しかし彼らは次のような事実を意識していなかった。彼らが彼らの見解に合致する文言を押し通そうとしていた時に、レーニンはすでに農民の努力をこの国の工業発展のために動員する条件を創り出していたのである。

政権が農民層をあえて真っ向から攻撃しないこの局面においては、政権はその努力を食糧調達の問題だけではなく、農村社会にプロレタリアートの成員を浸透させることにも向けた。この点では政権の姿勢は一貫していた。これはすでに来るべき階級戦争の口火となるものである。「アジテーター」、「コミッサール」、「インストラクター」といったさまざまな名称のもとに、ある場合には徴発を、またある場合には農民層の指導を任務として、労働者や兵士たちが農村へ出かけることを政権は奨励した。確かに彼らは法的な権力をあまり持たなかったが、農村に到着すると、彼らの行動を集中して統括する上位の権威が存在しないために思い通りに作業を進めた。しかしそこでこれらの都市からの移住者たち――「使命を帯びたプロレタリア」という威光溢れる地位を背負っていると彼らは考えた――が演じた役割は、あまり重要ではないと考えてはならない。彼らの多くは二つの首都、すなわち革命の中心地からやって来ていた。人々が飢えで死んで行く都市を離れ、農村へ、すでに「サボタージュ分子」あるいは「投機家」と名指しされた農民たちのもとに赴いたのである。彼らは農村で起こっていることを調査すると同時に、農民を監視し、宣伝活動によって土地の社会化という目標のために、すなわち集団農業の実現のために下準備をさせることを任務としていた。こうしたあまり訓練を受けておらず、都市の農村に対する優越を確信している地方監察官にとっては、農民に対して自己の権威を濫用したいという誘惑は大きかったし、現に彼らはそれを憚ることはなかった。彼らの行き過ぎについての証言は、ロシアの全地域にふんだんに存在する。しかし彼らのしつこい宣伝と不当な収奪は、農村に深い不信の土壌を創り出す以外の効果はなかった。全体として彼らは、うまくなし遂げねばならなかった二つの基本的任務を果すことができずに終わるだろう。すなわちエスエルの影響を排除してボリシェヴィキへの共感を育成することと、各地のソヴィエトをボリシェヴィキ陣営に移行させることである。彼らの農村部における存在と行動の結果は、レーニンの願いに応えるには程遠かった。農村世界はボリシェヴィキ化されず、地方の権力（農村ソヴィエト）の組織は脆弱なままで、中央政権にとって行動の支点となり得なかった。レーニンは農民層を手厚く扱う必要があるとは一度も信じたことはなかったが、彼が二、三の例外を除いて「ブルジョワ精神」の担い手とみなす農民は、強制されるのでない限り、社会主義体制の進歩に貢献することができないという彼の確信は、正しさが立証されたということになる。一九一八年の五、六月に、「戦時共産主義」と農村部での階級戦争の時代の幕を切って落す転換が行なわれることになるが、この転換は彼の考え方に完全に合致していたのである。

戦時共産主義

一九一八年五月、レーニンはもはや言い逃れの口実を失っていた。ブレスト＝リトフスクの講和条約は、確かに彼を戦争から解放したが、しかしロシアには、領土の面でも経済的潜在力の面でも甚大な損失を蒙ったことに起因する否定的帰結をもたらした。これに対処するために経済政策を転換する必要があったが、三月十四日から十六日にかけて開催され、この条約を批准した、第四回全ロシア・ソヴィエト大会は、この転換の合図をすでに出していた。一九一七年十一月に創設されていた国家経済最高評議会（VSNKh）の議長に、一九一八年三月にアレクセイ・ルイコフが就任し、彼がボリシェヴィキの経済政策の唯一の立案者としての役割を有効に演じることができるよう、同評議会を改組再編した。そのうえで同評議会は新たな経済政策をスタートさせたのである。

しかしながらルイコフが評議会議長に任命されたからといって、直ちに来るべき転換が予測されたというわけではない。ルイコフはロシアのように農業が支配的な国に社会主義革命を実現する能力があるかどうか常に疑問視していたが、農民出身であったために、農村世界に対する徹底的な戦争を敢行する気になれなかった。しかし気骨に欠けたために、より強力な人物に先を譲ることになる。それまで続けられてきた経済政策を転換することに執着するミリューチンとユーリー・ラリーンがこうして評議会の真の責任者となった。二人とも経済の中央集権化と厳密な計画化の熱烈な賛同者であった。メンシェヴィキ出身のラリーンは、そのうえ工業の集中およびドイツにおける戦時経済の組織化の基調となった方法を無条件で賛美していた。R・パイプスは彼が「ロシアのサン・ジュスト」と呼ばれていたことを極めて的確に指摘している。これはラリーンが狂信的な態度で「左旋回」の考えを主張し、次いで適用していくことを示す呼称なのだ。

この旋回――現に行なわれたのだ――に関する議論が展開された背景には、ブレスト＝リトフスクの講和条約があった。この条約を巡って党は二つの陣営に画然と分裂していた。一つはレーニンに従う現実主義者たち、もう一方はブハーリンが指揮する左派であった。ラリーンは経済が問題となってからは、ある点まで左派の代表者となった。四月末に、レーニンは論文の形で『ソヴィエト権力のさし迫った任務』[12]と題する文書を書き、それは『イズヴェスチヤ』に全文掲載された。この論文は党中央委員会の支持を得て、五月三日、全ロシア・ソヴィエト中央執行委員会により討議された。最終的に採択されることになったものの、左派の名のもとにブハーリンから反対意見が出された。その直後に、レーニンは辛辣な攻撃文書、『小児的左翼急進主義とプチ・ブルジョワ精神』(13)を発表して念を押した。その中で彼はロシアの即時的変革の可能性に関する穏健な考え方を詳述している。ブハーリンと左派はブレスト＝リトフスクの妥協に絶望し、資本主義ともはや妥協することはできず、また革命がロシアで行なわれた以上、資本主義と縁を切ることによって革命を最後まで推し進めること、すなわち銀行と工業を国有化し、あらゆる私的商取引を廃止し、経済を完全に計画化し、農業を国有化することが適切であると考えていたが、それに対するレーニンの答えは、国家資本主義の擁護であった。彼に言わせれば過渡的段階は不可欠であり、ロシアにまだ不足している生産力と資本を漸進的に備えていかなければならない。もちろんレーニンはこの妥協の体制が長期間にわたって確立されるのを避けるために、独裁と抑圧的権力の必要性を強調している。しかしここでもやはり、彼一流のプラグマティズムが、ロシアの社会状態にもっともふさわしいと思われる中間的解決策を取るよう促すのであった。彼は政治的権力については、一切の譲歩なしに手綱を握ろうと考えたが、経済と社会については、彼が激しく非難する小児的左翼急進主義が説くユートピアに一挙に合わせるのでなく、現実的に可能な速さで発展させようと目論んでいた。

しかし勝利を収めることになったのは左派のテーゼである。その理由は数多かった。ブハーリン、ラデック、ピャタコーフ、コロンタイ等々、何人もの党内の信望ある人物が左翼急進派の解決策の採択を主張した。都市の労働者は自分の生活条件に怒りを募らせており、農民を一般的利益に従うよう強制することを要求した。そして一九一八年春におけるロシア国内の状況においては、飢饉、社会の絶望、犯罪の増加、どんなことでもやりかねない浮浪児集団、こうしたものが象徴するあらゆることが、数ヵ月続いたどっちつかずの状態がもはや耐えがたいものになっていることを暗示していた。レーニンはこの圧力に負けた。おそらく憤激する住民の気持ちを静める配慮がもっとも緊急に必要と考えたからであろうが、特に十月革命以降、下部の労働者は、彼の制限付き国有化という指令に決して従わなかったからである。労働者たちは彼らの企業を自然発生的に集団化し、それが無秩序状態に拍車をかける結果となっていた。労働者が経営者となっても、やはり失業は増加した。物価は一ヵ月で約三〇％上昇した。貨幣にはいかなる価値もなくなり、流通貨幣は大幅に不足していた。こうしたところからブハーリンは貨幣経済の時代は終わったと断言したのである。

レーニンはこれにどのように答えることができただろう。経済の惨憺たる破壊、四月二十二日に布告された海外取引の国家による独占、前代までの政権が負った外国負債を無視する態度を彼自身が示したこと、これらを考慮すれば、彼が外国人投資家に助けを求めても、大勢の投資家を引きつける可能性はなかった。残るは左派の解決策、したがって暴力による解決策を試みるしかなかった。

新たな政策の基本的標的は農村部であった。政権は、都市社会に食糧を提供し、全収穫物を差し出して都市社会のために働くよう農民に強制する任務を、自らに課したのである。交渉と暴力を組み合わせた逡巡の時代は終わった。これ以降は抑制なき暴力のみが用いられることになる。スヴェルドローフは中央執行委員会において次のように宣言した。「われわれは農村の問題に取り組まなければならない。農村に二つの敵対する陣営を創り出し、クラーク〔富農〕に対して農民を立ち上がらせなければならない。農村を二つの陣営に分割し、内戦を引き起こすことができれば、その時われわれは農村でも都市と同じ革命に成功することであろう」。こうした戦争用語を使うのは単なるプロパガンダではない。この裏には明確な計画が隠されている。すなわち、テロルによって農民層を打ちのめすこと、敵すなわちクラークと、それを打倒する道具すなわち貧農を名指しすること。

しかし現実は言説とはかなり異なっていた。ロシアの農村住民の大半は、クラークでも貧農でもなく、中農であった。ということは農民層の大部分が名指しされた敵であるということを意味したのである。六月十一日に発令された布告によって、農村における階級闘争の正式な機関、「貧農委員会」（コムベド）が設立される。発足当初、この委員会はいかなる機関なのか明確ではなかった。ある者にとっては、ソヴィエトを拡大するための暫定機関であり、当面は収穫物の徴発作戦に協力することを任務とするものだった。しかしより急進的な考え方――レーニンの数多くの発言が、これがレーニンの考え方であったことを示している――では、〈コムベド〉は、実際は農村に階級闘争をもたらし、有産農民層（クラーク）全体を、権力の意志に決定的に服従させることを任務としていた。優位に立ったのは急進路線であり、〈コムベド〉は紛れもない農民社会のジェノサイドに行き着く恐怖政治の代理機関となるのである。「貧農」はこの陰鬱な時代の大いなる神話であり、これと対をなすのが、権勢を誇り社会を飢えさせる元凶にして、反革命の手先とみなされたクラークという逆神話だった。その双子の兄弟は農村から都市へ出て、食料品を闇値で売る投機屋、すなわち「袋を担いだ男」（メショーチニク）だった。これは「富農の繁栄」の象徴で、こうした素朴なイメージ群の中で労働者の貧困の対極をなしていた。こうして農村世界を分解することによって、政権は労働者階級の信頼を取り戻し、農民層の一部である貧農（ベドノター）を労働者と連合させることができると期待した。しかし貧農の数は過大に見積もられていたのである。

そこで相次いで措置が講じられることになったが、それが「転換」の開始となる。食糧生産物のための人民委員会（ナルコムプロート）が設立された。これはあらゆる私的商取引を排除するために設立されたもので、私的商取引は一九一八年十一月二十一日の布告によって完全に禁止されることになる。〈コムベド〉のメンバーは、報奨として穀物の無償配給を受けたが、何憚ることなくそれを売りさばくのであった。農村部では懲罰遠征が頻繁に行なわれ、労働者分遣隊が援軍として到来した。しかしながら方法は十分とは言えそうもなかった。貧農は至る所で自分より貧しくない者から略奪するよう呼びかけを受けていたが、〈コムベド〉は至る所で設置されるというには程遠かった。しかし中農は抵抗し、同じ中農に圧力をかけた。そのため彼らは農村におけるソヴィエト権力を体現しているとみなされる委員会の陣営に馳せ参じようとはしなかった。徴発は暴力的に、容赦ない大乱闘の中で行なわれ、農村に派遣された分遣隊は、彼らの意志に抗う農民を見つけ次第、あるいは単に見せしめのために、誰彼構わず射殺したのである。

一九一八年末には、レーニンは下部で組織されたこうした暴力だけでは不十分であったことを確認せざるを得なかった。そこで彼は村ごとに徴発を割り当て、この徴発計画実行について農民に集団責任を負わせる制度を創設する。そしてさらに説得力を発揮しようとして、一九一八年八月十一日に、ペンザの共産主義者たちに宛てて、農村部に適用された措置に反抗する農民たちを「屈服させる」方法に関する精密な指令を送るということまでやっている。

「革命全体の利益は次のような見せしめを行なうことを要求する。

1　クラークとみなされた者を一〇〇人以上縛り首にすること（躊躇なく、誰からも見えるようにして縛り首にすること）

2　彼らの名前を公表すること

3　彼らから小麦を全部取り上げること
4　人質を指名すること」
この手紙[14]に続いて、同じような指示がいくつも出されている。社会からする反抗に直面して、レーニンはもはやテロル的措置を命令するしかすべがなかったのである。三週間後、彼は当時中央委員会の秘書であったクレスチンスキーに宛てたメモの中で、「テロルを準備するための[15]」緊急措置を講じることができる委員会を密かに結成する必要性に言及した。こうして抑制なきテロルが猛威を振るうようになるのである。

この点についは後に触れる。しかしそれは農民の激しい抵抗を引き起こすことになることを、今からすでに指摘しておかなければならない。その抵抗は、農民を飢えさせることによって農民層を打ちのめそうとする徴発政策に反対すると同時に、このテロルそのものに反対するものだった。レーニンの暴力に反対するための絶望の暴力。こうしてロシアは前例のない国家テロルが展開する国となった。政権は前方への逃亡を実行することによって、農民層と完全に断絶した。一九一九年二月に政権は、すべての土地は国家の所有物であり、土地利用は集団的なものでなければならないことを宣言する。農民は共同体（コルホーズ）あるいは国営農場（ソホーズ）に入るよう促される。これらの農場が直ちに五〇〇〇個設立されたが、それに加わったのは、もっとも貧しいかもっとも不運な農民だけだった。その他の者は、絶望のエネルギーをもって抵抗するしかなかったのである。

しかし農村における内戦もまた、期待された経済効果をもたらしはしなかった。食糧不足は相変わらず甚大であり、各生産物の価格は依然として法外なままであった。一九一八年十月には、現物課税が布告され、一九一九年一月には代償なき純然たる徴発が布告されるが、農民はそのどちらも受け入れなかった。

工場でもはや生産されなくなったために農耕機器も入手できず、敵として扱われるのに激怒して、農民は小麦種蒔き面積を減少させる。早くも一九一九年には、作付け面積は一九一三年の八五％に減少し、一九二〇年末にはさらに六〇％に落ちこむ。こうなると食料品が一番貴重な品目となる物々交換経済がロシアの生活の中で優勢となっても驚くには当たらない。一九一九年には映画の入場券一枚が卵一個で買え、シャリャーピンはコンサートを開くのに、二〇〇キロの小麦粉を要求した。こうした全般的狂乱は物価の推移を見れば説明がつく。一九一三年を指標一〇〇とすると、一九一八年の物価指数はすでに一二八五に跳ね上がっており、一九一九年七月には一万になるのである。レーニンによって極左として忌避されたブハーリンとプレオブラジェンスキーは、この狂乱物価と物々交換に拍手を送った。貨幣があらゆる意味を失ったのであるから、共産主義は間近に迫っている、今後は貨幣というものを完全に放棄した方が良い、彼らはこう結論した。しかしこんな推論が成立したとしても、都市住人の苦しみをなんら軽減することにはならなかった。チフス、コレラといった伝染病が都市で猖獗《しょうけつ》を極め、工場は閉鎖され、労働者階級は田舎へと、軍隊へと、どこでも逃げられるところへと逃げていった。一九一七年には、ロシアには三〇〇万人の労働者がいた。一九二〇年の初めには、もはやその半分しかいない。プロレタリアート独裁の国家はいまなおプロレタリアートを有するであろうか。

戦時共産主義は一般的経済措置と、労働者の世界でまだ守ることのできるものを守るための一連の懲戒措置を混ぜ合わせている。一九一八年四月以後、商工業の企業はいかなる商取引も禁じられた。それから程なくして、遺産相続が禁じられる。私有地はもはや存在しなくなった。そこで国家は、次の四つの措置によって、経済活動のすべての構成要素を国家の監督のもとに置くことになる。すべての生産手段の国有化（すでに見たように、土地のみは例外で、もう一つ別の政策に委ねられた）、あらゆる商取引の国有化、経済の中央集権化された計画化、貨幣経済の廃止である。

しかし戦時共産主義は、同様に人間活動の厳格な統制でもあった。すでに一九一八年初頭に、政権は都市住民を四つの、次いで八つのカテゴリー――もっとも活動的な労働者から旧エリート層の成員等の消極分子に至る――に分類する食糧の配給制を押し付けることにより、その社会概念の真の輪郭を描き出していた。しかし労働者たち自身も、有効性が問題となるや、厳しい状況を免れることはなかった。一日の労働時間は十時間ないし十一時間となる。一九一九年一月には、労働者たちは離職を許可されなくなる。翌年には、欠勤は重い処罰を受けることになる。労働法は労働者階級を奴隷化するための道具となり、労働者階級はもはや企業と都市から逃れることのみを考えるようになる。結局、労働者はほとんど農民と同じように悪い扱いを受けていた。唯一の違いは、労働者は公式には相変らず権力の支柱とされていたが、農民は誰もが階級の敵というカテゴリーとされたということだけであった。しかし労働者階級はそのうえ戦時経済の一環たる動員政策にも従わされた。トロツキーが編成した軍への動員が労働現場で直接行なわれ、失業者は強制的に軍に編入されたのである。一九一八年六月、死刑制度が復活する。現に行われている処刑に合法的外見を与えるためであった。しかしジェルジンスキーの協力者たちは、レーニンの「首を吊るせ、銃殺しろ」という執拗な言葉に拍車をかけられて、法案が成立して正当な権利を与えるより前に、際限なく死刑判決を濫発したのである。

二年半の間に、プロレタリアート独裁がいかなる顔をしているかが明確になった。それは社会全体に対する、党およびその世俗裁判執行機関たるチェカーの独裁であり、その手段は際限のないテロルの実行である。それでもこの権力は、己が確実に状況を掌握しているとは感じていなかった。

「赤色テロル(16)」

テロルはこの時期の間に多様な形態を取った。早くも一九一八年夏から、農村において階級の敵に対して用いられた逮捕、裁判なしの死刑、さらに人質を取るという行為――これは一九一八年九月四日の布告によって大規模に組織された――といった手段は、強制収容所の創設によってさらに増強された。ここには、政権に敵対するとの疑いを政権によってかけられたすべての者、あるいは「聖職者、『白衛』軍兵士、クラーク、その他の疑わしい分子」――この定義は常に厳密を心がけるレーニンによってなされたものだが――といった、すでに予め「有罪判決を受けている」さまざまなカテゴリーに属する者が、法的措置もとられないまま送り込まれていた。これらの収容所の中でもっとも有名なものは、輝かしい十月革命の後、数ヵ月も経たないうちに作られたもので、ソロフキ諸島の修道院に設置された。しかし収容所網は、収容所の数が増加する中で急速に整備されて行く(17)。

しかしボリシェヴィキの熱情は、これで止まるわけではなかった。自己の権威が疑問に付されることを決して容認できなかったレーニンは、一九一八年七月にメンシェヴィキの指導者たちの逮捕を決定する。それからほどなくしてエスエルも、ドラ・カプランにより実行された襲撃の後に逮捕された。九月五日、公式に大衆のテロルとして「赤色テロル」を宣言する布告が出され、これによってチェカーはいかなる法的懸念からも解放されることになる。

一九一八年七月、皇帝一家の殺害が、ボリシェヴィキ政権の活動の妨げとなるかも知れないものをすべて抹殺しようとする政策の一環として実行された。君主とその家族はウラル山地の奥深く、エカチェリンブルクに流刑となっていたが、ボリシェヴィキの政権就任以後、無数の不如意と侮辱を耐え忍んでいた。国外では皇室の信奉者たちが、愚劣な上に効果のない逃亡計画を画策していたが、その噂は広がり続け、結果的に皇帝一家の運命をさらに悪化させることになる。トロツキーはルイ十六世を裁いたフランス革命のやり方で、「残虐非道のニコライ」の運命を決めるための裁判が行なわれるよう希望を表明したが、レーニンはきわめて早くから、迅速な解決の方を好む意向を表明していた。「ロマノフ家の人間を一人残らず、つまり優に百人余りを皆殺しにする」というのである。この提案が、一九一八年七月十六日の夜に実行されたわけである。その夜、チェカーの分遣隊――うち五人はラトヴィア人――が、チェカーのメンバーでウラル地区中央委員会委員のヤーコフ・イウロフスキーの指揮のもと、皇帝一家の人々と彼らにつき従っていた者たちを殺害した。これとほぼ同じ時期に、レーニンによって表明されたロマノフ家皆殺しの意志に常に忠実な人間が、ペルミおよびアラパイエフスクに送られていた皇帝一族の他のメンバー全員を殺害した。ボリシェヴィキの手の届く所にいた者は、誰一人として死を免れなかった。

しかしこの皆殺しの意志は、殺人事実の認知を伴うものではなかった。トロツキーが、殺害の決定が下された条件についてスヴェルドローフに尋ねた時、スヴェルドローフは次のように答えた。「われわれはその決定をここでしました。イリイチは集結の中心となるようなシンボルを白衛軍の手に残すことはできないと確信していました」。レーニンはレーニンで、実行されたのはニコライ二世だけの限定された殺害だと信じさせようとした。年少者の殺害は、恐怖と嫌悪の時代にあっても、なおかつ恐怖と嫌悪を引き起こすことになるのを予感していたのである。政権が皇帝一族は一人として容赦されなかったことを認めるには、一九一九年を待たなければならない。冷酷に決定された殺害を巡るこれらの虚言は、ことがテロルに関するとなると、レーニンは陰険な態度を取ったということにまさに対応している。「殺害せよ、銃殺せよ、流刑にせよ……」という彼の指示の大部分は、常に隠密裏に出されている。彼はいかなる状況においても、他人に配慮する人間であるという公のイメージを守ろうと全力を尽くしていた。「善良なレーニン」の神話が形をとり始めるのであった。

皇帝一家殺害が「赤色テロル」の一環であるとしても、それはそのもっともよく知られた出来事であるというにすぎない。このテロルの借方には「コサック殲滅」も書き込む必要がある。これは一九一九年一月に決定されたもので、コサック共同体の相当部分の肉体的抹殺、同共同体のすべての権利の廃止、そのすべての財産の没収を遂行した、まぎれもないジェノサイドである[18]。さらには、容赦ない内戦による農民の反抗の圧殺――後に触れる――、反対政党とその機関紙の廃止、要するに「プロレタリア的」の枠に入らないすべての者の殺害および流刑が加わる。レーニンはその激しい粛清への欲求を娼婦にまで向けていた。戦時共産主義とは不可分のこの赤色テロルの決算表は、今日すでに明らかになっている。ソ連体制の信奉者たちは、長い間、このことを知らなかったと主張して来たが、重要なのは、この点に関する無知は、ほとんど最初から意図的なものであったということなのである。というのも一九二七年にメルグーノフの『赤色テロル』と題する著作が出版されており、この本を読もうとする気がありさえすれば、真相を知ることはできたはずだったからである。

＊

アンジェリカ・バラバノーヴァは、レーニンに強い愛着を抱いており、回想録で次のように記している。(19)

「テロリズムの規模の広がりを知れば知るほど、私は強い衝撃を受けた。革命が常に血を伴うこと、そして政体はこの反革命勢力の伸長を是が非でも阻止しなければならないということは、しっかりと承知していた。ロシアは資本主義者の襲撃から身を守るのみならず、ロシア国内に数千人も存在する陰謀者や反動分子からも身を守らなければならなかった。しかしそれにしてもこの殺戮は必要であったのだろうか。テロルはその活動範囲をはみ出していたのではないか」。

アンジェリカ・バラバノーヴァはここで、当時行なわれていたテロルを正当化するボリシェヴィキの議論を再びとり上げているが、彼女は、「数千人の陰謀者と反動分子」の上に襲いかかった抑圧の大きさに直面してある程度の動揺を見せている。しかしこの時すでにチェカーの活動の犠牲者は数万人、さらには数十万人に上っていた。しかし彼女は、この悲劇を正当化してもいる。彼女の言葉の中では、ロシアが身を守るために殺害を行なったとなっており、レーニンとその一味が殺害したとはなっていない。しかしこの期間についての決算は、明々白々たる事実なのである。暴力に押さえのきかなくなった権力は、国全体を敵として扱い、それに自己の意志を押しつけたのである。非ボリシェヴィキ左翼、自由主義者、農民、「白」衛軍兵士、諸民族、これらすべての者が、レーニンによって創設された権力を容認することができないのは、テロルが彼らをそのように追い込んだからなのだ。レーニンは一九一七年十月末に権力の座に就くや、直ちに、社会を監視し統制するための道具であるチェカーを作り出した。それ自身の合法性を分泌し押しつけるこの道具のおかげで、その十月に疲弊した臨時政府を打倒した権力は、一九八〇年代の末まで、つまり四分の三世紀にわたって、ますます反抗的になっていく社会に抗して、維持されることになるだろう。レーニンはその数年の間、勝利を収めた。その歳月の間、彼の野心は、彼が明瞭に予告していたように、その存続期間がきわめて短かったパリ・コミューンをいささかも模倣せずに、一九一七年十月に勝利した権力の永続性を保証することであった。

しかしいかなる代価を支払って、またどのような明日のために、保証するというのか？

第12章　世界革命か、一国のみの革命か

レーニンの生涯はすべて革命の情熱に捧げられてきた。彼は革命のための用具を作り上げ、政権獲得を組織したが、十月革命以降は、政府の長となり、自分の生み出した作品たる革命を脅かす攻撃に必死に抵抗し、それを救うために必要な妥協はすべて受け入れる覚悟をはっきり決めていた。革命という話の中では、彼の権威は疑問に付されることはあり得ない。しかしさらにこれより決定的な形で彼が影響力を揮った二つの領域がある。それは対外政策の領域と、一部はこれに依存するが、民族政策の領域である。党を組織するについても、革命に関して決定するについても、統治するについても、彼はしばしば反対され、同僚たちは常に彼の選択を受け入れたわけではなかった。確かに統治については、最終的にはほぼすべて彼の意見が通った。しかしトロツキーは赤軍の創設者にして司令官であって、内戦によって彼の下す決定

には特別な権威が付与されていた。逆に、対外政策では、何ぴともレーニンの見解の正当さに異議を唱えることはできなかった。ブレスト゠リトフスクでの交渉の際には、彼は一時的に同僚の意見を受け入れなければならなかったが、事態の推移の中で彼の立場は強まった。民族問題については、早くも一九一四年から彼が展開していた見解が、ロシア国家の周縁部における騒乱によって急速に確認されることになる。これによって外の世界については、レーニンが望んだ政策が採用されたわけである。しかしながら、この政策は三年の間、変動も根本的な転換もなしに進められたわけではない。

外交政策の用具

思えば『平和に関する布告』は、暗々裡に国家間の関係の消滅を断定し、それに代わって諸国人民の間の革命的関係が打ち立てられることを前提としていた。外務担当人民委員に任命されたトロツキーはこの考え方を承認しており、戦争が済んでしまえば「店じまいをする」と言っていた。発足当初、トロツキーの人民委員会は、大規模な機構を与えられていなかった。有能な外交官である旧外務省の協力者たちを解任したり、はたまた彼らに逃げられたりしたのちに、彼は他のことで忙しかったので、ザルキンドという名の補佐役に事務局の統括を任せた。この男は移動の際には必ず大きな拳銃を携え、事務局に機関銃を据え付けさせた。しかしブレスト゠リトフスク条約が成立すると直ぐに、トロツキーは外務人民委員を辞職した。新委員チチェリンは、委員会のやり方を直ちに変更し、それまで支配的だったアマチュアリズムを排し、プロフェッショナルな外交政策観を導入した。確かにチチェリンはプロの外交官であり、外の世界を完全に知悉し、外国語使用に熟練しており、交渉の才に著しく長けていた。彼は長い間レーニンと対立していたが、彼が味方についた時、レーニンは喜んで受け入れた。彼の長所と、外交のトップとしての有用性を承知していたからである。チチェリンは、外の世界にとって尊重すべき安心できる相貌を、ボリシェヴィキ国家の外交政策に与えることになる。しかし全体としては彼は、レーニンが望み意図した政策の実行者となるであろう。後に彼は回想録で忌憚なくそう述べている。一九二一年からマクシム・リトヴィーノフが彼を補佐することになり、一九三〇年に彼の後を継ぐ。彼はチチェリンとは非常に異なっていた。しかし数年の間、この二人の才能によって有効性のあるボリシェヴィキ外交が展開するのである。

チチェリンが一九一八年の春に責任者となった外務担当人民委員会は、しかしながら明確な目的を持った組織ではなかった。創設の時より、その役割には両義性がのしかかっていたのである。例えば一九一七年十二月には、「革命運動の必要性」のために多額の資金を与えられている。程なくして、〈ナルコミンデル〉（外務担当人民委員会のロシア語の略称で、同委員会はその後はこの名で呼ばれるようになる）には、「国際宣伝活動部」が増設されることになり、その責任者にはラデックが任命された。このセクションは主に同盟側諸国の戦争捕虜と前線のドイツ軍部隊に対するプロパガンダを行なうことを任務としていた。次いで、このセクションは〈ナルコミンデル〉から分離され、全ロシア中央執行委員会の直接の権限のもとに置かれることになった。こうして早くもこの人民委員会の発足当初から二つの使命が存在したことが見えて来る。一つは革命を推進することであるが、しかしまた、しばらくの間は、生まれたばかりのボリシェヴィキ国家のために一時休止を確保することである。事態の推移の中で、ロシアの外交担当者――あるいは外交政策をデザインした当人であるレーニン――は、この二つの目標の間で常に揺れ動くことになる。

両義的政策

レーニンは社会主義確立にはあまり好適でない条件の中で政権を取ったために、これは第一次革命にすぎず、ヨーロッパのすべての国のプロレタリアートを燃え上がらせるはずの口火にすぎないという確信によって自己の行動を正当化した。この点についての彼の信念は、意外に見えるかもしれないが、全面的である。二十世紀の始まり以来、西欧プロレタリアの日和見主義をレーニン以上に告発した者は誰もいないし、また彼以上に一九一四年における労働者運動の破綻を嘆いた者もいない。この腐敗したプロレタリアートに対する彼の悲観論は、彼の意志主義と同様に比類のないものである。一九一七年十月に彼が革命の冒険に身を投じることを決めた時、それによって他の国を革命に引き入れることになると、彼は冷徹に断言している。この突然の楽観論を、彼は長く保ち続けることはない。なぜなら和平交渉が行なわれているときには、彼は革命が確実であるとのブハーリンの意見に対して、状況についてのはるかに現実的な見方を主張したからである。彼は西欧プロレタリアートがロシア革命の救助に馳せ参じることをもはや信じないが故に、交渉を欲した。ここにレーニンの立場の両義性が見て取れる。普通は彼は状況を冷静に、また慧眼をもって分析するが、しかし権力が手の届く所にあると予感するか、断定したときには、自分の知っていること、理解したことをすべて忘れてしまう。そうなると、意志主義がいかなる形の明晰さにも立ち勝るのである。次いで彼は現実と妥協すること——それがブレスト＝リトフスクにほかならない——を余儀なくされるが、しかしそれと同時に、世界革命の口火を切るという目標は放棄せず、そのまま持ち続けるのである。トロツキーは見かけほど彼から離れておらず、外交政策の責任者としての職務の中で、レーニンとまったく同じ様に両義的な発言をしている。ボリシェヴィキが政権の座に就くや直ちに、彼は、『平和に関する布告』が「数百万という数の人間を代表する国家によって発布された」ことを理解しなかったとして、「ヨーロッパの指導階級」を激しく非難した。外の世界に対しては、国家間の関係を拒絶しておきながら、レーニンとトロツキーは、外国を説得するためにはたちまちロシア革命の「国家的」威力を援用するのであった。

ソヴナルコムは〈ナルコミンデル〉に「革命の」プロパガンダの資金を付与し、その正当な使用のために事務局を設置した。しかしブレスト＝リトフスクの講和条約の交渉に当たった者は、「各締結当事国は、相手の政府、国家、ないし軍事機構に対するいかなる扇動ないし宣伝も差し控えなければならない」と規定する第二条を、眉一つ動かさずに受け入れている。これはいかなる革命的目標をも放棄するということではないだろうか。この点に関するボリシェヴィキの説明は、二枚舌と言わざるを得ない。チチェリンは絶えず次のように繰り返した。「われわれはこの条項を尊重する。わが国の何らかの機関がこれを犯すことがあれば、ソヴナルコムが直ちに対処するであろう」。しかし彼は、この条約批准を審議するために一九一八年三月六日から八日までに開かれた第七回党大会で、ロシア政府がすでに四〇回はこの条項を侵害した、と平然と説明している。スヴェルドローフはさらに具体的に踏み込んで、第二条を次のように解釈するのが適切である、と同僚に言明している。「確かにこの条項はロシア政府、すなわちソヴナルコムがプロパガンダ活動を差し控えるべきであることを意味している。しかしそれは大して重要ではない。何故なら、ソヴナルコムがしないと約束したことは、党がすることになるからである[1]」。

ラデックのセクションは、戦争捕虜をいくつもの小集団に分けて、それをボリシェヴィキ思想をそれぞれの国民の間に普及させる使命を帯びたプロパガンダ要員の「民族」集団に組織していたが、それを今度は党が引き受けることとなった。これらの小集団は「ロシア共産党の外国人部」と名づけられ、党中央委員会の所属とされたが、一方、ラデックが指導する事務局は解体された。そこでラデック自身は、中央委員会と直接連絡して仕事をすることになった。確かにプロパガンダ活動は放棄されなかったが、それが国家の機関から党へ移転したわけだから、国家自体は条約を尊重していると大声で主張することも可能だったのである。

このどっちつかずの政策は、四月十六日にモスクワで「国際主義者の戦争捕虜全ロシア大会」が開かれた時に、文字通りスキャンダルを引き起こした。ジャック・サドゥールの記述によれば、「大会にはおおそ四〇〇人の代表が出席している。……ドイツ政府の恐怖と嫌悪の混じった茫然自失が目に浮かぶようだ。というのも国際主義者の捕虜たちは、すでにソヴィエト政府との完全な連帯、およびソヴィエト政府の陣営に立ってロシア国境の外で革命を引き起こすために闘うとの意向を表明していたのである(2)」。

ドイツにおけるヨッフェの活動も同じ構想の一環である。ヨッフェは、ブレスト＝リトフスクの交渉再開を説くレーニンの主張に対する断固たる敵でありながら、その後この交渉の再開に当たって担当者に任じられ、交渉を妥結に至らしめた人物であるが、きわめて短い期間でドイツに革命が起こる可能性を心底から信じていた。これが一九一八年五月にロシア最初の大使としてドイツへ派遣された理由である。ヨッフェは彼の使命をなによりも革命勢力を政治面だけでなく資金面においても援助することに捧げ、彼の大使館は現実には革命活動の拠点となった。

しかしレーニンはこうした活動がどれほどの代償を要求するかを懸念していた。ドイツはまだ強力だったからである。一九一八年五月十四日、彼はツイク〔中央執行委員会〕に宛てて手紙を送り、より慎重な態度を遵守するよう命令した。「ロシアは敵に囲まれている」、ロシアはまだ防衛の準備が整っていないために、ブレスト＝リトフスクで行なったように、妥協を求めなければならないのであり、失敗が確実な対決を求めるべきではない、というのだ。それ故に、彼はドイツとの商業交渉開始を決めた。ヨッフェ――ドイツ政府との合意を交渉しつつ、同時にドイツ政府に対する革命運動を準備するという、紛れもない双面の神「ヤヌス」である――に加えて、これらの交渉は、「戦時共産主義」の推進者の一人であるラリーンとソコーリニコフとメンジンスキーによって指揮されていた。メンジンスキーは未来のゲーペーウー*の責任者であり、ジェルジンスキーの後を継ぐことになるが、一九一八年にはまだベルリンの総領事にすぎなかった。八月二十七日、露独関係が混沌としていたにもかかわらず、ブレスト＝リトフスク条約に付属する三つの協定がベルリンで仮調印された。政治協定、財政協定、そして特に秘密協定である。この最後のものはバルト諸国とグルジアにおける露独関係、ならびに英仏軍部隊をロシア北部から排除する手段に関する覚書の形を取っていた。

＊　一九二二年にチェカーからこの名称になる。

これらの秘密の覚書は、レーニンの考え方の変化をきわめてよく示している。秘密外交に関する彼の賛同の最初の指標なのだ。彼はそれまで常に秘密外交を告発していたが、それがロシアにとって有用であることが明らかになるや直ちに受け入れた。『平和に関する布告』に伴って国際関係の新たな方式を堂々と宣言してから一年も経たないうちに、レーニンは躊躇なく、外交の伝統的手法に立ち戻った。それ以外のことに関しては、この秘密の合意は何の帰結も持たずに終る。ドイツがすでに敗北寸前であったからである。敵と交渉しながら、同時に交渉者の一人であるヨッフェに密かに数多の革命的陰謀を企むことを放任するというかくも両義的な政策を、レーニンが大した支障もなしに実行することができたのは、ドイツの崩壊が差し迫っていたことで説明がつくのである。

しかしまたこの政策は、政体の存続についての深刻な不安から発想されたものでもあった。レーニンは自分に対するフランスとイギリスの敵意が増大するのを見てとっていた。イギリス人は当初好奇心を抱いていたが、それは急速にボリシェヴィキ政権を破壊せんとする意志に変わって行った。一九一八年六月から八月まで、ロシアのかつての同盟国の活動はもはや疑いを容れなかった。イギリス軍はムルマンスクに上陸し、次いでフランス軍と共同でアルハンゲリスクに上陸。一方、アメリカ軍も北部でこの両国軍に合流し、日本軍はウラジヴォストークに上陸した。またロシア南部では、デニーキン将軍の「白衛」軍が、連合国のますます活発な支援を受け入れていた。このきわめて危険な時期において、まだ戦闘継続中のドイツとの協力こそが、連合国によって彼の政体の上に突きつけられている存亡の脅威に対抗するためにレーニンが思い描く最後の手段となっていった。彼が革命というカードを切ることを諦めないのは、ドイツがどんどん弱体化していくのを知っていたからであり、ドイツ革命を始動させることを夢見ていたからである。ドイツ革命、すなわち運動の先頭に立つべき国における真の革命となるべきものと、ボリシェヴィキ全員が考えていた革命を。

ついにドイツで革命が

一九一八年九月末、ドイツは屈服し、休戦を求める。その報に接するとレーニンは彼の革命への情熱を取り戻し、ドイツの敗北によって自分の希望が確証される思いがするのであった。ドイツの敗北は、革命の時が到来したことを意味していた。彼が起こした革命は、時期尚早で正統からはずれていたが、それによって正当化される。何故なら彼はドイツのプロレタリアートがその努力を最後までやり抜くのを手助けすることができるであろうからである。彼は直ちに次のような確信を表明する。「ついに全世界のプロレタリアは、われわれがわれわれの行動全体の根拠を世界労働者革命の支持の上に置いたのは正しかったということを、確認するであろう」。そして春までにロシアは世界革命の手助けをするために三〇〇万人からなる軍隊を動員すると断言した(3)。さらに祝福の手紙を「ドイツの労働者運動の名誉を守った(4)」スパルタクス団員と、次いで出獄してきたリープクネヒトに送った。その中で彼は、「世界プロレタリア国家の創設が目前であるのはわれわれのおかげである」と宣言している。そこで彼は『プロレタリア革命と背教者カウツキー(5)』を書き、その中で、「彼の」役割は世界革命を準備することで、これまであったし、今でも依然としてそうであることを指摘している。

＊　スパルタクス団はローザ・ルクセンブルグ、レオ・ヨギヘス、カール・リープクネヒトを中心として、戦争に反対することを決意したドイツ共産主義者が結集したもので、ドイツ共産主義左派を代表している。

これより、ドイツにおける状況はレーニンを喜ばせる方向で急速に進展した。一九一八年十一月九日、ドイツ皇帝は退位する。翌日、ドイツ代表は休戦条約調印のためにコンピエーニュに向けて出発し、一方、ベルリンでは労働者と兵士の評議会が、社会主義者であるフリードリヒ・エーベルトを議長とする人民代表者評議会を設立する。レーニンはクレムリンの前に集まった群衆に語りかけた際、この出来事に敬意を表した。しかしとりわけこの事件を利用して、ブレスト＝リトフスク講和条約が無効であることを宣言し、昨日までは敵国であったドイツとオーストリアの労働者に、新たな国際秩序の創設を呼びかけるアピールを行なったのである。一九一七年十月二十六日〔ボリシェヴィキの政権奪取の翌日、「併合も賠償もない講和」を各国人民に向けてアピールする『平和に関する布告』が発表された日〕に舞い戻ったかのようではないか。

しかしながらレーニンと進行中のドイツ革命との関係は、牧歌的なものではなかった。ラデックは革命家を援助するべくドイツに駆けつけたが、たちまち彼らとの困難な対話に苦しまざるを得なくなる。まず手始めにレーニンは、革命ドイツにロシアの連帯を示すために何かしてやりたいと考え、飢えが人民の日常の運命となっている国へ、同じく飢えたロシア人民からの贈り物として貨車二両分の小麦を送ることを申し出た。ところが彼が憤ったことには、アメリカからすでにドイツへの食糧援助の申し出があり、これで十分であるとの返答が戻って来たのである。この拒否をレーニンは侮辱として受け取り、裏切りとみなした。ドイツ・プロレタリアートは、ロシア・プロレタリアートの友愛的援助よりもアメリカの資本家の気前の良い施しの方がまだましだと言うのか。

レーニンはまた、彼がドイツ革命の「ケレンスキー段階」とみなしている時期に、彼の旧来の敵対者カウツキー、さらにはローザ・ルクセンブルグが影響力を揮っていることに不安を抱いていた。この二人は、意見は異にするとはいえ、共にロシア革命に関して、さらにはドイツにおけるいかなる革命に関しても極めて批判的な態度を取っていた。ローザ・ルクセンブルグは、社会主義革命が成功するためには、大衆政党に担われたものでなければならないが、このような党はドイツにはまだ存在していないと考えていた。いかなる場合にも、彼女は「大衆を指導する」党というレーニンの考えを受け入れなかったのである。

ドイツ革命の「ケレンスキー段階」は、決して〈十月〉に到達することはない。一九一九年一月、しばらく前に創設されていた共産党は禁止され、スパルタクス団の二人の指導者、ローザ・ルクセンブルグとカール・リープクネヒトは逮捕され殺害される。その次はレオ・ヨギヘスの番であった。彼はルクセンブルグとリープクネヒトと同じく、「逃げようとした」ため――この口実は幾度となく援用され利用された――射殺された。そこで、ドイツ共産党の支配的人物はパウル・レヴィとなる。ラデックはほどなくして監獄へ送られてしまう。ドイツ革命は、大した抵抗もせずに崩壊していった。

レーニンにとって、これは本当に意外なことであったわけではない。彼は熱狂から急速にある程度の失望へと移行していたのである。将来の革命に関する彼のヴィジョンは、ロシア・モデルに完全に依存していた。ところが彼は、ドイツがこのモデルを模倣することからはほど遠いことを確認せざるを得なかった。なるほどこの両方の場合とも、敗戦が既存の政治体制に終止符を打ったのであり、ドイツ社会は、ロシア社会と同じように、戦争と悲惨な生活条件に憤激し、事態の責任は国の指導者たちにあるとして反発していた。しかしロシアでは、レーニンが怒れる社会を、彼の後に従って革命の冒険の中へと突入するよう強いることを決断したのに対して、ドイツでは、修正主義社会主義者からスパルタクス団に至るまで何ぴとも、自分では決断できない人民を、戦争への反対のさらにその先へと駆り立てることを思いつきもしなかった。レーニンはしばらくの間はロシアの実例が他国の人民を革命へと駆り立てるのに十分であるから、世界革命は勃発するだろうと信じていた。一九一九年一月二十九日付の、メンシェヴィキの歴史家、N・A・

ロジャコフ（レーニンは一九二二年に彼を流刑に処すようスターリンに命令している）[6]に宛てた手紙の中で、レーニンは次のように記している。「ドイツにおける内戦と、反革命的憲法制定会議に反対するソヴィエト・モデルに示唆された闘争とは（……）内戦なくしては何事もなされ得ないことを示した。インテリゲンツィアは、まさしくソヴィエトの綱領の立場に立って、労働者の支援に馳せ参じなければならない」[7]。ドイツ革命の失敗によって、レーニンは一つの考えに到達したが、それは彼にあっては新しい考えというわけではなかった。世界革命には用具が必要であり、それが第三インターナショナルである。彼は戦争中にその着想を受け入れさせようと試みたが、不調に終わっていた。一九一九年一月二十一日、彼はヨーロッパとアメリカの労働者に書簡を送り[8]、その中で第三インターナショナルは法的にはまだ存在していないが、事実上はすでに存在し始めていると記している。その出生届が出された日付は、スパルタクス運動がドイツ共産党に変貌した時に他ならない。党はまさに革命という激変のための決定的な道具である。歳月と試練を経て、レーニンは党に対する信仰を無傷のままに保っており、大衆についてはほとんど言及していないのである。

一九一九年、内憂外患の年

ドイツ革命の失敗とローザ・ルクセンブルグ——ヨーロッパの革命運動の最大の人物の一人である——の死によって始まった一九一九年は、若きソヴィエト国家にとって、あらゆる危機が襲いかかる内憂外患の年となる。経済の全面的な崩壊と「戦時共産主義」は、社会を完全に国家に反抗させる結果をもたらした。内戦と外国の干渉が相まって、ロシア政府の権威が及ぶ圏域は、ますます危険に脅かされた空間に狭められていった。国家の存続がレーニンの根本的な関心であり、ドイツで革命が挫折したことは、ヨーロッパのプロレタリアがロシアの救済に馳せ参じることはないことを、彼に確証して見せた。それゆえ彼は、トルコのプリンキポ島*で、白衛軍にせよ赤軍にせよ、ロシアの領土で戦闘を行なっているすべての勢力が一堂に会するという列強の提案を快諾した。ヨーロッパの諸国家――ロシアにのしかかる危険に対して消極的なヨーロッパのプロレタリアートではない――の援助を得るために、レーニンは、ロシアの負債を認める覚悟であったが、また自国に不可欠な猶予を与えられるのと引き換えに、連合国に鉱山などの採掘権を認めることを覚悟していた。

＊　プリンキポはマルマラ海の中に位置するプリンセズ諸島の島。

この会議の計画は、フランスの支持を受ける白衛軍の反対によって頓挫する。徐々にロシアと西欧諸国との関係が絶たれて行った。レーニンが『平和に関する布告』の中で表明していたようなレーニンの計画の核をなす、二つの世界への分裂が現実となって行くが、革命ロシアが資本主義世界を危機に陥れるのではなく、全く逆に資本主義世界がロシアを孤立させ、ソヴィエト国家を打倒するために国内の反政府勢力を支援するのである。こうなるとレーニンとしては、「ロシアが諸国家システムの中で生きていること」、そしてそのシステムの中ではロシアと他の国家との共存は長続きはしないであろうことを、認めざるを得ない。消え去るのは、どちらだろうか。

一九一九年には、答えは明白であるように見えた。ソヴィエトのロシアは、生き残るのが難しかった。その最後が差し迫っているとさえ思われたモメントが二つある。春には、コルチャーク提督の指揮の下シベリアに集結した軍隊は、ロシア中心部へ向けて前進しようと企てた。数ヵ月後の九月には、デニーキン将軍の部隊がモスクワへ向けて前進し、一方、ユーデニッチ将軍指揮の下バルト諸国から来た部隊は、ペトログラードの奪取を試みた。

ボリシェヴィキから二つの首都を奪いかねないこの第二の攻撃の方が、より恐るべきものであった。デニーキンは、規律を課すすべを知る熟達した士官から訓練を受けた、戦闘態勢にある部隊を指揮下においていた。彼の統制下にある地域の中には、彼に従属するある種の文民組織さえあった。冬の初めに彼は最終的に敗北したが、その理由と考えられるものは、諸民族の熱望に対する彼の非妥協的態度であった。彼の目指すものは「強力にして不可分のロシア」であったが、これは帝国のあらゆる民族の願望が唯一ロシアからの分離のみであった時に、堅持し難い理想であった。デニーキンの傲慢さは諸民族の独立への願望に対してだけでなく、クーバン・コサックあるいはドン・コサックの自治の夢に対しても向けられ、その結果、瞠目すべき戦士たちが彼のもとを離れたのである。彼らが白衛軍に味方したなら、まだ経験不足の赤軍に対して素晴らしい働きをしたことであろう。(9) こうして「大ロシア」を強調しすぎたあまり、彼は本来的な同盟者ばかりでなく、彼を支援することもできたはずのポーランド人の落胆も買った。同じように、「大ロシア」という同じ夢が浸み込んだコルチャーク提督も、ペトログラードへの進軍の際に、フィンランドの支援を受けることも可能であった。フィンランド人はフィンランドの独立を承認することだけを彼に要求したのであるが、彼はそれを拒絶した。(10) 白衛軍の指揮者が、ロシア帝国はもはや存在しないことを頑強に否認しようとしたこと、制圧した地域で部隊が残虐行為を犯したこと（内戦は両陣営のいずれにおいても残忍なものであったが、ボリシェヴィキは敵の略奪を、もちろん自分たちの行為については沈黙を守りながら、ヨーロッパに広く伝えるすべを心得ていた）、こうしたことのゆえに、彼らは西欧の世論を味方につける素地を持たなかったのである。

レーニンの方は、ずっと以前から民族自決のスローガンの効力を見通すことができた。この戦略は実際に「彼の戦略」であり、内戦の間、民族自決はそれを要求する民族が決めるべきことであると常に繰り返して、大いにこれを利用した。しかしながら後に触れるが、彼の民族自決の実践そのものは、それが彼にとって使用範囲の限定された一時的な戦略であることを示している。しかしそれは、白衛軍の陣営から諸民族を遠ざけることには役立った。とはいえボリシェヴィキとその体制がことさらに諸民族を引きつけることもなかったのであるが。旧帝国の民族はまず独立しようとし、ボリシェヴィキとの関係という問題を不確かな未来に先送りしていたということは確かである。この点を、白衛軍の将軍たちとは異なり、レーニンは完全に理解していたのである。

一九一九年春、白衛軍進軍という軍事的脅威、他の列強諸国がロシアを通常の国家として扱うことを拒絶しているという完全な国際的孤立、ドイツ革命の惨憺たる破綻、こうしたものに直面したレーニンは、彼の活動全体の二つの目標——彼が創設した国家の生き残りを確保することと革命の範囲を広げること——について、一九一七年十月まで行なってきたように、二つのうちのいずれかを交互に優先させて行く代わりに、この二つを組み合わせて同時に進める政策を採らざるを得ないことを確認する決心をした。したがってその解決とは新たな——第三の——インターナショナルの結成にあり、これによって、西欧プロレタリアートを動員するべき各国の党を介して、西欧プロレタリアートと連絡をとる手段がレーニンに与えられることになる。これはまた、革命の流れを加速させることができる用具を彼に提供してくれるだろう。しかしとりわけ彼は――すでにインターナショナルの中における彼の将来の戦略は始まっていたのであるが――、これによって資本主義諸国の中で、ロシアに有利な方向に世論を誘導することを可能にするプロパガンダのチャンネルを手にいれることになろう。それによってロシアを取り囲む敵意の壁を打ち砕くことができると、彼は期待していた。

コミンテルン、レーニンのインターナショナル

レーニンが一九一九年に第三インターナショナルを創設することを決定したのは、あらゆる方向で困難に直面していたからではあるが、彼は一九一四年以来、その考えを温め続けており、『四月テーゼ』にも盛りこんでいた。政権獲得直後には、緊急の課題は別にあった。講和を実現し、権力の基盤を固めることであった。革命の世界党を設立するための時間的余裕はあまりなかった。しかし一九一九年春に、この問題は再び課題として浮上する。その理由はすでに言及したものだけではなかった。レーニンが激しく嫌悪していた第二インターナショナルが急激に動き出す徴候が現れたからである。イギリスの労働者たちがこの眠れるインターナショナルに生気を吹き込むために、ベルンで会議を開催しようとしたのである。会議はいくつもの社会主義政党の欠席のうちに開催され、ロシアを支配している「独裁的な」方法を告発すること、つまりレーニンを断罪することに大幅に時間を費やした。しかしアンジェリカ・バラバノーヴァは次のように記している。「これが第三インターナショナルの即時開始の合図となった。それのためにレーニンはツィンメルヴァルトとキーンタールで戦ったのであり、今やそれを受け入れさせる力を持っていたのである(11)」。

第三インターナショナルの誕生は、一九一九年にロシアを支配していた国家と党の混同を露呈させるものである。レーニンは当時ソヴナルコムの議長であったが、一月にインターナショナルの設立のための会議をモスクワに招集する決定を下した。招請状は、その署名者たちが新たなインターナショナルに加わるにふさわしいと判断した三九の集団あるいは党に宛てられていた。この招請状には、ロシア党中央委員会の名のもとにレーニンとトロツキーの署名と、当時ロシアに居住していた外国の共産主義の責任者たち(12)の署名が付されていた。ピエール・ブルエはその優れた『共産主義インターナショナルの歴史』において、この招集を詳細に分析している(13)。

ここでは二つの点を指摘するに留めよう。一つは、レーニンがこの計画の中心にいることである。彼はこの大会のために『ブルジョワ民主主義とプロレタリアート独裁(14)』という「テーゼ」を執筆したが、コミンテルン設立を告げる宣言はトロツキーの筆に委ねられた。しかしまた早くも一月二十四日には、外務担当人民委員のチチェリンが、外国の党にモスクワに集まるよう呼びかけるためにラジオで発言した。ここに国家の職権と世界革命計画の混同が明らかに現れている。彼はさらにレーニンとトロツキーの招請状を公表している。すでに一九一八年初めには、「外務担当人民委員部《ナルコミンデル》」は、平和を呼びかけるツィンメルヴァルト派の会議——ブレスト＝リトフスクの講和条約によってこのようなアピールは無用となったために、計画された通りの盛大な形では開催されなかったが——の土台を築く任務に当たっていた。政体が発足した当初からこのようにイニシアティヴがとられたことは、新たなインターナショナル設立の構想がすでに〈ナルコミンデル〉の通常の活動に組み込まれていたことを明らかに示している。一九一九年にチチェリンによってラジオで発表されたアピールは、したがってレーニンの頭の中では対外政策の機関と革命組織との間に緊密な関係が存在している、ということを裏付けていた。

二つ目の指摘は、招請がヨーロッパと北アメリカの社会主義政党に宛てられていることである。日本の社会主義者を除いて、レーニンがあれほど注意を払っていた欧米以外のないしはまだ植民地状態であった諸地域を代表する党あるいは集団は、一つも招待されていない。一九一九年一月には、革命の拡大は西欧諸国社会に関わる事柄だと彼は考えていた。しかし当時「遅れた」と言われていた社会にも目を向けるべきだと彼が確信するには、それほどの時間は要さないであろう。

誕生したばかりのインターナショナルの会議は、一九一九年三月二日から六日にかけて開催された[15]。五一人の代表が出席した。その大半は投票権を持つが、一二人は発言権を持つのみであった。代表者の人数が一番多いのは、ロシア（八）および一九一七年まで帝国に属していた民族集団（ラトヴィア、アルメニア、等々）の党——これはまだ共産党の「外国人部」だったが——だった。代表者はどの国に属していよ うが、大体はロシアに住んでいる者たちだった。スイス代表、フリッツ・プラッテンの場合がその例である。ロシアの党のメンバーの何人かは、外国の党の名において意見を表明した。例えばラコーフスキーは、バルカン革命連盟の代表として出席している。事の成行き上、大会を支配したのは、ボリシェヴィキ——トロツキー、ジノーヴィエフ、ブハーリン、スターリン、チチェリン、および発言権のみのフォロフスキーとオボレンスキー——であったが、とりわけレーニンであった。彼は直ちに議長に選出され、副議長に選ばれたドイツ人のエーバーラインとスイス人のプラッテンを両側に従えることになった。

この会議の出席者に直ちに提起された問題は、会議の性格を定義することであった。レーニンが望んだように、すべての代表を集めた大会なのか、あるいは単なる一つの会議なのか。後者は、特に共産主義がロシア以外では弱いという条件の中で、インターナショナルがロシア語を基調とする機構にならぬよう気遣ったドイツ人が望んでいたことである。こうした懸念に対してレーニンは、この会議は作業言語としてドイツ語を採用したし、またこの会議の資料のロシア語版はドイツ語版の純然たる翻訳になる予定であると反論することができた。というのも、スターリンを例外として、ロシアの代表はドイツ語を熟知しており、彼らの発言はすべてドイツ語で行なわれたのである。このように当初は会議の性格について躊躇があったものの、レーニンの意志は直ちに公然と明示された。「第三インターナショナル万歳」と書かれた大きな旗が、議長席の後の壁に貼られたのである。また、直ちにレーニンはツィンメルヴァルト運動は解散され、第三インターナショナルがそれに代わることを決定した。戦争勃発以来、この機構は第二インターナショナルに取って代わりつつあったが、ツィンメルヴァルト運動の事務局は、帰属する職務と資料を直ちに第三インターナショナルに移転せよ、と命じられた。

単なる会議とすべきだとする者たちが執拗に主張し続けたため、会議は二日間停滞したが、その後、参加者はレーニンの計画に同調することを満場一致で決定した。そこで会議は第一回共産主義インターナショナル大会に変貌した。こうして参加者全員が賛同するに至った理由は、今日なお完全に解明されてはいない。アンジェリカ・バラバノーヴァは、式典もなく突然「ツィンメルヴァルト」が解散したことに深く傷ついたが、彼女はそれを、会議の最中にオーストリア代表のシュタインハルト（別名グルーバー）が派手な登場をしたためとしている。彼は到着するや、大会参加者の前で、至る所でいまにも革命に身を投じるばかりのプロレタリアートの目を見張るような一覧表を描き出して見せ、インターナショナルはそれを考慮に入れなければならないと主張した。(16) ピエール・ブルエは彼女のこの解釈に疑問を呈し、レーニンとトロツキーさえも一瞬躊躇を見せたという説をとっている。しかしながらレーニンの大会準備と発言とを考慮に入れるならば、ロシア・モデルに則った革命の拡大を奨励することによって、自分がなし遂げた成果を守ることができる用具をロシア革命に与えようとするレーニンの意志はきわめて固かった、という結論を出すしかないのである。レーニンは発言の中で、プロレタリアートの独裁の必要性、およびブルジョワジーおよび議会主義とのあらゆる妥協の拒否を激しく強調した。中央集権化された強力な党を一貫して望んできた男が、自分が決めた原則にあまり合致しない社会主義政党間の単なる国際連携機関に甘んじることはあり得なかった。そこで彼は力を込めて何度も繰り返したのである。ロシアのモデルは成功したモデルである。したがってそれは従われなければならないと。

閉会の前に、第一回大会はコミンテルンの規約を決定した。ロシア共産党規約を大幅に模倣したものだった。執行部が選任された。レーニン、トロツキー、ジノーヴィエフ、ラコーフスキー、プラッテンからなる指導部が設置され、アンジェリカ・バラバノーヴァが書記局に任命された。彼女は希望しないポストに任命された事情について語っているが、その際、レーニンと党の他のメンバーとの間の関係をきわめて有用な形で明らかにしている。彼女が気乗りのしない理由を説明していると、「レーニンは私を遮った。彼が有無を言わさず自分の考えを述べようとする時はいつもそうだったが、彼は片目を閉じて、私に言った。『親愛なる同志よ、党の規律はあなたにも適用されます。中央委員会で決まったことです』(彼が中央委員会の承認を得る前に何かを決定した時に、余計な議論を一切せずに済ませるために、こういうやり方をするのがレーニンの習慣だった)」。レーニンが四日間の大会の間ずっと明らかに示し続けたこの意志が、イタリア系ロシア人の女性同志〔バラバノーヴァ〕に、ツィンメルヴァルト運動の自殺に参画し、自らの権限でイタリアの党の第三インターナショナルへの加入を発表するよう要求したのである。このように表明されたすべての要求は、中央委員会の然るべき保証を帯びていた。しかしバラバノーヴァが意地悪く指摘しているように、この「保証」となるものの背後にあるのは、レーニン自身の意志と、党の規律に関する彼の非妥協的な考え方のみであった(17)。

そうだとすると、この第三インターナショナル——一九一四年以来彼はその計画を胸に秘めており、ツィンメルヴァルトとキーンタールでこれを受け入れさせようと試みた——の創設を、彼がエーバーラインの批判を恐れて突然躊躇したというのは、どうにも想像しにくい。エーバーラインはもっとも威信ある指導者たちを失ったスパルタクス団の二流人物であるが、彼は後に、インターナショナルの即時設立に反対したのはローザ・ルクセンブルグの指令によるものであると、断言している。彼女は処刑される数日前にレーニンの計画を知り、牢獄から彼にコミンテルンの正式な設立を適切な時期まで延期させるよう——これはエーバーライン自身の言葉である——委託した、というのである。そして彼女の同志であり、スパルタクス団を彼女と共に組織したレオ・ヨギヘスも、ドイツ共産党員代表者たちに、コミンテルンの即時創設の決定がなされた場合には大会を退場するよう勧めていたという。

論争の間にエーバーラインによって主張された反論の中で、主要な論拠は、代議員の代表性がきわめて疑わしいものであること、ならびにこの大会がロシアの共産主義者によってあまりにも支配されているというものであった。もっともこれは妥当な論拠であった。実際、モスクワに代表を急派するために会議を開く時間的余裕のなかった党あるいは組織が数多くあった。それにこの時期に「検疫警戒線」がロシアの国境に張り巡らされていたために、ロシアに入ることは極めて困難だったのである。

この批判は反論しようのないものであったが、レーニンがドイツ人の警戒をなだめるために強調した点が一つある。それは彼がインターナショナルの本部をモスクワに置くまいと考えていたという点である。モスクワが第一回大会の開催地となったのは、彼の説明によれば、例外的状況によるものであった。モスクワ以外のどこでも、このような会合を開催するのは不可能だっただろう。どの国の警察も直ちに会合を解散させただろう。しかし彼はさらに次のように言い添えた。すなわちボリシェヴィキは、第三インターナショナルとその執行部ができるだけ早く他の国の首都、ベルリンあるいはパリへ移転することを望む。この移転は革命がヨーロッパへと領土を拡大するきっかけとなるであろう、と。そして執行部の長に収まったジノーヴィエフも、ほとんどコミンテルン創立大会に引き続いて、三月十八日から二十三日までに開かれた第八回ロシア共産党大会において同じ発言を繰り返すのである。

インターナショナルに全世界的、少なくともヨーロッパ的性格を付与するというこの意志は、容易に理解できる。一九一九年に彼は、彼自身の党の形成の指導理念であった考え方に合致した有効な革命の用具を作り上げる必要性を確信していたが、それと同様に彼は——それまで常にそうであったのだが——断固たる国際主義者でもあった。ロシア・モデルの長所を称揚するからといって、彼は全くロシア派になりはしない。まったく逆に、革命が自国の国境を越えて出て行くのを首を長くして待っていたのである。それがロシア革命の存続を確保するためであったのは確かである。しかしとりわけ、革命がついにその真の姿を現わす、すなわち革命が国際的プロレタリアート革命となるためなのである。一九一九年、ロシアにおける彼の成果を守ろうとする彼の意志は、世界革命の計画をしっかりと踏まえていた。彼が守ろうとするのは口火であって、特殊ロシア的な出来事ではない。コミンテルンの西欧への移転が彼にとって望ましく見えるのは、確かに象徴的な資格においてであったが、また有効性という理由によるものでもあった。それに加えて、彼は次のことも承知していた。すなわち、ロシア国家は諸国家システムの中に存在しているということを彼は承認した。この諸国家システムの消滅を彼は願ったが、その消滅がきわめて短期間に起こるとは予想できない。そこでロシア国家は、他国の政府にとって、革命の単なる代理機関ではなく、尊重すべき機関と見える必要があるということ、このことを彼は承知していたのである。世界革命の利益とロシアの安全保障の要請が不可分であるとしても、それを国外にはあまり見せない方が良いことを彼は知っていた。ロシアの安全保障はその点に依存していたのである。

一九一九年春には、確かに、コミンテルンの本部を具体的にモスクワ以外に置くことは考えられなかった。しかしこの時、孤立し、国内では最大の危機にさらされていたソヴィエト国家にとって、突然、国境の彼方で希望が再び湧いて来たのである。世界革命が再び現実の課題となるのであろうか。そうだとすれば、コミンテルンはそれを加速化するのに貢献することができるであろう。

各国プロレタリアートの覚醒なのか(18)？

一九一九年三月二十一日、第一回コミンテルン大会は終了し、ロシア共産党が第八回党大会に集結しつつあった時、一つのニュースが舞い込んだ。それは包囲されていると感じていたボリシェヴィキにとって奇跡的なものであった。ブダペストで革命が始まったというのである。

確かに異様な革命であった。社会主義者と共産主義者の連立が政権を取ったのである。その中心人物は、レーニンの旧来の知人ベラ・クーンで、彼は刑務所から出て来るや評議会〔ソヴィエト〕共和国の実験を試みたのである。ベラ・クーンはレーニンと同様に――それにしても師に較べていかにも才能に恵まれなかった――、革命とは力動的なものであり、それが始まった国の国境を越えて外に溢出して行くと考えており、隣国のボヘミアとスロヴァキアのプロレタリアに蜂起を呼びかけた。国内では彼は「戦時共産主義」のロシアを模倣し、企業および土地の国有化と私的商取引の禁止と赤色テロルを組み合わせていく。わずか一四三日で、この評議会共和国があらゆる支持を失い、崩壊したのは驚くには当たらない。しかし一九一九年三月には、この共和国は「口火」が革命の火を広げることに成功した印にほかならなかった。そしてレーニンは、彼にはどちらかと言えば武装クーデターであるように見えた出来事の解釈になにがしかの不安を表明しながらも、それでも希望が再生するのを感じたのである。

向こうの陣営では、西欧諸国の政府が気も狂わんばかりだった。ボリシェヴィキの影がヨーロッパに広がりつつある、とイギリス首相ロイド・ジョージは述べるだろう。

それから一ヵ月もたたない四月十三日に、バイエルンで評議会共和国が創設され、あちらでは不安、こちらでは希望がさらに強まった。ミュンヘン〔バイエルンの首都〕と来ればドイツであり、それ故これはかくも久しく待ち望まれたドイツ革命なのだ。チチェリンは直ちにこの出来事を歓迎し、ロシアがこの評議会共和国と直接結びついていると宣言した。「この共和国に向けられた攻撃はすべてわれわれに向けられたものである」。ここで立場を表明しているのは誰なのか。ロシア外交の長か、それともコミンテルンのスポークスマンなのか。国家の企図と革命の企図という二つのものの錯綜がこれほど大きくなったことはこれまで一度もなかった。数ヵ月後に外務担当人民委員会は、コミンテルンとは「プロレタリアートの対外政策」であると、明言する。『平和に関する布告』の考え方に戻ったのである。

しかし幻想が消える日は近い。バイエルン共和国が存在したのは二週間にすぎなかった。一九一九年五月一日のその終焉は、すさまじい戦争によって粉砕され、世界を変えようという意向もあまり持たないドイツ・プロレタリアートの混乱を象徴するように見えたかも知れない。翌月、ウィーンでクーデターが失敗し、共産主義の責任者たちが労働者を決定的行動へ引き入れることの難しさを証言した。八月には、ベラ・クーンの評議会共和国は、英仏に支援されたルーマニア軍部隊と国内の反対派が連携した攻撃を生き延びることはできなかった。五ヵ月で、ハンガリー、バイエルン、オーストリアでの革命的覚醒は惨憺たる敗北に終わり、その年の初頭にドイツ共産主義が蒙った敗北に連なることとなった。

レーニンはコミンテルンに結びつく諸党が、準備不足の武装蜂起にすぎない革命の企てに走らぬよう十分注意を払っていた――ジノーヴィエフの方は不用意にもその方向へと促進した――が、組織こそがすべてに優先すべき前提条件であるという本来の主張に戻った。彼は別のカードを切る時が来たと決定した。ヴェルサイユ講和条約のきわめて過酷な条件に直面したドイツ人民の、民族的落胆というカードである。一九一九年の夏は、この条約の条項をドイツ人が発見する夏であり、レーニンは直ちにこれを利用する。二つの姉妹機関、〈ナルコミンデル〉とコミンテルンは突然、それぞれの責任者であるチチェリンとジノーヴィエフの口を通して、猛攻撃の口火を切った。その論拠はこうだった。「ヴェルサイユ条約は新たなブレスト＝リトフスク条約である」、そして「抑圧されたプロレタリアート、抑圧された両国人民〔ドイツならびロシア〕は、同じ戦いを戦うべきである」。ここには資本主義的利益によって虐待された「諸国民」の連帯を肯定する分析の萌芽がうかがえる。これが一九二〇年初頭のボリシェヴィキと敗戦国ドイツ（ドイツの共産主義者だけではない）の接近につながって行く。ドイツ国防軍の再建に赤軍が密かに与えた援助、そして一九二三年には、レオ・シュラゲター――フランスによるルールの占領に抗議するために橋を爆破した――に対するコミンテルンのきわめて肯定的な態度（ラデックの口を通して表明された）さえもが、この戦略の一環をなしていた。民族闘争がある種の場合に持ちうる価値、ならびに社会主義闘争と民族闘争との類縁性を、やがてコミンテルンは承認する――一時「シュラゲター路線」と名付けられることになる――が、この姿勢はすでに、レーニンがヴェルサイユ条約から引き出した結論の中に見られるのである。

その時彼はドイツの革命運動、より一般的にはヨーロッパの革命運動を生き返らせるための別の行動様式を発見する。コミンテルンと各国で活動する共産主義者集団とを接近させる必要があると、彼は考えた。一九一九年秋、コミンテルンの西ヨーロッパ書記局がベルリンに設置され、イヤコフ・ライヒまたの名をトーマス、およびワルシャフスキーまたの名をブロンスキーという二人の人物に任されることになった。この二人のもとに、パウル・レヴィ、アウグスト・タルハイマー、ヴィリー・ムンツェンベルクといたドイツの共産主義者が集まった。この支部の設置の際に、モアービットの刑務所に数ヵ月前から収監されていたカール・ラデックが、舞台裏でドイツ共産主義者たちの顧問として働き、公式に表明されないながら、彼らと西ヨーロッパ書記局に対するモスクワの代表者となったのである。ラデックは、三月の第八回大会の際に欠席を余儀なくされていたにもかかわらず、ロシアの党の中央委員会に選出されていた。また一九一九年末に刑務所から釈放されてロシアに戻るや、直ちにコミンテルンの書記に任命された。同じ時期にレーニンは、創設大会でオランダ共産主義を代表していたオランダ人、ルトガースに、アムステルダムにコミンテルンの事務局を開設し、当地で共産党会議を召集する任務を託した。この会議は一九二〇年二月にアムステルダムで開催され、コミンテルンはそれにミハイル・ボロジンを派遣した。彼は〈ナルコミンデル〉とコミンテルンの協力者で、インターナショナルの任務を帯びて赴いたアメリカ合衆国から戻って来たところだった。* クララ・ツェトキンはドイツ共産党代表団の団長として、アムステルダム会議に出席した。会議は官憲によって中断され、二日しか続けられず、その後継続されることもなかったが、コミンテルンが存在し始めているという証拠は与えられたわけである。

＊　彼はこれに次いで一九二三年には、中国で国民党の顧問に任じられる。

ロシアを締めつける万力を緩めるためのこれらの試みに、ウクライナでのコミンテルン事務局の開設を付け加えることができる。ウクライナではメンシェヴィキ出身のブルガリア人、ラコフスキーが〈ソヴナルコム〉の議長に任命されていたが、この事務局はバラバノーヴァの権威のもとに置かれた。これらの事例を見れば、これらのさまざまな外の世界への進出をレーニンがいかに重視していたかが分かるのである。バラバノーヴァは、このポストに任命される際に、モスクワを離れなければならないことに不満を述べたが、彼女にレーニンはこう説明している。「現在の闘争の中で、ウクライナはわれわれの主要な目標だ」。このようにしてコミンテルンは困難にもかかわらず、協力者を集め、各地に支部を設置し、それにとりわけ資金を充実して行った。因みに外国へ急派された者の多くが、党の財政を専門に取り仕切ってきた旧知の人物、ヤコブ・ハネツキによって助成金を与えられていたことを指摘しておくのも無益ではなかろう。

外国にインターナショナルの事務局が存在することはまた、共産党内に問題あるいは危機——一九一九年秋のドイツ共産党の分裂問題のような——が生じた際に、仲介者を通じて現地で影響を行使する手段をレーニンに与えるという利点もあった。例えばドイツでの係争については、ラデックが、ドイツの共産主義者がほぼ全員ひしめき合っていた刑務所に入ったために、現地の状況によく通じており、彼の助けによってレーニンは慎重論を支持する必要を自覚するに至ったのである。その頃、ある種の革命的楽観主義がモスクワで優位を占めており、ブハーリンがそのもっとも熱烈なスポークスマンであったが、レーニンは、ドイツの共産主義者を本物の大衆の党を形成するために統一するよう仕向けるべきか、それとも現存する小さな共産党を支持すべきか、いずれを採るか迷っていた。一九一九年の末には、ドイツにおける論争から、革命運動の再生が可能であることが示唆されるようになった。クララ・ツェトキンは、ドイツ共産主義がまさに行動に移ろうとしている――と彼女は訴えていた――のに、アムステルダムの事務局がベルリンの書記局の地位を奪うに至るのではないかと懸念してさえいた。事実、一九二〇年三月十三日、二人のドイツ人将軍が軍事クーデターを組織し、カップを「首相」に戴く民族主義政府をベルリンに樹立したが、この企ては、ゼネストが実行されたために失敗に終わった。組合が政府打倒の真の立役者となったのである。コミンテルンの方は、これに対応する時間的余裕がなかった。それでもドイツの労働者に祝辞と成功の祈念の言葉を――事後に――送りはしたが、これについては様々な矛盾する論評が乱れ飛んだ。ドイツ共産党は、軍事クーデターに勝利するという前提に立ちながら、社会民主党政府という構想を受け入れていたのだから、慎重がすぎたのではなかろうか。ラデックとベラ・クーンはこのように非難した。これに対してレーニンは、より思慮深く、ドイツ共産党の戦略を時局に適合した、つまりは彼らの弱さと分裂状況に見合ったものと判断して、彼らの節度を支持した。ここでもまたレーニンは外国の出来事にロシア革命の姿を投影し、カップの軍事クーデターの中にコルニーロフ事件の再現が見出せると考えていたのだ。この分析が正しいなら、〈十月〉はドイツ革命にとってもはやはるかに遠い展望ではないであろう。

第二回コミンテルン大会

ドイツで再生しつつある希望が、一九二〇年夏に招集される第二回インターナショナル大会の準備の背景となっていた。クレムリンを取り巻く全般的気分は楽観論に染まっていた。コルチャークとデニーキンは敗北した。国内の軍事的脅威はもはや、あるいはほとんど存在しなかった。コペンハーゲンではリトヴィーノフがイギリスと捕虜の本国送還に関する協定の交渉をしていた。これは一九二〇年二月十二日に仮調印に至る。二月二日、ポーランドとエストニアの間で講和条約が調印される。ターリン〔エストニア〕の港は、レーニンによって外国に派遣された使節たちが再び組織しようと努力していたロシアの外国貿易のための連絡路になれる可能性があった。ロシア国家は徐々にヨーロッパの国際政治の中でかつて占めていた地位を回復しつつあった。結局、一九二〇年三月に開かれた第九回党大会の際に、レーニンは平和と国家間の通常の通商関係との回復を呼びかける。

こうして、ロシアが完全に孤立し、ひたすら世界革命のみに賭けざるを得なかった一九一九年が終わるや否や、情勢は一変し、ロシアは体制を異にする諸国家からなる世界の規則に従って行動するとの意向を、正式に宣言することになる。チチェリンは倦まず弛まず共産主義空間と資本主義世界との間に共存が不可欠であるというテーマを力説した。ラデックはさらにその先まで歩を進め、異なる体制の国家の方から反革命を支援する企みが行なわれなくなるなら、ロシアはこれらの国家の中で革命的扇動を行なうことを差し控えるであろうと断言した。

「平和的共存」の観念が、一九二〇年のレーニンの言説の中には確かに姿を見せている。一九二〇年四月、この楽観論的展望のただ中で、レーニンは最後の大著『左翼急進主義、共産主義の小児病[19]』を執筆した。この中で彼は一九一九年にコミンテルンが説いた相対的にセクト主義的な路線と訣別することを示唆している。インターナショナルの創設は、修正主義の敗北を確定した。一九二〇年には、状況に適合した理にかなった戦略を選択するのが適切である。こう述べた上でレーニンは、将来の成功をよりよく準備するために、異なる政治勢力と妥協を重ねてきたボリシェヴィキ主義の歴史を例に引く。確かに彼は左翼急進主義を全面的に断罪するわけではないが、しかし大衆の運動の進歩に有利な限り、労働組合と議会とを利用する活動を行なうべきだと説くのである。

それにしてもこの著作は、ヨーロッパの状況が変化する一九二〇年という時点において、レーニンの思想の中に潜むある種の矛盾を露呈させていた。一方では彼は、ロシア革命の成功はそれまで辿って来た道の正しさを意味すると主張し、そこからこのプロセスは至る所で不可避的に繰り返されるはずであろうと結論する。ボリシェヴィキが成功したのは、党のおかげ、党の鉄の規律のおかげであるが、また彼らに確固たる支持を寄せた大衆のおかげでもある。成功に達するために、彼らは妥協を行なったが、唯一の正統な妥協とは、周囲の状況が受け入れを迫る妥協である。行動の客観的条件を正しく見積もるのは、党がなすべき責務である。そしてレーニンは大衆とそれを指導する者との間の断ちがたいつながりを強調する。指導者たちの独裁か大衆の独裁かを問題にするというのは、彼の目には、信じがたい精神的混同を意味するものにほかならない。何故なら指導者も大衆もともに革命的世界を構成するものだからである。しかしこのように推論する時、レーニンは最先進ヨーロッパ諸国の大衆がすでに長い労働運動の経験を持つことを忘れている。彼が苦闘する矛盾はまさにこの点に潜んでいる。彼は他の国の共産主義者たちに「彼らの」

社会的条件、「彼らの」歴史を考慮に入れるように勧める。しかしそれと同時に、彼は彼らを革命に導く戦略を確定するには、ロシアという鏡をのぞきこまねばならない、と言うのである。

それにしても彼の左翼急進主義への批判は現実の効果を発揮する。左翼急進主義に触まれたアムステルダムの事務局は、労働者は組合および議会活動に参加することを差し控えるべきであると説き勧めていた。これにはインターナショナルの懲罰が直ちに下される。事務局は廃止され、ベルリンの書記局がその全活動を引き継いだ。この決定は、第二回大会での何らかの議論を待たずに執行部によって下された。

一九二〇年の春に実は、ロシアは新たな脅威に直面することになり、このためレーニンは、革命勢力による他国の不安定化というカードを切ることのない国家という顔を、外の世界に見せる意志をさらに固めることになる。今度はロシアの不安の元となるのはポーランドだった。「白」衛軍の将軍たちがボリシェヴィキ政権を転覆させる可能性があった間は、独立ポーランド国家の元首であると同時に軍の総司令官でもあるヨーゼフ・ピウスツキは、両陣営の間で慎重に中立を守っていた。ポーランドのロシア領に生まれた彼は、将軍たちの勝利が帝国への復帰を意味することになるのをなによりも恐れていた。しかしそれと同時に、彼は二十世紀初頭には社会主義者であり（社会党の機関紙『ロボトニク』を創刊した）、その後、公然たる民族主義へと進路を変え、独立運動の先頭に立ったのである。それ故、「白」衛軍の将軍たちが優勢にあった間は、彼らを戦闘で疲弊させ、どちらの陣営にも肩入れしない方が賢明であると判断していたが、かといってボリシェヴィキの方が「白」衛軍の将軍たちよりも、彼の考え方に近いということはなかったのである。しかし白衛軍が打ち負かされるや否や、ボリシェヴィキの弱さを承知していたピウスツキは、これにつけこむ時が来たと決意した。彼は旧帝国から分離した独立国――バルト諸国、ウクライナ、白ロシア――の形成と強化を支持して、ソヴィエト国家の周りに緩衝国の障壁を築こうとした。それによってロシアが先祖代々の攻撃的態度を保ち続ける代わりに、隣国に対して慎重な態度を取らざるを得なくなることを祈念したのである。

ピウスツキはロシアとの合意の前提は独立ウクライナであると主張したが、レーニンがその可能性を拒否していた以上、ピウスツキとレーニンの間ではいかなる合意も排除されていた。チチェリンはピウスツキに対して、彼の振舞いはドイツの思う壺だったと指摘して、危険を払い除けるべく努めた。ポーランドがフランスに支援されて動き出せば、ドイツはただちにロシアの側につくはずであるから、彼の行動はドイツに報復の可能性を提供する、というわけである。(20) 彼の忠告は無駄に終わり、ポーランド軍はウクライナ人のアタマン〔首長〕、セミヨン・ペトリューラの部隊と同盟してキエフを攻撃し、キエフは五月に陥落する。ポーランド・ウクライナ軍と対峙する赤軍は、ツァーリ軍の将校から徴募された若き将軍、ミハイル・トゥハチェフスキーに指揮されていた。徐々にポーランド軍の勝ち誇る進軍はスピードを緩めていった。ポーランド軍と共に戦っていたウクライナ人は、このような同盟の必要性を全く納得していなかった。ウクライナの農民はボリシェヴィキに敵意を抱いていたが、全く同様にポーランド人にも敵意を抱いていた。ポーランド人を革命以前にウクライナを支配していた大地主と同一視していたのである。ポーランドの領土的野心とロシアとポーランドの旧来の反目によって、ロシア人の民族感情が覚醒させられた。そこで多数のツァーリの旧将校たちが、ポーランドという敵と闘うために赤軍に志願したのである。こうして多数の専門家を増強し、まさに生成しつつある民族戦争に士気を鼓舞されて、赤軍は六月に攻勢に移り、徐々に敵軍を後退に追い込み、七月末にはポーランド国境に到達した。

その時から、レーニンに全く新たな問題が突き付けられた。そこで進軍を止めるべきか。あるいは勝利の進軍を続けて、ポーランドに新たな政体を打ち立てようと試みるべきか。彼によればロシアの進撃は革命的奮起を必ず引き起こすはずであり、そこから新たな政体が生まれるはずなのであった。

その時まで、レーニンは国際政治においては常に慎重な態度を示して来た。かくも決定的な選択の時に当たって、彼はポーランド問題が二つの側面を持つことを理解していた。戦争としては、この問題は国際関係に属するものである。しかしまたこれは革命の最初の節目ともなり得るのであり、そうだとすると問題は国際関係の範囲から抜け出して、世界革命の戦略の一環をなすことになる。一九二〇年七月、レーニンの態度は慎重から熱狂へと変化し、革命的解決を選択するに至る。彼の目から見れば、事はポーランド問題を超えていた。国家間のこの戦争は、革命戦争となり、ポーランドを経て、ドイツのプロレタリアートと合流することを可能にすると、レーニンはかすかに予感した。ドイツ・プロレタリアートとしては、赤軍が自分の方へ向かって進軍して来るなら、かならず蜂起するはずなのだ。戦争が革命戦争へと転化する夢は、一九一七年末にブハーリンによって主張され、その時はレーニンによって夢物語として一蹴されたものであるが、これがレーニンによって一九二〇年七月に再び採り上げられたわけである。

確かに状況は異なっていた。ロシアは内戦に勝利し、その力を白衛軍とポーランド・ウクライナ軍に対して見せつけた。ポーランドのプロレタリアと彼らに続くドイツのプロレタリアは、革命を成功させた最初のプロレタリアートの軍隊である赤軍の呼びかけに応えて、蜂起しないはずがないではないか。突然出現した歴史的好機とコミンテルン大会の間近に迫った会期が偶然同じ時期であることもまた、運命の兆しであろうか。「ベルリンへの進軍」の成功を前にして、今度はモスクワに集まった共産主義諸党が、革命運動に突入する決定を下すことができるであろう。

レーニンにとって、一九二〇年七月に下されたこの決定は、ある意味で一九一七年に自分が下した決定の再現であった。その時彼が望んだ「火花」は、今や世界を燃え上がらせつつある。そう彼は信じ、それゆえ赤軍に前進の命令を出す。ポーランドの共産主義者は数が多く強力であり、ポーランド国内での蜂起が差し迫っている、と彼は確信していた。数人のポーランド系の顧問が彼に慎重な態度を勧め、ポーランドの民族感情が、プロレタリアの間でも階級的連帯より強くなるだろうと彼を戒めた。しかし彼は何も聞き入れようとはせず、赤軍ができるだけ早くドイツ国境へ向かって進むよう強調するのみだった。また彼は赤軍の庇護のもとに、臨時革命委員会をポーランドに設置することを決定する。これはチェカーの創設者であるジェルジンスキーとその補佐役ヤン・ウンシリヒト、およびユリアン・マルシュレウスキー――議長を務める――といったポーランド系のボリシェヴィキに指導される予定であった。

こうした背景のもと、第二回コミンテルン大会が七月二十一日にモスクワで開催される。そして八月七日まで続けられることになるが、その間、赤軍はトゥハチェフスキーの指揮のもとワルシャワの周辺部にまで攻め入る。戦勝ムードが漂い――無理もない話だが――、希望は大きかった。この大会では、万事が一九一九年の大会とは異なっていた。代議員の数も少なく、代表性にも疑問があった先の大会とは逆に、一九二〇年には、まさに大量の代議員が出席した。二一七人の代議員が三七ヵ国、六七組織を代表していた。遠方からやって来た彼らは、豪華な歓待を受け、そこからもロシア国家が足場を固めたことを確認することができた。審議はペトログラードのタヴリーダ宮殿の中で始められたが、後にモスクワへ移り、大会はクレムリンで行なわれる。また、第一回大会とは異なり、国際的様相に力点が置かれた。ドイツ語、ロシア語、フランス語、英語の四ヵ国語が用いられたのである。ロシアの責任者たちは相変らずドイツ語で意見を表明し続けていたのではあるが。

ジノーヴィエフによって開会宣言された大会を支配したのは、レーニンと、それにブハーリンとラデックだった。大部分の議題について発言することになるレーニンは、直ちにごく当然のことながらポーランド情勢の検討を行ない、ドイツ人のパウル・レヴィの提案に同意した。それは、すべての国の労働者に対して、「ストとデモによって、ポーランドに援助がもたらされること、もしくはロシアに攻撃が加えられることに反対する」よう呼びかけを行なうことを、大会に求めるというものであった。

革命の世界的成功が近いと思われた時期に開催された第二回コミンテルン大会は、第一回大会とは逆に、革命の大義とロシアの大義を同一視する傾向をそれほど見せず、幅広く世界革命の手段とその戦略について議論した。世界革命を援助するには、コミンテルンを真の革命党に変える必要があった。そこで「二十一ヵ条の条件」——うち十九が最初の案に盛られていた——が、すべての共産党に課せられた。これによってインターナショナルは規律を不可侵の規則とする、中央集権化され、序列化された組織となる。この二十一ヵ条のすべてが党に関わるレーニンの考え方を抗い難く喚起していた。

この二十一ヵ条の条件を採択したことで、インターナショナルはまさしくレーニンの創造物となる。彼はついにすべての共産党が、二〇年前に彼が創設した党に同調するという承諾を勝ち取った。コミンテルンは当初、レーニンはそのように願っていなかったが、同じ原則と目標に賛同する諸党にとっての「共通の家」の役割を果す比較的柔軟な組織と考えられていたのだが、一年後には、各国に事務局を持って世界中に威力を放射する真の党となったのである。何にもまして、党の規律が至る所で至上命令となり、各国の党、すなわちインターナショナルの国ごとの支部は、インターナショナルが定める規則と戦略から逸脱することはできなくなった。インターナショナルによって決定されたか決定されるであろうことに背く党を、レーニンが『何をなすべきか』の銘句として記していたように、「純化する」こと、さらには排除することは、全員によって承認された規律の当然の帰結であった。コミンテルンは意志と統一を担うものであり、知を保有し、真実を述べ、すなわち世界のプロレタリアートの意識それ自体であり、それゆえ規律を課し、それに背く者を排除するのである。

インターナショナルの歴史は、共産主義運動のこうした中央集権化のために、数多の国、数多の状況において、支払わねばならなかった代償がどれほど大きなものなのかを示すことになろう。第二回大会の参加者たちは、提案された組織原則に反逆することもなく、ほぼ満場一致で票決した。

この主題については、他の審議議題についてと同様、レーニンの主張は前もって準備されていた。[21]このことは、政府の指導者として重責を担っていたにもかかわらず、この大会の準備に彼が決定的な役割を果したことの証明となる。しかし彼が精力をもっとも注いだのは、コミンテルンの将来の戦略――この点ではジノーヴィエフはもはやスポークスマンとして使えなかった――であり、特に国際情勢という決定的問題であった。この件については彼は主要な発言者であり、ブハーリンが彼に次いだ。民族問題と植民地問題の討論は、主に委員会で展開されたが、きわめて熱のこもったものであったために、しばしば総会の討論以上に人々がつめかけた。確かに、レーニンはそれに長いあいだ準備作業を費やして来たのであった。[22]

コミンテルンの第一回大会は、これらの問題を審議することはほとんどなかったが、一九二〇年には、インターナショナルはヨーロッパの革命家のみならず、アジア人の参加者を何人か迎え入れている。このことはその行動領域の拡大を示すものである。革命はロシアの植民地的周辺部にも及んでいた。早くも一九一六年から自分の著作の中でこれらの動きを予想していたレーニンは、インターナショナルがそれを戦略の中に組み入れることを要求した。こうして討論では三つの立場がぶつかり合うことになる。そのうち少なくとも二つは、その当時までヨーロッパの共産党の会議においてはほとんど表明されたためしがなかったものである。

まず最初は古典的な見解である。その趣旨は、階級闘争の産物である革命はヨーロッパを中心とするのであり、インターナショナルはその戦略の中でヨーロッパに優先権を与えるべきである、と断言することにあった。この立場はイタリア人、セラーティによって主張された。彼はレーニンが最初の審議の際に発表した報告[23]に激しく反発する。レーニンは直ちに己の確信を次のように主張した。「世界帝国主義は、世界各国の搾取され抑圧された労働者の革命的攻撃が（……）現在まで歴史の埒外にいた数億人の人間による革命的攻勢と合流を果すことになれば、崩壊するしかなくなるだろう」。セラーティは激しくこの考えを拒絶し、レーニンの立場は西欧プロレタリアートにとって危険であると断言した。

しかしレーニンおよびセラーティに対して、インド共産主義の代表者であるM・N・ロイが挑んだ論争こそ真の思想論争に値するものであった。彼は西欧の革命は東洋の運動のもたらす寄与なくしては実現不可能であり、また「革命的民族主義は、ヨーロッパ帝国主義を崩壊に導く[24]」ということを執拗に証明しようとした。彼にとって世界革命の鍵は東洋にあった。

こうしてレーニンは、ヨーロッパの外で起こっている変化を重要視しすぎるとしてセラーティから反論されたわけだが、しかし東洋での革命に優先的重要性を認めようとするロイの立場を受け入れないことを決意する。ロイの主張は階級闘争というマルクス主義の考え方全体を疑問に付すものであった。セラーティとロイの間にあって、レーニンは中間的立場を主張し、それが大会全体によって支持され採択されることになる。

しかしこのロシア人とインド人の対立――何故ならセラーティの極端なヨーロッパ中心主義的立場は、それが旧大陸の共産主義者の大部分が心の底で抱いている思いを映し出すものではあれ、論争の中ではは るかに比重が軽かった――は、レーニンが自国において直面しなければならなくなる問題をすでに示唆するものであった。大部分の出席者にとって、この論争はなによりも知的領域の論争に見えたかも知れないが、レーニンにとってそれはきわめて具体的な内容を持っていた。単にインターナショナルの創設者であるだけでなく、ソヴィエト政府の首長でもあるレーニンは、自国のために、敵対する植民地列強の後方を切り崩す力を持った同盟者をヨーロッパの外に見つけ出さなければならなかった。これらの同盟者は被支配国における民族闘争の前衛をなすブルジョワジーであり――レーニンはこの点を承知しており、そう言明もしている――、一時和解したセラーティとロイがレーニンに言わせたいと願ったように、プロレタリアートでも大衆でもない。それらの国にはプロレタリアートは存在していないことをレーニンは承知していたし、大衆はいまだ未組織だった。一九〇七年のシュツットガルト大会から、一九二〇年のコミンテルン第二回大会まで、レーニンは植民地問題についてこの上なく顕著な思想的連続性を見せている。ずっと以前から、植民地保有国の人間は、たとえ共産主義者であっても、植民地化された国の民族主義運動に依拠しようとする彼の意志に従うことはないであろうことを、レーニンは理解していた。セラーティとの対立が、またしても彼にそのことを証明していた。彼は病に倒れるまで、インターナショナルの内部で、第三回大会および第四回大会において、ヨーロッパの幾人かの共産主義者にあって「植民地主義的」精神の顕現と彼がみなすものに対して闘い続けるだろう。

レーニンはヨーロッパと東洋の革命運動と民族運動を結びつける戦略を説き、東洋についてはこの運動を推進できる社会勢力に依拠するのであるが、それでも一たび後進国の革命が起こったなら、やはり彼はそれにロシア・モデルを投影する。彼の考えでは、資本主義的段階を経ずとも社会主義革命は可能であり、社会主義を直ちに樹立することはソヴィエト型の組織態勢によって可能である。そしてこの場合、ソヴィエト型の組織態勢の支柱となるのは、労働者――まだあまりにも少数である――ではなく、農民であり、より全般的にすべての「勤労者」、すなわちすべての「被搾取者」なのである。

ヨーロッパ以外の地域の社会についてのこのような現実的ヴィジョンを擁護することによって、レーニンは改めてロシア革命とそれが提唱するモデルの正統性をしっかりと固めることとなった。ここでもまた、考えを表明しているのは、ロシアを統治する人物にして、同時に革命家である者なのである。二つの職務は彼にとっては切り離すことができないのだ。

この大会の内容を簡単に検討した上で、さらに二つの指摘がなされるべきであろう。(25)

その一つはレーニンにかかわる。諸国家の共同体の中にロシアを受け入れさせるために闘う国家指導者としては、彼はコミンテルンの第二回大会で躊躇なくオーケストラの指揮者の役回りを演じた。確かにすでに一九一九年〔の第一回大会〕においても事情は同じであった。しかし第一回大会は国際的反響もない、ほとんど内輪の会合だった。一九二〇年には逆にこの大会をめぐるプロパガンダはかなり盛大に行なわれ、各国の首脳は、彼らが統治する世界の終わりを予告しているこの会議に目を釘づけにしていた。この大会に姿を現し、主役を務めるレーニンは、他の国々にとっては、もはや単なる政府首脳ではなく、至る所で既存の秩序を破壊し、大国からその植民地を奪い取ろうとする意向を宣言する革命家であった。

一九二〇年のこの姿勢は、レーニンの世界革命に対する信念を証明していた。彼が政府首脳であるのは、世界ソヴィエト国家の実現までの間のことにすぎない。彼はその時点での職務と大いなる意図とを切り離すことはない。逆に、世界革命の展望が遠ざかったことが明らかになる一九二一年の第三回大会では、レーニンは控え目になり、世界大変動の先駆けとしての存在より政府首脳としての存在の方が有力になり始める。第四回大会は彼が出席できた最後の大会となるが、そこではレーニンはもはやほとんど無言の証人にすぎなくなる。それでもテーゼを準備し討論の主題について執筆するということまで止めてしまうわけではない。しかし一九二〇年には彼は進んで組織の陣頭に立ち、革命の戦略の策定に没頭したが、その後はソヴィエト国家――その安全は彼が国家的行動を採用する限りにおいてのみ保障されるだろう――と、「全世界的」革命計画とをますます明瞭に区別するようになるのである。

二つ目の重要な指摘は、一九二〇年にロシア・モデルがコミンテルンの中で重要性を帯びたという点に関するものである。おそらくこれが重要性を帯びることになったのは、まさにコミンテルンが組織を整え、規約を採択し、永続的な機関になった時においてであり、一九一九年にはコミンテルンはまだそのような態勢に達していなかった。一九二〇年のロシア国内とポーランドとにおける軍事的成功は、この第二回大会が開かれているまさにその時に、ロシア革命は成功したばかりでなく、世界革命へと発展しつつあることを示唆していた。無理にもさらに革命を拡大させるために、レーニンはすべての共産主義者に対して、あたかも彼自身の党の延長のごときものであるコミンテルンの旗の下に結集するように要求したのである。

確かに彼は、革命がロシアの国境の外へ出て広がって行くようにするためにそうしたのであって、ロシアの党の独占的モデルと支配をすべての者に押し付けるために、そうしたわけではない。しかし「全世界的」革命の夢が消え去った時には、このロシア・モデルとロシアの権威下にあるコミンテルンへの、すべての党の服従のみが残ることになろう。レーニンはこうしてこと志に反して魔法使いの弟子を演じてしまったということになる。

大会は終わり、代議員たちは革命の切迫を確信して四方へ散った。ロシア軍部隊はワルシャワにいた。ポーランド人が期待した援軍は来なかった。助けを求められた英仏両国は沈黙を守ったままであった。グダニスクでは、ドイツ人港湾労働者が、ポーランドの買いつけた物資がポーランドに引き渡されるのを妨害していた。ところが突然、首都で驚くべきことが起こった。ポーランドの社会主義者たちが、赤軍によって広められた階級の連帯というスローガンに反して民族の連帯に訴え、労働者部隊を組織したのである。意気阻喪していたポーランド軍は、この市民の抵抗の目覚めに励まされ、至る所で反撃が開始された。反撃はきわめて強力で、一週間もしないうちにトゥハチェフスキーの赤軍は、シコルスキー将軍の部隊に包囲されてしまった。約一万のロシア兵が捕虜となり、残りの赤軍は壊滅して四方へ敗走していった。ブディエニーの率いる部隊も同じく敗走し、ロシア軍の壊滅はポーランド人にモスクワへの進撃をも示唆していた。レーニンには出口は一つしか残されていなかった。敗北を認め、和平を乞い、戦闘の即時停止を勝ち取るために、和平と引き換えに領土を引き渡すことである。

すでにブレスト＝リトフスクで活躍したヨッフェが、この屈辱的な和平交渉に当たった。まず一九二〇年十月十二日に休戦協定が調印され、一九二一年三月十八日にリガ講和条約が調印された。白ロシアとウクライナの領土の広大な部分がポーランドに譲られた。しかしウクライナの主要部分はソヴィエト共和国内に残った。

レーニンはクララ・ツェトキンとの会話の中で、次のように失敗の原因を分析している。[26]「赤軍を見て、ポーランド人は友愛の軍隊とは受けとめず、敵とみなした。ポーランド人は革命家ではなく、民族主義者として行動したのだ」。そして彼は、ラデックの警告があったにもかかわらず、断罪さるべき楽観論にしばらく身を任せた罪を認めた。大半の共産主義者に抗して、民族的連帯の重要性とそれを計算に入れておく必要性を常に予見して来たのはほかならぬ自分であっただけに、それだけ後悔の念は強かったのである。クララ・ツェトキンは支払われた代償が重いことを強調した。ドイツで革命を起こすいかなる可能性も、この出来事によってなくなってしまった。自分の誤りを承知しているレーニンは、もう一つの誤りも自分のせいであると言った。この失敗は独立ポーランドを救っただけでなく、ヴェルサイユ条約ならびにヴェルサイユ条約下のヨーロッパをも救ってしまったと、彼は考えていたのである。

しかし講和条約に調印することによって、彼は少なくともロシアのすべての軍事的努力を、内戦の最後の拠点を掃討することに振り向けることが可能となった。ウランゲリ軍はクリミア半島まで後退し、次いでパニックの中、トルコへと船で落ちのびた。ロシア南部がソヴィエトの支配下に戻った今、残りは極東共和国だけとなった。日本軍とソヴィエトの間で緩衝地帯となっていたために、ソヴィエト政権はこれを黙認していたのだ。しかし早くも一九二一年末には、ロシアはシベリアにおける日本のいかなる存在をも禁じるだけの力があると感じ、この緩衝国家をもはや必要としなくなる。一九二二年末、極東共和国はロシア軍部隊に占領され、ソヴィエトの領土に併合されることになる。

東洋――革命の中心の交替

第二回大会の代議員が自国へ帰った後、ボリシェヴィキは目の前の現実を見詰めなければならなかった。確かにロシアは革命の祖国であったが、しかし唯一の革命国家であり、今後もそうあり続けることを余儀なくされていた。こうした条件の中で、ロシアは革命国家として生き残ることができるのか。レーニンは決してこの仮定を予想したことはなかった。そしてこの運命の八月の間にそれを受け入れることはない。彼はずっと以前から、革命の問題を、単にヨーロッパの枠内だけでなく、全世界を枠組みとして提起して来た。この確信を試練にかけ、自分のこれまでの分析を乗り越えてさらに先へと進むべき時が来たように彼には思われた。インド人のロイの意見に合流し、前衛たる西欧プロレタリアートの後方で被支配的世界の大衆と手を結んで闘うことによって、西欧プロレタリアートの消極性を打砕するのだ。レーニンにとってワルシャワを目前としての挫折は、楽観論に導かれた戦略の結果であるだけではなかった。ひたすら民族主義に身を委ねて行動したポーランド・プロレタリアートにも責任があったのである。さらには、豪胆というか鈍感というか、赤軍が自分の方に前進して来るのをのうのうと見ているだけで、この状況を利用するためのほんのわずかな努力の気配さえ見せなかった、ドイツのプロレタリアートも同罪である。ドイツ・プロレタリアートは本来なら蜂起を決行し、ポーランド人をその運動の中に巻き込んで、赤軍との合流を果さなければならなかったところである。レーニンにはもはや自分の本源的直観に立ち戻り、西欧プロレタリアートの「後方」へと目を向けることしか残されていなかった。第二回大会はその将来計画の中に、レーニンとロイの対話を続ける必要性を記していた。バクー大会がその機会となる。

もっともそれはこの種の会議の最初のものではない。一九一八年十一月に、スターリンはモスクワで第一回イスラム教徒共産主義組織大会を開催し、会議の終わりにロシア共産党イスラム教徒組織中央事務局（ムスブーロ）を設置した。その時の課題はばらばらの諸組織を集めて整理調整することだった。一年後の一九一九年十一月に、同じ路線に沿って招集された第二回東洋諸国人民共産主義組織大会は、レーニンの開会宣言によって開幕したが、彼はそこできわめて重要な報告を行ない[27]、次のように明言した。「われわれロシア人が企てた事業は、イギリス、フランスあるいはドイツのプロレタリアートが完成させるだろう。しかし彼らは抑圧されたすべての植民地人民、まず第一に東洋諸国の勤労大衆の援助なくしては勝利を収めることができないということに、われわれは気付いている。前衛〔西欧プロレタリアート〕だけで共産主義への移行を実現することはできないことを、われわれは理解する必要がある」。そして東洋問題に関する決議文は次のように始まっていた。

「一、本大会は東洋の参加なくして世界社会主義革命の問題を解決することはできないと考える」。

こうして第二回インターナショナル大会の教唆によって、第一回被抑圧諸国人民大会が、一九二〇年九月にバクーで招集されたわけだが、これは一九一九年にレーニンによってすでに画定された路線に沿うものであった。第二回コミンテルン大会の参加者は、この大会を招集することにほとんど不都合を認めなかっただけでなく、それにほんのわずかな注意を向けたにすぎなかった。ヨーロッパでは革命が差し迫っていると彼らは考えており、革命に参加するために帰国を急いでいた。彼らには周辺的な問題と見えたものについて、ソヴィエト国家の遠い南の果てで行なわれる討論などどうでも良かったのである。九日間（一九二〇年九月一日から九日まで）のバクー会議を支配した雰囲気は、これとは全く異なるものとなった。まずこの会議の出席者が、全体としてクレムリンの壮麗な広間にひしめき合った者たちとは同じではなかったからである。バクーでは出席者は主に東洋人だった。一八九一人の代表が出席したが、うち二三五人がトルコ系、一九二人がペルシャ系、八人が中国系、八人がクルド系、三人がアラブ系で、それ以外の者もみな旧ロシア帝国の非ロシア地域である中央アジアとカフカスの出身者であった。

ロシア帝国のかつての臣民——特にトゥルケスタン人——は、植民地化の歴史的経験を有していた。そして植民地という環境の中で革命を経験したところだった。[28]ヨーロッパの共産主義者とは異なり、彼らはマルクス主義の論争にあまり慣れていなかったが、自分たちの経験、すなわち植民地における革命、植民地の支配者側と被支配者側のそれぞれの役割と関係といった、自分たちが現に体験しつつある経験について証言しようとしていた。彼らにとってそれは、この経験を、西欧共産主義者の現実から遊離した純然たる理論的な観念と対決させる好機であった。直ちに彼らはこの問題に対する彼らの見方を次のような情容赦のない表現で要約した。すなわち「支配者の心性を捨て切れず、イスラム教徒を臣下とみなす共産主義者たちへの軽蔑[29]」。

これらの自信に溢れ、権利を要求する代表者たちに対して、コミンテルンの指導部を代表するのは、ジノーヴィエフ、ベラ・クーン、ラデック、ゲオルギー・サファロフ、ミハイル・ウェルトマンであった。ジノーヴィエフはもはやロシア革命を孤立から救い出す手段のことだけで頭が一杯で、西欧の革命のことを忘れなければならないとの思いで打ちひしがれていた。コミンテルンの党執行部の一員であるベラ・クーンとラデックとは、ともにヨーロッパでの挫折した革命にとり憑かれていた。サファロフはトゥルケスタンでの革命の思慮深い観察者で、これらの問題についてレーニンに助言する立場にあった。ウェルトマンはまたの名をパヴロヴィチと言い、革命まではメンシェヴィキであったが、彼が東洋学者であり、また党が東洋に対する戦略とそれを実行するための機関を構想する必要があったために、レーニンは彼を味方に引き入れたのである。彼らの誰にとっても、バクーは最後のチャンスとなる大会であった。彼らはこれらの東洋人を動員する使命を帯びていた。この東洋人たちはマルクスとレーニンについては大して知らないものの、革命を完遂したいと思っていた。ただし彼らにとって革命とは、民族の解放と同じものだった。

二つのグループの間の誤解は大きかった。コミンテルンの代表者たちは、一握りの集団にすぎなかったが、彼らだけでこの大会の議長団を構成し、ジノーヴィエフが議長を務めた。彼らは会場を支配し、モスクワで厳かに「革命の世界党」の称号を得たばかりのコミンテルンの権威を背負っていた。サファロフだけは自分たちと対峙する政治勢力について明晰な認識を持っていたが、彼を例外として、彼らはこれらの大衆を自分たちの計画——世界革命、すなわちなによりもまずヨーロッパ革命——のために動員することができると考え、それを実現する手段を画定しようとしていたのである。

最初は、すべてが単純に見えた。ジノーヴィエフが大会の開会を宣言し、その演説の結びに「帝国主義に対する聖戦」への呼びかけを行なった時、それを聞いた人々の熱狂は名状しがたいものであった。彼らは呼びかけに呼応して「ジハード」と叫び、ついでに「インターナショナル万歳」と付け加えもしたが、とりわけ「東洋の復活万歳」と付け加えたのである。しかしながら東洋の代表者たちが発言する段になると、東洋ならびにその独自の状況の特殊性を強調した。そしてコミンテルンの戦略の中で、東洋の革命に特別の重要性が与えられることを要求した。西欧における革命の停滞は、差し迫った将来がヨーロッパの外、彼ら東洋人の地域に激変をもたらしつつある解放運動の中にあることを意味しているのではないか。

コミンテルンの代表者たちが大いに狼狽したことには、討論の結果は、彼らの予想と完全に逆のものとなった。東洋の「共産主義者」にとって、〈歴史〉の中心は彼らの生きる地域に移っており、彼らの革命の成功こそが、いつの日かヨーロッパにおける革命の希望の再生を可能にするのである。それにヨーロッパとアジアに跨る国であるロシアは、この展望の変化の好個の具体例ではないか。革命が具体化したのは、ヨーロッパでもっとも遅れたこの国においてであった。この革命は生き残るためには東洋の方に向きを変えなければならない。この革命が開始した運動の拡大の方向は、まさに東洋なのである。

ジノーヴィエフとその同輩たちが、決して存在を予想もしていなかったこうした考えは、ナルブタベコフ、ルイスクロフといった発言者たちによって、いまだ不器用に表現されたが、実はタタール人のスルタン・ガリエフによってすでに主張されていた。早くも一九一九年にスルタン・ガリエフは、ロシア革命が世界革命に依拠するのは正当であるとしても、依拠すべき中心が西欧に見出されると主張するのは失敗の原因であると書いていた。[30]

革命の重心を移動させるというこの意志――これは農村による都市包囲の戦略、「今後は革命の風は東から吹く」〔東風は西風を圧す〕という中国の考え等、後に起こる数多の地滑りを予告していた――に直面して、バクー大会の議長席に居並ぶコミンテルンの指導部は、このような命題を承認することを拒否し、第二回大会の立場への後退を特徴とする結論を採用させた。ラデック、ベラ・クーン、パヴロヴィチの発言は、東洋諸国人民解放運動（レーニンはこれを世界革命の中に組み入れていた）が副次的位置を占めることを強調し、この運動の主たる存在理由は、世界革命を支援し補強することにすぎないとした。いかなる場合においても、彼らはそれが西欧での革命に代わる選択肢であることは受け入れないのであった。コミンテルンのこのような姿勢から生まれるのは、東洋における闘争の条件と西欧で支配的な闘争の条件を最大限に近づけるための戦略である。東洋の革命の特殊性を全面的に無視するわけではないまでも、コミンテルンの責任者たちは、バクーでこれらの特異性を認めるのは一時的かつ限定的に過ぎないことを強調した。彼らはそうすることによってレーニンの勧告から遠ざかってしまったのである。しかし彼らの後退は容易に理解できる。この九日間の討論によって彼らは、東洋で発展している民族的革命運動は彼らの行動指針をはみ出してしまうこと、西欧の共産主義と東洋の共産主義の間には共通の目標がないこと、そして彼らの討論の相手たちは、資本主義の西洋であれ共産主義の西洋であれ、要するに西洋から全面的に解放される夢、さらには西洋に仕返しする夢を育んでいることを発見したのである。

毛沢東の名はコミンテルンにはまだ知られていなかった。しかしスルタン・ガリエフの名は、バクーにおいてコミンテルンを代表した者たちの注目を引きつけた。スルタン・ガリエフは一九二三年から一九二八年までの間に理論的考察を完成し、西洋と東洋の間の還元不可能な根本的差異を断定した。西洋では抑圧された者が、プロレタリアートという階級を形成するが、東洋では抑圧されているのは、民族であり、民族は抑圧を被っているが故に、まるまる全員がプロレタリアなのである。そして彼はこう結論する。すなわち東洋の解放は、西洋が課す抑圧に代えて、あらゆる階級を一まとめにして、東洋のプロレタリア諸「民族」の西洋に対する独裁を実現することのみによってなし遂げられる、と。(31)

ジノーヴィエフとその同僚による東洋共産主義のテーゼの拒絶――これが第二回大会の結論であったわけだが――は、コミンテルンによって定義された、戦略の単一性の必要性を前提としていた。それはコミンテルンに所属する者全員に、どんな些細な逸脱も許すことなく断固として課されるのである。

首都に留まったレーニンは、ロシアだけが革命の炎を灯し続けなければならないことをすでに承知していた。この時以降、明示的にそう述べることはなかったが、彼はこの確認から引き出される帰結を受け入れた。革命はただ一つの国に封じ込められたのであるから、この国は生き延びる手段を自らに付与しなければならない。そうである以上、国家を最優先にする必要がある。これ以降レーニンは、政府の首脳として国家に身を捧げることになる。国家を強固にし、あらゆる領域でその安全を保障するのである。以後、国内への要求においても、外の世界に対しても、彼は政府首脳としての役割を優先させて行く。だとすればコミンテルンの中で彼の姿が目立たなくなるのも理解できるのである。コミンテルンに関心がなくなったからではない。コミンテルンが革命の真の世界党ではなくなり、ソヴィエト国家の民族的利益の中継機関に変貌して行ったからである。

＊

一九二一年三月にドイツで姿を現しかけた最後の革命の試みは、熟慮されたというよりは無謀なものであり、失敗に終わるが、これが最終的にレーニンに、自分のすべての努力、共産主義者のすべての努力を、ソヴィエト国家の利益のために振り向けなければならないという必要性を納得させることになろう。しかしなによりもまず、この国家に、革命によって失われた空間、人口、資源を与え直す必要があった。大ロシアを復活させる時が来た。民族自決――これは確かに革命に役立ったが、一九二一年にはソヴィエト国家を危機に陥れる恐れがあった――に終止符を打つ時が来たのである。

第13章　民族自決が終わり、再び複合国家が構築される

何年もの間、レーニンは労働者運動の多数派に逆らってただ一人で民族問題について熟考して来たが、この件に関しても現実にボリシェヴィキを参与させることはないままであった。一九一七年四月にロシアに帰国すると、彼は党に対してもっとも因習打破的な提案を強引に突きつけた。革命戦略の構成要素をなすものとしての分離独立の権利である。この問題は、四月二十四日から二十九日にかけてペトログラードで開催された第七回党大会で討議され、きわめて激しい対立を引き起こす。スターリンが民族問題の報告を行ない、各民族のロシアからの分離の権利というレーニンの主張を擁護したが、以下のような補足を付け加えた。各民族はこの権利の行使を義務付けられているわけではなく、そのうえそれを行使する際には、何にもましてプロレタリア革命の利益を考慮に入れなければならない、というものであった。そして直ち

に、自分としては、ザカフカス地方〔カフカス山脈以遠〕の分離独立に反対するであろうと予告した。この発言は数年後に彼の同胞たるグルジア人に対する行動によって、悲劇的な形で確証されることになる。ピャタコーフとジェルジンスキーは民族に分離権を与える考えに激しく反対した。ピャタコーフは、各民族はこの権利をプロレタリアートのためではなく、プロレタリアートに逆らって用いるであろうと述べ、民族自決権を断罪する動議を提案する。レーニンはピャタコーフの動議を否決し、スターリンの決議案の可決を獲得するために、自分の権威を総動員しなければならなかった。最終的に採決の内訳は賛成五六票、反対一六票、棄権八票であった。

採択されたテーゼには、分離独立の権利、ロシアから分離しない民族には大幅な地方自治、法による少数派の権利の保証、党の統一性、という四点の要件が含まれていた。

逆にいくつかの点が不明確なままであった。民族自決の権利はいつ行使することができるのか、和平が獲得されたときなのか、それとも当該民族が行使を決めた時なのか。それにとりわけ、この権利はどの民族に適用されるのか。

このようにレーニンの考えは、ボリシェヴィキの沈黙と留保を押して採択されたわけだが、それによってロシアの政治的営みの前提は一変するのである。

民族自決の武器

諸民族の将来は、政権を奪取した時にレーニンの最優先の懸案の一つであった。『ロシア諸民族の権利の宣言』は一九一七年十一月二日、すなわち『平和についての布告』と『土地に関する布告』の直後に発表された。この宣言は、レーニンによって党に課せられた基本的原則を定義しており、暗黙のうちに二つの問題を提起していた。ソヴィエト国家の国境の問題とソヴィエト国家の組織形態の問題である。

一九一八年一月十二日、第三回ソヴィエト大会で採択された『勤労・被搾取人民の権利宣言』は、民族自決の原則を再確認したが、次のように具体的に規定している。「すべての民族は、連邦政府およびその他のソヴィエト的連邦機関に参加することができるかどうか、それはいかなる基礎に基づいてであるかを、決定する権利を有する」。

こうして早くも新体制の発足当初から、レーニンは自分の民族問題のヴィジョンの中に、民族自決権に見合うものとして、その時まで彼が斥けていた選択、すなわち連邦の絆というものを組み込んだ。

民族政策の方向がこのように変化したのと同時に、レーニンはその政策を実行する用具を創設する。政府は民族問題人民委員部（ナルコムナーツ）を新たにその内部に設け、スターリンが人民委員に就任して、二人の補佐役を従えた。(1) この人民委員部は、発足当初は単なる連絡機関で、当該民族の代表によって指導される八つの部局ないしセクションの連携を図ることを任務とした。これらのセクションは、具体的な問題の出現に応じて創設されたもので、最初に設置されたのは、一九一七年十一月に誕生したポーランド人民委員部（当時は人民委員部という名称であった）であり、次いでリトアニア人民委員部、ユダヤ人関連人民委員部、イスラム教徒人民委員部である。

早くも一九一八年には、〈ナルコムナーツ〉が連絡調整に当たるセクションは一八に達した。セクションの責任者たちは、常にスターリンの権威のもとに置かれていたが、責任者連絡会を形成し、スターリンの中央集権的ヴィジョンに対して民族「下部」としての要求を突き付けようと試み、しばしば彼と対立した。

このように中央と周辺の対立が拡大したため、レーニンは〈ナルコムナーツ〉が「諸民族の議会」に変貌するのを予防するために、これを修正する必要があると確信するに至る。一九一八年六月九日の改革の結果、セクションは廃止されることはなかったものの、すべてのセクションの代表が系統的に責任者連絡会のメンバーとなることは保証されなくなり、同連絡会は定員九人に縮小され、党中央委員会とソヴナルコムの二重の権威のもとに置かれることになった。この二つの機関が同連絡会のメンバーの選択を承認し、その内部の対立を調停するとされたのである。

人民委員部の組織的形態がかなり頻繁に変わったことは、その基底に横たわるもの、すなわち政権と諸民族の関係の変遷の現れにほかならない。もともとは人民委員部の職務は、諸民族の支持を勝ち取るために、諸民族を新政権の政策に参与させることであった。同人民委員部のセクションの代表権に関しては、当時としては珍しい、ユダヤ人セクションとイスラム教徒セクションの創設という二つの事例が目にとまるが、それも同人民委員部の職務の然らしむるところであった。なにしろマルクス主義者たちは、これまでユダヤ人もイスラム教徒も民族とみなしたことはなかったからである。しかし一九一八年には、政治的現実がレーニンに、彼の原則に反するこのような解決を強いたのである。

この人民委員部は諸民族にとって民族的要求を擁護する場であり、諸民族はこの枠組みの中で中央政権に対する民族の「共同戦線」を組織する可能性さえあったが、レーニンは民族がこの人民委員部をこのように用いようとしていることを機敏に察知すると、反撃に移った。そして中央の政策を実行する任を負っていたスターリンは、次々に改革を行なっていった。それらの改革はいずれも、中央の人民委員部の権限を拡大して、それを民族間の関係の統括責任者とすることによって、生まれたての民族の連帯を分断し、さらには民族セクションの特権を不断に削減しようとするものだった。一九二四年、ソ連邦が創設されると、連邦国家が民族の権利の唯一の組織主体にして保証主体となり、諸民族の提起する問題はすべて最終的に解決されたとみなされ、民族人民委員部は廃止される。

連邦の原理が『勤労・被搾取人民の権利宣言』の第二条で認められることになると、それに付随して、民族自決権行使のかなり具体的な解釈が打ち出され、それまでの曖昧でしばしば矛盾した諸文書に取って替った。一月十二日の宣言は、すべての労働者がソヴィエト大会の中でこの権利を行使することができると明確に規定している。それゆえ最終的決定を下すのはこの機関ということになる。一九一八年七月十日に第五回ソヴィエト大会で満場一致で採択された最初のロシア憲法は、レーニンの思想と、またそれまでの経緯から彼が受け入れるに至った連邦主義的解釈を明らかに示している。憲法は同時に一月十二日の宣言と連邦共和国の組織規定とから成る。この二つの文書を読んでみると、二つの指摘が浮び上がる。「連邦の」あるいは「連邦」という語は極めて稀にしか使われていない。「連邦」は第一章第二条に出てくるのみである。確かに多様な実体を編成する「連邦制的」組織形態について述べているところもあるが、しかしそれはどちらかと言えば地方分権化のことなのである。結局、一九一八年に規定された連邦制は、諸民族の共存の自発性と、ソヴィエト国家においてすべての民族が法的に平等であるとの断言に還元されるように見える。一つはスヴェルドローフが議長を務める委員会から出された草案と、もう一つは法務省が練り上げた草案という、二つの憲法草案を組み合わせる任を負った、中央委員会内の特別委員会に権威を行使したレーニンにとって、連邦主義とは現実への譲歩であった。そして現実というものは、その根拠をなすものに制限されなければならない。その根拠とは「労働者階級の利益」であると彼は明確に述べている。

他方、こちらの方が重要なのだが、この譲歩は、「労働者が民族間の紛争を超越することを可能にする(2)」、「過渡的」なものである。そしてレーニンは自分の計画を次のように要約する。「連邦制は自発的融合へ向かう一段階である(3)」。

全体として差し迫った問題の解決を目指すこの現実主義的ヴィジョンは容易に理解できる。一九一八年の初めにはロシアは完全な混沌状態にあったが、諸民族の自然発生的自決もその大きな要因であったからである。

「下部における」民族自決

「民族の自己決定権」というスローガンを掲げつつ、レーニンはその実行に対する統制権は保持できると期待していた。しかし帝国の諸民族は、自己の運命を決めるのに彼の手助けを待ってはいなかった。外国の支持が得られただけに、なおさら自分で行動しようとする決意を抱くようになったのであり、解放の意志の反響が世界中至る所に鳴り響き、民族の意志はさらに過激な様相を帯びるようになって行った。

レーニンは民族自決権を提案したが、しかし実際にはそれは役に立つことはないだろうと期待していた。しかしそんな幻想にはお構いなく、帝国はあっという間に崩壊してしまい、政権にたどり着いたボリシェヴィキは、彼らの権威が及ぶロシアの領土は、生き残りのために経済的・戦略的に必須の空間を失っていることを確認した。いかなる民族も民族自決権をどのような形で行使すべきか気遣いはしなかった。もっともボリシェヴィキも容易にそれを規定できなかったのだ。諸民族はごく単純に分離独立の意志を宣言した。

最初に独立の意志を表明したのは、ポーランドとフィンランドの二つの民族である。

一九一七年十月、ポーランドは実際上独立状態にあった。戦争とドイツによる占領がこの事実上の事態を創り出したのだが、レーニンは前提条件も論争もなしにこれを追認しなければならなかった。すでに見たように、一九二〇年に、彼はポーランドで革命の火蓋を切り、ソヴィエト国家を樹立することができると考えた時、この独立を見直すことになる。

フィンランドも同じ道を進む決意をするが、レーニンはそれを受け入れるのを躊躇した。なぜならこの国には革命的状況が存在すると考えたからである。ロシア軍はまだ駐留しており、当地の社会民主党を支援することが可能だった。しかし一九一七年秋には、何らかの民族に統合を強制すると、他の地域に不安を与える恐れがあった。フィンランドで革命が「引き起こされる」という解決は、大半の同僚に歓迎されただろうが、彼は最終的には民族自決の権利の尊重を彼らに認めさせた。そして十一月十四日にスターリンをヘルシングフォルス〔ヘルシンキ〕に派遣し、マンネルヘイム政府と独立を正式に承認した。これは一九一七年十一月十七日の布告によって、ソヴナルコムに正式に認められることになる。(4) この承認には下心がなかったわけではなく、レーニンはこう記している。「われわれはフィンランドを征服するだろう。われわれの統合は被搾取者の連帯に基づくものとなろう」。レーニンが夢見るこの再征服は急速に進捗する。フィンランドはその国土からの赤軍の撤退をいまだ実現するに至っていなかったが、一九一八年一月十五日、フィンランド駐留の赤軍は、ボリシェヴィキ寄りの当地の社会主義者たちの武力行使に手を貸すことになった。クレルヴォ・マンネルが議長を務める人民代表者評議会がヘルシンキで政権を握った。この評議会は十四人の閣僚を数えたが、教育相であるオットー・クーシネンは、数ヵ月後にフィンランド共産党を創設し、その後コミンテルンの中心人物の一人となり、つねにソ連邦の近しい「友」であり続けるだろう。この政府は一九一八年三月一日に、フィンランド労働者社会主義共和国を宣言し、ソヴィエト国家との友好条約に調印する。

レーニンは勝利を収めたわけである。数日前に彼が鉄道員大会で予告した「ヘルシンキ政変」は、彼の戦略の正当性を示すものであると彼は考えた。[5] 民族自決が認められたことは、諸民族に対して、ロシアが約束を守ることを証明したが、しかしその後直ぐに、「労働者の自決」――これがこの操作された革命に冠された名である――は、労働者階級は自分の意志だけで自分の運命を決定できるということを証明したのである。この革命的「モデル」は、第二次世界大戦直後に、東欧で並外れた成功を収めることになる。しかし当面は、このモデルはレーニンにとって、自分のやり方は正しく、革命は広がって行くということの証明であった。しかし一九一八年のフィンランド「モデル」は、短期間で消滅してしまう。一九一七年十二月十七日にロシアが承認していたマンネルヘイム政府は降伏せず、ドイツに助けを求めた。数週間でベルリンが介入して来て、社会主義共和国は消滅し、その指導者たちはモスクワへ亡命した。[6]

フィンランド革命の失敗は、ドイツ、ハンガリー、バイエルン、オーストリアと続く一連の不吉な革命の不成功の嚆矢となった。フィンランドの独立がドイツの援助によって取り戻されたことは、他の民族にとって大いに教訓となった。これらの民族はレーニンの約束を信じるだけでは充分でなく、労働者階級の「意志」という便利な口実の下に隠された再征服の企みを免れるためには、第三国の保護を仰ぐのが適切であることを理解したのである。

バルト諸国の苦悩の歴史は、同時に民族の意志と、レーニンの意図と、外国の干渉が介入する複雑な動きの具体例である。エストニアとラトヴィアでは、ソヴィエト政府が設立されたが、やがてドイツ軍の進攻によって一掃され、最後には民族政府にとって代わられた。リトアニアでは親独政府が一九一八年二月に政権を取ったが、ドイツの敗北によって支援を失った。レーニンにとっては、ロシアの政策が帝国的な足取りを見せないようにしつつ、これらの問題をどのように解決するかが問題であった。フィンランドで実験済みの解決策は、どこにでも適用可能であろうか。それはドイツ軍撤退後に、エストニアで試みられ、レーニンはエストランディア労働者コミューンの成立を支援した。ロシア・ソヴィエト連邦共和国は、一九一八年十二月七日にこれを正式に承認し、財政的・軍事的支援を与えた。同じ時期に、ソヴナルコムはラトヴィアにおいて「労働者、無産農民、ストレリツィー（射撃兵）の代表の政府」の設立の采配を振るった。これは「エストランディア・コミューン」としてロシアに認められ、援助を受けた。この議長であるピョートル・ストゥーチャは、ラトヴィア共産党の創設者であり、後にコミンテルン執行部で活動することになる。

　レーニンが「労働者の民族自決」を組織するために利用するのは、まさしくボリシェヴィキに近い者で、その手先のことさえあった。それを民族自決、もしくは革命と呼ぶべきであろうか。いずれにせよ決定因となるのはロシア政府の行動であった。しかしフィンランドと同じように、ここでもロシア政府の行動は、こうした操作された革命に納得しない他の国家と衝突した。エストニアとラトヴィアの民族政府の政権復帰を支援したのは、バルト海に進出したイギリス艦隊であった。そしてユーデニッチはバルト諸国を反ボリシェヴィキ活動の基地として行く。レーニンの企ては失敗に終わり、彼はバルト諸国において再び革命を企てることは、民族の意志と衝突するばかりでなく、特にイギリスと衝突するということを理解する。バルト人たちにおける革命の好機は瞬く間に過ぎ去り、イギリスの保護が現実の民族自決、すなわち独立を保障したのである。

リトアニアでは、レーニンはドイツ軍の撤退のおかげで解決を見出すことができると信じた。彼はそこで、ミツケヴィチュス＝カプスカスが率いるリトアニア臨時革命政府の成立を支援し、一九一八年十二月二十二日に承認した。一九一九年二月には、彼はリトアニアと白ロシアの合同と、ヴィリニュスを首都とする統一政府の設立を後押しする。これは賢明な操作と思えた。白ロシアではボリシェヴィキが活発であったものの、白ロシア自体は一本立ちに自信がなく、旧来の歴史的絆を口実に、モスクワとワルシャワの間で迷っていた。レーニンはそこにこそ紛れもないチャンスがあることを理解した。あの最後には統合に行き着く、例の「民族自決」を実現する可能性である。白ロシアのボリシェヴィキはロシアの支援を受けて、民族自決を主張した。そしてレーニンはそれをモデルとすることになる。白ロシアはロシアに併合されるのではなく、一九一九年一月三十一日に、「経済的・政治的領域における緊密な連邦的絆によって兄たるロシア国家に」結ばれた、主権を有するソヴィエト共和国として独立する。白ロシアを独立の共和国として樹立することは、ボリシェヴィキが当地にしっかり根付いているために、レーニンにとって下すのが容易な決定であった。ここでは憲法制定会議選挙で、ボリシェヴィキは六〇％の票を獲得していたのである（他の所では二五％）。ボリシェヴィキはがっしりと組織化された共産主義組織を迅速に構築した。この作業は、当地の政治的空白のおかげで順調に進んだのである。この決定がもたらした利益は大きかった。新共和国の国民の大部分はロシアに好意的であり、したがってここに創設されたのはまさに「姉妹共和国」なのである。

しかしレーニンはまた白ロシアをリトアニアとの統合へと駆り立てた。リトアニアは独立を願っていたが、この統合は一九一九年二月に押しつけられ、白ロシア・リトアニア共和国が成立した。そして五月に、同共和国の防衛評議会は、ソヴィエト共和国同士の軍の統合を要求する。巧妙な提案であった。何故なら、この提案はレーニンの意図に奉仕しながら、外見上はロシアから発せられていなかったからである。リトアニアの民族主義はこうして、リトアニア人が少数派となる二民族国家に吸収することができるように思われた。結局、この解決は、他の二つのバルト諸国の現実の独立にイギリスが与えていた庇護から、リトアニアを一時的に引き離すことになる。

一九二〇年に革命の場を広げるために不用意にもポーランドに侵入することがなかったならば、リトアニアはおそらく長くロシアの支配下に留まったことであろう。しかしポーランド事件ですべてが変ってしまった。そして一九二〇年夏には、レーニンの二つの野心が同時に崩壊する。革命はポーランドで失敗に終わり、軍事的敗北とリガ条約が白ロシアを元の領土に縮小してしまう。白ロシアは確かに独立を保ったが、リトアニアは白ロシアから分離してしまったのである。そのうえ白ロシアは外交権限をロシアに委任しなければならなくなり、ロシアが白ロシアを代表してリガ条約の交渉に当たった。その結果、白ロシアの「独立」は外交権限を伴わないものとなった。そうなると白ロシアの運命は、実際上民族主義が存在しないという例外的な条件によって決められることになる。民族主義の不在の故にレーニンは、モスクワとロシア帝国のかつての従属国との間の関係を律する「国際主義」のモデルにするためにこの国を選択したのである。この独立は要求して勝ち取ったものでは必ずしもなく、むしろ上から授けられたものであり、外の世界を戸惑わせ、いかなる国家もその保証人となって得をするとは思わなかった。

ウクライナでは、ボリシェヴィキはこれよりも遥かに複雑な状況に直面しなければならなかった。一九一七年十二月、ロシアはすでに十一月七日にラーダ（議会）が建国宣言したウクライナ人民共和国を承認する。この共和国はその後白ロシアが最良の実例となるモデルの構築を予告するものと思われた。しかしこのモデルは失敗に終わる。政権を確保するやいなやウクライナ政府は、ソヴィエト政権に反旗を翻し、ドン・コサックの抵抗運動を組織するカレーディン将軍を支持したのである。民族自決とは、ある民族が反革命の闘いを行なうことを許容するものであろうか、とボリシェヴィキは疑問を抱いた。それに何よりも、ボリシェヴィキは食糧調達という困難な問題に直面した。ウクライナの小麦は彼らには不可欠のものであったが、独立国に対してどうやってそれを引き渡すよう命じることができよう。ウクライナ政府はロシアからの圧力に不安を抱き、フランスに庇護を求める。ロシア政権はこれに反撃し、ハリコフでのボリシェヴィキ政府の樹立を支援し、次いで部隊を派遣して独立政府の拠点であるキエフを包囲した。

一月二十六日、キエフはロシア軍によって占領され、ウクライナ・ソヴィエト政府が樹立された。しかしそれも束の間であった。というのも、ドイツ軍とペトリューラの軍による合同攻撃のために、二ヵ月後にはキエフを放棄しなければならなくなったのである。そこで今度はドイツに保護されたスコロパツキーがウクライナを統治することになる。

ウクライナは赤軍と白衛軍の攻撃、それに一九一八年春から一九二〇年十一月まで当地の農民蜂起の指導者となるネストル・マフノのパルチザンに蹂躙され、状況は混乱を極めた[7]。キエフは絶えず支配者を変えた。どの陣営もテロルを用いた。やがて一九一九年に、ハリコフにソヴィエト政権が打ち立てられ、ピャタコーフが首班を務めることになる。この男は民族自決に対する断固たる敵対者で、それを「反革命」と決めつけ、この点に関してレーニンと激しく対立する。レーニンにとって、ピャタコーフはロシアと他の民族との関係を損ないかねない「大ロシア人排外主義者」にすぎなかった。

一九一九年三月、第八回党大会において、レーニンと、労働者の利益にならない場合には民族自決の原則を放棄することを要求する党左派――ピヤタコーフとエヴゲーニヤ・ボッシュ――との間で、熾烈な闘争が展開した。ウクライナにおけるピヤタコーフの影響を抑えるために、彼を降ろして後任としてラコフスキーがウクライナに派遣された。しかし混乱が続いていたために、ウクライナの身分は一九二一年まで不確定なままであり、民族主義者たちは、ロシアの支配を逃れるために、ドイツの庇護からフランスの庇護へと揺れ動いて行く。

ポーランド戦争が終結し、マフノはルーマニアへと逃亡したために、ロシアはようやく思い通りにウクライナを組織立てることができるようになる。連邦原則遵守を支持する一人のウクライナ人が、ウクライナ・ソヴィエト共和国樹立の中心人物となる。ニコライ・アレクセイエヴィチ・スクルイプニクである。ウクライナ共産党の創設者の一人である彼は、共産主義が彼の国を解放することになると確信しており、この混迷の歳月の間、ピヤタコーフの中央集権的主張と闘い続けた。一方レーニンはレーニンで、中央集権主義はウクライナの民族主義を助長することにしかならず、永久にウクライナをロシアから遠ざけることになると確信していた。それゆえ彼は一九二〇年に、ウクライナ共産主義を分裂させた抗争に強力に介入し、ピヤタコーフに対抗してスクルイプニクを支援し、彼をラコフスキーが首班となった政府の内務大臣に据えたのである。そうなると今度は、ウクライナはもう一つ別の対決の対象となるのだった。スクルイプニクの主張するように、ソヴィエト共和国はある種の主権を有するはずであるのか、それともスターリンが考えるように、ロシアの中央集権が優越すべきなのか。

民族自決の最後のケースが、この時期の混乱にさらに輪をかけた。グルジアと、さらにそれを越えたザカフカス全域のケースである。一九一七年十月に、グルジアの社会民主主義者のゲゲチコリが人民委員を務めるカフカス人民委員部が地域の統一を実現し、憲法制定会議が民族間の関係を整理してくれるのを期待した。ところが憲法制定会議は解散させられ、ボリシェヴィキが帝国ロシアの継承者ではないと断言しながらも、主人のように行動し始めた。彼らはトルコにバトゥーミならびにカルス地方とアルダハン地方を譲り渡すが、それによって領有権を奪われることになるグルジア人とアルメニア人には何の相談もなかった。両民族は憤慨し、分離を決意し、一九一八年四月二十五日、ザカフカス共和国の独立を宣言する。しかし五月二十六日、この共和国は民族対立の激化と、「バクー・コミューン」よりする操作によって分裂する。「バクー・コミューン」とは、ボリシェヴィキがバクーに樹立した政権で、シャウミアンが首班を務めていた。ザカフカス共和国のあとには三つの国が独立した。メンシェヴィキが指導するグルジア、ダシュナク率いるアルメニア、ムサヴァト党の支配するアゼルバイジャン（これは中心都市であるバクーを奪われていた）である。しかし早くも一九二〇年夏には、トルコ軍のカフカス進攻によって、アルメニアとアゼルバイジャンの独立に終止符が打たれる。グルジアだけが存続し、ドイツ、次いでイギリスと、次々に保護を求めて行く。

カフカスについては、レーニンは易々と民族自決への好意をかなぐり捨てた。一九一八年にバクーにコミューンを樹立したことが、ボリシェヴィキがこの地に留まり続ける意志を持っていた証拠である。グルジアでメンシェヴィキが演じた役割は、レーニンを激昂させるのみであった。一九〇九年以来、彼はメンシェヴィキと衝突してきた。そして一九二〇年までは、我慢する必要があることを承知していた。しかしピャタコーフとブハーリンに対して彼が原則を擁護し続けた民族自決は、彼にとっては一時的譲歩にすぎないということを、すべてが物語っていた。第八回大会でレーニンは、ピャタコーフの過激主義を非難しながらも、彼が「統一はわれわれに不可欠であると言うのは、完璧に正しい」と彼に向かって述べているではないか。

レーニンは、革命以後に誕生した国家の主権を尊重すると頻繁に繰り返し言明したが、その主権を縮小する試みを何度も行なっている。ウクライナでは彼は小麦の引き渡しを要求し、一九一九年五月二十二日にはトロツキーに宛てて、ウクライナから小麦を「奪い取り」、ロシア軍の安全を確保しなければならないこと、またこの任務のために「チェカー員一大隊、バルト海艦隊の水兵数百人、モスクワあるいはイヴァノヴォ＝ヴォズネセンスクの労働者の分遣隊、および信頼できる宣伝活動家を派遣する必要があろう」(8)と打電している。そしてレーニンはついにロシア、ウクライナ、白ロシア＝リトアニア共同の単一防衛機関を創設するに至ったが、この機関は軍と通信手段を中央集権化する権限をロシアの諸機関に委ねるのであった(9)。こうしてこれらの共和国の主権は深刻な損傷を蒙ったのである。とりわけロシア共産党は現地の党の営為に権威的に介入した。一九二〇年三月、中央委員会は、ウクライナ党の中央委員会が反ロシア的であり、即時解散されるべきであるとの決定を下す。こうして民族自決を躊躇なく侵害していく「労働者の民族自決」がその本性を現わすのである。

しかし一九二〇年夏まで、レーニンはまだ革命が西欧へと拡大すると信じていた。旧帝国の分壊は、彼の目にはまだまだ副次的問題であった。世界ソヴィエト国家が建設される希望が存続している以上、ロシアにとって領土の縮小は大した問題ではない。彼にとって、民族自決は何よりもまず革命の武器であった。

一九一八年から一九二〇年まで、彼は民族自決というものを、なによりも四方八方から脅威を受けている飢えた彼の国家のための安全と物資調達という形でとらえていた。ウクライナの小麦なくして、またカフカスの石油と鉱物資源なくして、どうやって生きていけば良いのか、とレーニンとトロツキーは声をそろえて言うのだった。

しかしポーランドでの敗走と西方での革命の希望の崩壊の後は、民族自決問題は新たな形で提起されることになる。「われわれは一人ぼっちだ」、そしてわれわれは長い間一人ぼっちのままであろう、とレーニンは確認した。ではどうすれば良いのか。彼は断念しようとは一瞬たりとも思わない。彼はこれまで常に、革命家は挫折した革命の集成に新たな一ページを加えるために革命に挺身するのではないと繰り返し言って来た。コミューンの例は、マルクス主義者によって常に引用されるが、彼にとっては従ってはならない先例である。彼はある日誇らかに「われわれはコミューンと同じだけ長続きしたということになるだろう」と言ったことがあったが、一九二〇年に、彼はもはやこの先例を受け入れることはできない。彼はロシアをしっかりと長い持続の中に据えつけようとするが、しかしそのためには、ロシアは生きるための領土、資源、国境を持たなければならない。民族自決政策によって解体されてしまったものを、再び構成し直さなければならないのである。

連邦制の始まり

一九一八年に、連邦制的編成の手段を定義する憲法が採択され、これに伴ってロシア共和国の枠内での共通の営為の枠組みが決定された。民族自決が実行される諸条件について議論する中で、レーニンは常に、民族自決がすべての民族に適用されるものではないこと、ロシアの領土の中にすっぽりとはめ込まれて居住する民族には絶対に適用されないことを明言して来た。こうした民族は、完全に統合されるか、何らかの形での自治身分を適用されるか、のいずれかしか選択の余地はなかった。

一九一九年、まださまざまな敵の攻撃に晒されている頃から、ソヴィエト政権は連邦的統合を組織し始めた。モスクワが最初に交渉を行なった民族は、バシキール人だった。彼らはヴァリドフを大統領とする共和国を設立したが、コルチャーク提督はその解体を宣言した。ロシアはコルチャークの帝国的な態度に付け込んで、一九一九年三月にバシキール共和国との協定を締結し、その独立を承認する。しかしこの承認は一時的なものにすぎない。これに伴ってすでに依存関係が張りめぐらされてしまい、やがて一年後の一九二〇年五月に、バシキール共和国はロシアに併合されることになる。それ以前にこれは、タタール共和国とチュヴァシ人自治区まで加えてバシキリアとなっていた。その際これらの小国を白衛軍の帝国主義から守るということが口実とされたが、これによって、レーニンはこれらの民族をロシアに統合することができるようになったわけである。これらの民族の中では、激烈な民族主義が燃え上がっており、そのままでは彼らの占める広大な領土がロシアから失われることになりそうだったのである。

この政策はまた、同じ時期にステップ地帯とカスピ海周辺に適用された。ステップ地帯ではカザフ人が民族政府を設立しており、カスピ海周辺ではソヴィエト政権が、モンゴル系仏教徒のカルムイク人に、味方となって、共にデニーキン軍と闘うよう誘っていた。このケースにおいては、レーニンは「労働者の民族自決」を明示的に援用し、労働者に自らの民族の将来について投票によって意思表示するよう呼びかけた。現実にはカルムイク人の中に労働者がいないことなどお構いなしだった。この「民族自決」の結果は、一九二〇年十一月二十五日のカルムイク自治地区の形成であり、これはその後、直ちにロシアに統合されることになる。

同じ方法を用いて、ロシアはカレリアの労働者コミューン（一九二〇年八月）、キルギス自治共和国（一九二〇年八月）、マリ自治地区を吸収する。次いで、ロシア共和国は、革命に便乗して独立小国家を形成していた地域を次々と併合して行く。多数の民族が自治を熱望していたカフカス、クリミア、ヤクート人の居住地域等々が、一九二一年から一九二三年までの間に次々とロシアの権威の下に入って行った。

手続はどこでも同じであった。ロシアの権力が「プロレタリアの民族自決」を支援、場合によっては扇動さえして、当初形成されていた民族政府を打倒する。さらにはそれを生じさせることもある。民族共和国からソヴィエト共和国への一歩は迅速に踏み出される。その後たちまちにして、小国家の安全およびソヴィエト共和国との政治的類縁性を理由として、ロシアへの統合が強行される、というわけである。この結果に到達するために用いられた手段は単純であった。時には、ロシア共産党が当該地域の小共産党を支援——軍事援助をすることもあった——して、彼らが民族の指導者たちの信望を勝ち得ることを保証した。また時には、余分な口実などに煩わされることなく、ロシアが民族国家に圧力をかけることもあった。この行程の最終段階に来ると、「労働者の意志」が大革命国家の懐に抱かれることを推進した、ということになるのであった。

一九二三年、こうしてロシアは一七の自治単位を統合する。そのうちのあるものは、自治の内実としては、ある程度の行政上の自由を持つにすぎず、またあるものは、共和国と称され、政治的自治（少なくとも理論的には）を許されていた。ロシアの本土の分解は押えられ、領土の連続性が修復された。しかしロシア本土の外に広がっていたかつての帝国、すなわち計り知れない資源を擁し、ツァーリのロシアに国境の安全を保障していた周縁地域の問題は未解決のままだった。ロシア本土に続いて、帝国の版図を再征服する必要があったのである。

条約による再征服

その頃、周縁地帯全域がロシアから分離してしまったため、レーニンはこうした分離にも終止符を打つことが望ましいし、必要であろうと考えた。しかしこの場合には状況は、ロシア権力がロシア本土の中に散在する民族を再征服する際に遭遇した状況とは異なっていた。本物の独立国が形成されていたのである。そのうちの五ヵ国は一九二〇年に、外国の保護を受けることができたため、ロシアの領土拡大のいかなる可能性からも逃れることができた。ポーランド、バルト三国、フィンランドである。ポーランドの場合は、自前の軍事力によって自らを護り、またバルト諸国とフィンランドは、最初はドイツが、次いで西欧諸国が保護下に置いた。ソヴィエト国家はツァーリの帝国の後継者であることを否定していたが、ロシアの西に位置する人民と領土のこの消失を決して認めないであろう。国境は東へ向かって後退し、ロシアはバルト海沿岸地域の支配権をもぎとられてしまったのである。それから二〇年も経ないうちに、レーニンの後継者は一九一七年に失ったこの領土を取り戻すことに全力を尽くし、フィンランドを除いてそれに成功することになる〔一九四〇年にバルト三国編入〕。レーニンとしてはこの領土の消失を諦めて受け入れたように見えるかも知れないが、一九一七年から一九二〇年までの間に、その地に再び進出する試みをしなかったわけではない。しかし次々に挫折が重なったこと、一九二〇年にはロシアは圧倒的に孤立していたこと、大国の〔国際的〕共同体を革命によって根底から崩そうと試みたものの果せず、今やその一員に加えてもらう必要があったこと、これらの理由から彼は、西部におけるロシア領土の削減を受け入れざるを得なかったのである。

逆に、西欧諸国の監視の目が及ばない他の所では、レーニンは失われたものを取り戻すのに専念することになる。さまざまな民族が国家を樹立し、その国家を全面的独立状態に維持するつもりであった。ウクライナ、白ロシア、アゼルバイジャン、アルメニア、グルジア、ブハラ共和国、ヒヴァ共和国がそれである。これらの民族は「人民」共和国あるいは「ソヴィエト」共和国を称し、ロシアが交渉相手であるのだから、その大部分はロシアと対等の関係に達するものと期待していた。レーニンはこうした関係を契約という基礎の上に立って――それ故それは永続的な基礎であると彼のパートナーたちは信じた――確立すると提案し、これらの民族の期待を助長した。早くも一九二〇年十月には、スターリンの論文[10]が、レーニンの説く政策を詳しく説明している。それは公式の条約によってその様態が規定される相互友好関係の確立であった。これは革命的統合の概念と絶縁したように見えるため、魅力的な政策であった。というのもこのシステムの中にある国家間の関係は、契約当事者間の同等性と各々の独立性の尊重を前提としていたからである。しかし一九二〇年十一月三十日にロシア・ソヴィエト連邦社会主義共和国とアゼルバイジャンとの間で締結された相互条約は、直ちにレーニンの真の意図を露わに示すことになる。

一九二〇年四月、アゼルバイジャンを舞台として進捗したシナリオは、数年後に他の所でも再び見られることになろう。ムサヴァト党政府はロシアに保護された共産主義者たちによって転覆され、共産主義者たちはロシアの十月革命をヒントとする軍事革命委員会を樹立。「反革命を予防する」ためにモスクワに援助を求める。レーニンは第二回大会のために準備した民族問題に関するテーゼの草案の中で、[11]すでにロシアとアゼルバイジャンは連邦関係を結んでいると断言している。ところがこの宣言は七月五日付けなのに、条約が調印されるのはそれより五ヵ月近く後にすぎない。しかしレーニンは早くもこの時から、事実上の状況がいずれ法的に表現されるはずであると考えていたのである。

この条約は、他のすべての条約のモデルとなるものであるが、軍事・経済上の合同およびさまざまな領域、特に輸送と通信における共同行動を規定している。ロシア外相チチェリンによって署名されたこの条約は、それ故にこそ、民族間関係のあらゆる保証を盛りこんだもののように見える。しかし形式を尊重するいかなる配慮もなしに、一方のみに有利な条項がいくつも（特にアゼルバイジャンは、生産――まず第一に石油の――計画を確定するに当たってロシアとの合意によらねばならないとされていた）記されていた。要するに、この条約は対等国家間の同盟条約というよりも、最後通牒に似ていたのである。レーニンはアゼルバイジャンに眠るカフカスの石油を再びロシアが自由に使えるようにする必要性にとり憑かれていたのだ。それ以外にどうやって生き残ることができよう。

十二月二十八日にウクライナとの間で調印された相互条約の文面は、明らかにより慎重だった。しかしウクライナは小国アゼルバイジャンよりも遥かに大きな比重を持っていた。特に外から支援を送っている亡命政府があり、それは国際共同体の中にいくつもの対話の相手を見出していた。それゆえ国の主権を尊重する姿勢で起草された条約は、ウクライナに現実の国家としての活動を許容しているように見えた。ウクライナは特に外交政策の統制権を保持しているが、アゼルバイジャンはこれを直ちにロシアに譲渡しなければならなかったのである。ウクライナの政治の責任を負うボリシェヴィキ――ラコフスキーとスクルイプニク――は、確かにレーニンの忠実な協力者であったが、だからと言って傀儡国家の保証人となるつもりはあまりなかった。ウクライナに一人前の国家の外観を与えることで、ロシアはまたいくつかの利益を見出すこともできた。ラコフスキーのウクライナは、ロシアの政治の持つ二つの面、国家としての面と革命計画の面を象徴していた。というのも一九一九年以来、ラコフスキーはウクライナ政府の首班であると同時にコミンテルンの南部支部の責任者でもあったのである。アンジェリカ・バラバノーヴァはコミンテルンの書記の職務に携わっていたが、それと同時にラコフスキーに代わって「ウクライナ外務人民委員の職務を」行なうよう求められてもいると、後に彼女自身が記している。確かに相互条約が調印された時点になると、コミンテルン南部事務局はすでにモスクワに戻っていた（その後に迅速に解散される）し、国家的職務とコミンテルン内の職務との間の分離は薄れつつあった。それでも、外交政策の自律性はまだ決定的な問題となっておらず、ラコフスキーは、承認されたウクライナの独立性を飛び越えて、共産主義者としてのロシアとの連帯の絆を体現していたわけである。

それから数週間後、白ロシアはウクライナ・ロシア間の条約と類似した条約をロシア・ソヴィエト連邦社会主義共和国との間で調印する。しかしいくつかの条項は、独立性がより少ないことを暗示していた。そのうえ財政問題に関する追加条約が一九二一年六月に調印されたが、これは白ロシア政府内部にロシアの代表者を導入することを規定しており、さらにその人物は、財政そしてより一般的に経済が問題となるや、直ちに裁決権を行使するものとされていた。

このように同盟の合意の背後に隠された絆が、しばしばあまり目に見えないように織り成されて行った。初期のしばらくの間のウクライナを例外として、ロシアは隣接する小国家に対する権威を徐々に固めて行ったが、このやり方が危機を引き起こすことはなかった。

レーニンはこれで満足してもおかしくはなかった。表明される限りでの彼の意志は、かつてのロシアの領有国との友好関係を、ロシアがこのような関係を越えてさらに先まで進もうとしているとの疑いを持たれないようにしながら発展させることであった。レーニンは政府の長としてこの政策を国家間の通常の関係に組み込み、それによって外国に対して、ロシアが他の国と同様の国になったことを確証してみせた。外の世界もさることながら直接の交渉相手も安堵させるべく腐心したのである。しかし彼の実際の意図は、解体した空間を再構築するということ以外の何ものでもなかった。

グルジアがなければ、この二股政策は平和裡に発展して行くことができたであろう。しかしグルジアは強情な交渉相手としての正体を現わし、レーニンはグルジアとの関係の統制権を失うことになる。まさにこの時に彼は、グルジアに対して独自の政策を行なおうとしていたスターリンと衝突したからである。スターリンの政策の目標――グルジアをロシアの傘下に連れ戻すこと――は、確かにレーニンの追求した目標と同じであるが、その手段は、レーニンが説いたものとはかけ離れていた。追求する目標を隠蔽しながら進めるやり方は放棄され、スターリンによって、直接的で暴力的な征服戦略が推し進められることになる。

力による再征服

グルジアでは、レーニンは他の地域で行なったようにすることは不可能であった。そこで彼が直面したのは共犯的なボリシェヴィキではなく、メンシェヴィキの政府であり、取り戻した独立を守ろうと決意した民族だった。社会主義者であるメンシェヴィキを、革命を脅かしていると非難するわけにはいかなかった。そのうえ彼らは国際政治の舞台でも極めて活動的で、自国に対する多数の国からの正式な承認を得ていたし、一九二〇年五月七日の条約[12]によって、ロシア・ソヴィエト連邦社会主義共和国からの事実上の承認さえも獲得していた。ヨーロッパの社会民主主義者、アンリ・ド・マンとヴァン・デア・ヴェルデはグルジアに赴き、「本物の」社会主義者による政権獲得を賞賛し、ボリシェヴィキのロシアは、国境の川であるクーラ川を越えることはできないであろうと我先に繰り返し言明した。こういうわけでグルジアは、レーニンにとって二重の挑戦であった。彼はグルジアをロシアに対する英仏の前哨基地とみなしていた。ザカフカスの三つ目の国が、彼の権威とロシア・モデルから逃れ去るならば、アゼルバイジャンとアルメニアをどのようにボリシェヴィキ化できるというのか。それにレーニンが実現を目論んでいたザカフカスの統一は、この社会民主主義の飛地の存在と両立するはずはなかったのである。

急がば回れと考えるレーニンから、もっとも暴力的な解決法の支持者に至るまで、ボリシェヴィキは誰もが一致して、グルジアのケースはロシアを弱体化させると考えていた。では逆にグルジアを弱めるにはどうすれば良いのか。グルジアに関しては類稀な能力識見を有することに何人も異議を差し挟むことのない、力による解決の擁護者であるスターリンは、その争点を次のように正確に定義している。「カフカスは革命にとって決定的である。何故なら原材料と食料品の生産地だからである。しかしまたヨーロッパとアジア、ヨーロッパとトルコの間にあるというその位置からしても決定的である。何故なら、極めて重要な経済的・戦略的道路がそこを通っているからである。われわれはこの地域を制圧しなければならない[13]」。

この発言はすべてのボリシェヴィキが自らのものとしていた発言だが、展望の変化を露わに示している。一九一七年にソヴィエト国家の基礎は革命であった。それに対して一九二一年にはソヴィエト国家は、戦略的利益と経済的資源という観点から自己を組織し、規定するのである。

反逆のグルジアをソヴィエト圏に再統合するために、レーニンは三枚の切り札を持っていた。第十一軍の存在と五月七日の条約、および中央委員会のカフカス支局（カフビュロー）の存在である。第十一軍は一九二〇年にバクーを制圧し、カフカスに駐屯していた。五月七日の条約は、確かにグルジアの承認を記していたが、共産党を合法化し完全な行動の自由を保証することをグルジアに強いる秘密条項が含まれていた。そしてカフカス支局は第十一軍と連携して活動し、グルジアの再征服を準備していた。

グルジアは内からは共産主義者の圧力、外からは〈カフビュロー〉の圧力という二つの圧力を受けていた。いずれの道を取るかためらっていたレーニンもまた、何をぐずぐずしているのかと憤慨する同僚たちの攻撃的な苛立ちの的となっていた。その筆頭がオルジョニキゼで、彼は自身グルジア人であり、グルジアのことを知悉していると称していた。その彼ともう一人キーロフとは、二人ともグルジアの共産主義者を「保護する」——と彼らは称した——ために第十一軍を投入しようとしていた。これは程度の差はあれ、アゼルバイジャンのシナリオの再現である。より穏健なチチェリンでさえ、グルジア人が五月七日の条約を踏みにじり続けていると称して、介入する権利を要求した。そこで提案されたのは、アゼルバイジャンに用いられたモデルであった。国内で蜂起を起こさせ、「真の」革命家たる共産主義者たちが支援を呼び求めた時、それに応えるために介入するというもので、レーニンは一九二〇年五月五日にオルジョニキゼに宛てて、彼が「グルジアの運命を自決してしまうことを禁じる」[14]電報を打った上で、その実行を承認した。アゼルバイジャンの前例は、この作戦が可能であり比較的目につかないことを示唆していた。しかし彼は同意を与える前に、長い間ためらったし、中央委員会での討論は特に騒然たるものとなった。命令が下されるや、グルジア作戦は円滑に進捗した。第十一軍は二月十五日にグルジアに進攻。二十五日にチフリスが陥落し、ソヴィエト共和国成立が宣言される。外見的にはすべては単純であった。遠征の成功は疑いを容れなかった。一九二一年五月二十一日、グルジアは、ロシアが諸ソヴィエト共和国に押しつけたのと同じ相互協定に署名し、これによってグルジアは他の共和国と歩調を揃えたように見えた。

しかしグルジアのケースは、ここに至るまで他のケースよりも遥かに困難であったが、相互条約調印後も変わらず困難であり続ける。それはまたレーニンがロシアで経験していた困難を露呈させるものであった。したがってグルジアでの顛末は二重の意味で立ち停まって検討するに値するのである。

まず、グルジアのソヴィエト化を巡る論争は、この時期にレーニンがロシア「国家」に特別な関心を向けていたことを示している。彼は時期尚早の、あるいはあまりにもあからさまな作戦によって、イギリスの反撃を引き起こすことを懸念していた。そうなれば再びロシアの国際的安全は脅かされ、ロシアを諸国家からなる共同体に組み込む――これは一九二一年初頭にあっては、彼にとって優先課題だった――ための彼の努力を無にしかねなかったのである。また彼はトルコの反応にも不安を抱いた。ロシアはトルコとの間で、やがて一九二一年三月十六日の友好条約にたどりつく外交交渉を開始していたのである。諸国家からなる国際社会の舞台へのロシアの復帰というこの政治的ヴィジョンの中では、レーニンからすれば、ムスタファ・ケマルのトルコと友好条約をしっかり結ぶ――いかなる革命的展望もなしにであることは言うまでもない――ことの方が、グルジアのメンシェヴィキを権力の座から駆逐することよりも重要であった。彼が最終的に同僚たちの強い説得に屈したのは、イギリスはカフカス全域をロシアの勢力圏内に残しておくことを受け入れるだろうというチチェリンの観測に納得したからである。イギリス首相ロイド・

ジョージがクラーシンにそう漏らしていたのだ。ロンドンが望むのは、ロシアがこの地域内に留まって、それ以外の所、特にヨーロッパにおける革命の希望をすべて忘れることであった。要するに、グルジアを巡って暗黙裡に交渉されたのは、ヨーロッパにおける社会の平和および革命の企ての終結と引き換えに、ロシアの領土的利益を承認させるということであった。ムスタファ・ケマルとの間で交わされた取引きも、同じ性格のものであった。ケマルはカフカスの再征服は見て見ぬふりをし、レーニンは協定と引き換えにエンヴェル・パシャとトルコの共産主義者を見捨てる、というわけである。結局、レーニンがグルジアを服従させる作戦に「ゴー」を出したのは、資本主義世界は、この作戦の背後にある暗黙の取引きの条項を意識的に受け入れて、徒に恐怖感を抱くことはあるまいということを、同僚たちが彼に証明することができたからである。

しかしグルジア問題は、この時期におけるロシアの政治体制の変化について多くを暴露している点で、やはり興味深い。二つの用具が決定的役割を果している。〈カフビュロー〉と第十一軍である。〈カフビュロー〉はカフカス各地の共産主義組織の活動を調整するために一九二〇年四月に創設され、ジェルジンスキーの権威下に置かれた。彼はたちまち強大な権威を手にし、レーニンに現地の問題について情報を送ったが、レーニンはそれらを真に検証する手段を持たなかった。〈カフビュロー〉はまた、第十一軍が勝手に行使していた自律性を利用してもいた。レーニンが介入の許可を出したのは一九二一年二月十四日のことだが、〈カフビュロー〉と第十一軍はそれより四八時間前に現地ですでに作戦を開始していた。トロツキーも、このカフカスにおける権力機関の半独立性の被害者となった。軍事担当人民委員の彼は、二月二十一日——したがって作戦開始の六日後——に、現場でどのように決定が下され、また何者が決定を下したかを把握するために、調査をしなければならなかったのである。[15] この時期を通じてソヴィエト国家はさらに強化されたが、中央権力のある種の希薄化が周辺地域で顕現したのも明白であった。周辺地域では、〈カフビュロー〉のオルジョニキゼのような、権威の用具を保持する者が、まさに属領の総督のように振舞っていたのである。一九二三年のグルジア危機は、この点をたっぷり立証することだろう。そのうえレーニンの現地代理人たちは、彼の承認を得るために不正確な情報を提供するのをためらいはしなかった。二月にオルジョニキゼは、カフカスがグルジア人とアルメニア人の抗争に起因する混乱の犠牲になっており、それに終止符を打つための介入は制限されたものになろうと、レーニンに保証した。ところがいざ介入してみると、実際にそれを準備したグルジアの共産主義者たち――ブドゥー・ムジヴァニーとフィリップ・マハラゼ――は、介入の理由となった紛争が存在したことを否定し、そのシナリオの作者は〈カフビュロー〉であるとしたのである。レーニンは直ちにこの事件が、自分の統制下で進捗したというよりも、現地で行動する同僚たちによって操作されていたのだということを理解した。もちろん彼自身もグルジアがロシアの影響圏に入らなければならないと考えていたのではあるにせよ。彼は慎重な行動を願い、重ねて三月三日にオルジョニキゼに宛てたメッセージの中で、「ロシア・モデルを押しつける」のではなく、受け入れ可能な連立を組むために、メンシェヴィキの大統領であるノイ・ジョルダニアと妥協を見出すように強く勧めた。しかし聞き入れられなかった。[16]

強制的なソヴィエト化が遠慮も用心もかなぐり捨てて直ちに実行された。チェカーの密使が何人も、新秩序確立に手を貸すためにモスクワから送りこまれた。グルジアの党はオルジョニキゼの忠臣、マミア・オラヘラジヴィリの権限下に置かれ、グルジアは数ヵ月間、被占領国の様相を呈する。その帰結はやがて姿を現わすことになろう。慎重な行動を促すレーニンの勧告がどれも正しかったことを、後になってから証明することになるだろう。

ここでオルジョニキゼの強権的侵害に対する、レーニンの相対的な弱腰の理由が問題となる。一九二一年にはスターリンも同罪だったのだが、レーニンはまだそのことを知らず、彼の意見を信用していた。レーニンの弱腰の理由は、何よりもレーニンが当時統治の諸問題を重要視していたという点にどうやら潜んでいそうである。ロシアは正常化された国際関係を維持しつつ、他の国家と同じような国家にならなければならないがゆえに、レーニンは国家建設に専念するわけだが、これは彼にとって紛れもない再転換と甚大な努力を意味していた。彼はもはや国家と革命という二重帳簿を使い分けることはしない。彼の努力は持続を目指し、もはや一時的なものを目指すことはない。そうなるとすべてがゼロから構築されねばならない。責任者は、国家においてもコミンテルンの内部や共産党の決定機関においても専門化されねばならず、それらの具体的な任務のために幹部を養成する必要がある。この全般的再転換の第一段階において、決定と行為になんらかの動揺があるのは当然である。一九二一年に拡大したばかりのロシアの領土は広大であったため、転換への適応は容易なことではなかったのである。

しかしながら夏には、グルジア問題は解決したように見えた。そしてこの年は、一連の類似した条約の調印で幕を閉じる。一九二〇年九月二十日のヒヴァとの条約で始まったリストは、一九二一年三月四日にブハラとの条約、一九二一年九月三十日にはアルメニアとの条約と続いた。民族自決に関する言説は革命に対する好意を醸成し、どうやら利益をもたらしたようであった。ロシアはいったん分離していた旧帝国の属領と、条約によって和解したわけである。そのうえこれらの条約は、調印にこぎつけるために用いられた方法は場合によっては暴力的であったとしても、一見したところ批判の余地はあまりなかった。対等の国家間の古典的同盟を成立させ、軍事的・経済的協力を規定するもので、外交政策の統一などをいささかも定めたりしていない。しかし早くも一九二一年にはこの完璧な法的外見の背後に、それをあらかじめ告発し最終段階を予告する二つの要素が垣間見られるようになる。一つは軍事的要素である。この領域の協力を条約は謳う。しかし赤軍は至る所に姿を見せ、すでに将来の統一を実現しつつあって、独立の外交行動については、唯一ウクライナがしばらくの間その外見を維持することができたのみである。〔ロシアと主にリトアニアとの間の〕リガ条約では、ウクライナの代表は二人出席したが、彼らはロシア・ウクライナ共同代表団のメンバーだった。これはすでに半連邦的立場を示唆している。一九二一年三月のロシア・トルコ条約は、ザカフカス共和国の国境問題を解決するものであったが、その際、カフカスの代表団の出席は確かに予定されていたものの、すべての条項の交渉にはロシアのみがあたり、カフカスの代表者が姿を見せるのはカルス条約の調印の際にすぎなかった。

諸共和国の独立というフィクションは、ヨーロッパ諸国家をあまり納得させなかった。それゆえ一九二二年のジェノヴァ会議には、ロシアだけが招待されることになった。ウクライナは承服せず、代表を認めるよう要求する。しかし孤独な闘いだった。すべてはすでにモスクワで決定されていたのだ。一月二十七日、全ロシア中央執行委員会議長のカリーニンは、ロシアがジェノヴァで八つのソヴィエト共和国の利益を代表する予定であると宣言した。決定は中央執行委員会（ＣＥＣ）によってなされたのである。これらの共和国にとって、もはやモスクワの権威に服従する以外に道は残っていなかった。二月二十二日、これらの共和国は、己の名においてジェノヴァ会議で発言し、議事録に署名することをロシア・ソヴィエト連邦社会主義共和国に委託した。[17] 独立というフィクションはこなごなに砕け散ったのである。

対等国家の相互同盟は、結局は連合条約に酷似していた。それでもレーニンは満足できなかった。彼は二つの問題に直面していた。一つは、形式上独立した国家というものは、独立への意欲の再生あるいは発達に好適な枠組みをなすというものであった。ロシアはこれによって弱体化する恐れがあった。しかしもう一方では、同じ時期に、民族的熱望が裏切られたことから生じた紛争が、ロシア共和国内部でも諸ソヴィエト共和国内部でも再燃しつつあった。

ロシア共和国内では、タタール地方の共産党内部で対立が勃発した。スルタン・ガリエフが突然次のような問題を提起したが、それはバクー大会でより漠然とした形で提起されていた問題であった。すなわちプロレタリア国際主義は、それが発展水準の異なる民族間の関係に適用される時、意味を持つものなのか。スルタン・ガリエフはそれに対して否定的な答をもたらし、労働者階級の連帯を疑問に付す重大この上ない分派の道を開いたのである。

中央アジアでは、民族的反乱が始まった。〈バスマチ〉と呼ばれる反乱軍は、この地域で実行されるあらゆる統合政策を脅かした。[18] 彼らの運動が打破されるのは何年も後になってからにすぎない。それまでの間はこの辺境においても、ソヴィエト権力は再び安全の不在に遭遇する。

最後にグルジアであるが、これは相変わらずロシアの政策に反撃し続けた。服従を要求され、占領されながら、グルジアは一九二一年夏から抵抗を再開していた。しかもその主体は、つい先日にはロシアの介入を促進した当の現地の共産主義者たちだった。過去において民族に対するレーニンの寛大さを断罪するためにローザ・ルクセンブルグの側に立って戦ったことのある当の人物たち――マハラゼ、ムジヴァニー

——だったのである。ロシアの重圧に直面して、彼らは自分が突然グルジア人であることを思い出し、自分たちの共和国の民族的利益に基づいた政策を擁護しようとしたのである。一九二一年十二月十三日、スターリンの義弟のアレクシス・スヴァニゼは、「オルジョニキゼは中央権威の重い棍棒でわれわれを殴っている(19)」と訴えている。そして共和国の主権に対する侵害を告発するグルジア人の苦情が、数多くモスクワに寄せられた。この年の初めには、レーニンはグルジアにはより漸進的な統合を課そうと試みていた。しかし一九二一年末には、再征服された圏域を最終的に組織する時が来たと、彼は考えるに至ったのである。「戦時共産主義」を抜け出したロシアに、強化された国家にふさわしい国境、諸機関、経済的手段を持たせる必要がある。相互条約という過渡的段階は終わり、統合の時がやって来た。グルジア人の不平や党内の論争など、構ってはいられないというわけである。ロシアは、もはや昔日の帝国ではないことをはっきり示すことに専念しつつも、連邦国家になる準備を進めていた。合同の手続き、連携関係の定義、これらのものすべてを整備するのは新憲法の仕事である。しかし未来のロシアの法的枠組みを規定する前に、いまだ四散しているすべての国家を、連邦という新しい組織構造の中に組み入れておく必要があった。

押しつけられた合同

一九二二年になると独立諸共和国とロシアとの合同は不可欠の課題となったが、それはまず第一に経済の解体状態——その結果、ネップが採択されるに至ったわけだが——を、手持ちの資源の合理的利用によって徐々に縮小して行く必要があったからである。こうして経済的統一が、政治的地位の統一に到達することを助長することになる。

この動きは一九二一年には始まっていた。その第一歩は、レーニンが地域的再編成を促進したことである。これがカフカスで新たな危機の要因となった。アルメニア人とアゼルバイジャン人は地域的連携関係の発展という原則を受け入れるが、グルジアはこれに異議を唱えた。グルジアはすべての共和国との対等関係という原則に立脚して、ロシアに依存せずにやって行こうとした。カフカスの他の共和国と同様、グルジアは一九二一年の間に、鉄道輸送、ついで対外交易の秩序再建に当たって、カフカス全域の諸規則と単一の指揮系統が設けられることを受け入れざるを得なかった。しかし関税障壁は存続しており、通貨も異なるという事態は、独自性を守ろうとする現地の指導者たちの意志を証言していた。そこでレーニンはあまりにも混乱し複雑なザカフカスにおける統一実現の任務を、オルジョニキゼに託す。オルジョニキゼは、ジェルジンスキーとモロトフの補佐を受けて、カフカス支局および中央当局と協力して、ザカフカス連邦の計画を作成した。[20]現地のエリート層はほとんど相談に与らなかった。グルジアの共産主義者たちは、官僚的で無用と判断する形式的な合同に対してだけでなく、連邦の結成の手順が民族の幹部層に相談もなくモスクワで決定され力ずくで押しつけられたとして、用いられた方法に対しても反対の意を表明するため、再びレーニンに訴えた。しかし今度はレーニンは、完全にオルジョニキゼとカフカス支局の肩を持つ。モスクワではつい最近、第十回大会において、分派活動が禁じられたばかりであった。カフカスの連邦化に反対することは、分派活動を実践すること、言い換えれば党の多数派の決定に反対することであった。反対を唱えようとしたグルジア人たちは、除名の恐れから屈服せざるを得なかった。そして一九二二年三月十二日にチフリスでカフカス統一のための会議が連邦制を採択するのを受け入れたのである。ザカフカス・ソヴィエト共和国連邦が誕生した。

不平を鳴らすグルジアに押し付けられたこの連邦は、この国に消し去りがたい怨恨を増大させることになる。確かにこの連邦は、三つの共和国にまだある程度の自律性を残していたが、それはこの連邦がロシアと次々に調印して行く条約によってたちまち縮小されてしまう。グルジアの指導者たちは、一九二一年三月までは良き共産主義者であり、国際主義者であったが、押しつけられたものを納得して受け入れることはできず、レーニンに抗議を浴びせかけ続け、カフカス連邦——その背後に実はソヴィエト連邦国家の輪郭が見えていた——への反対に同胞を動員しようと企て続けた。しかしレーニンは彼らの声に耳を貸さなかった。それればかりか一九二一年のソヴィエト化の後に権力の座に据えられたグルジア共産主義の指導者、マハラゼとムジヴァニーは、モスクワに召喚されて解任され、より柔軟と判断された新たな中央委員会が代わりに任命されたのである。グルジアに対して用いられた方法の暴力性は、スターリンに帰されるのが慣例である。ロバート・タッカーはその優れたスターリン伝の中で、[21]次のように示唆している。すなわち早くも一九二一年の中頃から、さまざまな理由（一九二一年の夏期の休息、一九二一年十二月から一九二二年三月までの病気）でレーニンがこの件から遠ざかるようになると、スターリンは多くの決定を自分独りで下すようになっており、それ故に、その後レーニンとスターリンとの間に起こる衝突はすでに始まっていた、というのである。しかしカフカス危機のすべての推移をたどるなら、以下のことが明らかである。すなわちそれとは逆に、一九二一年および一九二二年には、つまり一九二二年十二月に重い発作で麻痺状態に陥るまではレーニンは、スターリンを信頼できる男とみなしており、カフカス問題の解決に自ら直々に参画していたのである。一九二一年末のグルジアの共産主義者の解任まで、彼は極めてあからさまにカフカス支局〔カフビューロー〕の活動を支持し、二つの原則上の問題に関してはいかなる議論をも拒否したのである。その問題とは、準備中であったソヴィエト連邦への統合という展望の下に、ザカフカスの統一を強制しなければならないという必要性、そしてカフカスの組織編成は、下部によって決定されることも民族の意志によって決定されることもなく、「上から」決定されるということである。

モスクワとグルジア人の間の抗争において、チフリス〔グルジアの首都〕に無理強いされた計画の基底に横たわる考え方は、時を同じくしてロシアで進行した全般的見直しと無縁ではなかった。ソヴィエト国家は、一九一七年の革命の事業を生き延びさせるために建設されたものである。この国家は永続のためばかりでなく、外の世界から尊重されるために必要な手段を、入手する必要があった。これのためには領土と資源の再征服および合理的組織化が不可欠なのである。

一九二一年にレーニンによって進められた再転換は、表面的なものであったと考えることはできない。彼は革命の輸出の可能性を信じるのを止めるや直ちに、全努力をソヴィエト国家の建設に捧げ、党、チェカー、軍という、己の手にするすべての手段をこの目標のために動員した。一九二一年初頭に、主にグルジアのソヴィエト化の「テンポ」に関して、緩やかに進めるようオルジョニキゼにしばしば忠告してはいるが、ソヴィエト化という原則にも、とりわけその結果にも反対していない。そして一九二一年の年間を通して、ザカフカス連邦をめぐる論争のためにグルジア人が彼の庇護を求めて来た時にも、彼はカフカス支局をたしなめるどころか、従順でない下部に対するモスクワと党の権威を強調したのである。それゆえ彼は、グルジアの共産党指導部の解任と中央の決定に従順な者たちの任命に賛意を表明した。二十世紀初頭よりレーニンが発展させてきた党の概念が、この時期にカフカスの統一のために適用されたわけである。民主的中央集権主義は、「上から」の権威を無理強いする。時には下部の意見を徴することはあるにしても

（しかし一九二一年春のカフカスの場合のように、下部が反対の態度を変えない時は、下部は解任されるのである）。

早くも一九二一年末には、一連の方策――臨時協定、党とチェカーの圧力、等々――が至る所で民族の抵抗に終止符を打つ。ロシア共産党は周辺地域のすべての共産党組織の上に全面的権威を行使するに至ったのである。経済的必要性というものが中央集権化の（単に論拠であるだけでなく）強力な手段となった。たとえばバクー地方は、その石油資源の故にモスクワにとって死活の要衝であったが、ロシア・ソヴィエト連邦共和国の諸機関の直接的な経済的権威のもとに置かれたのである。

一九二二年の冬の初めには、ロシア・ソヴィエト連邦共和国の統合の対象たる諸共和国は、すべてソヴィエト化されていた。その数は減り――ウクライナ、白ロシア、ザカフカス――、その統合はもはや実施様式を決定するだけの問題となっていた。これらの共和国はあらゆる分野で独立というものにつきもののすべての特典をすでに失っていた。もはや抵抗する理由などなかったのである。

どのような連邦か？――憲法審議闘争

「失われた領土回復」の試みの成功は、侵略者タタール人に対する勝利の後に、ロシアの君主が開始した「ロシアの国土の回復」を喚起せずにはおかない。これによって四〇〇年足らずで強大なツァーリの帝国が形成されるに至ったのである。一九二二年には現地におけるこの試みの成功は確定的であった。その成功を導き出したのは、疑いなく一九二〇年夏のポーランドでの失敗の後にレーニンが抱懐した、ロシアについての全般的ヴィジョンである。その時、彼はこう宣言していた。「連邦を完全な統一への過渡的身分として認めつつ、連邦的関係を常により緊密にすることが不可欠である」[22]。レーニンが連邦と言う時、正確なモデルは念頭になかった。彼としては、実践の中から妥当な関係が浮かび上がって来ると考えており、実際は、二つの型の連邦組織を思い描いていた。一つはロシア・ソヴィエト連邦共和国と相対的主権を保持する諸共和国という契約型のもので、もう一つは自治権を有する民族集団組織体がロシア共和国に統合されるという組織型のものであった。この考え方の中で、第一のモデルはウクライナあるいはザカフカスを対象とし、第二のものはタタールあるいはバシキールを対象としていた。しかしながら現実はより複雑で、一九二〇年代の初めには、第三のカテゴリーが存在することが明らかだった。そのカテゴリーには、白ロシアとトゥルキスタンという、契約関係と自治が組み合わさった国家が属していた。

しかしとりわけ重要なのは、当事国のさまざまに異なった反応であり、それがレーニンの政策を鍛え上げるのに貢献した。白ロシアは一九二〇年から一九二一年に連邦関係の発展を受け入れたが、それに留まらず、これらの関係がいずれは完全な統一に導くことになるという動的なヴィジョンをも受け入れている。それに対してグルジアとウクライナは頑強な抵抗を見せた。そしてウクライナの反対を受けて、レーニンは、抵抗を打ち破るために、共通の諸機関の設立を急ぎ、速やかに全体を連邦化する必要があると考えるようになる。彼はこのことを一九二二年三月二十七日から四月二日までの間に開かれた第十一回党大会で直截に述べている。その時彼は、党内部においてまで表明されていたウクライナ人の反対を「打ち砕く」という言い方さえしているのである。

第十回党大会（一九二一年三月）では、民族問題に関する一般的方針は、その報告者であるスターリンによって決められた。しかしこの時期には、彼はまだレーニンの意志の忠実な、さらにはひたすらおもねる代弁者にすぎず、彼の報告はレーニンの考えを表現するのみであった。(23) 計画された連邦は合同の枠組みをなすと、彼は説明した。そのモデルとなるのはロシア連邦共和国であり、これはまたやがては将来の社会主義諸国家の全世界連邦のモデルとなるのである。こうして彼は、早くも一九一八年にレーニンが表明していた考えを繰り返し述べた。「われわれが建設する連邦は、ロシアのさまざまな民族を民主的にして中央集権化された単一のソヴィエト国家の中に統一することへの一歩前進となるであろう」。したがって一九二二年初めにあっては、スターリンの報告とレーニンの長期的民族ヴィジョンの間に不一致は存在しない。

しかしこの計画は、実践の中に組み込まれなければならなかった。そこで憲法審議委員会が一九二二年八月十日に設置された。これは中央の指導部を代表するスターリン、モロトフ、クイビシェフ、オルジョニキゼ、ラコフスキー、ソコーリニコフを中心として、それに直接の当事者である五共和国の代表者を集めたものであった。スターリンが草案の起草者となった。彼はそれを同委員会において読みあげ、九月に諸共和国の党の中央委員会へそれを送付した。この草案は第十回党大会で行なわれた報告にあらゆる点において忠実であった。予想通り、ロシア・ソヴィエト連邦社会主義共和国のモデルを、まだ独立を保っている諸共和国に拡大していた。諸共和国はソヴィエト国家に「正式」に加盟しなければならず、すでに併合された民族と同じように、この国家の中で自治権を付与されることになるというのである。アゼルバイジャン、アルメニア、白ロシアの共産党は服従する。他にどうしようがあるというのか。この草案は、一九二二年四月以降、党の書記長——このポストにレーニンはスターリンを指名した——を務める人物が中心となっている委員会から発されたものであるのだから。民主的中央集権主義が、「上からの」この草案を受け入れるように命じていたのである。

しかしウクライナとグルジアについては、事情は全く異なる。ウクライナでは、当時の独立共和国司法人民委員、ニコライ・スクルイプニクが、この政体草案に強く反対した。彼は中央集権国家は共産主義とは無関係であると主張して、そうした国家構想を拒絶し、ラコフスキーは彼を支持した。そしてスクルイプニクは中央集権化的連邦構想を放棄して、より緩やかな連合という枠組みを採用するよう要求した。この古参ボリシェヴィキの権威は党の中では大きく、彼が民族の権利の尊重のための闘いに参入したことは、グルジアの共産主義者の執拗な反抗と同じ程度にレーニンの心を動かした。レーニンは次から次へと起こる危機の中で、グルジアの共産主義者の不平を聞くことにある程度慣れてしまっていたために、ある意味では、彼が反応を示すためにはスクルイプニクがこの問題に介入することが必要だったのである。しかし一九二二年九月、グルジアの共産主義者の不満は真っ向からの反対に転じる。グルジアの党の中央委員会はこの法案を拒絶し、主権を守り切ろうとする意志を強調した。グルジア人はこのように荒々しく拒絶し、ウクライナのスクルイプニクは、モスクワと諸共和国との関係の現状維持の必要を強調した。このようにキエフはより外交的で、チフリスはより攻撃的とトーンは異なったが、いずれの反応もその意図は同じであった。

一九二二年九月、レーニンは五月にみまわれた発作——彼を死に至らしめる一連の発作の最初のもの——の後遺症にまだ苦しんでいた。彼はまだ休養していたが、だからと言って一切の活動を止めたわけではない。そのことはきわめて多岐にわたる問題（知識人の流刑、あるいはまたイギリスでの次の選挙）[24]について同僚に送った手紙が証言している。医師の指示によって公務から遠ざかったものの、彼は情熱的な関心をもって公務を見守り、コメントを加えていた。九月末に活動に復帰すると、彼はグルジア人とウクライナ人の反応に耳を傾け、とりわけスターリンの草案にじっくりと目を通した。そこで初めて彼は、スターリンの行動の迅速性――「彼はことを急ぎすぎる」――を非難し、それればかりではなく、とりわけ彼の法案の内容を非難したのである。「自治化」は誤りで、「独立派の火に油を注ぐ」[25]だけだ、と彼は言った。そこで彼は、病にもかかわらず疲れも見せずに、諸共和国をロシア・ソヴィエト社会主義連邦共和国の中に加入させるのではなく、対等の資格で、諸共和国とロシア・ソヴィエト社会主義連邦共和国が結合する連邦的計画の大筋を、自分で執筆した。「われわれはウクライナ・ソヴィエト社会主義共和国と権利上対等であることを認め（……）この共和国とともに対等の資格で新たな連邦に加入する用意がある」。そして以下のように付け加えている。この連邦は、ロシアの権力機関から独立した、ロシアおよび他の共和国の「上に立つ」それ自身の権力機関を持たなければならない、と。特に連邦自体の政府と執行委員会が必要であると、彼は明確に述べている。こうして彼は、民族間の平和がかかっていることを自覚しつつ、この問題を自分が再び引き受けることを決意するのであった。

スターリンは自分のやって来たことがこうして否認されたことを遺憾として、党政治局の同僚たちに「レーニンは民族的自由主義を行なっている」と不平を漏らした。さらには次のように述べてレーニンの見解に異議を唱えることまでした。「ロシア・ソヴィエト社会主義連邦共和国とは別に連邦の執行委員会を設置することは、私の意見では受け入れがたい」。しかしスターリンはこのように不快感を表明したにもかかわらず、譲歩し、レーニンの批判を斟酌して法案を修正し、十月六日に中央委員会に対して非の打ち所のない文案を提示した。そして駆引きの妙を発揮して、最近の対立に言及することと、法案の中で「自治化」という語が消えて「連邦」という言葉に代わったという変化を強調することは慎重に避けた。これは展望の根本的変化であったわけだが、実はより内容に合致するよう文言を整備しただけにすぎないと示唆したのである。

レーニンはこの新たな法案に満足して、この件を一件落着とした。カーメネフ宛ての手紙の中で次のように指摘するだけで、済ませたのである。「この法案は大ロシア中心主義に宣戦布告するもので[26]」あり、「連合の中央委員会議長のポストを、順番にロシア人、ウクライナ人、グルジア人等々に振り当てる必要がある」。

十月六日、スターリン、オルジョニキゼ、モロトフ、ミヤスニコーフが署名した法案は、中央委員会へ伝達され、直ちに承認される。中央と周辺の抗争は終結したように見えた。レーニンとスターリンの原則をめぐる対立も同様だった。ところがこの二つの戦線における平和は長続きすることはない。しかしこの点を検討する前に、この一九二二年九月におけるレーニンとスターリンという二人の中心人物の発想の根源を、正確に定義することが重要である。

民族問題に関するこれ以前の数多の議論の場合もそうだが、一九二二年にこの二人の間に現れた基本的対立は、過大に受け止めてはならない。中央集権化的法案を提案したとはいえ、スターリンはレーニンの全体的ヴィジョンからは離れていないのである。ソヴィエト国家内の諸民族の将来に関するレーニンの考え方は中央集権的であり、彼は生涯の終わりまでそれを変えることはない。しかし彼の態度は戦術上の配慮から和らげられている。常にすばらしい戦術家であったボリシェヴィキの指導者は、この点でも自分自身に忠実であり続けた。彼がすべての民族に対等の地位を与えようとするのは、彼が突然、民族という観念および現実に大きな関心を向け、それに特別な価値を付与するようになったからではない。彼の目から見ると重要なのは、民族そのものではなく、意見の対立がはっきり姿を現すことが、ソヴィエト国家の安定を脅かすことになるかも知れないという点なのである。一九二二年における彼の懸念は、実は一九一三年のそれと同じである。彼は諸民族に国際主義——これは一九一三年には「共同の闘い」を、そして一九二二年には「共同の生活」を意味していた——の利点を納得させ、それによっていつの日か諸民族の民族感情を忘れさせる自覚的な階級的連帯感を植え付けようと考えていた。彼がスターリンに対して非難していたのは、スターリンの草案の内容ではなく、事を進める日程であった。合同を促進するのは時期尚早だ、とレーニンは考えていた。民族感情が依然として活発だからである。民族感情を衰弱させる最良の手段は、しばらくの間それを尊重することである。したがってレーニンがスターリンの草案を断罪したのは、戦術的であると同時に教育的な配慮からなのである。しかしこれと同時に彼はグルジア人たちの怒号もまた受け入れなかった（それに対してスクルイプニクのより穏健な態度は、彼の怒りを買うこともなかった）。したがって彼は一時、グルジア人たちに対してスターリンを支持することになる。

あたかもこれと対をなすかのように、スターリンがレーニンに妥協したのは、基本的な点では彼とレーニンの間に見解の一致があることをスターリンが完全に理解した、という事実によって説明される。彼はレーニンと同様、将来は自分の計画の正しさが認められると信じていた。それに加えて、レーニンと同様、彼もなによりもまず現実適応的で良心の呵責を意に介さぬ人間であった。現実というものは常に文言に勝るものであることを考えるなら、練り上げつつある新たな法律など大した重要性を持たないことを、彼は確信していた。現実とは、ロシアの人間的・政治的な力の強さである。ロシアは連邦内でのその優位を受け入れさせることにならざるを得ないだろう。ロシアと他のさまざまな共和国との間の事実上の不平等を前にすれば、法律上の平等はあまり重きをなさないであろう、と彼は考えたのである。歴史はもちろんこの見地の正しさを証明することになる。

グルジア人の最後の戦い

モスクワの中央委員会と同様、すべての民族の党はスターリンによって修正された法案を採択した。しかしグルジアの共産主義者たちは、これに同意しながらも、連邦への加盟の条件となる修正をそれにつけ加えた。自分たちは共に闘ったウクライナ人と同じレベルに立つのであるから、グルジアが、ザカフカス共和国の一員として――これではグルジアは間接的な主権が保証されるにすぎない――ではなく、直接に連邦に加入するようにして欲しいと要求したのである。[27]その民族的出自からしてグルジア問題に関して唯一権限と能力を有する者と言われていたスターリンとオルジョニキゼというコンビの考え方は、これとはまったく異なっていた。スターリンの考えでは、カフカスは民族の面では極めて多様であるから、この地域の民族間の闘争が連邦の中にたちまち持ちこまれてしまわないような媒介組織体が必要である。[28]モスクワはカフカス人同士の不平と紛争のはけ口となることはできない。それゆえザカフカス連邦のみが連邦に入る資格を有するのだ、と彼は主張した。これはグルジア人に単なる自治の国の身分を与えるにすぎないことを、グルジア人たちは理解していた。

一九二二年十月は初めから終わりまで、グルジア人の闘争が二つの戦場で繰り広げられた月である。グルジアでは、この共和国の中で中央を代表しているオルジョニキゼを相手に彼らは闘った。異常な粗暴さを伴った公然たる戦争が両者の間で繰り広げられた。オルジョニキゼはモスクワの支持をバックに、脅迫し、更迭し、別の人物に入れ替えるという、古典的手段を駆使した。しかし確かな人物だと思っていた後任も、最終的には彼に弓を引くことになるのだった。レーニンの昔からの合言葉である「純化＝粛清」が、現地における彼の代理人によって際限なく適用された。一方、グルジア人はモスクワでも闘った。レーニン、ブハーリン、カーメネフに訴えかけ、電報に次ぐ電報を打ち続け、密使を派遣して、オルジョニキゼが彼らに対して実力――物理的暴力も含む――を行使すると非難したのである。

一件落着したと考えていたレーニンは、こうした不平を受け取って憤慨した。そして提訴者たちに辛辣な電報を送り、紛争を「公正かつ品位ある態度で」解決するよう促し、ロシア中央委員会の書記局に問題を訴えるよう促した。ところが当の書記局はまさに、現地でオルジョニキゼが実行している政策と彼のやり方を無条件で支持しているスターリンに支配されていたのだ。自分たちに対して暴力を用いる者に判定を委ねるようたらい回しされたことによって、さらに多くのグルジア人が闘争に加わることになり、彼らは矛を収めるどころか、相変わらず抵抗を続けた。何かをしなければならないと考えて、レーニンおよびブハーリンとカーメネフ――いずれもレーニンと同じくグルジア人の不平に耳を貸さなかった――は、現地に調査委員会を派遣することを決定した。しかし提訴者たちはまたしても断固たる敵に遭遇する。というのも党書記長のスターリンは、この委員会の構成に関して完璧な自由裁量権を持っており、同委員会をジェルジンスキーの権威下に置くことに決めたが、当のジェルジンスキーは、チェカーについても不満を漏らしていたグルジア人に対して、特に優しい感情を持っていたわけではなかったのである。同委員会は反逆者たちといかなる接触を持つこともなく、オルジョニキゼが委員会に説明した議論を一方的に受け入れ、危機の全責任は民族主義者たちにあると結論付けることになる。(29)

しかしすでにレーニンは、彼に報告されていたことに疑いを持ち始め、側近の協力者に情報を収集するように求めた。彼の健康状態は極めて悪化していた。おそらくスターリンとオルジョニキゼの行動について彼が予感していたことが原因だったのだろう。彼は十一月末には病床に伏せざるを得なくなり、十二月二十日以降は、何度も続けて発作に見舞われることになるが、それでも彼はもう一度事態を掌握しようとした。彼から見れば民族問題は極めて重要であり、スターリンたちに任せることはできないのであった。レーニンはこの時から彼らをゴーゴリーの用語を借用してジェルジモールドゥイ（粗暴な官僚）とかヴェリコジェルジャーヴニキ（大国意識を持つ者）と呼ぶようになる。[30]そこで彼は民族政策について検討し――これが最後となったが――、この問題に関する彼の最後の貢献となる文書を認めた。[31]それが翌三月に開かれる第十二回党大会に宛てた覚書である。彼はもう一度健康を回復するつもりだった。今までに何度も回復したではないか。そして道を踏み外したメンバーが何人かいる中央委員会に秩序を回復するつもりだった。彼は次のように書く。「私は例の自治化問題に十分精力的に取り組まなかったために、ロシアの労働者諸君に対して重罪を犯した。……民族問題はひとまず解決されたとされているが、その解決なるものは、実はわれわれの正当性の根拠である連邦からの離脱権を反故にし、少数民族を、百パーセント、ロシア製の代物、すなわちロシア官僚主義の特徴たる大ロシア排外主義に引き渡すのである」。

事態を憂慮するレーニンの反撃は事態の流れを阻むことはできない。十一月二十一日、執拗なグルジア人の抗議にもかかわらず、ロシア中央委員会の特別委員会は、民族統合の日程を公表する。新憲法の最終文言の公表、それに次いで統合文書の調印。十一月三十日、レーニンが反対意見をはっきり表明しようと必死になっている間に、ポリトビューロー〔党中央委員会政治局〕は「連邦の基本原則」に関する文書を採択する。その第一条には、ザカフカス連邦がソヴィエト連邦に加盟すべきことが明記されていた。中央委員会は同意する。グルジア人は意見を求められなかったが、従来の立場を固守した。しかし今回は彼らは手を組む相手がいなかった。ウクライナでは、十一月十三日に第七回ソヴィエト大会が、連邦条約への賛成を表明したのである。ザカフカス連邦共和国は、大急ぎで憲法を作成して採択し、加盟を決定した。白ロシアも十二月十八日に加盟を決定する。そしてついに十二月三十日、条約によってソヴィエト社会主義共和国連邦が誕生する。その調印国は、ロシア共和国、およびウクライナと白ロシアとザカフカスの三共和国である。

レーニンは十二月十三日と二十二日に発作に襲われて、しばらく麻痺状態にあったが、その間にじっくり考えをめぐらせ、これまで推進された政策の弱点の一つは、それに参加する者は共産主義者である限り当然、国際主義者であると、彼自身が確信していたことであることに漠然と気付いた。スターリンとオルジョニキゼのケースを考えてみると、少数民族出身の共産主義者は「ウルトラ・ロシア民族主義者」として行動することもあり得ることが確認できるのだった。この問題は、自分たちの出身を忘れてもらいたいと願う民族の幹部たちに関わる問題であった。その後の事態の進展は、この点においてもレーニンの直観には十分に根拠があったことを証明することになる。

連邦の憲法は、その後数ヵ月間かけてカリーニンを議長とする委員会によって準備される。[32] 全ロシア中央執行委員会はこれを、一九二三年七月六日に採択するが、その時には、レーニンは寝たきりとなり、もはや政治活動には参加しなくなっていた。連邦の第二回ソヴィエト大会は、一九二四年一月三十一日にこの憲法を承認するが、それは彼の死のわずか数日後のことである。[33]

この憲法は文面だけを見るなら、レーニンの願望に合致している。連邦は条約の第四条によって、法的には平等な国家の自発的な結合であると謳っており、その諸国家は自由に連邦から離脱する権利を保持するとしている。諸国家は連邦に加盟しても、その主権を放棄することはないのである。レーニンはこうして、諸国家に単なる自治権しか認めないスターリンの案に対して、自分が準備した計画が尊重されていることを確認した。しかし彼がこの試練に勝利したように見えたとしても、スターリンも全く同様に勝利していた。何故なら、連邦に加入する共和国は主要な権限を連邦に委ねるからである。

この文書の興味深い点は、単に革命の結果として残された版図の組織立てを明確に規定しているということだけではない。それは次のような事実に存する。つまり一九一八年のロシア憲法とは逆に、この一九二四年の連邦憲法は、長期的持続を想定するとともに、限定され閉ざされた空間を想定した文書なのである。一九一八年の憲法は時間と空間の動態を予想していた。過渡的な国家への過渡的な枠組みとして、この国家に歩み寄りたいと願うすべての国家を援助するという使命を持っていたのである。これに対して一九二四年の憲法は、存在する国家の存在とその輪郭を永続的なものとして確定し、その権利を明確に示すのである。なるほど冒頭部は、連邦創設に関する宣言であり、ここで連邦への加盟は現に存在する共和国のみでなく、将来形成される共和国にも開かれていると謳っている。それゆえ空間は決定的に完成されたものではなく、さらに広がる可能性がある。しかしこの宣言はまた、連邦が「資本主義陣営と社会主義陣営という二つの陣営に分かれた世界」の中で、資本主義によって「包囲されている」と明言している。まさしくこの包囲こそが、実現された統一を正当化する理由なのであり、確実な国境を前提とするものなのである。結局一九二〇年から一九二一年にかけてソヴィエト国家の国境を保障する条約をポーランドと調印し、さらにはトルコ、イラン、アフガニスタンとの間で調印することによってレーニンが望んだのは、このことだったのである。

要するにこの憲法は、一九一七年以来、レーニンの政策の中で作用しつづけた二つの傾向を組み合わせている。一つは普遍性への希求であり、これはソヴィエト国家に、領土的には開かれ、過渡的で攻撃的という性格を与えている（最初の三年の政策はこうしたものであったが、それはポーランドでの失敗によって打ち砕かれた）。もう一つは、存在するものを守ろうとする意志である。これによってソヴィエト国家はその永続性を断定し、殻に閉じこもり、国土を防衛するように仕向けられた。一九二一年と一九二二年に国境の状況が安定化したことが、その証拠となる。これまでレーニンは相次いで政策を転換して来たが、この憲法は、彼の中にある二つの方向を統合するに至ったことになる。そしてその点こそが、この憲法の興味深い点にほかならない。

この憲法が、数々の論争と変転の総仕上げたる記念碑であることを忘れてはならないであろう。文言そのものを越えて、それらの論争こそが起草者たちの意図を照らし出す。そしてその場合にも、この文書の土台をなす二元性を確認しなければならない。この文書は、革命の勝利、そして社会および社会意識を変えるための政治・経済構造の変革の開始、という決定的事実を告げている。しかし同時に、連邦制を採用し、異なる諸民族から一つの国家を建設するのであるから、それは過渡的な憲法なのである。ところで、革命とソヴィエト国家――一九一八年の形態であれ、一九二四年の形態であれ――の存在理由は、いまだ流動的な状況および相変わらず民族に執着する意識の遅れを考慮しつつ、意識がこの段階を乗り越えて真の階級意識に到達する手助けをすることである。憲法とそれが創設する連邦は、結局、ロシアの特殊的状況（ロシアの民族的異種混合性）および当座の制約（民族的差異を助長ないし永続させることに貢献する資本主義による包囲）への一時的譲歩にすぎない。数年前の「民族自決」のスローガンと同様、連邦主義はなによりも教育的措置にほかならず、国際主義の修得の場なのだ。レーニンが一九一七年にこれに転向したのは、その故であった。レーニンはジェルジモールドゥイ（粗暴な官僚たち）との抗争の真っただ中にあっても、なおこの解釈を堅持した。一九二二年に用いられた方法はもちろんレーニンの好みには合わなかったが、彼は裏切られはしなかった。一九二四年の憲法の文言の根底にあるものは、まさしく彼の長期的ヴィジョンなのである。レーニンが病床に伏し、具体的状況により適合した戦術を示唆することができなくなった数年の間、ソヴィエトの変遷の一切を主導したのは彼の長期的ヴィジョンであった。一九二四年に諸民族に課せられた計画の中心に現実にあるもの、それは一九一七年十月以来、少なくとも一九二〇年以来、彼が執拗に守り通したもの、すなわち旧帝国の版図内に生きる諸民族の運命共同体を守り抜こうとする意志なのだ。国家という枠組みはこの共同体が確保されるための決定的な条件であった。差異が乗り越えられるために、この共同体は中央集権化と管理の強化を必要としていた。最終的にこの構築物全体の土台を支えたのが、民主集中制であった。

存命中か否かに拘わらず、一九二四年に公式に生まれた多民族連邦国家の真の製作者は、やはりレーニンなのである。

第14章　『一歩前進、二歩後退』

「われわれは大きな成功を収め、経済的展望の観点からすれば、穀類への統制権を保持するなら、今後は強国の基盤を確保し得る状況にある。……われわれが経験してきた困難を考察するならば、次のように言うことができる。すなわち、もしわれわれの力をもう一度結集し、それを冬季徴発運動に集中するならば、われわれは決定的勝利を得るものと確信する、と」(1)。

これは一九二〇年九月二十二日から二十五日までの間に開催された第九回党大会の際に、レーニンが党中央委員会の名において提出した輝かしい報告書である。しかしこの引用それ自体は、おもにポーランドでの赤軍の敗北と、それらがもたらした戦略上の帰結を党に説明するために行なわれた、彼の報告の中の非公開部分から抜き出したものである。この報告の中でレーニンは、一九二〇年八月には世界革命が手の届く所にあり、またボリシェヴィキは孤立から抜け出す完全な可能性を持っていたとの確信によって、ポーランド遠征を正当化している。しかしこの希望の局面が存在したことを確認した後、それに次いで失敗の確認に取り掛かり、ロシアの将来にとってその失敗が何を意味するかを述べるのである。すなわち革命の孤立、そしてそれ故にあらゆるものに向かって、かつあらゆるものに逆らって生き延びなければならない、したがってロシアの持つあらゆる経済的手段を動員しなければならないという必要性である。

一九一八年から一九二〇年までは、世界革命の期待の中で、内戦の危機に直面してボリシェヴィキが出した答えは「戦時共産主義」であった。つまり内外の敵に対する闘いに必要とされる人的・経済的資源のすべてを動員するために、あらゆる領域において国家がむき出しの直接的介入をする、ということにほかならない。この国家政策（オゴスダルストヴレーニエと呼ばれる）を、ボリシェヴィキは緊急性の故に正当化したのだったが、しかしそれを徐々に「社会主義的原則」に祭り上げて行った。一九二〇年九月、党大会における発言の中でレーニンはこの政策を、特に農民からの小麦の徴発という死活問題の領域において継続する意向を示している。小麦徴発は持続的成功と評価され、「冬季徴発運動」によってその成功が確保される、と彼は考えていた。

ところが一九二〇年から一九二一年の冬には、国内の強化という彼の希望は残酷にも打ち砕かれることになる。夏に国際面での希望の挫折を確認せざるを得なかったのと同様であった。この冬の大いなる危機は今や全面的な政治的退却を彼に強いることとなるのである。すなわち「戦時共産主義」の放棄、ならびに突然公然たる反乱を起こした社会への譲歩である。一九二〇年から一九二一年に近隣諸国やイギリスとの間で国際条約が締結され、さらにはドイツとの軍事的接触が図られるが、こうしたものに対応する国内的政策として、ＮＥＰ（新経済政策）が登場する。

農民の反乱

「割当て制度によって徴発された年間二億六千万プード*の小麦が国家の手中に入ったことによって（……）、われわれは食糧配給の問題を正しく解決するであろう」(2)。この発言も一九二〇年九月の報告の一部をなすものだが、これは国民に食糧を供給するために取られた政策がもっとも重要であり、かつ満足すべきものであるーーとレーニンは考えていたーーことを強調している。

＊　ロシアで用いられていた度量衡単位、一プード＝一六・三八キログラム。

一九一八年、政府内に食糧調達委員会（ナルコムプロード）が設置され、トロツキーがその責任者となった。彼は一九二一年末までその地位に留まる。軍事人民委員と食糧調達人民委員という二つの職務を彼が兼任したということは、事情を良く物語っている。農民層との関係は暴力的対立の見通しの下にあったということなのだ。たとえ内戦の状況下にあったからだとしても、ボリシェヴィキが農民に対して根本的に敵意を抱いていることは、隠しようがなかったのである。ボリシェヴィキは、農民の意識は土地所有の本能（ソープストヴェンニチェストヴォ）ならびに資本主義的傾向に支配されていて如何ともしがたいと考え、農民社会に対して宣戦布告しているのである。この闘争の道具は、一九一八年に実効的権力を与えられた貧農委員会（コムベド）であり(3)、また食糧調達軍（プロダルーミヤ）である。その創設と任務は、一九一八年五月と七月の一連の布告によって決定された(4)。さらに労働者の食糧調達旅団もあった。これを見れば早くも一九一八年から農民層が、力ずくで生産物を強奪するための諸機関のネット・ワークにどれほど包囲されていたかが分かる。そのうえコムベドは、農民たちに近すぎ、それゆえに十分に統制できないと判断され、一九一八年末には廃止され、活動の場を労働者分遣隊、とりわけ軍の分遣隊に、したがって最終的には軍に譲ったのである。

早くも一九二〇年には、この制度の効用についてのレーニンの楽観的言辞にもかかわらず、ロシアの食糧事情は惨憺たるものとなった。(5) 二月、ウラル視察を終えたトロツキーは、中央委員会に対して徴発には効果がないとの報告を提示し、徴発を廃して現物納入税に代えるよう提案する。彼は、農民たちは工業製品を買うことができないなら、生産しても何の得にもならないのだと説明した。そこで、ほかならぬ市場の再生を示唆したのである。

しかしこの提案はレーニンの反対に会う。レーニンは一九二〇年には、農村部と労働者世界で採られていた政策の継続を擁護していた。食糧調達に関しては、徴発の不首尾に対する彼の回答は、軍事的活動の強化であった。こうした権力の硬化に応じて農民の反応も硬化していった。暴動が頻発した。農民たちに対抗して投入された軍隊は、しばしば自分たちの利益で行動し、徴発したものをすべて自分の懐に入れた。赤軍の脱走兵たちに飢えた労働者が加わった集団は、農民の味方につき、時には農民の側に立って戦闘を行なうところまで行った。(6)

トロツキーの提案は、一九二〇年下半期に、多くの地方責任者たちによって再び採り上げられる。彼らはモスクワに対して、暴力と徴発の停止、農民との協調政策を求めた。これのみが、拡大する農村部の反抗に終止符を打ち、凄まじい勢いで広がる飢饉の進行に歯止めを掛けることができる唯一の手段であると、これらのばらばらに孤立した声は訴えていた。しかし中央権力、食糧調達委員会から出された指示は、峻厳なものであった。農民の反抗には報復によって反撃し、村を焼き、反抗農民を銃殺し、特にその他の者に抵抗を思い留まらせるために、家族全員を人質に取り、処刑しなければならない、というものだった。暴力には暴力を。これがトロツキーの命令であった。彼は政策転換の提案を拒否されたのち、唯々諾々としてレーニンの非妥協性に同調したわけである。(7)

一九二一年二月は危機の絶頂を画した。タンボフ地方、つまり「黒土地帯」で全般的反攻が爆発し、そこから東に向かってヴォルガ、ウラル、西シベリアへと広がって行った。農民たちはもはや徴発を受け入れないのみならず、ボリシェヴィキの権威ももはや認めず、自分たちの掟を押しつけた。そしてステップ地帯をモスクワへと北上する小麦輸送隊を停止させ、略奪したのである。現場に急行した部隊が激突する相手はもはや孤立した農民たちではなく、広大な平野全体が立ち上がって蜂起し、反逆者に連帯して彼らを匿うという有様だった。反乱がまだ広がっていないところでも、惨状は劣らなかった。一九一三年以前の耕作農地の二五％は放棄され、収穫は四〇％下落し、農業機器はどこでも整備が行き届かず、いわんや更新されていなかった。農民層との全面的な断絶、数ヵ月前にトロツキーによって強調された暴力の効果のなさは、至る所で確認できた。じわじわと拡大するこの反抗に直面して、軍は十分な兵力もなく、それほど自信も持たなかった。となると権力には次のような問題が叩きつけられることになる。あくまで断絶を貫くことができるだろうか。それとも妥協する必要があるのだろうか。マフノの扇動で反乱に立ち上がったウクライナ全土を失ってもよいのか。サラトフの農民が共産主義を標榜する者たち全員を無造作に殺すのを放置しておいてよいのか。

一九二〇年冬までは、農村世界の困難の責任を「資本主義者の農民」に、クラークに、「袋を担いだ男」〔闇屋〕に負わせるのが慣例となっていた。しかし突然すべてが一変する。農民層は反乱を起こし、軍隊は疑いを持ち、そして労働者階級もついに、自分たちの代表だと称する者たちと連帯する理由がないことを確認する。

クロンシュタットの反乱

クロンシュタットの水兵たちをトロツキーは「革命の誇りと栄光」と呼んでいた。その彼らが蜂起するということは、社会と権力との間の断絶をとりたてて悲劇的な形で示す具体例となるだけでなく、一九二一年春までレーニンによって擁護されてきた政策に対する反対を表明する機会を、ついにロシア労働者階級に与えることにもなる。

クロンシュタットの反乱と、これに連動して起こった労働者階級の反抗(8)を理解するためには、ここでもう一度、レーニンの選択に話を戻す必要がある。第九回党大会(一九二〇年三月から四月)の折に彼は、指導と決定のプロセスから労働者階級を排除する権威的構造を生産に対して押しつける必要があると主張した。このために、三つの措置が決定的とされた。非共産党員の専門家を呼び寄せること(軍隊がその先例を与えていた)。生産における単一の指揮系統の採用。そして共産党ならびに組合の内部において、規約が予告している下部からの選挙というプロセスを廃して、上からの指名というプロセスを導入すること。この最後の場合については、明瞭に表明された原則という形ではなく、迅速かつ有効な行動の必要性によって正当化された便利な慣行という形で行なわれるべきものとされた。

レーニンが欲したこうした方向は、早くも一九二〇年に、二つの極めて活発な反対を引き起こすことになるが、その首謀者は労働者階級の目にはしばしば威信あるボリシェヴィキと見える人物たちだった。

まず一九一八年以来、中央委員会のメンバーであるアレクサンドル・シリャープニコフと冶金組合の組合長を務める労働者、ユーリ・ルトーヴィノフを中心とする労働者反対派である。この反対派は当時、組合の共産党活動家を結集し、組合による生産管理統制というテーゼを主張していた。しかしまたこの反対派は、あらゆる論争において、党の官僚化の加速化を非難し、労働者階級とは無縁の分子を組織から排除することを要望し、さらにはすべての責任あるポストについて選挙で選出する原則に戻ることを要求していた。

もう一つ別のグループが、真の民主集中制を擁護するために形成された。このグループはヴァレリアン・オシンスキー、チモフェイ・サプローノフ、ウラジーミル・スミルノフに指導され、急激に伸長する官僚主義と現行の集中主義を告発し、レーニンと同時にトロツキーをも攻撃した。

党指導部とこの二つのグループの間の対立は、早くも一九一九年十二月に中央委員会において、トロツキーが労働の軍隊化の必要性を主張した時に勃発した。その際トロツキーは、この二グループの反対派と衝突しただけでなく、この反対派に呼応して『プラウダ』で論陣を張ったブハーリンとも対立した。レーニンはこれらの反対派をアナルコ・サンジカリスムとして告発したが、その一方でトロツキーの提案の急進主義を支持するのもためらったのである。第九回大会は、これほど異なる立場のいずれが正しいのか裁断するに至らなかった。それゆえ白黒をはっきりつけるのは第十回大会の任務ということになったが、いざこの大会が開かれてみると、ボリシェヴィキを動揺させる大事件が起こり、それが大会の背景をなすことになる。ほかならぬクロンシュタットの反乱である。これによってすべては一変してしまう。

この反乱の直前に、都市の飢餓状態が口火となって、労働者の騒擾がほぼ全国的に広がっていた。一九二〇年から一九二一年にかけての冬の間、労働者階級は自分たちの扱われ方、企業を支配している「独裁」、そして物資不足に抗議するために、次々と集会とデモを行なった。一九二一年二月二十三日、ペトログラードの主要工場の一つである「トゥルーボチヌイ・ザヴォート」で開かれた集会は、労働者の精神状態を明らかに示すものだった。集会の終わりに採択された決議案は、食糧配給量の増加と靴と冬服の即時配給を要求した。翌日やはり同じ工場で、労働者たちは、彼らに仕事に復帰するよう厳命するためやって来た、ペトログラード労働組合評議会議長でボリシェヴィキのアンツェローヴィチを殺害。次いで他の工場に赴き、自分たちの運動への連帯を説き勧めた。そこで、騒擾は全市に広がって行った。ペトログラード防衛委員会議長のジノーヴィエフは、危機を鎮めようとして、市のすべての出口に設置したばかりのバリケードを撤去させ、農村に赴いて食糧を手に入れること――つまりは没収すること――を住民に許可した。

しかしすでに革命の火の手は、政府の誇りである海軍基地クロンシュタットにまで広がっており、水兵たちがスト参加者との連帯を叫び、臨時軍事委員会によるペトログラード・ソヴィエトの解任と新たなソヴィエトの選出を要求した。ここで「共産主義者なきソヴィエト」というテーマが、タンボフ地方の反乱農民とバルト海の水兵たちを一つに結びつけたのである。水兵たちによって打ちたてられた革命的コミューンは、十六日間存続することになるが、これが労働者の騒擾を受け継ぎ、一九一八年以来行なわれている政治体制とは正反対の内容の政綱を提案したのである。すなわちソヴィエトの全国的解散とそれに代わる無記名投票による自由選挙、社会主義者と無政府主義者と組合員のための報道と集会の自由、農民が自己の収穫物を処分する自由、農村部における徴発分遣隊の廃止と家宅捜索の禁止、俸給使用人を雇わない手工業者のための職業の自由である。

確かにクロンシュタットは――レーニンが言う通り――全ロシアではない。しかしその「コミューン」は不安を抱かせるシンボル、共産主義政権の最良の擁護者であった者たちによる政権の拒否のシンボルであった。それはまた、タンボフの農民の反抗、マフノを中心に結束したウクライナの反抗、ロシアの農村部全体の反抗という、あらゆる反抗の間につながりがあることを証言してもいた。政権は「エスエル」が、農村でもクロンシュタットでも叛徒のもとに駆けつけるのを目にした。クロンシュタットにはヴィクトル・チェルノフがやって来て、憲法制定会議の開催を主張し、合法性に立ち戻るよう説いた。特に無政府主義者たちは、躊躇した後、水兵たちの側につき、権力との最終対決を未然に防ごうと試みることになる。

昔ながらの反射的行動もまたあちこちで甦った。特に反ユダヤ主義は都市部でも農村部でも再び姿を現わした。トロツキーとジノーヴィエフは彼らの出自の故に名指しされ、告発される。「ロシアはユダヤ人の最初の共和国だ」と書かれた幟が各地で翻る。ポグロム〔帝政ロシアにおけるユダヤ人虐殺〕がミンスクおよびゴメリ地方で起こり、党のユダヤ人支部（イエヴセクツィヤ）内に激しい動揺を引き起こす。[9]ユダヤ人支部はレーニンに訴え、「悪党（つまり近隣の村の農民たち）からユダヤ人を護ることができないロシア政府」を激しく非難した。さらには、ポグロムは権力の好意に後押しされていると確信する幾人かのユダヤ人農夫の告発を採り上げて、次のように主張さえしたのである。[10]ロシアの指導者たちとしては、帝政ロシアの為政者が行なっていたように、農民の怒りを伝統的なスケープゴートの方へそらそうとしているのではないか、と。

ユダヤ人共産主義者たちのこうした懸念と疑惑は、レーニンの態度によって助長された。すでに一九二〇年の末、ポーランドから帰還する赤軍の分遣隊がポグロムを行なった際に、彼らはレーニンに苦情を申し立てたが、この最初の苦情に対してレーニンは沈黙を以って答えたのである。こうして少なくとも二回にわたり、軍隊と農民の落胆がユダヤ人共同体を標的として爆発した暴力的な反ユダヤ主義の恐るべき復活について、レーニンは知らされていたわけである。それに対応し、現地に調査委員会を派遣するよう求められたレーニンは、受け取った書類に「党の文書保管室に保存」と記すのみで満足した。蛮行を終わらせるために行動せよとの命令を出した痕跡はどこにも見当たらない。

少なくとも曖昧と言わざるを得ないユダヤ人に関するレーニンの態度は、デニーキンの敗北以後、再び占領したウクライナにおけるロシア当局の行動指針となる中央委員会のテーゼの草案を見ても、確証することができる。この文書は一九一九年十一月二十一日付けで、同日レーニンによって指示された若干の細かな修正を加えてポリトビューロー〔政治局〕によって採択されたものであるが、その第七項は次のように書かれていた。「ウクライナにおけるユダヤ人と都市住民は厳しく扱い、政府に入れないようにする」。「ユダヤ人」という言葉の欄外にレーニンは次のようなコメントを加えていた。「ユダヤ人小ブルジョワジーと丁寧に表現するように」。このように修正された上で、この条項は採択されたのである。[11]おそらくここで一九一一年にトロツキーと論争したレーニンが、彼を「ちょっとしたユダ」[12]と扱ったことを思い出す必要もあるだろう。

確かに、この時期の文書において、レーニンの公正さの精神に訴えたり、非人間的条件の中で攻撃もしくは拘禁された個人あるいは集団に関して最低限の憐憫に訴えるものの多くは、同じ「文書保管室に保存」

というコメントを受けている。それだけに一九二一年の二月から三月に、農村部においてもクロンシュタットにおいても、人民の怒りの恒常的増大が突然、反共産主義の爆発となった理由は理解できる。至る所で、水兵の間でも農民の間でも、この怒りに伴った「農民に生産と交換の自由を返せ」という同じ要求が突き出された。ロシア社会全体が、この恐るべき危機を生き残るには、まず農民がテロルと没収から護られなければならないことを理解していたのである。

クロンシュタットのコミューンに直面したレーニンは、次のように述べている。『袋を担いだ男』は、商取引の自由というスローガンを武器に、クロンシュタットの要塞を包囲するほどの力を持っていた」。これにさらに「ボリシェヴィキ政権を死の危機に陥れるほどの」と付け加えていたなら、このきわめて適切な判断はさらに完璧なものとなったであろう。しかしこれほど露骨に言わないまでも、彼は不意に理解したのである。出来上ってしまった状況をこれ以上無視することはできないし、これに譲歩しなければならないことを。

彼の選択は明解である。すべてが農民層の動向にかかっているのであるから、この階層とは妥協しよう。しかしその前に労働者の反抗の力を削ぎ、叩き潰しておこう。

クロンシュタットのコミューンに対して武力を用いる決定は、他の問題ではあれほど意見が分かれていた党のすべての集団によって、躊躇なくほぼ満場一致でなされた。誰の目から見ても、それまでボリシェヴィキであった労働者階級と水兵が政権に反対するということを受け入れることは考えられず、あり得ないことであった。問題を解決する唯一の手段は、力によって剔出することである。(13) ペトログラードでチェカーの民兵が、ストライキ中の労働者やデモ参加者や組合活動家を逮捕している一方で、トゥハチェフスキーの指揮下に置かれた精鋭部隊がクロンシュタットへ派遣され、一九二三年三月八日から十八日までの十日間、航空部隊と砲兵隊の支援を受けて、インターナショナルの歌声と共に叛徒と闘った。弾圧を正当化するために、クロンシュタットのコミューンは「農民的プチ・ブル無政府主義運動」と規定されてはいた。それでも、それにソヴィエトが襲撃を加えたことは、労働者階級を動転させた。ツァールスコエ・セローやオラニエンバウム、その他の場所で、鉄道員たちは兵員の輸送に反対しようと試み、兵士たちに反乱を起こして民主主義の擁護者の陣営に加わるよう呼びかけた。しかし何の効果もなかった。投入された手段はあまりにも巨大であったし、とりわけ同時期に開催された第十回大会が農民と和解する決定を採択したために、農民出身である兵士たちが反乱軍の救済に駆けつけるということは起こらなかった。ネップ（新経済政策）への転換は、早くも三月十五日には軍に通達され、これによって政権への軍の支持が確保されたのである。その時から戦闘は終息へと向かう。

戦闘の結果は、身の毛もよだつ恐ろしいものであった。死者は両陣営で千人単位で数えられた。氷結した水面を前進しなければならなかった軍だけで、一万人近い死傷者・行方不明者を出した。勝利した軍は、敗者を虐殺し、指導者とみなした者を見せかけの裁判にさえかけずに銃殺した。次いでチェカーが、生き残った者を数百人数千人と裁判にかけて、有罪宣告を下し、銃殺するか強制収容所に送った。ソルジェニーツィンが証人となるあれらの収容所は、一九一八年より極北の地で機能していたのである。いくつかの収容所の存在は、ソルジェニーツィンの告発以来、今日では入手可能となった資料によって大幅に裏づけられている。(14) 第十回大会の翌日にジェルジンスキーは、クロンシュタットの生き残りを「ウフタの犯罪者収容所」へ送ることを示唆し、ホルモゴールイに「犯罪者収容所」と呼ばれるものを建設することによって、強制収容所の世界を拡大する決定を、レーニンとの合意によって下すのである。

　こうして、ネップへの転換のおかげで、国家と党が社会と和解しつつあるまさにその時に、強制収容所の世界は拡大し、多数の収容所に枝分かれして行った。社会との妥協は、強大化する抑圧の陰で周到に作り上げられて行ったことを、それは証言している。結局、政治上の平和は社会的平和と一致することからほど遠い。ジェルジンスキーはその際、国家によって官庁や工場で雇われているメンシェヴィキや無政府主義者や社会革命党員たちを全員逮捕させた。またトゥハチェフスキーは、クロンシュタットの蜂起が粉砕されるや直ちに、タンボフの農民の反乱を粛清する使命を与えられた。彼はこの任務を容赦なく行なった。武装した農民だけでなく、その家族をも抹殺し、逃亡者を森の中まで執拗に追跡し、死に物狂いの住民たちに留めをさすために窒息性毒ガスを用い、さらには捕虜と敗者を増大し続ける収容所へと送ったのである。遅かれ早かれ死が避け難い非人間的生存条件の強制収容所か、さもなければ住民の毒ガス責め。これが、盲目的に従うことのないすべての者に対してレーニンの政府が用いる武器なのである。彼らは一言の抗議の声を上げることさえなかった。これこそが、同時期に大会が開始を決定しようとしていたネップの背景なのである。

ネップ――農民のブレスト＝リトフスク

　一九二一年三月十五日、赤軍がクロンシュタットの叛徒に攻撃を加えている間、八日から十六日まで開催された第十回党大会で、農業振興のための一連の措置が採択された。これらの措置が全体として新経済政策（ネップ）をなすわけだが、マルクス主義の理論家ダヴィッド・リャザーノフは、これを「農民のブ

される。

現物累進課税の創設と、農民に対する余剰農産物の処分の自由の承認、言葉を換えれば商業の復興が決定農村世界の信頼を獲得することができるための唯一の手段であった。これに続いて、強制的徴発に代わるレスト＝リトフスク」と名付けるであろう。徴発の停止という措置がまず採択される。この措置は政権が

これほどの根本的な転換を実行する決定が、一九二一年三月に躊躇なくなされたのは、ロシアの解体がそれを迫ったからであるのは疑いの余地がない。ちなみにレーニンは次のように言うであろう。すなわちクロンシュタットの蜂起は、究極の事件であり、これがボリシェヴィキの目の前に繰り広げられていた光景の全体像を照らし出し、そしてロシアの深部の反抗、農民の反抗がその横糸をなしていた、と。なおも消極的に沈黙する大会を説得するために、彼は次のように言い添える。「農民層との合意のみが、ロシア革命を救うことができ、他の国で革命が起こる時まで生き延びさせることができる」。

しかし農民層との和解の問題は、数ヵ月前から提起されていた。そしてこのテーマに関する論争は実は次の二つの疑問を投げかける。この選択の中で、レーニンの果した役割はいかなるものか。彼はネップにどのような意味を与えていたのか。

この後退を受け入れるのを彼が長い間ためらっていたことは確認せざるを得ない。一九二〇年の初めにトロツキーが農民層との和解を提案した時、その示唆はレーニンによって拒絶された(15)。レーニンはそれどころか、労働者の生産の軍隊化を加速させる決意をしたのである(16)。あるいは彼は世界革命に賭けていたのであろうか。第九回ソヴィエト大会では、今度はメンシェヴィキとエスエルがトロツキーの案を再び採り上げた。ところがその時にはトロツキーは熱狂的に「戦時共産主義」に与し、一九二一年のネップの採択

に関する議論においては党の大勢と歩調を合わせていたが、間もなく一九二一年の夏からは経済の中央統制機関の設置を主張することになる。これとは逆にレーニンは、一九二一年の初めに「転換」という考えに転換した。改革計画は直ちに討論に付され、二月八日にポリトビューロー、二十四日には中央委員会の議を経て、第十回大会の議事日程に載せられる。レーニンはこの大会で、農民層に譲歩しなければ、政治的危機によって政体は決定的に打ち砕かれるだろうと主張した。

ボリシェヴィキ政権に対する社会からの拒絶の圧力で余儀なくされた、遅れ馳せの転換であった。しかし現実が戦術的選択を強いるというのはレーニンが常に考えてきたところである。とはいえ彼は一九二三年の夏までは、一九二一年に下した決定から理論的帰結を引き出すことができなかった。彼がそれを行なったのは、革命に関するスハーノフ覚書[17]に論評を加えた際である。そこで彼はその点について次のように書いている。「ロシアにおける生産力の発展は、まだ社会主義を可能にするレベルには達していなかった」。次いでこう付け加えている。「社会主義の樹立のためにはまさに一定の文化水準が不可欠であるのなら、何故われわれはまず第一に革命的手段によって、当のその文化水準の前提条件を作り出し、次いで労働者と農民の政府およびソヴィエト体制の助けによって、より発展した他の国々に追いつくというようにすることができないのであろうか」。これはこのテーマに関してこれまで常に人民主義者と戦ってきた正統的マルクス主義者が発した言葉としては、驚くべきものである。しかしそれはロシアの遅れがもたらす帰結に対する彼の不安を証言している。

実際のところ、彼は第十回大会で同僚たちとそれほど争う必要はなかった。大半の同僚は、農村世界よりも労働組合の問題と党の組織に関する問題の方に関心を抱きがちであった。大会の議事録を見れば、ネップに当てられた討論は全体の十分の一以下だったことが明らかになる。しかしレーニンは、労働者反対派からの反対に出会うことになるのを覚悟していた。それゆえ彼は自分の提案を提示する際に慎重を期し、限定的措置として提示するよう努めたのである。

ネップにいかなる意味を与えるのか。レーニンはこれにいかなる意味を認めていたのだろうか。急速に変革することはできないことを承知していたロシア社会の現実への譲歩だろうか。それとも、革命を救うための単なる一時休止なのか。「農民のブレスト＝リトフスク」という表現は、議論の規模の大きさと当惑の深刻さを的確に示している。ブレスト＝リトフスクの時のように、政治階層はこの農民との和解の意味をめぐって真っ二つに分かれた。レーニンにとって、（ブレスト＝リトフスクの時と同様）それは一時休止にすぎない。彼自身の著作と一九二三年のスハーノフの論文に対する短評を注意深く読めばその点ははっきりする。また彼は決定的な譲歩を考えたことは決してなかった。しかしこのことが確認されると、今度はより複雑なもう一つの疑問が浮かび上がる。レーニンにとって、それはボリシェヴィキが社会の動揺を鎮め、権力を立て直し、社会主義実現の強行軍を再開する前に、ロシア人民をしっかりと掌握し直すことを可能にする短い休止であるのか、それとも逆に、より長期にわたる後退なのか？　この後退は確かにロシアの遅れの故に余儀ないものであるのだが、それだけではなく世界革命の遅れの故に余儀なくされたものでもある。

『革命の当面の課題』に書かれているような、一九一七年におけるレーニンの立場、あるいは一九一七年十月・十一月に彼が最初に行なったことを考察してみるなら、長期的休息という仮説の方に分があると考えざるを得ない。第十回大会で彼はこう宣言しているではないか。「われわれは絶えず農民と話し合わなければならない。というのも、小農民を変革し、その心理状態をすっかり変えてしまうのは、数十年を要する課題だからである」。同様に、社会変革の支柱たる近代工業を建設するためになし遂げるべき努力について論じた際も、彼はそれを数十年かかる作業と算定している。したがって一九二一年になって、彼はかくも激しく攻撃したメンシェヴィキの正しさを認めているように見えるのである。ただし微妙な差がある。彼のすべての努力は実は権力を保持し、あらゆる行動領域に対する共産党の独占ないし統制権を維持するために向けられていたのである。

しかし政策を社会の現実に合わせようとするこの戦略転換は、党全体と労働組合にとって受け入れがたいものであった。ネップのおかげで農民層がロシアの社会の営みの主役になって行き、それゆえこれからは、農民層が国の変革の行方を左右することになろう、ということが労働組合にははっきり分かっていた。やがてはこの変革によって、労働組合は特権的地位を奪われることになろう。労働組合にとって、そのような役割が農民層に割り当てられるというのは許しがたいことだった。多数の共産党員にとっても事情は同じだった。この転換に反対する者全員に対してこれを押し付けるためには、党の権威が不可欠だったが、一九二一年に、党は分裂し弱体化していたのである。

では農民層はどうか。彼らが自分に認められた役割を拡大し、その永続化を確保するためにそれを強化しようとしないなどとは想像できない。農民層の独立性を経済の領域だけに限定し、また彼らを統制してその野心を制限するためには、強力で中央集権化された、権威的な党が必要だった。

レーニンが企図したもう一つの重要な改革は、そうしたところから必要となったのである。第十回大会によって採択された党の改革である。ネップと党改革を関連付けるのでなければ、彼がネップに与えた意味を理解することはできない。この二つを組み合わせてみると、党と社会の間の関係に関するレーニンの一般的考え方が再び見えて来る。彼にとって、現実への適応――ネップを選ぶということは、そういうことだ――とは、社会を統御し無制限のボリシェヴィキ権力を保存する手段が保証される場合にのみ、受け入れ可能なのである。こうして見ると彼のネップへの転換は、彼のいつも通りのプラグマティズムの発現であって、政治的なものの優越という彼の全体的ヴィジョンにはなんの変更もないのである。

最優先事項――党の統一

第十回党大会が、ソヴィエトの歴史の中で決定的位置を与えられるだけの価値があるのは、それが党を変革したからではなく、二十世紀の初頭にレーニンがまだ革命を夢見るだけであった時に思い描いた構想を、それが完成させたからである。一九二一年に、レーニンはそれまで暗黙のものであったすべてのものを党の営みと運行の中に組み入れる。すなわち一枚岩の団結、あらゆる反対の禁止である。しかし彼が党を創設した時に、『何をなすべきか』の題辞として掲げた「純化せよ」という合言葉は、一九二一年の一枚岩の団結を萌芽として内包していたのではないだろうか。また一九〇三年から一九一七年までの党の指導者としてのレーニンの実践は、すでに第十回大会の文書が法的効力を与えることになるこの資質をすでに確証していたのではないだろうか。

大会の議事日程には、労働組合の政治的役割とはいかなるものかという大問題が含まれていた。しかしこの問題の背後には、より決定的なもう一つ別の問題、すなわち権力の真の源泉は何か、頂上か下部かという問題が隠れていた。

第一の問題は明示的に提起されたが、これは大会に先立つ数ヵ月間に、個人的対立のために険悪な問題となっていた。特にトロツキーに対して、他でもないジノーヴィエフをリーダーないし黒幕とする紛れもない陰謀が醸成されていた。この抗争は一九二〇年には、鮮明な対立に至らない論争として終止したが、第十回大会において、さまざまな行動方針と構想をめぐって、トロツキーと労働者反対派が対立した論争をきっかけとして爆発した。トロツキーは労働組合を生産促進のために動員し、行政組織の中に組み入れられることを主張した。労働者反対派は、組合の独立を擁護して闘い、経済の管理運営が生産者会議に委ねられるよう願った。レーニンはどちらかと言えばトロツキーに賛成と思われたが、トロツキーが自分の見解を押しつけようとする時の粗暴さと、不寛容を非難した。トロツキーとレーニンの考え方の間には、深刻な対立はなく、考えを主張するやり方が二人の間では異なり、二人の間に対立があると誤って推測させたのである。

トロツキーと労働者反対派の敵対関係は、この大会においてかつてない規模を帯びることとなったため、両陣営は戦いに勝利すべく「政綱」を作成して支持者を集めようとする。これは一九二一年においては党内で通常用いられる手続きではなかった。一九三八年、すなわちスターリンが全能の権力を持った時期に刊行された『共産党の歴史（簡約版）』は、次のような言葉でこのエピソードを語っている。

「トロツキーは党の規律を踏みにじって、彼の名と彼の政治的同志の名において、中央委員会との不一致を宣言し、対立点を世論に告示した。大会が、彼のものとレーニンのものとの二つの政綱のいずれかを選択しなければならないのだと主張したのである」。

このようなまとめ方は、〈歴史〉に対するスターリン流の操作に典型的である。まず第一にトロツキーは、なんらかの政綱に基づいて自分の主張を擁護しようとしたことはなく、それどころかこうしたやり方がそれぞれの立場を固定化し、そのために論争というものが一切不可能になってしまうと示唆していた。それに、大会では確かに対立があったが、それは単なるレーニンとトロツキーの一騎打ちなどというものよりは、はるかに複雑なものであった。労働組合に関する討論では、いくつもの政綱が競い合った。トロツキーは主に、ブハーリン、プレオブラジェンスキー、セレブリャコフに支持されていた。レーニンの方は十人の支持者を集め、組合の独立性を説く政綱に署名をした。この「十人の政綱」の熱烈な代弁者は、ジノーヴィエフとスターリンであり、この二人とも組合の役割について討論するというよりも、トロツキーに直接攻撃を加えた。労働者反対派の方は、シリャープニコフに率いられ、新たに加わった著名人、アレクサンドラ・コロンタイに支持されていた。コロンタイの人間関係に関する考え、特に女性に関する考えは、レーニンの広く知られた謹厳さに抵触していた。労働者反対派は、労働の軍隊化と同時に、党内の民主主義の欠如を告発し、また経済活動の平等主義的考え方を採用するよう要求していた。しかしそれはプレオブラジェンスキーによって、経済的現実主義の名のもとに論破された。彼らの主張は、労働組合の独立性という考えを受け入れないトロツキーからも激しく攻撃された。しかしレーニンからも同じように攻撃されたのである。レーニンは遅れた労働者階級のための「共産主義の学校」の役割を労働組合に割り当てており、組合に対する党の後見を維持するつもりだった。組合の独立に関する彼の考え方は結局のところ、きわめて制限されたものであった。

大会は、レーニンの主張に基づく次のような中間的立場を採択した。

「労働組合においては、すべての機関の選挙を保証し、指命方式を廃止することが不可欠である。労働組合運動の指導者の人選は、当然のことであるが、党の統制下で行なわなければならない」。

この文言を含んだ決議は、民主的中央集権主義というレーニンの考え方に合致するものであった。労働者を組織し、その権利を護る任務を組合組織に委ねており、選挙原則を再導入して、労働者反対派によって繰り返し訴えられた官僚主義化に対する不満を考慮していた。しかし同時に、いかなる曖昧さもなしに、党、つまり上位の権威からする恒常的統制を労働組合に押しつけていた。

労働者反対派は論争に敗れたが、党はシリャープニコフを中央委員会に加えることで、彼らに屈辱を与えぬよう配慮した。ここにもレーニン独特のやり方が見られる。敵を排除するのではなく、その思想を排除するのであり、敗者に指導機関内に留まる権限を残してやるというもので、そうすることで敗者が反対の姿勢に凝り固まることがなくなるのである。一九一七年十月にジノーヴィエフが頑として蜂起に反対した時もこういう具合に処遇された。それによってレーニンは、敵対者たちに自分の見解を押しつけることができたと同時に、彼らの批判にもかかわらず党の統一は維持されたわけである。

中央委員会選挙が終わり、抗争が静まり落ち着いた雰囲気となったところで、最後にレーニンは決定的影響力を持つことになる二つの決議を採択させた。一つは党の統一に関するもので、もう一つはアナルコ・サンジカリスム的逸脱に関するものである。ほとんど大会終了後というべき時に、これほど重要な条項がレーニンその人によって直々に提示されたことは、これをめぐる論争と内容を弱めるような修正を避けたいという彼の意志を示すものであったが、同時に彼がその採択を是が非でも実現しようとしていた証拠でもあった。

党の統一に関する決議は、多数派によって断罪された思想の流布を禁じるものであった。これらの思想は適切な枠の中においてのみ議論され得るものとされた。この決議は「逸脱」を「党の評価を受けぬまま存続してはならない政治的方向性の端緒」と定義し、「分派」を「党への所属とは相容れない」として、両者を巧妙に弁別した上で、いかなる分派をも禁止した。大会はこの原則を採択する一方で、直ちに個別的政綱に基いて組織された集団の解散を命じ、党のあらゆる機関に対して分派的活動を防止すべく留意するよう命じた。決議案の第七条は、極秘条項とされたが、党の規律を貫徹し、違反の場合には除名を含めて、予想されるあらゆる懲罰を用いる任務を、中央委員会に委ねていた。指導的機関のメンバーにこの最終的措置が採られる時は、中央委員会と統制委員会の全体会議で三分の二以上の多数により決定されるとされた。レーニンはこの条項は党が分裂の危機にさらされた例外的な場合にのみ適用されるとして、これを極秘条項とするよう要求した。彼は不安をなだめるための説明を惜しまなかったが、それで目を眩まされる者はいなかった。彼の同僚の多くは、分派の禁止と除名の措置とは、やがては例外でなくなり、規則となって自分の身の上に適用されることになりかねないと予想した。ラデックは極めて明瞭にそのことを口にしたが、しかし多くの者が抱く不安を共有していたにもかかわらず、この決議案に賛成票を投じた。これのみが党の統一を保証する唯一の方策であると考えたからだと、彼は説明している。

ここにもまたレーニンの、巧妙な戦術家としての面目躍如たるものがある。彼は党の統一を優先させて投票することが絶対に必要であると、巧みに同僚たちを説得してしまった。討論が終わったところでこの決議案を提示することによって、疑念が公然と表明されることを巧みに防いだのである。多くのボリシェヴィキがその不吉な帰結——近い将来それは証明されることになる——を予感していながら、この決議案が採択されたのは、そのためにほかならない。

第十回党大会[18]を総括するなら、結局のところ矛盾的であると言わざるを得ない。社会に対してはある種の自由化（すなわちネップ。これは部分的にはトロツキー権威主義的構想への拒否にほかならない）と、もう一つ、党の内部に向けては未曾有の権威主義的政策という二つの路線をともに公認したのであるから。一九二一年の新たな点は、こうした原則が採択され、さらにそれを遵守させるための手順が採択されたことである。確かにレーニンはこれまで常に党の隊列の中に鉄の規律を打ち立てることを主張して来た。しかし、一九二一年には、彼はそれまで実際上の慣例にすぎなかったものを大会によって公認させ、それを不可侵の原則に変えたのである。なるほど彼はこのような絶対主義は、最終的には党内民主主義を堅持するために必要なのだとして、それを正当化している。しかし第十回大会時に、労働者反対派に加えられた仕打ちとその後に実行された粛清は、採用された手続きの中に「民主化」がほとんど存在の余地を持たないことをはっきり示していた[19]。

大会は指導者内の大幅な変動を承認した。中央委員会の三人の書記、クレスチンスキー、プレオブラジェンスキー、セレブリヤコフは、特に除名に関して、より広範な議論を行なうべきだと主張して、より寛大なテーゼを擁護しようとし、さらに後二者は、労働組合をめぐる論争においてトロツキーの側に与したのだったが、彼らは再選されなかった。オルジョニキゼ、フルンゼ、フォロシロフ、クイビシェフ、モロトフ、それにスターリンといった古参ボリシェヴィキが、主要な機関内で昇進した。そのうちの多数はスターリンに近い者たちであった。それにモロトフは、前任者の三人の書記が排除されたことによって、書記局の支配的人物となり、スターリンを書記局に緊密に結びつけることになる。

次の大会――一九二二年三月二十七日から四月二日まで開催された第十一回党大会――でスターリンは、

これまで党内に存在しなかった肩書きである「書記長」になり、モロトフとクイビシェフがその補佐役となる。[20] 形式上はこのスターリンの任命は、中央委員会の総会にあってカーメネフによって提案された。しかしフォルコゴーノフは、レーニンがこの時期に、一九一九年に自分が労働者・農民視察官に任命させていたスターリンの功績にどれほど注目していたかを確認しつつ、スターリンをこのポストに選んだのはレーニンの決定の結果でしかあり得なかったと強調している。[21] このことはモロトフによって確証されている。彼は数年間にわたって作家フェリックス・チューエフのインタビューに応じたが、その中ではっきりと述べている。「スターリンの名前の前に、レーニンは手ずから『書記長』と書き入れた」[22]と。

同じ頃、党は下部における広範な粛清に見舞われる。一三万六八〇〇人の党員が、消極性や不服従から純然たる犯罪行為までのさまざまな理由によって除名されたのである。この粛清は党員総数の二〇％以上に達しているのであるから、苛酷な粛清と言わねばならない。

第十回党大会は要するにロシアが陥った困難から結論を引き出したわけである。その困難は「戦時共産主義」の路線から生じたものだった。それへの答えがネップである。しかし特にこの大会はレーニンが行なった確認を公認した。すなわち仮定された世界革命による救済を待つことは不可能であり、ロシアは自分しか頼りにすることができないという事実である。そのことを彼は一九二〇年以来、繰り返し明言していた。それ故に一九二一年春になると、まさに内に閉じこもり、存続と発展のためにあらゆる手段を動員する安定化した国家というものが、明確に姿を現わすのである。第三回コミンテルン大会は、この安定化を確証し、さらにソヴィエト国家の利益と世界革命の利益との混同の開始を確証することになる。

しかしながら第十回大会において決定された休息は、もっとも残酷な現実、大飢饉という現実に直面することになる。この大会の絶対主義的路線は、この悲劇をきっかけにさらに強化される。特に当時レーニンによって採用された宗教政策の中で強化されるのである。社会の平和が訪れるにはほど遠いだろう。

大飢饉――強権政治への回帰

一九二一年七月十二日、スヴェルドローフの後任としてソヴィエト中央執行委員会議長に就任したミハイル・カリーニンは、『プラウダ』紙にて発せられた「市民へのアピール」の中で、[23] ロシアは異常な旱魃にみまわれ収穫が打撃を受けるため、深刻な食糧問題に突き当たる恐れが大いにあると明言した。彼の発言は、「便乗利得者」などの「破壊行為者」に関する伝統的な説明を盛り込んだ慎重な物言いだったが、その裏にある現実は悲劇的なものだった。飢饉がロシアに襲いかかったのだ。旱魃ですべてを説明するのは無理な話だった。強制徴発を初めとする農村部で実行された暴力行為が、農村の社会組織を破壊し、農民たちを飢えさせ、その生産能力を打ち砕いたのである。飢饉はヴォルガ川中・下流地域の一部、カフカス北部、およびウクライナの一部で特に顕著だった。入手可能な統計によれば、[24] 三五の地域に住む四〇〇〇万人が飢え、ロシアの耕作地の六〇％が被害を受けた。死者が五〇〇〇万人、家族を失い放浪と犯罪に身を任せた孤児が数百万人、これが決算表であった。これは確かに旱魃の決算表ではあったが、何よりもまず、農民を意のままに租税や労役を課すことのできる敵に仕立てた政策の代償であった。ロシアは過去に多くの自然の災禍に見舞われたとはいえ、いまだかってこれほどの規模の人的破局が起こったことはなかった。飢饉の深刻さのあまり、飢えた者は死体を食べて飢えをしのぎ、さらには食糧として人を殺す者まで出た。その情報に接したポリトビューローは、人肉食を行なった者は通常の法で罰することができないが、裁判なしで「隔離される」ことになると宣言した。

この災害と闘うために政府は、カリーニンが議長を務め、カーメネフとルイコフがそれを補佐する委員会を設置し、あらゆるデータをここに集中することとした[25]。ティホーン総主教とマクシム・ゴーリキーは共にロシアに救援の手が差し伸べられるよう欧米に呼びかけを発した。それは多くの反響を呼ぶ。フランスではフランス児童救済基金によって募金活動が行なわれる。赤十字とナンセン委員会がヨーロッパ各国の人々の努力を結集し、アメリカ合衆国ではハーバート・フーヴァーが会長を務めるアメリカ救援局が多額の支援をかき集めた[26]。

こうして飢饉に対する救援を求める声が至る所で上がったわけだが、当のレーニンはどちらかといえば大災害の主要な原因が、農民層に加えられた暴力であることに気づいていないようであった。一九二一年七月三十日、彼は党のすべての地方委員会に宛てて電報を送り、危機に対処するに適切と彼が称する措置を命じる。彼が提案した、というよりむしろ命令したのはどのようなことか。直ちに徴発のための組織を立て直すこと、多数の活動家をこの機関での活動に動員すること、さらにはすでにこのような職務を実行したことのある者に呼びかけることである。次の一文が、この上なく的確にレーニンの立場を要約している。「食糧危機を解決するための主要な条件は、食糧の現物租税の有効な徴収である」[27]。

したがって最大の危険の時期に、レーニンの指令は詰まるところ徴発と力に訴えるものにすぎなかった。これこそまさに大災害の真の原因から目を背けようとする彼の意志と、いかなる場合にも暴力による解決に訴えようとする彼の性向を、むごたらしく証言するものにほかならない。ネップが採択されて幾月も経たぬうちに、彼がこの行動方針を提案したというのは、「休息」についての彼の考え方を暴露する指標である。彼の目から見れば、それはまさに戦術的後退にすぎず、いついかなる時でも自由に取り消すことができるのである。

それにレーニンは、ロシアを救おうとする外国の援助にあまり感謝の念を抱かず、ハーバート・フーヴァーがロシア当局に、アメリカの政府スタッフを自由に行動させるように要求したことに対して憤慨している。この要求に反対するのは、この件に関するアメリカ合衆国との過去の協定を破棄しない限り不可能ということになると、今度はレーニンは、同胞の救助に駆けつけたアメリカ人を監視し、援助の段取りを立てるためにモスクワに派遣されたアメリカの委員会にスパイを送り込むためのシステムを、すっかり作り上げるのであった。一九二一年八月二十三日、レーニンは秘密の通達で、モロトフに「チェカー他の組織を用いて、これらの外国人の監視とその報告を準備し、組織し、確実に実行する委員会を創るよう」命令した[28]。彼はさらにこう付け加えている。「英語が使える共産主義者を最大限に動員し、フーヴァー委員会に潜入させ、またこれらのケースにおけるその他の監視と諜報の任務に当たらせる必要がある」。

しかしまた飢饉はレーニンに、神との、より具体的には教会との決着をつける機会を与えた。レーニンはその出身階層の慣例に従って洗礼を受け、同じく結婚式も宗教に則って行なったことはすでに述べた。しかしかつて信仰を抱いたとしても、早くに失い、もはや信仰に愛着も興味も示さなかった。彼はある時、十六歳の時に「十字架をごみ箱の中に捨てた」と言ったことがある[29]。宗教に対する彼の哲学的立場は単純で、ボグダーノフやルナチャルスキーとは異なり、心の葛藤を伴うことはほとんどなかった。早くも一九〇五年には彼は『社会主義と宗教』の中で自身の見解を述べており[30]、その後はそれを修正することなく、多くの論文の中で確認して行く。彼にとって信仰とは、人民の抑圧の所産、慰めを見出したいという人民の欲求の所産であり、彼は「宗教は民衆の阿片である」という、マルクス主義の父祖たちの身も蓋もない表現を進んで採り上げるのであった。しかし彼はまた、宗教は権力者への奉仕という具体的な政治的役割を有すると考えていた。宗教はどこにおいても常に大衆の隷属を正当化して来たのであり、正教会はロシアにおいて権力に奉仕する「イデオロギー的鞭」の役割を演じて来たのである。

しかしながら彼は宗教に対する党と国家の立場を区別している。国家の観点からすれば、宗教は私的な問題であり、その結果、教会と国家の分離およびあらゆる宗教教育の廃止が帰結する。党の方は、単なる中立性で満足することはできない。何故なら党はイデオロギー的に中立の組織ではないからである。党の哲学は唯物論であり、それゆえ無神論にして反教権主義である。また党の責務は、反宗教的プロパガンダを行ない、戦闘的無神論の精神で成員と社会を教育することである。反宗教的プロパガンダは、最終的には階級闘争の一要素であり、自律的な思想ではなく、いかなる場合にも自由思想と混同されてはならない。レーニンは制度化された教会に敵対するが、「神の建設者」というような、宗教との妥協を試みる哲学的運動にも敵対する。何故なら宗教的精神というものは、進歩を語る言語の背後に身を隠しても、彼の目から見ればまったく同様に無神論とは無縁のものだからである。

革命以前には、レーニンは帝国国家からその宗教的正統性を奪い取る目的で、教会と国家の分離という考え方を擁護したが、十月革命以後は、宗教に対する本物の政策を入念に作り上げなければならなかった。分離はすでに進行中であった。教会はすでに一九一七年八月の教会会議の際に、総主教職を復活させており、分離の方途を準備していた。ほんの一時期、信者たちに対して多少の戦略的譲歩を行なうことも考えたようだが、やはりレーニンにとって採るべき路線は、宗教は社会主義社会には席を持たないというものであった。一九一八年一月二十三日、教会と国家の分離に関する、および学校と教会の分離に関する布告が出される。たちまち聖職者と修道女たちに暴力が行使され、彼らは逮捕されたり公然と辱めを受けた。教会と修道院は閉鎖され、略奪を蒙った。活動家たちの音頭取りで、祭壇や聖遺物を囲んで反宗教的カーニバルや神を冒瀆する催しが行なわれたが、当局は見て見ぬ振りをした。レーニンにとって聖職者集団とは、「司祭服を纏った反革命分子」のみからなるものだった。教会会議で総主教に選出されたティホーンは慎重に行動し、嵐を鎮めようと努め、教会を内戦に参入させることを回避して、妥協を成立させようとして、何度もレーニンに会見を求めたが、努力は水泡に帰す。レーニンはいかなる交渉をも拒絶したのである。

しかし飢饉はロシアの主レーニンに、宗教に対して裏で仕掛ける表面化しない闘いから公然たる戦争へと移る機会を与えることになる。総主教は、飢えた者の救援に馳せ参じるよう呼びかけをしたのに続いて、教会による救援を組織するために全国聖職者評議会を創設した。しかしこの評議会はたちまち禁止されてしまう。教会は全国民に関わる事業に介入することはできない、というのである。一九二二年二月十九日、総主教は、飢饉の犠牲者を助けるために、機密〔カトリックの秘蹟に相当する〕に用いられるものは別にして、教会が保持する貴重品を残らず提供するよう命じる。二十三日、こうして捧げられた物品すべての押収を命ずる布告が出る。フォルコゴーノフに言わせれば「レーニンの認可を得た」布告とのことだった。信者と聖職者たちはそこかしこでこれに対する反対を企てた。それが虐殺と恐るべき抑圧の合図となった。レーニンからモロトフ宛に出された、ポリトビューローのメンバーだけを対象とする、一九二二年三月十九日付の「極秘」文書は、この事件におけるレーニンの態度を不吉な光の下に照らし出している。「無数の暗黒の聖職者」が、聖なる物品の押収を口実として、ソヴィエト権力に対して戦いを開始しようとする計画を練り上げていたとの確信――これは一度も確証されはしなかった――に立脚して、レーニンは次のように書いた。

「われわれにとって、今この時は、われわれが敵（教会）を破壊するのに成功し、今後数十年間、必要不可欠な位置を確保することができる確率が九九％ある時期である。まさしく今、そして飢えた地域で人々が人肉で飢えをしのぎ、数百ないし数千に及ぶ死体が路上で腐敗して行く今この時においてのみ、われわれはもっとも粗暴にしてもっとも情け容赦ない活動をもって、教会の宝物の没収を実現することができる（そしてそうしなければならないのである）。何が起ころうとも、われわれはできるだけ速やかに決定的な形で教会の財を没収しなければならない。それは金貨数億ルーブルの資金を獲得するためにほかならない。この資金なくして、政府の活動全般、特に経済的努力、ジェノヴァ会議におけるわれわれの立場の擁護、こうしたこと一切が考えられないものとなってしまう……」。そしてこれを首尾よくなし遂げるために、レーニンは同じ文書の中で、「なにものを前にしても立ち止まることなく」、暴力的で容赦のない没収を、そして「反動的聖職者集団と反動的ブルジョワジーのできる限り多数の代表者たちの処刑」を実行すべきことを命じている。「処刑の数が多ければ多いほど、うまく行くだろう」。

この文書それ自体は、それを書いた者にとって情け容赦のないものとなる。この文書は一九六〇年代末まで秘密とされていたが、非合法的に文書保管所から流出して、フランスにまでたどり着き、一九七〇年に公にされ[31]、それ以降、公表されており、そのおかげで最終的に一九九〇年にソ連邦で、党中央委員会の公式機関によって本物と認められた。久しく偽造文書扱いさせようと画策されて来たこの手紙によって、この事件全体が、教会を粉砕し、まだ信仰心が強かった農民層を反教会に動員するために状況を利用しよ

う と決断したレーニンによって操作されていたことが、ほとんど疑問の余地のない事実となったのである。

処刑執行に関するレーニンの指令は遵守された。彼の願いに沿って一九二二年には、八千人近くの教会に仕える者たちが「粛清」された。ニキータ・ストルーヴェはこの年だけで、司祭二六九一人、修道士一九六二人、修道女三四四七人が殺されたと計算したが、この数字は一九九〇年にソヴィエトの歴史家によって確認された。(32) これらの教会の殉教者たちに、司祭と修道士を守ろうとして立ち向かった際に殺害された多数の信者が加えられる。司教たちは大部分が逮捕され、収容所へ送られた。いわゆる「陰謀」がこの収容所送りの根拠となっていた。総主教だけはこの運命を免れた。彼は短期間拘留されたが、西欧で高潮のように抗議の声が上がったため、レーニンは総主教を、己が罪を認め署名することと引き換えに、自宅軟禁に留めるだけにする決意をしなくてはならなくなった。その文書は「君主制社会に育ち、逮捕まで反ソヴィエト人士の影響下にあったために、私はソヴィエト権力に敵対した。そしてこの敵意は時として消極的状態から行為へと移るのであった。……私はこれらの過ちを遺憾に思う(33)」と述べている。

この時初めて、自己批判がソヴィエト政治に登場した。これは後にスターリンが、葬り去りたいと思う者全員に強要することになるものである。しかし時はまだ一九二三年であり、その時体制の頂点にあったのはレーニンである。したがって粛清しようとする者に、自説を捨て、まさにそれによって自分を打ちのめそうとする者たちの正当性を証明するよう強要するという手を思いついたのは、スターリンであると非難することはできない。

レーニンは全般的指示を出すだけに留まらず、この件を仔細に追跡する。一九二二年三月十一日、彼はトロツキーに宛てて一通の覚書を送り、教会の「清掃」、つまり教会の「略奪」がどこまで進んでいるかを尋ね、(34) 数値化された報告を要求する。さらに司祭の処刑と逮捕の件数に関する情報を求めてもいる。(35) 一九二二年五月四日、司祭たちの死刑を新たに制定する布告がだされる。これと同時期に、レーニンは「闘うマルクス主義の意義」(36) に関する長い論文を発表するが、これは宗教に対する闘いを高く掲げる彼の意志を証言している。

レーニンの意志によって、恐ろしい飢饉を教会に対する公然たる戦争に結びつけたこの二重の悲劇から、何を記憶に留めておくべきなのか。第一に、教会と闘うためにレーニンが選んだ口実は、この上なく欺瞞的であったことである。何故なら秘密文書で彼が飢饉に言及するのは、それがどれだけ財産没収と反宗教テロル作戦の開始に有利な状況を創り出すかを確認するためだけであったという点でもまた、この文書は注目に値するからである。彼は教会財産の略奪を正当化する理由——経済建設、ジェノヴァ会議、等々——を列挙する時、飢えに苦しむ人々への援助については一言も発さない。総主教は彼らに食糧を与えるために、財宝を売却する命令を出したのだったが、レーニンはこのために一ルーブルたりとも捧げることはない。

しかしレーニンは、彼が望んだ武力抗争に勝利した。教会は首脳を失った（総主教は自宅軟禁となり、あらゆる者から隔離され、一九二五年に死ぬ）。ソヴィエト権力によって一分派——「生ける教会」——が生み出される。教会は長い間、沈黙を強いられ、それに仕える者は殉教を強いられる。レーニンが望んだように、無神論が国家イデオロギーの決定的成分となるのである。

経済復興

一九二一年から二二年の途方もない悲劇の後、レーニンは農民層の不満を鎮め、疲弊した社会に食糧を与えることができる政策に立ち返る必要があることを認めた。実際、もし信頼が欠けているなら、荒廃した農村部――荒地となった畑、大量に殺された家畜、ほったらかされた機材――に、並外れた努力など期待できるものではない。一九二二年の農地法典はネップで宣言された意図への回帰を示している。なるほどこの農地法典は、土地の共同所有を特権化しようという希望を失わず、昔の農村共同体に「土地会社」という名称を与えて法的地位を与えている。しかし農民は共同経営への参加形態を自由に選ぶことができる。特に、家族経営の主《あるじ》としての立場を保持しながら、農繁期に一時的に共同で働く、というようにすることができる。農民の大部分が選んだのはこの方式である。また彼らは住居と猫の額ほどの土地を確保しつつ、すべて――土地、牽引用家畜、機材、種――が共有化された「協同組合《アルチェーリ》」に入ることができる。この解決策に引きつけられたのはもっとも貧しい者と不運な者たちだけであった。彼らはさらに、すべてが集団的である「コミューン」へと向かうことができるが、それはあまり多くの者の心を引きつけない。

一九二三年、レーニンは『協同経営』(37)を論ずる論文を発表する。その中で彼は協同組合経営が好ましいと述べている。彼によればこの方式は、農村世界の生活と労働の構造を急速に変革する必要性とその利益を農民に納得させるのに適しているというのである。しかし彼は農民層に協同経営の長所を納得させることはできなかった。それどころか農民は、この法典に土地所有の再建を可能にさせる突破口を見出していたのである。

もっとも政権は前年の経験に学んで、妥協の道を選んだ。すでに一九二二年には、政府は現物課税を生産高の一〇％に制限し、未納の場合の家畜の差し押さえを禁じていた。第十二回党大会（一九二三年四月十七日から二十五日）はさらに現物課税を減額したが、これは一九二四年には廃止され、全額現金にて支払い可能な農業税に代わる。これで農民の収入は安定する。この同じ年に、党の第十三回協議会は農業銀行を創設し、農村での信用取引を復活させる。一九二二年五月、農民に土地を保持する権利と、とりわけ賃金労働者を雇う権利を認める布告が出される。こうした労働者は一九二四年には本物の身分を与えられることにもなる。そこで一五〇万人以上の農業労働者が合法的に、より裕福な農民のために働くことになるのである。こうした譲歩によって農業に活気が戻り、早くも一九二二年には生産高水準は再び上昇するようになった。

しかし工業製品が市場に出回らないのなら、農民に努力を促すことなどできない。ネップを補足するものは、「戦時共産主義」によって麻痺した工業の再生である。一九二一年七月七日、家内工業の小企業が存在すること、および職人を二〇人まで雇うことを認める布告が出される。十二月には、一〇人の労働者を雇う国営企業は民営化され、次いでこの措置は、二〇人の労働者を雇用する企業にまで広げられる。こうして限定されながらも私企業が復活し、さらに企業家と社会主義国家との協同から国家資本主義が生まれる。これには二つの形態があり、その一つは「請負」で、これによってかつての企業家たちは「契約によって」自分の企業に戻ることが可能となる。もう一つは、「委譲」で、これは外国の会社に認められるものである。大企業は国家の手中に残るが、国家は民間部門からの競争に対抗するために経営方法を柔軟化する。したがって早くも一九二二年には、工業の中で、制限され緊密に管理されているとはいえ、資本主義の復興が見られるのである。

しかしながらネップが決定され展開される間も、「戦時共産主義」の精神、貨幣交換を破壊し通貨を廃止したという誇りは、多くのボリシェヴィキの間に存続していた。彼らは農民層に対して行なわれた譲歩と、確立された物々交換経済とを組み合わせることができると信じていた。メンシェヴィキの経済学者で、後にレーニンに与したスタニスラフ・ストルーミリン——彼は熱心に非貨幣経済を唱道していたが、その後スターリン流計画経済の唱道者となる——は、一九二一年にはこうした幻想を抱いていた。しかしボリシェヴィキは早急にこれを諦めなければならなくなる。貨幣と商取引への回帰を受け入れなければならなかったのである。それこそが一九二一年八月九日の「交換の貨幣的形態」に関する布告によって生じた厳然たる事実であった。一九二二年五月に、国内商業人民委員部（コムヴヌトルク）が創設される。そこで確かな通貨を確立しなければならないということが問題となる。一九二一年十月、政府は国営銀行を創設する。これは最初は財務人民委員部の単なる一部局にすぎなかったが、急速に中央銀行へと変貌し、信用取引機関を統括することとなるのである。革命以後、一種のアシニャ紙幣〔フランス革命期に、没収された聖職者の財産を担保として発行された不換紙幣〕であるソヴズナークが盛んに発行されたが、これは価値が下がり続けていた。一九二二年十月二十四日、布告によって新たな貨幣、チェルヴォーネツ（その名称はかつてのロシアの金貨に由来する）が導入される。これは国営銀行の金と外国通貨の備蓄によって保証されており、ソヴズナークと競合することになる（一九二四年には一チェルヴォーネツは五万ソヴズナークに相当した）。これに次いで一九二四年は、この二つの競合する通貨を廃止し、ルーブルを復活させ、真の通貨改革の年となる。ついに外国貿易が再開されるに至ったのである。その第一段階はレオニード・クラーシンによって調印された露英通商条約であった。

この政策の効果は急速に現れた。多数の束縛から自由となった農業は、たちまち復興した。より統制の強い工業の復興はこれよりも遅く、その上昇が目に見えるようになるのは一九二五年になってからである。

こうした常態への復帰の帰結の一つは、都市人口が戻ったことである。都市住民は、仕事も、食物も、暖房もない都市から逃げ出していた。しかし大都市圏は徐々に戦前の人口レベルを取り戻し、それ以上の人口を擁するところも出て来た。そうなると住宅の件が——特にモスクワで——深刻な問題となる。都市の生活は容易ではなかった。新たにやって来た者は、多くは土地を追われ破産した農民たちで、復活しつつあった工業は彼らを吸収することができなかった。失業が深刻化した。一九二三年には失業者は五〇万人、二年後には七〇万人、そして一九二七年にはその数は倍以上になる。

しかし一九二〇年代の労働者階級は、革命期の労働者階級の面影を持たなかった。すっかり幻滅し、物質的問題につきまとわれ、あまり努力を好まず、政治的教育も受けていなかった。勉学と議論に飢え、ロシアの状態を自覚し、革命以前にはナジェージダ・クループスカヤの授業に殺到し、一九一八年には工場を占拠した、あの労働者階級からはなんと遠いことか。それはもはや労働者階級ではなく、今世紀初頭にレーニンが加えた描写に見事に対応する無気力な大衆と変わりがない。なんという後退か。党は社会的基盤をそもそも持たないか、もはや持たないのである。今回は確かにレーニンの言う通りなのだ。

「新しい人間」だろうか？

共産主義革命は、政治体制の変化という合言葉だけでは成就しない。共産主義とはユートピアでもあるので、レーニンがあまり強調していないとしても、個人の倫理的変貌を決定的要素とする根本的に新しい世界を創造しようとするのである。しかしロシアにおける革命過程の急速さと、ボリシェヴィキが政権についた際の混沌とした状況の故に、一貫性のある倫理・社会モデルの形成の余地は十分に存在しなかった。

すべての変化は、てんでんばらばらの、さらには大抵は相矛盾する措置によって緊急に行なわれたために、ロシアの新たな指導者たちに、自分たちの抱く「新しい人間」の概念を明確に定義する時間を与えなかったのである。とはいえ宗教の分野で実行された政策、党のある種の決定、ジャーナリズムに対する姿勢、それにいくつかの文学作品や映画、こうしたものを通して、新たな世界の人間、要するに「新しい人間」なるものを作り上げると考えられる倫理的モデルを抽出することはできる。レーニンの人となりが国を支配していた時代に人々が感じとっていたあの「新しい人間」である。

共産主義的信念の養成のために採られた政策の第一の様相とは、報道のあらゆる自由の迅速な廃止であった。もっともそれがそのための政策であると規定されたわけではなかったが。自由主義政党の新聞は言うまでもなく、社会主義政党の新聞さえも姿を消した。党の機関紙が情報を支配し、一方では、用紙不足を理由に事実上の統制が徐々に、あらゆる形態の文学作品に及んで行った。一九一九年に政府は国営出版機関〈ゴスイズダート〉を創設するが、これはあらゆる領域の出版を掌握する。用紙の割り当てがこの機関によって行なわれたのである。しかしながら「戦時共産主義」が終わり、私企業が復活すると、文学の営みは比較的自立した存在を回復することになる。

文学的表現は文化に関する決定的問題の一面にすぎない。革命直後に、革命後の国家で文化はいかにあるべきかについて論争が展開された。二つの主張が真っ向から衝突した。

二十世紀初頭にレーニンに近かったボグダーノフとルナチャルスキーは、プロレタリアートから発する根本的に新しい「プロレタリアート文化」を熱烈に擁護した。これこそが「新しい人間」を形成するはずなのである。こうした革命本来の文化の主唱者たちにとっては、この文化は、過去の一切の文化的寄生、国家ならびに国家が抱える教育者たちの影響をも含めて、あらゆる外的影響から独立して構築されなければならない。こうして初めてプロレタリアートは、自分自身の文化を自分で発見し作り上げることが可能になるのだ。これがプロレトクリト〔プロレタリアート文化〕であり、これはプロレトクリト全ロシア評議会という機関と、この運動の教義を普及させるための雑誌を所有することになる。

レーニンにとって、この考え方は受け入れがたかった。すでに一九〇五年に、彼は党と文学に関する論文の中で、確かに著述物は党の精神（パルチーノスチ）を尊重しなければならないと強調していたが、しかし文学に関してはこう述べている。「文学作品がこのような均等化と、多数派による少数派の支配という規則になじまないことは疑いない」。[38] この文書が証言しているように、彼にとって「党の精神」との合致は、新聞報道に関わることで、文学に関するものではなかったのである。

「戦時共産主義」の時期に、ボリシェヴィキの新聞雑誌は、共産主義を無視もしくは批判しているとされた作家たちに対する攻撃を強めて行った。プロレトクリトの主唱者たちにとっては、まさにそれこそが回答であった。すなわち「歴史的に失効した」文化に代わって、プロレタリアート文化を打ち立てることである。しかし一九〇五年の己の思想に忠実であったレーニンは、彼らに対して文化――これはいかなる階級にも属すものではない――とイデオロギー――プロレタリアートのイデオロギーはマルクス主義である――の間の確固たる区別を主張した。[39] そこで一九二二年になるとトロツキーが明確な立場を打ち出す。文化の問題を扱うのに慣れており、レーニンよりもこの領域に興味を抱いていた彼は、文化を一定の階級から引き剥がし、人間の次元にまで高めることこそ、革命の歴史的進歩の一つなのだと強調した。人間主義的にして普遍的であって、「プロレタリアート的」でない、というのが彼にとって「一九一七年の革命がその扉を開く文化である」。そして彼はこう明言した。「（創造という広い意味での）芸術は、党が指図すべきいわれのない領域である」[40]。

レーニンは論戦するよりも、行動した[41]。プロレトクリト評議会が、ほかならぬルナチャルスキーが人民委員を務める教育人民委員部に従属するとの決定を下したのである。この決定は党の隊列の中に混乱の種をまき散らし、そのため『プラウダ』は直ちに「中央委員会の手紙[42]」を公表することとなった。この決定を正当化するためであったが、同時にまた創作者の独立性がそれによって侵されることはないと断定するためでもあった。

この論争は単に理論的であっただけではない。実際上の影響もあったのである。多少ともボリシェヴィキ革命に共感を抱く非共産主義者の知的エリートを離反させず、反対派に追いやらぬようにする必要があった。文化とマルクス主義を結びつけることを拒否することによって、レーニンは「同伴者」を引き寄せたわけである。彼にとって重要なことは、一つは共産主義イデオロギーとは無縁な政治思想が普及しないようにするということであり、それには報道の独占だけで十分であった。もう一つは文化活動を維持し、その最良の代表者たちを利用してソヴィエト文化の輪郭を形作ることであった。この計画の見事な実例がマヤコフスキーの「利用」である。マヤコフスキーは一九二二年にこう書いている。「革命を受け入れる必要があるだろうか。この問いは私にとっては不要であった。それは『私の』革命であったのだ」。詩人マヤコフスキーの熱狂は、すべての「未来派芸術家」の革命への賛同の印にほかならない。彼は己の才能を革命のために捧げ、文明化されていない民衆に文明化された生活方法を説き勧めるための宣伝ビラ（例えば手を洗う、靴を磨く、等々の基本的衛生の必要性についての「漫画」）を描くために時間を捧げた。レーニンは彼の貢献の有用性を十分認めながらも、彼をほとんど評価せず、不信感を抱いていた。マヤコフスキーは一九三〇年四月に自殺する。

結局、「新しい人間」とそれを形作る手段を考える上でのレーニンの態度を支配していたのは、『何をなすべきか』ですでに展開された考え方であった。それは歴史の発展の弁証法を自然発生性（スチヒーノスチ）と意識（サズナーチェリ・ノスチヤ）の間の相克として要約するものである。レーニンにとって人間の進歩の要諦とは、社会――あるいは諸個人――を自然発生的意識から引き剥がし、次第に真の意識へと導くことにほかならない。「新しい人間」はこの進歩の到達点であるはずだが、ちょうど革命に到達するためには前衛が必要であったように、それには前衛が必要なのである。自然発生主義に対するこの闘いこそ党とマルクス主義とが当たるべきものであり、それはマルクス主義と無縁の政治思想の排除を前提とする。古きロシアの社会意識の決定的成分たる宗教は、社会が執着する価値の大部分――特に政治的秩序と家族の連帯――を決定しているものであり、それゆえ単に社会体制の中からだけでなく、人々の精神から徹底的にえぐり取られなければならない。こうした理由から、宗教諸機関とその奉仕者たちの迫害に加えて、早くも一九二二年には、プロパガンダと愚弄によって人々の精神に反宗教的教育を施そうとする一連の措置がとられることになる。一九一七年の共産党の出版活動、さまざまな社会集団ないし職業集団に向けた出版活動、冒瀆的お祭騒ぎ、このプロパガンダを担当する常任のスタッフの動員、こうしたことすべてがこの計画の規模の大きさを証明している。レーニンからすれば、数世紀にわたってロシアの思想を形成して来たが故に嫌悪すべき自然発生主義の一翼を担うものと見える宗教は、このような手段で消滅し、唯一共産主義イデオロギーのみによって形作られる意識へと向かう精神の進歩に、席を譲ることになる、と彼は考えていた。

最後に、もう一つ見落とすわけにはいかない領域がある。それは法的文化、法の概念に関わる領域である。革命期には、束縛の消滅、今後はすべてが許されるという確信、いかなる合法性にも代わるプロレタリアートの天性の徳への信仰、こういったものが組み合わさって、間もなくプロレタリアートの意識に由来する「プロレタリアート的法律」の実現に到達するものと考えられていた。これがユートピア主義者たちの夢であった。彼らは、しばらくの間、「料理女」の教訓話やレーニンが『国家と革命』で述べた国家制度の消滅の議論に準拠して、自分たちはレーニンの支持を得ているものと信じることができた。しかし早くも一九一九年夏には、レーニンはモスクワの共産主義大学で行なわれた講演の際に、ユートピアに背を向け、共産主義社会へと前進するために法的文化を作り上げる必要性を断定した(43)。もはやプロレタリアートが合法性の天性の意識を持っているとはみなされず、新たな学派のリーダーであるパチュカニスのような法律の専門家たちが合法性意識を体現することになる。もちろんこうして作成される法体系のバックグラウンドとなるのはマルクス主義である、ということは確かだが、重要なことは、革命的社会に法的「上部構造」を与えようとする意志であり、その「上部構造」は、プロレタリアの意向を徴することに立脚するのではなく、法学者たちによって作成された厳密な原則に立脚するのである。第十一回党協議会（一九二一年十二月）は、この法的文化に関する決議の中で、レーニンが抱いた計画についての正確な指示を出すことになる。「当面の責務は、（個人および社会）生活の全領域に革命的合法性の厳密な原則を付与することである」。この文言の中で最大の比重は「合法性」という語にかかっており、その「革命的」様態は二の次なのである。こうした変化の到達点は、「連邦全域に及ぶ革命的合法性を確立し強化するため」に、一九二四年に連邦最高裁判所が創設されたことである（一九二四年の憲法によって生まれた）。

一九一七年から一九二二年までの文化的・イデオロギー的計画の変遷は、一九二二年に確認された変化の大きさから判断するならば、急速であり、感慨を禁じ得ない。一九一七年には、革命のヒーローはプロレタリアートであった。もちろん革命は党の事業であったのではあるが。ユートピアは強力なままであった。数多くのボリシェヴィキ、知識人、特に労働者が基準とした倫理モデルは、プロレタリアの、すなわち神話化された労働者階級の理想を代表する通常の人間、下部の人間の倫理モデルにほかならない。「新しい人間」とは、プロレタリアが生まれながらにして持つ徳性と知を有する人間である。夢に見る社会とは、プロレタリアートの体現たるこの特性なき人間というモデルに基づく、友愛と平等の社会であった。そこで、文化をプロレタリアートの意向にのみ従わせ、創作家たちを下部プロレタリアの単なる代弁者あるいは代筆者に変えてしまおうとするプロレトクリトにせよ、あるいは合法性を破壊してプロレタリア的法体系を実現しようとする考え方にせよ、いずれもこの未来の人間と社会のヴィジョンを現実の中に表現しようとするものであった。しかしこのように労働者階級に提示されたユートピアは、政治的変化のために極めて重い物質的代価を支払っている労働者階級の自尊心をくすぐりはしたものの、極めて短い存続期間しか持つことがないだろう。それは極めて早い時期に、専門家によって作り上げられた、レーニンが説き勧める党および国家の文化と衝突することになる。軍の中、司法の領域、制度機関の中、至る所で、専門家は「並みの男」たるプロレタリアを追い出して、生まれつつあるソヴィエトの政治文化の中にこっそりと階層化を導き入れるが、これについては公認イデオロギーはなお何年もの間、知らぬ振りをしようと苦心惨憺するのである。

レーニンの主張するイデオロギー的・倫理的モデルの変遷は、『国家と革命』の中に登場する「料理女」と「巨大な事務所と巨大な工場」を組織する者との間に存在する対立を表現している。ここで国家を運営する能力を持つ「料理女」とは、ユートピア主義者にとって貴重な「新しい人間」の象徴にほかならない。一九一七年から一九二二年までのレーニンの実践と「新しい人間」についての彼自身の考えは、『国家と革命』を読んだ者が抱く疑問に答えているのである。「料理女」が体現する自然発生主義と意識的組織化のうち、レーニンが採用したのは明らかに後者の命題であった。この点では彼は自分自身に忠実であった。一九〇二年の自然発生主義批判から、一九一七年から一九二二年の組織化の選択まで、彼の思想の連続性は明らかであり、それは彼の行動によってさらに強化された。「新しい人間」とは、党と国家がその自然発生主義を打破しようとし、また党と国家が一定程度の現実的意識へと進歩させようと努力する人間である。要するにレーニンはこの新しい人間なるものをほとんど信じていないのだ。一九二二年と一九二三年に彼が繰り返し唱えたモットーは、「勉強する」ことであり、もしくは「まず学び、次いで学び、そしてさらに学ぶ……」ことであった。

第15章　ある知性の衰退

レーニンの人格は、しばしば相対立する結果をもたらす二つの特徴に支配されていた。一つはなにものにも決して揺がされることのない鉄の意志。そして自分自身が、その脆さを承知していた神経系である。彼は一九一七年に妹のマリヤに宛てた手紙の中で、自分の「神経が取り返しのつかないほど弱っている」ことに言及している。フォルコゴーノフが指摘しているように、彼の書類の中には多くの神経疾患の専門家の住所が多数見出される。革命以前にも、彼は幾度となく神経障害によって活動を中断され、休息期間をとることを余儀なくされた。革命とともに、それ以前には経験することのなかったような激しい活動や、出来事の切迫といったあらゆる要因が重なって、彼の神経の平衡を圧迫することになり、一方、長期休暇と彼の心を和らげる自然の中の探検旅行という、その時までクループスカヤによって定期的に施されていた処置に頼ることは不可能になった。この絶え間ない緊張がおそらく最後に起こった脳の極度の疲労の原因であった。早くも一九二一年末にはその最初の徴候は姿を見せており、この時からレーニンは、定期的に発作に見舞われることになる。これが彼の活動に影響を与え続け、ついには死のほぼ一年前に彼は最終的に権力の座から遠ざかることになるのである。

この病の最初の徴候は一九二一年夏に姿を見せる。それは極度の怒りっぽさと疲労となって現れるが、これはおそらく体制のほぼ全般的破綻に続く飢饉の悲劇的期間が原因と考えられるだろう。当時、レーニンにとって活動を縮小することは不可能であり、彼が望んだ革命をロシアの全体がはねつけたこの数ヵ月の間ほど、彼は緊急の決定を下すよう強いられたことはなかったのである。一九二二年五月に彼はその代価を支払う。二十五日に発作で倒れ、一時権力から遠ざかるのである。それまでと違い、今度は疲労でも鬱病でもなく、明らかに脳の疾患であった。彼の治療に当たっていた医師の一人、クラマー医師は次のように要約している。「脳内の血管網の重大な機能障害[1]」と。

レーニンは病に倒れた。ロシアと外国の医師たちが、枕もとへ駆けつけた。十月には実務に復帰するが、わずかの間にすぎない。コミンテルン第四回大会（十一月四日から十二月五日）に彼が姿を見せた時、出席者たちは彼の立ち居振舞いに生じた変化を目の当たりにした。彼らが目にしているレーニンは、以前よりも弱々しく、発言は生彩を失い、鋭さがなくなっていた[2]。特に論争に対して距離をとっていた。確かにすでに政府の首班として行動するのが習慣となっており、それゆえ世界革命党の会議には一歩退いた立場で列席するのが習慣となってはいたのだが。とはいえ疲労にもかかわらず、ドイツ語で一時間の演説を言いよどみも言い間違いもなしに行なってはいる。しかし演壇の袖から見守る医師たちに、彼は不安を告白している。「穴」があいたような気がする、それにとりわけ脚に痙攣があって、そのため話を最後まで続けることができなくなるのではないかと心配だった、というのだ。いずれにせよこの一九二二年十二月におけるレーニンは、身体面においても、談話においても――あまり口を開くことはなかったが――、以前とは様変わりした、と同時代の人々が指摘している。知性が減退したとは見えなかったが、以前のような滑舌は影をひそめ、話し振りはゆっくりとしたものとなっていた。もっとも決定的に倒れる寸前だったのだから無理もない。十二月十三日から一連の危険な徴候があり、十六日に新たな発作が起こる。その結果、彼は不随に陥り、いかなる政治活動をも放棄せざるを得なくなる。しかしまだ思考することと決定を下すことは放棄しなかった。彼はあらゆる事情を把握しておこうとし、彼を休息させようとする医師たちと言い争い、さらには七月以来、どのような会議であれ、レーニンに出席の許可をするかどうかを決定したポリトビューローとも言い争った。病床にあるとはいえ、このように未成年扱いされるのには耐えられない。彼はドイツ人医師団の解雇を要求したり、あるいはさらに政治的訪問を受ける権利を制限しようとする者がいると不平を述べた(3)。因みに一九二二年夏に、彼が友人に語るようにして泣き言を述べた相手はスターリンである。党書記長の職に昇進させたこの人物に対して、彼がまだ信頼を寄せていたことの明らかな印にほかならない。

一九二二年十二月から一九二三年三月までの間、衰弱にもかかわらずレーニンは、一連の問題について熟慮し続けたが、その後、三月六日からは一連の発作によって自由に話すことができなくなる。そして十日になると、今度こそ回復不可能な状態に陥る。話すことが全くできなくなり、全生涯を通じて情熱を傾けてきた覚書を書くこともできなくなって、ほぼ全身不随となる。基本的な語彙を思い出させようとする妻の必死の努力と、相当な数の医師たちによる治療によって、それでも多少の軽微な改善は見られた。レーニンはモスクワ近郊の農村に住んでいたが、一九二三年十月には、自分が強大な権力を行使した場所を最後に一目見るためにクレムリンに運ばれる。これが一九二四年一月二十一日に訪れる死に至るまでの彼の身の上である。彼は政治活動から離れ、まともな自己意識を失っていた。それでも彼の健康状態の回復と、さらには実務への復帰の可能性に関して時として楽観させるような病状の報告や情報が出されたりした。

レーニンの死後に行なわれた病理鑑定、および彼の医師たちの報告、またさらには多くの証言が、一九二三年三月十日以降の実際の健康状態は、公式文書の語るところといささかも合致しないことを示唆している。「レーニンの脳は死につつあった」。この結論には、一九二三年十二月にレーニンを訪問した画家アンネンコフの話も確証を与えている。彼が面会したレーニンは「長椅子に横たわり、毛布に包まれ、子供に戻った大人が見せるような無防備で引きつった微笑みを浮べながら、われわれの方に視線を向けていた(4)……」というのだ。いずれにせよこの仮説には信憑性がある。ゴーリキー公園で撮影された車椅子に座っている最後の写真をじっくり見てみると、もはや革命の父とは漠然と似ているだけの人物の外貌と、正気とは思えない眼差しに胸をつかれるのである。

病気というものはもちろん、特にそれが精神を侵す時は私的な出来事である。しかしこの場合は、もし一九二二年五月以来脳の能力低下が続いたのだとしたら、見過ごすことはできない。少なくとも一九二二年から一九二三年にかけての冬の間まで、彼は重大な決定を下し、次いで遺言のようなものを残したのであるから。これらの決定とこの「遺言」は、その時の彼の知的能力に照らし合わせて考察されなければならない。そのため、この病人――一九二三年三月末まではまだ権威を有していたのだから、例外的病人である——の性格と判断が変質したかどうかを検証する必要があろう。それは脳の状態が徐々に衰弱していったことが原因となった可能性があるのだ。

知識人の追放

最初の発作に襲われるわずか数日前の一九二二年五月十九日、レーニンはジェルジンスキーに一通の手紙を送り、[5] 彼の管轄するゲーペーウー（チェカーは一九二二年に名称を変更した）が、反革命に心を寄せる疑いのある知識人——作家と教師——をロシアから追放するために、該当者のリストを作成するよう依頼した。ジェルジンスキーはこの国外追放計画の犠牲者を選択するための著述物の検討に部下を駆り立てるのにあまり熱意を見せなかった。するとレーニンは、病気で権力から離れていたにもかかわらず、一九二二年七月にその件について督促する。しかし今度はスターリンに手紙を書き、自分が病に倒れる前に望んだ作戦の実現は、いかなる理由で遅滞しているのか尋ねたのである。彼は何人ものエスエル、メンシェヴィキ、作家の名を挙げ、次のように断言している。「この連中を数百人逮捕し、説明など一切与えず放逐したまえ」。[6] 彼の苛立ちは大きかった。というのも一九二二年九月十七日、相変わらず病気で休暇中であったが、今度はジェルジンスキーの補佐官ウンシリヒトに報告を求めているのである。「私に関連書類を送り、誰が追放され、誰が投獄され、誰が追放を免れたか（いかなる理由で）を報告したまえ」。[7] 彼は十二月十三日——この日から一連の脳の発作が始まる——に、中央委員会宛でスターリンに送った手紙の中で再びこの件に触れ、それほど傑出した人物ではないメンシェヴィキの歴史家、N・A・ロジャコフがまだ追放されていないことに憤り、大至急それが実行されるよう要求している。一九二二年の十二月という、他にもはるかに重要な主題に頭を悩ませているという時に、ロジャコフのケースに関してレーニンが見せたこの苛立ちは、一貫した政治的計画というよりも脅迫観念のなせる業である。しかしそれと同時に、ボリシェヴィキに完全に服従しないと疑うエリート層に対するこの執拗な攻撃は、精神の自由についての彼の一般的考え方に合致している。

この知識人たちの追放は、ドイツにいたゴーリキーの激しい反発を引き起こした。彼はレーニンに手紙を認め、心の動揺を伝えたが、その時までレーニンがなんとか努力して大切に扱っていたこの相手に対する返事は、他の多くの領域と同様にこの領域においても、彼の専横が強まったことを如実に物語るものだった。一九二二年九月十五日にレーニンは彼に次のように答えている。

「労働者と農民の知力は増大しつつあり、ブルジョワジーとその共犯者たち、国の頭脳を自認する知識人、ブルジョワジーの従僕たちに対する闘いの中で、さらに力を増している。現実には彼らは国の頭脳ではなく、国のくだらない糞尿にすぎない[8]」。

確かに彼がこのようにロシアの知的エリート層の迫害に躍起になっているのは、病気のせいである。しかし彼の命令は直ちにスターリンによってジェルジンスキーに伝えられ、最終的に実行される。彼自身が疑うことのない彼の権威は、まだ効力を失ってはいないからである。彼が要求する知識人の祖国追放は、彼が批判勢力とみなすもの一切を受け入れることができない——彼自身が疑いと、時には絶望に打ち沈んでいる時でさえも——ことを証明している。ちなみにその頃彼は、人生に終止符を打つことができるよう毒薬をくれと要求している[9]。何故ならすでに一九二二年から、彼は回復と行動への意志が強い局面と、回復をもはや信じない悲観的な局面の間を揺れ動くからである。

どのように継続するか（プロジェルジャーチヤ）

何ヵ月もの間、権力から遠ざかりながら、それでもレーニンは妻や秘書から国の動きについて知らされていた。彼の権威はもはや現実には行使されていなかったとはいえ、彼の同僚たちには必要であったため、彼らは彼の早期復帰の神話を維持した。その代わり彼らは、知識人追放事件が示しているように、公務について彼に報告し、彼の質問と指示に応えなければならなかった。こうしたわけで一九二二年と一九二三年に、レーニンは権力者としては異例な状況にあった。彼は実務から遠ざかっていたが、精神的には臨在しており、実務復帰の可能性にのしかかる不安をばねにして、出来事の推移について、自分のなし遂げた革命について熟慮することができ、まだ権力を失ったわけではなかったが故に、体制に変更を加え、気がついた誤りを訂正し、さらにはいくつかの変化を加速させようと試みることもできたのであった。権力の座を去った後に政治家が身を委ねる「遠隔の」熟考を、レーニンはまだ権力の座にある間に行なったということになろう。まさにその点において、彼の人生のこの最後の期間はきわめて重要なのである。このいまだ意識を失わない者の熟考——彼はまだ筆記する、というよりはむしろ口述筆記をすることができたのだから、その熟考を人に分かち与えることができた——を行なった最後の数ヵ月の間、彼はまさに自分が創設した権力の性格について真っ向から取り組むのである。たとえば一九二三年一月にスハーノフの革命に関する覚書を読んだ後[10]、彼は激怒して論評している。ロシアの条件下では革命は時期尚早であった、とその彼の説に対して、否とレーニンは反論する。革命に好適な情勢が到来したのである以上、時期尚早ということはない。このように彼はスハーノフの批判にきわめて敏感で、彼一流の意志主義的見方に立ってそれに反論するが、彼もまた懐疑の期間を経験してはいた。彼がもはやほとんど作用を及ぼすことができないこの国を観察して、彼はロシアの社会主義が二つの重大な障害に突き当たったと見る。期待された世界革命がすり抜けて行ったこと。そしてロシアの国内の問題である。一九二三年三月二日、彼から一切の表現手段を永久に奪うことになる発作の一週間前、彼が書くことができた最後の文書『量よりも質』[11]において、彼は状況の絶望的な確認を行なっている。

「われわれは資本主義産業を解体し、中世的制度、領主制土地所有を完全に破壊しようとした。そしてその土地の上に、小農民層と極小農民層とを創設した。彼らはプロレタリアートの革命の事業に信頼を寄せ、プロレタリアートの後について前進している。この信頼感を基盤とするだけでは、先進国における社会主義革命の勝利まで持ちこたえることは困難であろう」。

農民たちを敵として扱い、一言の哀れみの言葉も漏らすことなく農民たちが飢えで死んで行くのを眺めていたレーニンが、今や己が作り上げた革命ロシアの将来に直面して、突然、プロレタリアートと農民層の決裂の可能性に不安を抱く。「それはソヴィエト共和国にとって惨憺たる事態となるだろう」。

彼の分析は結局のところスハーノフの分析に近い。その結果、レーニンはこうした不安定な条件の下で、社会主義とはいかなるものであるかについて考えざるを得ない。彼の出す答えは、彼がいつも出す同じ答えにほかならない。社会主義とはすなわち、政治的意志、是が非でも持ちこたえようとする決意である。昔の確信への忠誠を守って、彼は一九二三年にも再び政治の優位を主張する。彼の同僚たち、すなわち統治を行なう者たちの職務とは、ロシアを進歩させ、一九一七年に生まれた権力システムに経済的下部構造を付与することである。このレーニンの最後の文書の中では、完遂された社会主義は、一九一七年にそうであったように、権力に関わる事柄とみなされており、社会の意志と人間の集団的努力の成果とは考えられていない。彼の後継者たちは、組織し統治することを義務とする。これが彼の最後の勧告であった。

この最後の熟考の中で彼が彼らに伝える指令は、国の後進性、極めて複雑な民族問題、権力と社会の対立を出発点としている。大衆が新たな政治秩序に適応できないのは、ロシアの知的立ち遅れの故であった。この遅れを克服するには、文化革命を行なう必要があるのであり、レーニンは絶えずそれを強調する。しかしこの精神の、意識の革命を、レーニンはまったく伝統的な展望の中で了解している。そのことはプロレタリトクリトに対する彼の断罪が十分に証明したところである。「有無を言わさずに識字化すること」、「読み書きを教え、読んだものを理解するすべを教えること」、「プロレタリア文化に関して、美辞麗句を連ねる者がいる。しかしまず良きブルジョワ文化を身につけることから始めようではないか」。そして彼は、一九二三年のロシアは「半ばアジア的な無文化」状態にあることを強調する。その状態から最低限の文化水準に移るためには、「長期間にわたる文化的発展の時代を経る」必要がある、と彼は書いている。

農村部では、文化革命を進めるためには、農民層が受け入れることのできる機構が設置されなければならない。農民層は共産主義のことなど一つも分かりはしないのだ、とレーニンは強調する。彼の最後の考察において、この機構は彼にとっては「協同経営」という語に要約される。これについて彼は、やはり一九二三年一月に執筆した文書の中で述べているが[12]、農村に共産主義的観念を導入するという考えを非難する。「それは共産主義にとって有害だろう」と書いているのである。そこで彼は協同経営を農村社会の進歩の長期的土台として提示する。もちろん彼は工業化も、電化も、国家権力も忘れたわけではない。しかし枢要なのはネップである。それこそが「ロシアの住民のうちの下層の各層を十分広範に糾合して協同組合を設立する」ことを可能にするのだ。こうして結論としてレーニンは協同組合方式の中に建設すべき社会主義の機軸を見出すのである。「生産手段が社会に属し、プロレタリアートがブルジョワジーに勝利した暁の、文明化された協同経営者たちの体制こそ、社会主義体制である」。

協同組合方式と社会主義が同等のものであると明言することによって、レーニンはネップに本格的な身分を付与したことになる。一九二一年に彼がネップに与えていた意味――一時休止なのか、あるいは永続的な解決策なのか――はどちらともはっきりしなかったが、協同組合方式に関する今度の文書は、彼がそれを体制が「存続する」――プロジェルジャーチヤ――ことを可能にする永続的解決策と考えていることを示唆している。プロジェルジャーチヤという語は、最後の数ヵ月間の彼の考察の中にしばしば現れる語である。

この協同経営方式に力を与え、生命を与え、然るべき方向にそれを導いて行くことができるのは何者か。レーニンの回答は明快である。それは国家である。国家こそが経済発展の道を準備し、その方向性を定め、その手段をかき集める。しかし一九二〇年と一九二一年の幻想とは反対に、彼は一九二三年には、この協同経営的社会主義を存続させる政策を、長期にわたる前進、長期的過程と考えるものであると、明確に示しているが、同時にまたそれに伴うリスクの問題も提起している。政権が解体するのを、労働者と農民の間の利害対立に政権が引きずり込まれるのを、民衆の要求によって政権が弱体化するのを避けるには、どうすれば良いのか。

このような危機から革命と社会主義を守ることを可能にする唯一の保証は、レーニンに言わせれば、一九〇二年の時と同様、一九二三年においてもやはり党の中に存する。党は変貌し、拡大し、国家権力の行使に適合しているが、しかし同時にその党は社会の進歩の現実の用具でもある。党を強化し、党内部での対立と分裂を避けるために、レーニンが知っている手段とはただ一つ、指導機関の人員と権限を増大させることだけである。一九二二年十二月二十三日、彼は党の最高指導部の改革を提案する。すなわち中央委員会の拡大。その時まで成員が三〇人以下であったものを一〇〇人程度にし、さらに少なくとも七五人からなる中央統制委員会を新たに設けて、これを補佐せしめる、というものであった。こうしてこの二つの会議は、二〇〇人近いメンバーからなり、年に六回開かれる新たな中央委員会を構成することになる。

これらの提案は、レーニンの意図としては何に対応するのか。その点については彼は、ほんの短い期間権力に復帰した一九二二年の秋に、彼が行なった事実確認に対応するのだ、と説明している。その時、彼は個人的敵対関係が以前よりもおおっぴらに表明されていることにショックを受けた。それだけでなく無用な行政機関が増殖していることも発見した。そして政府と党の間の敵対関係が拡大するのも発見した。中央委員会の改造を提案することによって、彼は個人的敵対関係をより大きな組織体の中に拡散させてしまうと同時に、この組織に政府の職務と党の職務の双方を包含する新たな責任を与えることになると期待したのである。要するに彼の計画は、一九一七年以来彼が指導してきた政府の比重を高めるために、彼自身が弱体化に一役買った党そのものを、政治システムの中心に再び据えつけ、それによって党と国家のそれぞれの機能に関する論争にけりをつけることを目指していた。

党はロシアが一歩を踏み出した新たな段階にふさわしい新しい国家機構を建設することを使命としており、中央統制委員会は特にこの使命の遂行に打ってつけの組織である、と一九二三年に彼は考える。彼が刷新しようとする国家機構は、不断の統制に服すべきではなかろうか。この統制はどのように行なわれるべきなのか。一九二三年には、レーニンはこれが緊急に必要であることを感じ取ったが、しかしおそらく彼が病気であったために、またそれが彼の自然の性向であったために、彼はすでに経験済みの解決策以外の解決を想像することができなかった。一九二〇年に彼は労働者農民検査院（ラブクリン）を創設し、スターリンに委ねて、行政全体の統制に当たらせていた。一九二二年にスターリンがこの検査院を去ったとき、それは一万二千人の役人を擁する行政機構となっており、鈍重で、細かいことにうるさく、完全に非効率的な機構だ、とレーニンは指摘することになる。ネップの時代には官僚主義が、まさしくそれと闘うために創設された当の機関の中で発展し増殖していた。一九二三年にレーニンは、ラブクリンを「いかにして改組するか[13]」と自問する。一月九日から十四日までの間に、彼は「資料」の形でいくつかの覚書を口述し、次いで二十三日に、四月十七日から二十五日までに開催が予定された第十二回党大会に提出する改組提案を口述する。しかしこの大会期間には、彼は病によって決定的に政治活動から離れることになるのである。

おそらくは官僚主義という癌を抑止するための妥当な対策は、何らかの人民による統制を課すことであっただろう。しかしレーニンは一瞬たりともそれを考慮することはなかった。彼が思いつき、党に提案した解決策は、彼が告発する悪と同じくらい官僚主義的なものである。ラブクリンの規模は少人数に縮小され、その少人数の役人が同時に党と国家を統制する任務を負う。ラブクリンは国家の行政機関を統制するために、中央統制委員会と合同会議を構成する、とされていた。逆説的提案である。官僚主義を打破するために、レーニンは新たな官僚主義的機関、「超官僚機構」の創設を示唆しているのだから。彼が作り出すことを願うものとは、『何をなすべきか』に由来する革命的前衛に対応した「行政的前衛」にほかならない。どちらの場合にも、機関の創設を支配する原則は同じである。社会の意識が政治の計画と可能性に対して遅れているために、社会の意識は自覚的エリート集団によって決められた目標まで「引っ張って行かれる」ことになるだろう、とレーニンは決定するわけである。この行政的エリート集団が持つと想定される徳性は、党のエリート集団のものと同じである。すなわち規律、組織化、忠誠、歴史的計画の自覚。

レーニンが最後の努力を傾けたまったく同じ重要性をもつ領域がもう一つある。民族問題である。一九二二年のグルジア危機は、共産主義者たちにおいても民族的対立と民族感情が執拗に存続していることについて、レーニンの目を開かせた。確かに彼は連邦に関して、またカフカスの民族主義者たち——念のため指摘しておくが、彼らは共産主義者なのだ（というのもグルジア併合後に起こった一九二二年の紛争によって、党員ではない者はすべて排除されていた）——の要求に対して行なうべき譲歩に関して、自分の見解をスターリンに押し付けた。この紛争は共産主義者たちを互いに対立させたし、また彼に不快感を与えるような粗暴な演説が行なわれたために、レーニンに深刻な動揺を与えたのである。十二月三十日と三十一日付の覚書が興味深いのは、彼がそこで自分の誤り——一度だけなら癖にならない——を認めているからでもある。この告白は悲壮であるが、実はここにもやはり彼の基本的なものの見方の不変性が潜んでいる。確かにレーニンは、大国家の排外主義がいかに根強く残存しているか、ロシア官僚の横柄尊大な心性がいかに民族問題の現実的解決を妨げてきたかに、十分気付かなかったという過ちを告白している。そして過去の生き残りや遅れた精神の持ち主たちだけがその犯人なのではなく、党の最高責任者たちもまた帝国主義的思考の遺産を引き継いでしまったということを明瞭に見抜いている。そしてこの恐ろしい逸脱を修正するために、これまで抑圧されて来た小民族に特権を与える不平等主義的政策を採るよう勧めるのである。要するにアファーマティヴ・アクションの先駆的形態である。

しかし、民族的対立の分析は的確であり、それを正すための提案も出されてはいるが、それでももっとも重要な点を覆い隠すことはできない。実はレーニンは民族問題というものの自律性を信じていないという点である。彼がこの領域で大胆な戦略を提案するとしても、彼が追求する究極の目的は、諸民族の消滅なのである。そしてこの消滅のための用具はやはり依然として党なのである。確かに彼は諸民族との関係の中で党が手ひどい誤りを犯したことを認める。ところが犯した過ちを正し、現実の国際主義の発展を見守るという責務を委ねる相手は、やはり党なのであり、自分自身も有罪感を共有するこの党にほかならないのである。この場合にも、レーニンの思念はラブクリンの一件の時と同じ流れをたどる。革命の停滞と、党ならびに党の指導者たちの過失を明晰に承知していながら、未来に対する彼の希望を担うのは、かくも信頼を失った党というこの小さな核なのである。彼の発する指令はいずれも、党の諸機関と統制を拡大することによって党を強化することを目指すのであった。

よくよく見てみるならば、一九二二年から一九二三年のレーニンの考察の中に見られる新しい要素とは、失敗あるいは半ば失敗の確認である。その確認を彼は絶望とともに行なっている。新しくないものは、彼が提案する救済策である。彼の思考は、悪い点を確認するのには極めて適しているが、救済策を提案するとなると、かつて自分が切り開いた道から脱け出るすべを知らない。それは彼を日毎に衰弱させて行く病気の影響なのか。それとも彼固有の思考システムが、分析の完璧性の先に待ちかまえる袋小路の中へと彼を迷い込ませてしまうのか。〈歴史〉は、彼が提案した解決策が根本的に誤ったものであったという事実——彼の祖国と人民にとってはまさに悲劇であった——を記憶に留めることになるだろう。

しかし〈歴史〉が完成された作品に無遠慮な光を投げかける前に、レーニンの懐疑と最後の意志に関する最後の一節を検討する作業が残っている。それは彼の後継者問題であり、スターリンとの決裂に密接に結びついている。

将来への曖昧な眼差し

レーニンは政治システムの一員であることを止めた後、このシステムの将来に関して幾度となく不安を覚えた。早くも一九二二年夏、意気消沈の時期に、彼は引退しようと考えたり、時には代理を立てるという解決策を考えたりしている。九月十一日、スターリンに宛てた手紙の中で[14]、彼は自分の不在の間、仕事が過重な副首班のアレクサンドル・ツィウリウパの補佐をさせるために、トロツキーとカーメネフにいくつかの新しい任務を委ねることを示唆する。当時、医師たちがレーニンに十月初旬より活動を再開することができる――とはいえ徐々にであるが、と彼は断っているが――と請合っていたのは事実である。この件に関して意見を表明するために、ポリトビューローはこの件を審議したが、トロツキーのきっぱりした拒否にあった。レーニンはこの拒否に腹を立てたが、そのうえレーニンが病床にあったこの数カ月の間、責任者たちはスターリンのように頻繁に見舞いに訪れたが、トロツキーはそうではなかったことが、その怒りに輪をかけた。さらには休職のために同僚に対する権威が減少し、また自分の指示がてきぱきと実行に移されていないという印象――もちろん正しい印象である――を持っていただけに尚更であった。知識人の追放に関して覚書を何度も出したのは、彼が知識人とは不服従の徒だと思いこんでおり、それにどれほど不快感を感じていたかを証明している。

グルジア危機にもかかわらず、レーニンは一九二二年末まで、泣き言や、要請や、指示をスターリンに向けていた。彼が最も頻繁に面会したのもスターリンである。それはもちろんスターリンの職務に由来することではあるが、しかし一九一七年から一九二二年までの間、この二人の人物の間に織り成された信頼の絆によるものでもある。しかしながらまだ意識のある最後の数ヵ月の間、レーニンはスターリンと縁を切り、トロツキーに接近し、自分の周囲の政治家たちについて熟慮するようになる。

基本的な点では、スターリンとの不和はグルジア問題が原因となっている。レーニンは次第に彼のお気に入りが持つ生来の粗暴さと、またとりわけその男が、とにもかくにもいまだにロシアの首班の座にある者が与えた指示を無視して、過度の権威を簒奪していることを悟るに至った。しかし一つの出来事が仲たがいを早めることになる。それはスターリンとトロツキーの間に繰り広げられた暗黙の対立をきっかけとしている。

スターリンのお定まりの裏工作にうんざりしたレーニンは、徐々にトロツキーの方へ向きを変え、自分の抱く憂慮を第十二回党大会に伝える任務をトロツキーに委ねる。それは少数民族に対する党の行きすぎに関する憂慮であり、一九二二年十二月三十日および三十一日に書かれた覚書の中に書きとめられていたが、それを彼はスターリンが仕組んだ数々の妨害にもかかわらず、この問題について集めることができた情報の一切とともに、トロツキーの手許に届けるのである(15)。任命されてからまだ一年足らずの党の書記長を打ちのめすために、レーニンはトロツキーに「爆弾を託した」とのちにブハーリンは言うであろう。トロツキーへのレーニンの突然の信頼は、十二月二十一日にも顕著にうかがわれた。彼はトロツキーのために覚書を口述して、外国貿易の独占を守るよう求め、さらにロシアの経済的弱体に鑑みて、彼自身が決定的と判断する[16]外国貿易の独占を守る闘いのために党大会を招集するようトロツキーに求めたのである。この点についても、スターリンは早くも一九二二年春には、レーニンの主張に真っ向から対立することができると信じた[17]。レーニンがトロツキーの方へ向きを変えながら、次のようにスターリンにそのことを知らせているのは、そのためである。「私は外国貿易の独占に関する私の意見の擁護について、トロツキーと協定を結んだ[18]」。一九二二年末に、スターリンは自分に対するレーニンの気持が変化したことを知って唖然とし、激怒するが、それでも自分の政治的立場を弱体化させようとするレーニンの画策を妨げる有効な手段を自分は手にしていると考えた。レーニンから外部と連絡するいかなる可能性も奪い取ってしまえば良いのだ。

というのも十二月十八日、中央委員会はレーニンの世話をし[19]、また病床に呼ばれた医師たちの無理をせず休養すべしとの助言が厳密に守られるようにする責務を、スターリンに委ねていたのである。こうしてスターリンは病人の健康の責任者となったが、これによって医師団の出した命令を口実にしてレーニンに一切の活動を禁止し、特に側近に対して、情報と資料を伝達することおよび彼の口述筆記をすることを禁じるに至った。実のところ、スターリンが遵守させようとしていると主張する命令の出所は医師たちではなく、逆にスターリンがかくも厳しい指示を出すよう医師たちに強制しているとの疑いを、レーニンは急速に強めて行く[20]。

スターリンがこの病人看護係の役回りを勝手に自分のものとしていたことが、二人の間の決定的な決裂の直接的な原因となった。スターリンはレーニンが十二月二十一日に、クループスカヤに書き取らせた短い手紙をトロツキーに送っていたことを知ると、翌日、クループスカヤに電話をして、医師団の命令に背いたことを非難した。しかしこの電話はまさにスターリンらしい、言い方を換えれば乱暴で無礼なものだったので、クループスカヤはすぐにカーメネフに手紙を書いて、その点について不満を述べた。「昨日、あろうことかスターリンは、かっとなって私に対して信じられない無礼な言葉を吐きました。……何と私を脅したのです[21]」。

レーニンはこの事件をいつ知ったのか。いくつもの仮説を立てることができる。周知の通り、十二月二十二日から二十三日にかけて、彼の健康状態は突然悪化し、また彼は極めて大きな興奮を見せている。それはクループスカヤがスターリンの激怒のことをレーニンに知らせたからだろうか。あるいは彼が妻の心痛に気付いたからであろうか。クループスカヤはレーニンにこれ以上動揺を与えまいとして、カーメネフに苦情を伝えただけで、あとは何も言わなかった、と考えられる。レーニンは自分の活動に加えられた制約をいやというほど痛感していたのだから。いずれにせよ、この事件に対するレーニンの公然たる反応は、一九二三年三月五日になって初めて姿を現わす。彼はスターリンに脅迫的なメッセージを送り、クループスカヤに謝罪するよう要求するのである。「さもないとわれわれは一切の関係を断つ[22]」と付け加えながら。

このように公式の断絶はずい分と遅く訪れるわけだが、現実の決裂はそれ以前に訪れている。通常「レーニンの遺書」と呼ぶのが慣例となっている、一九二二年十二月二十三日および二十四日にレーニンによって口述された『大会への手紙[23]』の中に込められた決裂である。この文書は当時レーニンの心をかき乱していた感情を明瞭に示すものである。彼は自分はこの先長くはなく、それゆえ党が最高責任を最良の人物に委ねるような方向に、党を持って行く必要があることを予感していた。しかしこの手紙は同時に大きな曖昧さを含んだ文書でもある。この文書がどのような意図、どのような判断を秘めているのかさえも、解釈が極めて微妙で困難なのである。

　彼の覚書は、彼の秘書たちの「日誌」が報告している極めて困難な条件のもとで書き写されたものだが、一つの確認から出発する。すなわちロシアの状況は困難だが、今後さらに困難を増すであろう。国際情勢がロシアにとって好都合なものとならないだろうからである。ロシア国内でも、集団および大物間の対立が党の統一を脅かしている。この危険に備えるために、レーニンは改革を提案するわけだが、その一つが十二月二十九日に口述された追加文書内に述べられた、党の指導機関の拡大である[24]。ロシアの状況に関する詳細な分析の中で、彼は農民と労働者の連帯が不可欠であることを強調するが、それにも増して体制の頂点における個人的対立関係がいくつもの問題をはらんでいることを強調する。その上で彼は六人の人物のケースを検討するのだが、この六人が彼の後継者となる位置にあることは一目瞭然で読み取れる。レーニンはこの六人全員に対して正確な判断を下しており、個人的にすぎる評価をせぬよう、とりわけ態度表明はせぬようにしようとの明白な公正への配慮が著しい。彼は自分が死んだ後、これらの人物の一人が彼の判断を利用して特別な正統性を主張するようなことは欲していなかったのである。この六人は二人ずつ、賞賛と批判の精妙な混合の中で論評されるが、このやり方は、後に中央委員会に自由な選択の余地を残しておこうとする意志を示すものである。

　まず登場するのは――それはまさしくレーニンが演出する舞台なのだから――ブハーリンとピヤタコーフである。ブハーリンは輝かしき理論家、「党の寵児」であると彼は述べる。しかし彼は「決して弁証法を完全に理解したことが」ない。ピヤタコーフの方は有能な行政官であるが、まさにあまりにも行政的である。二人ともまだ若いが故に、こうした欠点が正されることを期待することができる。

二人に次いでジノーヴィエフとカーメネフが登場する。彼らは歴史的状況を正しく評価することができず、一九一七年十月の蜂起の決定に反対した、とレーニンは指摘する。しかしそれは一時的過失であり、将来この件が彼らに反対するために利用されないように、レーニンは党に求めている。

最後に主役として登場する二人の人物、スターリンとトロツキーをレーニンは比較するが、この二人の対立を彼はもっとも恐れている。二人ともに優れた資質を持ち、そのために革命以後、二人はロシアにおける中心的位置を占めることになったことを、彼は認める。とはいえスターリンは、「巨大な権力を手中に収めたが、それを彼が常に慎重に用いるすべを知っているかどうか、私には確信がない」。トロツキーについては、「並外れた能力を持ち、個人としては、彼は現在の中央委員会の中でもっとも有能な人間である」ことを強調する。しかしながら賛辞に続く留保も少なくない。トロツキーは遠回りをして党にやってきた。「彼は自分自身にあまりにも自信を持ち」、また「事柄の純然たる行政的側面しか考慮しない、いささか極端な性向がある」。なるほど彼がボリシェヴィキに加わったのが遅かったことに関しては、それが彼に対する非難の理由とならぬよう、レーニンは願い、「このことは個人的に彼に反対するために援用されてはならない」と述べている。しかしそのことを想起させ、いくつもの批判的指摘を加え、トロツキーをスターリンと同列に置くことによって、レーニンは大会において自分のスポークスマンとなって自分の名において重要な案件を主張する任務を委ねている、当の人物の立場を弱めているのである。

ここに提示された評価一覧を見ただけでは、一九二二年十二月末におけるレーニンの選好の如何を決定することはほとんど不可能である。これらの覚書の口述に先立つ数週間において、彼はトロツキーに近づこうと努めている。とはいえ彼はトロツキーを後継者に指名してはいない。しかしそのわずか数日後、一九二三年一月四日に、彼は大会への手紙に付け加えて一片の覚書を書いているが、それを見ると彼がスターリンに抱く感情については、いかなる曖昧さも取り除かれている。

「スターリンはあまりにも粗暴である。そしてこの欠点は、われわれ共産主義者の間の関係としては耐え得るとしても、書記長の職務においては耐えがたいものになる。それゆえこのポストからスターリンを移動させる手段について考えるよう、私は同志たちに提案する。そして彼の代わりに、あらゆる点において彼に勝る、より忍耐強く、より忠実で、より礼儀正しく、同志に対してより多くの敬意を抱き、気まぐれなところのない、等々の人物を任命することを提案するものである(25)」。

色々な点で意味深いこの覚書は、レーニンが早くも一九二二年末には、スターリンについて否定的な見解を抱いていたことを示している。その見解を彼はその後翻すことはないだろう。それは個人的な決裂ではない。書記長のポストというものが、スターリンのような人間に「厭うべき権力を行使する無制限の」手段を授けていることの確認なのである。数ヵ月かけてレーニンは、自分が書記長に昇進させた人物が、そのポストを利用して、その権力を横領し、日々増大しつつあるその権力を濫用していることを理解したのである。レーニンがスターリンに代わって書記長のポストに就くべき者に要求している長所を見てみるなら、反対推論によって、まことに手厳しいスターリンのポートレートが浮かび上がって来る。レーニンを読む限り、スターリンは実は忍耐強くも、礼儀正しくもなく、バランスもとれておらず、特に「忠実」でないということになる。この「忠実」という語は、他のいくつもの語に交じって記されているが、これこそ紛れもなくレーニンが急激に敵として扱うことにしたあの男に向ける主要な不満の一つなのである。彼はまさにスターリンの特徴たる不実を己が身の上に体験した。スターリンはレーニンが実務についている間はこの不実さを隠し続けて来たが、彼が死に瀕していると見て取るや、隠し立てなどしなくなったのである。

一方、この文書の中で用いられている形容詞を見てみれば、レーニンがいかに正確な判断を下しているかが窺える。ロシア語の groub （〈Stalin slichkom groub〉）あるいは groubost'は、粗野と同時に粗暴も意味する。レーニンは同じ単語をスターリンとの決裂を意味する覚書の中で用いており、クループスカヤに対するスターリンの態度の粗野さ（groubost'）を非難している。レーニンはきちんとした教育を受けた人間であったが、政敵に凄まじい侮辱を浴びせることを決して躊躇しなかった。メンシェヴィキやあらゆる種類の分派主義者との彼の論争は、粗暴さと罵言の驚くべき表現集が繰り広げられる文書の数々を読者の閲覧に供している。その時まで外に漏れることのなかった生来の粗暴さを持った人物に対する、レーニンの突然の感情の爆発は、彼の心が病気とスターリンによって余儀なくされた孤立によってことさら感じやすくなっていたことを暴露している。生涯をかけてなし遂げた事業が脅かされているということに対する不安も、彼にこの文書を書かせた一因である。

彼はまた自分の仲間がスターリンの重大な欠点について、明晰な意識をそれほど持っていないことを承知していた。ブハーリンやトロツキーのような党の大立物は、行政的職務には軽蔑しか抱かず、書記長職とは単なる管理運営に専念すべきポストと見ていた。彼らの誰一人として、一九二二年四月にスターリンに与えられたポストと、それに結びつく権力の大きさを理解していなかった。それどころか、あまり尊敬していないかもしくは眼中にない人物が、最大限の軽蔑の念を抱いている職務を引き受けてくれるのを有難いと思っていた。レーニンは病床から、自分の後継者たるべき者たちの弱点をなすのは何なのかを明瞭に感知していた。それは、彼らが権力の現実の中心が何なのかを理解していない、ということである。そこからスターリンの更迭というきわめて明確な、極めて論証の行き届いた示唆が出て来たのである。数日――十二月二十三日から一月四日まで――の間に、レーニンは態度を根本的に変える。大会への手紙に顕著に窺える、中央委員会の決定にいささかも影響を及ぼすまいとする意志を捨てて、突然、命令へと移ったのである。一月四日の彼の覚書は、なによりもスターリンの告発を表明しており、いかなる情状も酌量されていない。

この手紙と添付の覚書という手続きは、彼が全生涯にわたって採って来た行動様式に完全に合致している。一九二二年十二月、巨大な危険が党に忍び寄っており、党を指導する者たちが重大な欠点を有するか、もしくは党機関にとって危険であることを彼は確認する。しかも数多の脅威に対して、それでも彼はこれまでと変わらず、救済策としてはただ一つしか持ちあわせない。すなわち党が問題を把握し、すべてを解決すること。欠陥だらけとはいえ、レーニンにとって党は依然として最後の救済手段なのである。

死を前にして同志に裏切られた男

レーニンは生涯最後の二ヵ月の間、医師たちに抗し、束縛を強めるスターリンに抗し、体力気力から見放された自分自身に抗して、あらゆる領域で必死に発言しようとした。そして党が自分の思想と警告を生かして必要な対処をしてくれるものと期待した。彼は〈歴史〉のためではなく、来るべき大会のために筆を執り続けたのだ。しかし彼の同僚たち、特に秘密を託されたトロツキーは、すでに最期が近いと思われる病人の願いに、それほど注意を払うことはない。彼らは恥知らずにも、ためらいもなしに彼の意図を裏切るのである。

まず手始めはレーニンが『プラウダ』に発表したいと思っていた『量よりも質』の一件である。当時、党の機関紙の編集長であったブハーリンは、大部分がスターリンの権威主義的なやり方への批判をなす文書の発表をためらった。そこで彼はポリトビューローの意見を求めたが、これも発表には反対で、メンバーの中には単にレーニンは誰かに騙されているのだと示唆する者さえいた。クイビシェフはレーニンのためだけに特別号を製作して、そこに彼の論文を掲載することを提案した。この計画はトロツキーとカーメネフが共に反対したことによって頓挫する。(26) しかしこれだけでも同僚たちがいかにレーニンに対して無遠慮な態度を見せ始めたかは十分に窺えるのである。

トロツキーはあまり彼の要求に注意を払わなくなる。三月六日レーニンは、十二月三十日と三十一日に口述させた覚書と、強い語調の言葉が添えられたグルジア関係資料を、トロツキーに届けさせた。その資料には次のような念には念を入れた言葉が添えられていた。すなわち「私は党中央委員会であなたがグルジア問題を担当するようお願いする。この事件はスターリンとジェルジンスキーによる『迫害』であり、私は彼らを信用することができない」(27)。これと同時に、彼はグルジア人たちに彼らに有利な措置を取ったことを知らせるが、「私はオルジョニキゼの粗暴さとスターリンとジェルジンスキーの結託にうんざりし、あなたがたのために覚書と演説を用意している」(28)という彼のメッセージは、この問題全体の責任者であると彼がみなす者たちに対する脅迫として鳴り響く。このきわめて報復的な手紙は、グルジア人を励まし、彼らのために――そしてまたトロツキーのために――スターリンおよび彼の共謀者とレーニンがみなす者との決裂がなし遂げられたことを強調している。さらにこの手紙は、スターリンに投げつけられた、クループスカヤに対する粗暴な態度を非難する言葉をさらに補完しているのである。過去において幾度となく行なったように、レーニンは拒絶し、粛清している。しかし新しい点は、一人の同盟者に依拠し、その同盟者に大きな将来の展望を託そうとしていることである。しかしトロツキーはこの手紙をまったく利用しないであろう。そしてこの三月初旬に政治的に断罪されたように見え、あらゆる点から見て大変な不安を抱えていたスターリンは、この勝負に勝ち残ることになるのである。もちろん敗者はレーニンその人にほかならない。

今やレーニンとスターリンが対決する決闘の中で決定的なものになるはずであった大会が、まさに開催されようとするとき、これまで以上に激しい発作がレーニンを生ける屍としてしまう。それは一九二三年三月十日に襲来した。その数日後、トロツキーはカーメネフに、党内のいかなる変化にも反対であることを断言する。三月二十日、彼は『プラウダ』に民族問題に関する論文を発表するが、きわめて中立的な論調を選び、レーニンが彼に託した覚書には言及しなかった。大会が開かれる段になって、トロツキーはついにこの覚書に言及するが、彼が『プラウダ』の論文で慎重に言及を避けたことが裏目に出てしまう。レーニンは身体不随で口も利けず、発言することができなかったため、スターリンは彼一流の傲岸不遜を完全に取り戻し、トロツキーがレーニンの覚書を党に対して隠し、手元に保存したことを非難した。この素早い逆襲は、スターリンが偉大な病人の実情を承知していなかったならば考えられないことであった。彼は、トロツキーを介して大会に出席し党内における状況を立て直そうとしたレーニンの必死の努力を、打ち砕いたのである。トロツキーを引き継いで、今度はブハーリンが、グルジア人を擁護して論陣を張ったが、その間トロツキーは腕をこまねくばかりであった。この大会にレーニンが寄せた期待はすべて実らずに終わった。スターリンが書記長に再選される。トロツキーの消極的行動に落胆したブハーリンは、その際スターリン支持を決断する。一見絶望的に見える状況をまんまと自分にとって有利に立て直してしまった策士たるスターリンは、これによってレーニンとの対決に完全に勝利したのである。

大会の終わりに、スターリンはいささか鉄面皮に、「同志よ、かくも統一され、唯一つの確信にかくも導かれた大会を、私は久しく見たことがない……」と宣言した。

一九二四年一月二十一日の夜、レーニンが息を引き取った時、それはまさしく党の指導者にしてソ連邦の創設者たる者の逝去となる。政治の舞台からの彼の不在、スターリンとの抗争、党を脅かす危機に対する度重なる彼の警告、これらすべてのものは後景に退き、ほとんど一瞬にして作り上げられていく神話が前景を覆う。すでに一月十六日から十八日まで開催された第十三回党協議会の折に、瀕死の人は、あたかも単なる風邪で会議から遠ざかっているかのように、ソヴィエト最高会議幹部会のメンバーに選出されていた。そして彼の死を、あらゆる地域のあらゆるレベルのあらゆる党機関に伝達するのも、やはりスターリンなのである。何しろそれは書記長の職務に属する事柄なのだから。しかしいずれにせよ、それはレーニンの意志に対する侮辱の総仕上げにほかならない。

＊

もしレーニンが生きていたらどうなったであろうか。歴史家の中にはソ連邦のその後はすべてが異なったであろうと結論する者もいる。レーニン最後の数ヵ月について、正確で刺激的な研究を行なったモシュ・

レウィンもその中の一人である。[29] レーニンの最後、彼のスターリンとの最後の闘いは、彼が人間――歴史における人間の次元――を発見するための良い機会となっただろうと言うのだ。要するに生涯最後のレーニンとは、彼の枕元にその影が去来したであろうプロレタリアートやブルジョワといった抽象的な人間ではなく、具体的人間に関わる懸念に頭を悩ますレーニンということになる。

彼が意識のある最後の数ヵ月に書いたさまざまな文書を読む限り、このような説を取り上げるのは難しい。レーニンが病気の間、周囲の人間の欠点に以前よりも注意を払うようになったのは確かである。長い年月の間、彼は自分が遭遇する事件と障害を必然性と歴史的条件というプリズムを通して考える傾向があった。病に倒れて後、党内の欠陥の原因に、スターリン他数名の粗暴とシニスム〔良心の呵責なき振るまい〕を付け加えているが、それ以前には、彼は政敵の欠陥に対して社会的ないし純然たる政治的説明を加えるのみだった。「背教者カウツキー」や「小ユダ」トロツキーは、性格の分析、あるいはせめて性格の描写さえもしてもらえなかった。レーニンにとっては彼らがどんな悪事を行なったかを定義するだけで十分だった。なぜそのような悪事をなしたのか。説明は単純だった。彼の原則に従わず、彼が作り上げた党機関に服従しなかったというだけである。彼にとって民族問題は、党機関がそれを構成する者たちの特質によって左右されることを彼に理解させるきっかけとなった。早くも一九二二年には、彼は第十一回大会に向けて、「重要なのは人間であり、どんな人間を選ぶかである」と述べていた。それ故に、『量よりも質』において、彼は悪しき共産主義者たちを排除するために党のエリート集団を頼りにしたのである。自分の言及するこのエリート集団――具体性はない――について彼は「われわれが持っている最良の分子である」と述べている。しかしこの間に彼は、自分が一九二三年に痛烈に批判する者たちが、一九二〇年あるいは一九二二年には最良の者たちと見えたことを忘れてしまった。レーニンが不安を抱く人間的欠陥とは、党に損害を与える欠陥である。彼はいかなる時にも、自分が共産主義者たちに対する粗暴さを告発する者たち――特に容赦なく投獄し、拷問し、銃殺するチェカーの創設者にして主《あるじ》であるジェルジンスキー――と、彼ら以外の社会全体、つまり通常の人間との関係について自問することはない。「最良の分子」を昇進させる必要性を強調するその一方で、自国に残りたいと願う作家たちの追放が実行されることを要求している。さらに苦しみの中にある農民や虐げられた聖職者に対して、一言の遺憾の言葉もないのである。彼の思考の及ぶ範囲は、依然として自分が創設し、純化と排除という原則に則ってこしらえ上げた党の統一であり、その故障は彼にとって許しがたいことである。その点で彼は、四半世紀の間、自分に棲みついた確信に忠実であった。この確信によって彼は国の変革を実現することができたのである。しかし自分の党に本来備えていたはずの美徳を取り戻させるための執拗な努力をしたということから、瀕死のレーニンは、自分が作り上げた党を眺めて激しい恐怖に駆られ、組織の背後に人間――通常の人間――を見出すことができないといって嘆いているという結論を導き出すのは、支持することができない。確かにレーニンはすべてのユートピア主義者と同様に、常に人類の幸福を望んだが、しかしすべてのユートピア建設者と同様、人間そのものを棄てて、抽象的な実体を追い求めたのである。

死の間際にあっても、レーニンはあまり変わらなかった。

結　論

「革命は常に国家の官僚制的組織を攻撃する無政府主義的運動として始まり、不可避的にこの組織を破壊する。次いで革命はこの組織に替えて別の、通常はより強力な官僚制組織を打ち立てるが、これはあらゆる大衆運動の自由を廃止する」[1]。

この文を書いたフランツ・ボルケナウは、インターナショナルの歴史の第一人者であるが、その彼は、自分が革命の真の法則とみなすものに言及する際、特にロシアのケースに関心を示した。しかしロシア革命を革命というカテゴリーの中に組み込み、それに共通の法則をロシア革命も分有しているとすることによって、彼はレーニンの作品であるロシア革命が、多くの歴史家が繰り返し主張したように、二十世紀初頭におけるロシアの文化と現状が産み出した特殊的産物であることからはほど遠かった、と示唆していることになる。そういうわけで彼はレーニンのテーゼに賛同する。レーニンはマルクス主義の特別な一変種を体現しているとの考えを常に拒絶し、己の思索と行動の根拠を不断に正統的マルクス主義に忠実であるという主張に置いたのである。

ここにおいてフランツ・ボルケナウは、レーニンの事績の独特な三つの特徴を説明していない。それあるが故にレーニンの事績が例外的な広がりを帯びた、当の三つの特徴である。

第一に、一九一七年以前のレーニンは、国際労働者運動の中でほとんど重きをなさなかったことを確認する必要がある。社会民主主義が燦然と輝き、己の企図の周りにヨーロッパの労働者階級を結集する力を持っているように見えたあの頃、威信篤れる人物たちが社会民主主義を支配していたあの頃、レーニンはその隊列の中でかすかな威信を有するにすぎなかった。彼の著作は、カウツキーやローザ・ルクセンブルグのような人物の作品と肩を並べることさえできなかった。彼は良心のためらいなど持たぬ軽躁な人物とみなされており、社会民主主義の「大物」たちは、プレハーノフのような彼の競合者の方をより以上に評価していた。そればかりでなく彼の党は社会民主主義にとって、いずれはロシア社会主義の大きな潮流の中に溶解してしまう一セクトにすぎなかったのである。彼個人も、その主張も、その党も、どれをとっても、なんらかの将来が約束されているようには見えなかった。ところがこのセクトがやがて真正のマルクス主義を体現することになり、強力な党と第三インターナショナルを産み出し、この両者にとってモデルとなるのである。誰もが早晩消滅する運命にあると思っていたこのセクトの勝利の理由を説明する必要がある。

レーニンのたどった運命の第二の特徴も同じくらい意外なものであるが、それは彼の権力奪取が成功したということである。一九一七年に熱狂に沸き返るロシアを代表していたのは、エスエルないしメンシェヴィキという社会主義の大政党であった。その責任者たちは現場におり、農村部そしてソヴィエトの中にいた。権力は彼らに約束されているように見えた。しかし権力を奪取するのはレーニンなのである。彼は彼とまったく同じように、生活の大部分をパリ国立図書館や大英博物館の閲覧室で、さもなければ監獄で送った少数の人間の先頭に立って、権力を奪取した。革命当初、党は二万四千人の党員を数えるにすぎなかった。広大なロシアにとってこれはまことに少ない。しかしながら亡命から戻ったばかりの指導者に導かれたこの小集団が勝利を収めるのである。一九一七年四月以前に立てることができたあらゆる仮定の中で、ボリシェヴィキの成功はもっとも可能性の低いものであった。

第三の特徴は、既存の権力の破壊と新たな権力の獲得という形でしかものを考えることがないくせに、権力行使の経験がまったくない職業的革命家が、瞬時にして、すべてが創り出されなければならない国家の管理運営者に変貌したということである。この権力を彼が行使するのは、四年足らずの間にすぎない。きわめて短い期間であり、権力の強化を妨げるいくつもの出来事に食い尽くされた時間であった。とはいえこの四年間という時間だけで、比類無き力を持った永続する国家を建設し、その創設者の死後六七年間も存在し続けることになる体制を定着させるのには十分だったのである。四年間ですべてがなし遂げられた。その後は、「レーニンの後継者たち」がいるだけということになる。この事業は彼の事績なのである。

レーニンの生涯と事績の時間配分には、驚くべきものがある。ほぼ二〇年間、ロシアから遠く離れた地に亡命し、少数派の党以外に社会との現実の接触を持たなかった。その後わずか四年間、権力の座につく。……そしてこの短い経験が、四分の三世紀にわたりレーニン主義という遺産を世界に残すことになるのである。彼以外のいかなる独裁者が、このような成功を誇ることができるであろうか。全体主義に彩られた二十世紀の歴史の中で、レーニンは疑いなく一つの体制を創出し、自分自身の死後かくも長期にわたって存続することになる暴力と不法の制作物に正当性を与えた、ただ一人の人物である。この点に関して彼は他の誰とも比較を絶している。

レーニンの成功のこうした特殊性は、説明に値する。ドイツのマルクス主義者、カール・コルシュの出した個人的解答は、「正統的理論と革命家レーニンの完全に正統的な実践」[2]の驚くべき組み合わせを強調するものである。おそらくこの第一の命題には、全面的に賛同するわけにはいかない。レーニンはマルクス主義を彼にとって都合の良い方向、本質的に「政治的な」方向へ引き寄せた。しかし彼は自分が展開するマルクス主義は正統マルクス主義であると宣言し、意見の異なる者をすべて修正主義あるいは異端と決めつけたのである。ドイツ人のベルンシュタインについても同様である。ベルンシュタインは労働者の自覚に関するレーニンの悲観的分析を共有していたが、そこから引き出す結論が異なっていた。レーニンは、己が一体化したマルクス主義の正統の名において、常にベルンシュタインに反対し、彼を修正主義として非難することになる。ここで真のマルクス主義とは何たるかについての自分の考え方を、政敵に押し付けることができるという彼の大いなる天分には留意しておく必要があろう。彼はメンシェヴィキに対してもそのように振舞った。彼が己の判断、己の真実を押しつけることに成功したのは、プレハーノフやカウツキーといった彼に対立する者が、彼をあまり重要視せず、彼が投げつける侮辱的形容辞に真剣に対処しなかったことに起因している。自分の方が優れていると確信していたこれらの輝かしい精神の持ち主たちは、長い間レーニンを過小評価したが故に、マルクス主義の正統性の陣地を不当にも彼に占領させることになったのである。

この点は常に踏まえておく必要があるが、すべては彼が『何をなすべきか』で開陳した観念を中心に回っているのである。この文書は時の情勢に合わせて執筆された小論であるが、例外的な歴史的運命をたどることになる。プロレタリアートの「自然発生主義（スチヒーヤ）」は、数多くのロシアの革命家の分析の中に常に登場するものだが、これこそレーニンにとって至る所に潜んでいる敵であり、それに対する闘いの道具こそは党であり、彼は労働者の階級意識の真の担い手と考えるこの党を鍛え上げて行くのである。レーニンがプロレタリアートについてのこのような否定的考え方を展開するのは、おそらく一つの特殊的状況、すなわち工業化が微弱で、労働者階級がようやく生まれたばかりのロシアの状況を考慮してのことであろうと、誰もが考えるだろう。この幼い労働者階級が己の状況と目標とを自覚する手助けをするというのなら、彼の推論は正当であろう。しかし彼の論理の進む方向は、それではない。レーニンの分析は、発展の遅れがプロレタリアートの微弱な階級意識の説明となるようなロシアという枠に収まるどころではなく、一般論であって、資本主義世界の労働者に対してはさらに厳しい態度を示すのである。彼はその点についてその後の数年間でさらに見解を明確にして行く。マルクス主義にとって、資本主義と工業と労働者階級の発達は、これまで常に革命運動の前進の本質的条件であった。レーニンもまた資本主義の進歩はロシアにとって望ましいと考える。ところが彼はそこから労働者の階級意識の前進という結論を引き出しはせず、逆に、労働者階級が労働組合主義的傾向に身をゆだねる危険が増大しているという結論を引き出す。そこでレーニンから見て、党に関する彼の考え方が正しいのは、ロシアの経済的・社会的状態の故ではなく、いかなる発展水準の国にあろうとも、プロレタリアートの自然発生性を当てにしてはならないという悲観的な見方の故なのである。党とはこの自然発生主義に対してレーニンが振りかざす武器であり、これによってレーニンとしては、労働者階級がもはや己の利益に関する自然発生的考え方に従うのではなく、党が体現する階級意識の名において行動するよう強制することが可能になるのである。

それと同時にレーニンは、社会の中で農民層が支配的地位を占めることから由来する自然発生主義の特殊なロシア的変種を断罪する。ロシアの将来を革命という形で考える人間は彼だけではなかった。そういう人間は大勢いたのである。そのうえ彼は同じ目標に到達しようと試みる競合する運動と衝突する。それらの運動は二十世紀初頭のロシアの社会状態、すなわち農民社会から出発してこの目標に到達しようとするわけだが、この農民社会はテロリズムや集団的激発に至る潜在的無政府主義と暴力を特徴とする共同体的反射作用を備えた社会であった。当初はナロードニキ、次いで社会革命党員たちが、こうした自然発生的傾向を己の革命計画の土台としていた。彼らは機会があればマルクス主義に依拠し、資本主義段階を避ける可能性についてのマルクスのどちらともとれる考察に依拠しようとした。レーニンは彼らに絶えず論争を挑んだ。資本主義の発達の必然性と、党を創設することによって社会にその準備をさせる必要性とを、同時にしかも相補的に主張しつつ、彼らに反駁したのである。それゆえ『何をなすべきか』は、革命をめぐるあらゆる仮説に対して、自然発生主義の断罪とその解毒剤としての党の創設という二つの要素に基づいて、レーニンが提出した回答なのである。

プロレタリアートに際限なく前衛に従うべく命じるこの手荒なヴィジョンによって、レーニンは一風変わった名人芸をまんまとなし遂げたのである。『何をなすべきか』は、文体からしても思索の深みからしても、際立った光彩を放つこともない小品にすぎない。マルクス主義には、哲学的論争、〈歴史〉の意味や人間の地位に関する討論を主調とする、現実に優れた文学的質を備えた文書が豊富に存在する。カウツキー、ローザ・ルクセンブルグ、その他かくも大勢の論客の輝かしい著作と比較してみれば、このレーニンの小品はなんとも生彩に乏しい。ロシアのあらゆる革命に関わる文献と比較しても、同じことが言える。しかしながらこの冊子は後世に生き残り、世界中のすべての共産党にとってバイブルとなるのである。『何をなすべきか』の長所は、なによりも革命の戦術に専念したことである。もっともレーニンは一九〇五年に、いずれにせよ文字通り革命の方法論の手引である『二つの戦術』(3)を書いて、これを補うことになる。そうである以上、これらの文書が重苦しく生彩がなくとも構いはしない。現実の実践的効力を持っているのだから。レーニンは「教義は灰色だが、人生は緑色である」(4)と述べたゲーテを好んで引用した。ところで人生はその彼が灰色から緑へと移動し、常々断罪してきたこの自然発生主義を利用するように仕向けることになる。

一九一七年一月に、彼はスイスの青年労働者たちに向けた演説において、次のように述べている。「現在ヨーロッパにみなぎる死んだような静けさはわれわれを欺くことはできない。ヨーロッパは革命を孕んでいる。……来るべき歳月は、ヨーロッパにおいて金融資本の権力に対して、大銀行に対して、資本家に対して、プロレタリアートに導かれた民衆の蜂起が起こるのを目にするだろう。そしてこの大騒乱は、社会主義の勝利による以外終結することはあり得ない。われわれ老人は、おそらくこの革命の最後の戦闘まで生きていることはできないであろう」(5)。彼の楽観主義――「老人」が革命を見ることがないであろうという仮定は、ここでは決まり文句にすぎないのであるから――の理由を、レーニンは彼の話に熱狂したこの若者たちの前で述べている。さらに彼は一九一七年九月、革命の到来を待つ心の高まりの中で書かれた文書の中で、より明確な形でこの理由に触れることになる。その理由とは、故国ロシアで発達しつつある自然発生的大衆運動に由来するものであり、この大衆の運動について彼は次のように記しているのである。「運動の自然発生性こそ、運動の奥深さと不敗性の印であるということ、これは疑いを容れない[6]」。ロシアで展開する民衆の自然発生性に彼が信頼を置き、信頼を表明しているということ、これこそは一九一七年の彼の成功を理解することを可能にする鍵の一つを提供している。それまで彼は、住民の中での影響力が依然として極めて微弱な党を頼りとして来た。そのうえ統一の名のもとに、破門や排除により、そして特にメンシェヴィキとのいかなる妥協をも彼が拒否したことによって、幾度となく党の力を弱めた。しかし一九一七年、彼がロシアに戻った時に目の当たりにしたのは、自然発生性を原動力とする革命であった。あらゆる定義、あらゆる政綱を踏みにじって、社会が闘っているのは、自由主義のためでも社会主義のためでもなかった。単に利益を守るために闘っていたのである。万人にとってはパンと平和、農民にとっては土地、労働者にとっては企業の管理、民族にとっては解放である。レーニンの目の前で展開していく革命は、こうした自然発生的意志の果実であり、その総計なのである。要するに彼が現に確認したものは、彼の考え方のすべてと正反対のことであった。しかしそこにおいて、それまで機会がなかったために抑えられていた彼の政治的天才が炸裂する。躊躇することなく彼はすべての自然発生主義に追随し、自分の党をその代弁者とするのである。パン、平和、土地、民族の自決。どれもばらばらで互いに矛盾する要求であり、社会の意識は拡散し細分化する。しかしたちまちのうちにこれがレーニンと彼の党の綱領となる。「すべての権力をソヴィエトに」というスローガンは、理論的レーニン主義の観点からすると受け入れがたいはずのものである。しかし革命の戦術という観点からすれば、天才的な策である。同じ時期に書かれた『国家と革命』のケースも同様であり、これは剥き出しの自然発生主義への呼びかけにほかならない。

かくして一九一七年四月からレーニンの実践は、一九〇二年以来、次々に著した書物の中で彼が練り上げた理論と完全に断絶したものとなる。しかしこれはまったく意外なことというわけではない。彼の著作を読んで、彼の思想の二つの本質的特徴に注目するのを忘れていなければ、了解できないわけではないのである。「マルクス主義」は彼にとってはこれまで常に「革命」および「権力」と一体化していた。戦術的顧慮というものがそれ以外のものに優先する、というよりもむしろそれは理論と切り離せないのであり、理論はそれに適合した戦術なくしては通用しないのである。要するにレーニンは常に、そしてなによりもまず、マルクス主義からその政治的側面のみを採り上げたのである。彼が革命以前、そして戦争以前においてさえ、絶えず理論を政治的行動、つまりは革命に変えることを可能にする条件と手段について熟考したのはその故である。またマルクス主義運動全体を通して、ほとんど彼のみが、己の思想を単にヨーロッパの枠に留まらず、現実に国際的と呼ぶにふさわしい規模に拡大したのも、その理由によってなのである。諸民族と植民地のために彼が練り上げる戦略の中に、彼はすでに民族あるいは植民地大衆の自然発生的意識を組み入れている。極めて早期に革命のチャンスはそこに存することを予感して、彼は正統教義と、彼自身がマルクス主義にもたらした貢献とに背を向け、革命の戦術的利益のみを採り上げたのである。

戦前におけるレーニンの変遷をじっくり眺めてみると、次のことを確認せざるを得ない。すなわち彼の思想は極めて硬直しているように見え、また彼はそれを自分に従う者と敵対する者に対して情け容赦なく押し付けたのであるが、その彼の思想さえ、革命の利益がそれを要求していると彼が考えるや否や、並外れた屈折を蒙ることになった。同じ妥協を、一九一七年四月以降、民衆運動の現実に対して行なうことを彼は選択し、その妥協が今度は彼を権力へと導くことになる。

きわめて短い適応期間を経た後、一たび権力を獲得するや、レーニンは再び並外れた政治的本能の持ち主であることを示す。権力を行使する技術を全く知らない職業的革命家であった彼は、権力を保持するために瞬時にして権力の人間に変貌する。そしてやはり瞬時にしてプロレタリアートとの関係について、すでに一九〇二年に開陳していた権威主義的な考え方に立ち戻るのである。権力を保持し、固めるためには、自分に敵対する社会の自然発生的な意志を受け入れているわけにはいかない。それゆえ党のみが従うべき道を決めるのでなければならない。革命が掲げた第一のモットーは「自由」であった。その第一の社会的希望は「憲法制定会議」であった。レーニンは一挙にこの両方を消滅させてしまう。その理由は、社会的意識は表明されるためには党（例えば党機関紙）と合意していなければならないのであり、またボリシェヴィキが少数派であるような憲法制定会議を選ぶことによって、プロレタリアートは過ぎ去った世界への愛着を示し、階級意識とは無縁の判断を示したのだ、というものであった。ほんのしばらく前まで奨励されていた自然発生主義と無政府主義に対して、レーニンは中央集権主義と党の統一を押し立てるわけだが、しかしこの二つは直ちに、再建された国家権力へと移転する。彼はその時点で、真の権力とは国家組織を経由するのだと考えていたからである。そうすることで彼はまたしても自然発生主義を断罪する。国家は常に自然発生主義の不倶戴天の敵であった。それはすでにバクーニンが言っていたことではないか。トルストイが同胞に説いていたことではないか。レーニンにとっては逆に、国家の再建は、社会の親無政府主義的傾向に対する不可欠な抑止力なのである。こうなると党は役割を変える。新国家のイデオロギー的保証人となるのだ。党こそが権力と再建された国家を正当化する。国家の暴力も同じく党が正当化するのである。すなわち国家のあらゆる不正行為が、マルクス主義によってずっと以前から定義されている歴史的発展の法則に合致していることを、党が保証するわけである。

しかしレーニンを戦術的天才だけで定義してしまうのは公正ではなかろう。彼の思想はさらに二つの側面を含んでおり、それ故に彼はマルクス主義の一族の中にあって、ある種の独創性を帯びている。まず第一に、彼は全生涯を通じて西欧化の強固な意志に導かれていた。ロシア人のレーニンは、すべてのロシア人と同様に、ロシアの本性に関する、またロシアの進歩を確実にするために取るべき道に関する、古くからの議論の後継者であった。ロシアとはなにか。ヨーロッパの国なのか、アジアの国なのか。スラヴ派とバクーニンとナロードニキが考えたように、ロシアは進歩するためには己自身の政治的・社会的文化を汲み尽さなければならないのか。あるいは逆に、他の国と同じような国なのであって、共通の道を進まなければならないのか。レーニンの答えは明快である。彼はあらゆる心の琴線からして自分はヨーロッパ人だと感じていた。もっとも成人して以降、彼の生活の大部分は西ヨーロッパで送られた。彼はドイツの知的モデル（世紀の変わり目にはドイツ哲学がロシアのエリート層を特に引きつけていた）に、ドイツの科学と技術に、国家と軍の組織化に関するドイツ的天分に魅了されていた。ドイツと比較すると、彼にとってロシアは「アジア的野蛮」を体現していた。そのうえ彼はマルクス主義がドイツ人によって発明され発展させられたのは偶然ではないと、考えていた。彼はロシアに想いを馳せるたびに、ロシアを遅れから、「アジア的野蛮」から引き剥がすための唯一の、そしてもっとも確実な道は革命であると考えていた。革命によって多大な努力の末に、いつの日かロシアをドイツのコピーにすることができるのだ、と。

彼は常にマルクス主義を革命および党と同一視したが、またロシアの西欧化の問題を最終的に解決する方法とも同一視していた。彼はロシアの後進性のみならず、文化的特殊性をも憎んでいたのである。レーニン主義のもっとも悲劇的で逆説的な帰結の一つは、まさしく彼の望んだ革命が、遅れを取り戻し始めたばかりの国において起こったことだ、ということになろう。確かに最後の三代の皇帝の治世によって実行された改革は、ロシアを近代性の中にしっかり根付かせるには十分ではなかったが、それでもロシアはすでに近代化の道に踏み込んでいた。そして二月革命は、幾多の困難に遭遇したにもかかわらず、また相次いで権力を保持した者が多くの弱点を抱えていたにもかかわらず、政治的近代化の道筋を開いていた。しかし革命によって西欧化するという強固な意志をもって、権力と社会の関係に関する自分の考え方を近代化に適用することによって、レーニンは進行中の近代化を停止させ、前進しつつあった民主主義を廃して、代わりに全体主義体制を据えつけ、ロシアを長きにわたり西欧世界から遠ざけることになったのである。もしかしたら〈歴史〉は歩みを急がされることを好まないのかも知れない。マルクスは〈歴史〉の自然な流れを尊重する必要があると言っていたではないか……。

レーニンの思想の第二の特徴は、彼の世界観である。なるほどマルクス主義はプロレタリアートの解放という全世界的意図を持っていたが、しかしこのヴィジョンは西ヨーロッパの枠内に限られていた。ヨーロッパの労働者運動の方は、常にその考察と行動において、国という枠組みに特権を与えてきた。もっとも多少とも国際主義的言説の背後にこれを隠そうと努力はしていたが。第一次世界大戦は、この点について残酷な証明を行なったということになる。逆にレーニンにあっては、思想と計画は、現実の国際主義的枠組みの中に常に組み込まれていた。彼にとってロシア革命は、世界に火をつけるはずの「火花」にすぎなかった。彼がロシアにおいて革命の冒険に身を投じたのは、革命が彼の手の届く所にあったからである。しかし彼はその前にスイスで、さらには他のどの国ででも革命を引き起こすことを夢見たことがあった。

国際主義者の彼は、革命をなし遂げる可能性が存在する国ならどの国でも、自分の国にしてしまう構えでいた。しかし彼としてはロシアを選択する必要があったのである。「火花」が彼が割り当てていた役割を十全に果したならば、彼の行動は彼の故国の国境を大幅に越え出た範囲に広がったことであろう。革命はロシアで成就し、他の国では遅れ気味だったが、彼はそれでも革命がやがて拡大するには至らないなどと想像することはできなかったのである。それに一九二〇年までの初期の段階においては、「革命の火」の拡大という希望は彼にあっては、ロシアを救いたいという欲求を根拠とするものではなかった。単に、革命がただ一つの国の境界内に閉じ込められるなどということがあり得るとは考えられなかった、というにすぎない。

一九二〇年以後、世界革命のあらゆる希望は消え、その必要性が実感された場合には理論を捨てるよう仕向けることになる彼一流のプラグマティックな気質が再び浮上する。それまで考えられなかったロシア革命の孤立に彼は適応し、「革命の国」、したがって「一国のみでの革命」を救うことに専心する。「一国のみでの革命」というこの定義を誰も認めていないとしても、一九二〇年以後、これがレーニンの行動全体の基盤をなしている。彼は国境を固め、さらにはロシア帝国の版図を再構築することによって、強力な国家が必要とするもののために己の思想を従属させることを受け入れたのである。そして彼は資本主義の存続をやむなく認めただけではなく、この外部世界と妥協し、マルクス主義の開祖たちがおそらく決して想像することのなかった、資本主義と社会主義の「平和共存」を先駆的に創案したのである。しかしこのような現実との妥協には、マルクス主義理論とその管理執行人の保証が必要であると、レーニンは確信していた。その管理執行人とはロシア共産党にほかならず、革命とレーニンの意志がそれをマルクス主義の独占的・排他的な具現物に仕立て上げたのである。マルクスはその最悪の悪夢の中でさえ、このような遺産の独占に思い至ることはなかっただろう。一九二〇年（第二回インターナショナル大会の年）以降、マルクス主義はレーニンのマルクス主義理論、要するに彼の変幻自在な実践の理論的正当化と混同されるようになる。そして第二インターナショナルもトロツキー主義の第四インターナショナルも、異端者が永遠に火あぶりに処される定めになっている地獄へと投げ込まれることになるのである。

要するに、レーニンはあらゆる矛盾を含んだ人間である。まず個人としては、温厚な、風采も上がらず、健康と安楽に大いに心を尽くし、身内といる時にまことに幸せで、身内の安楽に気を配り、自然の中を長時間散策することに慣れ、パリの街を静かに自転車で走り、図書館に閉じこもるこの小男の姿と、一語一語はっきり発音されるが繰り返しの多い、しかし精神を燃え上らせるのに適した演説によって群集を動員するカリスマ的な指導者の姿とを、どうやって両立させたらよいのだろう。どこにでもいるこの普通の人間と、その画像が永続的にマルクスとエンゲルスという開祖の画像と並んで鎮座し、共産主義の諸国民から、さらには共産主義者では全くない多くの者からも、かつてのイコンや聖遺物と同様に崇められ敬われた三位一体をなしていた者の神話とを、どう両立させたらいいのか。人類の幸福を支配的テーマとする言説と、人々の不幸の上に成立した実践とをどうやって両立させたらいいのか。レーニンは人間の不幸に哀れみの言葉や、ましてや後悔の言葉を一言も発することはなかった。

確かにすべてのユートピアは、やがてはこの型の矛盾に至ったはずである。しかしレーニンの場合は、ユートピアの歴史の中でも二重に例外的である。まず第一に、いかなるユートピアも――プラトンの夢もトーマス・モアの夢も――長続きする国家を誕生させたことは決してない。せいぜい「コミューン」があちこちに姿を現したぐらいが関の山だが、これは束の間のもので、欠陥だらけの社会的構築物に席を与えることをあまり好まない世界の風によって、急速に吹き払われてしまった。おまけに人間主義的言説と人間性を剥奪する実践との間の矛盾ということだけでも、レーニンと彼の作品を断罪するのに十分だったろう。ところが彼は己の創作物にのしかかる断罪を、長期にわたり免れることに成功した。その代わりに「権力亡者」ないし怪物であると告発されたスターリンが、レーニンの作品の堕落の責任者とみなされたのである。レーニンの方は審判を免れている、と言うかむしろ、長い間免れてきた。それはカール・コルシュが強調したこと、すなわちレーニンは正統的理論を、したがってマルクス計画を体現する者である、ということが考慮されたからである。

人間レーニンそれ自体も、彼の成功の理由をじっくり考えるとなると、やはり同じように謎に満ちている。この男をどう定義すればよいのだろう。良心の呵責を持たず、実用主義者で、無節操で、革命という一つの計画にとりつかれ、自分はそれを達成するための生来の知を持つ者であると確信していた、とでも定義すべきだろうか。レーニンは常に党は階級意識の、歴史的「知」の「担い手」であると主張したが、しかしそれと同時に、自分自身の意志、自分の思想を常に党に押しつけ、そうすることで心の奥底で、自分自身の思想と党によって具現化された階級意識とを同一視していた。後に彼の後継者たちはその同一視を公認するのであるが。

このようにレーニンは、非凡な戦術家であると同時に、ユートピアを普遍的意図を持つ国家に変貌させる手段を発明した政治的天才であった。彼がもし己の企てに失敗し、ヨーロッパの首都から首都へと渡り歩いて追放の中で生涯を閉じていたら、おそらく歴史書の中に、いくぶん天啓を受けた幻視者の風貌を持つ、マルクス主義の二流人物として登場していたことであろう。しかし彼は己の夢を現実に変えた。そしてこの成功は、レーニンの企てに本質的に内在する悲劇をいささかも正当化するものではないにしても、それでもこの成功によって、彼は二十世紀の歴史の中で例外的地位を占めることができたのである。彼が及ぼした影響からすれば、おそらくもっとも重要な地位を占めると言うべきであろう。彼はかなり平凡な理論家であるが、それでも例外的な政治的「発明者」であったと結論したいところである。すべての独裁者が大なり小なり他の者が切り開いた道をたどり、己の行動の跡を、死体置場の柔らかい土の中以外にはほとんど残すことがなかった二十世紀にあっては、そうした例外的人物はレーニンしかいない。

訳者解題

ロシア革命とソ連邦の成立、そしてそれを拠点とする国際共産主義運動の展開は、二十世紀という戦争と革命の世紀の中心的現象の一つであり、まさに中心的現象そのものでさえあったということには、疑問の余地はあるまい。多くの事象が、この中心的現象の発する魅惑の力の牽引とそれへの反発・抵抗として現出している。例えば、二十世紀最大の現象とも言えるナチズムの興隆も、この中心的現象への対抗手段として出発し、部分的にはそこから多くのヒントを得ていると考えられる（例えば、組織やプロパガンダの手法）。ロシア革命とは何だったのか、ソ連邦と国際共産主義運動とは何だったのか――この問題に、果たしてわれわれは真剣に取り組み、検討と議論を尽くしたのであろうか。ソ連邦と社会主義圏の崩壊は、たしかに「大きな物語」の終わりであった。しかし、われわれは、あまりにもあっさりと「大きな物語」が終わったという確認だけで満足してしまったのではなかろうか。その「物語」が正確にはいかなるものであったのかを、検証し総括しようともせずに……。ソ連崩壊後一五年、そろそろじっくりとその検証・総括の作業をなすべきなのではないだろうか。本書はそのような作業には不可欠の手引きの一つとなるであろう。

本書は Hélène Carrère d'Encausse, *Lénine*, Fayard, 1998. の全訳である。

著者エレーヌ・カレール＝ダンコースは、フランスにおけるロシア＝ソ連研究の第一人者で、すでに一〇点ほどの著作が邦訳されており、その名声は日本でも轟いているが、すでに一九七九年に、*Lénine, la Révolution et le Pouvoir,*『レーニン——革命と権力』と題する本を刊行している。したがって、本書は著者の二作目の『レーニン』ということになる。もっとも前作は『ソ連邦の歴史』の第一巻であり、必ずしもレーニンその人の伝記ではない。ロシアという国にボリシェヴィキによる革命が起こり、やがてスターリニズム・システムが完成し展開するその一部始終を、第二〇回大会でのフルシチョフの秘密報告によるスターリン批判に至るまで追跡する歴史の前半であり、レーニンの死後にその三分の一を割き、レーニンの後継者問題の最終的決着、つまりスターリンがトロツキーを初めとする左派を、次いでブハーリンという右派を追放し、唯一無二の主《あるじ》として君臨するに至る一九二九年末までを扱っている。その基調は、職業的革命家集団たる党という用具によって政権を奪取するという己の目標を断固として貫徹したレーニンが、その晩年において、初めて権力を担う人間の「人間性」の重要性に目覚めたが、時すでに遅く、スターリンを排除しようとした最後の画策もことごとく不首尾に終わり、彼の死後その業績は当のスターリンによって簒奪されて行くという、ギリシア悲劇的ないしシェークスピア的な政治的人間の悲劇であり、意志主義によって現実をねじ伏せたレーニンが、まさに征服したはずの現実から報復されるという、人間悲劇であった。

この本が邦訳されたのは（実は拙訳）一九八五年六月、ゴルバチョフが共産党書記長に就任した直後で、当時は、ソ連がようやく言論の自由や民主主義を許容するあるべき姿の社会主義体制を実現するかも知れないという「希望」が漂っていた。しかしソ連社会主義が、そうした民主主義の原理を受け入れたらひとたまりもなかったことは、周知の通りである。

前作に対して、本書の特徴の最大のものは、もちろん、これがソ連邦崩壊後の研究であるという点である。前作は、ソ連研究という複雑な作業に課されるさまざまな制限と顧慮から完全に自由ではいられなかったと思われるが、今回は、いかなるタブーからも解放され、多くの秘密文書が研究者にとって接近可能となったという条件を十分に活用している。そしてカレール＝ダンコースは、スターリンがでっち上げた伝説のヴェールをはぎ取って、レーニンという人物の実像に迫ろうとする。「善良なレーニン」の神話によってレーニンは、二十世紀に君臨した数多の独裁者（スターリン、ヒトラー、ムッソリーニ等々）と異なり、その死ののち長い間、偶像崇拝の対象となって霊廟に祀られ、失墜を免れて来たのだったが……。

本書の示唆する最も重要な命題は、スターリニズムの名で糾弾される多くの要素は、レーニンによって、あるいは少なくともレーニンの指導の下で形成された、ということであろう。

一九一七年の十一月、政権奪取の直後に早くも創設されたチェカー、「首を吊るせ、銃殺しろ」との冷徹な指示、要求に従わない農民を銃殺できる権利を付与された食糧調達のための兵労分遣隊による「鉄拳」徴発の実態、「農民の反抗には報復によって反撃し、村を焼き、反抗農民を銃殺し、家族全員を人質に取り、処刑しなければならない」との命令、クロンシュタットの反乱の凄惨な鎮圧戦、そしてタンボフの農民反乱を鎮圧し、家族まで抹殺するための窒息性毒ガスの使用、等々、これらのこともさることながら、その最も驚くべき確証は、強制収容所であろう。それはすでに一九一八年から機能しており、クロンシュタットの反乱の鎮圧を契機にさらに多数の収容所が増設されて拡大して行くのである。

レーニンとスターリンの間にあるのは、革命の理想に献身するあまり、時に不法で残酷な手段に訴えざるを得なかった誠実な革命家と、個人的権勢欲に燃える粗暴な野心家という決定的な差異ではなく、せいぜいがニュアンスの差、むしろ継続性と発展であるということになるであろう。

この冷厳な確認以外にも、ここに描かれるレーニン像は、われわれの意表を突き、伝説を徹底的に裏切る。まず農奴出身という伝説。たしかに曾祖父は農奴だったが、農奴解放よりずっと以前に農奴身分から解放され、その後三代で驚異的な社会的上昇を果たし、レーニンの父は地方の教育視学となり、世襲貴族に列せられる。レーニンは、裕福な家庭に育ち、その生涯で生活のための労働をすることはほとんどなかったのである。脆弱な神経系を抱えた彼は、母や妻や妻の母などの、女性たちの温かい気遣いに囲まれた生活を好み、経済的にも二人の母の財産によって養われ、活動の表舞台に立った後には極度の抑鬱状態に陥ってしまうため、他人とのいかなる接触も禁じた人里離れた森の中への隔離が必要だった。また彼は、兄アレクサンドルの処刑によって「絞首刑にされた男の弟」となるまでは、取り立てて反体制的でも革命家でもなく、労働者との接触も、むしろ婚約者となるクループスカヤ（社会運動に挺身する若い女性だった）との交際をきっかけとしていた、という。

レーニンを通して窺える、帝政ロシアの政治犯に対する処遇も、ソ連時代の流刑囚に対する過酷な扱いとは全く対照的に、呆れるほど牧歌的である。例えば、レーニンの母は、息子の流刑に際して、驚くべき二つの要望を出して認められている。一つは、彼の健康状態を配慮して、流刑先を温暖な土地に変更すること、もう一つは、流刑地まで自弁で赴くこと。さらに、遅れて逮捕され、流刑の判決を受けたクループスカヤは、婚約者と結婚したいとの理由で、流刑先を変更することを願い出て承認され、母親とともにレーニンに合流して結婚式を挙げ、母とともに三人での同居生活を始めるのである。

カレール＝ダンコースは、レーニンの生活が一貫して快適なものであり続けたこと、パリでは当時まだ珍しかった中央暖房を備えたアパルトマンに居住していたこと等も指摘し、イネッサ・アルマンドという愛人との関係にも触れる。それは、多くのボリシェヴィキが実践していた自由恋愛とはほど遠い、慎ましく真摯で悲痛な関係ではあったが……。また、ボリシェヴィキの資金調達の薄暗い裏面

――まさに銀行強盗に他ならない「接収」、偽ルーブル紙幣製造、あるいは、シュミット家遺産相続の一件のような、遺産の「詐取」――も、的確に記述している。例の一九一七年四月のレーニンの「封印列車」による帰国が、ドイツ政府に提供された「講和と革命のプロパガンダ」の資金二〇〇万マルクを伴っていたことも、包み隠すことはない。

さらに十月革命の真の姿。これは前作ではかなり簡略に、諸勢力のおおまかな動きを叙述する形で述べられていたが、本書では三章にわたって詳細にたどられる。その概略を述べるのはこの場の責務ではないが、最も意外なのは、革命の最高潮と考えられていた「冬宮襲撃」が、帰趨を決する決戦であるどころか、ボリシェヴィキが首都を完全に制圧したのちに、ほとんど形式的必要から取られた措置であったという点であろう。十月革命の成否を決する出来事とは、首都のソヴィエト執行委員会に軍事的全権を与えることとなった、軍事革命委員会の設立なのである。これこそはクーデターに他ならず、これによってケレンスキーの臨時政府は軍への命令権を失い、政府から命令を受けた部隊は、その命令の確認を軍事革命委員会に求める、といういささか滑稽にも見える事態が現出したのである。そして最後に、臨時政府の閣僚たちが身を潜める冬宮への襲撃が実行され、それは冬宮守備の任に就いていた女性大隊の抵抗を易々と打ち破って果たされた。民衆の蜂起による政権の牙城への果敢な攻撃というイメージにかろうじて見合うのは、ボリシェヴィキが、目的を達した後に、興奮した群衆の略奪と強姦に冬宮を委ねたという事実ぐらいであろう。

さらに、憲法制定会議解散の一部始終。この会議は、革命後の政治的正統性の所在を確定するために選出されたものだが、エスエルに多数を与えた選挙結果を目にしたレーニンの冷徹な意志によって、解散に追い込まれる。ボリシェヴィキが動員した傍聴人たちの野次と、退去を迫る警備隊の圧迫に抗して、午前四時まで絶望的に審議を続けた議員たちの悲痛な姿を、カレール＝ダンコースは、議員たちは「彼らの活動の跡を、ロシアの現在ではないにしても、〈歴史〉に対して残そうと決意していた」と、描写している。

「知性の衰退」と題する最終章の末尾において、カレール=ダンコースは、死の直前のレーニンは、歴史における具体的人間の問題に目を開かされたという、『レーニン最後の闘い』の著者モシュ・レヴィンの考えを紹介した上で、「瀕死のレーニンは、自分が作り上げた党を眺めて激しい恐怖に駆られ、組織の背後に人間——普通の人間——を見出すことができないといって嘆いているという結論を導き出すのは、支持することはできない。(……)死の間際にあっても、レーニンはあまり変わらなかった」として、それを否定している。このレヴィンの所説は、彼女が前作において、レーニンの最晩年を論ずる際に依拠したものと考えられるのであり、ここで彼女は前作の所説を撤回している、と考えられる。レーニンがもう少し生きていたら、すべては変わっていただろう、スターリン主義は到来せず、ソ連邦はより良いものになっていただろう、との仮定を彼女は支持しないのである。

要するに、レーニンとは何者なのか。この問いは、レーニンはなぜ勝利することができたのか、という問いに置き換えることができよう。大衆を魅了する雄弁という武器を持たぬ、陰険そうな風貌のこの男が革命を実現し、政権を奪取することができたのは、なぜなのか。彼の武器は、彼が『何をなすべきか』で示した指針に沿って鍛え上げた、厳格な規律で組織された職業的革命家集団たる「党」であった。しかし革命は、その党が起こしたものではない。革命は二度とも(一九〇五年と一九一七年二月)民衆の自然発生性によって引き起こされた。そしてレーニンは二度とも革命を取り逃がす。しかし十月に政権奪取を実現したのは、党の力にほかならない。そして党がその時点で政権奪取のための位置を確保していたのは、レーニンが自然発生性に追随した結果にほかならない。そしてそれこそがレーニンの政治的天才なのである。自然発生性にいささかの信も置かないこの男は、どうやら民衆の自然発生性を嗅ぎ付ける類い希な嗅覚を持ち、それに順応して、時にデマゴギー的でさえあるキャッチフレーズを打ち出す天才だったらしい。「すべての権力をソヴィエトへ」というスローガンがそれであり、「あらゆる戦争努力の即時停止」というテーゼがそれである。

要するにレーニンの政権奪取は、自然発生性に追随しつつ、それを横領=簒奪した結果である。そしてその横領=簒奪を可能にした付帯条件は、敵対者の弱さであるが、それはレーニンへの過小評価の帰結なのである。レーニンの勝利は、最もあり得ない可能性だった。ケレンスキーは、右派の反撃に気を取られ、レーニンが着実に進める策謀に有効に対処することを結果的に怠ったのである。

レーニンの革命が、自然発生性の横領=簒奪の上に成り立ったのだとしたら、同じことが、マルクス主義についても言えるのではなかろうか。十九世紀末の国際社会主義運動の中で、ましてやロシア人社会民主主義者の間で、レーニンはそれほど重要な人物ではなかった。そのレーニンが、革命を足場に、マルクス主義の正統を名乗るに至るのは、まさに大いなる潮流の横領=簒奪にほかならないと言うことはできよう。もちろん彼については、革命をアジアへ、植民地へと拡大させる新たな視点(これは、多様な民族の血を受け継いで、かつてのタタール人の天地に生まれ育った彼にとって自然なものかも知れないが)という、やはり天才的な着想を忘れてはならないが……。

著者エレーヌ・カレール=ダンコースについて簡単に触れておこう。ロシア=ソ連研究の第一人者で、アカデミー・フランセーズ会員(女性としては三人目)、パリ第一大学の教授でもあった。著書多数だが、そのうち一〇編ほどが邦訳されている。出世作は一九八一年に邦訳が刊行された『崩壊した帝国』(新評論、ただし一九九〇年に藤原書店より増補新版の『崩壊したソ連帝国』として再刊)であるが、これはソ連邦におけるイスラム系住民の問題を取り上げ、人口統計学的バランスの変動がソ連帝国崩壊の要因となり得ることを初めて示唆した画期的研究で、ソ連邦の崩壊とイスラムの興隆という、その後起こった二つの重要な現象を暗示していた。また藤原書店から二〇〇一年に刊行された『甦るニコライ二世』(谷口侑訳)の原書は一九九六年に刊行されているが、本書の原書はその二年後の一九九八年刊行であり、ロシア革命は必然であったのか、何がロシア革命を許したのか、という同じ問題意識によって取り組まれた著作と言えよう。

いささか私事にわたって恐縮だが、カレール=ダンコースの前作を和訳したのは私である。当時、現藤原書店社長の藤原良雄氏は、新評論の編集長をなさっており、編集長に就任以来次々と意欲的な話題作を刊行しつつあった。カレール=ダンコースは、イバン・イリイチなどと共に、藤原編集長が大々的に日本に紹介した著作家の一人で、一九八一年刊行の『崩壊した帝国』は空前の話題作となり、気鋭の出版社として新評論の声望を確立するのに貢献した。そのような動きの中で、カレール=ダンコースの次の著作としての『ソ連邦の歴史』の第一巻『レーニン』を和訳することを、私は氏から依頼されたわけであるが、こうして始まった藤原良雄氏との交誼によって、その後、ボスケッティの『知識人の覇権』を出して頂いたり、ピエール・ブルデューやエマニュエル・トッドを翻訳することになる。個人史的に言うなら、まさに前作は私にとって記念すべき仕事であったことになる。

世界史的には、この二〇年間が何ぴとも想像し得なかった大変動の歳月になったことは、改めて指摘するまでもない。いまここにカレール=ダンコースの第二『レーニン』を刊行するに当たって、改めて二十世紀末から二十一世紀初頭の二〇年間の時の厚みを実感せずにはいられない。いずれにせよ、レーニンとその遺産とは、われわれの生きた二十世紀の主たる構成要素であるのだから、それについて考えることは、いささかわれわれ自身について考えることなのではなかろうか。

翻訳の作業については、まず東松秀雄氏に全編を翻訳して頂き、次いで私が必要な添削を加えるという形で行った。前作でも東松氏にご協力をお願いしたが、私が訳した原稿のチェックをして頂いたのだと思う。そう言えば、氏にご協力を仰ぐようになってから、もう二〇年以上になるわけだ。またロシア語の表記については、かつて青山学院大学の同僚であった、現上智大学教授、村田真一氏のご教示を仰いだ。藤原良雄氏、および細心綿密な作業で本書を製作して下さった藤原書店編集部の刈屋琢氏にも、感謝の意を表するものである。

二〇〇六年五月吉日

石崎晴己

(17) « Pismo I. V. Stalinu i M. Frumkinu i porutchenie sekretariu »（スターリンとフルムキンと書記への手紙），1922年5月15日，『レーニン全集』，第54巻，p. 260.
(18) « Pismo I. V. Stalinu o monopolii vnechnei torgovli »，1922年10月13日，同書，第45巻，p. 338.
(19) 同書，第45巻，p. 608と *Unknown Lenin*，前掲書，p. 188.
(20)（Fotieva の日記）
« Dnevnik dejurnykh sekretarei v I. Lenina »（レーニン付き常任書記官たちの日誌），1922年11月21日と1923年3月6日；同書，第45巻，p. 455-488，特に p. 485.
(21) この全文は第10回大会の秘密報告の中で公表された．要約は同書内，第45巻，p. 674-675.
(22) Volodicheva の言葉，*Dnevnik sekretarei*，前掲書，第45巻，p. 486.
(23) « Pismo k s'ezdu »，1922年12月23日と24日，同書，第45巻，p. 343-348と354-355.
(24) 前文への追加 ：« K otdelu ob uveletchenii tchisla tchlenov TSK »（中央委員会委員増員への移行のために），1922年12月29日，同書，第45巻，p. 354-355.
(25) « Dobavlenie k pismu ot 24 dekabria 1922g »（24日の手紙の追加），1923年1月4日，同書，第45巻，p. 346.
(26) この一文は1923年3月4日のプラウダに発表された．以下のものも参照．Lewin，*Le Dernier Combat de Lénine*，Paris，1967，p. 124.
(27) « Pismo L. D. Trotskomu »，1923年3月5日，『レーニン全集』，第43巻，p. 329.
(28) « Pismo tovarichtcham Mdivani，Makharadze i drugim »，1923年3月6日，同書，第54巻，p. 330.
(29) Lewin（M.），前掲書，p. 131-142.
Fejtö（F.），*L'Héritage de Lénine*，Paris，1973 は，この点についてはさらに含みがある，p. 69-71.

結　論

(1) « State and Revolution in the Paris Commune，The Russian Revolution and the Civil War »，*Sociological review*，*29*，1937，p. 67，次のものによる引用，Keep（J.），*The Russian Revolution*，New York，1976，p. X.
(2) 早くも1926年から，コルシュは「レーニンのマルクス主義はカウツキーのもの以上に良いわけではない」と指摘している．Korsch par Daniel Lindenberg, in Chatelet，Pisier，Duhamel，*Dictionnaire des œuvres politiques*，Paris，1995，p. 601.
(3) « Dve taktiki »，1905年2月1日（14日），『レーニン全集』，第9巻，p. 254-263.
(4) 次のものによる引用，Ulam（A.），*The Unfinished Revolution*，London，1979，éd. révisée.
(5) « Doklad o revolutsii 1905 goda »（1905年の革命に関する講演）（1917年1月9日（22日）以前に書かれた），『レーニン全集』，第30巻，p. 306-328.
(6) « Russkaia revoliutsiia i grajdanskaia voina »（ロシア革命と内戦）（1917年9月前半），同書，第34巻，p. 214-228.

(36) « Oznatchenie voinstvuiechtego materializma »（戦闘的唯物論の意味），1922年3月12日，『レーニン全集』，第45巻，p. 23-33.
(37) « O kooperatsii »（協同組合について），1923年1月4日と6日，同書，第45巻，p. 369-377.
(38) « Partiinaia organizatsiia i partiinaia litteratura »（党の組織と党の文学），1905年11月13日（26日），同書，第12巻，p. 99-105.
(39) « O proletarskoi kulture »（プロレタリアートの文化について），1920年10月8日，同書，第41巻，p. 336-337 および Iakovlev（Ja），« O proletarskoi kulture i proletkulte »，*Pravda*，1922年10月24日と25日.
(40) « Litteratura i revoliutsia »，*Pravda*，1922年9月15日と16日.
(41) *V. I. Lenin o litterature i Iskustve*，Moscou，1967.
(42) « O proletkulte. Pismo TSK RKP »，*Pravda*，1920年12月1日.
(43) « Ogosudarstve. Lektsia v Sverdlovskom universitete »（国家について．スヴェルドローフ大学における講演），1919年7月11日，『レーニン全集』，第39巻，p. 64-84.

第15章

(1) Volkogonov，前掲書，p. 370.
(2) Rosmer（A.），*Moscou sous Lénine*，Paris，1953，p. 231.
(3) ポリトビュローのためのスターリン宛の手紙，1922年6月15日と同所への覚書，1922年7月7日，*Unknown Lenin*，前掲書，p. 165.
(4) Annenkov (Iou)，« Vospominanie o Lenine »，*Novyi journal*，no 65，1961，p. 141-142.
(5) « Pismo F. E. Dzerjinskomu »，1922年5月19日，『レーニン全集』，第54巻，p. 265-266.
(6) スターリンへの手紙，1922年7月17日，*Unknown Lenin*，p. 168-169.
(7) 同書，p. 174.
(8) Volkogonov による引用，前掲書，p. 330.
(9) Trotski，*Staline*，前掲書，第2巻，p. 264-265.
モロトフはF・チューエフとの会談でこれを認めた，前掲書，p. 167.
(10) « O nachei revoliutsii »，『レーニン全集』，第45巻，p. 378-382.
(11) « Lutche men'che da Lutche »（量よりも質），1923年3月2日，同書，第45巻，p. 389-406.
(12) « O kooperatsii »，1923年1月4日と6日，同書，第45巻，p. 369-377.
(13) « Kak nam reorganizovat' rabkrin »（ラブクリンをいかに再編するか），1923年1月23日，同書，第45巻，p. 383-388，ならびにこの論文のために集められた資料，第45巻，p. 442-250.
(14) *Unknown Lenin*，前掲書，p. 171.
(15) フォティエヴァはスターリンが次のように尋ねたと日記に記している――「レーニンはどうやって現在の事態を把握しているのか」.
(16) « O monopoli vnechnei torgovli »（外国貿易の独占について），1922年12月13日，『レーニン全集』，第45巻，p. 333-337.

月2日（15日），『レーニン全集』，第20巻，p. 96.

(13) Trotski,« Chumikha vokrug Kronstadta »（クロンシュタット周辺の騒動），*Biuleten oppozitsii*, 1938年5月-6月，p. 22-26. そして« Echtche ob usmerenie Kronchtadta »（再びクロンシュタットの鎮圧について），同書，1938年10月，p. 10.

(14) Soljénitsyne（A.），*L'Archipel du goulag*（éd. russe），Paris，Ymca Press，1973，および，éd. française complétée，Fayard，1991. ソルジェニーツィン，『収容所群島』1-6，新潮社1974-1978.

(15) *Le livre noir du communisme*，前掲書，p. 153-154.

(16) « Zametchanie k proektu tezisov Trotskogo : otcherednye zadatchi khoziaistvennogo stroitel'stva »（トロツキーのテーゼ案についての指摘；経済建設の差し迫った責務），1920年3月3日，『レーニン全集』，第40巻，p. 90-91.

(17) « O nachei revoliutsii »（po povodu zapisok N. Sukhanova）（われわれの革命について：スハーノフの覚書について），1923年1月16日-17日，同書，第45巻. p. 378-382.

(18) *Desiatyi s'ezd RKP*（*b*） *mart 1921 goda stenografitcheskii otchet*，Moscou，1963.

(19) 同書，p. 564-571以下.

(20) Pravda，1922年4月4日.

(21) Volkogonov，前掲書，p. 278-280.

(22) Tchouev（F.），*Conversations avec Molotov*，Paris，1995，p. 173.

(23) Pravda，1921年7月12日；しかし1921年6月27日のプラウダはすでに飢饉に言及している.

(24) Wehner（M.），« Golod 1921-1922 gg »（1921-1922年の飢饉），*Cahiers du monde russe et soviétique*，vol. 38，前掲書，p. 223-242.
Fischer（H. H.），*Famine in Soviet Russia*，New York，1927.

(25) これらのものは以下のものに発表されることになる. *Rapport sur les conditions économiques de la Russie*，Genève，Société des nations，1922.

(26) Benjamin, Weissman, *Herbert Hoover and Famine Relief to Soviet Russia, 1921-1923*, Stanford，1974.

(27) 1921年7月30日の電報，*Unknown Lenin*，前掲書，p. 130-131.

(28) 同書，p133.

(29) Krzyjanovski（G. M.），*Lenin. Tovarichtch Tchelovek*，Moscou，1987，p. 212.

(30) « Sotsializm i religiia »（社会主義と宗教），1905年12月3日（16日），『レーニン全集』，第12巻，p. 142-147.

(31) *Vestnik khristianskogo dvijeniia*，no52，1970，p. 62-65および *Izvestiia TSK*，1990年4月，p. 190-193.

(32) Struve（N.），*Deux mille ans de christianisme*，Paris，p. 39.
Ieremenko（I. V.），Literaturnaia rossiia，1990年12月14日，p. 17.

(33) Pravda，1923年6月27日.

(34) Pipes（R.），前掲書，p. 150.

(35) Volkogonov，前掲書，p. 342.

(23) *Desiatyi s'ezd RKP* (*b*) *Mart 1921 goda*, Moscou, 1960, p. 192-193.
(24) Unshlicht宛の1922年9月17日の手紙と，ラデック宛の1922年9月28日の手紙. Pipes (R.), 前掲書, p. 174-175.
(25) « Pismo L. B. Kamenevu—ob obrazovanii SSSR » (ソ連邦形成に関するカーメネフ宛の手紙),『レーニン全集』, 1922年9月26日, 第45巻, p. 211-213.
(26) « Pismo L. B. Kamenevu », 1922年10月6日, 同書, 第54巻, p. 292.
(27) Kharmandarian, 前掲書, p. 344.
(28) Miasnikov, *Izbrannye proizvedeniia* (選集), Erevan, 1965, p. 423-424.
(29) Kharmandarian, 前掲書, p. 369-370.
(30)『レーニン全集』, 第45巻, p. 356-362および Fotieva, *Iz vospominanii o V. I. Lenine-Dekabr' 1922*, *Mart 1923 g.* (レーニンにまつわる思い出, 1922年12月から1923年3月まで), Moscou, 1964, p. 54と p. 63.
(31) Pismo k s'ezdu (大会への手紙),『レーニン全集』, 第45巻, p.343-348, p.354-355.
(32) *Vtoraia sessiia Tsik sovetskikh sotsialistitcheskikh respublik* (ソヴィエト社会主義共和国中央執行委員会第二会期), Moscou, 1923, p. 11以下.
(33) *Vtoroi s'ezd sovetov soiuza Sovetskikh sotsialistitcheskikh respublik* (ソ連邦のソヴィエト第二回大会), Moscou, 1924, p. 129-136.

第14章

(1) « Polititcheskii otchet tsk. RKP (b) » (ボリシェヴィキ中央委員会の政治報告), 1920年9月22日,『レーニン全集』, 第41巻, p. 281-285. 全文は Pipes (R.), 前掲書, p. 95-114.
(2) Pipes (R.), 前掲書, p. 112.
(3) *Kombedy bednoty—Sbornik dokumentov* (貧困委員会——資料集), Moscou, 1937.
(4) Stanziani (A.), « La gestion des approvisionnements et la restauration de la gosudarstvennost' », *Cahiers du monde russe et soviétique*, vol. 38 (1-2), 1997年1月-6月, p. 82-112.
(5) Sokoloff (G.), *La Puissance pauvre*, Fayard, 1993, p. 293.
(6) Fremkin (M. M.), *Tragediia krestiansikh vosstanii v rossii 1917-1921 g.* (ロシアにおける農民の反乱の悲劇), Jérusalem, 1987, p. 55以下. および Danilov (V.), Shanin (T.), *Krestianskoe vostanie v Tambovskoi gubernii v 1919-1921* (タンボフの農民の反乱), Tambov, 1994.
(7) Courtois (S.), Werth (N.), Panné (J. -L.), Paczkowski (A.), Barsozek (K.), Margolin (J. -L.), *Le Livre noir du communisme*, Paris 1997, p. 131-132.
(8) *Kronstadt—1921*, *Dokumenty*, Moscou, 1997, Ciliga (A.), *The Kronstadt revolt*, London, 1942, Avritch (P.), *Kronstadt*, *1921*, Princeton, 1970.
(9) Gitelman (Z.), *Jewish nationality and Soviet Politics*, Princeton, 1972, p. 106, および Dimanchtein, *Revoliutsiia i natsional'noi vopros*, 第 III 巻, p. 34以下.
(10) Pipes (R.), 前掲書, p. 10. 116と128-129.
(11) 同書, p. 77.
(12) « O kraske styda u Iuduchki Trotskogo » (裏切者トロツキーの赤面), 1911年1

(28) Safarov (G.), *Kolonial'naia revoliutsia, opyt Turkestana*, Moscou, 1921.
(29) Safarov (G.), 前掲書, p. 97.
(30) Galiev (S.), « Sotsial'naia revoliutsiia na Vostoke » (東洋の社会革命), *Jizn'Natsional'nostei*, no38 (46), 1919年10月5日 ; 39 (47), 1919年10月12日 ; 42 (50) 1919年11月2日.
(31) Archaruni, Gabidullin, *Otcherki panislamizma i pantiurkizma v rossii*, Moscou, 1931, p. 76-91, 特に p. 78.

第13章

(1) Pesikina (E.), *Narodnyi komissariat po delam natsional'nostei*. Moscou, 1950, ならびに *Spravotchnik narodnogo komissariata po delam natsional'nostei*, Moscou, 1921, p. 5.
(2)『レーニン全集』, 第34巻, p. 304-305.
(3) 同書, 第36巻, p. 76.
(4) *Dekrety sovetskoi vlasti*, Moscou, 1968, 第4巻, p. 15-18.
(5)『レーニン全集』, 第35巻, p. 286-290.
(6) Kuusinen (O. V.), *Revoliutsia v Finlandii*, Petrograd, 1919, p. 12以下.
(7) Makhno (Nestor), *Pod udarami Kontr. revoliutsii* (反革命の攻撃の下に), Paris, 1936.
Archinoff (P.), *Le Mouvement makhnoviste*, Paris, 1924.
Ternon (Y.), Makhno, *la révolte anarchiste*, Bruxelles, 1981.
(8) Telegramma L. D. Trotskomu, 1919年5月22日,『レーニン全集』, 第50巻, p. 320, 321.
(9) *Dekreti sovetskoi Vlasti*, Moscou, 1971, 第5巻, p. 259-261.
(10) *Pravda*, 1920年10月10日, および *Jizn'natsional'nostei*, 1920年12月15日.
(11)『レーニン全集』, 第41巻. p. 161-168.
(12) Luke (H. C.), *Cities and Men*, London, 1953, p. 137から p. 160まで.
(13) Staline, « Commentaire sur le Caucase », Pravda, 1920年11月30日.
(14) Jvania (G. K.), *V. I. Lenin, Tsk Partii i bol'cheviki zakavkaziia* (レーニン, 党中央委員会, ザカフカスのボリシェヴィキ), Tbilissi, 1969, p. 238-239.
(15) Jordania (Noe), *Moia jizn'* (私の半生), p. 110以下, ならびに *The Trotsky Papers*, 1917-1922, La Haye, 1971, 第 II 巻, p. 385,
(16)『レーニン全集』, 第51巻, p. 152.
(17) *Dokumenti vnechnei politiki SSSR*, Moscou, 1961, 第5巻, p. 110-111.
(18) Castagné (J.), « Les Basmatchis », *Revue du monde musulman*, 1922年11月, p. 174-178, および同論文の直筆の覚書.
(19) Kharmandarian (S. V.), *Lenin i stanovlenie zakavkajskoi federatsii, 1921-1925*, (レーニンとザカフカス連邦の樹立), Erevan, 1969, p. 218.
(20) Kharmandarian, 前掲書, p. 361.
(21) Tucker (R. C.), *Stalin as revolutionary 1879-1929*, Princeton, 1973, p. 240.
(22)『レーニン全集』, 第41巻, p. 164.

(12) 外国の共産党としては，カルスキー（ポーランド），ルドニアンスズキー（ハンガリー），ドゥーダ（オーストリア），ロジーン（ラトビア），シロラ（フィンランド），ラコーフスキー（バルカン半島諸国），レインシュタイン（アメリカ合衆国）．

(13) Broué（P.），*Histoire de l'Internationale communiste*, 1919-1943, p. 76-78.

(14) « Tezisy i doklad o burjuaznoi demokratii i diktature proletariata »（ブルジョワ民主主義とプロレタリアート独裁に関するテーゼと報告），1919年3月4日，『レーニン全集』，第37巻，p. 491-509.

(15) この誕生については，Broué（P.），前掲書，p. 86-90，および共産主義インターナショナル第一回大会（資料），Degras（J.），*The Communist International, 1919-1943*, *Documents*, *I*, *1919-1922*（London-New York, 1956, p. 43以下）.

(16) Balabanova（A.），*Lénine et la création du Komintern*, in Freymond（J.）編 *Contributions à l'histoire du Komintern*, Genève, 1965, p. 33以下．内.

(17) Balabanova（A.），*Ma vie de rebelle*, 前掲書，p. 216-217.

(18) この革命の激化につては，以下のものに見事な描写がある，P. Broué，前掲書，p. 99-109.

(19) « Destskaia bolezn' "Levizny" v kommunizme »（左翼急進主義，共産主義の小児病），1920年4月-5月，『レーニン全集』，第41巻，p. 1-104.

(20) この概念については *Documents on the Foreign Policy of the USSR*, Moscou, 1957, 第II巻，p. 370-371.

(21) « Tezisy po II kongressu kommunistitcheskogo internatsionala »，1920年6月-7月，『レーニン全集』，第41巻，p. 159-212.

(22) 加入条件については« Usloviia priema v kommunistitcheskii internatsional »（共産主義インターナショナルへの加入条件），同書，p. 204-211 ならびに« Dvatsatyi punkt uslovii priema v kommunistitcheskii internatsional »（第20条件），同書，p. 212.

(23) Tezisy，同書：および« Pervonatchal'nyi nabrosok tezisov po natsional'nomu i kolonial'nomu voprosam. Dlia vtorogo s'ezda kommunistitcheskogo internatsionala »（第二回コミンテルン大会のための民族・植民地問題に関するテーゼの最初の試論），第41巻，p. 161-168，さらに« Pervonatchal'nyi nabrosok tezisov po agrarnomu voprosu »（農地問題に関する最初のテーゼ），同書，p. 169-182.

(24) « Doklad o mejdunarodnom polojenii i osnovnykh zadatchakh internatsionala »（国際状況とコミンテルンの基本的職務に関する報告），7月19日，同書，第41巻，p. 215-235.

(25) 第二回大会はドイツ語，英語，フランス語，ロシア語の四カ国語で報告書が出された.この引用文はロシア語版から抜粋した，*Vtoroi kongress Kominterna*, Moscou, 1921.

(26) Zetkin（Clala），*Reminiscences of Lenin*, London, 1929, p. 19-22.

(27) « Doklad na IIm vserossiiskom s'ezde kommunistitcheskikh organizatsii Vostoka »（東洋共産主義組織全ロシア第二回大会のための報告）．『レーニン全集』，第39巻，p. 318-331.

1957, p. 316.

(12) « Chest' tezisov ob otcherednykh zadatchakh sovetskoi vlasti »（ソヴィエト政権の任務に関する6つのテーゼ）と題されたこの文書は，1918年4月28日に『イズヴェスチア』紙に発表され，レーニン全集に再録された．『レーニン全集』，第36巻 p. 277-280.

(13) « O levom rebiatchestve i o melko burjuaznosti »（極左主義とプチ・ブルジョワの精神に関する6つのテーゼ），1918年5月5日，同書，第36巻，p. 283-314.

(14) この文書は極秘資料から抜き取られたもので，「同志，クライエフ，ボッシュ，ミンキン，その他のペンザの共産主義者に」宛てられており，パイプスによって全文が公表された．Pipes（R.），*The Unknown Lenin*, p. 50.

(15)「1918年9月3日あるいは4日の覚書」，同書，p. 56. レーニンは「最初はそれは秘密裏に行なわれなければならない」と明確にしている．

(16) P. Melgunov は1927年に『ロシアの赤色テロ』を発表した．P. Melgunov, *La Terreur rouge en Russie*, Paris, Payot.

(17) 1918年9月10日，『イズヴェスチア』に発表された赤色テロに関する布告．Legett, *The Cheka Lenin's Political Policy*, Oxford, 1986, p. 100以下．および p. 215-216.

(18) Holquist（P.），« Conduct merciless mass terror, Decossackization of the Don, 1919 », Cahiers du monde russe et soviétique, 38, 1997年1月-6月，p. 127から p. 162まで．

(19) Balabanova（A.），前掲書，p. 184.

第12章

(1) *Sed'moi s'ezd Rossiiskoi kommunistitcheskoi partii*, Moscou, 1923, p. 195.

(2) Sadoul, 前掲書，p. 313.

(3) *Leninskii sbornik*, 1933, 第21巻，p. 252-253.

(4) « Pis'mo tchlenam gruppi spartak »（スパルタクス団団員への手紙），1918年10月18日，『レーニン全集』，第50巻，p. 195-196.

(5) « Proletarskaia revoliutsiia i renegat Kautsky »（プロレタリア革命と背教者カウツキー）．1918年10月末から11月10日にかけて書かれている，同書，第37巻，p. 235-338.

(6) 1922年7月17日のスターリン宛の手紙．*Unkown Lenin*, 前掲書，p. 168内の文書．

(7) 1919年1月29日の A. N. ロジャコフへの手紙，同書，p. 62-63.

(8) « Pismo k rabotchim evropy i ameriki »（ヨーロッパとアメリカの労働者への手紙），『レーニン全集』，第37巻，p. 454-462.

(9) «コサックは大半がわれわれに敵対したことであろう……われわれはデニーキンに多数の兵を与えた »，中央委員会におけるトロツキーの極秘の覚書，1919年10月1日，以下のものによる引用，Pipes（R.），前掲書，p. 70-71.

(10) «デニーキンはコルチャークよりもはるかに重大な敵である»，同書，p. 71.

(11) Balabanova, 前掲書，p. 210.

(12) Shub（A.）, *Lenin*, p. 239.
(13) *Les Bolcheviks par eux-mêmes*, 前掲書, p. 75.
(14) « Tezisy ob utchreditel'nom sobranii »（憲法制定会議に関するテーゼ）,『レーニン全集』, 第35巻, p. 162-166.
(15) « O konstitutsionnyh illiusiah », 1917年7月26日付の文書, 同書, 第34巻, p. 34-37.
(16) Balabanova, 前掲書, p. 221　ここにはジノーヴィエフの気まぐれな性格が記されている.
(17) Deklaratsiia prav trudiachtchtegosiia i ekspluatiruemogo naroda（勤労・被搾取人民の権利宣言）―（遅くとも1918年1月3日〔16日〕に書かれた）, 同書, 第35巻, p. 221-223.
(18) Tezisy (proekt dekreta o rospuske utchreditel'nogo sobraniia)（テーゼ集――憲法制定会議解散に関する布告案）, 1918年1月6日 , 同書, 第35巻, p. 232-235.
(19) Shub, *Lenin*, 前掲書, p. 248.
(20) 特に次のものを参照. « mir ili voina »（戦争か平和か）, 1918年2月23日,『レーニン全集』, 第35巻, p. 366-368.
(21) « Les Allemands sont à la fois nerveux et menaçants » Sadoul, 前掲書, p. 192.
(22) 同書, p. 237.
(23) *KPSS v rezoliutsiiah i recheniiah, s'ezdov konferentsii i plenumov TSK 1898-1903*, Moscou, 1953, 第1巻, p. 405.
(24) Sadoul, 前掲書, p. 260.
(25) 遷都について.
Fraiman（A. F.）, *Revoliutsionnaia zachtchita Petrograda v Fevrale-Marte 1918*（1918年2月-3月のペトログラードの革命の防衛）, Moscou-Leningrad, 1964. およびルナチャルスキーがソヴナルコムに宛てた手紙（1918年3月） *Lenin i Lunatcharski—Pisma, doklady, dokumenty*, Moscou, 1971, p. 59内.

第11章

(1) 以下のものによる引用. Shub（A.）, *Lenin*, 前掲書, p. 261.
(2) Latsis, « Tov. Dzerjinski i Vchk »（同志ジェルジンスキーとチェカー）, *Proletarskaia revoliutsiia*, no56, 1926, p. 81.
(3) Trotski : *Kak voorujalas' revoliutsiia*（革命はいかに武装したか）, 第1巻, p. 186-195.
(4) 同書, 第1巻, p. 127-131.
(5) Sadoul, 前掲書, p. 370.
(6) 同書, p. 302.
(7) « Groziachtchaia katastrofa i kak s nei borotsia »（差し迫った破局, それをどうかわすか）, 1918年9月10日-14日,『レーニン全集』, 第34巻, p. 151-159.
(8) « Deklaratsiia prav trudiachtchihsia i ekspluatiruemogo naroda », 1918年1月3日, 同書, 第35巻, p. 221-223.
(9) Volkogonov, *Le Vrai Lénine*, 前掲書 p. 242.
(10) Balabanova（A.）, *Ma vie de rebelle*, 前掲書, p. 190-191.
(11) Kroupskaïa —*Vospominanie o Lenine*（レーニンについての思い出）, Moscou,

（フィンランドの海軍と労働者委員会議長への，そしてC・スミルガからの手紙），1917年9月27日，『レーニン全集』，第34巻，p. 264-268.
(8) Trotski, *The History of the Russian Revolution*, New York, 1937, 第III巻, p. 355.
(9) *Les Bolcheviks par eux-mêmes*, 前掲書, p. 262と264.
(10) *Dekrety sovetskoi vlasti*, I.
(11) Soukhanov, 前掲書, p. 332.
(12) Robien (L. de), *Journal d'un diplomate en Russie*, Paris, 1967, p. 144.
(13) Mel'gunov, *Kak bol'cheviki zakhvatili vlast*（ボリシェヴィキはいかにして権力を奪取したか），Paris, 1953, は，この件について正確に物語っている.
(14) *Vtoroi vserossiiskii s'ezd sovetov*（第二回ソヴィエト全ロシア大会）*RSD*, Moscou-Leningrad, 1928 (Kotel'nikov 編).
(15) Soukhanov, 前掲書, p. 347.
(16) 同書, p. 354.
(17) Gorodetski (E. N.), *Rojdenie Sovetskogo gosudarstva 1917-1918*（ソヴィエト国家の誕生），Moscou, 1964, p. 156以下.
(18) Soukhanov, 前掲書, p. 348.
(19)『イリュストラション』誌は，政府のほぼ全員がユダヤ人であることを強調しつつ，ロシア政府の人物紹介を行っている. « Petrograd sous la Commune », *L'Illustration*, 3491号, 1918年9月11日, p. 259-260.

第10章

(1) Sadoul (J.), *Notes sur la révolution bolchevique*, p. 75.
(2) « Gosudarstvo i revoliutsiia »（国家と革命），1917年8月-9月，『レーニン全集』，第33巻，p. 1-120. 1917年11月30日の初版の後書き，第33巻. p. 120.
(3) Marksizm o gosudarstve（国家に関するマルクス主義），1917年1月-2月，同書，p. 123-307.
(4) « Plany, konspekty i zametki k knigi gosudarstvo i revoliutsiia »（『国家と革命』のための構想と考察），1917年1月-9月，同書，第33巻，p. 308-328.
(5) レーニンはこの件を『フランスの内戦』から取っている. 同じく以下のものを参照. Marx, Adresse du Conseil général de l'AIT sur la guerre civile en France, 1871. *Selected Works*, Moscou, 1950, 第I巻, p. 473.
(6) Duroselle (J. B.), *La Grande Guerre des Français*, Paris, 1994, p. 290.
(7) Sadoul (J.). 前掲書, p. 81.
(8) Popov (A.) 編, *Oktabr'skii perevorot : fakty i dokumenty*（十月政変：事件と資料），Petrograd, 1918, p. 402以下.
(9) Vompe (P.), *Dni okt'iabr'skoi revoliutsii i jeleznodorojniki-materialy*（十月革命の日々と鉄道員）. Moscou, 1924, p. 21-26
(10) Trotski, *Staline*, 第2巻, p. 102.
(11) « Kak obespetchit' uspekh utchreditel'nogo sobraniia »—（o svobode petchati）（報道の自由に基づいて憲法制定会議の成功をいかに確固たるものにするか），1917年9月15日，『レーニン全集』，第34巻，p. 208-213.

(35) Chugaiev (D.), *Revoliutsionnoe dvijenie v iule 1917* (1917年7月における革命運動), Moscou, 1959. P. 290以下.
(36) Nikitine, 前掲書, p. 149-150.
(37) Soukhanov, 前掲書, p. 238.
(38) Allilueva (A. S.), *Vospominaniia*, 前掲書, p. 176-182.
(39) Allilueva, 前掲書, p. 190.
(40) 七月危機全体に関しては, 以下のものに素晴らしい報告がある. Rabinovitch (A.). *Prelude to revolution*, *the Petrograd bolsheviks and the July 1917 uprising*, Bloomington, 第2版. 1968, p. 233以下.
(41) *Chestoi s'ezd RSDPR* (*bol'chevikov*) *August 1917 goda-Protokoly*, Moscou, 1958 (ボリシェヴィキ党第六回大会の決議書).
(42) 同書, p. 114.
(43) 同書, p27-28とp. 35-36.
(44) コルニーロフ事件に関しては, Pipes (R.), *La Révolution russe*, p. 416-432に, 極めて複雑な事件の明瞭な見解がある. 同様に以下のものを参照. Martynov (E.), *Kornilov*, Leningrad 1927, および Chugaev 編, *Revoliutsionnoe dvijenie v Rossii v auguste 1917. razgrom Kornilovskogo miateja* (1917年8月のロシアにおける革命運動. コルニーロフのクーデターの鎮圧), Moscou, 1959.
(45) Soukhanov, 前掲書, p. 265ならびにp. 270-271.
(46) « Bol'cheviki doljny vziat'vlast. »党中央委員会およびロシア労働者社会民主党のペトログラードとモスクワの委員会への手紙 (ボリシェヴィキは権力を取らねばならない), 1917年9月12日-14日,『レーニン全集』, 第34巻, p.239-241.
(47) « Marxizm i vosstanie. » (マルクス主義と蜂起). ロシア労働者社会民主党中央委員会への手紙, 1917年9月13日-14日,『レーニン全集』, 第34巻, p. 242, 247.
(48) Pismo v tsk mk PK i tchlenam sovieta Pitera i Moskvy bol'chevikam,『レーニン全集』, 第34巻, p. 340-341, および, p. 347-350.
(49) « Krizis nazrel » (危機は熟した), 1917年9月29日,『レーニン全集』, 第34巻, p. 272-283.

第9章

(1) Soukhanov, 前掲書, p. 278.
(2) 1917年7月の論文« O konstitutsionnykh illiuziakh » (憲法制定の幻想について),『レーニン全集』, 第34巻, p. 33-47および同巻, p. 403を参照.
(3) Soukhanov, 前掲書, p. 293.
(4) « Pismo k tovarichtcham » (同志への手紙), 1917年10月17日,『レーニン全集』, 第34巻, p. 398-418.
(5) 1967年5月にスタンフォードで, 1967年9月10日にパリで, 筆者がケレンスキーと行なった二つの会談.
(6) Pipes (R.), *La Révolution russe*, p. 451.
(7) « Pismo predsedateliu oblastnogo komiteta armii flota i rabotchikh Finlandii i. t. Smilge »

(14) *Leninskii Sbornik*, 第21巻, p. 33.
(15) Allilueva (A. S.), *Vopominaniia* (回想録), Moscou, 1946, p. 165以下. スターリンの『プラウダ』復帰およびスターリンの論説については« O voine » (戦争について), *Pravda*, 1917年3月17日.
(16) シリャープニコフはこの不一致と, 『プラウダ』がカーメネフ, スターリン, ムラノフ一派の手に落ちた条件を指摘している. Chliapnikov (A.), *Semnadsatyi god*, *kniga vtoraia* (1917年, 第2巻), Moscou-Petrograd, 1923, p. 180.
(17) « Pisma iz daleka » (遠方からの手紙), 『レーニン全集』, 第31巻, p. 9-57. 1917年3月7日, 9日, 11日, 12日, 26日付けの五つの手紙. および五番目の手紙のための下書き, 『レーニン全集』, 第31巻, p. 58-59.
(18) Burdjalov (E. N.), « O taktike bol'chevikov v marte aprele 1917 goda » (1917年3月-4月におけるボリシェヴィキの戦略について), Voprosy Istorii, 1956年4月, p. 48-50. およびレーニンの注釈, 『レーニン全集』, 第31巻. p. 501-504.
(19) Soukhanov, 前掲書, p. 142.
(20) スハーノフによって異議を唱えられた証言. Soukhanov, 前掲書, p. 143. 彼はミリュコーフの明晰さを強調している.
(21) « O zadatchakh proletariata v dannoi revoliutsii » (現革命におけるプロレタリアートの職務について), 1917年4月4日と5日. 『レーニン全集』, 第31巻, p. 113-118.
(22) Burdjalov (E. N.), « Estche o taktike bol'chevikov v marte-aprile 1917 g. » (再び1917年3月-4月におけるボリシェヴィキの戦略について), *Voprosy Istorii*, 1956年8月, p. 109-114.
(23) *Sed'maia* (*aprel'skaia konferentsiia*, *vserossii skaia i Petrogradskaia obchtchegorodskaia konferentisii RSDRP* (*b*) *aprel' 1917g.*), Moscou 1934 (M・オラヘラジヴィリによって編集された第7回大会資料); 票決の詳細についてはp. 190以下.
(24) « Pismo 1- pervyi etap, pervoi revoliutsii » (第一の手紙, 第一次革命の第一段階), 『レーニン全集』, 第31巻, p. 11-22.
(25) この遅れについては, ツェレツェーリの説明を参照. 前掲書, p. 474-490.
(26) « Tezisy po povodu deklaratsii vremennogo pravitel'stva » (臨時政府の宣言に関するテーゼ) これは1917年5月4日以前のものではない, 『レーニン全集』, 第32巻, p. 437-438.
(27) Tseretelli, 前掲書, p. 271-285.
(28) Balabanova, 前掲書, p. 164.
(29) Soukhanov, 前掲書, p. 173-174.
(30) Volkogonov, *Le Vrai Lénine*, 前掲書, p. 136. ならびにPipes (R.), 前掲書, p. 384-385.
(31) Soukhanov, 前掲書, p. 188.
(32) Tseretelli, *Vospominania*, 第II巻, p. 53以下.
(33) Nikitine, *Rokovye gody* (試練の歳月), Paris, 1937, p. 110-116.
(34) Soukhanov, 前掲書 p. 192-193, ならびに以下の著作. Raskolnikov (F.), *Kronstadt i Piter*, Moscou-Leningrad, 1925.

« O kulturno-natsionalnoi avtonomii »（民族・文化的自律について），1913年11月28日，『レーニン全集』，第24巻，p. 174-178.

(17) « O prave natsii na samo opredelenie »（民族の自決権について），1914年2月-5月，『レーニン全集』，第25巻，p. 255-320および論文のための計画，同書，第25巻，p. 435-440.

(18) Bauer (O.), *La Question des nationalités et la social-démocratie*, *Paris-Montréal*, 1987, 2 vol.

(19)『レーニン全集』，第25巻，p. 275.

(20) ブントのLitvakによってレーニンに向けられた批判——これにレーニンはいかなる考慮も払っていない——に関する話を参照.
Litvak (A.), *In Zurich and in Geneva during the First World War*, *Reminiscences*, New York, 1954, p. 246.

(21) « O natsional'noi gordosti velikorossov »（大ロシア人の民族的尊大さについて），『レーニン全集』，第26巻，p. 106-110.

(22) 1916年4月のラデックのテーゼを参照. Gankin, Fischer, *The Bolsheviks and the World War*, Stanford, 1940, p. 223-239と507-511.

(23) « Sotsialistitcheskaia revoliutsiia i pravo natsii no samoopredelenie--tezisy »（社会主義革命と民族の自決権——テーゼ），1916年1月-2月，『レーニン全集』，第27巻，p. 252-266とp. 457« Zametki k tezisam ».

(24) « O natsional'noi programme RSDPR »（ロシア社会民主労働党の民族問題政綱について），前掲書，『レーニン全集』，第24巻，p. 223-229.

第8章

(1) Soukhanov (N.), La Révolution russe 1917, フランス語版, Paris, 1965, p. 23-24.

(2) Senn (A.), *The Russian Revolution in Switzerland*, p. 60-74.

(3) Vakhabov, *Tachkent v period trekh revoliutsii*（三つの革命期におけるタシケント），Tachkent, 1957, p. 168.

(4) *Vospominania*, *o Fevral'skoi revoliutsii*, 前掲書, p. 150.

(5) Balabanova (A.), *Ma vie de rebelle*, 前掲書, p. 154.

(6) 同書, p. 155.

(7) Zeman (Z. A. B.), Scharlau (W. B.), *The Merchant of the Revolution*, *the Life of Alexander Israel Helphand* (*Parvus*), London, 1965, p. 204以下.

(8) E・ベルンシュタインは *Vorwärts*（1921年1月14日）の中でこの数値を発表した.

(9) Balabanova, 前掲書, p. 155-156.

(10) Tseretelli, 前掲書, p. 239. グリムにかかる疑いに関する，外務大臣Terechtchenkoの話を引用している.

(11) 同書, p. 240-241.

(12) Soukhanov, 前掲書, p. 133-136.

(13) 以下のものに再録された談話. *Izvestia*,（1917年4月5日）ならびにSoukhanov, 前掲書, p. 135.

れている，『レーニン全集』，第48巻，p. 238，242-243，248-249. また1914年のものもあるが，これは削除されている．ここで用いた引用は以下のものからの抜粋．*Unknown Lenin*，前掲書，p. 26-30.

(29) Volkogonov，前掲書，p. 61.

(30) 1914年6月23日のイネッサ・アルマンド宛の手紙，*Unknown Lenin*，p. 27. および未完の文書，« Pismo I. F. Armand »，『レーニン全集』，第48巻，p. 299-300.

(31) *Gorki*，*V. I. Lenin*，p. 10.

第7章

(1) Pis'mo A. M. Gor'komu，『レーニン全集』，第48巻，p. 155（1913年1月12日以後に書かれた）.

(2) *VIIᵉ Congrès socialiste international*，前掲書，p. 99.

(3) « O lozunge prevrachtchenia imperialistitcheskoi voiny v voinu grajdanskuiu（帝国主義戦争の内戦への転換のスローガンについて），『レーニン全集』，第26巻，p. 36，1914年9月.

(4) Duroselle（J. -B.），*La Grande Guerre des Français*，Paris，1994，p. 17.

(5) *Unknown Lenin*，前掲書，p. 27.

(6) « Novaia Demokratiia »（1913年1月19日）（新たな民主主義），『レーニン全集』，第22巻，p. 302-303.

(7) « Zadatchi revoliutsionnoi sotsial demokratii v evropeiskoi voine »（ヨーロッパ大戦における革命的社会民主党の職務），『レーニン全集』，第26巻，p. 1-7.

(8) Valentionov，*Maloznakomyi Lenin*，前掲書，p. 147.

(9) Pismo A. G. Chliapnikovu，1914年10月，『レーニン全集』，第49巻，p. 12-16，20-28.

(10) « Plan stat'i o tsimerval'dovskoi Konferentsii »（ツィンメルヴァワルト会議に関する論文の構想）（1915年8月26日以後），『レーニン全集』，第54巻，p. 462-463，ならびに Balabonova（A.），Ma vie de rebelle，Paris，1981，p. 143-152.

(11) Kautsky（K.），*Sozialismus und Kolonialpolitik*，Berlin，1907. Luxemburg（R.）. *Die Akkumulation des Kapitals*，Berlin，1912，Hilferding（R.），Das Finanzkapital，Berlin，1910.

(12)『レーニン全集』，第16巻，p. 67-71.

(13) « Imperializm kak vyschaia stadiia kapitalizma »，『レーニン全集』，第27巻，p. 299から p. 426まで（資本主義の最高段階としての帝国主義）ならびに« Imperializm i raskol sotsializma »（帝国主義と社会主義の分裂），1916年10月，同書，第30巻，p. 163-179，およびこの論文の構想，第30巻，p. 370-372.

(14) « Tetradi po imperializmu » 1915-1916（帝国主義に関するノート），『レーニン全集』，第28巻，p. 1-740（22ノート）.

(15) « O brochiure Iuniusa »（ユニウスのパンフレットについて），『レーニン全集』，第30巻，p. 1から p. 16.

(16) « Plan referata po natsionalnomu Voprosu »（民族問題に関する報告の構想）（1913年6月26日以前），『レーニン全集』，第23巻，p. 444-448.

Pipes,（R.）, *Unknown Lenin*, 前掲書, p. 35-40.

(14) 以下のものを参照. 党執行委員会の決議案の§8. 1919年11月.
« トロツキーに関しては, われわれの派閥は, ウィーンに残ることになる『プラウダ』に最大限に譲歩する », 以下のものに発表された資料. Pipes（R.）, *Unknown Lenin*, 前掲書, p. 23.

(15) « Vybory i oppozitsiia », 1912年6月24日（7月7日）（選挙と野党),『レーニン全集』, 第21巻, p. 369-372.

(16) 1912年10月3日にカミーユ・ユイスマンスに宛てた返答. G. Haupt によって編集されたレーニンとC・ユイスマンスとの手紙. G. Haupt, Paris, 1963, p. 118.

(17) 1912年9月25日のC・ユイスマンスへの返事. 同書, p. 117.

(18) 以下のものに発表された資料. Pipes（R.）, *Unknown Lenin*, 1914年5月10日あるいは11日, p. 25.

Rozental（I. S.）, *Provokator, kariera Romana Malinovskogo*（スパイ, ロマン・マリノフスキーの生涯), Moscou, 1994

(19) « O likvidatorstve i o gruppe likvidatorov », 1912年1月,（粛清主義と粛清者グループについて),『レーニン全集』, 第21巻, p. 150から p. 152まで. および1912年2月-3月の文書, « Protiv ob'edineniia-s likvidatorymi »（粛清者たちとの連合に反対して), 同書, 第. 21巻, p. 161-166.

(20) ロシア労働者社会民主党第二回大会のための1903年のブントに関するレーニンの演説. « Plan retchi po voprosu o mesti Bunda v RSDPR »（ロシア労働者社会民主党におけるブントの位置に関する演説案), 1903年7月19日-20日,『レーニン全集』, 第7巻, p. 425. および« Polojenie Bunda v Partii »（党内におけるブントの位置), 1903年10月22日, 同書, 第8巻, p. 65-76.

(21) « Pismo A. M. Gor'komu »（ゴーリキーへの手紙),『レーニン全集』, 第48巻, p. 160-163.

(22) 二人目は, 最初の内はB・クリチェフスキーであり, 次に1904年にはエスエルのルバノヴィチになる, Haupt, *Correspondance*, 前掲書, p. 19.

(23) Haupt, *Correspondance*, 前掲書, p. 42.

(24) *VIIe Congrès socialiste ineternarional tenu à Stuttgart du 16 au 24 avril 1907*（1907年4月16日から24日までシュツットガルトで開かれた社会主義インターナショナル第七回大会), Bruxelles 1908, およびレーニンの注釈. 『レーニン全集』, 第16巻, p. 67-71.

(25)『民衆』(ブリュッセルの新聞), 1907年8月18日.

(26) 彼の注釈を参照. « Khorochaia rezoliutsiia i plokhaia retch », 1913年12月（良い解決と悪い演説),『レーニン全集』, 第24巻, p. 211-213.

(27) Richard Pipes（*Unknown Lenin*, 前掲書）は, 全集に未収録の手紙を数通発見した. 同じく Volkogonov, 前掲書, p. 63参照. また同じく以下のものも参照. Soljenitsyne, *Lenin v Tsiurikhe*（チューリッヒのレーニン), Paris, 1975, p. 70-74.

(28) レーニンの全集には, 1913年12月に関してイネッサ宛の多数の手紙が含ま

p. 478.

(22) « Dve taktiki sotsial demokratii v demokratitcheskoi revoliutsii »（民主主義革命における社会民主党の二つの戦術）（1905年6月-7月，第11巻，p. 3-7 および後書き，p. 105-131）.

(23) « Agrarnaia programma sotsial-demokratii v pervoi russkoi revoliutsii : 1905-1907 godov »（第一次ロシア革命における社会民主党の農地政綱），1907年11月-12月，第16巻，p. 193-413. および後書き，p. 412, 413.

(24) 同書.

(25) « Revoliutsionnaia demokratitcheskaia diktatura proletariata i khrestianstvo »（プロレタリアートの革命的民主独裁と農民層），1905年3月30日（4月12日），第10巻，p. 20-31 および準備資料，第10巻，p. 366-369.

(26) Trotski, 1905, Moscou, 1925, 第4版., p. 225-226.

(27) 当時，彼は以下のものを書いている. « Revoliutsionnaia armiia i revoliutsionnoe pravitel'stvo »（革命軍と革命政府）（1905年6月27日-7月10日），『レーニン全集』，第10巻，p. 335-344.

第6章

(1) Tseretelli, 前掲書, p. XI と XII.

(2) « Agrarnaia programma sotsial-demokratii » 前掲文書，『レーニン全集』，第16巻，p. 193-413.

« Agrarnyi vopros i sily revoliutsii »（農地問題と革命勢力），1907年4月1日，第15巻，p. 204-207.

« Novaia agrarnaia politika », 1908年2月-3月（新農地政策），第16巻，p. 422-426.

(3) Valentinov, *Maloznakomyi Lenin*, 前掲書, p. 127.

(4) Kropotkine, *Paroles d'un révolté*, Paris, 1978, « L'expropriation », p. 235-266.

(5) 同書, p. 250.

(6) Arsenidze (R.), « Iz vospominanii o Satline »（スターリンに関する思い出），*Novyi Jurnal*, 72号, 1963年6月, p. 232.

Trotski, Staline, 前掲書, p. 216-217.

(7) Trotski, 同書, p. 214-215（ボイエヴィキについて）.

(8) Valentinov, *Maloznakomyi Lenin*, p. 104. 彼はシュミットが獄中で自殺したのであり，拷問を受けず，殺害されていないと断言している.

(9) シュミット基金の党中央への移転に関わる議定書を参照. この議定書は六人の人物により署名されている. その中にレーニン，ジノーヴィエフ，カーメネフがいる. 以下のものにより公表された資料. Pipes (R.), *The Unknown Lenin, From the Secret Archive*, Yale Un. Press, p. 20-21.

(10) 同書，事の次第はすべて Valentinov によって面白く物語られている. 前掲書，p. 101以下.

(11) 同書, p. 116.

(12) Volkogonov, *Le Vrai Lénine*, Paris, 1995, p. 80-81.

(13)「マリノフスキー事件」におけるレーニンの証言. 1917年5月26日（6月8日）.

v rossii v natchale XX^{go} veka（二十世紀初頭のロシアにおける社会運動）, Moscou, 1906, 第2巻.
Pankratova 他編, *Revoliutsiia 1905-1907 gg v rossii. Dokumenty i materialy*, Moscou, 1960.
Coquin (F. -X.), Gervais (C.) 編, *1905, La première révolution russe.* Paris, 1986.
(2) Mazlemoff (A.), *Russian Far Eastern Policy 1881-1904*, Berkeley, 1958.
(3) Schneiderman (J.), *Sergei Zubatov and the Revolutionary Marxism.* New York, 1976.
(4) Gapon (Father G.), *The Story of My Life*, New York, 1906.
(5) Anweiller (Oskar), *The Soviets*, New York, 1974.
(6) グラナート百科事典の註. *Les Bolcheviks par eux-mêmes*, 前掲書, p. 52を参照.
(7) Valentinov (N.), *Maloznakomyi Lenin*, p. 82.
(8) マリヤ・アンドレーエヴァとレーニンについては, Vaksberg (A.), *Le Mystère Gorki*, Paris, 1997, p. 36を参照.
(9)『レーニン全集』, 第12巻, p. 99-105.
(10) Valentinov, 前掲書, p. 32.
(11) « Krovavye dni v Moskve », (モスクワの血の日々), 9月27日 (1905年10月10日),『レーニン全集』, 第11巻, p. 313-318ならびに« Polititcheskaia statchka i ulitchnaia bor'ba v Moskve », (モスクワ市街の闘い), 第11巻, p. 418-421.
(12) « Sotsial demokratiia i izbiratelniye soglacheniia », (社会民主主義と選挙協約), 1906年10月後半,『レーニン全集』, 第14巻, p. 73-96.
(13) « Sotsial-demokratiia i vybory v Dumu », (社会民主主義とドゥーマ選挙), 1907年1月13-14日 (26-27日),『レーニン全集』, 第14巻, p. 249-273.
(14) « Melkoburjuaznaia taktika »（プチ・ブルジョワ的戦術）, 1907年2月22日 (3月7日),『レーニン全集』, 第15巻, p. 49-53.
(15) Trotski, *Staline*, Paris, 1979, 第I巻, p. 151.
(16) « O Boikote »（ボイコットについて）, 1906年8月12-15日,『レーニン全集』, 第13巻, p. 339-347.
(17) « O Sovremennom momente demokratitcheskoi revoliutsii »（民主主義革命の現在について）, 1907年2月15-18日,『レーニン全集』, 第15巻, p. 3-4.
(18) « O Stat'e Plekhanova »（プレハーノフの論文について）, 1907年10月29日,『レーニン全集』, 第16巻. p. 150-151と第15巻, p. 6と p. 8. ならびに« O Taktike oportunizma »（日和見主義的戦術について）, 1907年2月23日,『レーニン全集』, 第15巻, p. 57-76.
(19) *Les Bolcheviks par eux-mêmes*, 前掲書, p. 93, ジャン=ジャック・マリーによる作品紹介文.
(20) Tseterelli (I. G.), *Vospominaniia o fevral'skoi revoliutsii*, Paris, 1963, 第1巻, p. XIII 内, ツェレツェーリの回想録へのB・ニコライエフスキーの序文——ドゥーマにおけるツェレツェーリの役割と威信に関する——を参照.
(21) 第3回ロシア労働者社会民主党大会 (1907年7月21-23日) のために準備された資料におけるレーニンの批判. « Plan-konspekt retchi po voprosu o profes-sional'nom s'ezde »（専門家会議の問題に関する演説のための草案）, 第16巻,

(7) Tchto Takoe Druzia naroda i kak oni voiuiut protiv sotsial demokratov（民衆の友とは何であり，彼らは社会民主主義者たちといかに闘うか）; Lenine,『レーニン全集』*Polnoe Sobranie Sotchinenii*, 第5版，第1巻，p. 125-346.
(8) *Krititcheskie zametki k voprosu ob ekonomitcheskom razvitiie rossii*（ロシアの経済発展の問題に関する批判的考察）は1894年秋にサンクトペテルブルクでポトレーソフの計らいにより発表された.
(9) 以下のものによる引用. R. Pipes, *Social Democracy and the Saint-Petersburg Labour Movement*, Cambridge, Mass., 1963, p. 72.
(10) Gezler（I.）, *Martov a Political Biography of a Russian Social-Democrat*, Cambridge, Mass., 1967, p. 28-29.
(11) Gittelman（Zvi）, *Jewish Nationality and Soviet Politics*, Princeton, 1972, p. 24.

第４章

(1) Zadatchi russkikh sotsial demokratov（ロシア社会民主主義者の任務）.『レーニン全集』, 第2巻，p. 433-470より引用.
(2) Valentinov（N.）, *Maloznakomyi Lenin*, Paris, 1972, p. 55.
(3) Tchto delat'（何をなすべきか）, 1901年秋，1902年2月，『レーニン全集』, 第6巻，p. 1-192.
(4) 1852年3月5日の Joseph Wedmeyer への手紙，in M. Rubel, *Pages de Karl Marx*, Paris, 1970, 第 II 巻，p. 80.
(5) レーニンは1902年7月に書いたラドチェンコ宛の手紙の中で，彼がどのようにして日程と投票を操作することができたかを打ち明けていた. « Pismo I. I. Radtchenko »（ラドチェンコへの手紙）, 1902年7月3（16）日，『レーニン全集』, 第46巻，p. 201-203, および同書，1902年7月9（22）日，第46巻，p. 204-207.
(6) Proect Ustava partii（党規約案）（1903年5月・6月の第一案）,『レーニン全集』, 第54巻，p. 448-453. および Proekt ustava RSDPR, 同書，第7巻. p. 256-258.
(7) Chag vpered, dva chaga nazad, otvet Rose Liuksemburg（一歩前進，二歩後退，ローザ・ルクセンブルグへの答え）, 1904年9月2（15）日，『レーニン全集』, 第9巻 p. 38-65.
(8) ユニウスの偽名のもとに発表された『社会民主主義の危機』に対して，レーニンは論争で答える，『レーニン全集』, 第30巻，p. 1-9.
(9) « Chag vperiod dva chaga nazad. Krizis v nachei partii », （一歩前進，二歩後退. われわれの党内の危機）1904年2月-5月，『レーニン全集』, 第8巻，p. 185-414.
(10) 早くも1903年9月には，レーニンは出来事についての彼の解釈を書き留めている. « Raskaz o IIm s'ezde RSDPR », （ロシア労働者社会民主党第二回大会に関する話）,『レーニン全集』, 第8巻，p. 1-20.

第５章

(1) 1905年に関するもの.
Milioukov（P.）, *La Crise russe*, Paris, 1907. Martov 他編，*obchtchestvennoe dvijenie*

XIX^{go} stoletiia（19世紀末のロシア専制政治），Moscou，1970，p. 168以下.
(7) 1890年・91年には，モスクワのユダヤ人職人一万人は，居住許可証を持たないという理由でモスクワから追放された.
Löwe（H. D.），*The Tsars and the Jews : Reform，Reaction and Antisemitism in Imperial Russia，1772-1917*，1977，p. 111.
(8) *Svod zakonov rossiiskoi imperii*（ロシア帝国法律集），Saint-Pétersbourg，1892，第II巻.
(9)「労働者に真の信教の自由を保証するために，教会は国家から分離されている」．ロシア・ソヴィエト社会主義共和国連邦基本法，1918，第5章13節．しかし1917年の宗教会議の折の総主教の復活が，事実上の分離である.
(10) ピョートル・チャーダーエフは自宅拘留とされた．後に彼は『ある狂人の弁明』と彼の『哲学書簡』の続編で，ロシアの歴史に関する見解を変え，より含みのある立場をとった.
(11) Khomiakov（A. S.），*Polnoe Sobranie Sotchinenii*（全集），Moscou，1904．彼はスラブ主義者たちが伝統的コミューンの考え方を復活させ，新しい知的運動を始めたと書いている．第1巻．P. 636.
(12) Confino（M.）はネチャーエフ宛のバクーニンの手紙を発表した，*Daughter of a Revolutionary*，London，1974，p. 238からp. 280まで．この手紙は彼らの極めて親密な関係を示している．Confino，« Bakunin et Netchaev »，*Cahiers du monde russe et soviétique*，第7巻．1966，fasc. IV，p. 666以下.
(13) Venturi（F.）による引用，*Les Intellectuels，la révolution et le pouvoir*，Paris，1972，第1巻，p. 635.
(14) プーシキンは1834年にサンクトペテルブルクでプガチョフの反乱の歴史を発表した．Pierre Pascal，*La Révolte de Pougatchev*，Paris，1971.

第3章

(1) エンゲルスからゾルゲへの手紙，1883年6月26日．エンゲルスはマルクスの原稿の中にロシアに関する2立方メートルの資料を見つけたと言っている.
(2) フレロフスキーは『ロシアにおける労働者階級の状況』，Pétersbourg，1869および『社会科学入門』の著者である．両著作にマルクスは賛辞を述べている：「チェルヌイシェフスキーとフレロフスキーの著作のような作品は，ロシアの名誉となる」．M. Molnar による引用，*Marx，Engels et la politique internationale*，Paris，1975，p. 177.
(3) 1870年12月12日のエンゲルスへの手紙，『共産党宣言』のロシア語版の序文.
(4) Rubel（M.），« K. Marx，F，Engels，écrits sur le tsarisme et le communisme russe»，*Économie et sociétés*，第III巻，67号，1967年7月，p. 1360.
(5) ピョートル・ベルナルドヴィチ・ストルーヴェ（1870-1946）については，この時代を喚起させる Pipes R., *Struve, Liberal on the Left, 1870-1905*（Cambrige, Mass., 1970）を参照.
(6) Silvin（M. A.），« K biografii V. I. Lenina »（レーニン伝のために），*Proletarskaia Revoliutsiia*，n°7，1924，p. 66.

原　註*

＊レーニンの文書の大部分は、レーニン全集第五版（*Polnoe Sobranie Sotchinenii*）からの引用による（以下，『レーニン全集』と表記）.

序

(1) « Tchto govoriat rabotchii »（労働者の言い分），*Rabotchaia Moskva*，1924年1月25日.

(2) *Za Leninizm. Sbornik statei*（レーニン主義のために，論集），Moscou，1925年. Zinoviev（G.）*Leninizm. Vvedenie v izoutchenie Leninizma*（レーニン主義，その研究序文），Leningrad-Moscou，1925年.
Staline（J.），*Problems of Leninism*，Moscou，1953年.

(3) « Partiia lenina s vami. Put' vam ukajet Khristos »（レーニンの党はあなた方と共にある．キリストがあなた方に道を示すだろう），*Komsomol'skaia Pravda*，1998年2月4日.

第1章

(1) *Deiateli okt'iabrskoi revoliutsii*，Entsiklopeditcheskii slovar' russkogo instituta Granat（十月革命の登場人物），百科事典，Moscou，1927-1929年 7版.

(2) Pobedonostsev（K.），*Pisma Pobedonostseva k Alexandru III*（アレクサンドル三世に宛てたポベドノースツェフの書簡），Moscou, 1925-1926年, 第1巻, p.315.

(3) Poliakov（A. S.），« Vtoroe 1go Marta 1887 »，（もう一つの1887年3月1日），*Golos Minuvchego*，Moscou，1918，p. 10 以下.

(4) Haupt（G.），Marie（J. J.），*Les Bolcheviks par eux-mêmes*，Paris，1969，p. 151.

第2章

(1) Norman（H.），*All the Russias*，London，1902，« Russia !... it would be easier to say what is *not* Russia »，p. 2.

(2) Duroselle（J. -B.），*Les Français 1900-1914*，Paris，1972，p. 60-61および Bodiguel（J. -L.），*La Durée du temps de travail enjeu de la lutte sociale*，Paris，1970，p. 77-78.

(3) Pipes（R.），*Russia Under the Old Regime*，London，1974，この著作では一章全体が「欠落したブルジョワジー（The missing bourgeoisie，p. 191-221）」に充てられている.

(4) Starr（F.），*Decentralization and Self Government in Russia 1830-1870*，Princeton，1972，p. 48以下.

(5) Pipes，前掲書，p. 313，から p. 315まで.

(6) 同書，p. 311. および Zaiontchkovski（P. A.），*Rossiiskoe samoderjavie v kontse*

KOLAKOWSKI（L.）, *Histoire du marxisme*（マルクス主義の歴史）, 2巻, Paris, 1987（フランス語訳に関しては）特に第2巻, *L'Âge d'or de Kautsky à Lénine*（黄金期, カウツキーからレーニンまで）.

LASTOURS（S. de）, *Toukhatchevski*（トゥハチェフスキー）, Paris, 1996.

MAISKI（I.）, *Foreign Policy of the Russian Soviet Federated Republic*, Moscou, 1923.

MALIA（M.）, *La Tragédie soviétique*（ソヴィエトの悲劇）, Paris, 1995.

NETTL（J. P.）, *Rosa Luxemburg*, 2巻, London, 1966.

PIPES（R.）, *Social Democracy and the Saint-Petersburg Labour Movement*（パイプス,『レーニン主義の起源』, 河出書房新社1972）, Cambridge, Mass., 1963.

PIPES（R.）, *La Révolution russe*（ロシア革命）, Paris, 1995.

PIPES（R.）, *The Formation of the Soviet Union*.

PIPES（R.）, *Struve. The Liberal on the Left 1870-1905*.

RIGHBY（H.）, Communist Party Membership in the USSR 10431917-1967, Princeton, 1968.

SCHAPIRO（L.）, *The Origins of Communist Autocracy. Political Opposition in the Soviet State. First Phase : 1917-1922*, London, 1955.

SCHAPIRO（L.）, *The Communist Party of the Soviet Union*, London, 1963.

WERTH（N.）, *La Vie quotidienne des paysans russes de la révolution à la collectivisation 1917-1922*（革命から集産化に至るまでのロシア農民の日常生活――1917年-1922年）, Paris, 1984.

WERTH（N.）, « *Un État contre son peuple* »（人民に反する国家）, in *Le Livre noir du communisme*（共産主義黒書）, Paris, 1997.

WHEELER（B.）, Brest Litovsk. The Forgotten Peace, London, 1958.

ZEMAN（Z. A. B.）, 編, *Germany and the Revolution in Russia*, Documents from the archives of German Foreign ministry, London, 1958.

ZEMAN（Z. A. B.）, 編, *The Merchant of Revolution. The Life of Alexandre Israel Helphand*（*Parvus*）*1867-1924*, London, 1965.

Ⅷ. 概説書

ANWEILER (O.), *Les Soviets en Russie*（ロシアのソヴィエト), 1905-1921, Paris, 1972.

BATURIN (N.), *Otcherki istorii sotsial demokratii*（社会民主主義の歴史素描), Saint-Pétersbourg, 1906.

BROUÉ (P.), *Histoire de l'Internationale communiste*（共産主義インターナショナルの歴史), 1917-1943, Paris, 1997.

BROUÉ (P.), *Rakovski, le socialisme dans tous les pays*（ラコフスキー, 世界の国々の社会主義), Paris, 1996.

BROVKIN (V. N.), *The Mensheviks After October, Socialist Opposition and the Rise of Bolshevik Dictatorship*, Ithaca, N. Y., 1987.

CARR (E. H.), *The Bolshevik Revolution 1917-1922*, 3巻, London, 1950.

CHAMBERLAIN (W. H.), *The Russian Revolution*, 1917-1921, 2巻, New York, 1965.

COHEN (S.), *Nikolai Buharine. La vie d'un bolchevik*（ニコライ・ブハーリン, ボリシェヴィキの生涯), Paris, 1979.

DANIELS (R. V.), *Red October*, New York, 1967.

DANIELS (R. V.), *The Conscience of the Revolution*, Cambridge, Mass., 1960.

DEUTSCHER (I.), *Trotski. Le prophète armé*（トロツキー, 武装した予言者), 第1巻, Paris, 1962.

DUBNOW (S. M.), *History of Jews in Russia and Poland*, 3巻, Philadelpie, 1917-1920.

ELWOOD (R. C.), *Inessa Armand, Revolutionary and Feminist*, Cambridge, 1992.

ELWOOD (R. C.), *Roman Malinovski. A Life Without a Cause*, Newtonville, Mass., 1977.

FERRO (M.), *La Révolution de 1917*（1917年の革命), 2巻, Paris, 1967-1976.

FOOTMAN (D.), *The Civil War in Russia*, London, 1961.

FIGES (O.), *Peasant Russia. Civil War*, Oxford, 1989.

FREMKIN (M.), *Tragediia krest'anskikh vostanii v rossii 1917-1921*（ロシアにおける農民蜂起の悲劇), Jérusalem, 1987.

HAIMSON (L.), *The Russian Marxists and the Origins of Bolshevism*, Cambridge, Mass., 1955.

HASEGAWA (T.), *The February Revolution, Petrograd 1917*, Seattle, 1981.

HAUPT (G.), MARIE (J. J.), *Les Bolcheviks par eux-mêmes*（彼ら自身によるボリシェヴィキ), Paris, 1968.

HELLER (M.), NEKRITCH (A.), *L'Utopie au pouvoir*（権力におけるユートピア), Paris, 1982.

KEEP (J.), *The Rise of Social-Democracy in Russia*, Oxford, 1963.

KEEP (J.), *The Russian Revolution. A study in Mass Mobilization*, London, 1975.

KENNAN (G.), *Russia and the West Under Lenin and Stalin*, Boston, 1961.

KINDERSLEY (R.), *The First Russian Revisionists*, Oxford, 1962.

源), Paris, 1980.
CHAPAROV (I. P.), *Lenin kak tchitatel'* (レーニン, 読者), Moscou, 1990.
COLAS (D.), *Le Léninisme, philosophie et sociologie politique du léninisme* (レーニン主義, レーニン主義の哲学と政治社会学), Paris, 1982.
CRISENOY (C. de), *Lénine face aux moujiks* (帝政時代の農民対 レーニン), Paris, 1978.
GANETSKI (I.), *O Lenine, Otryvki vospominanii* (レーニンについて. 回想録抄), Moscou, 1933 (本書では Ganetski は Hanettski と表示).
GORKI (M.), *Vladimir Ilitch' Lenin*, Leningrad, 1924.
KRJIANOVSKI (G. M.), *Velikii Lenin* (偉大なるレーニン), Moscou, 1982.
LALOY (J.), *Le Socialisme de Lénine*, (レーニンの社会主義) Paris, 1967.
LAZITCH (B.), *Lénine et la IIIe Internationale* (レーニンと第3インターナショナル), Paris, 1951.
LEGGETT (G.), *The Cheka. Lenin's Political Police.* Oxford, 1981, Lenin i Vetcheka (レーニンとチェカー), Moscou, 1975.
LEWIN (M.), *Le Dernier Combat de Lénine* (レーニンの最後の戦い), Paris, 1967.
LUXEMBURG (R.), *The Russian Revolution*, Ann Arbort, 1961.
McNEAL (R.), *Bride of the Revolution : Krupskaia and Lenin*, Ann Arbor, 1972.
MEYER (A.), *Leninism*, New York, 1962.
POLAN (A.), *Lenin and the End of Politics*, Berkeley, 1984.
PAGE (S.), *Lenin and World Revolution*, New York, 1959.
PAYNE (R.), *The Life and Death of Lenin*, London, 1964.
PIPES (R.), *Unknown Lenin*, Yale Un. Press, 1996.
REDDAWAY (P.), SCHAPIRO (L.) 編, *Lenin, the Man, the Theorist, the Leader*, London, 1967.
RIGHBY (H. T.), *Lenin's Government : Sovnarkom 1917-1922*, Cambrige, 1979.
SERVICE (R.), *Lenin, A Political Life*, 2巻, Bloomington, 1985.
SHUB (D.), *Lenin : A Biography*, New York, 1948.
SOLJENITSYNE (A.), *Lenin v Tsiurihe* (ソルジェニーツィン,『チューリヒのレーニン』, 新潮社1977), Paris, 1975.
TREADGOLD (D.), *Lenin and His Rivals : the struggle for Russia's future, 1898-1904*, New York, 1955.
ULAM (A.), *The Bolsheviks*, New York, 1965.
Vladimir Ilitch Lenin Biografiia (P. N. Pospelov 編), Moscou, 1963, 第2版.
VOLKOGONOV (D.), *Le Vrai Lénine, d'apres les archives secrètes soviétiques* (ソヴィエトの機密文書に基づく本物のレーニン), Paris, 1995.
WOLFE (B.), *Three Who Made a Revolution*, New York, 1948.
ZBARSKI (B. O.), *Mavzolei Lenina* (レーニンの霊廟), Moscou, 1949.

MARTOV (Iu), *Zapiski sotsial-demokrata*(ある社会民主主義者の覚書), Berlin, 1922.
MIKOYAN (A. I.), *Mysli i vospominanie o Lenine* (レーニンについての考察と想い出), Moscou, 1970.
MILIOUKOV (P.), *Istoriia Vtoroi russkoi revoliutsii* (第二ロシア革命の歴史), 3巻, Sofia, 1921-1923.
MILIOUKOV (P.), *Vospominaniia 1917-1959* (回想録), New York, 1959.
NIKITIN (B.), *Rokovye gody-novye pokozaniia uchastnika* (試練の歳月), Paris, 1937.
OULIANOVA (M. I.), *O V. I. Lenine i sem'e Oulianovykh* (レーニンとウリヤーノフの家族について), Moscou, 1988.
PASCAL (P.), *En communisme* (共産主義において), Paris, 1918-1921.
RADEK (K.), *Les Voies de la révolution russe* (ロシア革命への道), Paris, 1971 (1922年に書かれた).
RADEK (K.), *Vnechniaia Politika Sovetskoi Rossii*(ロシアの外交政策), M. L., 1923.
RADEK (K.), *Piat'let Kominterna* (コミンテルンの5年), Moscou, 1924, 2巻.
RASKOL'NIKOV (I. I.), *Kronstadt i piter v 1917 g.*, Moscou-Leningrad, 1925,
ROY (M. N.), *Roy's Memoirs*, Bombay, 1964.
STASSOVA (E.), *Vospominaniia*, Moscou, 1969.
STRUEVE (P. B.), *Razmychleniia o russkoi revoliutsii* (ロシア革命についての考察), Moscou, 1991.
SUKHANOV (N. N.), *Zapiski o revoliutsii*, 7巻, (革命についての覚書), Berlin-Petrograd- Moscou, , 1922-1923および *Notes sur la révolution russe* (ロシア革命についての覚書), Paris (参照の便宜のために掲載).
TROTSKI (L.), *Sotchineniia* (全集), 12巻, Moscou, 1924-1927, 特に第3巻, 1917と第11巻.
TROTSKI (L.), *La jeunesse de Lénine* (レーニンの青春時代), Paris, 1970.
TROTSKI (L.), *O Lenine*, Moscou, 1924.
TROTSKI (L.), *Histoire de la révolution russe* (『ロシア革命史』1-6, 角川書店 1954-1973, 岩波書店2000-2001 (1-5)), Paris, 1932.
TSERETELLI (I.), *Vospominaniia o fevral'skoi revoliutsii* (二月革命の想い出), 2巻, Paris, La Haye, 1963.
VALENTINOV (N.), (N. V. Vol'ski), *Maloznakomyi Lenin* (ヴァレンチーノフ, 『知られざるレーニン』, 風媒社1972), Paris, 1972.
VALENTINOV (N.), *Vstretchi s Leninom* (レーニンとの出会い), New York, 1953.
VICHNIAK (M. V.), *Vserossiiskoe utchreditel'noe sobranie*, Paris, 1932 (全ロシア憲法制定会議).
ZETKIN (C.), *Souvenir sur Lénine* (レーニンの想い出), Paris, 1968.

Ⅶ. レーニンの伝記とレーニン研究

BESANÇON (A.), *Les Origines intellectuelles du léninisme* (レーニン主義の知的起

V．文書資料集

BROWDER（R. P.），KERENSKI（A.），*The Russian Provisional Government 1917, Documents*, Stanford, 1961.

BUNYAN（J.），FISCHER（H. H.），*The Bolshevik Revolution 1917-1918. Documents and Materials. Stanford, 1965.*

Lenin i Vtcheka Sbornik dokumentov（レーニンとチェカー，資料集）Moscou, 1976.

VI．同時代人の証言

ANTONOV-OVSEENKO（V. A.），*Zapiski o grajdanskoi voine*（内戦に関する覚書），Moscou-Leningrad, 1924.

BALABANOVA（A.），*Ma vie de rebelle*（わが反逆の生涯），Paris, 1981（1938年に書かれた）.

BALABANOVA（A.），*Impressions of Lenin*, London, 1964.

BONTCH-BROUIEVITCH（V. D.），*Na boevykh postakh fevral'skoi i oktiabr'skoi revoliutsii*（二月革命と十月革命の戦闘拠点にて），Moscou, 1931.

BONTCH-BROUIEVITCH（V. D.），*Izbrannye sotchineniia*, 第III巻 *Vospominania o Lenine 1917-1924*（選集，レーニンの想い出），Moscou, 1963.

BOUKHARINE（N.），*Politichskoie zavechtchanie Lenina*（レーニンの政治的遺言），Moscou, 1929.

CHLIAPNIKOV（A.），*Semnadtsatyi god*（1917年），第3巻，Moscou, 1925.

DAN（Th.）*The Origins of Bolshevism*, New York, 1964.

FOTIEVA（L. A.），*Iz vospominanii o V. I. Lenine Dekabr' 1922g. Mart 1923*（レーニンの想い出），Moscou, 1964.

GORKI（M.），*Vladimir Ilitch Lenin*, Moscou, 1924.

KAUTSKY（K.），Le Bolchevisme dans l'impasse（袋小路のボリシェヴィキ主義），Paris, 1982（1930年に書かれた）.

KERENSKI（A.），*Istoriia Rosii*, Irkoutsk, 1996.

KERENSKI（A.），*La Révolution russe*（ロシア革命），1917, Paris, 1928.

KREMER（A.），MARTOV（Iu.），*Ob agitatsii*（騒擾について），Genève, 1896.

KROUPSKAIA（N.），*Vospominanie o Lenine*（クループスカヤ，『レーニンの思い出』，大月書店1970，上・下，青木書店1990），Moscou, 1957, 2巻および1972.

LATSIS（M. Ia），*Tchrezvytchainye komissii po bor'be s'kontr-revoliutsii*（対反革命闘争における臨時委員会），Moscou, 1921.

LOUNATCHARSKI（A. V.），*Revoliutsionnye silhouetty*（ルナチャルスキー，『革命のシルエット』，筑摩書房1973），Moscou, 1923.

LOUNATCHARSKI（A. V.），*Lenin, Tovarichtch, Tchelovek*（レーニン，同志，人間），Moscou, 1987.

Chestoi s'ezd RSDPR (*bolchevikov*) *august 1917 g.*, *Protokoly* (ロシア社会民主労働党ボリシェヴィキ第6回大会), Moscou, 1958.
Sed'moi s'ezd RKP (*b*) *Mart 1918*, *Protokoly*, (ロシア共産党第7回大会), Moscou, 1959.
Desiatyi s'ezd RKP (*b*) *Mart 1920*, *Protokoly* (ロシア共産党第9回大会), Moscou, 1960.
Desiatyi s'ezd RKP (*b*) *Mart 1921*, *Stenografitcheskii otchet* (ロシア共産党第10回大会), Moscou, 1963.
Odinadtsatyi s'ezd RKP (*b*) *mart-aprel 1922 goda*, *Stenografitcheskii otchet* (ロシア共産党第11回大会), Moscou, 1961.
Dvenadtsatyi s'ezd rossiiskoi Kommunistitcheskoi Partii bol'chevikov, *Stenografitchekii otchet* (ロシア共産党第12回大会), Moscou, 1923.
Sed'maia (*aprel'skaia*) *Vserossiskaiai Petrogradskaia Konferentsiia RSDPR* (*b*) *aprel 1917 g.* (Orakhelachvili 編) (ペトログラード全ロシア協議会第7回大会), Moscou, 1934.

〈選集〉

Protokoly tsentral'nogo komiteta RSDPR (*b*) *August 1917*. *Fevral 1918* (ロシア社会民主労働党ボリシェヴィキ中央委員会の議定書, 1917年8月-1918年2月), Moscou, 1958.
ANIKEEV (U. V.) *i dr. ed. Perepiska sekretariata TSK RSDPR* (*b*) *s mestnymi partiinymi organizatsiami : Sbornik dokumentov I. mart. okt 1917* (ロシア社会民主労働党ボリシェヴィキ中央委員会書記局と党地方支部局との通信文書. 1917年3月-10月の文書集), Moscou, 1957.
BELOV (G. A.), *Iz istorii Vserossiiskoi Tchrezvytchainoi Komissii 1917-1921 Sbornik dokumentov* (全ロシア臨時委員会の歴史. 文書集), Moscou, 1958.

Ⅲ. 国家権力

Dekrety Sovetskoi vlasti (ソヴィエト政権の布告), Moscou, 1957. 15巻が出版されている.

Ⅳ. ソヴィエト

Pervyi Vserossiskii s'ezd Sovetov rabotchikh i soldatskikh deputatov. 1917 Protokoly (労働者と兵士の代議員ソヴィエト第1回大会), (V. N. Rakhmetov と N. P. Miamlin 編) 2 巻, Moscou-Leningrad, 1930-1931.
Vtoroi Vserossiiskii s'ezd Sovetov rabotchikh i soldatskikh deputatov : Protokoly (労働者と兵士の代議員ソヴィエト第2回大会), (K. G. Kotel'nikov 編), Moscou-Leningrad, 1928.

主要参考文献

本書は学殖を誇示する研究ではなく，解釈と概念化をやり直すための研究である．要するに，レーニン像の「再検討」なのである．というのも共産主義の終焉によって，レーニンという人物と，その経験の意味に新たな視線を注ぐ必要が生まれたからである．

この参考文献一覧は，すべてを網羅することを目指さない．研究科目の現状報告ではなく，長い期間にわたって筆者が蓄積してきた読書の現状を示すものである．記録文書についても同様である．しかし私にとって有益な資料は，発見した文書を気前よく開示されたフォルコゴーノフ将軍の研究の中に，またR・パイプスの研究の中に見つけることができた．それゆえここにこの二人の研究をそのまま掲載した．

本書はなによりもまず，レーニンの著書に基づいている．その五つの版がソヴィエト連邦で出版された．そのうちの四つの版はソヴィエト国家の創始者の死後に出版されている．もっとも完全なものは，本書で用いた第五版である．また，本書は党大会ならびに当時の様々な公式文書にも依拠している．

Ⅰ．レーニン

Polnoe Sobranie Sotchinenii, Moscou, 1958-1965．55巻と索引2巻（『レーニン全集』全45巻，別巻2，大月書店1953-1969）．本書では『レーニン全集』と表記．

同じく

Sotchineniia, 第3版（特にブハーリンによる監修，注釈付き）．

これに選集を付け加える必要がある．

Leninskii sbornik, Moscou．四散した文書を含む36巻．

文書類（特に手紙，あるいは覚書）は全集には収録されていない．いくつかのものは最近以下のもので1922年に発表された．*Istoritcheskii Arkhiv*．多数の文書が原則として公開されている記録文書（現代史に関する文書の保存と研究のためのロシア研究所）の中に眠っているが，閲覧可能かどうかは確かではない．

Ⅱ．ボリシェヴィキの党大会について（主要文書）

Pervyi s'ezd RSDPR : dokumenty i materialy mart. 1898（ロシア社会民主労働党第1回大会），Moscou, 1958.

Piatyi（*Londonskii*）*s'ezd RSDPR*（*b*），*aprel-mai 1907 goda Protokoly*（ロシア社会民主労働党第5回大会），Moscou, 1963.

より人民委員会議長。党内論争で右派に属し、失脚。のち「反革命裁判」で処刑。

ルクセンブルグ、ローザ（1870-1919）

ドイツ人女性革命家。ポーランドのユダヤ系商人の家に生まれる。94年、ポーランド社会民主党（1900年よりは「ポーランド王国リトアニア社会民主党」と称する）を結成。98年ベルリンへ移り、ドイツ社会民主党に属し、やがて左派の指導者の一人となる。1916年、リープクネヒトとともにスパルタクス団を設立、18年、ドイツ共産党の創立に参加。19年1月、逮捕され、虐殺された。

ルナチャルスキー、アナトーリー・ヴァシーリエヴィチ（1875-1933）

革命前はジュネーヴに亡命。マッハ哲学の影響の下に、マルクス主義と宗教の折衷をはかる。革命後は、1917-29年、教育人民委員、社会主義リアリズムの理論的指導者となる。評論、戯曲など活躍は多岐にわたる。

レンナー、カール（1870-1950）

オーストリアの社会主義者。社会民主党員。1918年、オーストリア共和国初代首相。34年、ナチスに反対して投獄。戦後第2共和国大統領。

ロジャンコ、ミハイル・ヴラジーミロヴィチ（1859-1924）

大地主。ドゥーマ議員で、1911年より、その議長。二月革命後、ドゥーマの「臨時委員会」を主宰、立憲君主制の維持に努めたが果さず、内戦期にはデニーキン軍に加担する。

ヨギヘス、レオ（1867-1919）
リトアニア生まれ。1890年スイスでローザ・ルクセンブルグと出会ってより、生涯を通じて、彼女に献身的な愛情を注ぎ、あらゆる活動を彼女とともにする。1919年、彼女とともに虐殺される。

ヨッフェ、アドリフ・アブラモヴィチ（1883-1927）
筆名Ｂ・クリムスキー。初めはメンシェヴィキ左派。革命に際して、僚友トロツキーとともにボリシェヴィキに合流。1918年、ブレスト講和会議の首席代表。ついでドイツ、中国、日本、オーストリアの大使を歴任。26年、除名、のち自殺。

ラ　行

ラヴロフ、ピョートル・ラヴロヴィチ（1823-1900）
ペテルブルク砲兵学校卒。大佐。母校で数学を教えていたが、1868年から69年にかけて、「歴史書簡」を雑誌に発表。「批判的思考者」の責任を説くとともに、歴史の進歩を個人の意志ではなく複雑な一連の過程と捉え、そこから「人民の意志」派のテロリズムに反対し、長期的な啓蒙宣伝活動を主張した。70年以降、パリに亡命、マルクスとも親交を結ぶが、マルクス主義者とはならず、独自の道を歩んだ。

ラコフスキー、クリスチャン・ゲオールギエヴィチ（1873-?）
ブルガリア生まれ。ルーマニアで活躍したのち、ボリシェヴィキのリーダーとなる。1919年、ウクライナ人民委員会議長。トロツキー派。27年、党から除名され、中央アジアに流刑。34年に復党するが、38年に再び強制労働に処される。

ラデック、カール・ベルナルドヴィチ（1885-?）
若年より革命運動に投じ、ポーランド、ドイツで活躍。十月革命後、外務人民委員部中欧局長。1918年ドイツ革命に際して、ベルリンに潜行、20年、コミンテルン書記。「左翼反対派」に属し、27年除名。のち復党したが、30年代の粛清で再び失脚。『コミンテルンの5年間』、『ドイツ革命』などの著作がある。

リヴォフ、ゲオルギー・エヴゲーニエヴィチ（公爵）（1861-1925）
穏健な自由主義貴族。ドゥーマ議員で、ゼムストヴォー運動をリード。二月革命後、臨時政府（第1次、第2次）首相となるが、七月事件で辞職。ケレンスキーとかわる。

リャザーノフ、ダヴィッド・ボリーソヴィチ（1870-1938）
本名ゴリデンダッフ。マルクス主義研究家。十月革命後、交通人民委員。1921年、初代マルクス・エンゲルス研究所所長として、初版『マルクス・エンゲルス全集』（27巻）を編集。

ルイコフ、アレクセイ・イヴァーノヴィチ（1881-1938）
ソヴィエト政府初代内務人民委員、最高国民経済会議議長を経て、1924年

マ　行

マハラゼ、フィリップ・イエセイエヴィチ（1868-1941）
グルジア人革命家。1915年、カフカス地方党委員会委員。のち、グルジア共産党中央委員。グルジア問題でスターリン、オルジョニキゼと対立。

マフノ、ネストル・イヴァーノヴィチ（1889-1922）
アナーキスト。1908年シベリア流刑。二月革命後に釈放され、ウクライナでデニーキンらと戦ったが、のちソヴィエト政権に反対して戦う。

マルトフ、ユーリー・オーシポヴィチ（1873-1923）
本名ツェデルバウム。レーニンの僚友として、その「闘争同盟」に参加。流刑を経て亡命。1903年のロシア社会民主労働党大会（ブリュッセル大会）で、レーニンと対立。これより党はボリシェヴィキとメンシェヴィキに分裂するが、彼は後者のリーダーとなる。十月革命では、メンシェヴィキ左派として、ソヴィエト政権に協力するが、内戦期に至って、反対。ドイツに亡命して、死去。

ミヤスニコーフ、アレクサンドル・フョードロヴィチ（1886-1925）
古参ボリシェヴィキ。文学者でもある。十月革命以降は、主に白ロシアを中心とした西部地区で活動。「労働者グループ」に属し1921年に除名。

ミリュコーフ、パーヴェル・ニコラーエヴィチ（1859-1943）
歴史家。モスクワ大学ロシア史講師として優れた研究を残したが、学生運動に関連して罷免され、亡命。1905年に帰国してより、政治活動に入り、立憲民主党（カデット）を創立。リベラル派の領袖となる。二月革命後の臨時政府の外相となるが、連合国に戦争継続を約束した「ミリュコーフ覚書」のために辞職に追い込まれる。

ムジヴァニー、ポリカルプ・ゲオールギエヴィチ（1877-1937）
グルジア人革命家。1918年、北カフカスにおける政権樹立のための特別委員会に加わる。のちにグルジア共産党中央委員。21年、マハラゼとともに、スターリン、オルジョニキゼのグルジア政策に反抗する。

モロトフ、ヴァチェスラフ・ミハイロヴィチ（1890-?）
本名スクリャービン。スターリンの腹心。人民委員会議長を経て、1940-56年、外相として、ソヴィエト外交に君臨。スターリン死後、フルシチョフ路線に反対して、左遷、ついで除名される。1984年に名誉回復。

ヤ　行

ユーデニッチ、ニコライ・ニコラーエヴィチ（1862-1933）
ロシア陸軍軍人。白衛軍司令官。1919年5月と10月にペトログラード進撃を試みたが、トロツキーの赤軍の反撃で失敗。ロンドン、パリへ亡命。

プレハーノフ、ゲオルギー・ヴァレンチーノヴィチ (1856-1918)
ロシア·マルクス主義運動の先駆者。青年時代の人民主義運動を経て、80年に亡命。エンゲルス等と知り合い、『共産党宣言』をロシア語に訳し、ジュネーヴで「労働解放団」を結成して、マルクス主義の宣伝に努めた。第2インターナショナルでは、ロシアを代表し続けたが、やがてレーニンと決裂。メンシェヴィキのリーダーとなり十月革命には否定的立場をとった。

ペシェホーノフ、アレクセイ・ヴァシーリエヴィチ (1867-?)
筆名ノヴォブランツェフ。人民主義者。エスエル党員で、社会人民主義派の理論的指導者。二月革命後は臨時政府の食糧相。のちに亡命。

ペトリューラ、セミヨン・ヴァシーリエヴィチ (1879-1926)
ウクライナ社会民主党に属し、革命運動を行なう。革命後、キエフの「中央ラーダ」政府首班。1918年、ウクライナ人民共和国を宣言、ソヴィエト政権に対抗。敗北、亡命ののちパリで暗殺される。

ベリンスキー、ヴィッサリオン・グリゴーリエヴィチ (1811-48)
1830年代、40年代を通じて、『祖国の記録』などの雑誌によって、評論活動を展開。社会の現実を批判的に描くリアリズム文学の発展に寄与し、ロシア文学の黄金時代を築いた。「西欧派」の旗頭でもある。

ベルジャーエフ、ニコライ・アレクサンドロヴィチ (1874-1948)
初めは合法マルクス主義に共鳴、革命後モスクワ大学哲学教授となるが、1922年、思想上の対立から教壇を追われ、パリに亡命。実存主義の立場からマルクス主義を批判する。

ベルンシュタイン、エドワルド (1850-1932)
ドイツ社会主義者。修正主義の代表者。当初マルクス主義の論客の一人であったが、19世紀末頃より、マルクス主義に懐疑的となり、『マルクス主義の諸前提と社会民主主義の諸任務』(1899) を著わし、社会革命を否定し、議会政治による漸進的な社会主義化の道を説く、いわゆる修正主義の理論的指導者となる。

ボグダーノフ、アレクサンドル・アレクサンドロヴィチ (1873-1928)
本名マリノフスキー。哲学者、経済学者。ボリシェヴィキに属したが、マッハ主義とマルクス主義を結合しようとした『経験一元論』(1904-06年) で、レーニン等に修正主義と批判される。革命後は「プロレトクリト」の理論的指導者。

ホミャコーフ、アレクセイ・スチェパーノヴィチ (1804-60)
詩人、評論家。ロシアの共同体精神を称揚し、それを破壊したピョートル大帝の西欧化政策以前のスラヴの伝統に回帰すべきことを説いた「スラヴ派」思想の創始者。

バキア、フランスから党を指導した。

ピウスツキ、ヨーゼフ（1867-1935）

ポーランド独立の父。ロシア革命ののち、ポーランド臨時国家主席として、事実上の元首となり、対ソ戦を指導。1926年、クーデタを起こし、軍部を背景とする独裁政治を行なう。

ピーサレフ、ドミートリー・イヴァーノヴィチ（1840-68）

評論家。革命的檄文のため逮捕され、5年間獄につながれるが、一貫して旺盛な言論活動を続ける。徹底した唯物論者で、芸術至上主義を否定し、功利主義、実証主義のモラルを説き、ニヒリズムの旗頭となるが、若くして水泳中に溺死。

ピャタコーフ、ゲオルギー・レオニードヴィチ（1890-1937）

キエフを中心に活動。革命後、ウクライナ臨時政府首班。党内抗争で左翼反対派に属し、除名。のち復党するが、30年代の粛清裁判で死刑。

ピョートル1世（大帝）（1672-1725）

ロシア皇帝（在位、1682-1725）。ロシアの近代化を主導。新都ペテルブルクの建設、人頭税の導入、県制導入などの行政改革、総主教制の廃止と宗務院の設置などを行なう。戦争遂行を目的とする急激な改革は増税となって国民を圧迫。アストラハン暴動、バシキール人の暴動などが相次いだ。

フォロシロフ、クレメンティ・エフレーモヴィチ（1881-1969）

軍人。職工として革命運動に参加。内戦では第5ウクライナ軍を指揮。陸海軍人民委員、国防人民委員を歴任。第2次世界大戦ではレニングラード防衛に功績。1953-60年、最高ソヴィエト幹部会議長。

ブハーリン、ニコライ・イヴァーノヴィチ（1888-1938）

教員の家庭に生まれ、1906年ロシア社会民主労働党に入党。11年流刑。ドイツに亡命、ウィーン大学で学んだのち、スイス、北欧、アメリカなどで活動。17年、革命勃発後、帰国。第六回党大会で中央委員となり、『プラウダ』の編集に携わる。政治局員、コミンテルン執行委員会議長。スターリンと組んでトロツキーを追放したが、28年、スターリンと対立し失脚。その後、公職に戻るが、37年、逮捕され、反革命陰謀のかどで38年処刑。

ブルガーコフ、セルゲイ・ニコラーエヴィチ（1895-1975）

経済学者、哲学者。初めは合法マルクス主義者、のちに自由主義に転じ、第2ドゥーマのカデット議員。革命後は神秘主義哲学に転じ、1922年亡命。フランスのエコール·ノルマルの神学教授となる。

フルンゼ、ミハイル・ヴァシーリエヴィチ（1885-1925）

1904年以来、ボリシェヴィキ。十月革命ではモスクワの革命軍を指揮、内戦では赤軍第4司令官として、コルチャーク、ウランゲリ軍を撃破。

プレオブラジェンスキー、エヴゲーニー・アレクサンドロヴィチ（1886-1937）

聖職者の子。1903年、ロシア社会民主労働党に入党。のち党中央委員、『プラウダ』編集委員。党内抗争では、左翼反対派のリーダーとして、不屈の闘争を行なう。マルクス主義経済学者として著作多し。

ドブロリューボフ、ニコライ・アレクサンドロヴィチ（1836-61）
評論家・詩人。早熟の天才で、病弱のためその活動期間はわずか4年にすぎないが、『オブローモフ主義とは何か』などの名評論を残す。文学の啓蒙的、社会的、革命的役割を強調した。

トマ、アルベール（1878-1932）
フランスの右派社会主義者。1916-17年、軍需相。のち国際連盟国際労働局局長。

トムスキー、ミハイル・パーヴロヴィチ（1880-1936）
1918年、全ソ労働組合中央大会議長、20年、プロフィンテルン委員。党内論争では右派に属し、のち反革命裁判中に自殺。

ナ　行

ニコライ1世（1796-1855）
ロシア皇帝（在位、1825-55）。兄アレクサンドル1世の突然の死により、即位。デカブリストの乱を鎮圧。反動専制君主。

ニコライ2世（1868-1918）
帝政ロシア最後の皇帝（在位、1894-1917）。アレクサンドル3世の長男。ポベドノースツェフの訓育を受け皇帝不可侵の思想を吹きこまれる。ラスプーチンの干渉を許す。1905年の革命、第1次世界大戦を経て、二月革命ののち退位。1918年銃殺。

ネチャーエフ、セルゲイ・ゲンナージエヴィチ（1847-82）
人民主義的革命運動の闘士。1868年亡命中に著した『革命家の教理問答集』で、少数精鋭の秘密結社によるテロリズムを説く。69年、帰国。秘密結社「人民の復讐」を組織するが、学生イヴァーノフのリンチ事件で再び亡命。のち逮捕され、獄死。ドストエフスキー『悪霊』のモデルで、目的のために手段を選ばない陰謀家の典型とされるが、彼の革命手法の影響は、ボリシェヴィズムの中にも及んでいる。

ノギーン、ヴィクトル・パーヴロヴィチ（1878-1924）
染物工出身。逮捕、流刑、亡命を何度か経験したのち、二月革命でモスクワ・ソヴィエト議長。十月革命後は通産人民委員となる。

ハ　行

バウアー、オットー（1882-1938）
オーストリア社会民主党、第2インターナショナルの指導者の一人。1918年のオーストリア革命後、外相となり、ドイツとオーストリア合邦の実現に努めた。M・アドラーとともにマルクス主義の指導者となり、共産主義と社会民主主義の分裂に対し調停的立場から労働戦線の統一に努めた。29年国民議会議員となったが、34年ウィーン蜂起失敗後、亡命してチェコスロ

タ　行

チェルヌイシェフスキー、ニコライ・ガヴリーロヴィチ (1828–89)
評論家、経済学者。二年間の獄中生活ののち、64年より18年間シベリアに流刑。獄中で書かれた小説『何をなすべきか?』は、革命の大義のためにすべてを犠牲にして献身する主人公像によって、急進的青年に愛読され、ロシアの革命運動に深い影響を与えた。

チェルノフ、ヴィクトル・ミハイロヴィチ (1876–1952)
エスエルのリーダー。第1次臨時政府の農相。十月革命後は、ソヴィエト政権に反抗し、チェコ軍団の反乱を煽動した。

チチェリン、ゲオルギー・ヴァシーリエヴィチ (1872–1936)
エスエルから社会民主党に転じ、1918年までメンシェヴィキ。18年ボリシェヴィキに参加。外務人民委員。革命後の対外関係正常化のため列国との交渉に活躍。

チヘイゼ、ニコライ・セミョーノヴィチ (1864–1926)
メンシェヴィキのリーダー。第3、第4ドゥーマ議員。1917年、ペトログラード・ソヴィエト議長。十月革命後、ザカフカス議会議長。ボリシェヴィキ政権に反対し、21年、パリに亡命。のち自殺。

チャーダーエフ、ピョートル・ヤコヴレヴィチ (1794–1856)
哲学者。1836年、『哲学書簡』を発表。主要な国々の中で、ロシアのみは文明にまったく寄与しておらず、ロシアは歴史の沼、歴史のよどみであると断じ、その原因はギリシャ正教を採用したことにあると主張。時の皇帝ニコライ1世より、「狂人」と宣告され、掲載誌は発禁とされた。この論文は、以後20年間続く「スラヴ派」対『西欧派』の論争の発端となった。

ツェレツェーリ、イワクリー・ゲオールギエヴィチ (1882–1959)
グルジア人。メンシェヴィキ指導者の一人。二月革命後の臨時政府で、郵政相、内相。十月革命ののち、グルジアにメンシェヴィキ政府を作り、その首班となるが、のち亡命。

デニーキン、アントン・イヴァーノヴィチ (1872–1947)
陸軍中将。コルニーロフ反乱に参加し、逮捕されたが、逃亡。白衛軍を組織するが、ザカフカスで赤軍に敗れパリに亡命。

トゥハチェフスキー、ミハイル・ニコラーエヴィチ (1893–1937)
軍人。内戦の英雄。1935年、参謀総長にいたるが、反スターリン・クーデタ陰謀の中心人物として、秘密裁判により銃殺。

トカチェフ、ピョートル・ニキーチチ (1844–85)
人民主義テロリズム組織「人民の意志」派の理論的指導者。75–81年、スイスで『ナバート』を発行。マルクス主義を名乗ったが、実践面ではブランキの影響が強い。

スコロパツキー、パーヴェル・ペトローヴィチ (1873-1945)
ウクライナの名門貴族の子。1918年、自由コサック大会で、「中央ラーダ」政府の軍事部長に選ばれるが、ウクライナがドイツ軍に占領されると、その傀儡政府の長（アタマン）となる。のちドイツに亡命。

ストルイピン、ピョートル・アルカージエヴィチ (1862-1911)
名門貴族の出身。内務官僚となり、県知事を歴任。1905年の革命期に内相に抜擢され、翌06年より、首相。11年に暗殺されるまで、この職にあった（ストルイピン時代）。徹底的な弾圧によって、革命勢力を抑える一方、ミール（農村共同体）を解体して富農の育成を目指す農業改革を行なった。

ストルーミリン、スタニスラフ・ギュスタヴォヴィチ (1877-1974)
筆名ストロミロ・ペトラチケヴィチ。経済学者。はじめメンシェヴィキ、ついで1903年、共産党に入る。21-27年、ゴスプラン（国家計画委員会）の副議長。

ズバトフ、セルゲイ・ヴァシーリエヴィチ (1864-1917)
1896年より、モスクワ保安課長。警察の主導・後援による合法的労働組合運動を提唱し、これを育成。ここからズバトフ主義なる用語が生まれる。1902年、内務省政治警察部長に昇進するが、二月革命で自殺。

スハーノフ (1882-1940)
本名ニコライ・ニコラーエヴィチ。トルストイ主義、エスエルを経て、革命期にはメンシェヴィキのマルトフ派。のち、共産党に入るが、1930年、反党活動で除名。1931年メンシェヴィキ裁判の被告として10年の禁錮刑。1940年銃殺。主著は『ロシア革命についての覚書』(1922-1923)。

スピリドーノヴァ、マリヤ・アレクサンドロヴナ (1889-?)
人民主義者として出発、1906年、副知事暗殺で投獄される。二月革命の頃より、左派エスエルの闘士となる。1918年6月の左派エスエルの反乱に参加。

スルタン・ガリエフ、ミール・サイド (1892-1940)
タタール人ボリシェヴィキ。民族問題人民委員部のメンバー。のちに、スターリンにより逮捕されるが、ソ連内での被支配民族の立場からの民族主義的主張の先駆者の一人である。

セレブリャコフ、レオニード・ペトローヴィチ (1890-1937)
労働者出身。1920年、書記局書記。25年、左翼反対派に加わり、除名。のち誤りを認めて復党するも、37年、処刑。

ソコーリニコフ、グリゴーリ・ヤコヴレヴィチ (1888-1939)
十月革命後、財政・金融部門の要職を経て、1922-30年、党中央委員。25年、トロツキー、ジノーヴィエフの反対派に加わり、37年、反革命陰謀のかどで禁錮に処せられる。

サ　行

サヴィンコフ、ボリス・ヴィクトロヴィチ（1879-1925）
筆名ロープシン。1903年、エスエルに入党、戦闘組織のメンバーとして、要人暗殺（内相、プレーヴェ、セルゲイ大公等）を指導。06年、逮捕、死刑宣告を受けるが、処刑直前に逃亡、亡命。二月革命後、臨時政府の国防次官となるが、コルニーロフの反乱に加担して、党を除名。十月革命後は、ポーランドで白衛軍を組織するなど反ソ活動を続けるが、24年逮捕、獄中で自殺。自伝的小説『蒼ざめた馬』がある。

ザスーリチ、ヴェラ・イヴァーノヴナ（1849-1919）
人民主義運動に参加。78年に、ペテルブルク特別市市長を暗殺未遂。スイスに亡命後、「労働解放団」の結成に加わる。党分裂後は、メンシェヴィキに属する。マルクス、エンゲルスと文通し、その「往復書簡」は、革命運動史上の重要文献である。『イスクラ』の編集に参加したが、レーニンとは理論的に対立。プレハーノフ側につく。二月革命後は極右メンシェヴィキ・グループに加入。

サドゥール、ジャック（1881-1956）
フランス人軍人、社会党員。1917年、ロシアで勤務中、ロシア共産党のフランス人部に加入。コミンテルン第1回、第2回大会に参加。

サファロフ、ゲオルギー・イヴァーノヴィチ（1891-1942）
1921年、コミンテルン執行委員、東洋部長、22年、極東民族大会に出席し、「極東における植民地問題と民族解放運動」を報告。34年、除名。

ジェルジンスキー、フェリックス・エドムンドヴィチ（1877-1926）
ポーランド人小貴族の子として生まれ、革命運動に参加。通算11年間を牢獄と流刑地で過ごす。十月革命には、武装蜂起を指揮。チェカーの議長として、反革命・白色テロの取締りに当る。1926年、中央委員会で、左翼反対派を弾劾する熱弁をふるった直後、心臓発作で死亡。

ジノーヴィエフ、グリゴーリー・エウセーエヴィチ（1883-1936）
1901年ロシア社会民主労働党に入党。ボリシェヴィキに所属。レーニンの片腕。ペトログラード・ソヴィエト議長。コミンテル中央委員会議長、党政治局員を歴任。スターリンを批判。36年、カーメネフとともに処刑。

スヴェルドローフ、ヤコフ・ミハイロヴィチ（1885-1919）
大衆のオルガナイザーとして、すぐれた才能を持ち、各地の労働者を組織。数回に及ぶ逮捕、流刑、逃亡を経て、1912年より、党中央委員。十月革命の指導者の一人。党中央委員書記を勤めながら、ソヴィエト中央執行委員会議長の要職に就いたが、病死。

スコベレフ、マトヴェイ・イヴァーノヴィチ（1885-?）
メンシェヴィキ。第4ドゥーマ議員。二月革命後、ペトログラード・ソヴィエト執行議員を経て、臨時政府の労働相。1922年に共産党に入る。

21年より、政治局員。

キーロフ、セルゲイ・ミロノヴィチ（1886-1934）
1904年、入党。シベリア、カフカスで活躍。23年、党中央委員。26年、反対派の本拠地レニングラードに派遣され、組織再建に努めるが、暗殺される。

クイビシェフ、ヴァレリアン・ヴラジーミロヴィチ（1888-1935）
1904年よりボリシェヴィキ。内戦ではコルチャークを撃破。党中央委員として経済問題を担当。

クラーシン、レオニード・ボリーソヴィチ（1870-1926）
1918年より通商、交通、貿易人民委員を歴任。また、英、仏に駐在。

クループスカヤ、ナジェージダ・コンスタンチーノヴナ（1869-1939）
レーニン夫人。ソ連の教育家。教育学者。

クレスチンスキー、ニコライ・ニコラーエヴィチ（1883-1938）
古参ボリシェヴィキ。1917-21年、党中央委員。19-21年、書記局書記。38年に処刑される。

ケレンスキー、アレクサンドル・フョードロヴィチ（1881-1970）
弁護士として名をあげ、ドゥーマ議員。二月革命で、ペトログラード·ソヴィエト副議長。臨時政府に入り、法相、陸海相を経て、首相となるが、十月革命によりフランスへ亡命。

ゴーリキー、マクシム（1868-1936）
本名、アレクセイ·マクシーモヴィチ·ペーチコフ。ソヴィエト·プロレタリア文学の巨匠。貧窮の中より作家を志し、プロレタリア文学への道を開く。1906年より、イタリアのカプリに亡命。十月革命後は、社会主義リアリズムの指導的存在。代表作は、長編『母』（06年）、戯曲『どん底』（02年）、『私の大学』（23年）を含む自伝三部作など。

コルチャーク、アレクサンドル・ヴァシーリエヴィチ（1873-1920）
提督。二月革命当時黒海艦隊司令官であったが、水兵に逮捕される。訪露中のアメリカ使節団に助けられ、臨時政府武官として渡米。1918年、イギリスの支持で、シベリアに渡り、反革命政府（オムスク政府）の陸海相、ついでクーデタで軍事独裁権をにぎり、ロシアの最高統治者を自称。しかし、19年、赤軍に敗北。逃亡中をイルクーツクで逮捕、銃殺された。

コルニーロフ、ラヴル・ゲオールギエヴィチ（1870-1918）
陸軍大将。二月革命後、ペトログラード軍管区司令官、ついでロシア軍最高司令官となるが、臨時政府にクーデタを企て、失敗、逮捕される。十月革命後は南ロシアへ逃亡、白衛軍を結成するが、戦死。

コロンタイ、アレクサンドラ・ミハイロヴナ（1872-1952）
ペテルブルクの将軍の娘。1906年、メンシェヴィキ、15年、ボリシェヴィキに移る。革命に際しては、すぐれた弁舌で軍隊の煽動に成功。最初の女性人民委員となり、ついで党婦人部長、コミンテルン婦人部長を歴任したのち、最初の女性大使となる。党内論争では、「労働者反対派」に属して活躍。『婦人論』等、著作多数。

アントーノフ=オフセーエンコ、ヴラジーミル・アレクサンドロヴィチ（1884-1939）
士官学校卒。早くより革命運動に身を投じ、流刑、亡命。十月革命では、ペテルブルクの軍事革命委員会書記となり、冬宮攻撃を指揮。のち、陸海軍人民委員、赤軍政治部長等を歴任するが、トロツキー派に属したために、晩年は不遇。

ウィッテ、セルゲイ・ユーリエヴィチ（1849-1915）
高官の家に生まれ、数学教授を志すが、官吏の道に進む。1892-1903年、鉄道局長、運輸相、蔵相を歴任。シベリア鉄道建設を推進。外貨導入による資本主義育成、極東政策の追求など、ロシア帝国主義を主導する。日露戦争終結に際しては、ポーツマス講和会議の全権として渡米。帰国後ただちに首相（05-06年）となり、「十月宣言」を起草。自由主義ブルジョワジーへの譲歩によって、革命を収拾したが、翌年罷免される。

エカチェリーナ2世（大帝）（1729-1796）
ロシア女帝（在位、1762-96）。1745年、ピョートル3世と結婚。皇太子パーヴェルを儲ける。啓蒙専制君主として君臨。農奴制を強化し、貴族帝国を完成させ、大帝の称号を献じられた。

オルジョニキゼ、グリゴーリー・コンスタンチーノヴィチ（1886-1937）
グルジア人。若年よりボリシェヴィキとして活躍。革命後、ザカフカス地区党第一書記として、スターリンの意向を忠実に実行。のち、重工業人民委員、政治局員に登るが、晩年にはスターリンと対立、自殺した。

カ　行

ガポン、ゲオルギー・アポローノヴィチ（1870-1906）
農民出身の司祭。トルストイ主義の影響を受け、神学大学在学中より工場街での伝道を行なう。1903年に「ペテルブルク市ロシア人工場労働者の集い」を結成。05年1月9日の日曜日、労働者の窮状を訴え、改革を要求する請願文を皇帝に提出するための行進を行ない、官憲の弾圧により、大量の死傷者を出す（血の日曜日）。事件後亡命し、のち帰国して組織の再建をはかったが、06年3月、エスエル党員に暗殺された。秘密警察のスパイで、請願行動そのものも官憲との合意の下に組織されたと言われるが、確証はない。

カーメネフ、レフ・ボリーソヴィチ（1883-1936）
ユダヤ人技師の子。1901年ロシア社会民主労働党に入党。党分裂後、ボリシェヴィキとして活動。『プラウダ』の編集委員。27年党除名。復党後、32年に除名。35年反革命陰謀のかどで5年の禁錮刑。36年、ジノーヴィエフとともに処刑。

カリーニン、ミハイル・イヴァーノヴィチ（1875-1946）
農民出身。1898年、社会民主労働党に入党。『プラウダ』創刊に参加。2月・10月革命に参加。1919年、全ロシア・ソヴィエト中央執行委員会議長。これより死ぬまで、最高ソヴィエト幹部会議長（ソ連元首）の地位にあった。

主要人名解説

レーニン、トロツキー、スターリンなど著名人およびレーニン一族は本リストから除外した（本一覧表作成にあたり『ソ連邦の歴史Ｉ』新評論の人名解説を参照した）

ア　行

アクサーコフ、イヴァン・セルゲーエヴィチ（1823-1886）
ロシアの思想家、詩人、社会活動家、作家。スラヴ派の新聞雑誌の編集に当った。叙事詩『放浪記』など。

アクセリロード、パーヴェル・ボリーソヴィチ（1850-1928）
人民主義運動に参加、亡命ののち、マルクス主義者。第2インターナショナルを指導。メンシェヴィキに属し、十月革命後亡命。

アドラー、ヴィクトル（1852-1918）
オーストリアの社会民主主義者。ドイツ·ナショナリズム運動に参加後、反ユダヤ人主義が鮮明になると社会主義運動に移った。1889年オーストリア社会民主党を創設。第2インターナショナルでも指導的役割を演じる。

アルマンド、イネッサ（1875-1920）
レーニンを助けた女性の一人。優れた教養と語学能力にたけ、1910年頃よりボリシェヴィキ活動に加わる。さまざまな国際会議にボリシェヴィキ派の代表として出席。

アレクサンドラ、フョードロヴナ（1872-1918）
ニコライ2世の皇后。ドイツ・ヘッセン=ダルムシュタット大公の末娘。1894年ニコライ2世と結婚。ロシア正教の神秘主義に狂信的に帰依。ラスプーチンに救いを求める。第1次世界大戦中、夫に代って国務につき、政府機構を麻痺させ帝政の崩壊を早めた。十月革命後、夫と子供たちとともに銃殺。

アレクサンドル1世（1777-1825）
ロシア皇帝（在位、1801-25）。

アレクサンドル2世（1818-81）
ロシア皇帝（在位、1855-81）。農奴解放により解放皇帝の別名。

アレクサンドル3世（1845-94）
ロシア皇帝（在位、1881-94）。アレクサンドル2世の次男。

用語解説

ＣＣ：党中央委員会
ＣＣＣ：党中央統制委員会
ＣＥＣ：労働者・兵士・農民ソヴィエト全ロシア中央執行委員会（ＣＥＣあるいはＶＴＳＩＫ）
CMR：軍事革命委員会（ＲＥＶＫＯＭ）
ＫＤ（カデット）：立憲民主党
ＰＳＤＯＲ：ロシア社会民主労働党
ＲＳＦＳＲ：ロシア・ソヴィエト連邦社会主義共和国
ＳＲ（エスエル）：社会革命党
ＵＲＳＳ：ソヴィエト社会主義共和国連邦

イスポルコーム：中央執行委員会
カフビュロー：党カフカス支局
共産党（ＰＣＲ）―ロシア共産党：ＰＳＤＯＲはこの党名に変わり、後にＰＣＵＳ（ソヴィエト連邦共産党）になる
クラーク：富農
グーラク：収容所管理部門、広義では強制収容所システム
ゲーペーウー：国家保安部、1922年にチェカーから改称
コミンテルン：第三インターナショナル
コムベド：貧民委員会
コルホーズ：集団農場
ゼムストヴォー：地方自治会
ソヴィエト：評議会
ソヴナルコム：人民委員評議会（内閣）
ソホーズ：国営農場
ドゥーマ：国会
チェカー：国家保安部
ナルコミンデル：外務人民委員
ナルコムナーツ：民族問題人民委員
ブント：ユダヤ人社会党
ボリシェヴィキ：レーニンの分派
メンシェヴィキ：レーニンに少数派と言われた分流
ラブクリン：労働者農民監視院

8月　赤軍、ワルシャワへ。ポーランドの反撃。ロシアの敗北。
9.1　バクー大会。
10.12　ポーランドと講和条約。
10.25–11.16　ウランゲリ軍に対する攻撃、ウランゲリ軍の敗北。
1921　1月–3月　タンボフの農民の蜂起。
3.2–17　「クロンシュタット・コミューン」。
3.8–16　第10回党大会。ネップの開始。
6.22–7.12　共産主義インターナショナル第3回大会。
8月　党の粛清。
10.12　国営銀行の創設。
1922　ロシアで飢饉。
2.6　チェカー、ゲーペーウーになる。
2.26　教会の財産没収。反宗教キャンペーン。
4.3　スターリン、党書記長に任命。
4.10–5.19　ジェノヴァ会議。
4.16　ロシアとドイツ、ラッパロにて不可侵条約調印。
5.26　レーニン、最初の脳卒中、10月まで実務を離れる。
8月–9月　スターリンとグルジア人の戦い。
11.4–12.5　共産主義インターナショナル第4回大会。
12.16　レーニン、二回目の発作。
12.22　レーニンの『大会への手紙』、いわゆる「遺言」。
12.30　ソヴィエト連邦の創設。
12.30–31　レーニン、民族問題に関する覚書を口述させる。
1923　1.4　スターリンを権力から排除することを求めるレーニンの覚書。
1月–3月　レーニン、最後の論文を口述する。
3.6　レーニンとスターリンの対立。
4.17–25　レーニン欠席のもと、第12回党大会。
1924　1月　第13回党協議会。トロツキー、自己の見解を拒絶される。
4.21　レーニン没。ルイコフがレーニンの後を継いで政府首班。

3.9　アメリカ合衆国、臨時政府を承認。
4.3　レーニン、ペトログラード着。
4.4　四月テーゼ。
4.24-29　ボリシェヴィキ党第7回協議会。
5.5　連立政府成立。
6月　全ロシア・ソヴィエト第1回大会。
7.3-5　7月事件。ボリシェヴィキの逮捕。レーニン逃走。
7.26-8.3　第6回党大会いわゆる統一大会。
トロツキー、ボリシェヴィキに賛同。
8.27　コルニーロフのクーデターの試み。
9.25　トロツキー、釈放後、ソヴィエト議長に選出さる。
10.10　中央委員会、蜂起を決定。
10.25　蜂起と権力奪取。
全ロシア・ソヴィエト第2回大会。
11.12-27　憲法制定会議選挙。
12.2　独露休戦。
ブレスト=リトフスク交渉。
12.7　チェカーの創設。
1918　1.5-6　憲法制定会議の開会と解散。
1.10-18　全ロシア・ソヴィエト第3回大会。
1.21　ソヴナルコム、旧体制の全借款を無効にする。
2.1　ロシア、グレゴリオ暦採用。
3.3　ブレスト=リトフスク条約調印。
3.6-8　第7回党大会。
3.10-14　モスクワ、ロシアの首都になる。
5月　内戦の始まり。
6.28　戦時共産主義の開始。
7.6　エスエル左派、ボリシェヴィキと対立。
7.17　皇帝一族を殺害。
8.30　F・カプラン、レーニンを襲撃。
1919　1月　パリ講和会議の開始。
1.15　R・ルクセンブルグとリープクネヒト殺害。
3.2-7　モスクワにて共産主義インターナショナル第1回大会。
4月-10月　コルチャークとデニーキン、赤軍を攻撃。
12.2-4　第8回党大会。
12.27　「労働の軍隊化」の開始。
1920　1月　シベリアの「白衛軍」の瓦解。
3.29-4.5　第9回党大会。
4.24　「ポーランド戦争」始まる。
7.21-8.6　共産主義インターナショナル第2回大会。

大会)。
11. 3–7　タンメルフォルスにて社会民主労働党第2回協議会。
11. 9　ストルイピンの農地改革。
1907　2. 20–6月　第2次ドゥーマ。
4月–5月　ロンドンで社会民主労働党第5回大会。
8. 3–5　コトラス会議。
11. 1　第3次ドゥーマ選挙。
レーニン、ロシアを去りスイスに住む。
11. 5–12　ヘルシンキにて第4回党協議会。
1908　12月　パリにて第5回党協議会。
1910　1月　社会民主労働党中央委員会総会。ボリシェヴィキとメンシェヴィキの和解の最後の試み。
1911　ロンジュモーの幹部学校創設。
9. 1　キエフにてストルイピン暗殺。
1912　1月　プラハで第6回党協議会。これが社会民主労働党（ボリシェヴィキ）になる。
4月　レナ金鉱での労働者虐殺事件。
4. 23　『プラウダ』創刊。
夏　レーニン、クラクフに居を構える。
8月　トロツキーによってウィーン協議会開催：「8月ブロック」結成。
ボリシェヴィキとメンシェヴィキ、決定的決裂。
11月　第4次ドゥーマ開催。
11. 24　戦争拒否を目指す第2インターナショナル、バーゼル大会。
1914　6. 28　サラエボにてオーストリア皇太子フランツ・フェルディナント大公暗殺。
7. 20–23　ポワンカレ大統領訪露。
7. 28–30　ブリュッセルにてインターナショナル大会。
8. 1　ドイツ、ロシアに宣戦布告。
サンクトペテルブルク、ペトログラードに改称。
8月末　タンネンベルクの戦いでロシア軍壊滅。
レーニン、スイスへ戻る。
1915　9. 5–8　ツィンメルヴァルト会議。
レーニン、『帝国主義、資本主義の最終段階』を書く。
1916　2月　キーンタール会議。
3月　ロシア、北部線戦で攻勢（フランスのヴェルダンで防衛戦の負担軽減のため)。
12. 17　ラスプーチン暗殺。
1917　2. 23–25　ペトログラードで革命。
2. 27　冬宮奪取。ソヴィエト、タヴリーダ宮殿に本部を置く。
3. 2　臨時政府樹立。ニコライ2世退位。

レーニン年譜

1870　4.10　レーニン（ウラジーミル・ウリヤーノフ）、シンビルスクで生まれる。
1871　3.6　パリ・コミューン。
1872　マルクスの『資本論』第1巻、ロシアで出版。
1881　3.1　アレクサンドルⅡ世暗殺。
1883　プレハーノフにより「労働解放」集団、ジュネーヴにて設立。
1887　5.8　レーニンの兄、アレクサンドル・ウリヤーノフの処刑。
ウラジーミル・ウリヤーノフ、金賞受賞で高等学校卒業。
1893-95　ウラジーミル・ウリヤーノフ、サンクトペテルブルクに住む。N・クループスカヤとの出会い。
1895　12.9　V・ウリヤーノフ逮捕。
1897年まで収監。
1897　ウリヤーノフ、流刑地のシベリアへ出発。
N・クループスカヤ、シベリアでレーニンと合流。
1898　3.1　ミンスクにてロシア社会民主党創設、間もなく解体。
1899-1900　ロシアで学生の騒擾。
1900　2月　レーニン、シベリアを去る。スイスに出発。ウリヤーノフ、レーニンとなる。
1900　12.11　『イスクラ』創刊号出版。
1901-1902　社会革命党創設。
1902　レーニン、『何をなすべきか』を書く。
1903　7.17-8.10　ブリュッセル、次いでロンドンにて、ロシア社会民主労働党（ＰＳＤＯＲ）第2回大会。ボリシェヴィキとメンシェヴィキに分裂。
1904　1.27　日露戦争始まる。
1904　レーニン、『一歩前進、二歩後退』を書く。
1905　ロシアにて革命、1月9日に始まる（血の日曜日）。
4.12-27　ロンドンにて社会民主労働党第3回大会。
8.25　ポーツマス条約。日露戦争終結。
9.7-9　リガにて社会民主主義組織協議会。
レーニン、ロシアへ戻る。
10.17　皇帝宣言。
10月　ロシアでゼネスト。
12.6-17　モスクワで蜂起。
12.12-17　タンメルフォルスにて社会民主労働党第1回協議会。
1906　4.27　第1次ドゥーマ（国会）選挙。これは7月8日に解散となる。
4.10-25　ストックホルムにて社会民主労働党第4回大会（いわゆる統一

ワ 行

ヤ　行

ラ　行

マ　行

ハ 行

ナ　行

タ行

サ　行

カ 行

人名索引

ア 行

著者紹介

エレーヌ・カレール＝ダンコース
(Hélène CARRÈRE D'ENCAUSSE)
1929-2023年。ロシアおよび中央アジアを専門とする歴史学者・国際政治学者。アカデミー･フランセーズ終身幹事，欧州議会議員。パリの政治学院卒，ソルボンヌ大学で歴史学博士号，さらに同校で文学・人文科学国家博士号を取得，母校で教鞭を執った。主な著書に，『崩壊したソ連帝国』（1981，増補新版2024）『民族の栄光』（1991）『甦るニコライ二世』（2001）『エカテリーナ二世』（2004）『未完のロシア』（2008．邦訳，いずれも藤原書店）など。

訳者紹介

石崎晴己（いしざき・はるみ）
1940-2023年。青山学院大学名誉教授。1969年，早稲田大学大学院博士課程単位取得退学。専攻はフランス文学・思想。訳書に，サルトル『敗走と捕虜のサルトル』、レヴィ『サルトルの世紀』（監訳），ブルデュー『構造と実践』，トッド『移民の運命』（共訳）『帝国以後』『家族システムの起源Ⅰ』上・下（監訳，以上藤原書店）など多数。著書に，『エマニュエル・トッドの冒険』（藤原書店），『ある少年H』『続・ある少年H』（吉田書店）。

東松 秀雄（とうまつ・ひでお）
1952年生まれ。1983年，青山学院大学大学院博士課程単位取得。専攻はフランス文学。訳書に，トッド『新ヨーロッパ大全Ⅱ』『移民の運命』『家族システムの起源Ⅰ』上・下，ブルデュー『ホモ・アカデミクス』（いずれも共訳，藤原書店）など。

レーニンとは何《なん》だったか

2006年6月30日　初版第1刷発行©
2024年7月10日　初版第2刷発行

訳　者　石　崎　晴　己
　　　　東　松　秀　雄

発行者　藤　原　良　雄

発行所　株式会社　藤原書店

〒162-0041　東京都新宿区早稲田鶴巻町523
TEL　03（5272）0301
FAX　03（5272）0450
振替　00160-4-17013

印刷・製本　中央精版印刷

落丁本・乱丁本はお取り替えします
定価はカバーに表示してあります

Printed in Japan
ISBN978-4-89434-519-5